# Handbuch für Tennistraining

Aus Gründen der besseren Lesbarkeit haben wir uns entschlossen, durchgängig die männliche (neutrale) Anredeform zu nutzen, die selbstverständlich die weibliche mit einschließt. In manchen Fällen sind beide Formen notwendig.

Das vorliegende Buch wurde sorgfältig erarbeitet. Dennoch erfolgen alle Angaben ohne Gewähr. Weder die Autoren noch der Verlag können für eventuelle Nachteile oder Schäden, die aus den im Buch vorgestellten Informationen resultieren, Haftung übernehmen.

Ferrauti | Maier | Weber

# Handbuch für Tennistraining

## Leistung - Athletik - Gesundheit

Meyer & Meyer Verlag

**Handbuch für Tennistraining**

Bibliografische Information der Deutschen Nationalbibliothek
Die Deutsche Nationalbibliothek verzeichnet diese Publikation in der Deutschen Nationalbibliografie; detaillierte bibliografische Details sind im Internet über <http://dnb.d-nb.de> abrufbar.

3., überarbeitete und erweiterte Auflage 2014 von Tennistraining
4., überarbeitete Auflage 2016
Auckland, Beirut, Dubai, Hägendorf, Hongkong, Indianapolis, Kairo, Kapstadt,
Manila, Maidenhead, Neu-Delhi, Singapur, Sydney, Teheran, Wien
Member of the World Sport Publishers' Association (WSPA)
Gesamtherstellung: Print Consult GmbH, München
ISBN 978-3-89899-948-9
E-Mail: verlag@m-m-sports.com
www.dersportverlag.de

# Inhalt

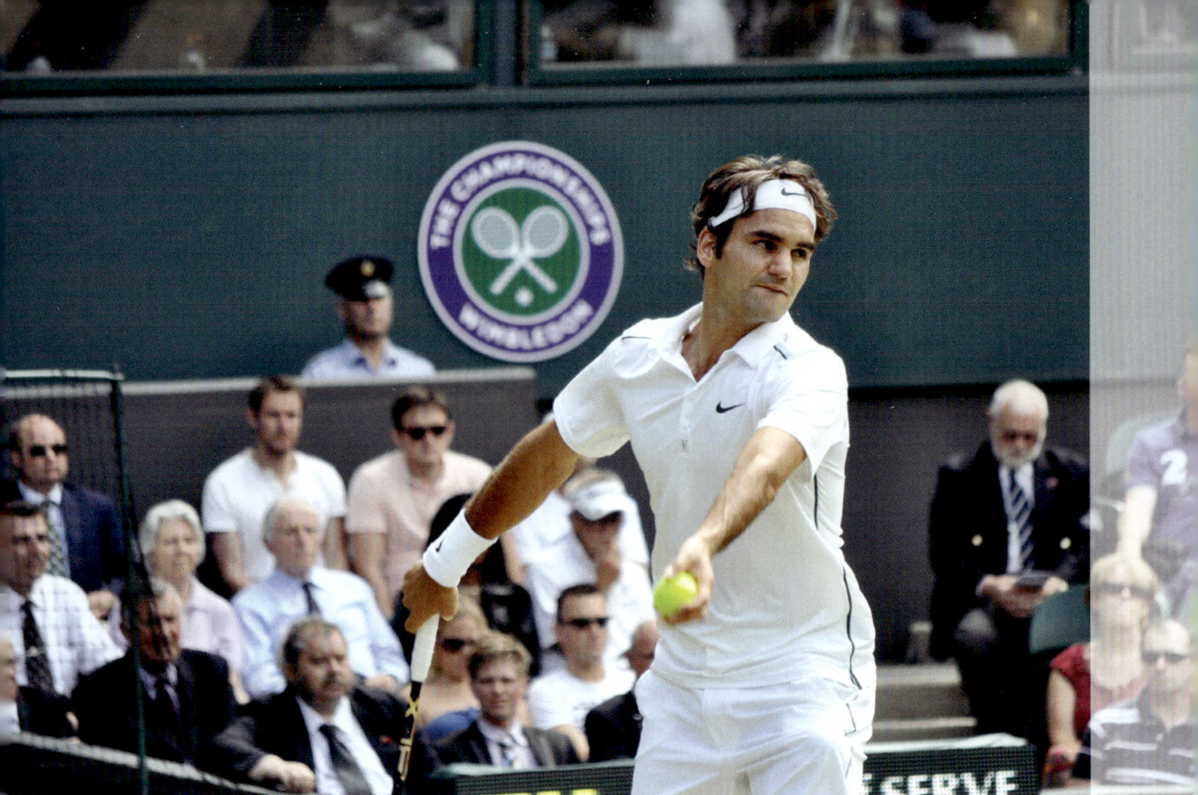


# Vorwort

Das **Handbuch Tennistraining** widmet sich einer einzigartigen Sportart, die seit vielen Jahrzehnten weltweit Millionen Menschen von Jung bis Alt begeistert. Die spannungsgeladene Interaktion zwischen zwei im Rampenlicht stehenden Hauptdarstellern und die außergewöhnliche Zählweise mit unvorhersehbaren Spielverläufen von der Kreisklasse bis zur Weltklasse und von der U 10 bis ins Seniorenalter sind einzigartig. Die weit über 100-jährige Tradition des Tennissports mit außergewöhnlichen Legenden und schillernden Spielerpersönlichkeiten, aber auch die aktuellen, stets dramatischen Turnierverläufe lenken mehrfach im Jahresverlauf die Aufmerksamkeit des öffentlichen Interesses auf den ehemals weißen Sport.

Kaum eine andere Sportart besitzt eine vergleichbare Komplexität an Anforderungen. Neben extrem hohen motorisch-koordinativen und technisch-taktischen Grundvoraussetzungen werden den Spielern auf allen Leistungsniveaus, aber insbesondere in der Weltspitze, auch besondere athletische und psychische Fähigkeiten abverlangt. Der Tennistrainer steht folglich vor der schwierigen Herausforderung, die Trainingsinhalte in der kurz-, mittel- und langfristigen Trainingsplanung sinnvoll auszuwählen, dabei keine der genannten Aspekte zu vernachlässigen und insbesondere bei Nachwuchsspielern auch prognostisch jene Schwerpunkte zu fördern, die erst im Höchstleistungsalter von Relevanz sind, ohne aber dabei die aktuelle Konkurrenzfähigkeit der Spieler zu gefährden.

Das **Handbuch Tennistraining** arbeitet die zahlreichen Einzelaspekte im Handlungsfeld des Tennistrainings zunächst theoretisch auf und liefert, darauf aufbauend, zahlreiche, praxisnahe Hilfestellungen mit weit über 100 Übungs-, Trainings- und Spielformen. In der Theorie werden klassisches Lehrbuchwissen sowie jüngste Erkenntnisse aus internationalen wissenschaftlichen Zeitschriften gepaart mit dem Erfahrungswissen der Autoren und kombiniert mit tennisbezogenen sportwissenschaftlichen Befunden. Zur Aufrechterhaltung des Leseflusses werden kompakte, themenbezogene Vertiefungen unter den Kategorien *Literaturübersicht*, *Exkurs* und *Praxistipps* in optisch hervorgehobene Textblöcke ausgelagert. In der Praxis werden Trainingsformen zeichnerisch oder durch ein Foto veranschaulicht und der genaue Ablauf sowie die thematische Zuordnung der jeweiligen Übung durch die Kategorien *Inhalt, Ziel, Ablauf, Dauer/Umfang* und *Tipp* detailliert beschrieben.

Das ***KAPITEL 1*** *Leistungsstruktur, Leistungssteuerung und Leistungsentwicklung im Tennis* legt einen allgemeinen Grundstein, indem es die Problematik der Leistungssteuerung im Tennis insbesondere auch für den jugendlichen Nachwuchsspieler aus vielen Blickwinkeln beleuchtet und gleichzeitig klare Empfehlungen und Handlungsleitlinien formuliert.

In den ***KAPITELN 2 - 8*** werden einzelne Trainingsbereiche, wie *Techniktraining, Taktiktraining, psychologisch orientiertes Training, Krafttraining, Schnelligkeitstraining, Beweglichkeitstraining* und *Ausdauertraining*, in Theorie und Praxis vertieft.

Die ***KAPITEL 9 - 11*** beinhalten ausführliche Hinweise zu wichtigen trainingsbegleitenden Maßnahmen wie *Gesundheit und Fitness, Essen und Trinken im Training und im Wettkampf* sowie *Regeneration*.

Das abschließende ***KAPITEL 12*** versucht, die zahlreichen Einzelaspekte für typische, übergeordnete Trainingsziele zu integrieren und stellt konkrete Stundenverlaufspläne für das Mannschaftstraining in einem üblichen Setting mit 6-8 Spielern auf zwei Plätzen zusammen.

Das **Handbuch Tennistraining** ist eine vollständig überarbeitete und durch zahlreiche neue Aspekte ergänzte Neuauflage unseres klassischen Lehrbuchs. Es richtet sich an alle Tennistrainer des Deutschen Tennis Bundes (DTB) und des Verbandes Deutscher Tennislehrer (VDT) auf den verschiedenen Lizenzstufen von der C-Lizenz bis zum A-Trainer bzw. Diplomtrainer. Angesprochen werden nicht nur erfahrene Trainer im Leistungstennis, sondern auch angehende Trainer während der Trainerausbildung. Durch den besonderen sportwissenschaftlichen Bezug kann das vorliegende Buch auch als Lehrbuch für die universitäre sportwissenschaftliche Ausbildung im Fach Tennis und in Teilen auch für die Ausbildung in weiteren Sportarten und im Fach Trainingswissenschaft eingesetzt werden. Schließlich empfehlen wir die Lektüre auch jedem interessierten Freizeitspieler und vor allem allen leistungsorientierten Spielern beiderlei Geschlechts, sowohl dem Nachwuchsspieler als auch dem Turnierspieler im Seniorenalter und dem Tennisprofi sowie allen Akteuren im engeren Umfeld der Spieler, wie beispielsweise den Athletiktrainern, den sportpsychologischen Betreuern und nicht zuletzt allen Eltern von tennisbegeisterten Kindern.

Viel Freude beim Lesen wünschen

*Alexander Ferrauti* *Peter Maier* *Karl Weber*

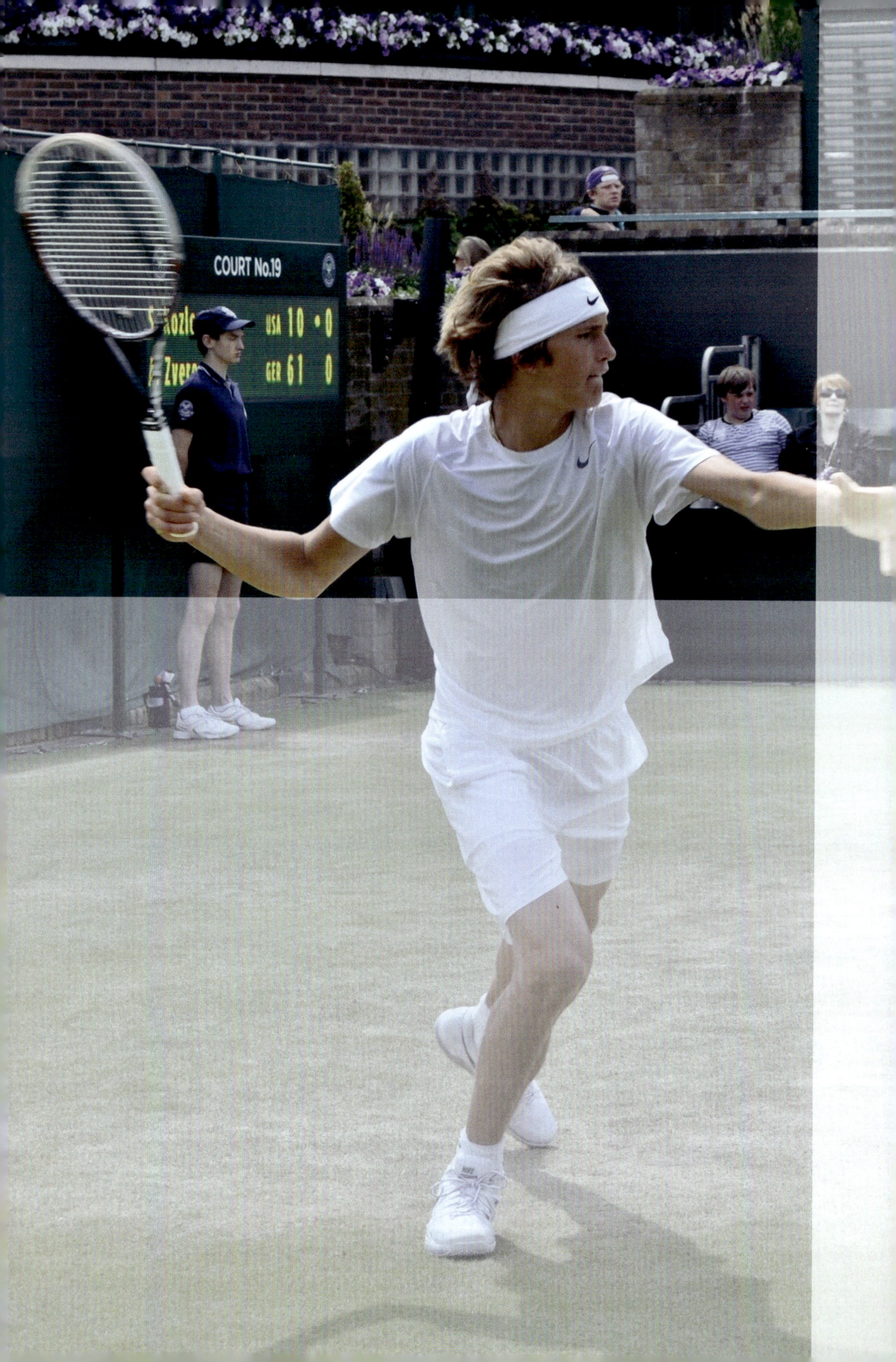
COURT No.19
USA 10 0
GER 61 0

# 1

# *Leistungsstruktur, Leistungssteuerung und Leistungsentwicklung*

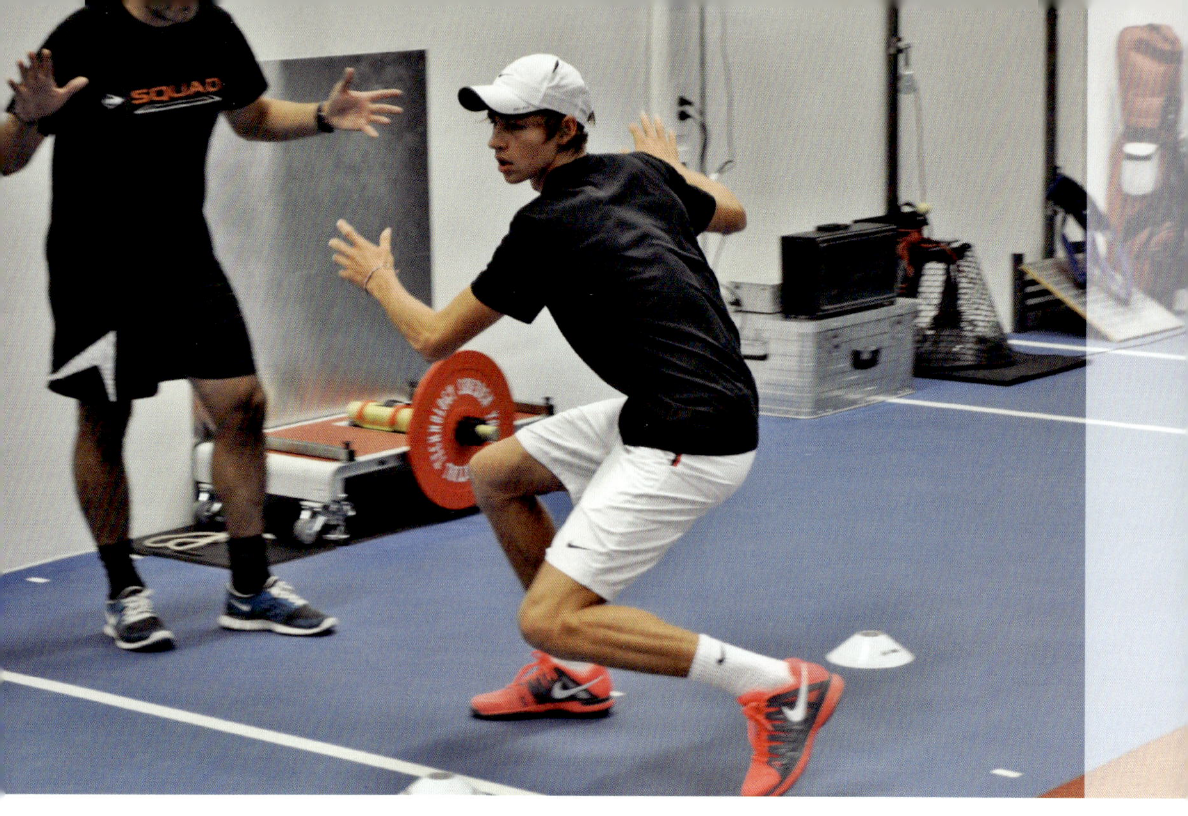


# 1.1 Leistungsstruktur und Beanspruchungsprofil im Tennis

## 1.1.1 Allgemeine Betrachtungen zur Leistungsstruktur im Tennis

Jeder Versuch, die leistungslimitierenden Faktoren im Tennissport zu strukturieren und zu hierarchisieren, wird aufgrund der Heterogenität und Komplexität der alters- und geschlechtsspezifischen Anforderungen in der Praxis auf wenig Resonanz stoßen. Die Diskussion über die Ursachen von Sieg oder Niederlage, über die primär erforderlichen Trainingsschwerpunkte und über die besonderen Merkmale eines Tennistalents wird daher auch in Zukunft erhalten bleiben. In kaum einer anderen Sportart wird die Leistungsstruktur durch eine ähnliche Vielzahl an Einflussfaktoren geprägt wie im Tennissport.

Allem voran wird zumeist der besondere Stellenwert der willentlichen (volitiven), kognitiven und emotionalen psychischen Faktoren betont. Nur jener Spieler wird langfristig erfolgreich sein, der über eine erfolgsorientierte und stabile psychische Einstellung verfügt. Diese ermöglicht auch in kritischen Situationen den optimalen Einsatz der Schlagtechnik. Allerdings nutzt die beste psychische Konstitution reichlich wenig, wenn es dem Spieler aufgrund von technischen oder konditionellen Defiziten niemals gelingt, sich einen eigenen Matchball zu erarbeiten. Offensichtlich reicht es für den dauerhaft erfolgreichen Spieler nicht aus, nur einzelne Faktoren in überragender Weise auszubilden und dabei andere, ebenfalls bedeutsame Leistungskomponenten zu vernachlässigen.

Die Möglichkeit zur Kompensation einzelner, unzureichend ausgebildeter Leistungsfaktoren schwindet in der absoluten Weltspitze aufgrund der zunehmenden Leistungsstärke und Leistungsdichte dahin. Aktuelle Beispiele im Herrentennis belegen, dass sich nur Ausnahmespieler wie Roger Federer, Rafael Nadal und Novak Djokovic weitgehend ohne Defizite dauerhaft in der Weltspitze positionieren können. Die hohe Fluktuation in der Weltspitze im Damentennis zeigt, dass diese Anforderung derzeit von keiner Spielerin erfüllt wird.

Die Leistungsstruktur im Tennis besteht somit aus einem komplexen Netzwerk von wichtigen Leistungskomponenten, in dem einzelne Faktoren, je nach Alter, Geschlecht, Spielertyp und Bodenbelag, in unterschiedlicher Weise in den Vordergrund treten; keiner der Faktoren darf jedoch für das Erreichen eines hohen Leistungsniveaus nur unterdurchschnittlich ausgeprägt sein (Abb. 1). In der Trainingspraxis besteht aufgrund der Komplexität der Anforderungen die Gefahr, das Training ebenfalls sehr komplex, unter Vernachlässigung der Tiefenschärfe in der Ansteuerung einzelner, unzureichend ausgeprägter Leistungskomponenten, auszurichten.

Das Ziel des vorliegenden Buches besteht daher darin, das Augenmerk isoliert und gleichberechtigt auf jede einzelne Leistungskomponente zu legen und aus theoretischer und trainingspraktischer Sicht Hilfestellungen zu liefern.

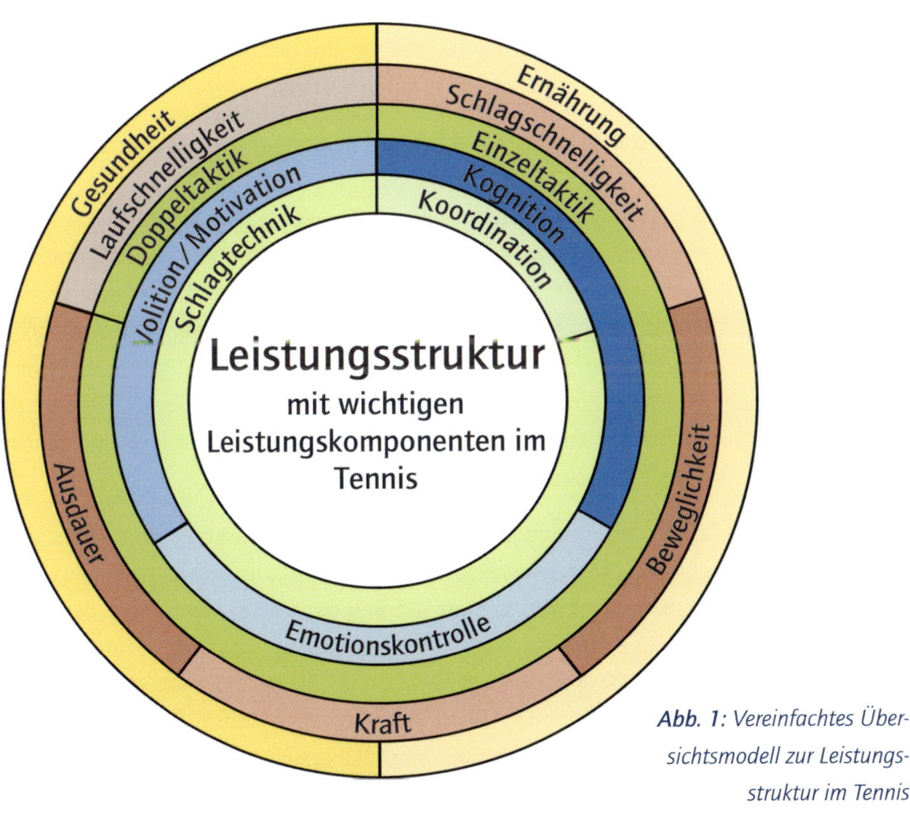


*Abb. 1: Vereinfachtes Übersichtsmodell zur Leistungsstruktur im Tennis*

***SCHLAGTECHNIK:*** Die Schlagtechnik besitzt im Tennis nach Expertenmeinung unbestritten die größte Bedeutung für die Leistungsfähigkeit des Spielers. Deshalb werden im Anfängerunterricht gewöhnlich vorrangig die Hauptschlagtechniken Grundlinienschläge, Aufschlag und Volley sowie einige seltenere Spezialschläge vermittelt. Da sich dieses Buch jedoch nicht an den Tennisanfänger richtet, wird auf eine Darstellung von Bewegungsbeschreibungen und methodischen Lernschritten der Technikvermittlung sowie von kind- und spielgemäßen Vermittlungskonzepten, wie beispielsweise der Initiative „Play and Stay" der International Tennis Federation (ITF) (www.tennisplayandstay.com), verzichtet.

Das Kapitel Techniktraining stellt zunächst die enge Verwandtschaft zur Koordination und zum Koordinationstraining heraus. Hier wird von den Autoren die Auffassung vertreten, dass koordinative Kompetenzen nur in enger Anlehnung an die technischen Anforderungen des Tennisspielers vermittelt werden müssen (Neumaier, 1999), da der Transfer von isoliert und außerhalb der Tennistechnik erworbenen koordinativen Fähigkeiten, wie beispielsweise der Gleichgewichts- oder Orientierungsfähigkeit (Hirtz, 1985), auf die Bedürfnisse des Tennisspiels normalerweise nicht gelingt. Technik- und Koordinationstraining verfließen somit in der Praxis.

Es wird ein Stufenmodell zum Techniktraining vorgeschlagen, das die aufeinanderfolgenden Abschnitte „Technikstabilisierung", „Technikvariabilität" und „situative Technikanwendung" beinhaltet. Diese Abstufung kann gleichermaßen auf die Chronologie der Zielsetzungen innerhalb einer Trainingseinheit als auch auf die Verlagerung der Schwerpunktsetzung während der langfristigen Leistungsentwicklung eines Spielers bezogen werden.

Unter *Technikstabilität* verstehen wir eine möglichst hohe Schlagsicherheit aller Grundtechniken in Standardspielsituationen. Die Technikstabilität muss in einem zweiten Schritt, speziell auf mittlerer und höchster Leistungsebene, durch Technikvariabilität erweitert werden. Die Verbesserung der *Technikvariabilität* betrifft sowohl die Ausführung der Schlagtechnik (z. B. harter und weicher Schlag) als auch die Anpassung der Grundtechnik an verschiedene Spielsituationen (z. B. tiefer und hoher Treffpunkt). Ein systematisches Training der Variabilität kann durch ein monotones Wiederholen einzelner Technikvarianten gekennzeichnet sein oder es folgt alternativen Ansätzen, die unter anderem durch den Begriff des „Differenziellen Lernens" (Schöllhorn, 2005) propagiert werden, in dem verschiedene Ausführungsvarianten in unregelmäßiger Reihenfolge verknüpft werden.

Das Training von Technikstabilität und Technikvariabilität geht zuweilen auf Kosten der spieladäquaten, situativen *Technikanwendung* und des Spielverständnisses. Deshalb werden auf höchster Leistungsebene die Bereiche Stabilität und Variabilität zunehmend durch ein Technikanwendungstraining ersetzt. Hierbei wird das gesamte Schlagrepertoire unter spieltypischen Bedingungen (ggf. unter Verschärfung der koordinativ-konditionellen Anforderungen oder unter Beachtung spieltaktischer Leitlinien) eingesetzt. Die höchste Stufe des Techniktrainings bildet somit gleichzeitig den Übergang zum Taktiktraining.

***TAKTIK:*** Die Taktik gehört ebenfalls zu den wesentlichen Leistungsfaktoren des Tennissports. Unter *Taktik* versteht man die Fähigkeit des Sportlers, sich unter Berücksichtigung der eigenen technischen Möglichkeiten Vorteile gegenüber dem Gegner zu erspielen. Die veränderten Spielfeldmaße und die Hinzunahme eines Partners kennzeichnen das Doppel gegenüber dem Einzel als völlig eigenständige und unterschiedliche Wettkampfform. Ihre taktischen Besonderheiten stehen sich sogar häufig konträr gegenüber. Für die Differenzierung des Bereichs Taktik bietet sich auf erster Ebene daher die Unterscheidung in Einzel- und Doppeltaktik an. Die Aufrechterhaltung dieser Differenzierung ist nicht nur inhaltlich zu rechtfertigen, sondern soll auch als ein Signal an Spieler, Trainer und Turnierveranstalter gelten, dieser bedeutsamen Wettspielform zukünftig eine höhere Wertschätzung zu geben.

Taktisches Handeln erfordert zunächst Stabilität und Variabilität der Schlagtechnik. So besteht das Taktiktraining, in Überschneidung mit dem Techniktraining, auf der ersten Stufe aus einem an den taktischen Erfordernissen ausgerichteten, speziellen Techniktraining. Erst auf der zweiten Lernstufe erfolgt die Vermittlung und das Training von taktischen Grundregeln. Hierbei werden besonders empfehlenswerte Spielzüge (z. B. Rückhand-Angriffsball longline) systematisch wiederholt. Das Taktiktraining im eigentlichen Sinne beinhaltet dann auf einer dritten Stufe, in Überschneidung mit dem psychologischen Training, die Verbesserung von Situationswahrnehmung, Beurteilung und Entscheidung. Hierbei werden dem Spieler systematisch limitierte Handlungsspielräume und Freiheitsgerade angeboten, aus denen er unter Berücksichtigung der taktischen Grundregeln die jeweils situationsangemessene Entscheidung treffen muss. Diese Stufe geht schließlich in ein komplexes Taktiktraining über. Hier muss der Schüler in einer offenen Spielsituation und aus einer nicht limitierten Vielzahl an Möglichkeiten die jeweils optimale taktische Lösung finden.

***PSYCHE:*** Die Psyche beeinflusst alle vorgenannten Teilgebiete (und teilweise auch die Kondition) mit, sodass das psychologische Training eng verzahnt ist mit dem Training von Technik und Taktik. Im psychologischen Training spielen die Bereiche Denken und Steuern (Kognition) sowie Fühlen und Wollen (Emotion und Motivation) eine herausragende Rolle. Zu den kognitiven Anforderungen des Tennisspielers gehören Wahrnehmung und Antizipation. Während des Ballwechsels muss in kürzester Zeit eine Vielzahl an Eindrücken verarbeitet werden und zu entsprechenden technisch-taktischen Gegenmaßnahmen führen. Aus emotionaler Sicht ist das Selbstvertrauen hervorzuheben, welches in kritischen Situationen nicht selten über Sieg und Niederlage entscheidet.

Zur Verbesserung der psychischen Fähigkeiten werden Trainingsformen vorgestellt, die problemlos in der Trainingspraxis umgesetzt werden können. Die im Modell vorgenommene Zweiteilung in die Bereiche Denken und Steuern sowie Fühlen und Wollen bildet gleichzeitig auch eine sinnvolle Gliederung für entsprechende Trainingsmaßnahmen (Abb. 1).

***KONDITION:*** Dem Bereich der Kondition oder auch der Athletik werden gewöhnlich die Faktoren *Kraft*, *Schnelligkeit*, *Ausdauer* und *Beweglichkeit* zugeordnet. Diese werden in mehreren umfangreichen Kapiteln hinsichtlich ihrer tennisspezifischen Bedeutung und Erscheinungsform sowie mit zahlreichen Trainingsformen vorgestellt (Abb. 1). Verschiedene empirische Befunde sprechen auf internationalem Niveau grundsätzlich für eine Zunahme der Bedeutung der konditionellen Voraussetzungen für die Tennisleistung. Speziell der Schlaggeschwindigkeit als komplexes Produkt aus intermuskulärer Koordination, Schnelligkeit und Kraft kann aktuell eine Ausnahmestellung zugeordnet werden (Weber et al., 2010a). Selbstverständlich bedeutet dies nicht, dass die Laufschnelligkeit (Start- und Beschleunigungsfähigkeit, Reaktivkraft und Sprungkraft sowie Agility), die tennisspezifische Ausdauerleistung und die Rumpf- und Extremitätenkraft im Training vernachlässigt werden dürfen. Interessant ist zudem die Auseinandersetzung mit dem Beweglichkeitstraining, die in den letzten Jahren zu sehr unterschiedlichen Konzepten und einer deutlichen Verunsicherung in der Sportpraxis geführt hat. Dies gilt in gleicher Weise für moderne Ansätze des funktionalen Krafttrainings und des High-Intensity-Ausdauertrainings (HIT).

***GESUNDHEIT UND ERNÄHRUNG:*** Neben den üblicherweise genannten Leistungskomponenten besitzen auch Gesundheit und Gesunderhaltung einen herausragenden Einfluss auf Leistung und Leistungsentwicklung eines Tennisspielers. Nur wer ohne Verletzungspausen kontinuierlich den erforderlichen Trainingsumfang bei entsprechender Trainingsqualität aufrechterhalten kann, wird langfristig den erwünschten Erfolg erzielen. Folglich sind aus orthopädischer, internistischer und leistungsphysiologischer Sicht alle Bemühungen zur Gesunderhaltung und Verletzungsvorsorge nötig, um den stetig hohen Beanspruchungen im Leistungstennis gewachsen zu sein. Von aktuell zunehmendem Interesse ist in dem Zusammenhang die Kenntnis über die Wirksamkeit von regenerativen Maßnahmen, da dieser wichtigen Phase im Trainingsverlauf bislang zu wenig Beachtung geschenkt wurde.

Neben den möglichen Schädigungen und Gefahren des Bewegungsapparats sollte nicht vergessen werden, dass der Tennissport auch für eine Vielzahl an positiven Effekten verantwortlich ist. Es ist erwiesen, dass durch regelmäßiges Tennisspiel die körperliche Leistungsfähigkeit erhöht und das Risiko typischer Bewegungsmangelkrankheiten gesenkt werden kann. Trotzdem sollten, vor allem bei älteren Spielern, spezielle Empfehlungen für das Training von Muskulatur und Herz-Kreislauf-System eingehalten werden. Dieser Aspekt wird unter anderem durch die Initiative zum *Kardiotennis* durch DTB und ITF berücksichtigt und im Buch an entsprechender Stelle vertieft dargestellt.

Schließlich ist auch eine ausgewogene und den Anforderungen angemessene Ernährung für jeden Tennisspieler eine unverzichtbare Grundlage für die Realisierung seiner Leistungsfähigkeit und für eine langfristig optimale Leistungsentwicklung. Dies muss bereits im Kindes- und Jugendalter durch Trainingsumfeld und Elternhaus vermittelt werden, denn nur auf diese Weise erziehen wir unsere Nachwuchsspieler zu späteren mündigen Athleten, die selbstverantwortlich ihr Training und alle trainingsbegleitenden Maßnahmen steuern.

## 1.1.2 Empirische Daten zum Beanspruchungsprofil im Tenniswettkampf

Unter dem Begriff des *Beanspruchungsprofils* (teilweise synonym zu *Anforderungsprofil*) werden üblicherweise die zählbaren bzw. messbaren motorisch-technischen Aktivitäten sowie die psychologisch und physiologisch quantifizierbaren Reaktionen während Tennistraining und Tenniswettkampf zusammengefasst. Diese Daten liefern eine wichtige Basis für die Trainingssteuerung, da allgemein ein Konsens darin besteht, dass Trainingsinhalte möglichst eng die Anforderungen und Beanspruchungen des Tenniswettkampfs abbilden sollten. In zahlreichen nationalen und internationalen Veröffentlichungen werden diesbezüglich Daten zunehmend differenziert und stetig aktualisiert angeboten. Die nachfolgende Zusammenfassung soll als kompakte Übersicht der wichtigsten Erkenntnisse verstanden werden.

***BEANSPRUCHUNGSSTRUKTUR:*** Beim Tenniswettkampf handelt es sich um eine überwiegend azyklische Kurzzeit-Intervallarbeit der gesamten Körpermuskulatur (obere und untere Extremitäten sowie Rumpfmuskulatur) mit überwiegend extensiven und teilweise intensiven und schnellkräftigen Belastungsphasen von variabler und unvorhersehbarer Dauer. Die Gegenüberstellung von Sauerstoffaufnahme und respiratorischem Quotient während eines Tennis-Einzels und während des Joggings mit identischem Energieumsatz zeigt deutlich die strukturellen und demzufolge physiologischen Unterschiede beider Beanspruchungsformen auf (Abb. 2).

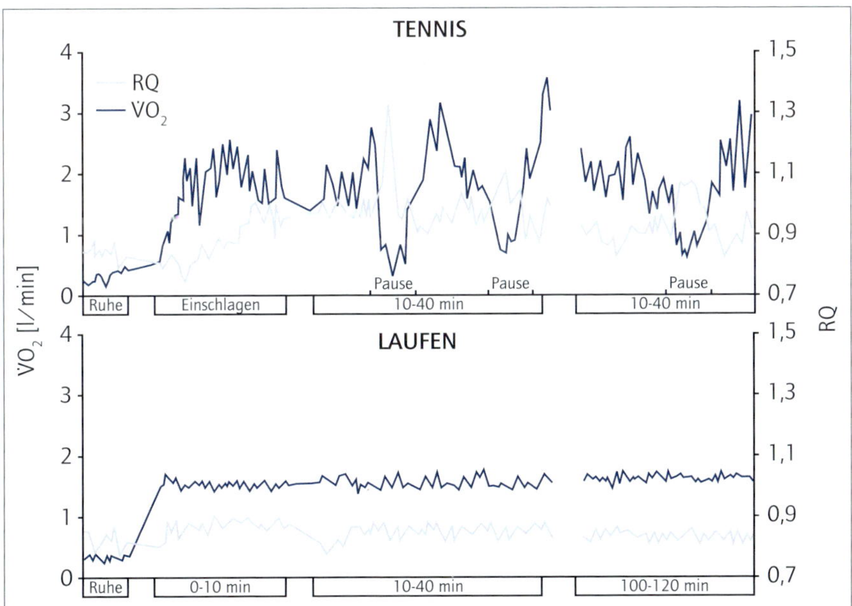


*Abb. 2: Sauerstoffaufnahme ($\dot{V}O_2$) und respiratorischer Quotient (RQ) beim Tennis (oben) und Jogging (Ferrauti, et al., 2001a)*

Dargestellt sind Sauerstoffaufnahme ($\dot{V}O_2$) und respiratorischer Quotient (RQ) eines Ranglistenspielers (Herren 50) während eines zweistündigen Trainingsmatches (oben) und einer Laufbandbelastung mit identischem Energieumsatz. Der arrhythmische und disharmonische Verlauf im Tennis belegt die Existenz von Belastungsspitzen mit höherer kardiopulmonaler Auslastung und vermehrtem Kohlenhydratstoffwechsel (Ferrauti, et al., 2001a). Gleichzeitig gibt die Abbildung einen ersten Hinweis darauf, dass ein Ausdauertraining ausschließlich nach der Dauermethode nicht dem Beanspruchungsprofil des Tennissports gerecht wird.

Einen erheblichen Anteil an der energetischen Beanspruchung des Tennisspiels besitzen die Schlagaktivitäten. Dies ist ein häufig vernachlässigter Aspekt, wenn die Beanspruchung im Tennis ausschließlich an der zurückgelegten Wegstrecke beurteilt wird. In einer Untersuchung mit Turnierspielern der regionalen Klasse betrug die Ausschöpfung der maximalen Sauerstoffaufnahme bei einem intensiven Schlagtraining „aus dem Stand" deutlich über 80 % (Abb. 3). Dabei ist der Energieumsatz bei Vorhandschlägen mit maximaler Schlaghärte höher als bei der Rückhand; allerdings werden mit der Vorhand auch höhere Schlaggeschwindigkeiten erzielt (Fernández-Fernández, et al., 2010).

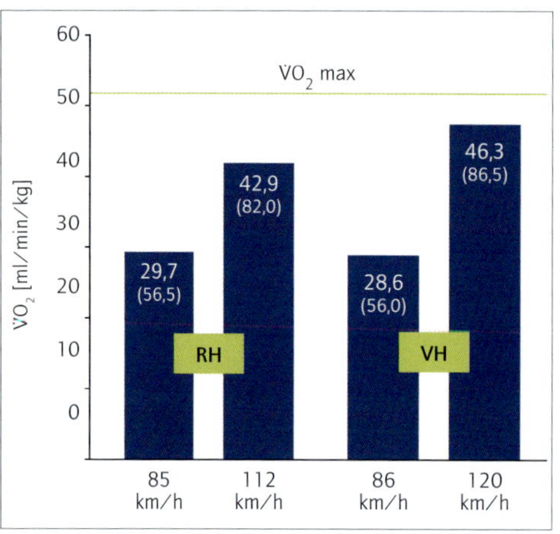


***Abb. 3:** Sauerstoffaufnahme ($\dot{V}O_2$) während eines VH- und RH-Schlagtrainings aus dem Stand mit submaximaler und maximaler Schlaghärte (in Klammern ist die jeweilige Ausschöpfung der $\dot{V}O_2$max angegeben) (Fernández-Fernández, et al., 2010)*

***SPIEL- UND PAUSENZEITEN:*** Die physische und psychische Beanspruchung im Tenniswettkampf wird durch eine intervallförmige Belastungsstruktur geprägt, bei der sich kurze intensive Belastungen (vorrangig 2-9 s) mit längeren Erholungsphasen zwischen den Ballwechseln (12-20 s) und beim Seiten- bzw. Satzwechsel (90-120 s) stetig abwechseln. In der internationalen Klasse sinkt die Ballwechseldauer in den vergangenen Jahren stetig ab und es kommt zu einer Angleichung der Spiel- und Pausenzeiten auf Sand- und Hartplätzen (Weber, et al., 2010b).

Zwischen den beiden Endspielen der US-Open 1988 (Wilander vs. Lendl) und 2003 (Roddick vs. Ferrero) sank die mittlere Ballwechseldauer um nahezu die Hälfte (auf ca. 6 s) bei ebenfalls deutlicher Abnahme der Pausendauer (auf ca. 15 s) (Kovacs, 2004). Bei den French Open der Herren in Paris 2003 (zwei Halbfinale und Finale) betrug der Mittelwert der Belastungsdauer pro Punkt 7,0 ± 6,2 s bei einer mittleren effektiven Spielzeit von 16,2 %. Bei den US-Open

2002 auf Hartplätzen lagen Belastungszeit (5,0 ± 4,7 s) und effektive Spielzeit (13,8 %) nur etwas niedriger. Die Angleichung von Sandplatz- und Hartplatztennis eröffnet herausragenden Sandplatzspielern (z. B. Nadal) die Möglichkeit, ohne wesentliche Spielsystemänderungen auch siegfähig auf Hartplatz zu werden (Ferrauti & Weber, 2009). Nach wie vor differiert die Belastungszeit in Abhängigkeit von der eigenen oder gegnerischen Spieltaktik. Bei den US-Open 2002 betrug die Ballwechseldauer von Agassi im Halbfinale gegen Hewitt im Mittel 7,3 s und sank im Finale gegen Sampras auf 3,6 s (Abb. 4).

Im professionellen Damentennis dauern die Ballwechsel statistisch hochsignifikant länger als bei den Herren; eine ähnliche Tendenz gilt auch für die niedrigeren Leistungsklassen. Derzeit zeichnet sich aber auch im Damentennis ein Wandel zu kürzeren Ballwechseln und geringeren Pausenzeiten ab (Fernández, et al., 2006; Fernández-Fernández, et al., 2007).

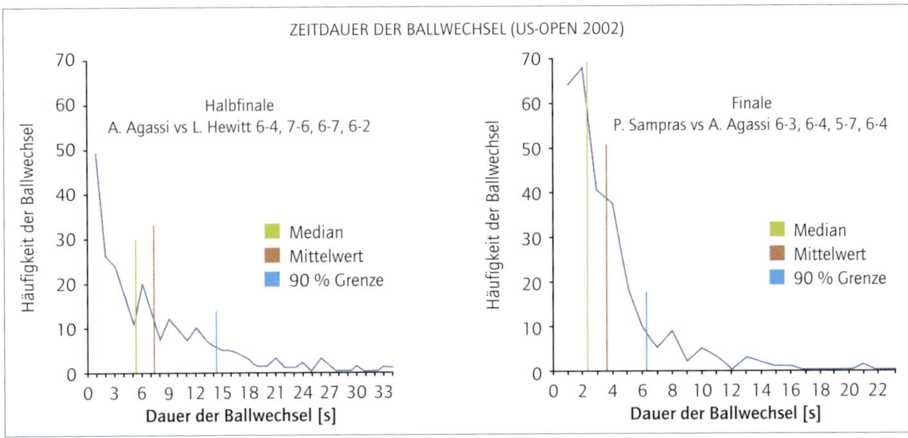


***Abb. 4:** Ballwechseldauer bei den US-Open in Abhängigkeit von der gegnerischen Spieltaktik*

***SCHLAGTECHNIKEN:*** Im professionellen Tennissport dominiert im Einzel auf Sandplätzen eindeutig das Grundlinienspiel mit ca. 60 %. Danach folgt die Spieleröffnung (Aufschlag und Return) mit ca. 32 %; Flugbälle (6 %) und sonstige Schläge (2 %) werden vergleichsweise selten gespielt. Im Doppel verschiebt sich das Verhältnis zugunsten von Spieleröffnung und Netzspiel. Gegenüber früheren Untersuchungen (Ferrauti, 1992) verdeutlichen aktuelle Daten jedoch, dass sich die Unterschiede aufgrund einer deutlich veränderten taktischen Grundausrichtung im Doppel teilweise angleichen. In beiden Fällen (Einzel und Doppel) kann aus dem analysierten Schlagartenprofil eine hohe Bedeutung der Spieleröffnung (Aufschlag und Return) abgeleitet werden, die im Training in dieser Form auf allen Ebenen leider keine Berücksichtigung findet (Abb. 5).

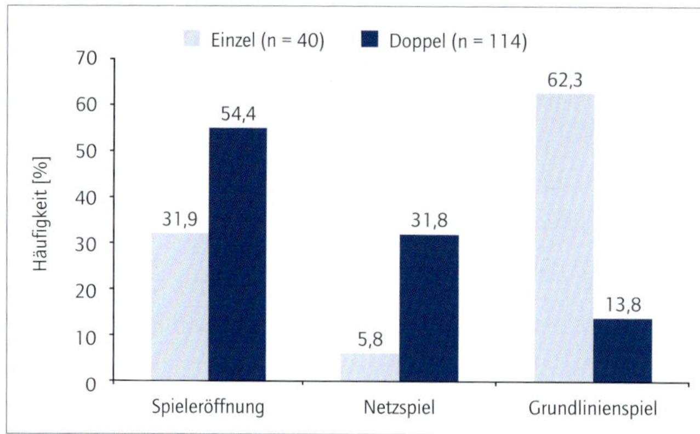


*Abb. 5: Historische Befunde zur prozentualen Verteilung der Schlagtechniken im Herreneinzel und -doppel (Ferrauti, 1992). Aktuell beläuft sich der Anteil der Spieleröffnung im Doppel auf ca. 45 % und jener des Grundlinienspiels auf 25-30 %*

***LAUFWEGE UND SCHLAGSITUATIONEN:*** Für etwa 80 % aller Grundlinienschläge beträgt der Laufweg zur Schlagvorbereitung weniger als 3 m, sodass der Ball ohne wesentliche Zeitnot nahezu aus dem Stand geschlagen werden kann. In ca. 20 % aller Schlagsituationen befinden sich die Spieler unter mehr oder weniger großem Zeitdruck. Dabei stellten wir fest, dass die Laufstrecken unter Zeitdruck zunehmen und zur Vorhand im Mittel über 4 m und zur Rückhand ca. 3,5 m betragen, mit Maximalwerten von 9-12 m. Grundsätzlich dominiert unter Zeitdruck eindeutig der Lauf zur Seite (speziell zur Vorhandseite) an der Grundlinie (81,1 %), während ein Sprint nach vorn (13,0 %) deutlich seltener eingefordert wird (Weber, et al., 2007).

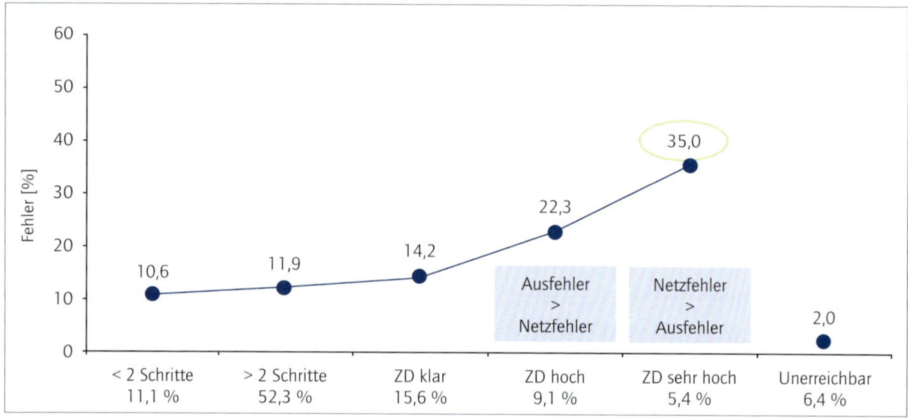


***Abb. 6:** Prozentuale Fehlerquote in Abhängigkeit von Laufstrecke und Zeitdruck (ZD) bei der Schlagvorbereitung (Ferrauti & Weber, 2009)*

Sowohl bei den Australian Open 2006 als auch bei den French Open 2007 stellten wir an jeweils repräsentativem, exklusivem Untersuchungsgut (jeweils alle Spiele im Viertelfinale, Halbfinale und Finale) fest, dass die Fehlerquote unter Zunahme des Zeitdrucks exponentiell ansteigt (Abb. 6). Schläge unter Zeitdruck haben demnach eine besondere Bedeutung für Sieg oder Niederlage im Tennis und bedürfen daher besonderer Beachtung, nicht nur im Technik- und Schnelligkeitstraining, sondern auch im tennisspezifischen Ausdauertraining (Ferrauti & Weber, 2009).

***ENERGIEBEREITSTELLUNG:*** In der Arbeitsmuskulatur erfolgt die Energiebereitstellung vorwiegend anaerob-alaktazid über die energiereichen Phosphate Adenosintriphosphat (ATP) und Kreatinphosphat (KP) (während des Ballwechsels) sowie aerob über den Abbau von Kohlenhydraten und teilweise Fetten (während der Pausen). Folglich bleibt die mittlere Blutlaktatkonzentration im Trainingseinzel gering (zwischen 1,8-2,8 mmol/l) und auch unter realen Turnierbedingungen werden im Durchschnitt nur 2,5-3,5 mmol/l erreicht. Der maximale Wettkampfbereich (Belastungsspitzen) liegt zwischen 6 und 8 mmol/l. Die Spielpausen sind demnach in der Regel lang genug, um Kreatin sowie Adenosinmonophosphat (AMP) und Adenosindiphosphat (ADP) über Atmungskette und oxidative Phosphorylierung zu den energiereichen Phosphaten Kreatinphosphat (KP) und Adenosintriphosphat (ATP) zu regenerieren. Die höhere laktazide Beanspruchung im Turniereinzel (20 % der Blutlaktatkonzentrationen über 4 mmol/l) kann auf die höhere Leistungsmotivation (und dadurch Spielintensität) und auf die stärkere adrenerge Stimulation (und dadurch ggf. höhere Muskelanspannung, geringere Bewegungsökonomie sowie katecholaminbedingte Aktivierung von Glykogenolyse und Glykolyse) zurückgeführt werden (Abb. 7).

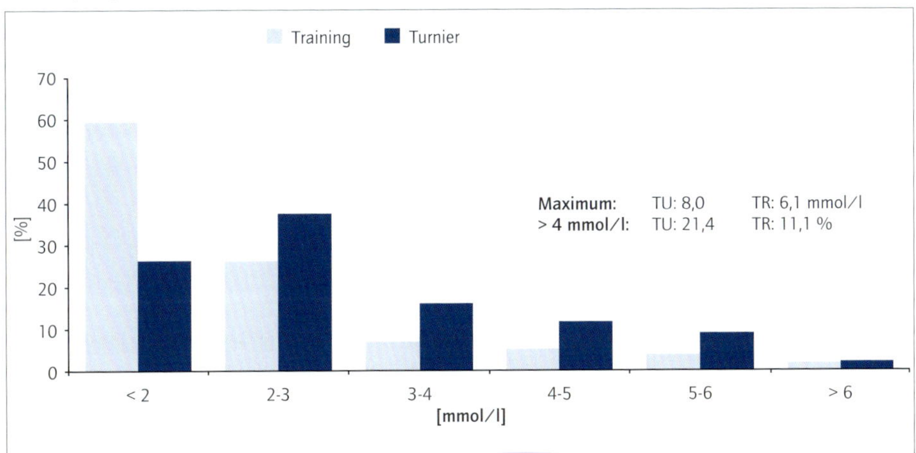


***Abb. 7:*** *Prozentuale Häufigkeit von Blutlaktatkonzentrationen in definierten Bereichen während eines Trainings- und Turniereinzels im Herrentennis (jeweils 70 Messungen bei 10 Spielern). Die gleichen Gegner absolvierten an einem zweiten Versuchstag im Anschluss an ein Mannschaftsturnier (Verbandsliga/Oberliga) ein Trainingseinzel gegen den gleichen Gegner*

Die aktuelle Blutlaktatkonzentration unterliegt im Matchverlauf erheblichen Schwankungen und kann als (weitgehend zufälliges) Resultat von Ballwechseldauer und -intensität sowie des Musters der aufeinanderfolgenden Ballwechsel betrachtet werden. Ein intensiver und lang andauernder Ballwechsel (gefolgt von drei kurzen Ballwechseln) reicht aus, um die Blutlaktatkonzentration von Spielern der regionalen Klasse dauerhaft auf ca. 4-5 mmol/l zu steigern (Abb. 8). Ein solches Muster ist typisch für den Tenniswettkampf auf internationalem Niveau (Abb. 4) und erklärt daher die dort üblicherweise gemessenen Blutlaktatkonzentrationen.

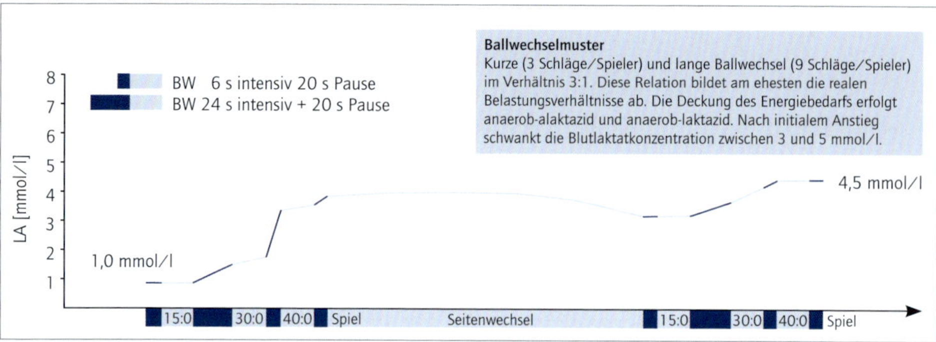


***Abb. 8:** Beispielhafte Entwicklung der Blutlaktatkonzentration im Verlauf von acht intensiven Einzelpunkten mit unterschiedlicher Dauer (2 Spiele) unterbrochen durch einen Seitenwechsel (Ferrauti & Weber, 2009)*

***SUBSTRATVERSTOFFWECHSLUNG:*** Die Energiebereitstellung wird im Tennissport in erster Linie von den Kohlenhydraten getragen (ca. 70-80 %). Deren Anteil an der Energiebereitstellung liegt bei gleichem kalorischen Gesamtumsatz beim Tennis deutlich höher als beim Jogging. Im Damentennis liegt die Fettoxidation grundsätzlich etwas höher als im Herrentennis. Der Fettanteil steigt mit fortschreitender Spieldauer an und kann nach 60-90 min bis zu 40 % erreichen. Bei Wettkämpfen mit langer Zeitdauer oder in dichter Folge werden vermehrt auch Eiweißbausteine (Aminosäuren) zur Energiebereitstellung herangezogen. Der Kalorienumsatz (brutto) beträgt im Tenniswettkampf bei männlichen Turnierspielern (ca. 80 kg) durchschnittlich ca. 600-800 Kilokalorien/Stunde entsprechend ca. 2.400-3.200 KJ/Stunde (Ferrauti, 1999).

***HÄMODYNAMIK:*** Das Herz-Kreislauf-System wird im Verlauf des gesamten Tenniswettkampfs mit ca. 60 % der maximalen Sauerstoffaufnahme vorrangig auf submaximalem Niveau belastet. Wegen der teilweise hohen psychischen und konzentrativen Belastungen liegt die mittlere Herzfrequenz im Aktivenalter im Gesamtdurchschnitt vergleichsweise hoch (ca. 160 Schläge/min), in einzelnen Spielphasen werden auch Herzfrequenzen von 180-200/ Schläge/min erreicht. Der systolische Blutdruck während des Wettkampfs beträgt beim Herrentennis im Mittel ca. 210 ± 30 mmHg. Blutdruckspitzenwerte jenseits von 250 mmHg sind keine Ausnahme und können ebenfalls auf die vergleichsweise hohe psychische Beanspruchung (Aktivierung des sympathischen Nervensystems) sowie auf die beachtlichen statischen Anteile bei der Muskelkontraktion zurückgeführt werden (Strüder et al., 1995).

***PSYCHISCHE BEANSPRUCHUNG:*** Untersuchungsergebnisse zur Katecholaminausscheidung im Urin sprechen dafür, dass die psychische Beanspruchung im Tennissport gegenüber anderen Freizeitaktivitäten wie Jogging (Ferrauti et al., 2001b) und Golf (Ferrauti et al., 1997) deutlich höher liegt. Ursächlich hierfür können die intervallförmige Belastungsstruktur mit teilweise hohen Belastungsspitzen, die Alleinverantwortlichkeit des Spielers (im Vergleich zum Mannschaftssport), die hohen motorischen Präzisionsanforderungen (nicht das maximale, sondern das optimale Aktivierungsniveau ist gefordert) und die Besonderheiten der Zählweise (kein Unentschieden, kein Spiel auf Zeit) angeführt werden. Unter Turnierbedingungen steigt die Adrenalinausscheidung um den Faktor 3,5 höher an, sodass eine leistungsbeeinträchtigende Diskrepanz der adrenergen Stimulation gegenüber der Trainingssituation entstehen kann (Abb. 9). Im Einzelfall leiden Tennisspieler im Turnier deshalb unter erheblichen Leistungseinschränkungen. Bis in die absolute Weltspitze (Daten aus mehreren Davis-Cup-Begegnungen liegen uns vor) kann dies als ein individuelles und über mehrere Matches überdauerndes Merkmal registriert werden (Ferrauti et al., 2001b), dem in der sportpsychologischen Betreuung nur begrenzte Interventionsmöglichkeiten gegenüberstehen.

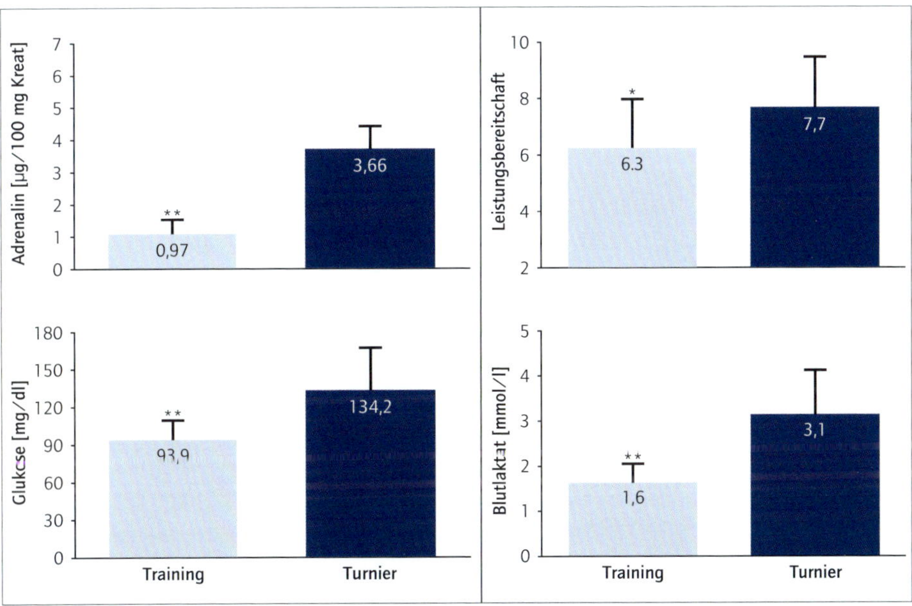


***Abb. 9:*** *Metabolische und motivationale Diskrepanz zwischen Trainingseinzel und Turniereinzel (Ferrauti et al., 2001b). Die gleichen Gegner traten zweimal gegeneinander an*

***LITERATURÜBERSICHT:***
***ASPEKTE DES BEANSPRUCHUNGSPROFILS IM TENNIS***

Der Tenniswettkampf ist gekennzeichnet durch eine intervallförmige Ganzkörperaktivität mit kurzen Phasen intensiver bis hochintensiver Belastung (4-10 s), unterbrochen durch kurze Pausen (10-20 s) zwischen den Punkten sowie längeren Pausen beim Seitenwechsel (60-90 s) (Fernández et al., 2006; Kovacs, 2007). Die Erholungsphasen sind seit 2002 durch die ITF-Regeln (International Tennis Federation, 2002) auf 20 s zwischen den Punkten und auf 90 s beim Seitenwechsel limitiert. Die Gesamtdauer eines Matches beträgt meist mindestens eine Stunde, im Durchschnitt 1,5 Stunden, sie kann jedoch in Einzelfällen auch weit darüber liegen (das Jahrhundertmatch zwischen John Isner, USA und Nicolas Mahut, FRA, in Wimbledon 2010 dauerte 11:05 Stunden). Die Nettospielzeit beträgt auf Sandplätzen 20-30 % und auf Hartplätzen 10-15 % (Fernández-Fernández et al., 2009; Kovacs, 2007). In dieser Zeit legt der Spieler im Mittel ca. 3 m Laufstrecke pro Schlag (80 % aller Schläge unter 2,5 m) und 8-15 m pro Punkt zurück. Hierbei absolviert er durchschnittlich 2,5-3 Schläge und vier Richtungswechsel. Bei 10-20 % aller Schläge nehmen Laufstrecke für die Schlagvorbereitung und Zeitdruck zu, sodass die Schlagausführung „aus dem Lauf" erfolgen muss (Ferrauti et al., 2003). Insgesamt absolviert ein Spieler zwischen 1.300 und 3.600 m pro Spielstunde (Fernández-Fernández et al., 2008; Deutsch et al., 1998; Murias et al., 2007; Parsons & Jones, 1998). Auf langsameren Bodenbelägen wie Sandplätzen steigt die Ballwechseldauer gegenüber Hartplätzen an (Morante & Brotherhood, 2006; Murias et al., 2007; O´Donoghue & Ingram, 2001), obwohl sich die Unterschiede in der vergangenen Dekade zunehmend angleichen (Brown & O'Donoghue, 2008; Fernández-Fernández et al., 2007 und 2008). Im Damentennis werden weniger Schläge pro Zeit, weniger Asse, weniger gewonnene Aufschlagspiele und mehr Doppelfehler beobachtet (Collinson & Hughes, 2003; O'Donoghue & Ingram, 2001). Trotzdem steigt die Athletik im Damentennis in den vergangenen Jahren erkennbar an (Aufschläge über 180 km/h sind inzwischen üblich) und es kommt zu einer zunehmenden Angleichung der Spielstruktur zwischen Damen- und Herrentennis (Brown & O'Donoghue, 2008).

### 1.1.3 Besonderheiten der Beanspruchung im Tennistraining

Grundsätzlich sollte die Qualität der körperlichen Beanspruchung im Training dem wettkampftypischen Beanspruchungsprofil möglichst nahekommen, damit neben der tennisspezifischen Technik und Taktik der Schläge und Beinarbeit auch die häufigsten Energiestoffwechselwege berücksichtigt werden. Diese trainingswissenschaftliche Grundregel überlässt der Sportpraxis einen weitreichenden Interpretationsspielraum, da hierdurch nicht eindeutig hervorgeht, ob die durchschnittliche Wettspielbeanspruchung, die mittlere Peakbeanspruchung oder die Maximalbeanspruchung gemeint ist. Ferner ist offen, ob das Training exakt das wechselhafte Beanspruchungsprofil simulieren oder (je nach Trainingsziel) vereinzelte Bereiche, wie zum Beispiel den hochintensiven Bereich, komprimiert und verdichtet thematisieren sollte. Schließlich bleibt völlig unklar, mit welchem Umfang und zu welchem Zeitpunkt im Mikro- und Makrozyklus bzw. in der Ganzjahresperiodisierung die verschiedenen Intensitätsbereiche angesteuert werden sollten (Abb. 10).

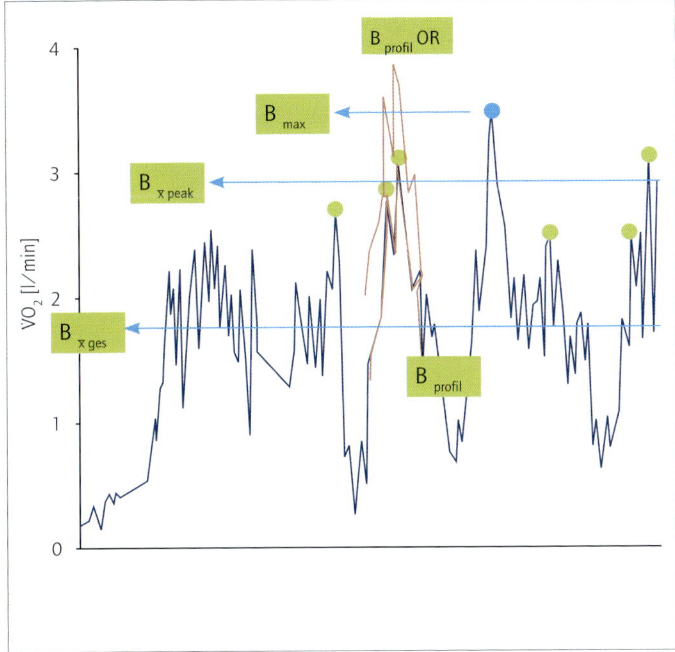


***Abb. 10:** Interpretationsmöglichkeiten des Beanspruchungsprofils im Tenniswettkampf für die Belastungssteuerung im Tennistraining (B)*

*$B\ x_{-ges}$: mittlere Beanspruchung*

*$B\ \bar{x}_{peak}$: mittlere Peakbeanspr. (grüne Punkte)*

*$B_{max}$: Maximalbeanspruchung (blauer Punkt)*

*$B_{profil}$: Simulation des Beanspruchungsprofils*

*$B_{profil}$ OR: verschärfte Simulation (Overreaching)*

Aus den genannten Gründen kann daher in der Praxis beinahe jede Trainingsintervention plausibel begründet werden. Da zudem ein erheblicher Mangel an trainingswissenschaftlichen Untersuchungen zu den kurz- und insbesondere mittel- und langfristigen Effekten verschiedener Trainingsinterventionen existiert, bleibt eine Verunsicherung über zweckmäßige Inhalte und Intensitäten im Tennistraining bestehen. Im Folgenden werden die national und international bestehenden Untersuchungsergebnisse zur Beanspruchung im Tennistraining präsentiert, um zumindest eine Groborientierung für die Ableitung von Trainingsempfehlungen zu ermöglichen.

In einem komplexen Untersuchungsansatz des eigenen Arbeitskreises wurden Trainingsformen zur Technikstabilisation (VH-Winner), zum Schnelligkeitstraining (Sprint+Schlag) und zum Drilltraining (VH/RH-Drill) sowie zu komplexen Spielformen (z. B. Baseliner) in verschiedenen Varianten mit zunehmender Schlagzahl pro Wiederholung unter kontrollierten Untersuchungsbedingungen auf ihre metabolischen und koordinativen Effekte überprüft (Ferrauti et al., 1999). Trainiert wurde jeweils in der Dreiergruppe (Belastungs-/Pausenverhältnis 1:2). Hierzu werden im Folgenden einige ausgewählte Ergebnisse vorgestellt:

***TRAININGSFORM „VH-WINNER":*** Das Ziel der Trainingsform liegt in der Stabilisierung des druckvollen und zugleich platzierten Vorhandwinners aus rückhandseitiger Grundlinienposition. Hierzu wird den Spielern abwechselnd zur Mittellinie und im direkten Anschluss zur Rückhandseite zugespielt. In mehreren Untersuchungsabschnitten wurden einem Spieler entweder vier, acht oder 12 Schläge hintereinander zugespielt. Jeweils zwei Spieler pausierten in dieser Zeit.

| | |
|---|---|
| Laufwege zur Schlagvorbereitung: | 2-3 m |
| Zeitdruck für die Schlagvorbereitung: | mittel |
| Schläge in Folge: | 4, 8, 12 |
| Belastungsdauer: | ca. 15, 30, 45 s |
| Pausendauer: | ca. 30, 45, 60 s |
| Gesamtschläge: | ca. 120 |

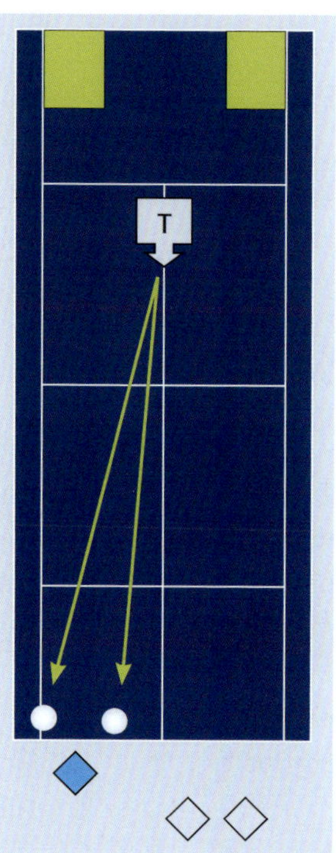


Die Ergebnisse belegen, dass bei Spielern der regionalen Klasse (Verbandsliga/Oberliga) bereits bei jeweils 12 Schlägen in Folge (ca. 45 s Belastungsdauer) über insgesamt 120 Schläge bei durchschnittlich 4-5 mmol/l Blutlaktat die Schlagschnelligkeit tendenziell geringer ausfällt als bei kürzeren Schlagfolgen (Abb. 11). Bei Schlagfolgen von 6-10 Schlägen erreichen die Spieler insgesamt die höchste Schlagqualität (Präzision und Geschwindigkeit). Sehr kurze Schlagfolgen mit nur vier Schlägen wurden von den Spielern subjektiv als ungünstig, als nicht rhythmisch empfunden.

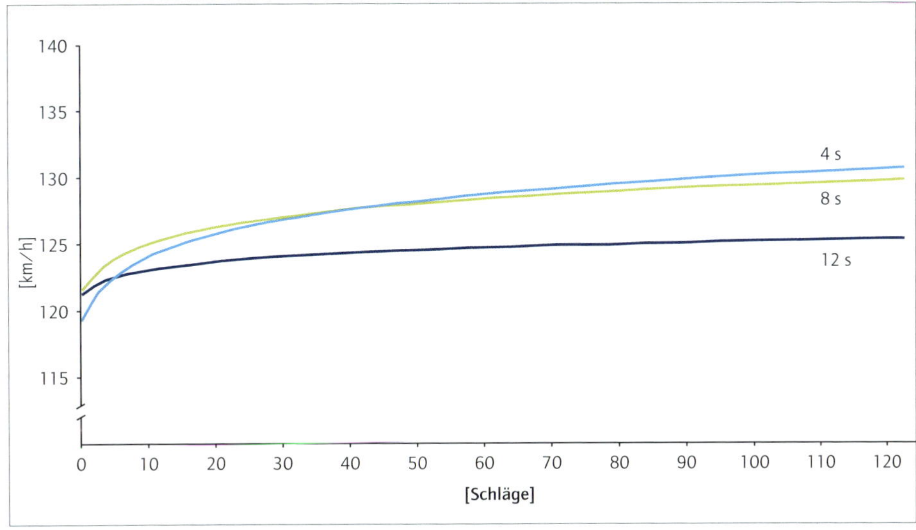


*Abb. 11: Entwicklung der Schlaggeschwindigkeit im Trainingsverlauf der Übung „VH-Winner" in Abhängigkeit von der Länge der Schlagfolgen*

***TRAININGSFORM „SPRINT+SCHLAG":*** Diese Trainingsformen zielen auf eine Verbesserung der tennisspezifischen Laufschnelligkeit ab. Dabei werden Schläge unter hohem/höchstem Zeitdruck absolviert. Hierzu werden die Bälle so zugespielt, dass sie im Sprint nur mit maximalem Einsatz erreicht werden können. Die Reizhöhe beläuft sich demnach im Idealfall auf 100 %. Hierbei stellt sich die Frage, über welchen Zeitraum (Reizdauer) eine derartige Reizhöhe gefordert werden kann (Anzahl der Schläge bzw. Sprints mit Richtungswechsel) und wie lang die notwendige Pausendauer bei gegebener Reizdauer ausfallen muss, ohne zu einer Verringerung der Trainingseffizienz zu führen. Bei der entsprechenden Belastungsdosierung ist zu bedenken, dass eine adäquate Reizsetzung auf das neuromuskuläre System nur solange besteht, wie eine hohe/maximale Laufschnelligkeit und Schlagqualität aufrechterhalten werden kann. Letzteres ist bei erhöhter Azidose nur schwer möglich.

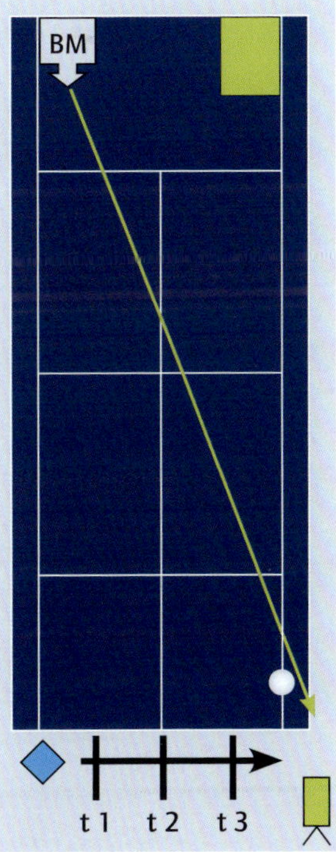


| | |
|---|---|
| Laufwege zur Schlagvorbereitung: | 1-3 x 4-8 m |
| Zeitdruck für die Schlagvorbereitung: | maximal |
| Schläge in Folge: | 1-3 |
| Richtungswechsel: | 0-2 |
| Belastungsdauer: | 3-9 s |
| Pausendauer: | 10-45 s |

Die Ergebnisse unserer Untersuchungen ergaben, dass bei einer Reizhöhe von 90-100 % und einer Belastungsdauer von 2-3 s (1-2 Schläge) eine minimale Pausendauer von ca. 15 s Dauer erforderlich ist, um einen Anstieg der Blutlaktatkonzentration auf 7-8 mmol/l (Abb. 12, unten) und signifikante Einbußen der Laufschnelligkeit beim Sprint zum Ball zu vermeiden. Erhöht sich die Reizdauer bei gleichbleibender Reizhöhe auf 3-5 s (drei Schläge), muss die entsprechende Pausendauer (eine aktive Pausengestaltung ist zu bevorzugen) sogar auf wenigstens 45 s ausgedehnt werden.

In einer flankierend hierzu durchgeführten Trainingsstudie speziell zur Übung „Passierballsprint" (Ferrauti et al., 2001c) erfolgte im Anschluss an einen maximalen 8-m-Sprint ein Passierschlag longline. Die Sprintzeiten wurden per Lichtschranken (t1-t3) gemessen. Verglichen wurden die Leistungen mit 10 s Pause zwischen den Sprints (entsprechend einem Training in der Zweiergruppe) und mit 15 s Pause (Dreiergruppe). Die Verringerung der Sprintschnelligkeit bei kurzer Pause (Abb. 12 oben) kann durch die unzureichende Wiederherstellung (oxidative Rephosphorylierung) der muskulären Kreatinphosphatkonzentration während der Pause und die dadurch bedingte Aktivierung der Glykolyse begründet werden. Die folglich steigenden Blutlaktatkonzentrationen (Abb. 12 unten) verursachen schließlich eine negative Feedbackhemmung der glykolytischen Flussrate und demzufolge eine Senkung der Sprintleistung. Auch die Schlaggeschwindigkeit sinkt unter diesen Umständen, da die Passierschläge wegen der verlangsamten Schlagvorbereitung bei schlechterer Stellung zum Ball absolviert werden (Abb. 12, oben).

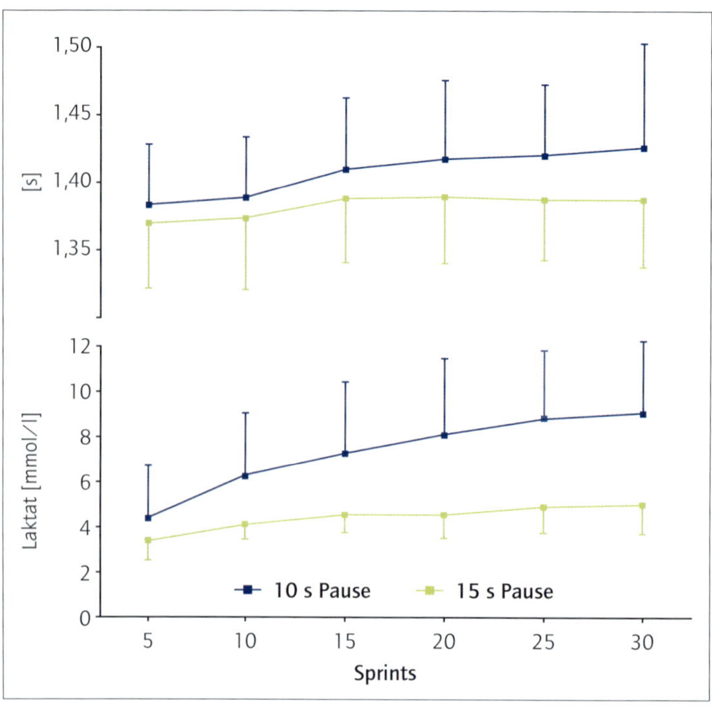


*Abb. 12: Entwicklung von Laufgeschwindigkeit (t3, oben) und Blutlaktatkonzentration im Trainingsverlauf der Übung „Passierballsprint" in Abhängigkeit von der Pausendauer*

***TRAININGSFORM „VH/RH-DRILL":*** Das Ziel der Trainingsform besteht darin, häufig auftretende Schlagkombinationen unter maximaler metabolischer Wettkampfbeanspruchung einzuüben und zu ökonomisieren. Gleichzeitig soll die tennisspezifische Schnelligkeitsausdauer und die Belastungsverträglichkeit bzw. Willensstärke erhöht werden. Hierzu spielt der Trainer mehrere Bälle hintereinander in unsystematischer Reihenfolge auf Vorhand und Rückhand unter Variation von Richtung, Länge, Tempo und Drall des Zuspiels zu.

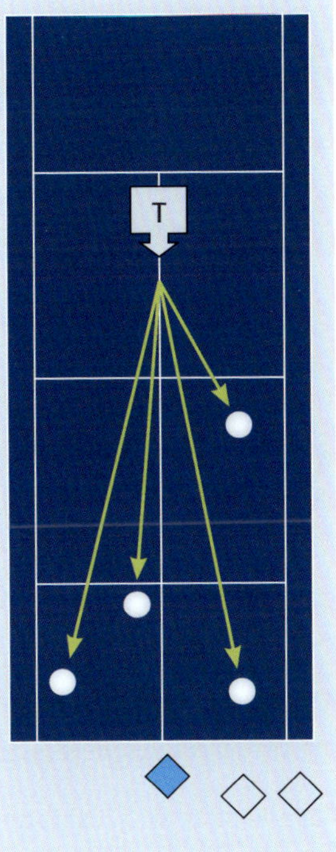


| | |
|---|---|
| Laufwege zur Schlagvorbereitung: | 4-8 m |
| Zeitdruck für die Schlagvorbereitung: | submaximal |
| Schläge in Folge: | 4-8 oder mehr |
| Richtungswechsel: | 3-7 oder mehr |
| Belastungsdauer: | 15-30 s |
| Pausendauer: | 45-90 s |

Beim Vergleich von Drillvarianten mit 4-8 Schlägen in Folge in der Dreiergruppe (Verbandsliga/Oberliga) fällt auf, dass beim Drill mit acht Schlägen die mittlere Blutlaktatkonzentration auf ca. 10 mmol/l ansteigt und im Einzelfall knapp 15 mmol/l erreicht werden. Dieser Azidosebereich wird unter Wettkampfbedingungen niemals erreicht (Abb. 13). Trotz dieser Tatsache und der unvermeidlichen Einbuße an Schlagqualität und Laufschnelligkeit im Trainingsverlauf findet gerade diese Form des Drilltrainings national und international von Trainern und Spielern eine hohe Akzeptanz und Verbreitung und verlangt daher eine vertiefende Betrachtung.

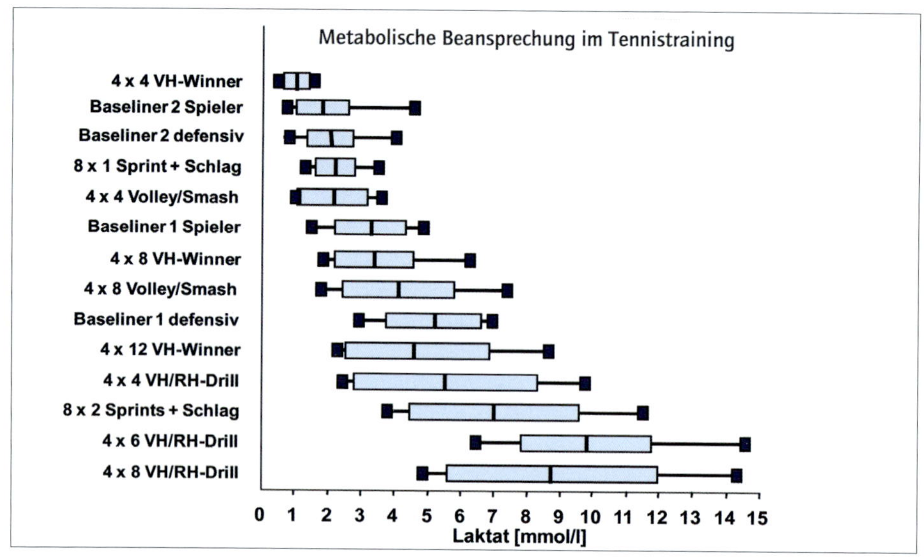


*Abb. 13: Blutlaktatkonzentration bei unterschiedlichen Trainings- und Spielformen in Abhängigkeit von der Belastungsdauer (Schlagzahl pro Wiederholung) (Ferrauti et al., 1999)*

Auch Reid et al., (2008) untersuchten die physiologischen Reaktionen von vier typische, intensiven Trainingsdrills (On-Court-Drills) im Tennis, die entweder mit einer Belastungsdauer von 30 s oder sogar 60 s absolviert werden mussten (bei jeweils 30 s Pause). Die Blutlaktatkonzentrationen differierten zwischen den Trainingsformen im Mittel zwischen 4,5 und 10,5 mmol/l, sodass die Autoren eine Nähe zum maximalen Wettkampfbereich konstatierten. Die Verlängerung der Belastungsdauer auf 60 s verursachte eine Steigerung der Belastungsreaktionen und eine Senkung von Schlaggeschwindigkeit und Schlagpräzision. Eine wertende Stellungnahme zu dieser Tatsache blieb von den Autoren jedoch aus. Festzustellen ist, dass die klassischen Belastungsnormative auch im Tennistraining zur Belastungsdosierung geeignet sind. Offen bleibt jedoch auch in dieser Studie die Definition einer geeigneten Zielgröße für die Belastungssteuerung.

In einer weiteren Trainingsstudie widmeten sich Fernández-Fernández et al. (2010) dem Einfluss des Bodenbelags auf die Intensität im Tennistraining. Überraschenderweise stellten die Autoren fest, dass, im Gegensatz zum Tenniswettkampf, bei standardisierten Trainingsformen keine Unterschiede zwischen einem Training auf Sandplätzen oder auf schnellem Teppichboden feststellbar sind. Offensichtlich spielt der Bodenbelag auf die Spieltaktik, anders als im Wettspiel, bei definierten Zuspielformen im Training keinen nennenswerten Einfluss auf die Reizhöhe. Energetische Unterschiede im Abdruckverhalten beim Richtungswechsel (Rutschen auf Sandplätzen) sind ebenfalls von untergeordneter Bedeutung.

Ein hochinteressanter weiterer Aspekt dieser Studie bezieht sich auf die enorme Bedeutung der Schlaghärte für den Energieumsatz in Tenniswettkampf und -training. So stellten die

Autoren fest, dass die Aneinanderreihung von maximalen VH- oder RH-Schlägen „aus dem Stand", also ohne nennenswerte Laufwege, zu einer erheblichen metabolischen Beanspruchung führt und die maximale Sauerstoffaufnahme zu 80-90 % auslastet (Abb. 3). Dies ist im Training zu berücksichtigen, wenn sowohl maximale Lauf- als auch Schlagaktivitäten gefordert werden. Nach den vorliegenden Befunden schließt sich beides weitgehend gegenseitig aus. Gleichzeitig wird die besondere energetische Bedeutung der Arbeitsmuskulatur von Rumpf und oberen Extremitäten im Tennissport deutlich. Für die Trainingssteuerung bedeutet dies, dass, neben einem reinen Lauftraining, immer auch eine komplexe tennisspezifische Ganzkörperbeanspruchung zu fordern ist.

***DISKUSSION ZUR BEANSPRUCHUNG IM TENNISTRAINING:*** Die vorliegenden Untersuchungsergebnisse stehen teilweise im Widerspruch zu gängigen Leitbildern und Empfehlungen in der nationalen und internationalen Trainingspraxis. Die enge und ausschließliche Orientierung des Tennistrainings an der metabolischen, strukturellen und koordinativen Beanspruchung im Tenniswettkampf wird in der Praxis seit Langem abgelehnt. Zahlreiche Drills überschreiten daher regelmäßig auch die maximalen metabolischen (> 10 mmol/l Blutlaktat), strukturellen (> 50 s Belastungsdauer) bzw. koordinativen Wettkampfanforderungen (bis zu 150 Schläge in Folge) (Abb. 11). Diese Trainingsinhalte erfahren in abgeschwächter und modifizierter Form unter der Bezeichnung „High-Intensity Endurance Training" oder „Repeated Sprint Ability Training" (Fernández-Fernández et al., 2011) auch von theoretischer Seite Zuspruch (Kap. 8).

„Extremdrills" werden damit begründet, dass aus der Mischung von hochintensiver Belastungsverträglichkeit (weit über das im Wettkampf geforderte Maß hinaus) und koordinativer Perfektionierung (maximale Automatisierung von Schlag- und Laufbewegungen durch unzählige Schlagwiederholungen) eine vollständig stabile mentale und motorische Sicherheit gegenüber den arrhythmischen und unvorhersehbar kurze, aber hochpräzisen Wettspielanforderungen entsteht. Dieses Bestreben ist zunächst als ein sinnvolles Leitbild zu akzeptieren, auch wenn kurzfristige Einbußen der Schlag- und Laufgeschwindigkeit im Trainingsverlauf unter diesen Bedingungen unvermeidlich sind und eine Fokussierung auf die extremen Qualitäts- und Präzisionsanforderungen jedes einzelnen Schlags im Match unterbleibt. Ferner besteht bei akuter Übersäuerung der Arbeitsmuskulatur (z. B. Blutlaktatwerte über 10 mmol/l) die Gefahr, dass sich der Tennisspieler noch während der Trainingsform oder spätestens bei der nächsten Trainingsübung in seiner Bewegungsdynamik schont und sich die koordinativen Fehlleistungen häufen. Bei chronischer Übersäuerung an mehreren Trainingstagen innerhalb einer Woche leidet der Trainingsumfang sowie die Effizienz, gegebenenfalls im Gefolge mit Übertrainingssyndrom und Leistungsstagnation bzw. -rückschritt.

Als ein möglicher Kompromiss beider Trainingsphilosophien sollte im Rahmen der langfristigen Trainingssteuerung berücksichtigt werden, dass mit zunehmender Annäherung an die entscheidende Turnierphase das matchnahe Training vermehrt in den Vordergrund und das undifferenzierte, extreme Drilltraining in den Hintergrund rückt. Hierunter verstehen wir die gleichzeitige Optimierung von Laufschnelligkeit und Schlagqualität (maximale Präzision und Geschwindigkeit) durch die Vorgabe von trennscharfen Zielbereichen zur Präzisionskontrolle und eine angemessene Belastungssteuerung.

***PRAXISTIPPS:***

1. Für ein Techniktraining unter höchstem Präzisions- und Qualitätsdruck und maximaler Schlaggeschwindigkeit sind Schlagfolgen mittlerer Länge (6-10) zu bevorzugen.

2. Ein effizientes Schnelligkeitstraining beinhaltet maximal 2-3 Schläge in Folge (1-2 Richtungswechsel) unter höchstem Zeitdruck. Die Pausendauer beläuft sich bei maximaler Reizhöhe und einer Reizdauer von 2-3 s auf mindestens 15 s und bei einer Reizdauer von 5-6 s auf mindestens 45 s.

3. Beim Drilltraining mit langen Laufwegen unter submaximalem Zeitdruck wird der maximale Wettkampfbereich (8-10 mmol/l Blutlaktat) mit 6-8 Schlägen in unmittelbarer Folge (bei 30-45 s Pause zwischen den Wiederholungen) exakt angesteuert. Spieler der nationalen und internationalen Klasse tolerieren bei gleicher Pausendauer und Reizhöhe 8-12 Schläge in Folge.

4. Längere Schlagfolgen (30-150 Schläge) mit submaximaler Reizhöhe und geringen Laufwegen vermitteln dem Spieler metabolisch, motorisch und mental ein wertvolles Gefühl der Sicherheit. Sie sind im Rahmen der Saisonvorbereitung und punktuell auch während der Saison individuell angemessen einzusetzen.

# 1.2 Leistungssteuerung und Leistungsdiagnostik im Tennis

## 1.2.1 Möglichkeiten und Grenzen der Leistungssteuerung im Tennis

Kybernetische Konzepte der Leistungssteuerung (Abb. 14) basieren zunächst auf einer detaillierten Analyse des Beanspruchungsprofils im Wettkampf (vgl. Hohmann et al., 2002). Nur auf diese Weise kann die Entwicklung einer validen Leistungsdiagnostik vorangetrieben und eine Übereinstimmung bzw. Annäherung der Trainingsinhalte an die im Wettkampf geforderten Beanspruchungen erzielt werden. Durch eine differenzierte Leistungsdiagnostik und den stetigen Vergleich der individuellen Leistungsfähigkeit mit geschlechts- und altersentsprechenden Normwerten (Ist-Soll-Vergleich) können die Trainingsinterventionen auf ihre Wirksamkeit hin überprüft und ggf. neu justiert werden. Im Idealfall steigt die Leistung (P) des Spielers nach stetiger Wiederholung dieses Vorgangs kontinuierlich und linear im Zeitverlauf an (Abb. 14a). Dieser idealisierte Verlauf wird in den Sportspielen aus verschiedenen Gründen niemals erreicht. Vielmehr unterliegt die Gesamtleistung eines Spielers zumeist unerklärlichen Schwankungen. Leistungssteigerungen stellen sich vielfach erst zeitverzögert ein und fordern von Trainern, Spielern und Betreuern bzw. Eltern sehr viel gegenseitiges Vertrauen und Geduld (Abb. 14b).

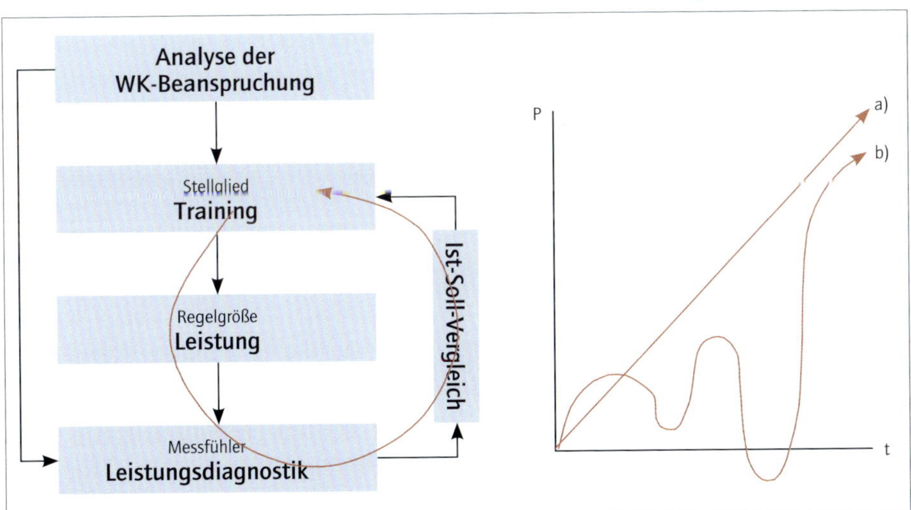


***Abb. 14:** Modell zur Leistungssteuerung im Tennis*

Die Ursache für diese Besonderheit der Sportspiele im Vergleich zu zahlreichen Individualsportarten liegt primär in der Komplexität des Anforderungsprofils (Abb. 15). So führt eine Veränderung der Schlagtechnik im Tennis (beispielsweise minimale Griffänderungen oder Umstellungen auf die einhändige Rückhand) zunächst unweigerlich zu Einbußen der komplexen Spielleistung (Spielerfolg und Spieleffizienz). Auch eine Schwerpunktsetzung auf konditionelle Aspekte des Trainings (z. B. Kraftaufbautraining) kann eine passagere negative Feedbackwirkung auf die in der Hierarchie an oberster Stelle stehenden leistungslimitierenden Faktoren besitzen, da in dieser Zeit geringere Trainingsumfang der komplexen Spielleistung gewidmet werden kann (Abb. 16).

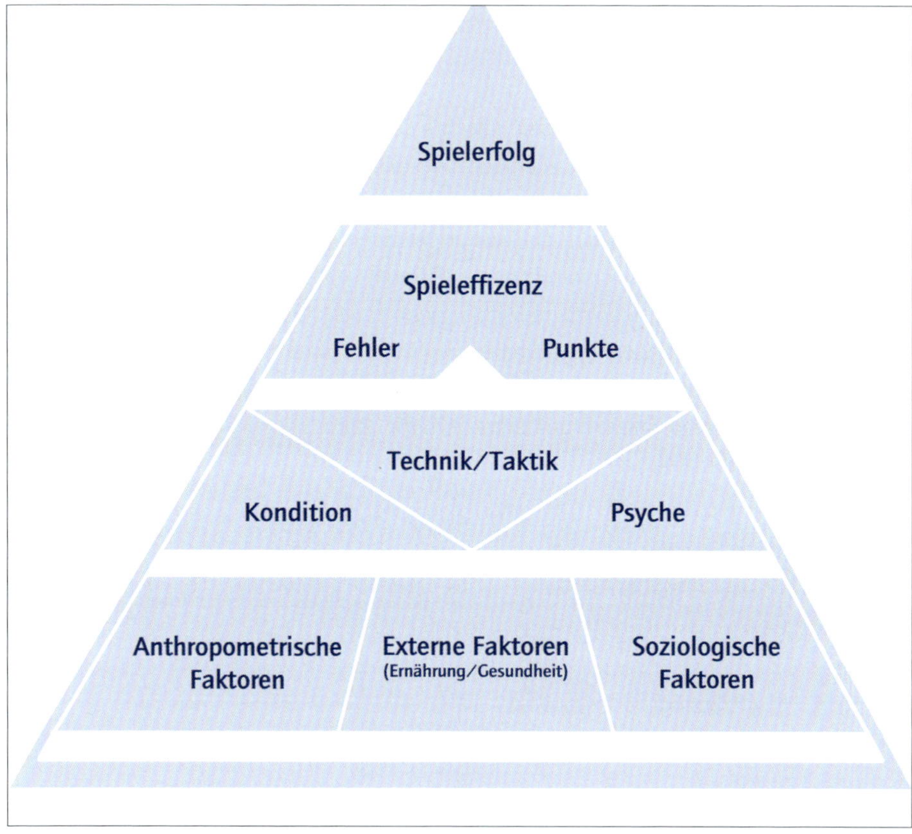


***Abb. 15:** Hierarchisierungsmodell zu den leistungslimitierenden Faktoren in den Sportspielen (mod. nach Hohmann & Brack, 1983)*

In der Konsequenz dieser Problematik liegt der Schwerpunkt der Trainingsinterventionen im Tennissport leider häufig einzig in der Optimierung der komplexen Spielleistung. Dies gilt bereits für Nachwuchsspieler in den jüngsten Altersklassen (U 10-U 12), da bereits hier vielfach der kurzfristige Turniererfolg höher gewichtet wird, als die langfristige Leistungsentwicklung. Trotz schlagtechnischer Defizite (z. B. Volleyspiel), spieltaktischer Einseitigkeiten (z. B. fehlende Variationsmöglichkeiten) und unzureichenden konditionellen Voraussetzungen (z. B. Kraft und Schnellkraft) sind bei einseitig ausgerichteter Verbesserung der Spieleffizienz (günstige Fehler-Punkte-Relation) und intensiver Turnierteilnahme kurzfristig höchste Ranglistenpositionen erreichbar. Fragwürdig bleibt in diesem Zusammenhang jedoch die langfristige Entwicklungsperspektive auf internationalem Niveau.

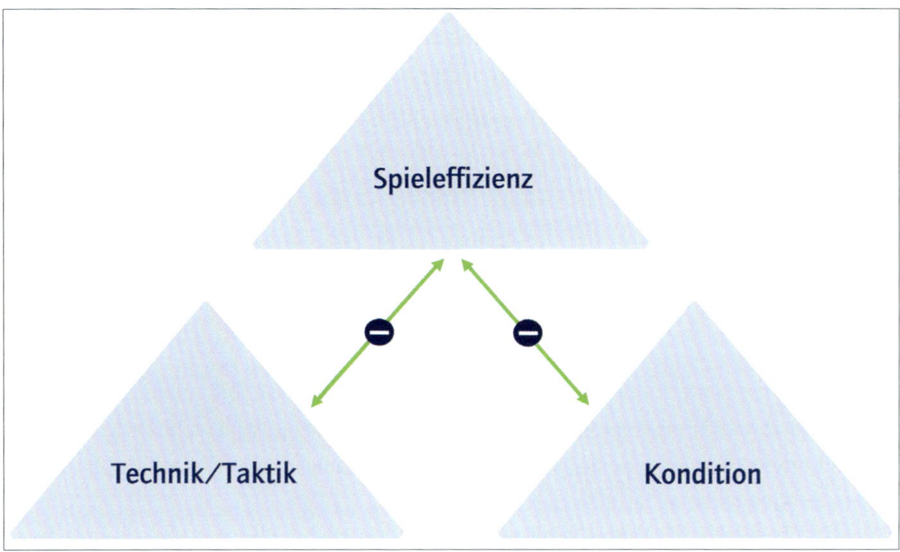


***Abb. 16:*** *Vorübergehende negative Feedbackeinflüsse des Grundlagentrainings im Tennis auf die komplexe Spielleistung*

Zur Vorbeugung dieser Fehlentwicklung müssen die aufgezeigten Besonderheiten der Leistungsentwicklung im Tennis auf allen Ebenen des sozialen Umfelds von Nachwuchstennisspielern vermittelt werden. Ferner sind geeignete leistungsdiagnostische Verfahren und Organisationsstrukturen erforderlich, damit das Konditionstraining zielgerichtet die individuellen Defizite berücksichtigt und dadurch auf ein Minimum an zeitlichem Umfang reduziert werden kann. Nur so kann die Regel „nur so viel Konditionstraining wie unbedingt nötig" beherzigt und dem zentralen Bemühen um eine Optimierung der komplexen Spielleistung ausreichend Zeit gewidmet werden.

## 1.2.2 Leistungsdiagnostik und der DTB-Konditionstest

Die Entwicklung geeigneter Testverfahren bezieht sich insbesondere auf den Bereich der konditionellen Faktoren, da diese am ehesten unter Einhaltung der Testgütekriterien (speziell Reliabilität und Validität) erfasst werden können. Ferner besteht gerade im Konditionstraining von Nachwuchstennisspielern die Gefahr der Vernachlässigung, sodass eine Objektivierung von individuellen Defiziten und eine Verlaufsanalyse im zeitlichen Längsschnitt von besonderer Bedeutung ist. Dies betrifft sowohl die Optimierung leistungsrelevanter konditioneller Faktoren (z. B. Laufschnelligkeit, Sprungkraft und tennisspezifische Ausdauer) als auch die Erfassung präventivmedizinisch bedeutsamer konditioneller Faktoren (z. B. Rumpfkraft und Beweglichkeit).

Der Deutsche Tennis Bund ist demnach seit vielen Jahren bestrebt, eine regelmäßige und einheitliche Leistungsdiagnostik in allen Landesverbänden, beginnend auf der D-Kaderebene, zu installieren. Beispiele hierfür sind der „Konditionstest-Tennis", kurz KTT (Bös, Wohlmann & Schulz, 2004) und die Bemühungen von Stockhausen (et al.,1997) für eine interdisziplinäre Leistungsdiagnostik. In der gleichen Weise bemüht sich auch eine Arbeitsgruppe von Sportwissenschaftlern der International Tennis Federation, einen international akzeptierten Konsens zu einer einheitlichen Testbatterie für Tennisspieler zu formulieren (Reid et al., 2003). Entsprechende Initiativen scheiterten bislang zumeist an den individuellen nationalen oder regionalen Bedürfnissen, an geeigneten Organisationsstrukturen und auch an der Bereitschaft von Landes- und Dachverbänden, sich einer einheitlichen Vorgehensweise unterzuordnen.

Eine aktuell realisierte Initiative versucht, dem beschriebenen Defizit zumindest innerhalb der Grenzen des DTB unter der Bezeichnung „DTB-Konditionstest" zur Optimierung der athletischen Entwicklung unserer Nachwuchsathleten (D/C-Kaderspieler der Landesverbände) zu begegnen (Ulbricht et al., 2011).

Mit hohem organisatorischen Aufwand wird die Testung mit einheitlichen Testmaterialien und Messverfahren vom Zentrum für Diagnostik und Intervention (ZeDI) der Ruhr-Universität Bochum (RUB) 2x pro Jahr dezentral in den Stützpunkten der Landesverbände durchgeführt. Die Daten fließen in eine stetig expandierende Datenbank unter Leitung des DTB ein. Leistungsbeurteilungen erfolgen anhand von Normprofilen für Halbjahrgänge nach chronologischem und biologischem Alter, um den erheblichen körperlichen Entwicklungen in den Altersklassen U 12 bis U 16 Rechnung zu tragen.

Die Vorteile dieses Konzepts bestehen insbesondere in der einheitlichen Durchführung und der stetigen Qualitätskontrolle der Testung und der dadurch besseren Vergleichbarkeit und Normierbarkeit der Ergebnisse. Hierdurch kann auf allen Seiten (DTB, Landesverbände, Spieler und Eltern) eine dauerhaft hohe Motivation zur Testteilnahme erwartet werden. Durch Dokumentation und Rückmeldung der Leistungsentwicklung, der Weiterentwicklung von Verfahren der Trainingsdokumentation sowie durch die Handreichung von videogestützten praktischen Trainingsempfehlungen für ausgewählte Trainingsziele soll die Motivation zum Athletiktraining neben dem Tennistraining gesteigert und zusätzliche Aktivitäten unserer Nachwuchsspieler auch neben dem Verbandstraining (z. B. als Heimprogramm) initiiert werden.

Die Testzeiträume sind September/Oktober (Herbst) und März/April (Frühjahr). In den jeweiligen Zeiträumen bereist das Testteam alle Landesverbände. In jedem Landesverband wird gewöhnlich an einem Nachmittag getestet. Dabei passiert jeder einzelne Spieler in einer Dreiergruppe vier Teststationen (Abb. 17).

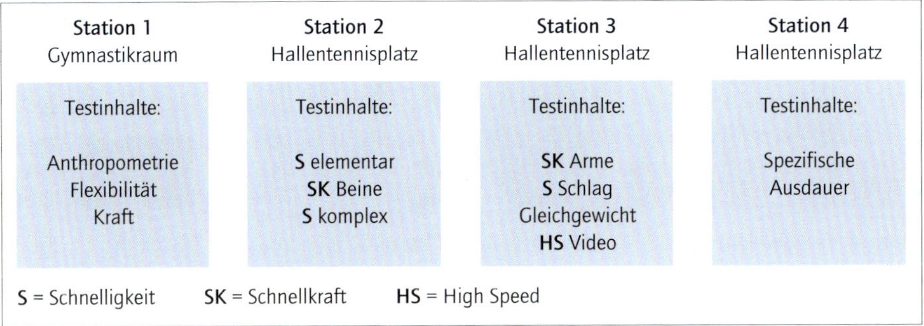


***Abb. 17:** Teststationen im Überblick*

***ÜBERBLICK ÜBER DIE EINZELTESTS:*** Inhaltlich berücksichtigt die Testbatterie die Bereiche Anthropometrie, Beweglichkeit, Gleichgewichtsfähigkeit, Kraft (u. a. Handkraft und Rumpfkraft), Laufschnelligkeit (Antritts- und Beschleunigungsfähigkeit mit und ohne Richtungswechsel), Sprungfähigkeit (Schnellkraft und Reaktivkraft), Medizinball-Wurfkraft, Aufschlaggeschwindigkeit und tennisspezifische Ausdauer. Die Testbatterie deckt sowohl allgemeine als auch tennisspezifische Inhalte ab. Zur Datenerhebung fungieren sowohl komplexe apparative Messverfahren (u. a. Lichtschranken, Radarmessystem, Beschleunigungssensoren) als auch einfache, praxisnahe Instrumente (Zollstock, Maßband, Stoppuhr). Hierdurch werden auch die Bezirke und Vereine in die Lage versetzt, ausgewählte Tests in Eigeninitiative zu organisieren und die vorliegenden Normprofile als Vergleichsgrundlage zu nutzen. Einen konkreten Überblick über alle Einzeltests und die erhobenen Normwerte zur Leistungsfähigkeit gibt die Homepage des Deutschen Tennis Bundes.

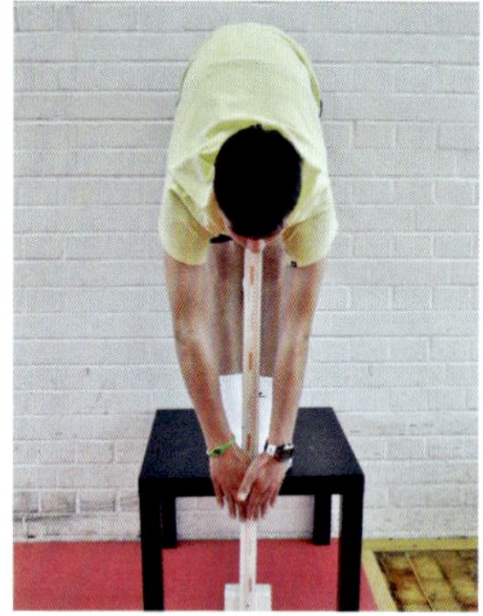

***Abb. 18:*** *Rumpfbeuge*

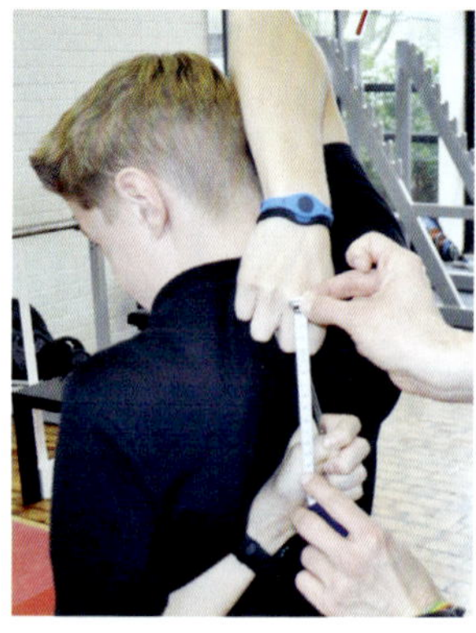

***Abb. 19:*** *Schulterbeweglichkeit*

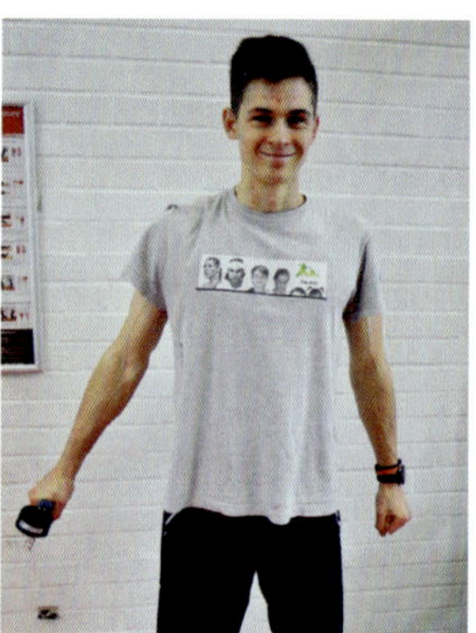

***Abb. 20:*** *Handkraft*

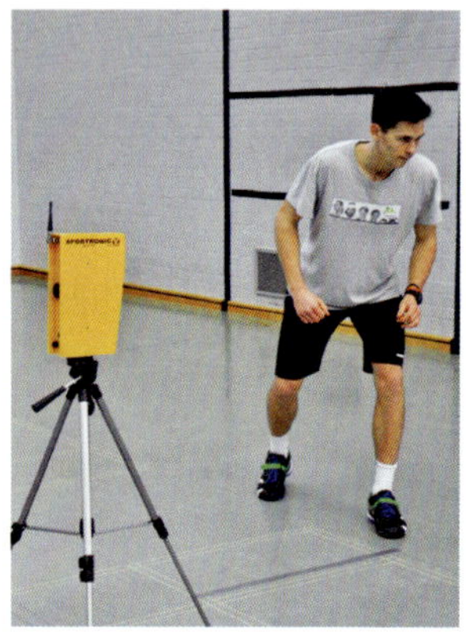

***Abb. 21:*** *Linearsprint*

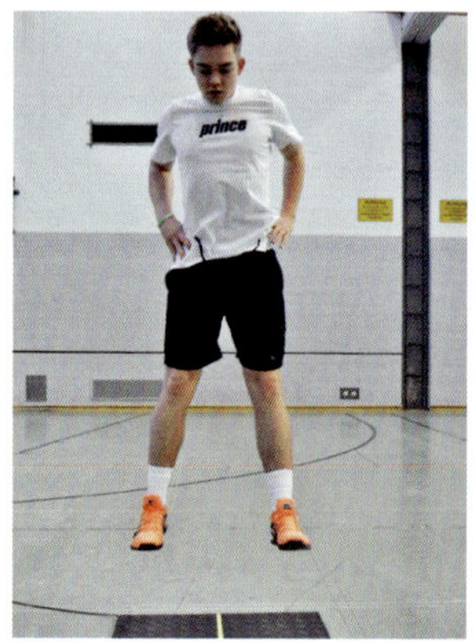


***Abb. 22:*** *Counter Movement Jump*

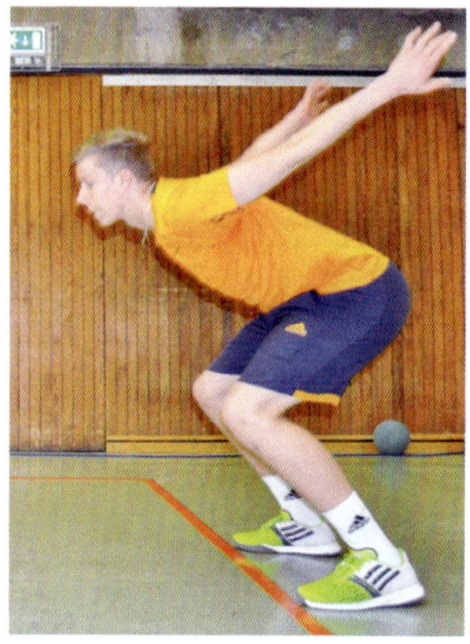

***Abb. 23:*** *Standweitsprung*

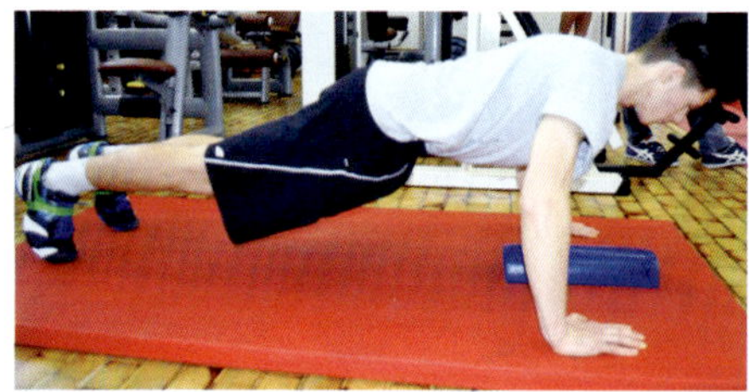

***Abb. 24:*** *Liegestütz Ausgangsposition*

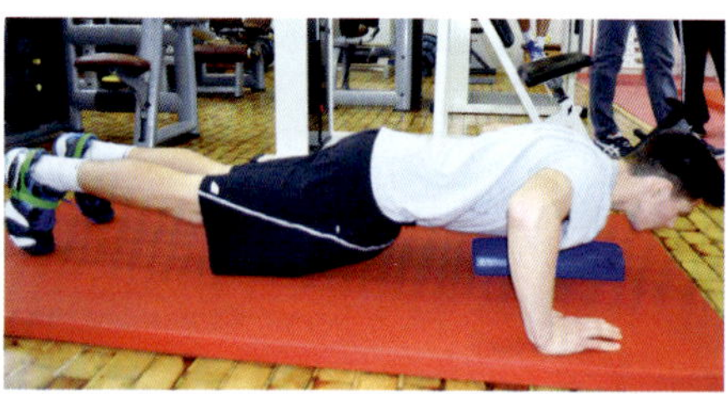

***Abb. 25:*** *Liegestütz Endposition*

***Abb. 26:*** *Medizinballwurf & Aufschlag-Test*

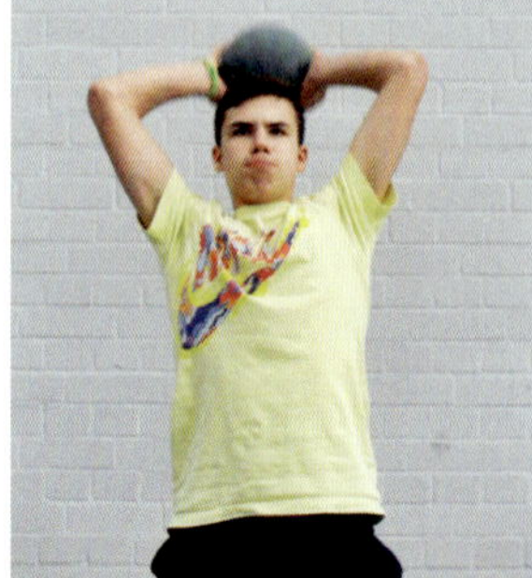

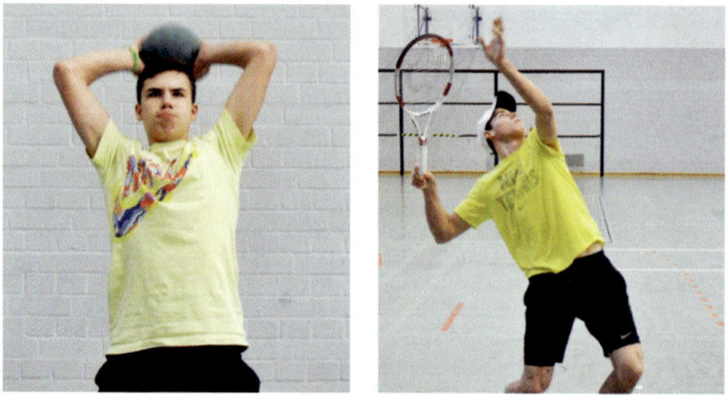

***RUMPFKRAFTTESTS:*** Drei Tests zielen auf die Erfassung der Kraftausdauer von gerader Bauchmuskulatur (Bauchtest), oberem Rücken- und Schulterbereich (Rückentest) sowie Brust-, Schulter- und Armmuskulatur (Liegestütz). Einheitlich wird der Bewegungsumfang im Testablauf exakt standardisiert. Auch die Bewegungsgeschwindigkeit wird mittels eines Pacers exakt auf eine Taktfolge mit 1,0 s Dauer pro Bewegungsrichtung vorgegeben. In dieser Zeit erfolgt eine kontrollierte Bewegungsausführung bis zur Erschöpfung.

Beim *Bauchtest* müssen mit rechtwinklig aufgestellten Beinen und seitlich gestreckten Armen zwei Kontrollschieber über eine Strecke von 10 cm durch Auf- und Abwärtsbewegungen des Oberkörpers vor- und zurückbewegt werden, ohne dass die Schulterblätter vollständig Bodenkontakt erhalten.

Beim *Rückentest* hebt der Proband in Bauchlage die gestreckten Beine, den Oberkörper und die rechtwinklig gebeugten Arme vom Boden ab. Mit zwei Kleinhanteln (in allen Altersklassen 1,0 kg) in den Händen werden die Arme 10 cm oberhalb des Bodens abwechselnd gestreckt und gebeugt (Abb. 27). Sobald die Taktvorgabe nicht mehr eingehalten werden kann, wird der Test abgebrochen und die maximale Wiederholungszahl notiert.

**Benötigte Geräte/Hilfsmittel**
Gymnastikmatte, Pacer, Kontrollkissen, Kontrollschieber sowie 1,0-kg-Kleinhanteln.

**Parameter/Messgrößen**
Maximale korrekte Wiederholungzahl [n].

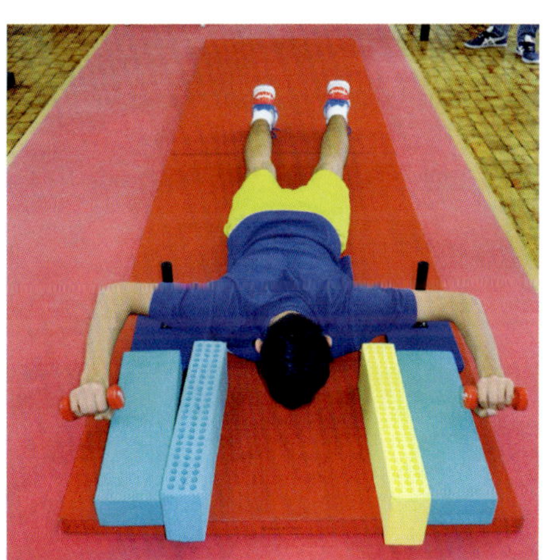
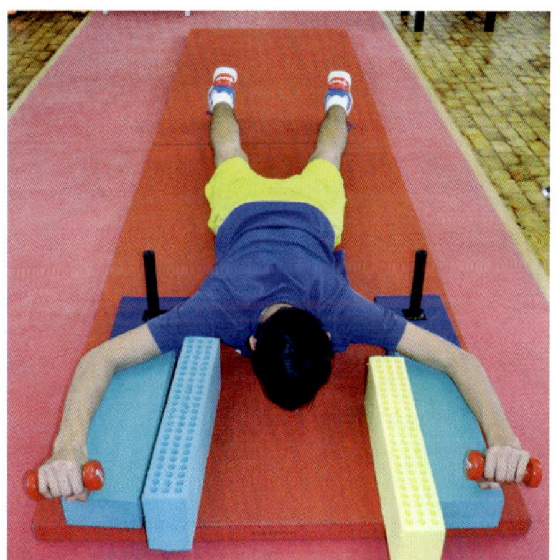

***Abb. 27:*** *Ausgangs- und Endposition bei der Durchführung des Rückentests*

***SCHNELLIGKEITSTESTS:*** Zwei komplexe Laufschnelligkeitstests werden absolviert. Der 20-m-*Linearsprint* (mit 5-m und 10-m-Zwischenzeitmessung) dient der Erfassung der allgemeinen Start- und Beschleunigungsfähigkeit. Der Richtungswechselsprint dient der Erfassung der tennisspezifischen Laufschnelligkeit.

Beim Linearsprint nimmt der Proband in aufrechter seitlicher Schrittstellung seine Startposition mit der vorderen Fußspitze exakt hinter einer Linie ein, die genau 50 cm hinter der Startlichtschranke auf dem Boden markiert ist. Ohne Startkommando startet der Spieler selbstständig und absolviert schnellstmöglich eine Laufstrecke von 20 m. In genau 5 m, 10 m und 20 m Abstand von der Startlichtschranke sind weitere Lichtschranken zur Registrierung von Zwischenzeiten und Endzeit ausgerichtet. Jeder Spieler absolviert nach einem Vorversuch zwei Wertungsdurchgänge mit ausreichender Pause.

Beim Richtungswechselsprint positioniert sich der Proband mit Tennisschläger in Grundstellung in der Mitte der Grundlinie und achtet auf die Startampel (Abb. 28). Auf dieser wird durch den Testleiter per Funk eine Leuchtdiode rechts oder links betätigt. Der Proband sprintet nach diesem Startsignal so schnell wie möglich nach rechts (VH-Seite des Rechtshänders) oder nach links (RH), absolviert dort einen Notschlag mit VH oder RH gegen das dort platzierte Ballpendel und sprintet anschließend maximal schnell zur Gegenseite, absolviert dort einen zweiten Schlag „aus vollem Lauf" und läuft anschließend aus (Abb. 28). Jeder Spieler absolviert nach einem Vorversuch zwei Wertungsdurchgänge zur VH- und RH-Seite. Die Reihenfolge ist festgelegt und wird dem Spieler bekannt gegeben.

**Benötigte Geräte/Hilfsmittel**

Lichtschrankensystem mit vier funkgesteuerten Doppel-Lichttastern auf Stativen, 2-m-Maßband, Klebeband, Software zur Messwerterfassung und große digitale Anzeigetafel.

**Parameter/Messgrößen**

Linearsprint: Bestzeiten über 5 m, 10 m, 20 m, sowie Differenzzeiten [s].

Richtungswechselsprint: Bestzeiten über Richtungswechsel und Gesamtzeit jeweils in [s].

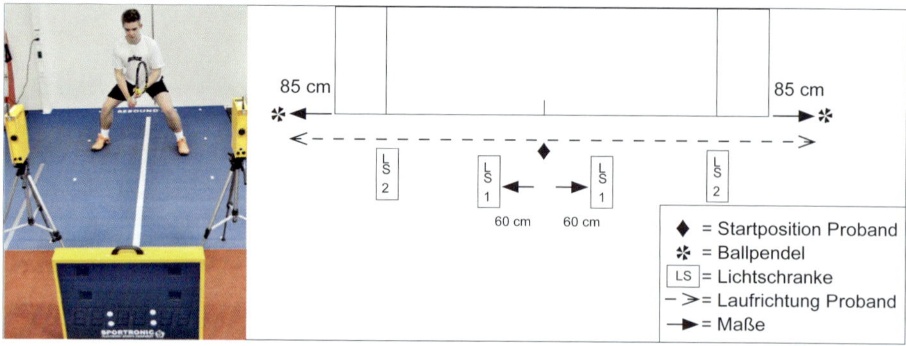


***Abb. 28:*** *Richtungswechselsprint*

*SPRUNGKRAFTTESTS:* Drei Sprungkrafttests werden mit unterschiedlicher Zielsetzung absolviert. Der Standweitsprung soll als einfacher Praxistest mit den erhobenen Normwerten auf Vereins- und Bezirksebene einsetzbar sein. Der *Counter Movement Jump* entspricht dem international üblichen Standard und misst die Vertikalsprungleistung nach dem Flugzeitverfahren auf einer elektronisch angesteuerten, mobilen Kontaktplatte.

Beim *Repetition Jump Test* absolviert der Proband 10 beidbeinige Vertikalsprünge unmittelbar hintereinander auf der Kontaktplatte und versucht dabei, mit jeweils kurzem Bodenkontakt und ohne Armeinsatz so hoch wie möglich zu springen (Abb. 29). Für jeden Sprung werden Bodenkontaktzeit, Flugzeit und Sprungeffizienzkoeffizient (EKA, Verrechnung aus Bodenkontaktzeit und Flugzeit) ausgewertet.

**Benötigte Geräte/Hilfsmittel**
Mobile Kontaktplatte, Software, PC.

**Parameter/Messgrößen**
Standweitsprung: Sprungweite [cm].
Counter Movement Jump: Sprunghöhe [cm].
Repetition Jump Test: Stützzeit (S) [ms]; Flugzeit (F) [ms]; EKA [$F^2/S$].

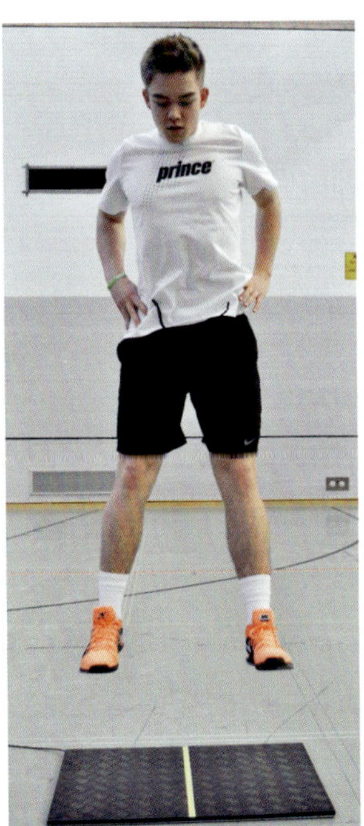


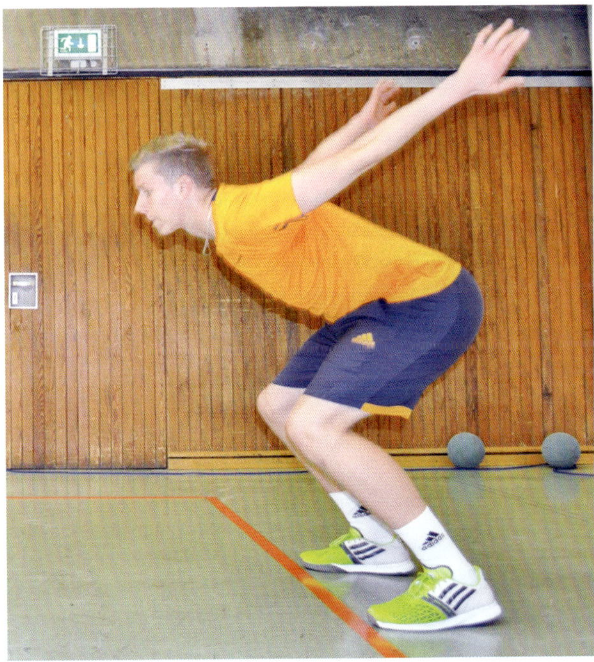

*Abb. 29: Flugphase beim Counter Movement Jump und Ausgangsposition beim Standweitsprung (rechts)*

*AUFSCHLAGTEST UND MEDIZINBALL-WEITWURF:* Die Schnellkraft (Power) der oberen Extremität wird allgemein mittels Medizinball-Weitwürfen und tennisspezifisch mittels Radarmessung der Aufschlaggeschwindigkeit bestimmt.

**Medizinballwurf über Kopf:** Der Proband steht in hüftbreiter Stellung mit den Fußspitzen unmittelbar hinter der Grundlinie frontal zur Wurfrichtung. Der Abwurf erfolgt mit einer freigestellten Auftaktbewegung beidarmig oberhalb des Kopfs.

**Medizinballwurf auf VH/RH-Seite:** Der Proband steht in hüftbreiter Stellung mit dem vorderen Fuß unmittelbar hinter der Grundlinie seitlich zur Wurfrichtung (geschlossene Stellung). Die Ausholbewegung erfolgt mit weitgehend gestreckten Armen und mit beiden Händen fest am Ball. Der Abwurf erfolgt seitlich in Hüfthöhe.

**Aufschlagtest:** Der Spieler (Rechtshänder) absolviert Aufschläge mit maximaler Härte von der Einstandseite in einen Zielbereich in der Mitte des gegnerischen Feldes (RH des Rechtshänders). Linkshänder schlagen von der Vorteilseite aus auf. Mit einer Radarpistole wird die maximale Fluggeschwindigkeit des Balls nach Verlassen der Schlägerfläche ermittelt. Der Spieler absolviert nach zahlreichen Vorbereitungsaufschlägen acht Wertungsversuche. Zusätzlich wird die Anzahl der Wertungsaufschläge notiert, die den Zielbereich (150 x 60 cm) treffen (Abb. 30). Zwei Aufschläge werden mittels High-Speed-Kamera aus zwei Perspektiven gefilmt (dorsal, lateral).

**Benötigte Geräte/Hilfsmittel**

Medizinball 2 kg, 30-m-Maßband

Radarmessgerät, Hochstativ (3 m), 20 Dunlop-Tennisbälle, Klebeband, High-Speed-Kamera, farbige Zielfläche (150 x 60 cm), Tennisschläger.

**Parameter/Messgrößen**

Medizinballwurf: Maximalweite [cm].

Aufschlagtest: Mittlere und maximale Aufschlaggeschwindigkeit [km/h]; Präzision [Punkte].

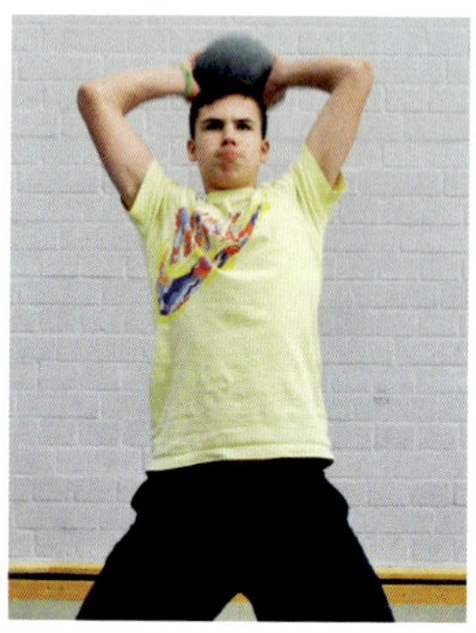

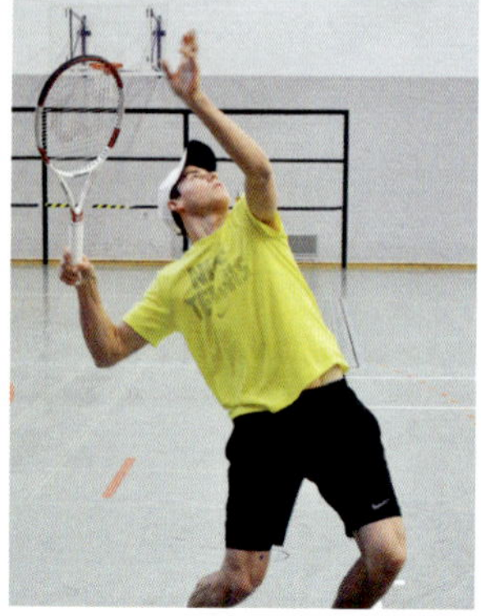

*Abb. 30: Medizinballwurf & Aufschlagtest*

***HIT & TURN AUSDAUERTEST:*** Zur Ausdauerdiagnostik wird ein eigens hierfür entwickelter, akustisch gesteuerter Test auf dem Tennisplatz eingesetzt. Der Hit & Turn Tennis Test (Ferrauti et al., 2011) wurde speziell für die Bedürfnisse der Praxis entwickelt (DVD-Versand auf Anfrage bei den Autoren). In der Ausgangsposition steht der Proband mit Tennisschläger in der Mitte der Grundlinie des Tennisplatzes (Abb. 31). Mittels einer CD werden akustische Signale eingespielt. Zeitgleich zu den Signalen muss der Spieler einen Vorhand- bzw. Rückhandschlag oberhalb einer Pylone exakt auf Höhe der Doppel-Seitenauslinie absolvieren. Dazwischen erfolgen Sidesteps bis zur Spielfeldmitte und dann eine Drehung mit Lauf zum Folgeschlag. Die Abfolge der Signale beschleunigt sich im Testverlauf stufenförmig (20 Teststufen). Der Spieler versucht, der Taktfrequenz möglichst lange zu folgen. Der Test wird bis zum erschöpfungsbedingten Abbruch durchgeführt und die maximal erreichte Teststufe registriert. Der Test kann von mehreren Spielern gleichzeitig ausgeführt werden. In dem Fall werden weitere Pylonen aufgestellt.

**Benötigte Geräte/Hilfsmittel**

Audiogerät, Hit & Turn Test-CD, Tennisschläger, Pylonen, Pulsuhren.

**Parameter/Messgrößen**

Teststufe bei Testabbruch [$Level_{max}$], daraus formelgeleitete Berechnung der relativen $\dot{V}O_2max$ [ml/min/kg], maximale und submaximale Herzfrequenz [S/min].

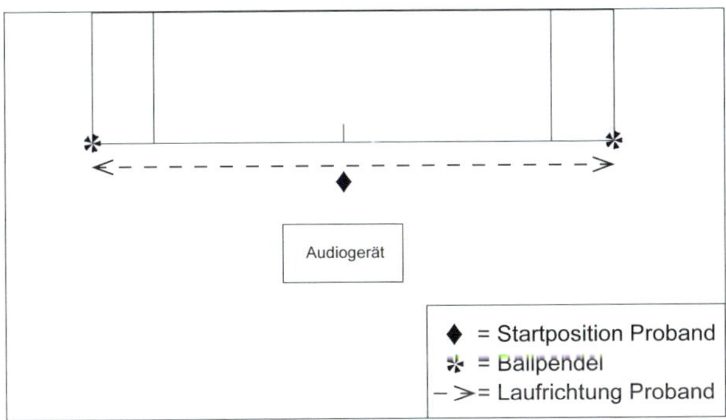


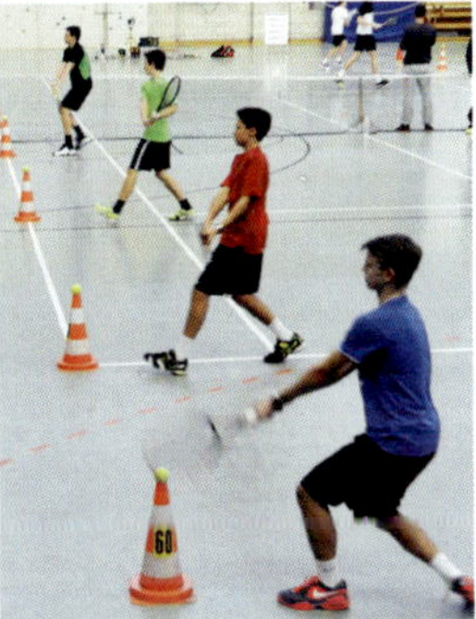

***Abb. 31:*** *Testaufbau beim Hit & Turn Tennis Test*

## 1.2.3 Individuelle Leistungsbeurteilung und Trainingssteuerung

Die umfangreiche Datenerhebung auf höchstem Leistungsniveau ermöglicht die Ableitung von repräsentativen Normprofilen zur konditionellen Leistungsfähigkeit für Mädchen und Jungen nicht nur bezogen auf jede Altersklasse, sondern auch für jeden Jahrgang und sogar Halbjahrgang. Exemplarisch sind hier die Normwerte für 12,5-13,0-jährige Jungen aufgeführt (Tab. 1). Alle übrigen Normprofile können bei den Autoren dieses Buches und über den DTB angefragt bzw. der Homepage des DTB entnommen werden.

In der Tabelle sind neben dem arithmetischen Mittel der Messwerte (Mittelwert) auch die Perzentilwerte für jeweils 10-%-Abschnitte angegeben. Dies ermöglicht die individuelle Bezugnahme zur Gesamtstichprobe. Überschreitet der Individualwert beispielsweise die 90-%-Perzentilgrenze, dann gehört dieser Spieler in seiner Altersklasse zu den 10 % (oberstes Zehntel) mit der höchsten Körpergröße bzw. zu jenen, die über den härtesten Aufschlag und die beste Sprintleistung verfügen. Dies ermöglicht die Objektivierung von spezifischen Auffälligkeiten im Individualprofil und eine Schwerpunktsetzung im Rahmen der Trainingssteuerung (Abb. 32).

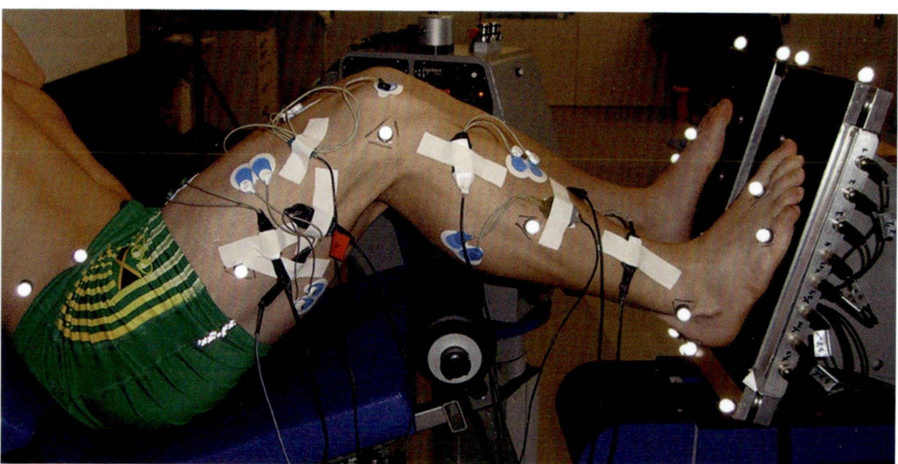

*Tab. 1: Normprofil für männliche Nachwuchstennisspieler im Alter von 12,5-13 Jahren (n = 129)*

| Prozentrang | Größe | Spannweite | Gewicht | BMI | Rumpfbeuge | Handkraft | | Liegestütz | Bauchtest | Rückentest |
|---|---|---|---|---|---|---|---|---|---|---|
| | | | | | | D [kg] | ND [kg] | | | |
| [%] | [cm] | [cm] | [kg] | [kg/m²] | [cm] | | | [n] | [n] | [n] |
| **Mittelwert** | **158,5** | **158,1** | **45,3** | **17,9** | **1,4** | **26** | **22** | **19** | **30** | **19** |
| 10 | 148,9 | 148,3 | 37,0 | 15,9 | -7,5 | 21 | 17 | 11 | 14 | 9 |
| 20 | 152,4 | 151,5 | 39,4 | 16,6 | -4,0 | 22 | 19 | 14 | 18 | 13 |
| 30 | 155,0 | 154,0 | 41,6 | 17,0 | -1,0 | 24 | 20 | 16 | 21 | 14 |
| 40 | 156,0 | 155,8 | 42,9 | 17,4 | 0,5 | 25 | 21 | 18 | 24 | 16 |
| 50 | 157,2 | 157,5 | 44,5 | 17,8 | 2,0 | 26 | 22 | 18 | 28 | 17 |
| 60 | 158,9 | 160,0 | 45,8 | 18,0 | 4,0 | 27 | 23 | 21 | 31 | 21 |
| 70 | 161,6 | 161,5 | 47,7 | 18,7 | 5,0 | 28 | 24 | 23 | 37 | 23 |
| 80 | 164,0 | 164,5 | 50,5 | 19,2 | 6,5 | 29 | 26 | 24 | 45 | 25 |
| 90 | 168,5 | 168,1 | 54,5 | 20,2 | 10,0 | 32 | 28 | 27 | 50 | 30 |

| Prozentrang | Tappingfrequenz | C-Movenment Jump | Standweitsprung | Rep. Jumps Effizienz | Medizinballweitwurf | | | | Aufschlagtest | |
|---|---|---|---|---|---|---|---|---|---|---|
| | | | | | Vorhand | Rückhand | Über Kopf | | Mittelwert | Max. |
| [%] | [Hz] | [cm] | [cm] | [Index] | [cm] | [cm] | [cm] | | [km/h] | [km/h] |
| Mittelwert | 11,3 | 31,1 | 192 | 1,24 | 821 | 781 | 635 | | 135 | 139 |
| 10 | 10,0 | 26,5 | 172 | 0,95 | 695 | 655 | 503 | | 123 | 129 |
| 20 | 10,3 | 27,9 | 180 | 1,06 | 730 | 700 | 550 | | 127 | 131 |
| 30 | 10,7 | 28,7 | 185 | 1,13 | 768 | 718 | 580 | | 129 | 135 |
| 40 | 11,0 | 29,6 | 189 | 1,20 | 790 | 750 | 610 | | 132 | 138 |
| 50 | 11,3 | 30,8 | 191 | 1,29 | 820 | 765 | 640 | | 135 | 140 |
| 60 | 11,6 | 31,9 | 194 | 1,33 | 840 | 796 | 660 | | 136 | 142 |
| 70 | 12,0 | 32,8 | 199 | 1,40 | 870 | 826 | 680 | | 139 | 146 |
| 80 | 12,3 | 34,3 | 201 | 1,49 | 900 | 870 | 700 | | 143 | 149 |
| 90 | 12,6 | 36,7 | 211 | 1,60 | 950 | 920 | 760 | | 147 | 154 |

| Prozentrang | Linearsprint | | | Richtungswechselsprint | | | | | Hit & Turn Test | |
|---|---|---|---|---|---|---|---|---|---|---|
| | 5 m | 10 m | 20 m | VH-Wende | VH-Gesamt | RH-Wende | RH-Gesamt | | Level max | $\dot{V}O_2max$ est |
| [%] | [s] | [s] | [s] | [s] | [s] | [s] | [s] | | [s] | [ml/min/kg] |
| **Mittelwert** | **1,14** | **1,97** | **3,48** | **1,19** | **2,97** | **1,31** | **3,10** | | **14,0** | **56,2** |
| 10 | 1,22 | 2,09 | 3,68 | 1,35 | 3,16 | 1,46 | 3,30 | | 11,4 | 51,6 |
| 20 | 1,19 | 2,05 | 3,62 | 1,28 | 3,08 | 1,42 | 3,24 | | 12,6 | 53,1 |
| 30 | 1,17 | 2,02 | 3,56 | 1,24 | 3,02 | 1,38 | 3,20 | | 13,2 | 54,8 |
| 40 | 1,16 | 2,00 | 3,52 | 1,22 | 2,98 | 1,35 | 3,13 | | 14,0 | 56,2 |
| 50 | 1,14 | 1,97 | 3,48 | 1,18 | 2,93 | 1,32 | 3,08 | | 14,5 | 56,4 |
| 60 | 1,12 | 1,94 | 3,43 | 1,16 | 2,91 | 1,27 | 3,04 | | 14,9 | 57,7 |
| 70 | 1,10 | 1,93 | 3,40 | 1,13 | 2,90 | 1,23 | 3,01 | | 15,0 | 57,9 |
| 80 | 1,09 | 1,89 | 3,35 | 1,09 | 2,87 | 1,19 | 2,98 | | 15,3 | 58,4 |
| 90 | 1,06 | 1,85 | 3,28 | 1,04 | 2,84 | 1,14 | 2,90 | | 16,0 | 59,6 |

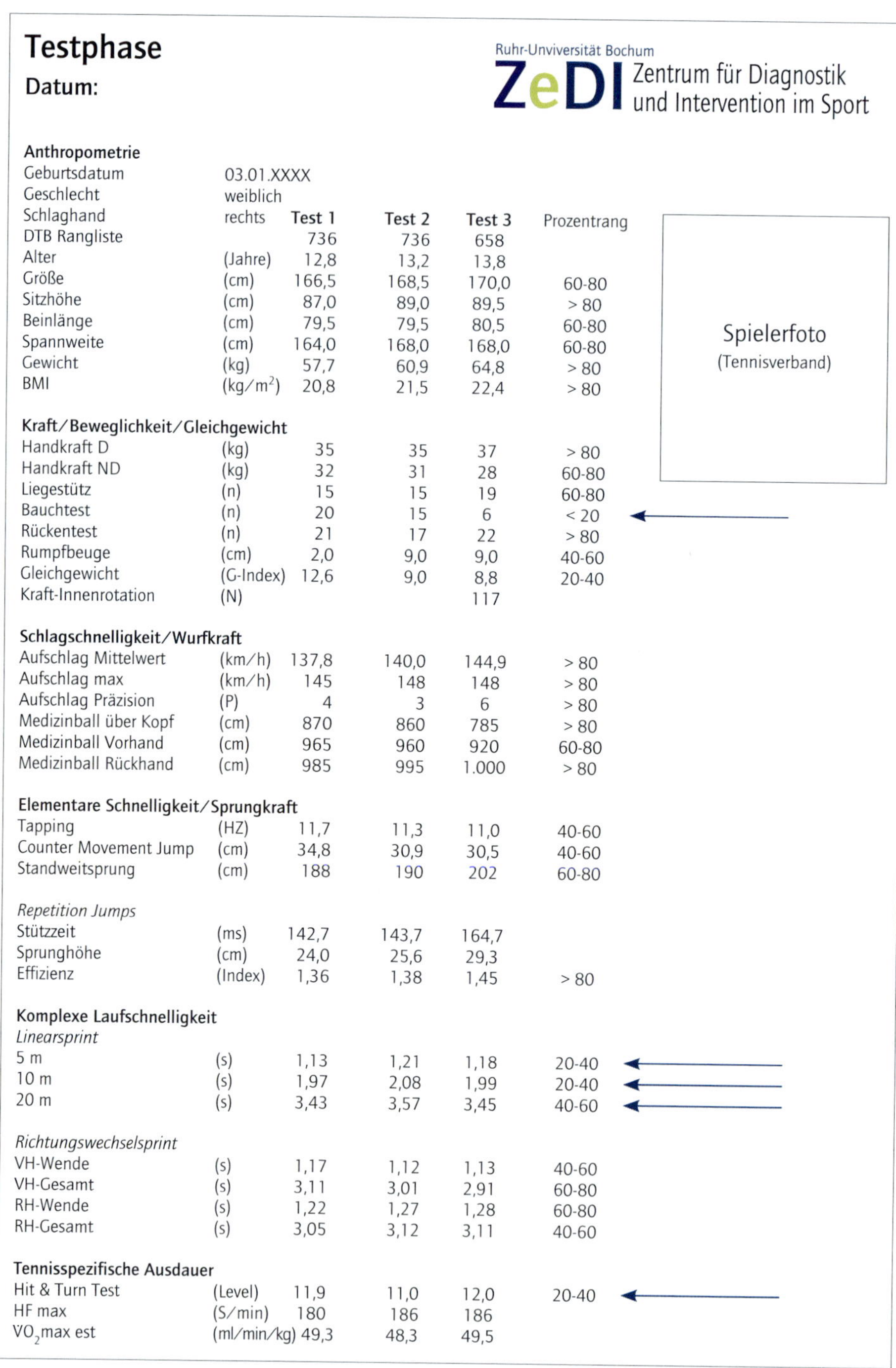

**Testphase**

**Datum:**



| **Anthropometrie** | | | | | |
|---|---|---|---|---|---|
| Geburtsdatum | 03.01.XXXX | | | | |
| Geschlecht | weiblich | | | | |
| Schlaghand | rechts | **Test 1** | **Test 2** | **Test 3** | Prozentrang |
| DTB Rangliste | | 736 | 736 | 658 | |
| Alter | (Jahre) | 12,8 | 13,2 | 13,8 | |
| Größe | (cm) | 166,5 | 168,5 | 170,0 | 60-80 |
| Sitzhöhe | (cm) | 87,0 | 89,0 | 89,5 | > 80 |
| Beinlänge | (cm) | 79,5 | 79,5 | 80,5 | 60-80 |
| Spannweite | (cm) | 164,0 | 168,0 | 168,0 | 60-80 |
| Gewicht | (kg) | 57,7 | 60,9 | 64,8 | > 80 |
| BMI | (kg/m²) | 20,8 | 21,5 | 22,4 | > 80 |
| **Kraft/Beweglichkeit/Gleichgewicht** | | | | | |
| Handkraft D | (kg) | 35 | 35 | 37 | > 80 |
| Handkraft ND | (kg) | 32 | 31 | 28 | 60-80 |
| Liegestütz | (n) | 15 | 15 | 19 | 60-80 |
| Bauchtest | (n) | 20 | 15 | 6 | < 20 |
| Rückentest | (n) | 21 | 17 | 22 | > 80 |
| Rumpfbeuge | (cm) | 2,0 | 9,0 | 9,0 | 40-60 |
| Gleichgewicht | (G-Index) | 12,6 | 9,0 | 8,8 | 20-40 |
| Kraft-Innenrotation | (N) | | | 117 | |
| **Schlagschnelligkeit/Wurfkraft** | | | | | |
| Aufschlag Mittelwert | (km/h) | 137,8 | 140,0 | 144,9 | > 80 |
| Aufschlag max | (km/h) | 145 | 148 | 148 | > 80 |
| Aufschlag Präzision | (P) | 4 | 3 | 6 | > 80 |
| Medizinball über Kopf | (cm) | 870 | 860 | 785 | > 80 |
| Medizinball Vorhand | (cm) | 965 | 960 | 920 | 60-80 |
| Medizinball Rückhand | (cm) | 985 | 995 | 1.000 | > 80 |
| **Elementare Schnelligkeit/Sprungkraft** | | | | | |
| Tapping | (HZ) | 11,7 | 11,3 | 11,0 | 40-60 |
| Counter Movement Jump | (cm) | 34,8 | 30,9 | 30,5 | 40-60 |
| Standweitsprung | (cm) | 188 | 190 | 202 | 60-80 |
| *Repetition Jumps* | | | | | |
| Stützzeit | (ms) | 142,7 | 143,7 | 164,7 | |
| Sprunghöhe | (cm) | 24,0 | 25,6 | 29,3 | |
| Effizienz | (Index) | 1,36 | 1,38 | 1,45 | > 80 |
| **Komplexe Laufschnelligkeit** | | | | | |
| *Linearsprint* | | | | | |
| 5 m | (s) | 1,13 | 1,21 | 1,18 | 20-40 |
| 10 m | (s) | 1,97 | 2,08 | 1,99 | 20-40 |
| 20 m | (s) | 3,43 | 3,57 | 3,45 | 40-60 |
| *Richtungswechselsprint* | | | | | |
| VH-Wende | (s) | 1,17 | 1,12 | 1,13 | 40-60 |
| VH-Gesamt | (s) | 3,11 | 3,01 | 2,91 | 60-80 |
| RH-Wende | (s) | 1,22 | 1,27 | 1,28 | 60-80 |
| RH-Gesamt | (s) | 3,05 | 3,12 | 3,11 | 40-60 |
| **Tennisspezifische Ausdauer** | | | | | |
| Hit & Turn Test | (Level) | 11,9 | 11,0 | 12,0 | 20-40 |
| HF max | (S/min) | 180 | 186 | 186 | |
| $VO_2$max est | (ml/min/kg) | 49,3 | 48,3 | 49,5 | |

***Abb. 32:** Beispiel einer Individualauswertung mit drei Testzeitpunkten und den aktuellen Perzentilwerten in Bezug zum Normprofil*

Im dargestellten Fallbeispiel einer 13-jährigen Kadertennisspielerin fallen neben einer beachtlichen Gewichtszunahme im Verlauf des letzten Halbjahres (von März bis September) erhebliche Defizite im Bereich der Bauchmuskulatur sowie hinsichtlich der Startschnelligkeit und der Ausdauerleistung auf. Positiv sind die Schnellkraft der oberen Extremität, die Aufschlaghärte und die Sprungkraft bzw. Sprungeffizienz hervorzuheben (Abb. 32).

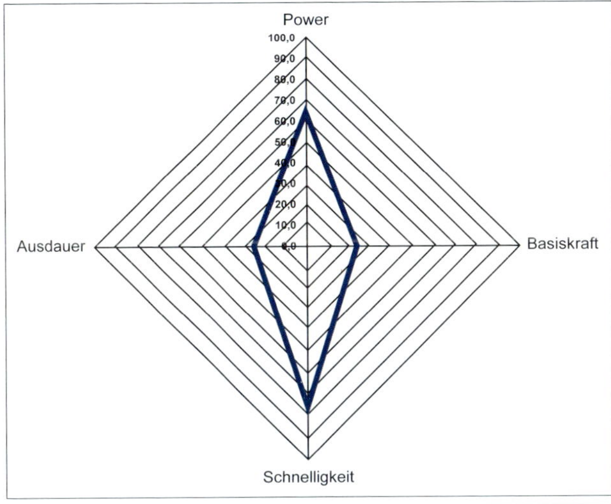


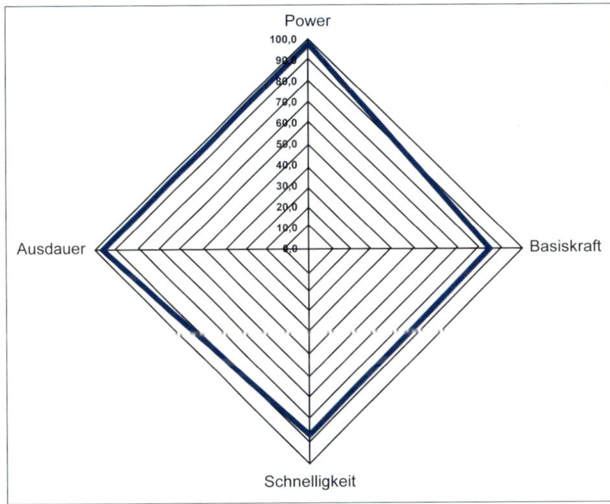


***Abb. 33:*** *Beispiele von Netzdiagrammen zur körperlichen Leistungsfähigkeit von zwei DTB-Kaderspielern*

Die Vielzahl an Einzelergebnissen kann wahlweise zu den vier Hauptkategorien Ausdauer, Schnelligkeit, Basiskraft (Rumpfkraft und Handkraft) und Power (Medizinballwurf und Aufschlaghärte) zusammengefasst und mittels eines Netzdiagramms dargestellt werden. In den dargestellten Beispielen (Abb. 33) fällt auf, dass der Spieler unten über herausragende athletische Fähigkeiten verfügt. Demgegenüber sind bei dem oben dargestellten Spieler eindeutige Defizite hinsichtlich der Ausdauer und Basiskraft erkennbar und sollten zu einer entsprechenden Schwerpunktsetzung im Training führen.

Erfahrungsgemäß bleiben entsprechende Defizite bei Nachwuchstennisspielern dauerhaft bestehen, wenn keine kontrollierten Interventionen (ggf. mit Schwerpunktsetzung im Rahmen eines Blocktrainings) organisiert werden. Letztere finden aufgrund der eingangs erwähnten Problematik anderer, scheinbar stets bedeutsamerer Trainingsziele nur selten Platz in der Jahresperiodisierung. Als Gegenmaßnahme hat sich neben der Verschriftlichung von Trainingszielen und Trainingsplänen auch deren Überprüfung mittels einer Trainingsdokumentation als hilfreich erwiesen (Abb. 34). Hierzu werden stetig neue technische Hilfsmittel entworfen und sollten im Idealfall mittels einer Smart-Phone-Applikation erfolgen.

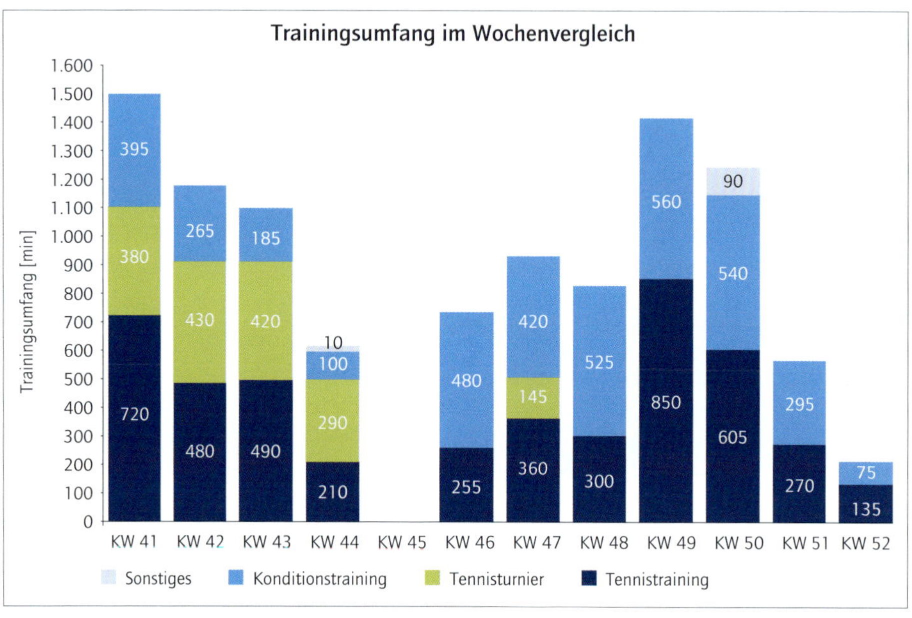


*Abb. 34: Beispiel einer Trainingsdokumentation über 12 Wochen*

Nicht alle Trainer und Spieler besitzen den Zugriff auf leistungsdiagnostische Messinstrumente. Ersatzweise und für den täglichen Trainingsbetrieb lassen sich aus den Normwerten Zielgrößen für ausgewählte konditionelle Fähigkeiten definieren. Beispielsweise sollte ein Nachwuchstennisspieler im Alter von 18 Jahren anstreben, die gesamte Breite des Doppelfeldes (11 m) mit vier aufeinanderfolgenden Standweitsprüngen zu überbrücken und einen 2 kg schweren Medizinball, hinter der Grundlinie stehend, beidarmig und über Kopf bis über das Netz auf die andere Spielfeldseite werfen zu können (Abb. 35).

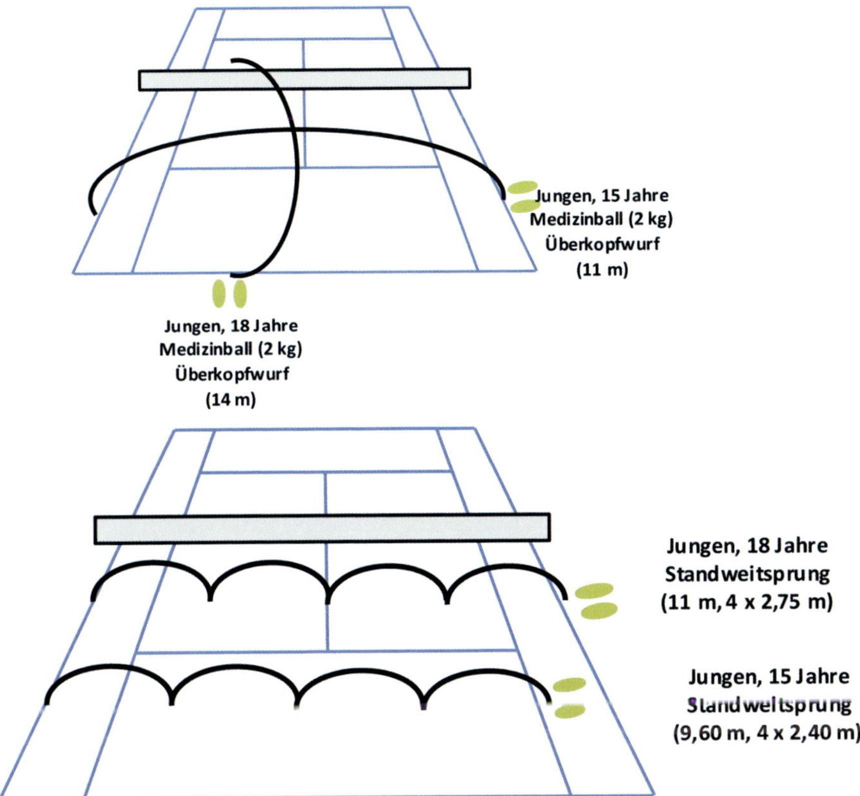


*Abb. 35: Praxisnahe Empfehlungen mit Zieldefinitionen für leistungsambitionierte Nachwuchsspieler zur Überprüfung ausgewählter konditioneller Fähigkeiten*

# 1.3 LEISTUNGSENTWICKLUNG IM TENNIS

## 1.3.1 Körperliche und konditionelle Entwicklung von Nachwuchsspielern

Die körperliche und konditionelle Entwicklung unterliegt im Altersgang vom späten Schulkindalter bis zum Ende der Adoleszenz charakteristischen geschlechtsspezifischen Veränderungen. Beginnend mit dem 13. Lebensjahr, steigt die Hautfaltendicke der Mädchen und das Körpergewicht der Jungen erkennbar an (Abb. 36, S.52 unten). Gleichzeitig verändert sich zu diesem Zeitpunkt die Kraft zunehmend zugunsten der männlichen Spieler (Abb. 36, S.53 oben). Vom 10. bis zum 12. Lebensjahr sind die Unterschiede zwischen Mädchen und Jungen deutlich geringer und auch die jährlichen Veränderungen sind vergleichsweise gering.

Ab dem 14. Lebensjahr finden wir bei weiblichen Spielerinnen in zahlreichen Kraft-, Laufschnelligkeits- und Ausdauertests bereits ein Leistungsplateau bzw. nur noch geringfügige Leistungssteigerungen (Abb. 36, S.53 mitte). Unbenommen hiervon bleibt auch bei den Mädchen eine kontinuierliche Zunahme der Aufschlaggeschwindigkeit (Abb. 36, S.53 unten). Dies kann größtenteils auf die veränderte Körperkomposition zurückgeführt werden. Die physiologisch bedingte Zunahme der Körpermasse wirkt sich teilweise nachteilig auf Laufschnelligkeit und Ausdauer aus, während sie die Schlaghärte steigert. Offensichtlich toleriert das Beanspruchungsprofil des Tennisspiels aufgrund der positiven Effekte auf Schlaghärte und Power auch eine vergleichsweise hohe Zunahme der passiven Körpermasse weiblicher Spieler, denn die Tennisleistung steigt normalerweise in diesem Altersabschnitt weiter an. Im Idealfall sind bei Intensivierung des Konditionstrainings von Mädchen ab dem 14. Lebensjahr jedoch in allen Teilbereichen bis zum Ende der Adoleszenz Leistungssteigerungen feststellbar, wenn gleichzeitig eine Zunahme der aktiven Körpermasse und Athletik erreicht wird.

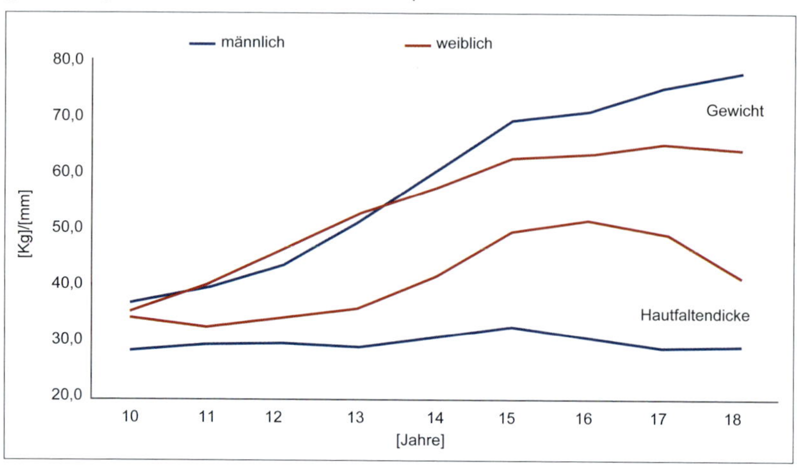

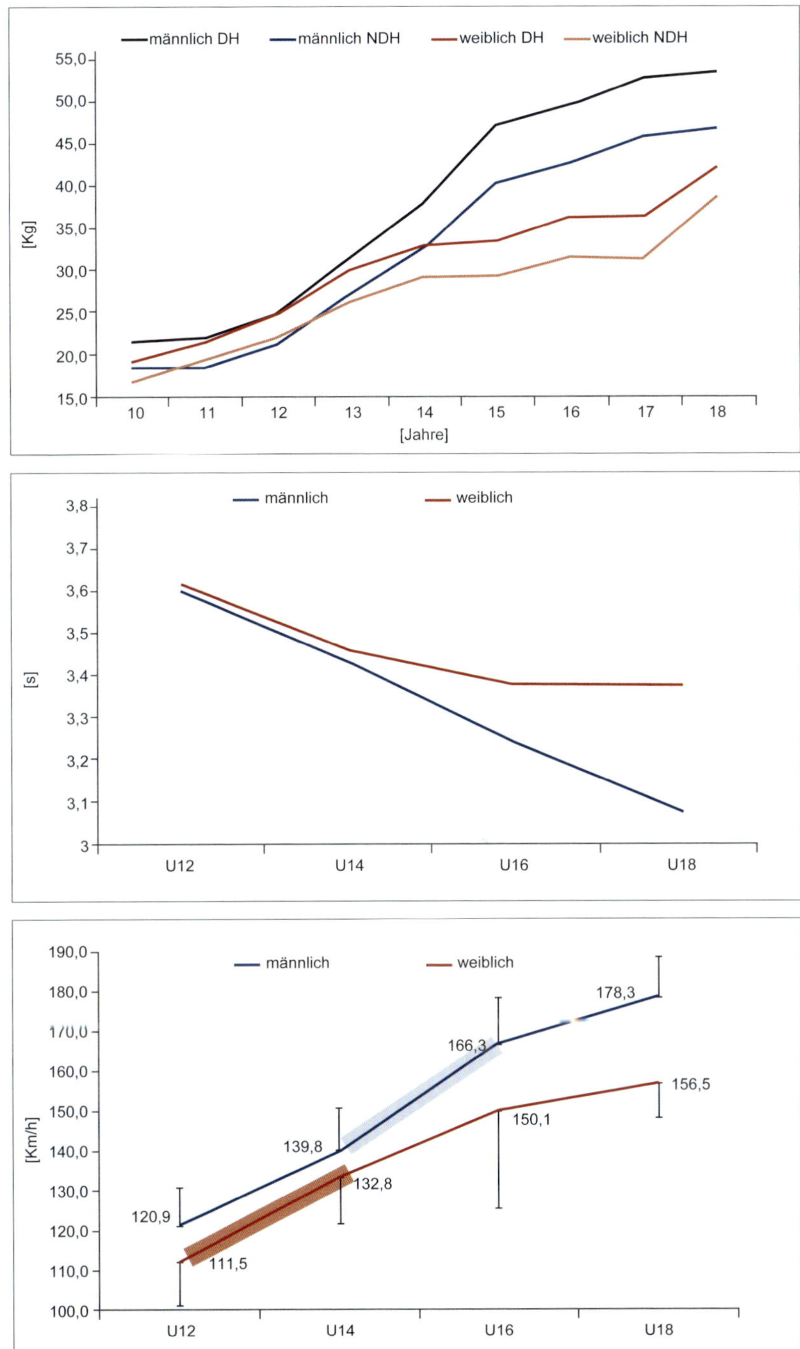


***Abb. 36:** Mittelwerte zu den Entwicklungsverläufen von Körpergewicht und Hautfaltendicke (Summe aus vier Messpunkten, S.52), Handkraft der dominanten (DH) und nicht dominanten Hand (NDH, S.53 oben), 20-m-Linearsprintleistung (mitte) und Aufschlaggeschwindigkeit (unten) im Altersgang von männlichen und weiblichen D/C-Kaderspielern des Deutschen Tennis Bunds*

Die dargestellten Entwicklungsverläufe führen unter anderem zu einem grundlegenden national und international bekannten Problem der Nachwuchsförderung, das als „Relative Age Effect" bekannt ist. Ursächlich wirkt das nach Stichtagen für Altersklassen oder Jahrgänge strukturierte Wettkampf- und Fördersystem, das notwendigerweise im Einzelfall einen individuellen Entwicklungsvorsprung von maximal 12 Monaten ermöglicht, eine Tatsache, die speziell in Phasen höchster Entwicklungsgeschwindigkeiten zu erheblichen Vor- bzw. Nachteilen führt. Auch im Deutschen Tennis Bund kann eine signifikant vom Geburtshalbjahr des Spielers abhängige Selektionswahrscheinlichkeit festgestellt werden (Abb. 37). Die Vernachlässigung „Spätgeborener" ist in der sportwissenschaftlichen Literatur für zahlreiche Sportarten bereits nachgewiesen worden (u. a. Delorme & Raspaud, 2009; Lidor et al., 2010).

In der Konsequenz werden körperlich und motorisch weiterentwickelte frühgeborene Athleten im Rahmen der Primärselektion mit höherer Wahrscheinlichkeit bei der Kaderzusammenstellung berücksichtigt. Auf diesen frühen Selektionseinfluss folgen zwei weitere mittel- und langfristige Konsequenzen (Delorme & Raspaud, 2009): Dadurch, dass die in den frühen Stufen selektierten Spieler bessere Entwicklungschancen (z. B. bessere Trainingsressourcen) erhalten, kommt es zum sogenannten *Matthäus-Effekt*: „Wer hat, dem wird gegeben", sodass selbst im Seniorenbereich, in dem der Entwicklungsvorsprung keine Rolle mehr spielen sollte, der RAE weiter vorherrscht.

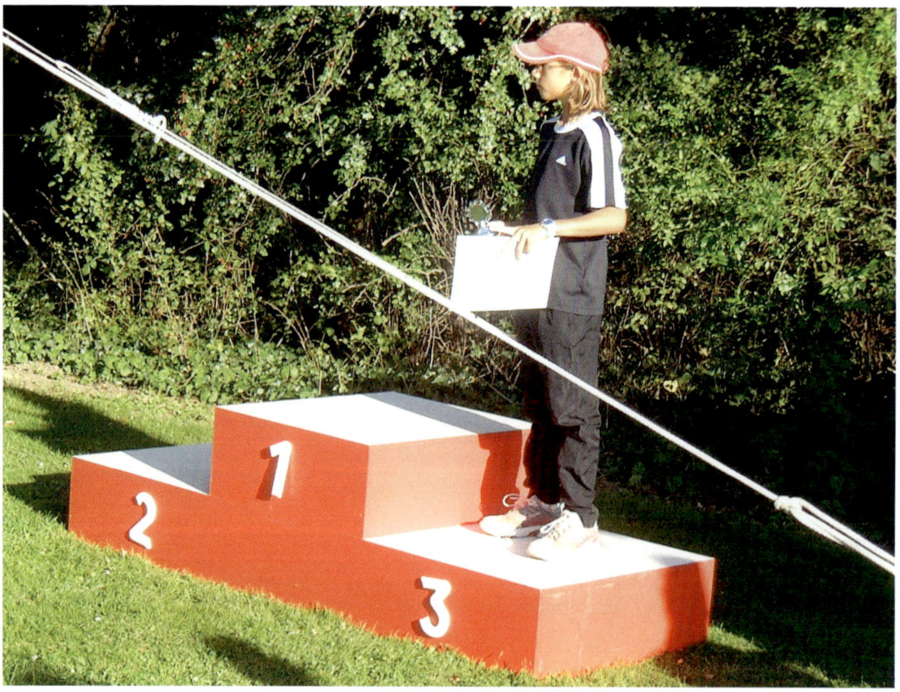

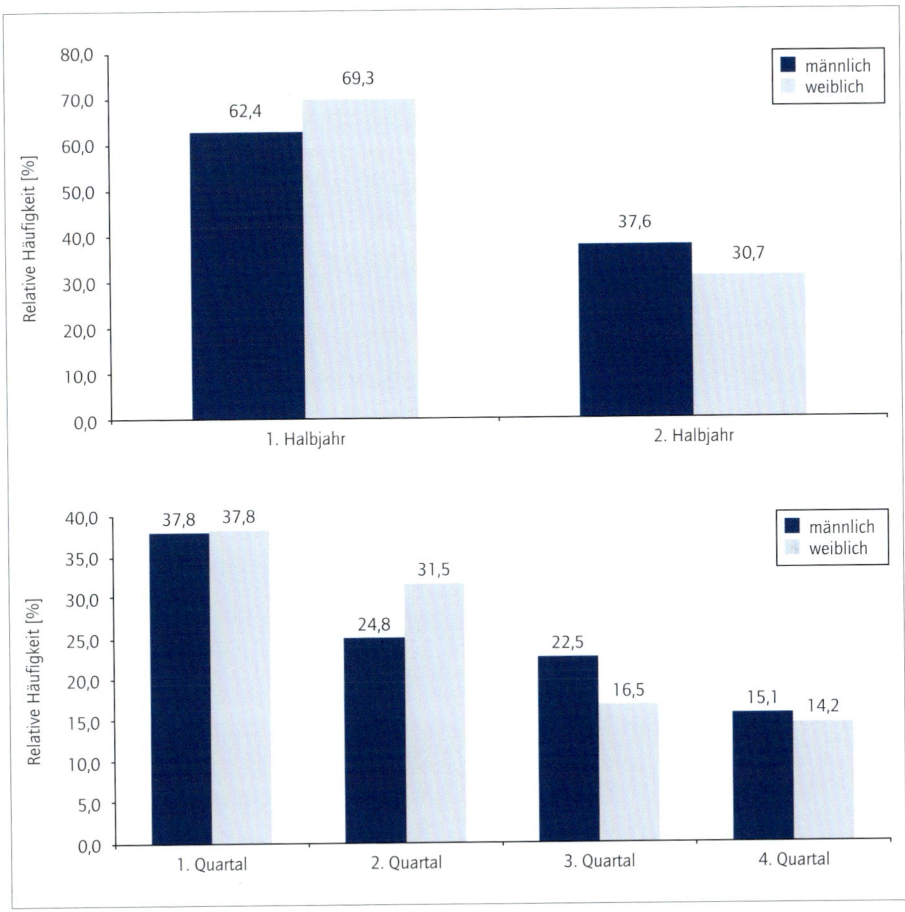


***Abb. 37:** Häufigkeitsverteilung von 588 Kaderspielern des DTB auf Geburtshalbjahre (oben) und Quartale (unten)*

Ein zweiter gegebenenfalls positiver Effekt betrifft die selektierten spätgeborenen Spieler, da diese in besonderem Maße bessere technische und taktische Fähigkeiten ausbilden müssen, um konkurrenzfähig zu sein und somit, wenn sich der Altersvorsprung relativiert, möglicherweise über besser entwickelte Fähigkeiten verfügen. So weisen die im zweiten Halbjahr geborenen Spieler speziell in der U 14 tendenzielle anthropometrische und motorische Nachteile auf (Tab. 2). Insgesamt muss jedoch bemängelt werden, dass einem Großteil potenziell talentierter spätgeborener (und ggf. sogar retardierter) Spieler der Zugang zu Fördermaßnahmen verwehrt bleibt.

*Tab. 2: Anthropometrische und motorische Voraussetzungen von früh- (1. HJ) und spätgeborenen (2. HJ) männlichen Kaderspielern*

| JUNIOREN | | U 12 | U 14 | U 16 | GESAMT |
|---|---|---|---|---|---|
| Körpergröße [cm] | 1. HJ | 152 ± 9 | 169 ± 8 | 180 ± 6 | 166 ± 15 |
| | 2. HJ | 151 ± 10 | 66 ± 10 | 180 ± 5 | 163 ± 15 |
| | p | ,695 | ,157 | ,940 | ,193 |
| Gewicht [kg] | 1. HJ | 40,4 ± 8,1 | 56,3 ± 9,5 | 68,2 ± 6,9 | 55,8 ± 15,5 |
| | 2. HJ | 39,0 ± 6,5 | 52,8 ± 10,3 | 70,3 ± 8,3 | 51,8 ± 15,9 |
| | p | ,409 | ,172 | ,419 | ,180 |
| Handkraft [kg] | 1. HJ | 24,0 ± 4,1 | 36,0 ± 7,8 | 47,3 ± 7,2 | 36,6 ± 13,4 |
| | 2. HJ | 23,0 ± 4,9 | 32,8 ± 7,3 | 50,75 ± 5,5 | 33,7 ± 12,8 |
| | p | ,337 | ,129 | ,151 | ,131 |
| Aufschlag [km/h] | 1. HJ | 125 ± 12 | 154 ± 14 | 171 ± 8 | 150 ± 25 |
| | 2. HJ | 122 ± 10 | 146 ± 13 | 173 ± 9 | 143 ± 25 |
| | p | ,246 | ,033 | ,633 | ,063 |
| CMJ [cm] | 1. HJ | 29,1 ± 4,4 | 33,7 ± 38 | 37,0 ± 4,1 | 33,4 ± 5,7 |
| | 2. HJ | 28,2 ± 3,6 | 32,7 ± 4,2 | 37,0 ± 2,4 | 32,2 ± 5,6 |
| | p | ,318 | ,342 | ,945 | ,120 |
| 20-m-Sprint [s] | 1. HJ | 3,60 ± 0,20 | 3,35 ± 0,16 | 3,14 ± 0,11 | 3,37 ± 0,26 |
| | 2. HJ | 3,62 ± 0,13 | 3,41 ± 0,17 | 3,14 ± 0,13 | 3,43 ± 0,26 |
| | p | ,494 | ,156 | ,996 | ,144 |
| Hit & Turn [Level] | 1. HJ | 12,5 ± 2,0 | 15,5 ± 2,0 | 17,3 ± 1,6 | 14,9 ± 2,8 |
| | 2. HJ | 12,7 ± 2,3 | 15,4 ± 1,8 | 16,9 ± 1,3 | 14,6 ± 2,8 |
| | p | ,633 | ,902 | ,423 | ,530 |
| Rangliste | 1. HJ | 58 ± 40 | 48 ± 39 | 42 ± 42 | 47 ± 40 |
| | 2. HJ | 56 ± 48 | 64 ± 47 | 46 ± 40 | 53 ± 45 |
| | p | ,906 | ,204 | ,974 | ,450 |

## 1.3.2 Talentsensitive Faktoren und Trainingsschwerpunkte

Von hohem Interesse ist der Zusammenhang zwischen den erhobenen konditionellen Faktoren und der komplexen Tennisleistung, die am ehesten durch die Position auf der deutschen Jugendrangliste verdeutlicht wird (Tab. 3). Aus der Höhe des Zusammenhangs kann indirekt auf die Bedeutung der einzelnen Faktoren für die komplexe Spielleistung geschlossen werden. Hieraus sind im nächsten Schritt wertvolle Informationen für die zukünftige Talentselektion abzuleiten, denn Faktoren mit hoher Korrelation scheinen von entsprechend hoher Talentsensitivität zu sein und sollten von den Experten bei der Festlegung der Kader in besonderer Weise berücksichtigt werden. Schließlich kann aus diesen Befunden die Hierarchisierung von grundlegenden Trainingsschwerpunkten erleichtert werden.

Die von uns erhobenen Daten sprechen einheitlich dafür, dass der Schnellkraft der oberen Extremität eine bislang nicht angenommen, herausragende Bedeutung für die komplexe Spielleistung zukommt. In allen Altersklassen beiderlei Geschlechts erreicht die Aufschlaggeschwindigkeit und die Weite beim Medizinballwurf den engsten Zusammenhang zur Ranglistenposition. Auch die Handkraft findet sich vielfach an vorderer Position in den Rangfolgen wieder. Schließlich befindet sich auch die tennisspezifische Ausdauer (Hit & Turn Test) und vereinzelt auch die Körpergröße und die horizontale Sprungkraft (Standweitsprung) in der Spitzengruppe (Tab. 3).

Diese Information ist für die Praxis überraschend und neuartig, da bislang im Bereich der konditionellen Faktoren eher auf Laufschnelligkeit und „Agility" geachtet wurde. Überraschenderweise erreichen diese Testleistungen (5-20-m-Sprint, Richtungswechselsprint, RWS) nur geringe oder gar keine Zusammenhänge zum Ranking. Ohne Relevanz für die Ranglistenposition sind die Leistungen im Tappingtest, im Gleichgewichtstest und in den Kraftausdauertests zur Rumpfkraft (Tab. 3).

Die besondere Bedeutung der Aufschlaggeschwindigkeit liegt sicherlich auch darin begründet, dass dieser Test die höchste Spezifität zum Tennisspiel aufweist und stark von der Qualität der Tennistechnik abhängt. Andererseits spricht die Bedeutung der Medizinballwürfe für einen besonderen technikunabhängigen Einflussfaktor „Schnellkraft/Power" der oberen Extremität. Auch die absolute Muskelkraft spielt eine zunehmende Bedeutung. Gewöhnlich wird der Handkraft, als einfachem und praktikablem Krafttest, im Kindes- und Jugendalter eine repräsentative Aussage für die Absolutkraft der oberen Extremität zugesprochen (Wind et al., 2010). Möglicherweise spiegelt sich in diesem Befunden bereits in den jungen Altersklassen die gleiche Tendenz der Spielentwicklung wider, die derzeit das internationale Hochleistungstennis charakterisiert, nämlich: zunehmende Aufschlaggeschwindigkeiten und kürzere Ballwechsel (Weber et al., 2010a). Auch wenn dies nicht Bestandteil unserer Testbatterie ist, lassen die vorliegenden Ergebnisse vermuten, dass auch die Schlaggeschwindigkeit der Grundschläge Vorhand und Rückhand (natürlich stets im Verbund mit Schlagpräzision) von hoher Bedeutung für den Spielerfolg ist.

Selbstverständlich sind auch die Faktoren, die nicht unmittelbar zur Rangliste korrelieren, von grundlegender Bedeutung für die Athletik der Nachwuchsspieler. Beispielsweise kann den Leistungen in den Rumpfkrafttests speziell eine präventivmedizinische Relevanz zugesprochen werden. Da bei diesen Tests weniger die Absolutkraft, sondern die relative (körpergewichtsabhängige) Kraftausdauer getestet wird, ist der Zusammenhang zur komplexen Spielleistung im Tennis verständlicherweise gering. Die Relevanz für die Trainingssteuerung darf hierdurch jedoch nicht infrage gestellt werden. Ähnliches gilt sicher auch für die Laufschnelligkeit, auch wenn sich derzeit eine tendenziell veränderte Schwerpunktsetzung zugunsten der oberen Extremität in der Praxis empfiehlt.

*Tab. 3: Rangfolge der Korrelationskoeffizienten zwischen den Testleistungen des DTB-Konditionstests und der DTB-Ranglistenposition von männlichen (S.58) und weiblichen Kaderspielern (S.59) unterschiedlicher Altersklassen. Farblich unterlegt sind die statistisch signifikanten Zusammenhänge*

| **MÄNNLICH** 12-14 (n = 75) | r | **MÄNNLICH** 14-16 (n = 63) | r | **MÄNNLICH** 16-18 (n = 40) | r |
|---|---|---|---|---|---|
| **Aufschlag** | **0,506** | MB RH | 0,440 | **Aufschlag** | **0,558** |
| MB RH | 0,487 | **Aufschlag** | **0,397** | Hit & Turn Test | 0,344 |
| MB über Kopf | 0,482 | Hit & Turn Test | 0,348 | MB RH | 0,333 |
| Rückentest | 0,442 | MB VH | 0,313 | MB VH | 0,260 |
| Hit & Turn Test | 0,389 | Handkraft | 0,309 | 20-m-Sprint | 0,218 |
| MB VH | 0,373 | MB über Kopf | 0,301 | Präzision | 0,209 |
| Körpergröße | 0,373 | Standweitsprung | 0,291 | RWS VH Gesamt | 0,158 |
| Handkraft | 0,336 | RWS VH Gesamt | 0,282 | Rumpfbeuge | 0,132 |
| 10-m-Sprint | 0,315 | Körpergröße | 0,272 | RWS VH Wende | 0,116 |
| 5-m-Sprint | 0,257 | 20-m-Sprint | 0,256 | Körpergröße | 0,115 |
| Standweitsprung | 0,235 | RWS VH Gesamt | 0,196 | EKA | 0,102 |
| Rumpfbeuge | 0,210 | 10-m-Sprint | 0,191 | MB über Kopf | 0,084 |
| EKA | 0,197 | Tapping | 0,168 | Standweitsprung | 0,071 |
| Präzision | 0,194 | EKA | 0,153 | 10-m-Sprint | 0,059 |
| RWS RH Gesamt | 0,180 | Bauchtest | 0,104 | RWS VH Gesamt | 0,047 |
| Tapping | 0,179 | CM-Jump | 0,089 | Tapping | 0,029 |
| CM-Jump | 0,178 | Rumpfbeuge | 0,070 | CM-Jump | 0,011 |
| RWS VH Gesamt | 0,168 | RWS VH Wende | 0,069 | 5-m-Sprint | - 0,022 |
| RWS RH Wende | 0,068 | 5-m-Sprint | 0,058 | Handkraft DH | - 0,034 |
| 20-m-Sprint | 0,050 | RWS VH Wende | 0,054 | RWS VH Wende | - 0,079 |
| Liegestütz | 0,044 | Gleichgewicht | - 0,014 | Rückentest | - 0,134 |
| Gleichgewicht | - 0,004 | Präzision | - 0,020 | Liegestütz | - 0,189 |
| Bauchtest | - 0,024 | Rückentest | - 0,022 | Bauchtest | - 0,252 |
| RWS VH Wende | - 0,039 | Liegestütz | - 0,057 | Gleichgewicht | - 0,324 |

| WEIBLICH 12-14 (n = 57) | r | WEIBLICH 14-16 (n = 30) | r | WEIBLICH 16-18 (n = 18) | r |
|---|---|---|---|---|---|
| **Aufschlag** | **0,554** | **Aufschlag** | **0,688** | Hit & Turn Test | 0,592 |
| MB VH | 0,538 | Hit & Turn Test | 0,594 | **Aufschlag** | **0,314** |
| MB RH | 0,506 | MB VH | 0,554 | RWS VH Gesamt | 0,284 |
| MB über Kopf | 0,432 | MB über Kopf | 0,513 | Körpergröße | 0,283 |
| Handkraft | 0,388 | MB RH | 0,471 | Aufschlag max | 0,182 |
| RWS VH Gesamt | 0,387 | Körpergröße | 0,429 | Bauchtest | 0,164 |
| Rumpfbeuge | 0,370 | RWS VH Gesamt | 0,310 | Präzision | 0,145 |
| Handkraft DH | 0,351 | Rückentest | 0,230 | RWS VH Gesamt | 0,095 |
| 20-m-Sprint | 0,309 | Handkraft DH | 0,197 | MB VH | 0,095 |
| Rückentest | 0,294 | Präzision | 0,196 | MB über Kopf | 0,031 |
| Standweitsprung | 0,271 | Handkraft NDH | 0,175 | Tapping | – 0,026 |
| CM-Jump | 0,257 | Rumpfbeuge | 0,144 | MB RH | – 0,046 |
| 10-m-Sprint | 0,246 | Bauchtest | 0,026 | Handkraft NDH | – 0,046 |
| Körpergröße | 0,219 | 20-m-Sprint | 0,023 | RWS VH Wende | – 0,051 |
| RWS VH Gesamt | 0,162 | EKA | – 0,014 | Rückentest | – 0,062 |
| Präzision | 0,141 | 10-m-Sprint | – 0,034 | EKA | – 0,186 |
| Liegestütz | 0,123 | Gleichgewicht | – 0,059 | Standweitsprung | – 0,205 |
| 5-m-Sprint | 0,087 | Standweitsprung | – 0,076 | Handkraft DH | – 0,227 |
| Gleichgewicht | 0,068 | 5-m-Sprint | – 0,167 | Liegestütz | – 0,237 |
| EKA | 0,062 | RWS VH Gesamt | – 0,184 | Rumpfbeuge | – 0,268 |
| Tapping | 0,039 | CM-Jump | – 0,206 | Gleichgewicht | – 0,282 |
| Hit & Turn Test | – 0,013 | Tapping | – 0,229 | 20-m-Sprint | – 0,299 |
| RWS VH Wende | – 0,056 | Liegestütz | – 0,329 | CM-Jump | – 0,371 |
| Bauchtest | – 0,070 | RWS VH Wende | – 0,360 | 10-m-Sprint | – 0,390 |

Insgesamt kommt der Athletik keine herausragende Bedeutung für den komplexen Spielerfolg im frühen Juniorenalter (U 12 und U 14) zu. Die Verdichtung unserer Testbatterie zu einem Gesamtscore „Fitness" ergibt, dass die Top Ten in den jeweiligen deutschen Altersklassenranglisten im Durchschnitt und in vielen Einzelfällen keinen Vorteil gegenüber den weiter unten im Ranking platzierten Kaderspielern aufweisen (Tab. 4). Folglich entscheidet primär die tennisspezifische Kompetenz über den Spielerfolg, wenn zumindest die konditionellen Minimalanforderungen erfüllt werden. Erst in den Altersklassen der U 16 und U 18 sind die konditionellen Fähigkeiten von höchster Leistungsrelevanz. Vor dem Hintergrund der langfristigen, auch internationalen Karriere ist jedoch zu hinterfragen, ob bestehende konditionelle Defizite der jüngeren Altersklassen in der Kaderförderung trotz überdurchschnittlicher Tennisleistungen zu tolerieren sind.

Vor diesem Hintergrund sind vor allem jene Spielerinnen und Spieler besonders förderungswürdig, die sowohl in der Tennisrangliste als auch in der Fitnessrangliste schon in frühen Altersklassen weit vorne platziert sind (Tab. 4, links). Bei diesen Spielern kann eine vergleichsweise sichere Erfolgsprognose für eine internationale Karriere gestellt werden. In anderen Fällen ist dringend anzuraten, den Turnierplan zu entzerren und Phasen eines auf die individuellen Defizite ausgerichteten Athletiktrainings einzubauen.

***Tab. 4:*** *Gegenüberstellung der Platzierung auf der DTB-Jugendrangliste (Top Ten der von uns getesteten Spieler und Spielerinnen in zwei verschiedenen Jahrgängen) und deren Reihenfolge in einer Athletikrangliste innerhalb des jeweiligen Jahrgangs*

| **JUNIOREN JAHRGANG A** | |
|---|---|
| **DTB-Rangliste** | **DTB-Konditionstest** |
| Position | Rang |
| 1 | 1 |
| 2 | 8 |
| 3 | 12 |
| 4 | 6 |
| 5 | 2 |
| 7 | 10 |
| 8 | 2 |
| 9 | 3 |
| 10 | 13 |
| 11 | 23 |

| **JUNIORINNEN JAHRGANG B** | |
|---|---|
| **DTB-Rangliste** | **DTB-Konditionstest** |
| Position | Rang |
| 1 | 22 |
| 2 | 25 |
| 4 | 19 |
| 7 | 1 |
| 8 | 18 |
| 9 | 2 |
| 11 | 8 |
| 12 | 5 |
| 13 | 7 |
| 14 | 23 |

### 1.3.3 Prospektive Verlaufsanalyse des Spielerfolgs im Nachwuchstennis

Auf dem Weg zum Erreichen der individuellen Höchstleistung unterliegt der Spielerfolg jugendlicher Tennisspieler unterschiedlichen Entwicklungsverläufen, die linear oder wellenförmig bzw. steiler oder flacher sein können. Ursächlich hierfür wirken unter anderem unvorhersehbare Schübe in der motorischen und körperlichen Entwicklung, speziell in der puberalen Phase und danach. Zudem ergeben sich beim Übergang zu den Altersklassen U 14 (weiblich) bzw. U 16 (männlich) höhere konditionelle Anforderungen an Lauf- und Aktionsschnelligkeit (z. B. Schlaghärte von Vorhand und Aufschlag) sowie an die tennisspezifische Ausdauer, sodass sich Spieler mit besseren athletischen Fortschritten zunehmend auch Vorteile im Turniertennis verschaffen. Spätestens im Hochleistungsbereich ist die Realisation einer weit überdurchschnittlichen Translations- und Rotationsenergie des Balls (Aktionsschnelligkeit der oberen Extremität) unverzichtbar. In der Folge dominieren Winkelspiel und Schlaghärte, wodurch Zeitdruck und Wegstrecke der Schlagvorbereitung und demzufolge die Anforderungen an Startschnelligkeit, Beschleunigungsfähigkeit und Reaktivkraft sowie auch Beweglichkeit im Aktivenalter deutlich ansteigen (Weber et al., 2010b).

Die skizzierten Besonderheiten (Komplexität und zeitliche Variabilität der Leistungsanforderungen) verdeutlichen, dass sich die Leistungsstruktur vom Kindertennis bis zum Aktivenalter stetig ändert. Erfolgreiche Nachwuchstennisspieler müssen somit anderen Anforderungen gerecht werden als die Turniersieger beim Mini-Cup. Neben den ohnehin schon komplexen Anforderungen und Zielsetzungen im Training erschwert diese Variabilität der Leistungsanforderungen zusätzlich eine langfristig angemessene Schwerpunktsetzung im Tennistraining mit leistungsorientierten und talentierten Kindern sowie eine zielsichere Talentselektion und Nachwuchsförderung.

Die wechselhafte prospektive Verlaufsdarstellung von Ranglistenpositionen (deutsche Jugend-Ranglisten) deutscher Nachwuchsspieler kann als eine Konsequenz der beschriebenen Besonderheiten angeführt werden (Abb. 38). Auffällig ist das gehäufte Ausscheiden von Jungen im Übergang von U 12 zu U 14 sowie bei den Mädchen im Übergang von U 14 zu U 16. Hierbei handelt es sich zumeist um Spielerinnen, die einen deutlichen Abfall der Ranglistenposition zu verzeichnen hatten. In der U 16 und U 18 finden bei den Jungen deutlich mehr der vorübergehend ausgeschiedenen Spieler zurück in die Jahrgangsranglisten als bei den Mädchen. Die Korrelation der Ranglistenplatzierungen im Übergang zwischen den Altersklassen ist bei den Mädchen (r zwischen 0,58 und 0,62) somit enger als bei den Jungen (r zwischen 0,44 und 0,78). Erst beim Übergang von U 16 zur U18 (r = 0,78) stabilisieren sich die Ranglistenpositionen der Jungen weitgehend (Abb. 38). Neben entwicklungsbedingten Veränderungen der körperlich-konditionellen Voraussetzungen und der sich dadurch verändernden Leistungsstruktur im Tenniswettkampf speziell in der U 16 können diese Befunde selbstverständlich auch auf motivationale und verletzungsbedingte Ursachen zurückgeführt werden (Ferrauti et al., 2010).

Die vorliegenden Daten sensibilisieren Nachwuchstennisspieler sowie deren Eltern und Trainer für die Notwendigkeit einer realistischen Karriereplanung. Von den DTB-Top-20-Spielerinnen und Spielern der Altersklasse U 12 erreichen nur 14 % der Mädchen und 28 % der Jungen zumindest kurzfristig eine Position auf der WTA- bzw. auf der ATP-Rangliste. Die Vielzahl an individuellen Erfolgsschwankungen und vorübergehenden Aus- und Wiedereinstiegen im höheren Leistungsbereich verdeutlicht, dass der vielfach anvisierte internationale Erfolg von deutschen Nachwuchstennisspielern nur in absoluten Ausnahmen realisiert werden kann. Nur sehr wenigen Spielern gelingt es, über alle Altersklassen hinweg, eine Spitzenposition in den Ranglisten einzunehmen. In diesen Fällen schließt sich mit hoher Wahrscheinlichkeit eine internationale Karriere an. Eine weitere Möglichkeit eröffnet sich insbesondere bei den Jungen, wenn im Übergang der Altersklassen U 14 zu U 16 und U 18 eine deutliche Erfolgssteigerung zu verzeichnen ist. Dabei sollte die nationale Platzierung in der U 16 jedoch nicht wesentlich schlechter als Rang 50 und in der U 18 möglichst schon unter den Top 25 sein. Der Sprung in die (erweiterte) nationale Klasse der deutschen Damen- und Herrenrangliste wird hingegen von zahlreichen ehemals jugendlichen Spitzenspielern erreicht und kann speziell bei den Jungen in Ausnahmefällen auch von Spielern realisiert werden, die in den Jahrgangsranglisten der U 12 und U 14 nicht unter den besten 150 Positionen vertreten waren.

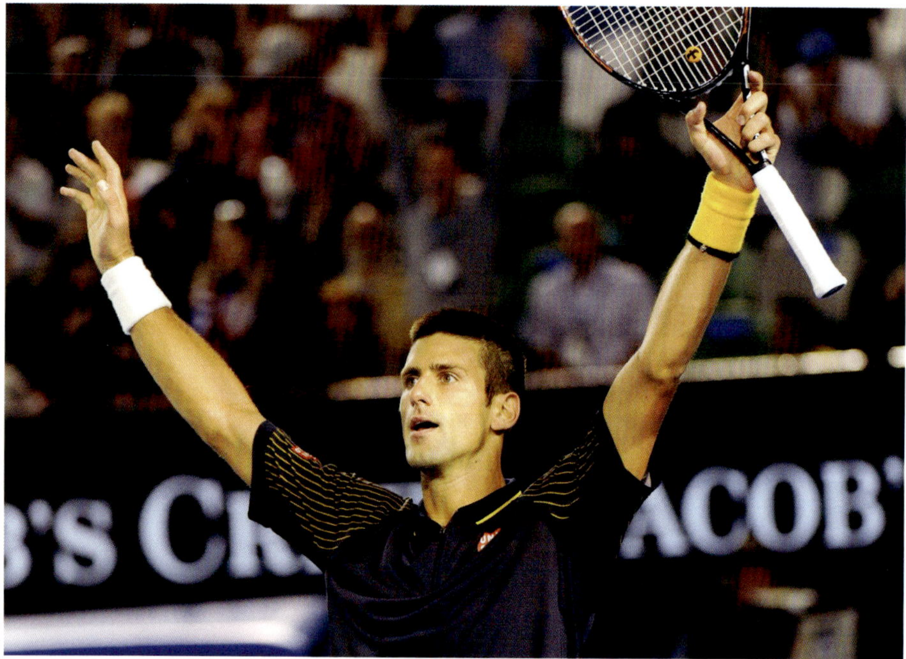

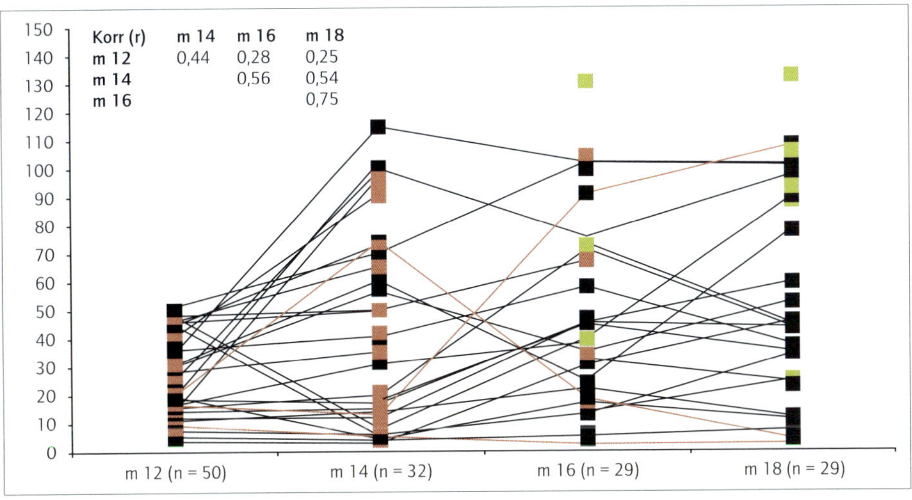


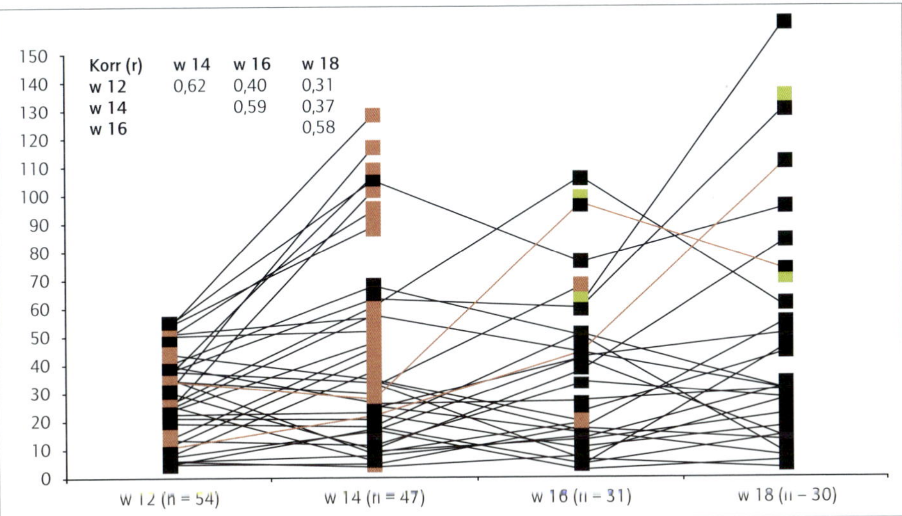


*Abb. 38: Individualverläufe und Korrelationskoeffizienten (Korr) der Ranglistenpositionen von ursprünglich DTB Top 50 platzierten U 12-Spielerinnen (unten) und -Spielern (oben) in den Jahrgangsranglisten der U 14, U 16 und U 18. Spielerinnen und Spieler, die in der chronologisch folgenden DTB-Jahrgangsrangliste (jeweils bis Position 150) nicht vertreten sind (roter Markierungspunkt) und solche, die nach vorübergehendem Ausscheiden erneut in der Rangliste erscheinen (grüner Markierungspunkt) sowie ausgewählte Einzelfälle (rote Linien) sind optisch hervorgehoben.*

Angesichts dieser Fakten befinden sich die Beteiligten im sozialen Umfeld von leistungsambitionierten Kindern und Jugendlichen in einem schwer lösbaren Gewissenskonflikt hinsichtlich des Ausmaßes der biografischen Fixierung auf den Leistungssport (Bette et al., 2002). Einerseits sind attraktive Zielsetzungen (z. B. Profitennis) wichtige Voraussetzungen für den

Erhalt einer ausreichenden intrinsischen Motivation für die dauerhafte und lückenlose Aufrechterhaltung von Trainingsqualität und Trainingsumfang auch im Verlauf der Pubertät; andererseits droht der Weg in die biografische Falle mit vollständigem Drop-out, wenn der Nachwuchsathlet realisiert, dass er trotz vollständiger zeitlicher und sozialer Fixierung die selbstgesteckten Ziele nicht erreicht.

Vor diesem Hintergrund kann Eltern, Betreuern und Trainern in den meisten Fällen angeraten werden, solche realisierbaren Ziele möglichst frühzeitig und attraktiv zu formulieren, die den Weg in die internationale Klasse weitgehend offenhalten, aber gleichzeitig alternative biografische Wegführungen beinhalten. Derartige Zielsetzungen sollten beispielsweise auf eine stetige Leistungsentwicklung speziell ab der U 14, auf die fortwährende Realisation von hoher Trainingsqualität und ausreichendem Trainingsumfang auch im konditionellen Bereich und auf ein leistungssportliches Engagement auf nationaler Ebene ohne Vernachlässigung der Schullaufbahn ausgerichtet sein. In diesem Zusammenhang ist eine Attraktivitätssteigerung der Deutschen Tennis Bundesliga mit Beschränkung der spielberechtigten ausländischen Spieler dringend notwendig. Gleichzeitig sollte losgelöst von allen notwendigen leistungs- bzw. erfolgsrelevanten Zielsetzungen die spielerische Freude am Tennissport und an attraktivem Training als zentrales Motiv erhalten bleiben.

Im Zusammenhang mit einer angemessenen langfristigen Leistungsentwicklung besitzt das Ranglistensystem in Deutschland (deutsche Ranglisten bereits in der U 12) Nachteile. Es besteht die große Gefahr, dass das Ranglistensystem als momentanes Abbild des komplexen Spielerfolgs im Tennis als alleiniges Kriterium für die Vergabe von Fördermaßnahmen herangezogen wird. Vielfach sind daher die Bestrebungen von Spielern und Betreuern sehr einseitig auf die Optimierung der komplexen Spielleistung (und damit der Ranglistenposition) angelegt, während die Verbesserung grundlegend koordinativ-konditioneller Aspekte zu kurz kommt. Der sensible und differenzierte Umgang mit dem Ranglistensystem fällt allen Beteiligten dieses engen Sozialsystems schwer, da ein erheblicher Entscheidungsdruck (unter anderem von Eltern und Spielern) auf die Entscheidungsträger des Fördersystems ausgeübt wird. So fällt gerade im Tennis die Anwendung einer vielfach geforderten „dynamischen Talentdefinition" (nicht die aktuelle Leistung, sondern die Entwicklungsgeschwindigkeit definiert ein Talent) und einer langfristig angelegten und zunächst grundlagenorientierten Leistungsentwicklung allen Beteiligten schwer. Hier liegen die Vorteile der Mannschaftsspiele, in denen sich die Talente über viele Jahre hinweg in einem besser geschützten Raum allgemeinmotorisch entwickeln können.

Für die Nachwuchsförderung, speziell im Bereich der D-Kader der Landesverbände, ergibt sich aus den in Abb. 38 dargestellten Entwicklungsverläufen eine Diskussion über Zeitpunkt, Rastergröße und Permeabilität von Selektionsvorgängen. Gemäß unseren Daten liegt der Scheidepunkt für später besser platzierte Spielerinnen und Spieler im Übergang von der U 14 zur U 18 (bei Mädchen speziell von U 14 bis U 16). Die Ranglistenentwicklung in diesen

Abschnitten der Karriere scheint von prognostischem Wert für den späteren Erfolg in den deutschen Ranglisten der Herren und Damen zu sein. Vielfach wird die D-Kaderzugehörigkeit jedoch bereits in der U 12 und hier nicht zuletzt basierend auf herausragenden Ranglistenpositionen langfristig geebnet und fixiert. Dies mag unter anderem eine Ursache dafür sein, dass in der Vergangenheit verschiedene deutsche Spitzenspieler nicht entsprechend erkannt und gefördert wurden (Conzelmann et al., 2004).

Selbstverständlich beginnt eine ideale Förderung bereits in frühen Altersklassen und fokussiert sich mit hohem Umfang auf eine vergleichsweise kleine Elite. Andererseits sprechen die vorgelegten Daten dafür, diese Struktur gleichzeitig ausreichend flexibel und permeabel zu halten, um auch jenen Spielerinnen und Spielern mit auffällig positiven Entwicklungstendenzen den verspäteten Einstieg zu gewähren. Halbjährlich (entsprechend der Ranglistenveröffentlichung) stattfindende Sichtungen bzw. Trainingscamps mit leistungssportlich engagierten U 14/U 16-Spielerinnen und -Spielern mit positiver Entwicklungstendenz würden das System entsprechend der hohen Entwicklungsvariabilität von Nachwuchstennisspielerinnen und -spielern anpassen.

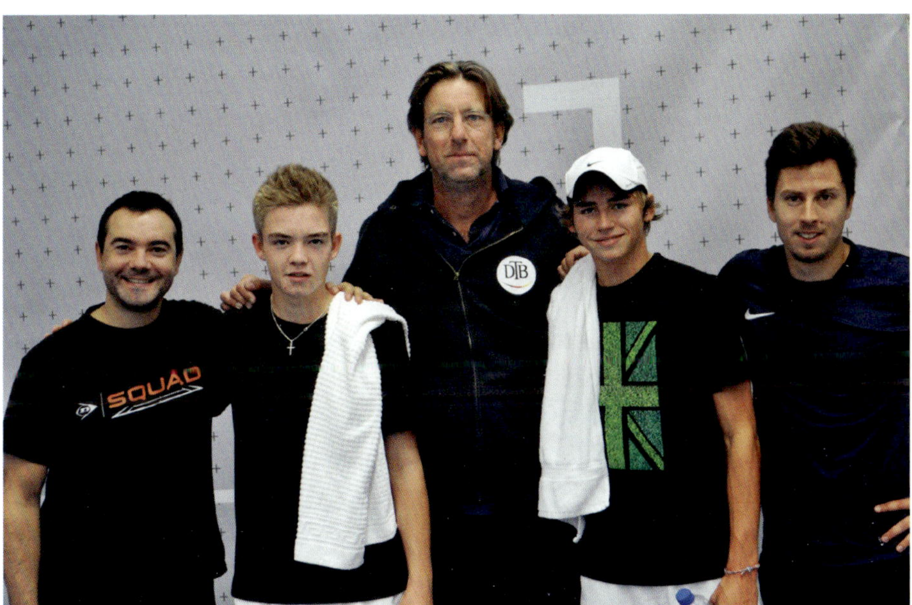


*DTB Bundestrainer Peter Pfannkoch (Mitte) mit den Junioren Davis-Cup Spielern Fabian Fallert (zweiter von rechts) und Tim Sandkaulen (zweiter von links) zusammen mit den Mitarbeitern des Lehrstuhls für Trainingswissenschaft Dr. Jaime Fernández-Fernández (links) und Thimo Wiewelhove (rechts), anlässlich eines Lehrgangs an der Ruhr-Universität Bochum*

## 1.4 Praktische Konsequenzen

Das Kapitel *Leistungsstruktur, Leistungssteuerung und Leistungsentwicklung im Tennis* beinhaltet eine Vielzahl an empirischen Daten und Analyseergebnissen, die als Orientierungshilfen zur Optimierung von Leistungssteuerung und Nachwuchsförderung im Tennissport herangezogen werden können.

Bereits die phänomenologische Betrachtung des Tennissports verdeutlicht die Komplexität der Sportart und liefert einen ersten Hinweis auf die Problematik, einzelne Trainingsschwerpunkte zu hierarchisieren. Die Leistungsstruktur im Tennis besteht vielmehr aus einem komplexen Netzwerk von wichtigen Leistungskomponenten, in dem einzelne Faktoren, je nach Alter, Geschlecht, Spielertyp und Bodenbelag, in unterschiedlicher Weise in den Vordergrund treten. Keiner der Faktoren darf jedoch für das Erreichen eines hohen Leistungsniveaus nur unterdurchschnittlich ausgeprägt sein. In der Trainingspraxis besteht aufgrund der Komplexität der Anforderungen jedoch die Gefahr, das Training ebenfalls sehr komplex, unter Vernachlässigung der Tiefenschärfe in der Ansteuerung einzelner Leistungskomponenten, auszurichten.

Die empirische Auseinandersetzung mit dem Tennissport hat die Literatur mit zahlreichen aktuellen Daten zum Tätigkeitsprofil und zur metabolischen und psychischen Beanspruchung angereichert. Hieraus können allgemeine und unverzichtbare Leitlinien für das Tennistraining abgeleitet werden. So belegen die Analyseergebnisse eindrucksvoll, dass nur die spezifische Berücksichtigung des Anforderungsprofils im Training Erfolg versprechend sein kann und dass die Übertragung von Leitlinien aus anderen Sportarten (z. B. aus dem leichtathletischen Sprinttraining auf das Schnelligkeitstraining im Tennis und aus dem Langstreckenlauf auf das Ausdauertraining im Tennis) nicht zweckmäßig ist. Vielmehr bedarf die besondere, unregelmäßige, intervallartige Ganzkörperbeanspruchung (obere und untere Extremität sowie Rumpfmuskulatur), die mit unterschiedlicher Intensität und weitgehend unvorhersehbarer Belastungsdauer, stets aber unter höchsten kognitiven Anforderungen, auf den Spieler einwirkt, entsprechend spezifischer Trainingsinterventionen.

Untersuchungen zu den Besonderheiten der Beanspruchung im Tennistraining bringen zum Ausdruck, dass diese Forderung durch Ausrichtung der Belastungsnormative (z. B. Schlagzahlen und Pausendauer) umgesetzt werden kann, dass jedoch im Detail zahlreiche offene Fragen bestehen, in welcher Weise die Daten des Anforderungsprofils speziell für die Belastungsdosierung im Tennistraining interpretiert werden sollen. So liegt die metabolische Beanspruchung in zahlreichen Trainingsformen vielfach deutlich über der mittleren und maximalen Beanspruchung im Tenniswettkampf und auch die Dauer der Einzelbelastung und die Anzahl der Schläge in unmittelbarer Folge differiert erheblich. Die enge und ausschließliche Orientierung des Tennistrainings an der metabolischen, strukturellen und koordinativen Beanspruchung im Tenniswettkampf wird demnach in der Praxis seit Langem abgelehnt. „Extremdrills" werden damit begründet, dass aus der Mischung von hochintensiver Belastungsverträglichkeit (weit über das im Wettkampf geforderte Maß hinaus) und koordinativer Perfektionierung (Automatisierung von Schlag- und Laufbewegungen durch unzählige Schlagwiederholungen) eine vollständig stabile mentale und motorische Sicherheit gegenüber den arrhythmischen und unvorhersehbaren kurzen, aber hochpräzisen Wettspielanforderungen entsteht. Dieses Bestreben ist zunächst als ein sinnvolles Leitbild zu akzeptieren, auch wenn kurzfristige Einbußen der Schlag- und Laufgeschwindigkeit im Trainingsverlauf unter diesen Bedingungen unvermeidlich sind und eine Fokussierung auf die extremen Qualitäts- und Präzisionsanforderungen jedes einzelnen Schlags im Match unterbleibt. Als ein möglicher Kompromiss beider Trainingsphilosophien wurde die Empfehlung ausgesprochen, im Rahmen der langfristigen Trainingssteuerung mit zunehmender Annäherung an die entscheidende Turnierphase das matchnahe Training vermehrt in den Vordergrund und das undifferenzierte extreme Drilltraining in den Hintergrund zu rücken.

Im Verlauf der langfristigen Leistungssteuerung unterliegt die Gesamtleistung eines Spielers zumeist unerklärlichen Schwankungen. Leistungssteigerungen stellen sich vielfach erst zeitverzögert ein und fordern daher von Trainern, Spielern und Betreuern bzw. Eltern sehr viel gegenseitiges Vertrauen und Geduld. Die Ursache für diese Besonderheit der Sportspiele im Vergleich zu zahlreichen Individualsportarten liegt primär in der Komplexität des Anforderungsprofils. So führt eine Veränderung der Schlagtechnik im Tennis zunächst unweigerlich zu Einbußen der komplexen Spielleistung (Spielerfolg und Spieleffizienz). Auch eine Schwerpunktsetzung auf konditionelle Aspekte des Trainings (z. B. Kraftaufbautraining) kann eine vorübergehende negative Feedbackwirkung auf die in der Hierarchie an oberster Stelle stehenden leistungslimitierenden Faktoren besitzen. Diese Tatsachen sind zunächst zu akzeptieren und führen zu der Empfehlung, die notwendigen Schwerpunkte im Training individuell zu definieren und, darauf abgestimmt, das (begrenzte) Trainingsvolumen zielgerecht auszurichten. Un-verzichtbare Voraussetzung hierfür ist eine differenzierte Leistungsdiagnostik, die zumindest die konditionellen Leistungen und eventuellen Defizite erfasst, damit für diesen Bereich nur so viel Zeit wie unbedingt notwendig, individuell zielgerichtet investiert wird. Der DTB-Konditionstest liefert hierzu eine gute Hilfestellung. Die Relativierung der Individualleistung zum repräsentativen Normprofil der jeweiligen Altersklasse offenbart mühelos die individuellen Stärken und Schwächen.

Für den Bereich der Nachwuchsförderung bleiben trotz dieser Hilfestellungen im Bereich der Talentselektion, der Kaderformation und der individuellen Trainingssteuerung zahlreiche Probleme, die unter anderem durch das DTB-Ranglistensystem (deutsche Ranglisten bereits in der U 12) verursacht werden. So besteht die große Gefahr, dass das Ranglistensystem als alleiniges Kriterium für die Vergabe von Fördermaßnahmen herangezogen wird und daher die Bestrebungen von Spielern und Betreuern sehr einseitig auf die Optimierung der komplexen Spielleistung (und damit der Ranglistenposition) ausgerichtet sind, während die Verbesserung grundlegend koordinativ-konditioneller Aspekte zu kurz kommt. Aufgrund der variablen

Entwicklungsverläufe empfehlen wir daher, neben der notwendigen frühen Eliteförderung, die Förderstrukturen gleichzeitig ausreichend flexibel, längerfristig durchlässig bis in die U 18 einzurichten, um auch jenen Spielerinnen und Spielern mit auffällig positiven Entwicklungstendenzen den verspäteten Einstieg zu gewähren.

Tennis ist eine wundervolle, aber höchst komplizierte Sportart. Das komplexe Anforderungsprofil, basierend auf hohen und sehr spezifischen technisch-taktischen, psychologischen und konditionellen Ansprüchen, erschwert eine geradlinige Leistungssteuerung und ein Konsens über Leitlinien und Schwerpunkte des Trainings lässt sich nur schwer herstellen. Die intensive wissenschaftliche Auseinandersetzung mit dem Tennissport liefert eine Vielzahl an Orientierungshilfen, bringt aber im Detail keine endgültige Klarheit über den Königsweg in die Weltspitze. Folglich kann der Inhalt dieses Kapitels zwar einige wichtige Hilfestellungen leisten, eine exakte Festlegung aller Maßnahmen der Leistungssteuerung kann jedoch auf höchster Leistungsebene und im Nachwuchsleistungssport nur unter Berücksichtigung der individuellen Rahmenbedingungen und Besonderheiten erfolgen. Auch die Festlegung struktureller Grundsätze im Bereich der Nachwuchsförderung kann derzeit nur über Plausibilitätsannahmen erfolgen, da die Biografien von Spitzenspielern, aber auch die nationalen Gesellschaftssysteme erheblich differieren.

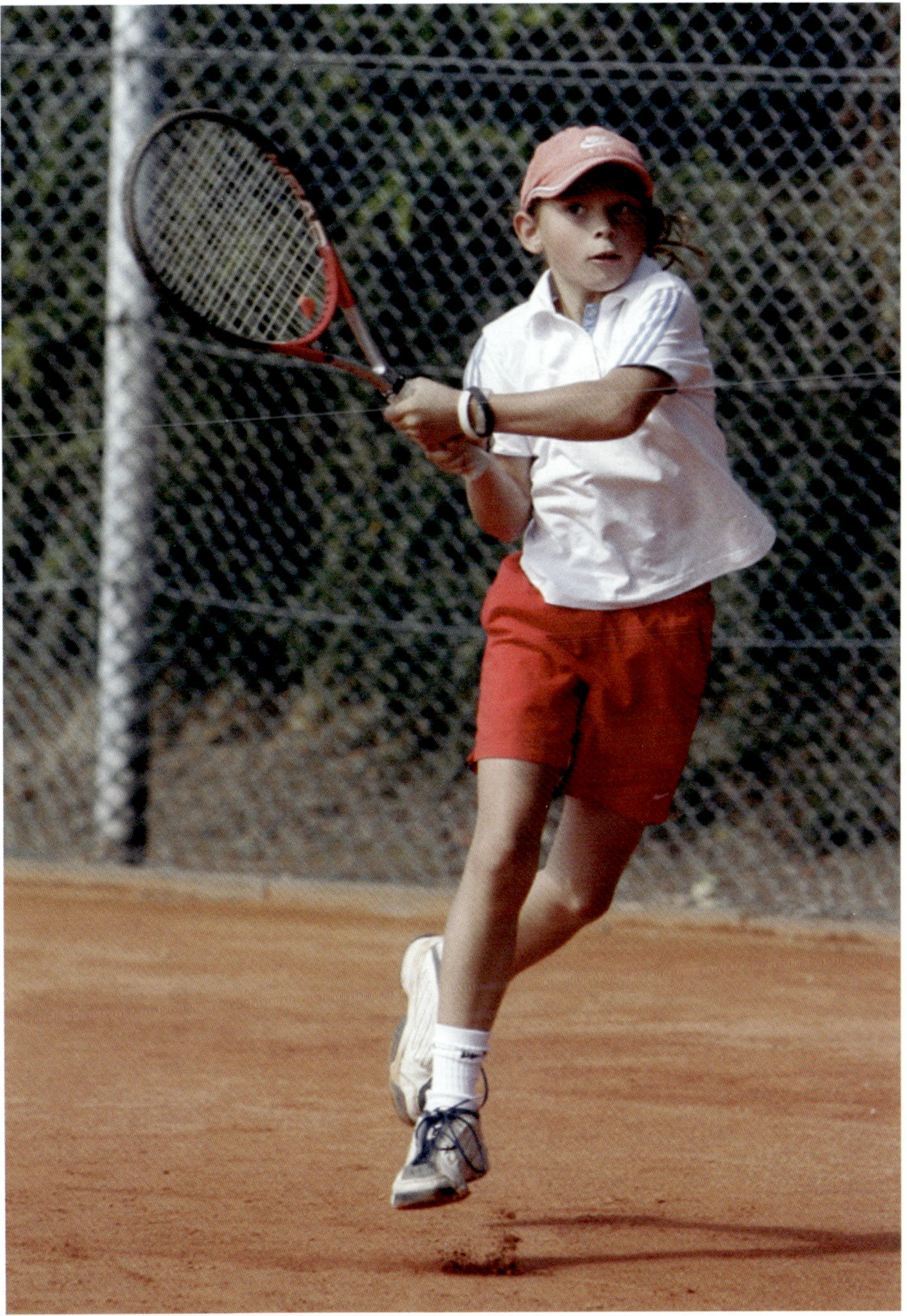

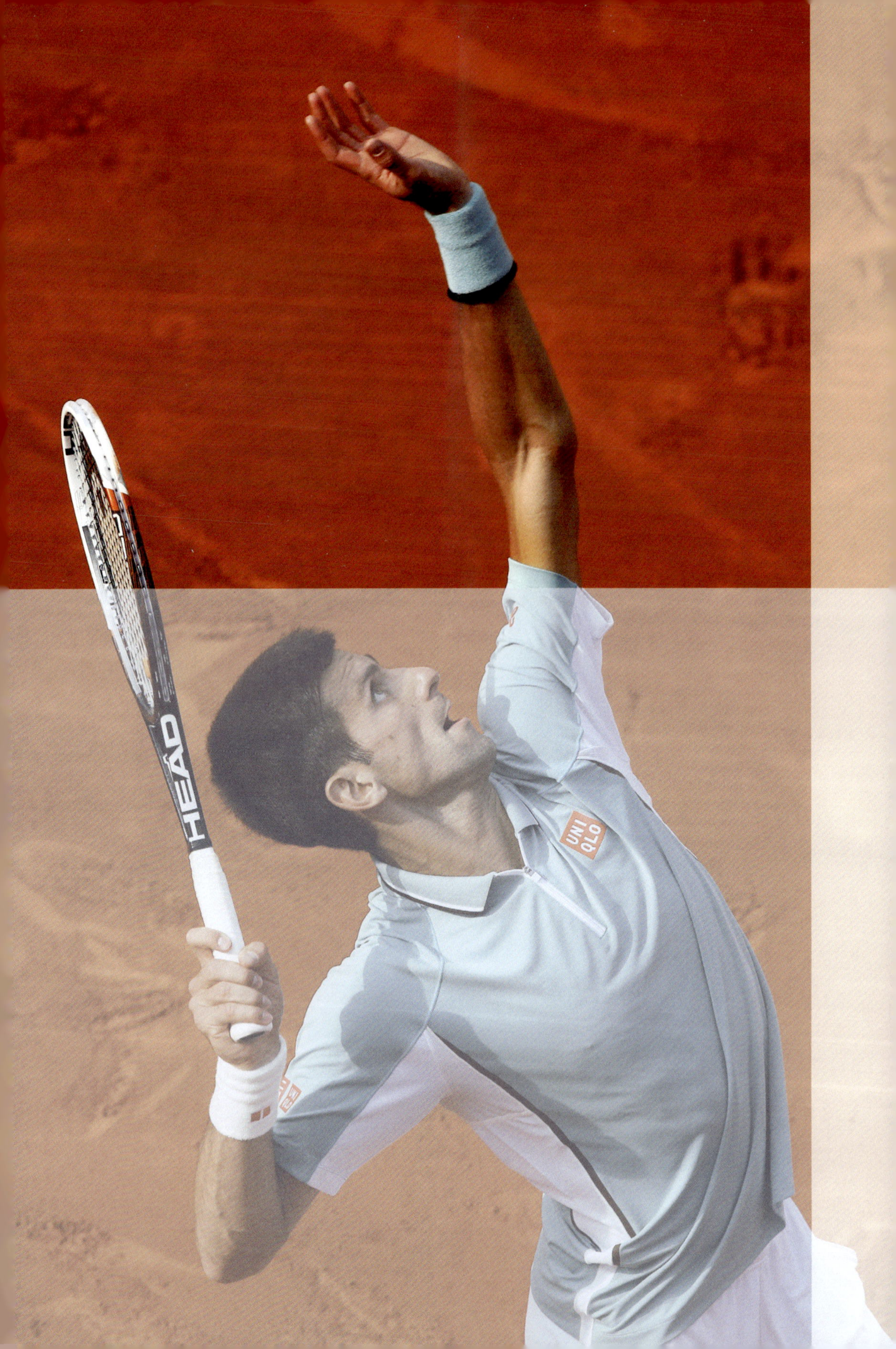
HEAD
UNI
QLO

# 2

# *Techniktraining*

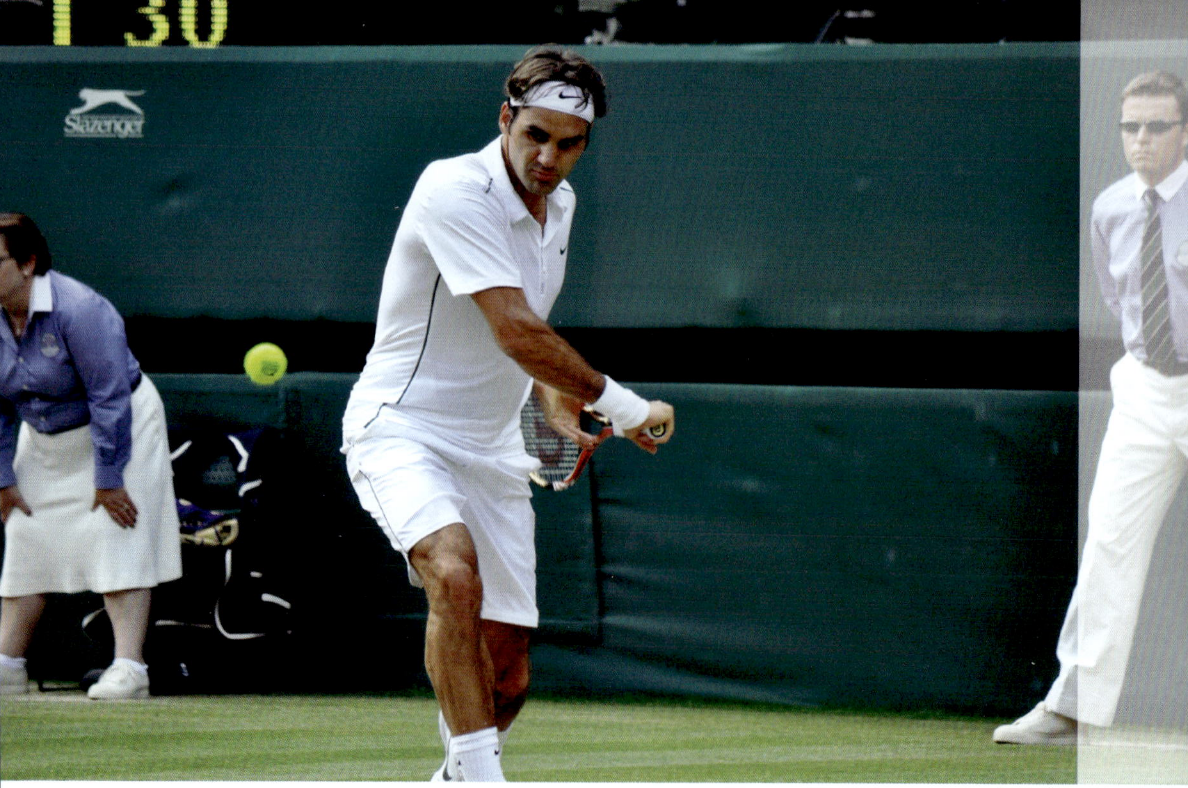


## 2.1 Einführung

Die Technik ist im Tennis der entscheidende leistungsbegrenzende Faktor. Trainer und Spieler streben einerseits ein möglichst komplettes Schlagrepertoire an, andererseits kann auch bei Spitzenspielern häufig beobachtet werden, dass sie nur eine kleine Auswahl ihres Schlagrepertoires einsetzen und entsprechend ihrer Spielweise diese Schlagtechniken bis zur Perfektion trainieren.

In der Technikanwendung besteht eine Verflechtung mit den psychischen Fähigkeiten, insbesondere mit den kognitiven Prozessen und den persönlichen Eigenheiten (Abb. 39). Auch der Zusammenhang zwischen Technik und Taktik ist nicht zu übersehen. Dies gilt speziell dann, wenn unter Technik ein Mittel zum Zweck verstanden wird, mit dem unterschiedliche Spielsituationen erfolgreich gelöst werden sollen. Weiterhin beeinflussen auch konditionelle Aspekte die Schlagtechnik (z. B. die Schnellkraft). Die mit Abstand engste Verwandtschaft besteht jedoch zwischen Technik und Koordination. Dies betrifft primär die spezielle intermuskuläre Koordination bei der Schlagausführung (u. a. Optimierung der sogenannten kinematischen Kette und bestmöglicher funktioneller Einsatz von Dehnungs-Verkürzungs-Zyklen). Aber auch allgemeine koordinative Fähigkeiten sind bedeutsam, um die Technik in variablen und unvorhersehbaren Situationen erfolgreich anwenden zu können. Die Koordination als wesentlicher Bestandteil der Technik ist deshalb ebenfalls innerhalb des vorliegenden Kapitels verankert (s. Exkurs: Koordination und koordinative Fähigkeiten).

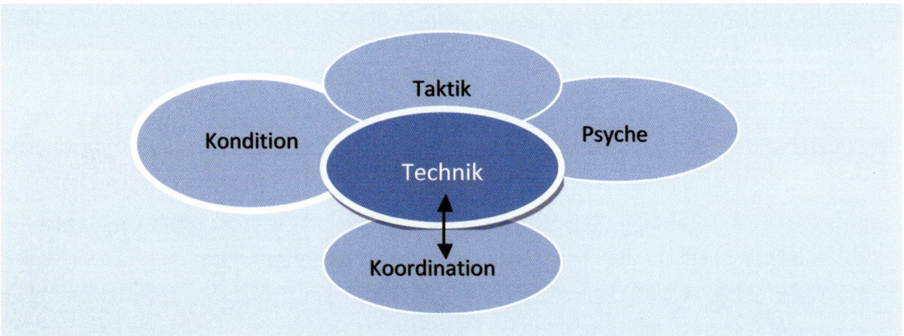


***Abb. 39:** Die Verknüpfung von Technik und Koordination mit Psyche, Taktik und Kondition*

Die Technikvermittlung wird allgemein in der klassischen Literatur zum motorischen Lernen in verschiedene Trainingsphasen eingeteilt. Weineck (2002) unterscheidet in Anlehnung an Martin (1977) die drei Phasen *Grobkoordination*, *Feinkoordination* mit Festigung und Vervollkommnung sowie *variable Verfügbarkeit*. Hohmann et al. (2009) erläutern die vier Phasen *Technikerwerb* (Stabilisation), *Technikvariation* (Situation, Individualität), *Technikanpassung* (Gegner, Wettkampfsituation) und *Technikabschirmung* (Störgrößen, psychischer Druck). Keine der Einteilungen kann einen Anspruch auf Allgemeingültigkeit erheben und beruht nicht auf wissenschaftlicher Evidenz sondern auf nachvollziehbaren Plausibilitätsannahmen.

Auch für den Tennissport existieren keine empirisch belegten methodischen Vermittlungswege. Ein solcher Beleg wäre untersuchungsmethodisch aufgrund der Komplexität der Fragestellung auch kaum möglich (allenfalls mittels retrospektiver Befragung aktueller Spitzenspieler über den von ihnen gewählten Weg an die Spitze). Aus den Erfahrungen von renommierten Trainern und aus Gesprächen mit Spitzenspielern in der Sportpraxis lassen sich jedoch drei typische Zielsetzungen für die Entwicklung vom Talent zum erfolgreichen Turnierspieler identifizieren, die keinesfalls streng nacheinander sondern zum Teil zeitlich überlappend angesteuert werden sollten.

Als primäres Ziel im Tennis wird aufgrund der hohen Fehleranfälligkeit, bedingt durch den hohen Präzisionsdruck bei gleichzeitig schwer kontrollierbarem Spielgerät, von Experten zunächst die grundlegende Bedeutung einer **stabilen Bewegungstechnik** hervorgehoben. Durch die gegnerabhängige Spielstruktur und durch wechselnde äußere Bedingungen (z. B. Windverhältnisse, Bodenbeläge und Ballmaterial) entstehen jedoch zusätzlich zahlreiche, unvorhersehbare Spielsituationen. Hier wird eine exakte Anpassung bestimmter Schlagmuster und somit eine im Detail **variable Bewegungstechnik** verlangt. Der Einsatz einzelner Schlagtechniken in typischen Spielsituationen wird schließlich geprägt vom Wettkampfdruck, ist von individuellen, psychologischen und taktischen Bedingungen abhängig und erfordert somit eine persönlich geprägte individuelle und **situative Technik**.

Die erfolgreiche Realisierung dieser drei Trainingsziele kann exemplarisch am Beispiel des Vorhand Topspins von Rafael Nadal, dem neunmaligen Sieger der French-Open in Paris und anerkannten „Sandplatzkönig" verdeutlicht werden:

1. Nadal hat durch jahrelanges Schlagtraining seine Topspintechnik mit einem ihm eigenen Bewegungsstil (Ausholen, Treffpunkt und Ausschwung) auf Sand so sehr stabilisiert, dass diese Technikausführung als geradezu optimal bezeichnet werden kann. Verbunden mit einer recht hohen Flugbahn des Balls und einer sehr hohen Rotationsgeschwindigkeit (teilweise 3.000-4.000 Umdrehungen pro Minute), spielt Nadal in Grundlinienduellen hauptsächlich Topspin durch die Mitte oder cross (Stabilität).
2. Durch minimale Veränderungen im Bewegungsablauf dieser Topspintechnik, zum Beispiel durch unterschiedliche Schlagamplituden, Winkelgeschwindigkeiten oder Gewichtsverlagerungen sowie durch das Erlernen einer Differenzierungsfähigkeit für Schlaghöhe, -länge, -drall und -richtung (z. B. inside-out oder kurz cross), hat Nadal eine Vielzahl an unterschiedlichen Schlagvariationen perfektioniert (Variabilität).
3. Aufgrund dieser Stabilität und Variabilität ist es für Nadal möglich, seine Technik auch auf schnellem Hallenboden oder auf Rasen in völlig unterschiedlichen Spielsituationen gegen unterschiedliche Spielertypen stets erfolgreich einzusetzen und zu erkennen, welche der Variationen die jeweils angemessene Lösung darstellt (Situativität).

## 2.2 Stabilität, Variabilität und Situativität

Den Vorüberlegungen entsprechend, sollten aus unserer Sicht für fortgeschrittene Tennisspieler und Turnierspieler mit **Stabilität**, **Variabilität** und **Situativität** im Techniktraining drei Trainingsziele verfolgt werden. Das Erlernen der schlagtechnischen Grobform des Tennisanfängers bleibt bei dieser Einteilung selbstverständlich unberücksichtigt. Aufgrund des definierten Adressatenkreises dieses Handbuchs wird auf Hinweise zum Technikerwerb und zum Bewegungsablauf einzelner Schlagtechniken verzichtet. Hierzu sind detaillierte Informationen in den früheren Lehrplänen des Deutschen Tennis Bundes (DTB, 1995), den aktuelleren elektronischen Lehrplänen des DTB (Born & Bornemann) zum Aufschlag (2009) und Return (2007) sowie in anderen Veröffentlichungen verfügbar (u. a. Steeb & Hornig, 2007; Schönborn, 2009), in denen die Tennistechnik grundlegend aus bewegungsanalytischer und vermittlungstheoretischer Sicht dargestellt wird.

Das zentrale und primäre Ziel von Trainern und Spielern besteht beim fortgeschrittenen Spieler gewöhnlich in einer verbesserten **Stabilität** der Schlagausführung oder besser in der Stabilisierung des angestrebten Ergebnisses der Schlagausführung (z. B. Richtung, Geschwindigkeit, Flughöhe und Aufprallpunkt des Balles). Diese Zielsetzung dominiert die Trainingsinhalte in der frühen Phase der langfristigen Entwicklung zum Turnierspieler; sie steht aber auch innerhalb jeder Trainingseinheit in fast allen Spielklassen bis hin zum Profitennis stets am Anfang. Experten und Spieler sind sich einig, dass für das Erreichen einer stabilen Schlagqualität im Sinne einer Verringerung von Fehlerquote und Steigerung der Schlagpräzision (in der Praxis eher als guter „Schlagrhythmus" oder „Touch" bezeichnet) weitgehend konstante Schlagsituationen und eine vergleichsweise hohe Wiederholungszahl erforderlich sind.

Diese Sichtweise und die gängige Praxis von Turnierspielern steht teilweise im Widerspruch zu einer anderen Theorie zum motorischen Lernen, dem sogenannten differenziellen Lernen nach Schöllhorn (1999), die eine konstante Lernsituation als kontraproduktiv ablehnt (s. Infokasten mit Literaturübersicht). Bei genauerer Betrachtung erscheint ein Diskurs hierüber bezogen auf den Tennissport jedoch als überflüssig. Aufgrund der Vielzahl an Freiheitsgraden eines zugespielten Balles (Höhe, Richtung, Geschwindigkeit und Drall) und der sensiblen Reaktivität beim Aufeinandertreffen eines modernen Tennisschlägers mit einem neuwertigen Tennisball befindet sich der Spieler stets in einer extrem variablen und dadurch anspruchsvollen Handlungssituation, sodass differenzielle Lernvorgänge stets in hohem Maße ablaufen und eine zusätzliche Verschärfung wenig zweckdienlich erscheint. Folglich ist die Schaffung von konstanten an Stelle von zusätzlich variablen Bedingungen in der Tennispraxis etabliert und findet sich beispielsweise durch die gezielte Verringerung der elastischen Energie der Bälle (Methodikball) und in international etablierten methodischen Konzepten wie „Play and Stay" wider. Für den Trainierenden bedeutet dies, dass der im Rückschlagspiel Tennis vorgegebene hohe „differenzielle Anspruch" auf ein funktionelles und motivierendes Maß reduziert werden muss, damit das kommunikative Spielerlebnis erhöht und die kognitive technisch-taktische Steuerungsfähigkeit des Spielgeschehens vergrößert werden und somit insgesamt die Lernmotivation steigt. Dies mag auch ein Grund dafür sein, dass Trainierende das Spiel mit einem erfahrenen und spielstarken Trainer vorziehen, da dieser besser in der Lage ist, das Zuspiel zu stabilisieren.

Selbstverständlich ist der Entwicklungsprozess des Turnierspielers mit dem Erreichen einer hohen Stabilität noch nicht abgeschlossen. Jeder Turnierspieler kennt das Gefühl, wenn der zunächst erworbene Rhythmus im freien Spiel unter variablen Bedingungen und bei „unorthodox" spielenden Gegnern plötzlich zusammenbricht bzw. die variable Verfügbarkeit der Schlagtechnik den vielfältigen Anforderungen der Spielsituation nicht gerecht wird. Als ein weiteres wichtiges Trainingsziel sollte somit eine verbesserte **Variabilität** der Schlagtechnik bei veränderten oder unterschiedlichen Bedingungen angestrebt werden. Dieses Trainingsziel schließt sich innerhalb der Trainingseinheit an das Rhythmustraining an und sollte in der langfristigen Entwicklung bereits parallel zur Stabilisierung erfolgen.

Eine gezielte Veränderung von Technikelementen kann beim Turnierspieler auch dann erforderlich sein, wenn einzelne Schlagtechniken dauerhaft die angestrebte Qualität unterschreiten und der Versuch einer weiteren Stabilisierung keinen Fortschritt ergibt. Hierdurch können alternative Bewegungsmuster erprobt und individuell optimiert werden. Grundlegende Voraussetzung bleibt jedoch, dass sich der vorgegebene Differenzierungsrahmen innerhalb einer biomechanisch oder funktionell begründbaren Variabilität bewegt (beim Aufschlag beispielsweise nur innerhalb der Hilfsaktionen, bei der Beinarbeit oder beim Bewegungsumfang). Andere unverzichtbare Technikelemente (z. B. Griffhaltung, Schulterachsenkippung und „Trophy Position") dürfen aus Sicht der Autoren nicht angetastet werden. Selbstverständlich sind diese Eingriffe sensibel einzusetzen und im Rahmen der Periodisierung mit ausreichendem Abstand wichtiger Turniere zu platzieren.

Stabile und variable Schlagtechniken müssen erfolgreich und situationsadäquat im Ballwechsel und unter realen Matchbedingungen eingesetzt werden. Das Trainingsziel der **Situativität** bildet somit die Nahtstelle bzw. den Übergang zum Taktiktraining. In der Trainingspraxis schlägt sich diese Erkenntnis darin nieder, dass die Aufgabenstellung zunehmend offener wird. Hierbei spielen Entwicklung und Ausführung von einfachen bis komplexen Spielzügen eine wichtige Grundlage. Dabei können die Spielzüge entweder nur nach exakter Vorgabe oder in einer Mischform von zunächst fester Vorgabe und einem offenen Ende gespielt werden (z. B. Aufschlag nach außen, Return longline und dritter Schlag cross, dann ist der Punkt frei). Selbstverständlich müssen die Trainer bei der Vorgabe bestimmter Spielzüge die technischen Voraussetzungen der Spieler berücksichtigen (eine Auswahl solcher Spielzüge folgt in Kap. 2.3.1 Trainingsbeispiele).

Besonders beliebt und häufigste Trainingsinhalte sind hierzu in der Praxis unterschiedliche Formen von Grundlinienduellen (z. B. „Baseliner" oder „Elfer"). Aufgrund der matchentscheidenden Bedeutung der Spieleröffnung bzw. der erweiterten Spieleröffnung (Weber & Born, 2012) bedürfen jedoch Spielzüge zum „Aufschlag und Return gefolgt vom ersten und ggf. zweiten Schlag" besonderer Aufmerksamkeit. Speziell im wettkampforientierten Techniktraining muss dieser Spielzug eine zentrale Position einnehmen.

Zusammenfassend verdeutlicht Abb. 40 folgende drei Anforderungsstufen und Trainingsziele im Techniktraining:

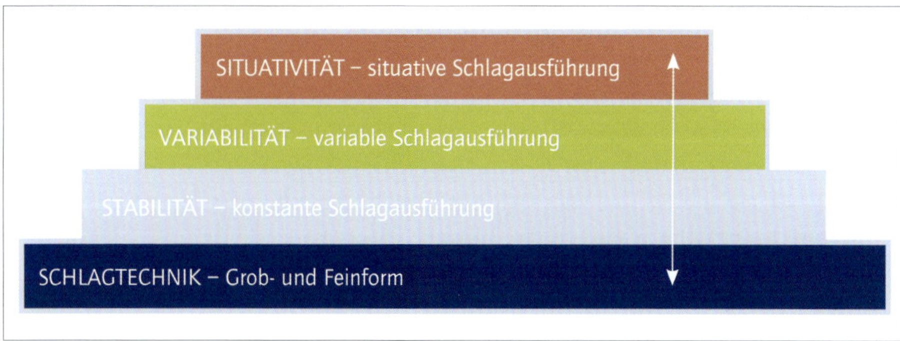


***Abb. 40:*** *Drei Anforderungsebenen und Trainingsziele der Schlagtechnik*

### *STABILE SCHLAGAUSFÜHRUNG*

In vorgegebenen Standardsituationen sollen durch systematisches Wiederholen bei einem möglichst konstanten Zuspiel exakt festgelegte Schlagtechniken stabilisiert werden. Hierbei werden Technikkriterien wie Schlaggeschwindigkeit, -länge, -drall und -richtung genau definiert. Ebenso werden die Zuspielposition (z. B. T-Linie oder Grundlinie) sowie die Zuspielart (z. B. Spiel mit einem Partner bzw. Trainer) vorher bestimmt. Je nach Lernalter können hierbei methodische Hilfen (z. B. Methodikbälle zur Steigerung der Zuspielkonstanz) genutzt werden. Innerhalb der Trainingseinheit findet dieses Trainingsziel meist am Anfang (Rhythmustraining) oder ganz am Ende (Ausschlagen) statt.

### *VARIABLE SCHLAGAUSFÜHRUNG*

Erstens werden durch unterschiedliche Aufgabenstellungen verschiedene Technikvariationen (z. B. gerader, Slice- und Kick-Aufschlag) geübt. Zweitens werden bestimmte Schläge durch die Veränderung des Zuspiels (Höhe, Länge, Geschwindigkeit und Drall) variablen Schlagsituationen angepasst. Drittens kann durch Veränderung von Technikkriterien wie Schlagrhythmus (Treffpunkt im Steigen, im höchsten Punkt, im Fallen), Schlaghärte (erster Gang, zweiter Gang, dritter Gang), Flughöhe (flach, mittel oder hoch über das Netz), Drall (gerade, Slice und Topspin) und Schlaglänge (Zielflächen) die Differenzierungsfähigkeit geschult werden. Schließlich können im Falle von Lernplateaus gezielte Modifikationen des Bewegungsmusters in einem biomechanisch-funktionalen Spielraum erprobt werden.

### *SITUATIVE SCHLAGAUSFÜHRUNG*

In unterschiedlichen vorgegebenen oder sich frei ergebenen Spielsituationen wird der adäquate Einsatz der Schlagtechniken trainiert. In Abhängigkeit von Geschwindigkeit und Drall des Balls sowie von der Schlagposition, der Absicht und vor allem von den individuellen Eigenheiten des einzelnen Spielers soll die jeweils passende Schlagtechnik angewendet werden. Der Spieler steht folglich vor der Notwendigkeit, aus der Fülle an Technikvariationen für jede Spielsituation die optimale Lösung zu finden. An dieser Stelle wird die Überlappung von Techniktraining und Taktiktraining deutlich. Solche Überschneidungen sind unvermeidbar, da spezielles taktisches Handeln stets die Verfügbarkeit variabler und situationsangemessener Schlagtechniken voraussetzt.

### *LITERATURÜBERSICHT: DIFFERENZIELLES LEHREN UND LERNEN IM TENNIS*

Seit 1999 propagieren Schöllhorn und Mitarbeiter das bewegungswissenschaftlich orientierte Konzept des differenziellen Lehrens und Lernens (DL) als Methodik für das Bewegungslernen (z. B. Schöllhorn, 1999, Schöllhorn et al., 2004, Schöllhorn, Eekhoff & Hegen, 2015) unter enger Bezugnahme auf die Betrachtungsweise der Systemdynamik (Kugler, Kelso & Turvey, 1982) und Synergetik (Haken, 1964). Zur Begründung des DL bezieht sich Schöllhorn (1999) auf den Selbstorganisationsansatz der dynamischen Systemtheorie und grenzt sich hiermit von dem kognitiven Ansatz der Informationsverarbeitung (Schmidt, 1975) ab. – Im Zentrum des DL steht nicht mehr die von außen herangetragene Information, sondern der Mensch selbst, der aus eigener Wahrnehmung der Umwelt die eigene Sichtweise selbstorganisiert konstruiert (Schöllhorn, Eekhoff & Hegen, 2015); durch Steigerung der Schwankungen wird ein Selbstorganisationsprozess initiiert, der dem Individuum erlaubt, durch die gesteigerte Anzahl an ausprobierten Zustanden die jeweils eigene Ordnung selbst zu finden. Über ständig sich verändernden Variationen und Differenzen nähert sich der Spieler seiner individuellen optimalen Technik. DL ist folglich charakterisiert durch ständig wechselnde Bewegungsausführungen, keine Fehlerkorrekturen, Vermeidung von Wiederholungen und Realisieren möglichst vieler Randbedingungen (Schöllhorn u. Mitarbeiter, 2004 u. 2007).

Künzell und Hossner (2012) stellen jedoch zur Theorie, Qualität der vorgelegten Studienergebnisse sowie die sportpraktische Bedeutung des differenziellen Lernens nach Schöllhorn fest, „dass es sich beim DL keineswegs um eine wissenschaftlich abgesicherte Methode handelt" (S.83) und „dass der Ansatz sich auch aus Praxissicht als nicht tragfähig erweist" (S. 85). Speziell zur Qualität der durchgeführten Studien im Kugelstoßen (Beckmann & Schöllhorn, 2006), Fußball (Trockel & Schöllhorn, 2003), Volleyball (Schöllhorn & Paschke, 2007) und Schulsport (Schöllhorn und Mitarbeiter, 2009) werden darüber hinaus erhebliche Defizite in unverzichtbar wichtigen Details angeprangert. Ursächlicher Auslöser und Motivation für diese harsche Kritik der Autoren war die Befürchtung, dass in Anlehnung an die Ausführungen von Killing (2009) Enttäuschungen auf Seiten der Lernenden im Hinblick auf die versprochene Wirksamkeit des DL dazu führen, dass Leistungen der Forscher zunehmend skeptisch, wenn nicht gar ablehnend aufgenommen werden. Mit Blick auf fatale Konsequenzen für die Sportpraxis als auch für die Sportwissenschaft empfehlen Künzell und Hossner (2012) in zukünftigen Publikationen zum differenziellen Lernen, auf fehlerhafte und theoretisch wie empirisch unbegründete Praxisempfehlungen zu verzichten.

DL scheint jedoch als Methode für das Bewegungslernen der Tennisschläge durchaus geeignet zu sein, da jeder Ball in unterschiedlicher Weise ankommt und der Spieler sich jeweils mit seiner Schlagtechnik differenziert anpassen muss. Außerdem liegt der Vorteil des differentiellen Lernmodells nach Schöllhorn (1999) darin, dass die Individualität sowie die Situationsspezifik im Lernprozess schon von Beginn an integriert werden.

Durch ständige Variationen der Bewegungsausführungen um einen weit gefassten Zielbereich mit Verzicht auf Wiederholung und Korrektur wird ein selbstorganisierter Lernprozess initiiert, der den Spielern und -innen erlaubt, individuelle Optima situationsspezifisch in kürzerer Zeit zu erreichen (Schöllhorn u. Mitarbeiter, 2008). Andererseits kann der Verzicht auf externe Fehlerkorrekturen durch den erfahrenen Trainer und die hiermit verbundene Vorenthaltung hilfreicher Ruckmeldungen zu einer erheblichen Verzögerung erwünschter Erfolgserlebnisse beim Treffen des Balles führen, sodass speziell beim Anfänger der Misserfolg überwiegt und die Freude am Tennisspiel nachlässt. Darüber hinaus können mangels Korrekturen jahrelang aufgebaute leistungsbegrenzende Technikdefizite (z. B. unfunktionale Griffhaltung für Aufschlag, ineffiziente Schlagbewegung oder später Treffpunkt der Vor- und Rückhand) nur mit erheblichem Aufwand umgelernt werden.

Der Arbeitskreis von Schöllhorn (Humpert, 2004, Humpert & Schöllhorn, 2006, Schöllhorn u. Mitarbeiter, 2008) führte auch ein thematisch und adressatenspezifisch eng begrenztes Trainingsexperiment im Tennis durch, das die Effektivität zweier verschiedener Trainingsinterventionen in Bezug auf Zielpräzision und Geschwindigkeit beim Tennisaufschlag konkurrierend vergleichen sollte. In der zusammenfassenden Publikation ihrer Trainingsexperimente formulieren Schöllhorn und Mitarbeiter (2008), dass auch das differenzielle Aufschlagtraining den Trend zu Vorteilen gegenüber der traditionellen Lehrweise zeige, ähnlich jenen wie sie bereits bei Experimenten im Volleyball (Schöllhorn & Paschke, 2007), Fußball (Schöllhorn et al., 2004) und im Kugelstoßen (Beckmann & Schöllhorn, 2006) beobachtet wurden. Der positiven Einschätzung ihrer Resultate von Schöllhorn und Mitarbeiter (2008) zur Effizienz und zum Geltungsbereich des DL im Tennis muss jedoch die Allgemeingültigkeit der Aussagen für das Lernen tennisspezifischer Bewegungen abgesprochen werden, da die von den Autoren beschriebenen Experimente eine Vielzahl eklatanter, unverzeihlicher methodischer Mängel im Untersuchungsgut (minimale Stichprobengröße mit nur sechs Versuchspersonen in der Trainingsgruppe sowie große Streuung der Variablen), Untersuchungsgang (keinerlei Details zum Inhalt der Trainingsinterventionen) sowie in der deskriptiven (ohne Angabe der arithmetischen Mittelwerte) und prüfenden Statistik (Mittelwertvergleiche mit ordinalskalierten Daten, trotz Erhebung „höherwertiger" intervallskalierter Variablen) aufweisen. Da die tennisspezifischen Inhalte der beiden konkurrierenden Trainingsinterventionen (differenzielle vs. funktionsanalytische Methode) von den Autoren nicht preisgegeben werden, bleibt dem Leser die Möglichkeit verwehrt, die vorgelegten Resultate konstruktiv zu erklären oder gar eine eigenständige Überprüfung der Befunde vorzunehmen.

Unabhängig von dieser grundlegenden Kritik insbesondere am Allgemeingültigkeitsanspruch des Konzepts des differentiellen Lernens im Sport und speziell im Tennis schätzen wir die gezielte Initiierung eines Wechsels der Bewegungsaufgabe und der Bewegungsausführung im Tennistraining durchaus als wünschenswert ein. Entsprechende Anknüpfungspunkte werden im Text insbesondere unter dem Aspekt der Variabilität genannt.

Wesentliche Voraussetzungen für eine funktionierende Schlagtechnik ist ein hohes Maß an allgemeiner und vor allem tennisspezifischer Koordination. In der Praxis schließt demnach jedes Techniktraining gleichzeitig ein spezifisches Koordinationstraining mit ein, gerade wenn es sich konkret am Anforderungsprofil der speziellen Schlagtechnik orientiert und dadurch mehrere ineinandergreifende Fähigkeiten unter unterschiedlichen Druckbedingungen gleichzeitig anspricht. Im praktischen Trainingsprozess ist dabei das Modell des **K**oordinations-**A**nforderungs-**R**eglers (**KAR**) und die Vorstellung von stufenlosen „Reglern" als Metapher für die Orientierung von Trainern und Spielern sehr hilfreich (vgl. Neumaier, 1999). Dies betrifft vor allem das Trainingsziel der Variabilität, indem aus einer rein dichotomen Vorgabe („spiel den Ball mit Spin oder treffe ihn glatt") eine abgestufte Ansteuerung („spiel mit Drallstärke 8 auf der Skala bis 10") eingefordert werden kann.

Bei Änderungen komplexer Techniken wie dem Aufschlag und der Aufgabe „wirf den Ball etwas höher" müssen selbstverständlich simultan mehrere Regler gleichzeitig neu justiert werden, um den veränderten Anforderungen gerecht zu werden. Die Aufgabe beeinflusst zunächst die Informationsanforderungen und beansprucht verstärkt die kinästhetischen und die visuellen Sinnesleistungen. Der Präzisionsdruck steigt und der Zeitdruck sinkt. Mithilfe von Orientierungs-, Differenzierungs-, Kopplungs- und Gleichgewichtsfähigkeiten (Abb. 41) und Veränderungen der Reglereinstellungen kann der Spieler sich auf die neuen Anforderungen umstellen und sie bewältigen. Das komplexe koordinative Anforderungsgefüge eines Aufschlags ist folglich hochsensibel und wird nicht nur von kleinsten technischen Veränderungen, sondern auch durch physische und psychische Konstellationen beeinträchtigt.

Im Rahmen eines zusätzlichen allgemeinen Koordinationstrainings (koordinatives Ergänzungstraining) können die einzelnen und für den Tennisspieler wesentlichen koordinativen Fähigkeiten (z. B. Gleichgewichtsfähigkeit/Orientierungsfähigkeit) schwerpunktmäßig im Vordergrund stehen. Derartige Trainingsformen können auch auf dem Tennisplatz stattfinden und zeichnen sich durch ein hohes Maß an Kreativität aus und sind somit, speziell für jüngere Spieler gegenüber einem eintönigen Techniktraining klassischen Zuschnitts häufig attraktiver. Spielformen wie „Mexiko" oder „Prellball", welche die allgemeinen koordinativen Fähigkeiten außerhalb des üblichen im Tennismatch geforderten Rahmens verbessern, finden daher zur Zeit verstärkt Einzug in das Jugendtraining (z. B. Bezirks- und Verbandstraining) und werden dort aufgrund ihrer hohen Attraktivität auch aus Motivationsgründen häufig gleich zu Beginn einer Trainingseinheit eingesetzt (vgl. hierzu Kap. 2.3.1 Trainingsbeispiele).

## *EXKURS: KOORDINATION UND KOORDINATIVE FÄHIGKEITEN*

*Die allgemeinen Funktionen der Koordination zeigen sich im konkreten Lösungsprozess einer Bewegungsaufgabe (vgl. Meinel & Schnabel, 1987, 1998). Unter **Koordination** im Tennis ist primär das neuromuskuläre Zusammenspiel für das Balltreffen (mit Schläger) und das Zieltreffen (im gegenüberliegenden Feld) zu verstehen. Darüber hinaus zeigt sich die Koordination in der Fähigkeit, Schläge auch unter hohem Druck (Zeitdruck, Präzisionsdruck und Komplexitätsdruck) erfolgreich auszuführen (Heinzel et al., 1997).*

*Der Spieler steht folglich vor der Notwendigkeit, aus der Fülle an Technikvariationen für jede Spielsituation die optimale Lösung zu finden. Das Ausmaß der koordinativen Anforderungen wird durch die Situativität (situative Anforderungen) einer Spielaufgabe bestimmt und vom Spieler mittels einer Fülle von Wahrnehmungsrezeptoren (sensorische Anforderungen) registriert. Je nach Reizsensibilität des Rezeptors, unterscheidet man visuelle, vestibuläre (Gleichgewichtsorgan), kinästhetische (Rezeptoren der Bewegungsempfindung), taktile (Tastrezeptoren) und akustische Wahrnehmungen. Die erfolgreiche Lösung der Spielaufgabe wird letztendlich durch den Ausprägungsgrad der speziellen koordinativen Fähigkeiten (koordinative Anforderungen) bestimmt (Abb. 41). Überdurchschnittlich ausgebildete koordinative Fähigkeiten zeigen sich beim Tennisspieler auch darin, dass sie ihn befähigen, außergewöhnliche Spielsituationen zu meistern. Er kann beispielsweise aus vollem Lauf (nach vorn, zur Seite, nach hinten, schräg nach hinten), im Sprung oder im Hechtsprung sowie in Rücklage oder auf dem falschen Fuß den Ball kontrolliert zurückschlagen (= spezielle Gleichgewichtsfähigkeit!). Ferner kann er seinen Schlag bei versprungenen Bällen, bei plötzlich veränderter Flugbahn durch Wind sowie bei unerwarteten Aktionen des Gegners adäquat anpassen. Darüber hinaus ist er in der Lage, überraschende „Spezialschläge" (z. B. Schlag durch die Beine mit dem Rücken zum Netz) erfolgreich einzusetzen und technisch-taktische Aufgaben besonders kreativ und originell zu lösen. Allgemeine Prinzipien eines langfristig angelegten, koordinativen Grundlagentrainings beruhen, speziell im Kindes- und Jugendalter, auf der Forderung, einen möglichst breiten Bewegungsschatz zu erwerben und zu erweitern. Das bedeutet für den Tennisspieler, Erfahrungen in vielfältigen Bewegungsmustern zu sammeln und unter anderem auch in anderen Schläger-Ball-Spielen wie Badminton, Hockey, Squash oder Tischtennis unterschiedliche Schlagsituationen kennenzulernen. Die Erfahrung zeigt, dass die tennisspezifische Ballbehandlung bei jenen Spielern auf einem höheren Niveau steht, die neben dem Tennisspiel zusätzliche Ballsportarten betrieben haben oder noch betreiben.*

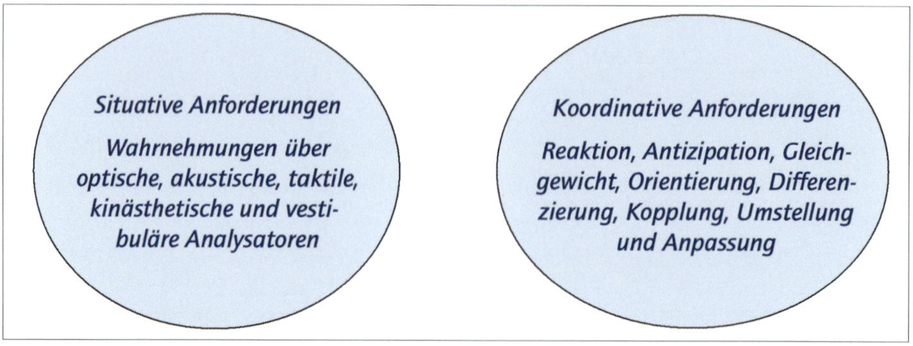

*Situative Anforderungen*

*Wahrnehmungen über optische, akustische, taktile, kinästhetische und vestibuläre Analysatoren*

*Koordinative Anforderungen*

*Reaktion, Antizipation, Gleichgewicht, Orientierung, Differenzierung, Kopplung, Umstellung und Anpassung*

***Abb. 41:*** *Anforderungsschema zur koordinativen Tennisleistung*

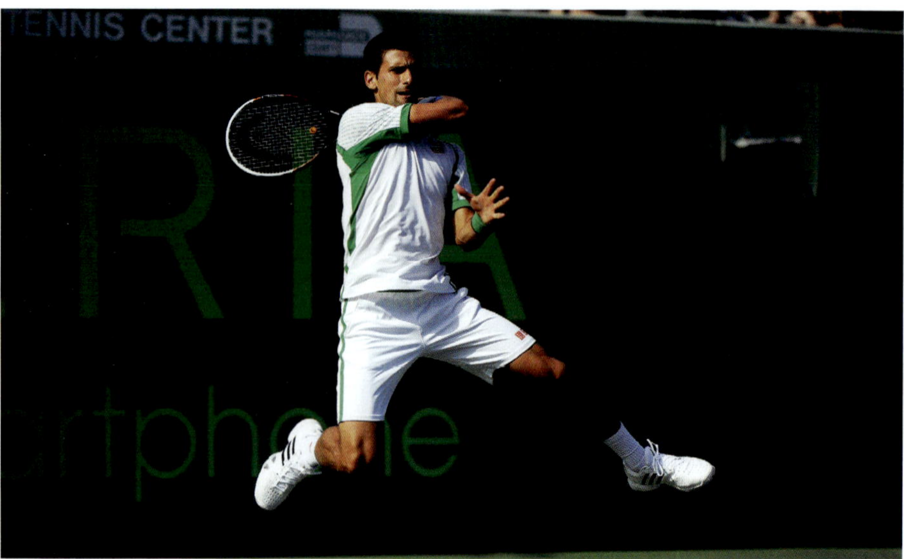

***Abb. 42:*** *Koordinative Anforderungen beim Schlag aus dem Sprung*

## 2.3 Techniktraining im Tennis

In der Trainingspraxis ist es zwar möglich, die drei dargestellten Trainingsziele (Abb. 40) getrennt zu trainieren, doch sollte man sie sinnvollerweise methodisch miteinander verknüpfen. Dabei steht auf der ersten Ebene (**Stabilität**) für den Trainer/Spieler eine bewegungsorientierte Arbeitsweise durch die Vorgabe einer stabilen Schlagausführung und eines möglichst konstanten Schlagergebnisses im Vordergrund. Auf der zweiten Ebene (**Variabilität**) müssen variable Umgebungsbedingungen und individuelle technische Besonderheiten mitberücksichtigt werden, wodurch die Unterrichtsweise zum Teil stärker aufgabenorientiert ausgerichtet wird. Eine rein aufgabenorientierte und kreative Trainingsgestaltung liegt auf der dritten Ebene (**Situativität**) vor.

In Abhängigkeit von der Spielsituation und gestützt auf Erkenntnisse aus der systematischen Spielerbeobachtung, erfährt die Ausbildung bestimmter Schlagtechniken eine entsprechende Gewichtung. So spielt beispielsweise auf Sand die Festigung und Verbesserung des Stoppschlags in der Damenklasse sowie in der unteren Herrenklasse und insbesondere in den älteren Seniorenklassen – eine wesentliche Rolle. Weiterhin muss die Technikausbildung durch die individuelle Spielweise (Serve and Volley oder Grundlinienspieler) und durch den Einsatzbereich (Einzel oder Doppel) aufgebaut und gesteuert werden. Während sich der Grundlinienspieler beispielsweise für sein Einzel vorwiegend mit der Stabilisierung und Optimierung seiner Grundlinienschläge befasst, muss der gleiche Spieler für ein erfolgreiches Doppel eine gezielte spezifische Volleyausbildung durchführen.

Die Praxis des Techniktrainings wird aber auch von Alter, Geschlecht und der allgemeinen Leistungsfähigkeit beeinflusst. So richtet sich die Dauer eines Techniktrainings – aus Effektivitätsgründen sollten 20 min nicht unterschritten werden – nach dem konditionellen und koordinativen Zustand und insbesondere nach der Konzentrationsfähigkeit des Spielers. Einen besonderen Einfluss auf die Wirksamkeit des Trainings hat die Motivation. Weitere Einwirkungen gehen von der Bewegungserfahrung und der Auffassungsfähigkeit des Spielers aus. Zusätzlich spielen auch externe Faktoren der Trainingssituation wie Coachverhalten und Trainingsumgebung eine beträchtliche Rolle.

Eine besondere Beachtung müssen die Zeitpunkte finden, in denen Korrekturen und Tipps an den Spieler gegeben werden. Synchronkorrekturen – also Hinweise und Empfehlungen während der Schlagausführung – sind bekanntlich am effektivsten (z. B. akustische Signale, Lautieren oder Mitsprechen). Ebenfalls noch recht wirkungsvoll sind Sofortmaßnahmen, d. h. Korrekturen, die bis zu 15 s nach der Bewegungsausführung erfolgen. Demgegenüber wirken Spätinformationen (länger als 15 s nach der Bewegungsausführung) eher auf der kognitiven Ebene (Bewegungsverständnis) und können die eigentliche motorische Ausführung nicht mehr so entscheidend beeinflussen wie die ersten beiden Korrekturformen. Schließlich kommt der Arbeitspause zwischen den einzelnen Trainingsserien eine wichtige Bedeutung zu. Die Pause sollte eine ausreichende körperliche und mentale Erholung des Trainierenden gewährleisten.

Auf der Grundlage dieser Erfahrungswerte lassen sich für das Techniktraining im Tennis folgende Charakteristika zusammenfassen:

***PRAXISTIPPS:***

1. Das Techniktraining sollte immer durch ein tennisspezifisches Einschlagen nach dem Prinzip der Stabilität beginnen (15 min Schulung von Rhythmus und Ballgefühl).
2. Das Techniktraining beinhaltet nach der Stabilisierung wichtiger Schlagmuster deren variable Anwendung mit unterschiedlichen Zielsetzungen und endet mit der situativen und individuellen Anwendung in Spielformen.
3. Für die Ebenen Stabilität/Variabilität empfehlen wir:
   - Dauer der Technikübungen: 15-20 min;
   - Schläge pro Serie: 4-10 beim Einzelunterricht oder bei einer Zweiergruppe; 3-6 Schläge bei einer Vierergruppe;
   - Pausen zwischen den Schlagserien zur körperlichen und mentalen Erholung: etwa 10-20 Sekunden;
4. Das Training für die Ebene Situationstraining soll zielgerichtete Spielzüge und Matchformen mit einer Übungsdauer von 15-20 min umfassen.
5. Das Techniktraining endet durch aktive Erholung, wobei in mittlerem Tempo und mittlerer Bewegungsausführung wenigstens 5 min lang Bälle geschlagen werden (Cool-down bzw. Ausschlagen nach dem Prinzip der Stabilität).

***KOORDINATIVES ERGÄNZUNGSTRAINING:***

*6.* Zusätzliche Koordinationsübungen steigern den technischen Lernerfolg durch die Schulung besonderer Schlagmuster in schwierigen und außergewöhnlichen Schlagsituationen.

*7.* Koordinationsübungen sind gerade im Kindes- und Jugendalter als Technikergänzungstraining einzusetzen, um eine solide Basis für die technische Weiterentwicklung zu schaffen.

*8.* In jeder Trainingseinheit wird eine attraktive Koordinationsübung auch zur Auflockerung des Trainingsablaufs zumeist ganz am Anfang der Trainingseinheit noch vor dem Einschlagen eingesetzt.

## 2.3.1 Trainingsbeispiele

Die nachfolgenden Beispiele zum Techniktraining sind, den Trainingszielen ***STABILITÄT***, ***VARIABILITÄT***, ***SITUATIVITÄT*** und ***KOORDINATIVE ERGÄNZUNG*** entsprechend, in vier Abschnitte gegliedert:

**Abschnitt 1** verfolgt das Ziel der Stabilisierung. Die Übungen dienen vorrangig der Festigung von einzelnen Schlagtechniken in Standardsituationen.

In **Abschnitt 2** werden Schlagtechniken in unterschiedlichen Schlagsituationen und -positionen trainiert. Innerhalb der Übungen hat der Trainer die Möglichkeit, Schlaghärte, -höhe oder -richtung zu variieren oder auch miteinander zu kombinieren.

**Abschnitt 3** umfasst das situative und individuelle Schlagtraining. Hierbei wird in einzelnen Ballwechseln oder vorgegebenen Spielzügen um Punkte gespielt.

**Abschnitt 4** dient der Ergänzung des Techniktrainings und kann zur Optimierung der tennisspezifischen Koordinationsfähigkeiten auf dem Tennisplatz beitragen. Die Übungen dienen häufig zugleich der spielerischen Auflockerung einer Trainingseinheit.

*STABILITÄT*

**Übung 1: Aufschlag**

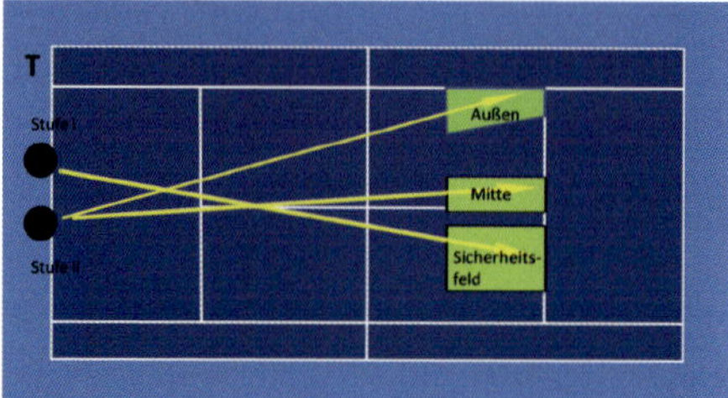


**Ziele:**

- Stabilisation verschiedener Aufschlagtechniken und -taktiken mit ergebnis-(z. B. Trefferquote) und technikorientierter (z. B. Ballwurf, Streckung im Kniegelenk) Qualitätskontrolle.
- Schlagsicherheit (Zielflächen!).

**Ablauf:**

Schlagtraining mit hoher Sicherheitsquote, wechselnder Geschwindigkeit/Spin und Richtung. Beim Slice nach links-außen soll der 2. Aufsprung möglichst weit außerhalb der Seitenlinie liegen, beim Spin nach rechts-außen soll der Ball die Seitenlinie in wenigstens Schulterhöhe überspringen. Beim geraden Aufschlag zur Mitte ist die Höhe des Ballauftreffens am hinteren Zaun ein Gradmesser für die Ballgeschwindigkeit.

**Dauer/Umfang:**

Vier Serien à 10 Aufschläge

**Variation:**

Ca. 40 Aufschläge in die gleiche Zielfläche (Wechsel zwischen 1. und 2. Aufschlag)

**Tipps/Korrekturhinweise:**

- Ballwurf, Beinarbeit und Schlagbewegung
- Zusätzliches Feedback der Aufschlagqualität über den Return

**Übung 2: Return**

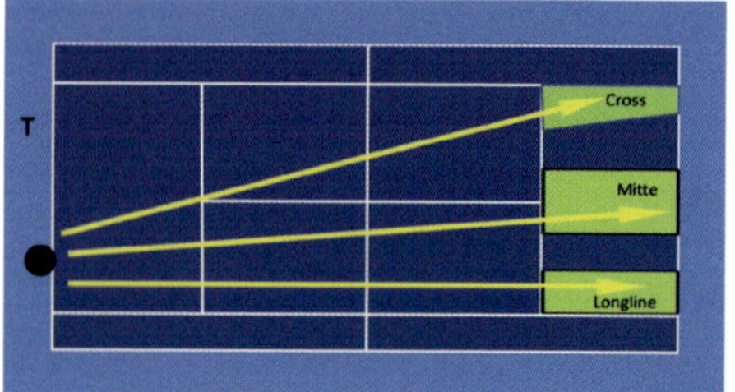


**Ziele:**

- Festigung des Schlagmusters
- Erhöhung der Schlagsicherheit (größere Zielflächen!)

**Ablauf:**

Auf dosierte, zielorientierte Aufschläge des Trainers oder des Mitspielers übt der Spieler in der ersten Stufe VH- und RH-Returns zunächst mit hoher Flugbahn in die Mitte. In der zweiten Stufe werden die Schlagrichtungen situationsadäquat cross bzw. longline variiert.

**Dauer/Umfang:**

Zwei Serien à 10 Sicherheitsreturns, vier Serien à sechs Returns

**Variation:**

Differenzierung der Returngeschwindigkeit in die gleichen Zielflächen (Cross/Mitte/Longline)

**Tipps/Korrekturhinweise:**

- Ausholen und Zuschlagen
- Beinarbeit und Treffpunkt
- Kombiniert mit zielgerichtetem Aufschlag

### Übung 3: Aufschlag – Return auf Zielflächen

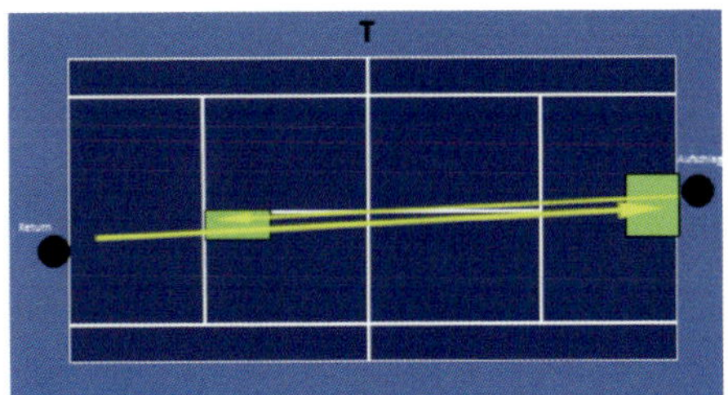


**Ziele:**

- Erhöhung der Präzision und Kontrolle für Aufschlag und Return
- Erhöhung der Schlagsicherheit (größere Zielflächen!)

**Ablauf:**

Für Aufschläger und Returnspieler wird jeweils eine Zielfläche vorgegeben (z. B. Mitte bzw. T für Aufschlag sowie Länge oder Richtung für Return). Treffen Aufschläger und Returnspieler ihre Flächen, gewinnen sie jeweils einen zusätzlichen Punkt. Nach 10 Punkten wechselt das Aufschlagrecht.

**Dauer/Umfang:**

Ca. 12 min, nach 6 min Aufgabenwechsel

**Variation:**

Die Ballwechsel werden zu Ende gespielt: Beim Spiel auf 10 Punkte; das Treffen der Zielfläche gibt für den Aufschläger einen und für den Returnspieler jeweils zwei Zusatzpunkte.

**Tipps/Korrekturhinweise:**

- Schlagausführung und Beinarbeit
- Treffpunkt nach Griffhaltung

### Übung 4: Grundlinienschläge I

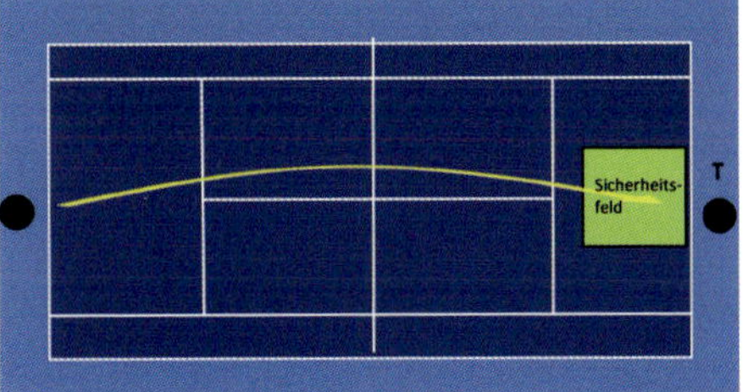


**Ziele:**

- Festigung des Schlagmusters
- Erhöhung der Schlagsicherheit (Zielflächen!)

**Ablauf:**

VH und RH werden mit hoher Flugbahn in das Sicherheitsfeld gespielt. Dabei platziert der Trainer oder Partner sein Zuspiel zunächst nur auf VH, dann nur auf RH und schließlich abwechselnd sowie in unregelmäßiger Folge auf VH und RH. In der zweiten Stufe werden Cross- und Longlineschläge in verkleinerte Felder trainiert.

**Dauer/Umfang:**

20 min (10 min für jede Stufe); nach ca. 6-10 Schlägen kurze Serienpause

**Variation:**

Der Zuspieler differenziert sein Zuspiel in Geschwindigkeit, Drall und Höhe.

**Tipps/Korrekturhinweise:**

- Schlagphase und Ausschwung
- Beinarbeit
- Griffhaltung und Treffpunkt
- Schlagrhythmus (z. B. Lautieren)

### Übung 5: Grundlinienschläge II

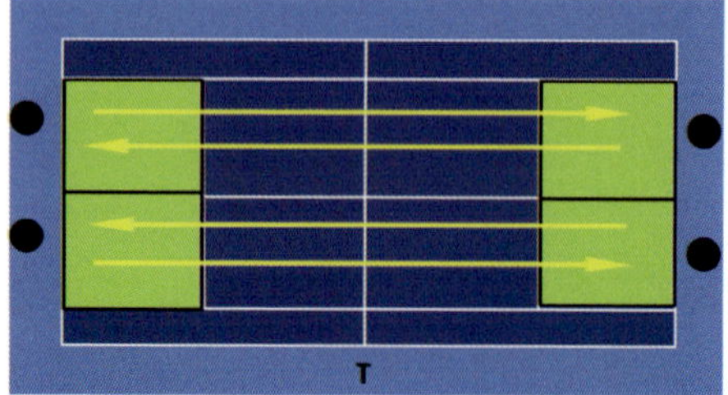


**Ziele:**

- Festigung des Schlagmusters
- Erhöhung der Schlagsicherheit

**Ablauf:**

Jeweils zwei Spieler spielen gegeneinander in den vier hinteren Spielfeldvierteln Punkte aus. Im Vierkampf wird ermittelt, wer im Spiel VH-longline gegen RH-longline und RH-longline gegen VH-longline als Erster sieben Punkte erreicht. Rechtshänder dürfen im rechten (linken) Viertel nur VH (RH) schlagen.

**Dauer/Umfang:**

Vier Spiele bis 7 gegen den gleichen Gegner

**Variation:**

VH-cross gegen VH-cross und RH-cross gegen RH-cross

**Tipps/Korrekturhinweise:**

- Distanzregulierung und Beinarbeit
- Adäquate Geschwindigkeitswahl
- Zusatzaufgabe: „Mitte" berühren

### Übung 6: Volley

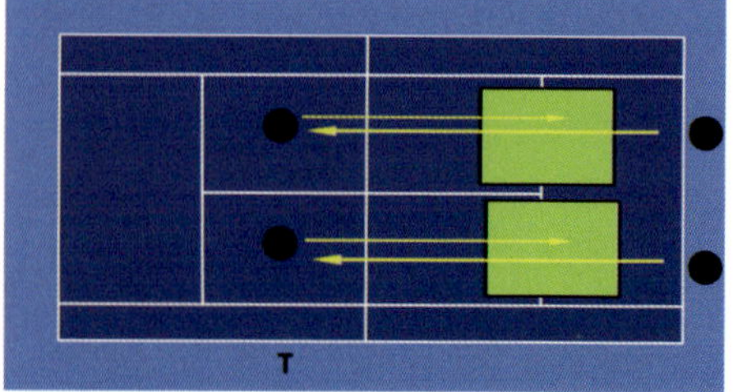


**Ziele:**

- Festigung des Schlagmusters
- Erhöhung der Schlagsicherheit

**Ablauf:**

Auf ein weiches und mittelhohes Zuspiel vom Trainer oder Partner werden kontrollierte Volleys longline oder cross ins Zentrum des Spielfeldes platziert. Die Ausführung des Volleys erfolgt ohne Zeitdruck aus der Mitte des Aufschlagfeldes. Die Übung kann mit zwei, drei oder vier Spielern durchgeführt werden.

**Dauer/Umfang:**

2 x 10 min (longline und cross)
(nach ca. 6-8 Schlägen kurze Schlagpause)

**Variation:**

Der Partner differenziert sein Zuspiel in Geschwindigkeit, Drall und Höhe

**Tipps/Korrekturhinweise:**

- Schlagvorbereitung und Beinarbeit
- Schlagschritt und früher Treffpunkt

## Übung 7: Lob

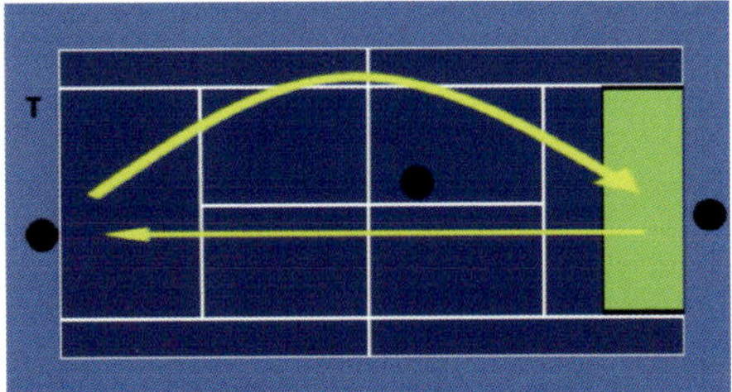


### Ziele:

- Festigung des Schlagmusters
- Erhöhung der Schlagsicherheit

### Ablauf:

Der Lob wird aus der VH- oder RH-Ecke auf matchadäquates Zuspiel so über den Trainer bzw. Mitspieler gespielt, dass dieser (ca. 2 m vor der T-Linie stehend, nach 1-2 Schritten rückwärts, bei maximaler Streckung und gegebenenfalls mit Sprung) den Ball nicht erreichen kann. Die Durchführung als Spielform ist möglich. Der Ball wird fortwährend druckvoll zurückgespielt; bei einem Fehler oder abgefangenem Lob wird ein neuer Ball ins Spiel gebracht.

### Dauer/Umfang:

3-5 Serien à 10 Lobs

### Variation:

Das Zuspiel wird in Geschwindigkeit, Drall und Höhe variiert.

### Tipps/Korrekturhinweise:

- Schlagphase und Schlägerflächenstellung
- Beinarbeit und Geschwindigkeit der Zuschlagbewegung

## Übung 8: Schmetterball

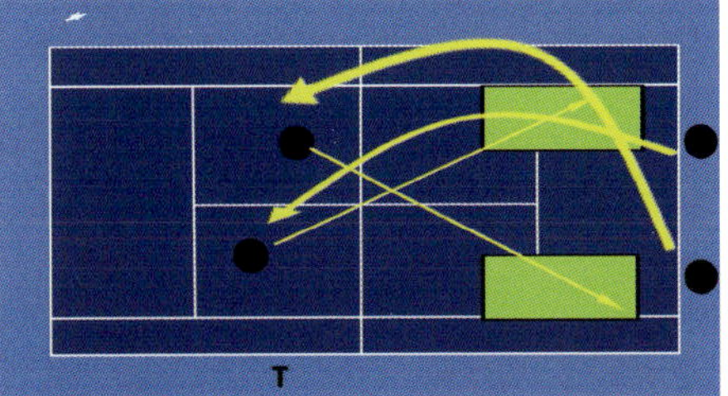


### Ziele:

- Festigung des Schlagmusters
- Erhöhung der Schlagsicherheit

### Ablauf:

Auf spieladäquates, dosiertes Zuspiel wird der Schmetterball cross zuerst im Stand, danach im Sprung geschlagen. Das Zuspiel erfolgt abwechselnd auf den Spieler rechts bzw. links am Netz. Jeder Spieler schlägt sechs Bälle hintereinander.

### Dauer/Umfang:

Je 4 x 6 Schmetterbälle im Stand sowie aus der Vor-, Rück- und Seitwärtsbewegung mit entsprechenden Pausen für Korrekturen

### Variation:

Schmetterbälle aus der Vor-, Rück- und Seitwartsbewegung

### Tipps/Korrekturhinweise:

- Ausholphase mit Griff und Beinarbeit
- Schlagphase: räumlicher, zeitlicher und dynamischer Ablauf
- Ausschwung: Pronation und abwärts aktive Handgelenkarbeit

### Übung 9: Stopp

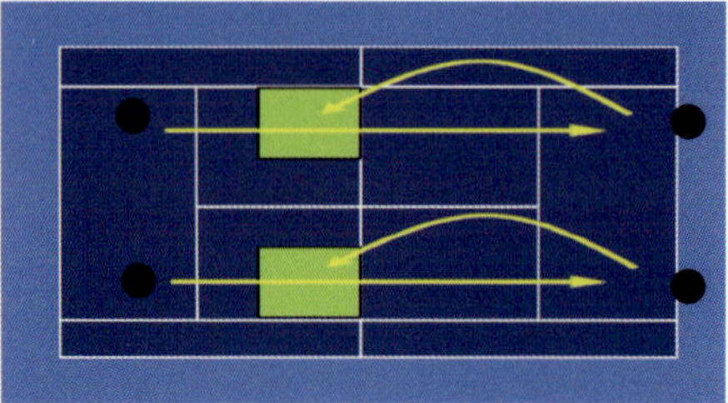

**Ziele:**

- Festigung des Schlagmusters
- Erhöhung der Schlagsicherheit

**Ablauf:**

Die Spieler trainieren untereinander. Ein Partner (Trainer) fungiert als Zuspieler und spielt den Ball fortwährend longline (oder cross) und mit mittlerer Länge ins gegnerische Spielfeld. Der Übende spielt rechts nur VH- und links nur RH-Stopps in die vorgegebenen Markierungen: zweiter Auftreffpunkt vor der Aufschlaglinie! Die Durchführung als Spielform ist möglich.

**Dauer/Umfang:**

2 x 4 min pro Spieler (VH und RH). Jeder Spieler versucht, so viele gültige Stopps wie möglich zu spielen.

**Tipps/Korrekturhinweise:**

- Aushol- und Schlagbewegung: räumlicher, zeitlicher und dynamischer Ablauf
- Ausschwung: kürzer und Einwickeln des Balls

**Variation:**

Durchführung für den Volleystopp (Dropshot)

### Übung 10: Angriffsschlag

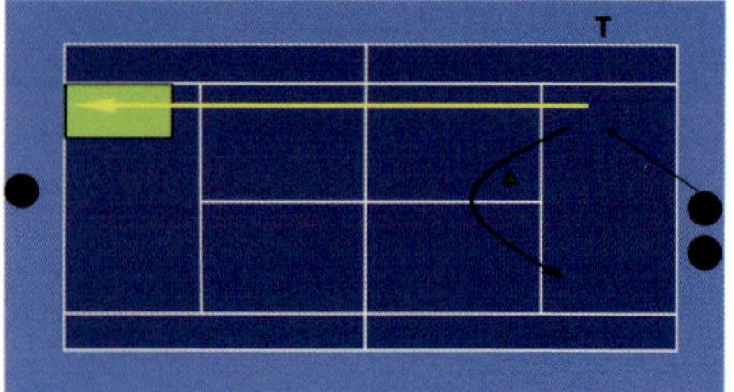


**Ziele:**

- Festigung des Schlagmusters und der Lauf-Schlag-Kombination
- Erhöhung der Schlagsicherheit

**Ablauf:**

Der Angriffsschlag (VH oder RH) wird in der Vorwärtsbewegung aus dem Mittelfeld und unter geringem technisch-koordinativen Druck geübt.

In der Standardsituation wird die Longline-Schlagrichtung vorgegeben und bei RH kann z. B. auch die Slicetechnik und bei VH die Topspintechnik eingesetzt werden. Nach jedem Angriffsschlag die potenzielle Netzposition einnehmen.

**Dauer/Umfang:**

2 x 10 Wiederholungen auf der VH- und RH-Seite mit entsprechenden Pausen.

**Tipps/Korrekturhinweise**

- Schlagamplitude und Schlaggeschwindigkeit
- Beinarbeit und Netzposition

**Variation:**

Nach dem Angriffsschlag wird ein Volley gespielt.

**Übung 11: Passierschlag**

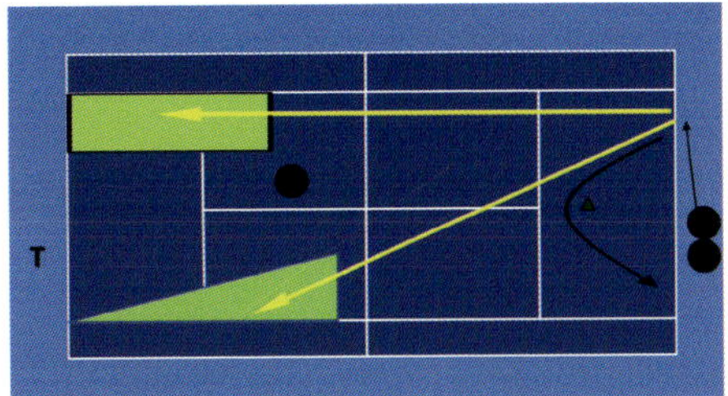


## Ziele:

- Festigung des Schlagmusters und der Lauf-Schlag-Kombination
- Erhöhung der Schlagsicherheit

## Ablauf:

Der Passierschlag (VH oder RH) wird aus dem Lauf von der Seitenlinie longline oder cross geübt: Als Standardschlagart wird der Topspin vorgegeben. Jeder Spieler schlägt unter mittlerem Zeitdruck drei Passierschläge hintereinander in Zielfelder realistischer Größe.

## Dauer/Umfang:

5-10 x 3 Schläge hintereinander auf VH- und RH-Seite; im Einzeltraining nach jeweils 3-5 Schlägen ca. 20 s Pause

## Tipps/Korrekturhinweise:

- Koordination von Laufarbeit und Schlagablauf
- Schlaggeschwindigkeit
- Griffhaltung

## *VARIABILITÄT*

Variabilität im Aufschlag

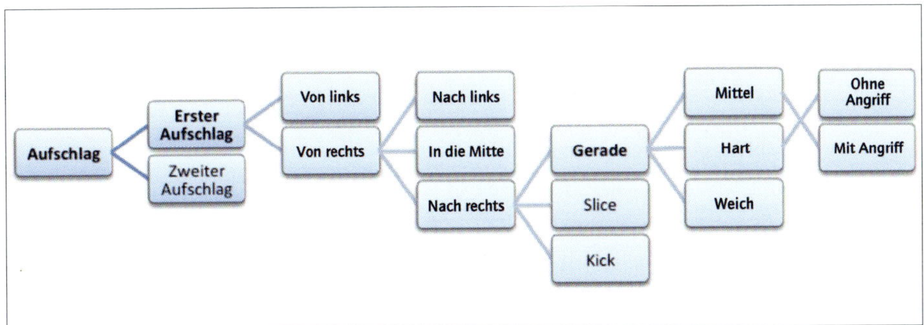


***Abb. 43:*** *Trainingsinhalte zur Verbesserung der Variabilität der Aufschlagtechnik*

### Übung 12: Aufschlag I

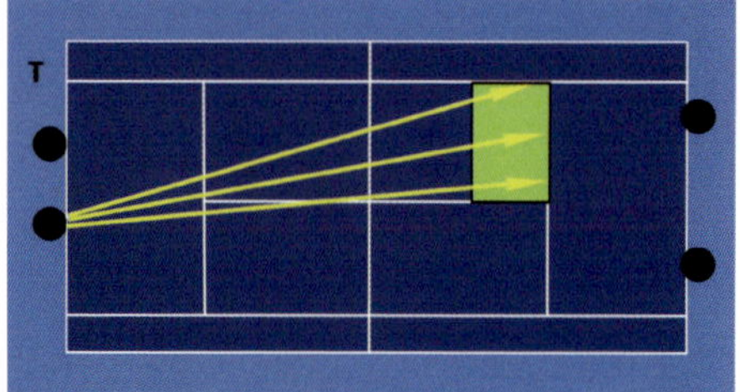


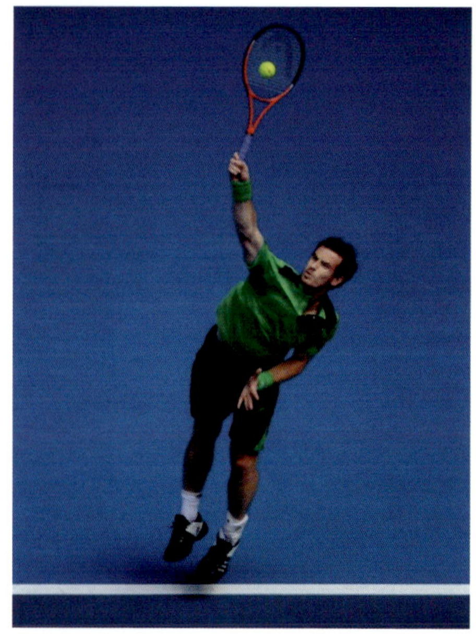

**Ziel:**

- Differenzierungsfähigkeit von Schlaghärte, Drall und Ballwurf

**Ablauf:**

Der Aufschläger schlägt Fünferserien von mehreren Aufschlagvariationen hintereinander (der Returnspieler schlägt zielgerichtet lange Returns zum Aufschläger möglichst nah an die Grundlinie zurück) unter folgender Aufgabenstellung:

1. „Spiele eine aufsteigende Reihe von fünf ersten Aufschlägen mit jeweils zunehmender Schlaghärte."
2. „Spiele eine aufsteigende Reihe von fünf Kickaufschlägen mit jeweils zunehmendem Drall sowie Flug- bzw. Absprunghöhe."
3. „Spiele eine aufsteigende Reihe von fünf Sliceaufschlägen mit jeweils zunehmendem Drall sowie Flug- bzw. Absprungverhalten."
4. „Spiele 10 erste Aufschläge mit maximaler Schlaghärte. Vermeide dabei zwei oder mehrere aufeinanderfolgende Netz- bzw. Ausfehler (nach einem Netzfehler darf kein zweiter Netzfehler folgen).

**Dauer/Umfang:**

30-60 Aufschläge (mit Serienpausen nach 10 Aufschlägen)

**Variationen:**

- Wer erzielt bei Aufgabe 4 die meisten Punkte?
- Jeder gültige erste Aufschlag zählt zwei Punkte.
- Jede Fehlerwiederholung gibt einen Punktabzug.

### Übung 13: Aufschlag II

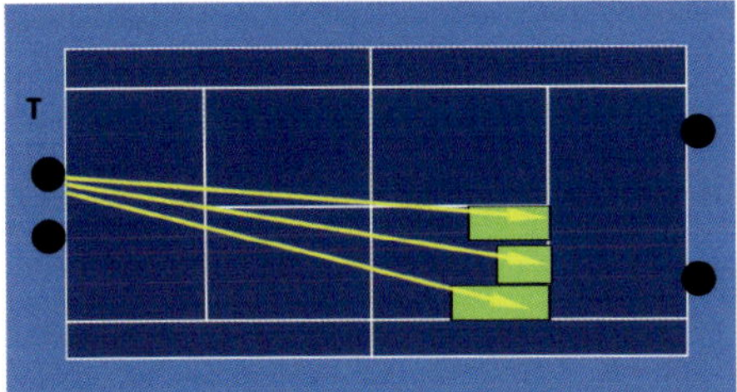


**Ziele:**

- Optimierung der Schlagkoordination
- Verbesserung der Schlaggeschwindigkeit (ohne Angriff)

**Ablauf:**

Mehrere Aufschläger schlagen abwechselnd gegen einen Returnspieler 3x hintereinander unter Variation von Schlaghärte und Schlagrichtung auf. (Der Returnspieler schlägt seine Rückschläge möglichst lang an die gegnerische Grundlinie zurück).

1. Ein harter erster Aufschlag von links nach rechts (zur RH).
2. Ein harter erster Aufschlag von links nach rechts (auf die Körpermitte des Rückschlägers).
3. Ein harter erster Aufschlag von links nach rechts (zur VH).
4. Gleiche Aufgabenstellung von rechts nach links.

**Dauer/Umfang:**

Vier Serien à 15 (5 x 3) Aufschläge pro Spieler. Pro Serie jeweils den Returnspieler wechseln.

**Variationen:**

- Variation von Drallart und Richtung sowie Aufschlag mit Angriff
- Variation von ersten und zweiten Aufschlägen inklusive Richtung

## *VARIABILITÄT DES RETURNS*

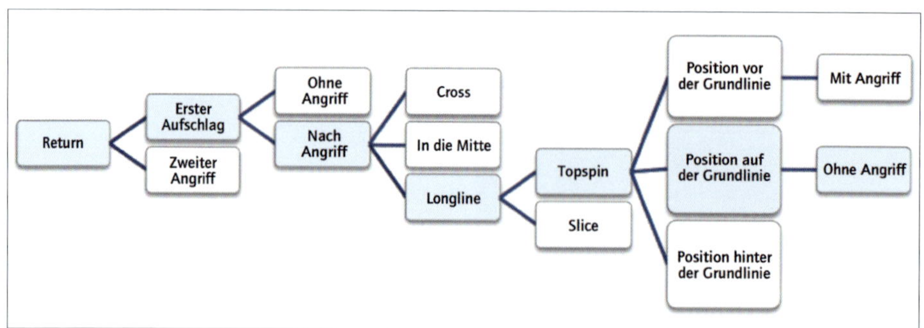


***Abb. 44:*** *Trainingsinhalte zur Verbesserung der Variabilität der Returntechnik*

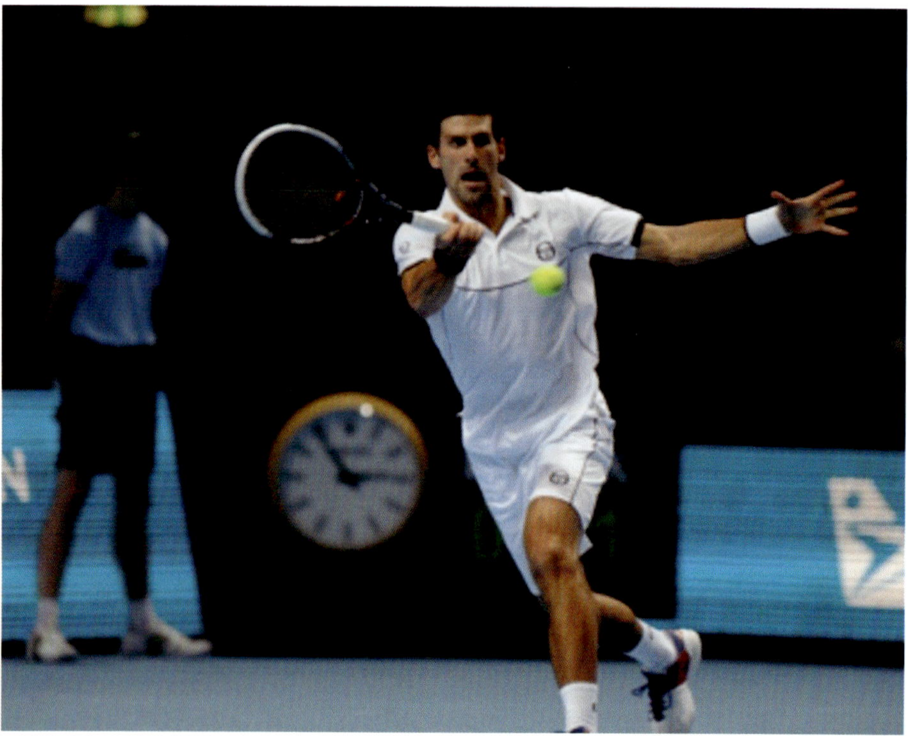

## Übung 14: Return nach ersten Aufschlägen

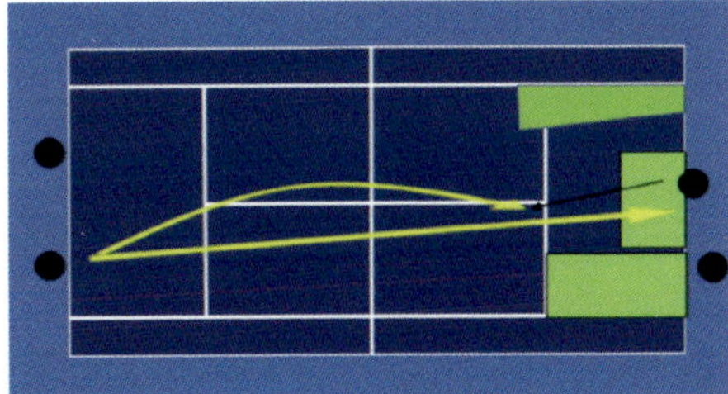

### Ziele:

- Verbesserung von Wahrnehmung und Antizipation
- Differenzierungsfähigkeit in der Returntechnik.

### Ablauf:

Mehrere Spieler spielen abwechselnd erste Aufschläge und:

1. Sie bleiben an der Grundlinie: Der Returnspieler muss lange Returns in die Mitte, longline oder cross in markierte Zonen spielen.
2. Sie laufen ans Netz: Der Returnspieler soll cross oder auf die Füße der vorlaufenden Aufschläger spielen. Nach jeweils einer Serie wechselt der Returnspieler.

### Dauer/Umfang:

Vier Serien mit je fünf Returns von jeder Seite

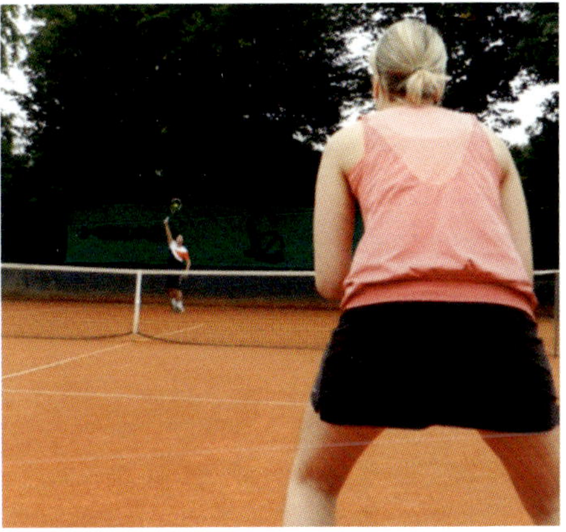

### Variationen:

Der Returnspieler schlägt Serien von mehreren Returns hintereinander unter folgender Aufgabenstellung:

1. „Spiele nacheinander fünf Returns und versuche, die Returnposition jedes Mal etwas weiter nach vorn zu verlagern und dabei den Bewegungsumfang zu verkleinern bis zum Blockreturn."
2. „Spiele nacheinander fünf Returns aus konstanter Returnposition (nur VH oder RH) und versuche, die Schlaghärte kontinuierlich zu erhöhen."

### Übung 15: Return nach zweiten Aufschlägen

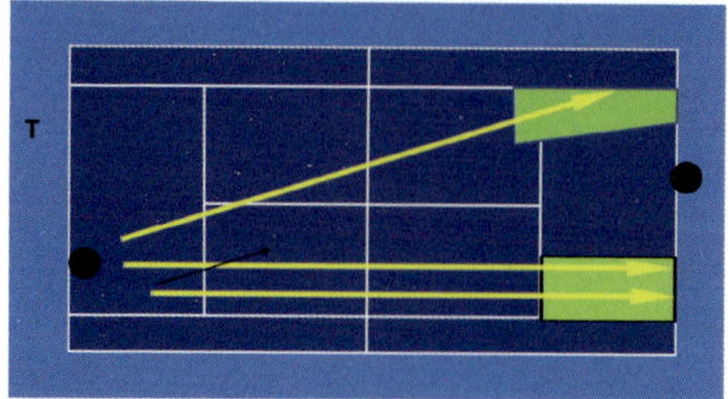


#### Ziele:

- Verbesserung von Wahrnehmung und Antizipation
- Differenzierungsfähigkeit der Returntechnik

#### Ablauf:

Aufschläger und Returnspieler trainieren miteinander. Der Aufschläger schlägt bewusst sicher und langsamer auf (zweite oder „dritte" Aufschläge).

1. Der Returnspieler trainiert aggressive Returns von der Grundlinie longline oder cross.
2. Returnangriff mit Slicetechnik („Chip and Charge").

#### Dauer/Umfang:

2-4 Serien à 10-20 Returns (10 Versuche von jeder Variante; nacheinander 10 von rechts und 10 von links, mit entsprechenden Pausen)

#### Variationen:

**Zu 1.**: Unterschiedliche Richtungen (longline, Mitte, cross).

**Zu 2.**: Returnangriff mit Drive oder Topspin.

### Übung 16: 1. und 2. Aufschlag – Return

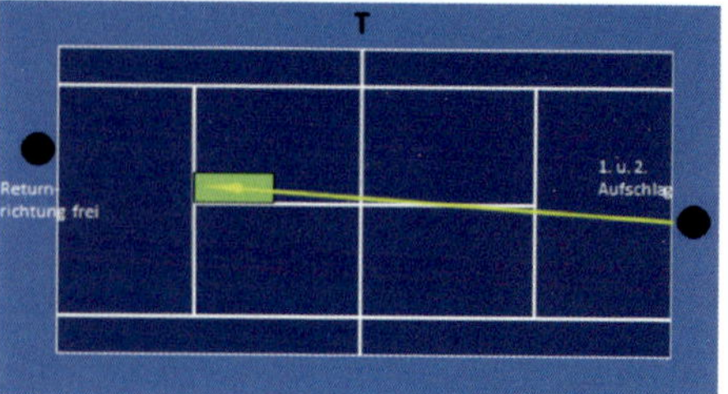


#### Ziel:

Systematische Selbstkontrolle über unterschiedliche Erfolgswahrscheinlichkeiten verschiedener Aufschlag- und Returntechniken

#### Ablauf:

Aufschläger spielt im stetigen Wechsel seinen ersten (einschl. zweitem Versuch) und zweiten Aufschlag in die vorgegebene Trefffläche des gleichen Aufschlagfeldes (z. B. Vorteilseite). Gewinnt der Aufschläger beide Punkte, so führt er 2:0, verliert er beide Ballwechsel: 0:2. Beim Spielstand von 6:6 entscheidet allein der nächste Aufschlag über den Spielgewinn. Danach wechselt das Aufschlagrecht.

#### Dauer/Umfang:

2-4 Spiele bis 7

#### Variationen:

- Unterschiedliche Aufschlagrichtungen mit Zielflächen nach außen oder auf den Körper des Rückschlägers.
- Returnspieler erhält entsprechende Vorgaben.

## VARIABILITÄT DER GRUNDSCHLÄGE

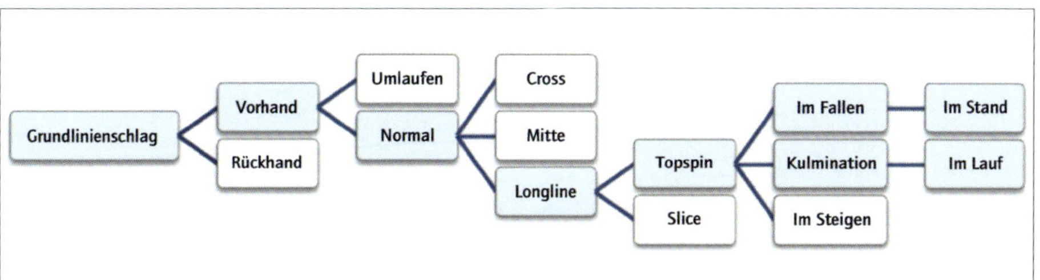


*Abb. 45: Trainingsinhalte zur Verbesserung der Variabilität bei Grundlinienschlägen*

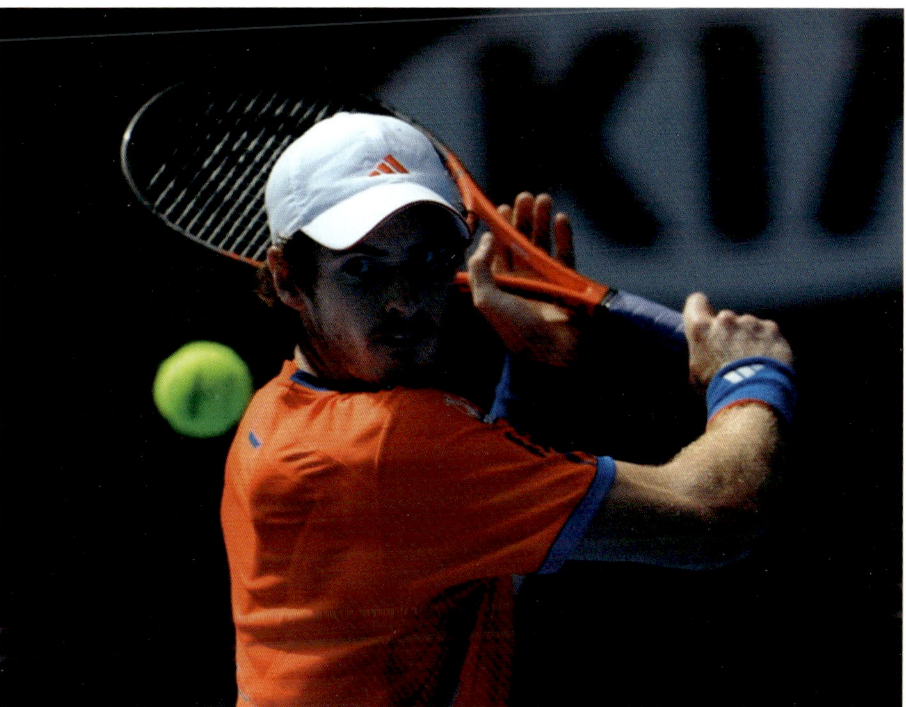

### Übung 17: Grundlinienschläge I

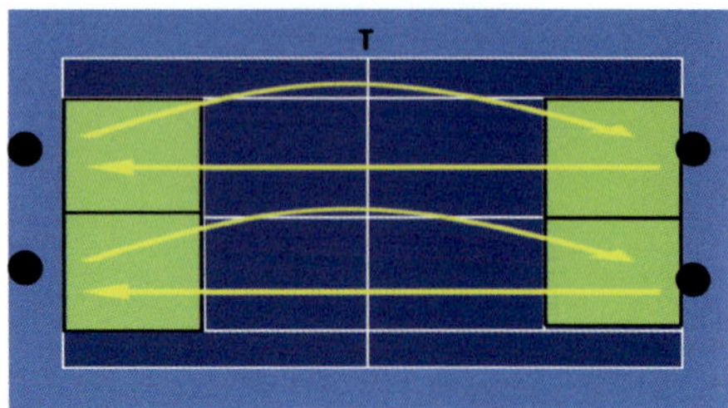


**Ziele:**

- Verbesserung der Schlagkoordination (VH/RH)
- Differenzierungsfähigkeit

**Ablauf:**

Zwei Spieler (oder Trainer und Spieler) schlagen Bälle von Grundlinie zu Grundlinie:

*1.* Ein Spieler – hinter der Grundlinie stehend – schlägt defensiv (Treffpunkt im Fallen) und ein Spieler spielt aggressiv (Treffpunkt im Steigen oder im höchsten Punkt) zurück.

*2.* Sie trainieren nacheinander unterschiedliche Schlaghärten („1. Gang, 2. Gang, 3. Gang") oder Schlaghöhen (flach, mittel, Bogenlampe).

**Dauer/Umfang:**

Ca. 15-20 min; zwischen den Ballwechseln 20 s Pause einhalten

**Variationen:**

**Zu 1.**: Verschiedene Schlagrichtungen (cross, Mitte, longline).

**Zu 2.**: Der ‚Defensivspieler' steht in der RH-Ecke und der „Aggressivspieler" hat zwei Drittel des Einzelplatzes, aus dem er nur mit der VH (teilweise umlaufene RH) zurückschlagen darf.

### Übung 18: Grundlinienschläge II

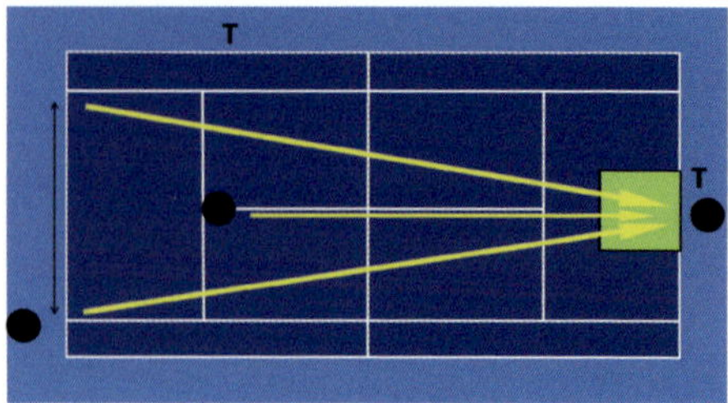


**Ziel:**

- Verbesserung der Schlagkoordination (VH/RH) bei Schlägen unter Zusatzbelastung

**Ablauf:**

*1.* Scheibenwischer; Trainer (oder Spieler) spielt abwechselnd rechts, Mitte, links. Ein Spieler ist in der Mitte am Netz postiert und volliert; der Übende läuft an der Grundlinie abwechselnd rechts-links und schlägt VH und RH aus dem Lauf. Beide Übende spielen in die Mitte, zum Trainer zurück.

*2.* Hosenträger; Ein Spieler spielt stets cross, sein Partner stets longline.

**Dauer/Umfang:**

3-6 Serien à 30-60 s; je nach Leistungsniveau Pausen einlegen.

**Variationen:**

**Zu 1.** und **2.**: Trainer (oder Spieler) spielen in unregelmäßigem Wechsel zurück: „Überraschung" sowie „falscher Fuß".

## VARIABILITÄT DES NETZSPIEL

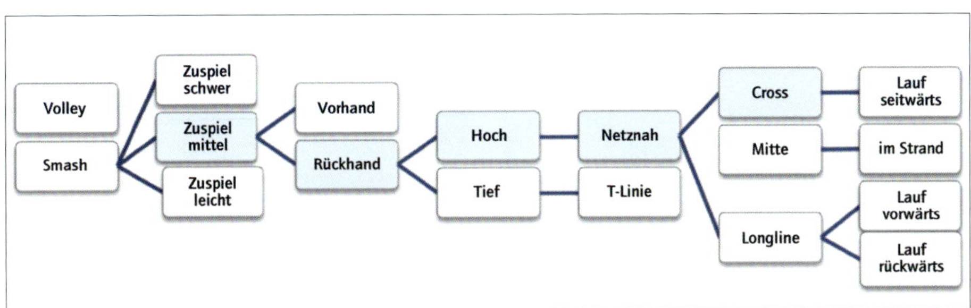


***Abb. 46:** Trainingsinhalte zur Verbesserung der Variabilität beim Netzspiel*

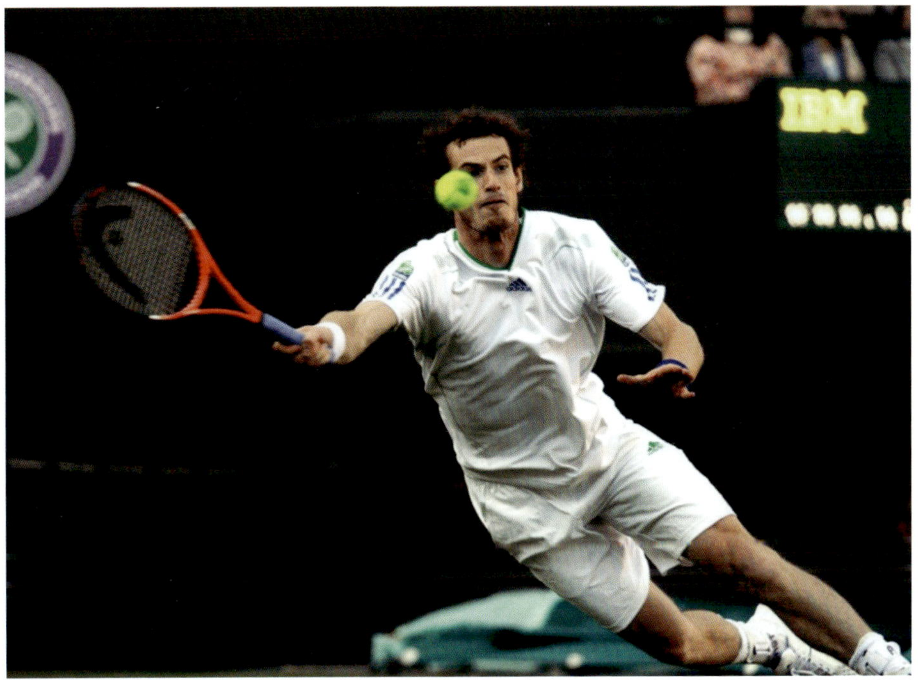

### Übung 19: Volley tief-hoch

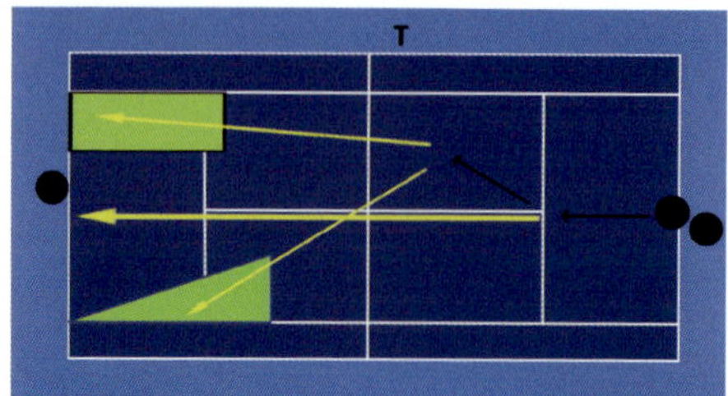


**Ziele:**

- Verbesserung der Schlagkoordination beim Volley (Halfvolley, tiefer bis hoher Volley)
- Differenzierungsfähigkeit in der Volleytechnik (druckvoller Volley bis Volleystopp)

**Ablauf:**

Die Spieler stehen auf einer Spielfeldseite an der Grundlinie; der Spieler (oder der Trainer) spielt für jeden Spieler nacheinander zwei Bälle zu; die Spieler starten (nach Kommando) ans Netz und spielen zwei Volleys hintereinander:

1. einen tiefen Volley im Bereich der T-Linie aus der Vorwärtsbewegung, lang in die Platzmitte;
2. einen hohen Volley druckvoll in Netznähe, longline bzw. cross.

**Dauer/Umfang:**

Ca. 15-20 min; nach ca. 10 Wiederholungen Pause und Korrekturhinweise.

**Variationen:**

**Zu 1.**: Halfvolley

**Zu 2.**: a) Gefühlvolle Kurzvolleys
b) Volleystopp/Dropshot

**Zu 2.**: Topspinvolley nach Bogenball des Trainers (oder Spielers)

### Übung 20: Bücken-strecken

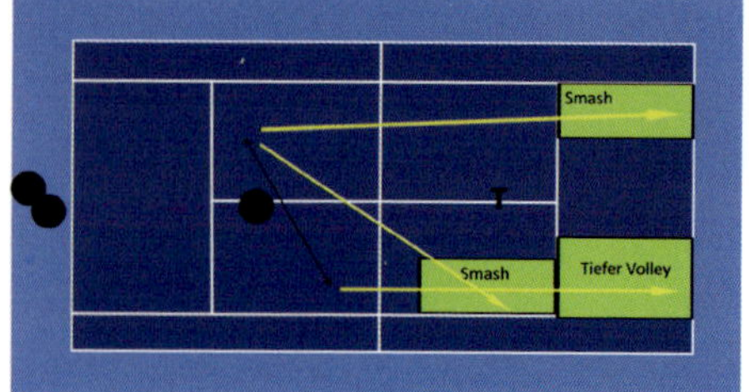


**Ziele:**

- Gleichgewichts- und Orientierungsfähigkeit
- Schulung des Netzspielzugs, tiefer Volley und Smash

**Ablauf:**

Trainer und Spieler stehen sich am Netz gegenüber; der Spieler schlägt zwei Bälle hintereinander; der Trainer spielt den ersten Ball kurz hinter das Netz auf die VH des Übenden; dieser spielt einen tiefen VH-Volleylongline nah am Netz und läuft anschließend schräg nach hinten, um ein hohes Zuspiel über seine RH-Seite als RH-Schmetterball im Sprung auf die Zielflächen zu schlagen.

**Dauer/Umfang:**

Je nach Leistungsstand zwei Serien à 6-10 Wiederholungen (zwischen jeder Wiederholung 30 Sekunden Pause; Serienpause 3 min).

**Variationen:**

- VH-Volley mit VH-Schmetterball
- RH-Volley mit VH-Schmetterball
- Zusätzlich ein dritter Schlag als Smash
- Zuspielrichtung konstant: Volley und Smash von der gleichen Spielfeldseite

### Übung 21: Volley-Scheibenwischer

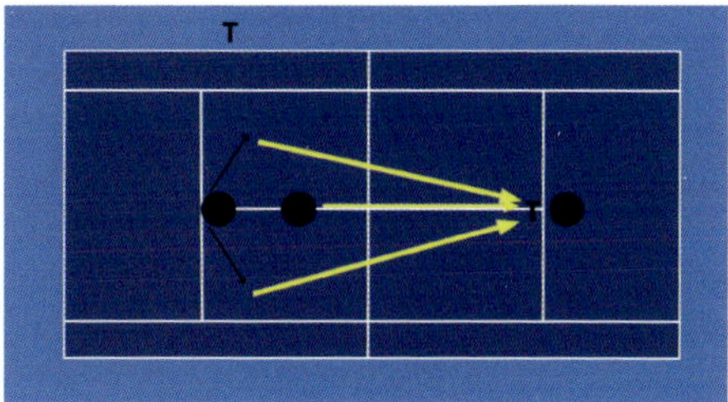


**Ziel:**

- Verbesserung der Schlagkoordination (Volley)
- Verbesserung der Koordination Beinarbeit – Volley bei Schlägen aus dem Lauf

**Ablauf:**

Trainer (oder ein Spieler) spielt abwechselnd rechts, Mitte, links. Ein Spieler ist in der Mitte am Netz postiert und volliert; ein anderer Spieler läuft hinter dem Rücken seines Mitspielers abwechselnd rechts-links und schlägt VH- und RH-Volleys aus dem Lauf. Beide Spieler spielen zum Trainer zurück.

**Variationen:**

- Mittelposition in größerer Entfernung zum Netz (T-Linie) zur Verbesserung tiefer Volleys (Halbvolleys)
- Zuspiel extrem kurz und nahe zur Einzellinie zur Verlängerung der Laufwege und Verbesserung tiefer, gefühlvoller Flugbälle

**Dauer/Umfang:**

6 min; Rotation der Spielpositionen nach 2 min

## *SITUATIVITÄT*

### Übung 22: Spieleröffnung und erster Schlag

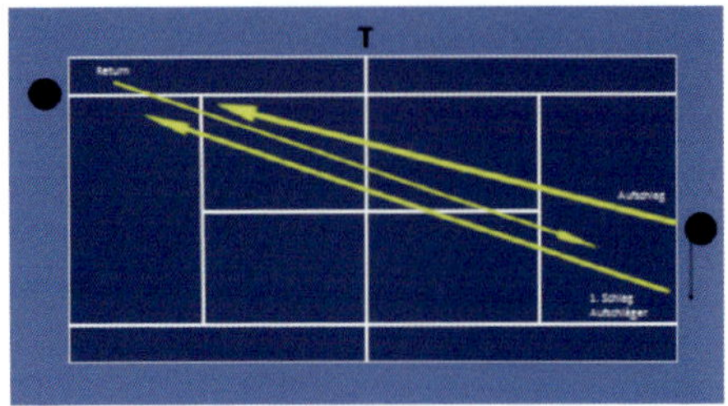


**Ziele:**

- Verbesserung des erster Aufschlags von der Vorteilseite und des erster Schlags aus der RH-Hälfte
- Selektive, technikorientierte Qualitätskontrolle (z. B. Körperstreckung oder Handgelenkeinsatz beim ersten Aufschlag; Qualität der Beinarbeit sowie Vorspannung für ersten Schlag mit VH)
- Optimierung der Wahrnehmungs- und Anpassungsprozesse

**Ablauf:**

Erster Aufschlag wird von der Vorteilseite stets abwechselnd nach außen bzw. auf den Körper des Rückschlägers gespielt, der Return soll in die Mitte der linken Hälfte platziert werden; nach blitzschnellem Umlaufen der Rückhand mit druckvoller VH lang cross (inside-outside) oder mit RH kurz cross den Abschluss des Ballwechsels erzwingen.

Pro Punkt dürfen maximal vier Schläge gespielt werden (Aufschlag und Return sowie erster Schlag des Aufschlägers und des Returnspielers); ist nach dem vierten Schlag der Ballwechsel noch nicht entschieden, wird der Punkt 1:1 geteilt. Sieger ist, wer zuerst sieben Punkte (zwei Punkte Vorsprung) gewonnen hat. Zwei Spielformen können angewandt werden:

1. Der Aufschläger bleibt nach seinem Aufschlag hinten; Return muss lang in vorgegebene Zone gespielt werden, danach ist der Ballwechsel freigegeben.
2. Der Aufschläger muss nach jedem Aufschlag direkt ans Netz; Returnrichtung und -länge sind frei.

**Dauer:**

Zwei Serien bis 7, nach jeder Serie wechselt das Aufschlagrecht.

**Variationen:**

- Aufschlag von der Einstandseite in die Mitte oder nach außen
- Situationsadäquater erster Schlag (keine Richtungsvorgabe)

### Übung 23: Erweiterte Spieleröffnung

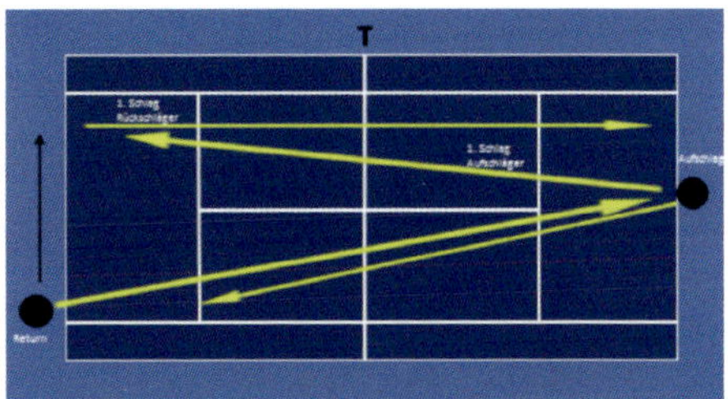

**Ziele:**

- Matchnahe Anwendung von Aufschlag und Return
- Situationsadäquater 1. Schlag und ggf. 2. Schlag nach Aufschlag/Return
- Optimierung der Wahrnehmungs- und Anpassungsprozesse

**Ablauf:**

Pro Punkt dürfen maximal vier Schläge gespielt werden (Aufschlag und Return sowie erster Schlag des Aufschlägers und des Returnspielers); ist nach dem vierten Schlag der Ballwechsel noch nicht entschieden, wird der Punkt 1:1 geteilt. Zwei Spielformen können angewandt werden:

1. Der Aufschläger bleibt nach seinem Aufschlag hinten, die Returnrichtung ist freigegeben.
2. Der Aufschläger muss nach dem Aufschlag direkt ans Netz; Returnrichtung und -länge sind frei.

**Dauer:**

Vier Spiele bis 7 (jeder Spieler agiert in der 1. sowie in der 2. Spielform bis sieben)

**Variationen:**

- Aufschlagvorgabe: Richtung sowie Technik (gerader Aufschlag, Slice oder Kick)
- Returnvorgabe: Richtung und Länge

### Übung 24: Elfer und König der Grundlinie

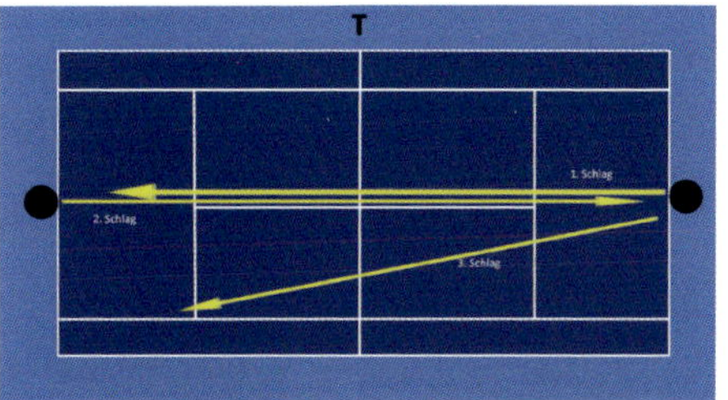

**Ziele:**

- Situationsadäquate Schlagtechnik an der Grundlinie
- Optimierung der Wahrnehmungs- und Anpassungsprozesse

**Ablauf:**

Es wird von Grundlinie zu Grundlinie um Punkte (bis 11) gespielt; hierbei kann der Ball durch eine Angabe von unten ins Spiel gebracht; folgende Variationen sind möglich:

1. Grundliniensatz 1:1: Anspiel von unten in die Mitte; Gegner spielt in die Mitte zurück; ab dem dritten Schlag wird der Punkt im Einzelfeld ausgespielt.
2. Grundliniensatz 1:2 oder 3: Der Einzelspieler spielt abwechselnd gegen jeden Spieler des Teams Punkte aus. Wer als Einzelspieler das beste Ergebnis erzielt, ist der Grundlinienkönig.

**Dauer:**

Zwei oder drei Matchformen bis 11 Punkte.

**Variation:**

**Zu 1:** Der Anspieler ruft eine Schlagzahl (z. B. 3 oder 8), d. h. bis zur genannten Zahl wird miteinander gespielt , erst danach wird gegeneinander der Punkt ausgespielt.

**Zu 1 u. 2:** Auch Volleys sind erlaubt.

### Übung 25: Cross-longline-Duell

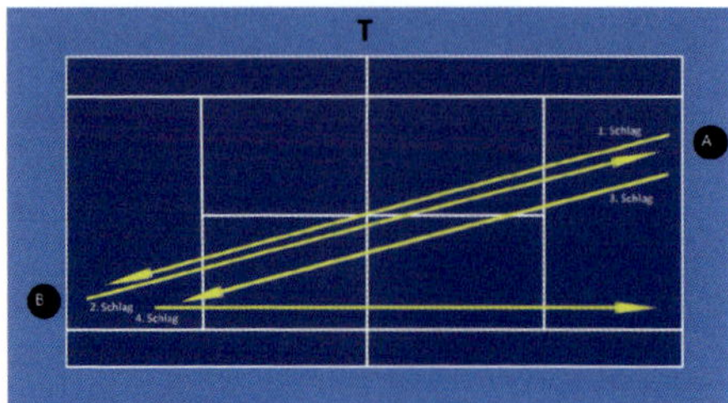


#### Ziele

- Situationsabhängige VH- und RH-Technik
- Druckvolle Cross- und Longlinetechnik

#### Ablauf:

Spieler A und B spielen zunächst Vorhand cross. A spielt an, B besitzt zuerst das Longlinerecht und kann frühestens mit dem vierten Schlag longline spielen. Danach wird der Punkt frei ausgespielt. Fehler beim Crossduell zählen bereits. Der Sieger benötigt zehn Gewinnpunkte.

#### Dauer/Umfang:

Zwei Duelle bis 10 Punkte (nach dem ersten Duell wechselt das Longlinerecht).

#### Variationen:

- Durchführung auf der RH-Seite
- Das Longlinerecht ist für A und B nach dem dritten, vierten, fünften oder dem sechsten Schlag gleichermaßen frei. Anspiel immer im Wechsel.

### Übung 26: Inside-out

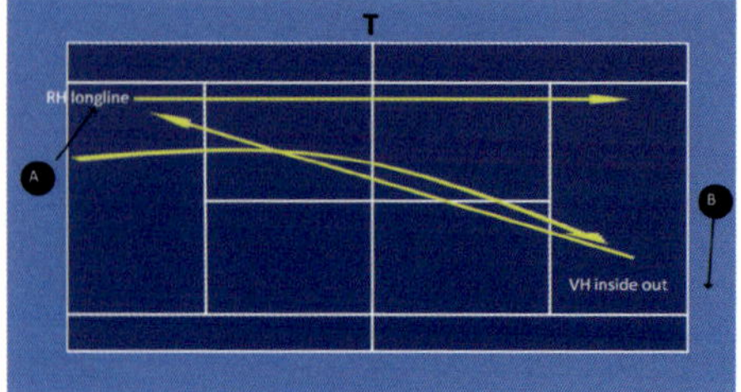


#### Ziele:

- Druckvolle VH inside-out
- Befreien aus einer defensiven Situation mit RH bzw. mit VH

#### Ablauf:

Spieler A spielt den Ball hoch und lang auf die Rückhand von Spieler B, der muss umlaufen und spielt VH inside-out; Spieler A antwortet mit RH longline. Danach wird der Punkt ausgespielt.

#### Dauer/Umfang:

Zwei Spiele bis 7 Punkte (nach dem ersten Spiel wechselt die Aufgabe).

#### Variation:

Spieler A spielt den Ball hoch und lang auf die Rückhand von Spieler B, der muss umlaufen und spielt mit der VH longline (inside-in), Spieler A antwortet mit VH cross, danach wird der Punkt ausgespielt.

### Übung 27: Grundlinie-Netz

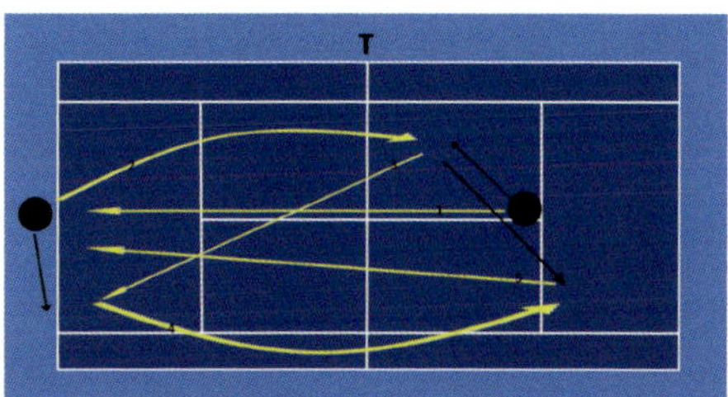


**Ziel:**

- Situationsangepasste VH- und RH-Technik beim Grundlinienspiel
- Situationsangepasste Technik beim Netzspiel (Volley und Smash)

**Ablauf:**

Der Netzspieler (A) spielt von der T-Linie den Ball zum Grundlinienspieler (B) und eröffnet damit den Spielzug: B schlägt den Ball kurz hinter das Netz (z. B. cross), den A mit einem tiefen Volley lang (z. B. cross) zurückschlägt. B erwidert mit einem langen hohen Lob (z. B. longline), den A mit einem Smash beantwortet. Der Punkt wird ausgespielt. Nach drei Punkten wechselt die Aufgabenstellung.

**Dauer/Umfang:**

- Je nach Leistungsstand 3-6 Spielserien mit jeweils mindestens vier Schlägen
- Zwischen jeder Wiederholung 20 s Pause.

**Variation:**

- Veränderung der vorgegebenen Schlagrichtungen (inklusive Laufwegen)

## *KOORDINATIVE ERGÄNZUNG*

### Übung 28: Zweifachspiel

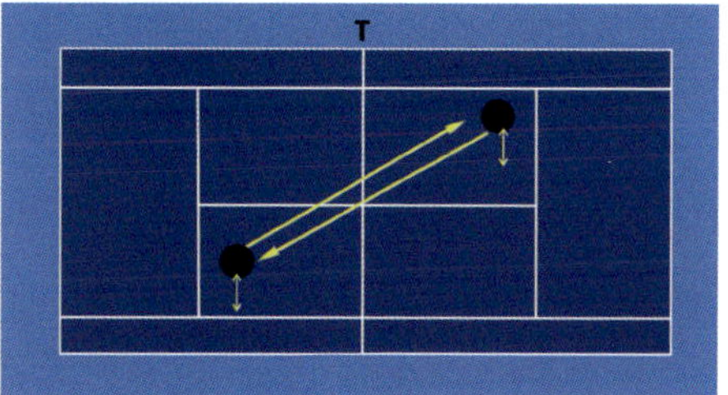


**Ziel:**

- Kopplungs- und Differenzierungsfähigkeit

**Ablauf:**

VH cross im Kleinfeld und gleichzeitig mit der Nichtschlaghand einen Volleyball auf den Boden prellen.

**Dauer/Umfang:**

3-5 Wiederholungen, je nach Länge der Ballwechsel.

**Variationen:**

- Unterschiedliches Ballmaterial (Methodikball, Softball)
- Richtungsveränderung (cross oder longline)
- Geschwindigkeitsveränderung (langsam, schnell)
- Distanzveränderung (Kleinfeld, Halbfeld, von der Grundlinie)

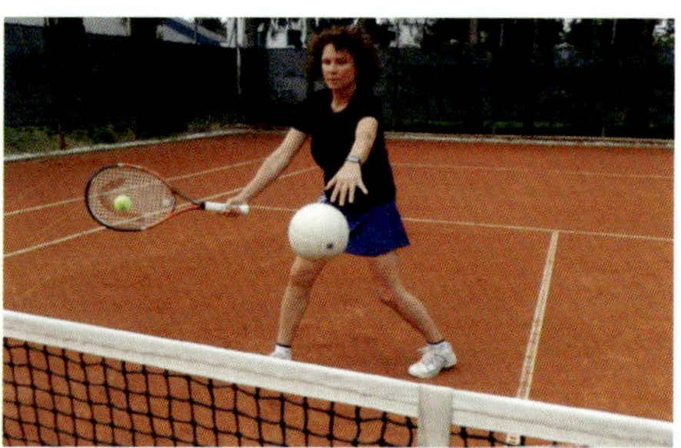

### Übung 29: Lob-Lauf

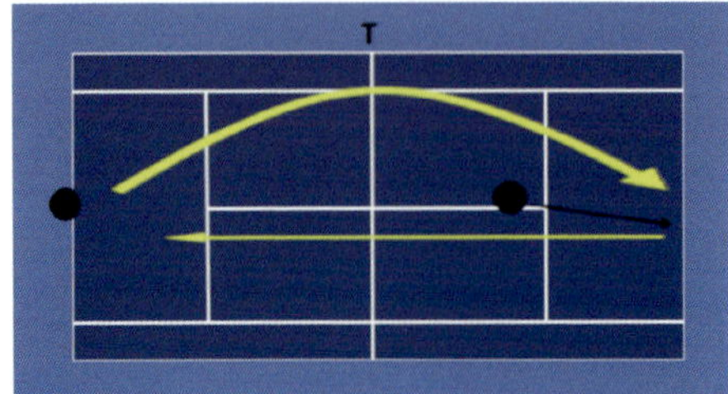


**Ziel:**

- Anpassungs- und Gleichgewichtsfähigkeit

**Ablauf:**

Nach dem Erlaufen eines Lobs soll der Ball mit VH-Grundschlag aus der Drehung zurückgespielt werden.

**Dauer/Umfang:**

Fünf Serien à 3-5 Wiederholungen

**Variationen:**

Den erlaufenen Lob

- aus der Drehung mit RH,
- ohne Drehung mit dem Rücken zum Netz,
- durch die gegrätschten Beine,
- bei hohem Absprung als Schmetterball aus der Drehung zurückspielen.

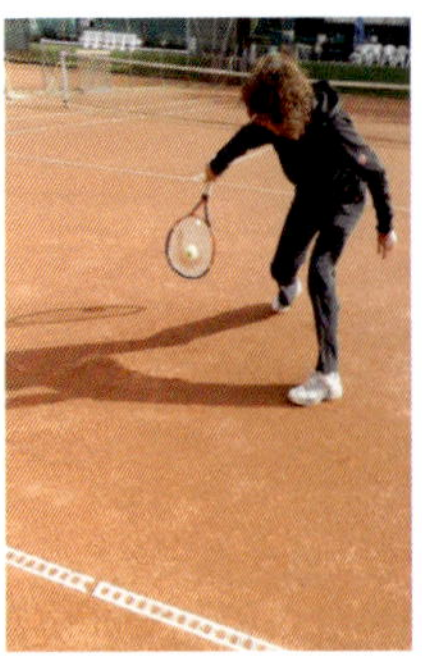

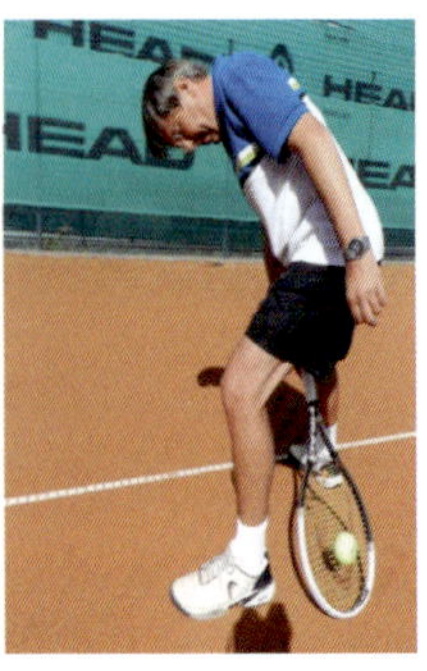


### Übung 30: Imitation

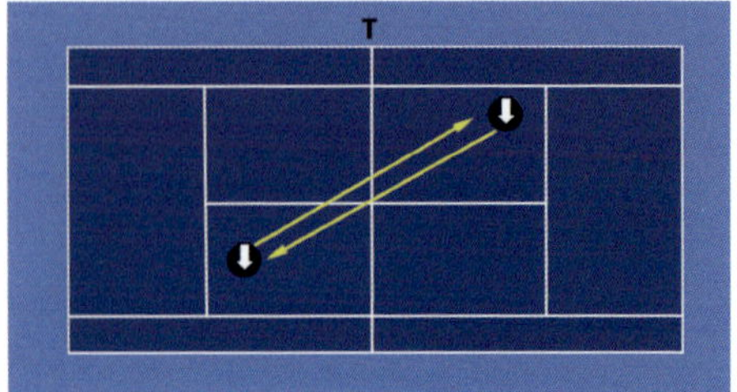


**Ziel:**

- Wahrnehmungs- und Anpassungsfähigkeit

**Ablauf:**

Trainer und Schüler spielen einen Ballwechsel im Kleinfeld, wobei der Schüler das gesamte Schlagverhalten des Trainers möglichst genau imitieren soll.

**Mögliche Aufgaben sind:**

- Auf den Zehenspitzen oder tief in der Hocke
- Frühe oder späte Schlagbewegung
- Treffpunkt im Steigen oder im Fallen
- Topspin oder Slice

**Dauer/Umfang:**

Ca. 5 min unter stetiger Variation

**Variation:**

- Distanzveränderung (Kleinfeld, Halbfeld, von der Grundlinie)

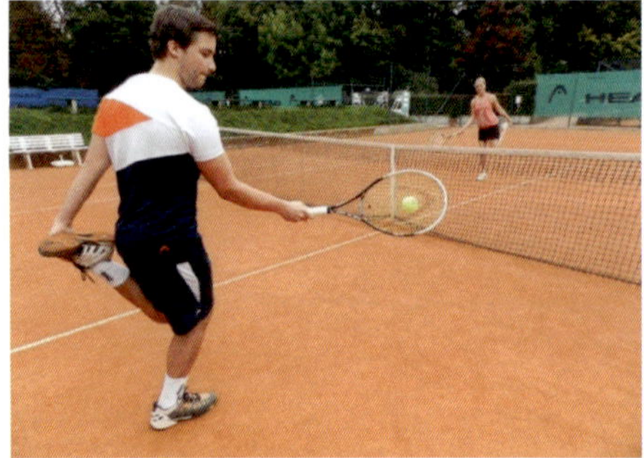

### Übung 31: Sechser – Halfvolley

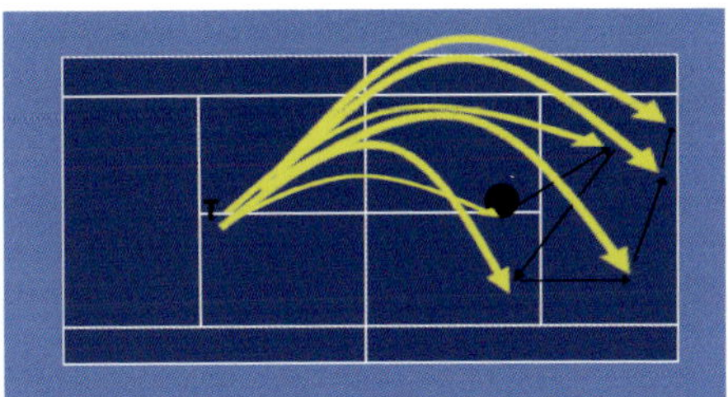


#### Ziel:

- Orientierungs- und Differenzierungsfähigkeit

#### Ablauf:

Der Trainer spielt von der Netzposition aus in einem halbhohen Bogen hintereinander sechs Bälle in wahlloser Richtung an; der Übende startet in der Platzmitte auf der Aufschlaglinie und versucht, jeden Ball als Halbflugball zurückzuspielen.

#### Dauer/Umfang:

Je nach Leistungsfähigkeit 1-3 Serien

#### Variation:

Erhöhung bzw. Verringerung von Ballanzahl und/oder -frequenz

### Übung 32: Volleybagger

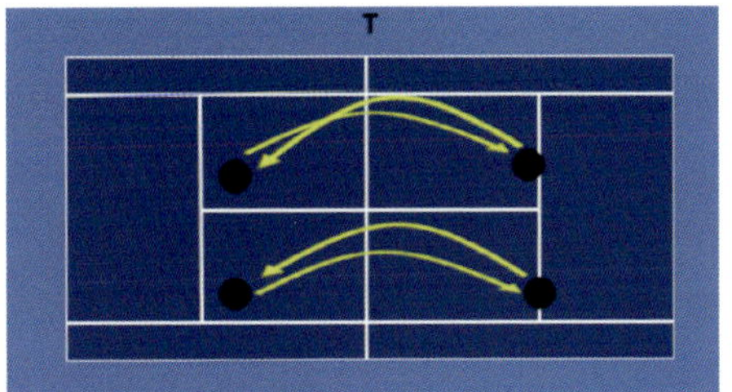


#### Ziel:

- Differenzierungs- und Reaktionsfähigkeit

#### Ablauf:

Zwei Spieler spielen in den beiden gegenüberliegenden Aufschlagfeldern Punkte aus. Es darf nur Volley gespielt werden, wobei der Ball stets von unten nach oben angehoben werden muss.

#### Dauer/Umfang:

2-3 Spiele bis 5 (zwei Gewinnsätze), beispielsweise am Anfang der Stunde.

#### Variation:

- Bei schwächeren Spielern Durchführung mit Softbällen

### Übung 33: Djokovic-Hecht

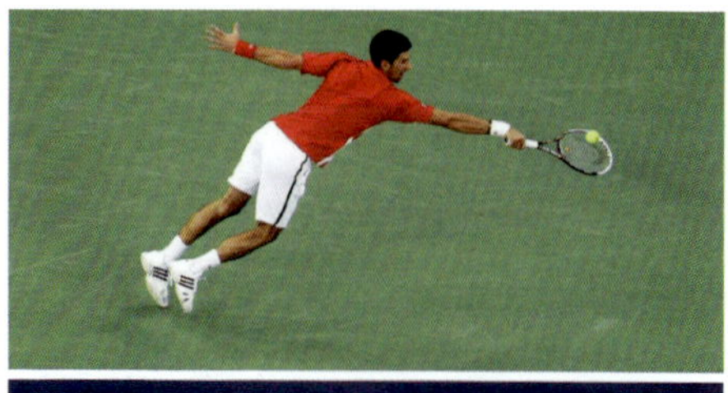

**Ziel:**

- Umstellungs- und Gleichgewichtsfähigkeit

**Ablauf:**

Der Netzspieler schlägt den VH- und RH-Volley im Hechtsprung; Landung auf einer weichen Bodenmatte bzw. Schaumstoffunterlage.

**Dauer/Umfang:**

Drei Serien à 3-6 Wiederholungen.

**Variationen:**

- Als Vorübung Volley im Seitwärtsfallen aus dem Kniestand mit Abrollen
- Unmittelbar nach dem Hechtvolley muss ein weiterer Volley geschlagen werden.

### Übung 34: Drehwurm

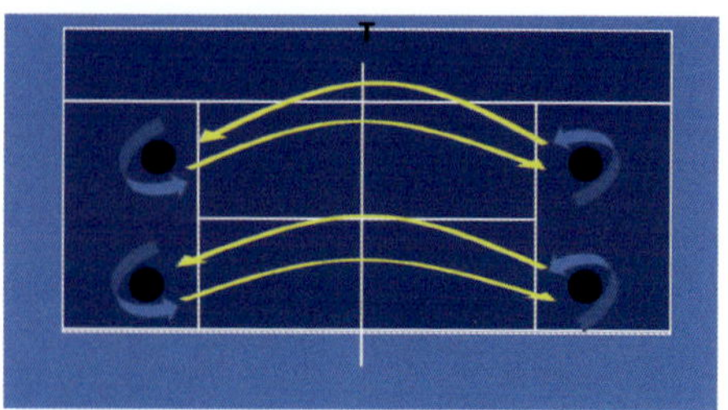

**Ziel:**

- Reaktions-, Orientierungs- und Gleichgewichtsfähigkeit

**Ablauf:**

Zwei Spieler spielen im Kleinfeld um Punkte, wobei nach jedem Schlag eine 360°-Drehung ausgeführt werden muss.

**Dauer/Umfang:**

2-3 Spiele bis 5 (zwei Gewinnsätze), beispielsweise am Anfang der Stunde

**Variation:**

Durchführung im Midcourt oder im Großfeld

## 2.4 Techniküberprüfung

Es ist möglich, Stabilität und Variabilität der Schlagtechnik sowohl im Wettkampf als auch im Training zu überprüfen. Zur Wettkampfanalyse bietet sich die systematische Spielerbeobachtung an. Im Training empfiehlt sich die Anwendung von Tests, die unter standardisierten Bedingungen (z. B. Ballwurfmaschine) durchgeführt werden können.

Die Kontrollverfahren zur Techniküberprüfung stehen hinsichtlich ihrer Aussagekraft gegenüber exakt messenden Schnelligkeits- oder Ausdauertests weit zurück. Die Ursache hierfür liegt in der Vielzahl an Einflussfaktoren auf die Technikstabilität, sodass Ballgefühl und Schlagrhythmus scheinbar über Nacht völlig verschwinden oder wiederkehren können. Eine präzise Techniküberprüfung im Wettkampf im Sinne einer Leistungsdiagnostik ist umso schwieriger, da der Spieler bei unterschiedlichen Gegnern und veränderten äußeren Umständen (z. B. Wind, nasser Platz, Bedeutung des Spiels) stets neuen Rahmenbedingungen ausgesetzt ist. Wegen dieser Schwierigkeiten wird eine statistische Matchanalyse in Form der systematischen Spielerbeobachtung im Leistungstennis derzeit nur in Ausnahmefällen durchgeführt und zur Trainingssteuerung genutzt. Im Gegensatz zu Individualsportlern (z. B. in der Leichtathletik) neigen viele Spieler bei Erfolglosigkeit zur Verdrängung anstelle einer differenzierten Ursachenanalyse.

Viele Trainer stehen statistischen Verfahren der Spielanalyse auch aus einem praktischen Grund eher skeptisch gegenüber: dem nicht unerheblichen Aufwand bei der Generierung entsprechender Daten. Denn zumeist muss die Ereigniseingabe – ob handschriftlich oder computerunterstützt – durch den Nutzer, in der Regel den Trainer, selbst erfolgen. Dieser wäre in der Folge als „Kontaktperson" für seinen Schützling am Spielfeldrand weitgehend ausgeschaltet.

Trotz einer – nach wie vor – weit verbreiteten Skepsis bzw. Ablehnung ist davon auszugehen, dass moderne Maßnahmen der Spiel- und Technikanalyse zukünftig von größerer Bedeutung sein werden. Insbesondere im Leistungssport wird mit zunehmender Technisierung der Einzug computergestützter Maßnahmen in den Prozess der Trainingssteuerung nicht aufzuhalten sein. Untermauert wird diese Prognose beispielsweise durch ein innovatives Novum bei den ITF Juniors, für das die Firma *sports_analytics GmbH* in den letzten Jahren sorgte. Sowohl im Rahmen der Internationalen Deutschen Juniorenmeisterschaften in Berlin sowie der Gerry Weber Junior Open in Halle/Westfalen bot das Unternehmen aus Dortmund jeweils einen offiziellen Video- und Spielanalyseservice an und stieß dabei auf große Resonanz. Zu dem kostenpflichtigen Angebot zählten neben der Produktion von Matchvideos in Fernsehqualität außerdem auch computerunterstützte Spielanalysen, die auf Dienstleistungsbasis unter den gewünschten Kriterien der Spieler oder Trainer angefertigt wurden. Im Mittel fanden immerhin 72 % der gecoverten Spiele einen Abnehmer. Internationale Teilnehmer und Coaches bestätigten, dass ein solcher Turnierservice im Rahmen der ITF einzigartig sei und äußerten gleichzeitig den Wunsch eines flächendeckenden Ausbaus.

Es zeigte sich hier einmal mehr, dass nicht nur im professionellen Tennis, sondern auch auf unteren Leistungsebenen der Einsatz von Verfahren der Spiel- und Technikanalyse sinnvoll ist, den Beteiligten häufig großen Spaß macht und zu einer interessanten Erweiterung im Handlungsfeld des Trainers führt.

*„Laut Statistik ist jeder fünfte Mensch ein Chinese. – Sehen Sie hier einen Chinesen?"*

(Sigi Held, Trainer im Profifußball, auf die Frage nach dem Wert von Spielstatistiken)

***SYSTEMATISCHE SPIELERBEOBACHTUNG:*** Die Grundidee der systematischen Spielerbeobachtung besteht in der Beobachtung von Wettkämpfen und der quantitativen Erfassung aller oder ausgewählter Schläge einschließlich ihrer beschreibenden Kriterien (z. B. Drall, Richtung oder Wirkung).

Hierzu dient im einfachsten Fall ein Beobachtungsbogen (Tab. 5), der vom Betreuer oder Coach handschriftlich ausgefüllt wird. Die zugrunde liegenden Beobachtungskriterien werden vom Trainer wahlweise (oder auch in Abhängigkeit von der individuellen Spielanlage) festgelegt. Eine praktikable Alternative zur handschriftlichen Notierung bietet der Einsatz von Diktiergeräten, sodass die Aufmerksamkeit des Beobachters in voller Schärfe dem Spielablauf gewidmet werden kann.

***Tab. 5:*** *Beispiel einer handschriftlichen Spielanalyse*

| Spieler A gegen Spieler B | | | | | |
|---|---|---|---|---|---|
| | **Gesamt** | **Punkte** | **%** | **Fehler** | **%** |
| **Aufschlag** | ///// ///// ///// ///// ///// | / | 4 | ///// | 20 |
| **Return** | ///// ///// ///// ///// ///// | 0 | 0 | /// | 12 |
| **Volley** | ///// ///// | // | | | 10 |
| **Vorhand** | ///// ///// ///// ///// ///// ///// | / | 3 | // | 7 |
| **Rückhand** | ///// ///// ///// ///// ///// ///// ///// ///// | 0 | 0 | ///// // | 23 |

Das vorliegende Beispiel deckt die Schwächen von Spieler A eindeutig auf. Auffällig sind vor allem die hohe Zahl an Doppelfehlern (pro Aufschlagspiel ein Doppelfehler) und die zahlreichen Rückhandfehler bei Grundlinienschlägen. Dies wird von Spieler B erkannt, sodass dieser häufiger die Rückhand von Spieler A anspielt (Tab. 5). Natürlich bleibt unbeantwortet, ob es sich um einen Ausrutscher handelt oder ob die Rückhandschwäche sich als ein überdauerndes Merkmal in den folgenden Spielen wiederholt. Trotzdem bietet auch die einmalige Feststellung einer derartigen Fehlleistung eine objektive Grundlage zur Matchanalyse und für die individuelle Ausrichtung der nachfolgenden Trainingseinheit(en).

Solche Beobachtungsbögen lassen sich besonders gut in Mannschaftswettbewerben einsetzen. Da die Einzel stets in zwei Spielrunden absolviert werden, befindet sich der freie Spieler gewöhnlich als Coach am Spielfeldrand. Gerade im Kindes- und Jugendalter sollte diese Situation sowohl aus pädagogischer Sicht (Schulung des Wahrnehmungsvermögens) als auch zur

Optimierung der Trainingssteuerung genutzt werden. Bis zum Gelingen einer derartigen Vorgehensweise ist jedoch eine ausführliche Vorbereitung der Jugendlichen notwendig. Häufig vorkommende Fehler werden dann durch den Vergleich mit repräsentativen Normwerten klar definiert und das Trainingsziel der darauf folgenden Trainingseinheiten entsprechend beeinflusst (Tab. 6).

***Tab. 6:*** *Grenzwerte von Fehlerprozenten*

| *Fehlertyp* | *Kreisklasse* | *Oberliga* | *Regionalliga* |
|---|---|---|---|
| *Doppelfehler* | *10 %* | *8 %* | *5 %* |
| *Returnfehler* | *15 %* | *15 %* | *15 %* |
| *Volleyfehler* | *15 %* | *15 %* | *15 %* |
| *Vorhandfehler* | *14 %* | *12 %* | *10 %* |
| *Rückhandfehler* | *16 %* | *13 %* | *10 %* |

Diese Normwerte beruhen auf einer repräsentativen Zahl an Spielbeobachtungen in den verschiedenen Spielklassen. Sie bedeuten nichts anderes, als dass Spieler der Kreisklasse beispielsweise in der Lage sein sollten, im Wettkampf maximal einen Fehler bei sechs Rückhandschlägen zu verursachen (16 %), während sich diese Anforderung bei Regionalligaspielern sogar auf 10 Schläge erhöht (10 %).

*„Voraussetzung für einen effizienten und wirksamen Einsatz von Technologien zur Spielanalyse ist deren volle Akzeptanz seitens Trainer UND Spieler."*

(Carsten Arriens, Davis-Cup-Teamchef des DTB)

Im EDV-Zeitalter ist der Einsatz computergestützter Methoden der Spielerbeobachtung für all jene, die über eine entsprechende Hard- und Software verfügen, das Verfahren der ersten Wahl. Vereinzelte Softwarefirmen bieten, speziell auf dem US-amerikanischen Markt, eine umfangreiche Palette von Programmen an, die mit jedem handelsüblichen Notebook, Tablet-PC oder Smartphone zu bedienen sind. Exemplarisch sei die Smartphoneapplikation *MyTennisStatsApp* erwähnt. Vermehrt sieht man derzeit Coaches, die, mit iPad® ausgestattet ,am Spielfeldrand sitzen und statistische Daten erheben. Die Vorteile einer derartigen computergestützten Spielerbeobachtung sind:

- einfache und schnelle Dateneingabe und -verarbeitung,
- speicherung großer Datenmengen und Aufbau von Datenbänken,
- übersichtliche Sofortauswertung von Fehlerquoten und anderen Leistungsindizes.

So können einmalige Beobachtungsergebnisse durch die Datenbankfunktion des Rechners einem bereits bestehenden Datenpool zugeordnet, dieser stetig erweitert und mit ihm verglichen werden. Somit werden zufällige Erscheinungen, wie eine tagesformbedingte Rückhandschwäche, aufgedeckt und zudem die langfristig stabilen und wahren Schwachstellen der Schlagtechnik zweifelsfrei ermittelt.

Die Firma *sports_analytics* beispielsweise kombiniert mit ihrer Analysesoftware „TennisPro" Spielstatistik und Bewegtbild. Die Statistikerhebung erfolgt live am Court und basiert auf durch den Nutzer selbst definierten Analysekriterien (z. B. Returnspiel) und deren Vertiefungen (z. B. Vorhand/Rückhand). Nach Matchende werden die Daten mit entsprechenden Videoaufnahmen synchronisiert und liefern dem Trainer eine fundierte Grundlage zur objektiven Interpretation. Weist die Matchstatistik beispielsweise eine überdurchschnittlich hohe Fehlerquote beim Vorhandreturn auf, so kann sich der Trainer alle entsprechende Szenen visualisieren lassen, diese bewerten und die Essenz seiner Erkenntnis in einer mit wenigen Knopfdrücken erstellten Videopräsentation an seinen Schützling weiterreichen. Allerdings ist auch der Einsatz dieser Technologie, wie bei allen anderen derzeit auf dem Markt verfügbaren Softwareprodukten zur Spielanalyse (so auch bei der verbreitet eingesetzten Smartphone- bzw. Tablettapp *MyTennisStats*), nicht ohne hohen Anteil an Eigenleistung realisierbar. Sogenannte *Trackingsysteme*, die auf automatisierter Bilderkennung basieren, liefern im Tennis bei vereinzelten Profiturnieren statistische und leistungsbezogene Daten.

Es bleibt abzuwarten, wann sich der Nachwuchs- und Hochleistungsbereich den Vorteilen einer derartigen systematischen Trainingssteuerung allgemein öffnet. Aus unserer Sicht kann man beim Aufbau eines talentierten Nachwuchsspielers der nationalen Spitzenklasse hiermit nicht frühzeitig genug beginnen. Die regelmäßige Nutzung moderner Technologien (Video, Spielanalysen per Computer) sollte bereits von Klubtrainern und Tennisschulen und insbesondere von Stützpunkttrainern und Coaches im Hochleistungsbereich (z. B. Davis-Cup) weiter intensiviert werden.

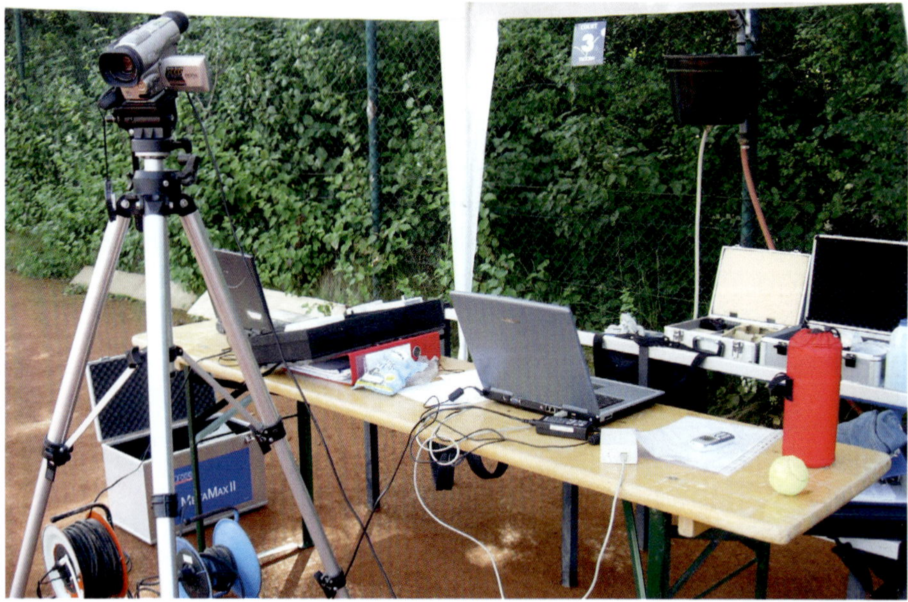

***TECHNIKTESTS:*** Unter *Techniktests* werden all jene Testverfahren im Tennis zusammengefasst, mit denen außerhalb der Wettkampfsituation unter standardisierten, wiederholbaren Rahmenbedingungen die Qualität und Funktionalität der Schlagtechnik zu messen versucht wird. Die Hauptproblematik derartiger Tests besteht in der unzureichenden Wiederholbarkeit (Reliabilität) der Leistung, da jene von zahlreichen, stark variierenden Faktoren abhängt (z. B. Konzentration und Motivation). Hierunter leidet die Trennschärfe, sodass geringe Leistungsunterschiede nicht mit Sicherheit zu registrieren sind. Trotz der genannten Nachteile hat die Durchführung von Techniktests dennoch ihre Berechtigung:

- Techniktests bieten die Möglichkeit, die Qualität der Schlagtechnik beziehungsweise krasse Defizite zu quantifizieren.
- Techniktests sind leicht durchzuführen und völlig problemlos in den Unterricht einzubauen.
- Techniktests systematisieren die Arbeitsweise von Tennistrainern und -schulen.
- Techniktests bereiten den Spielern in der Regel Spaß.

Ähnlich wie bei der systematischen Spielerbeobachtung, ist es möglich, bei einigen Tests die Testleistung mittels eines repräsentativen Normprofils recht genau zu beurteilen. Dies betrifft den **10'-Ballwurfmaschinentest** und den **Ballwandtest**. Beide Tests stellen wir hier vor. Darüber hinaus sind jedoch zahlreiche andere sinnvolle Modifikationen denkbar.

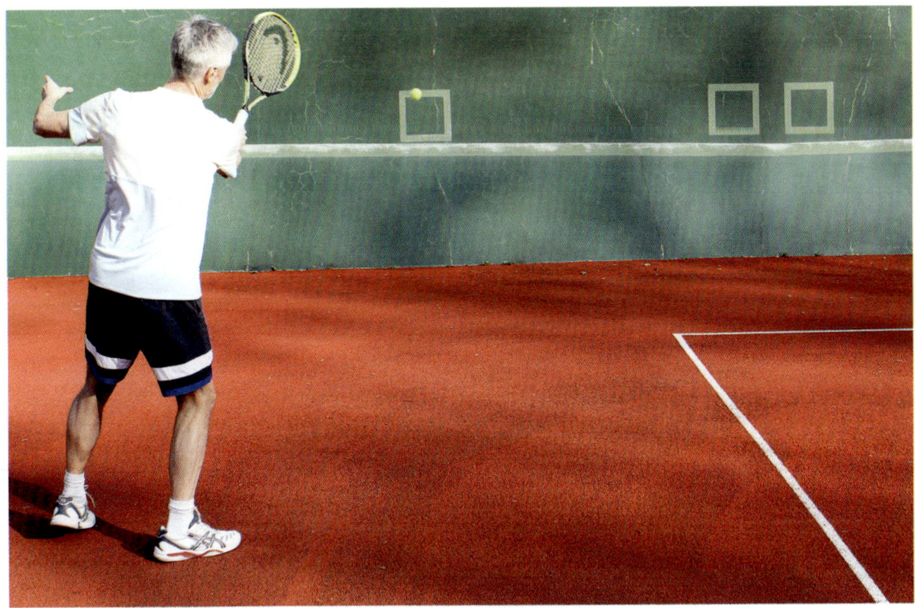

### Test: „10'-Ballmaschinentest"

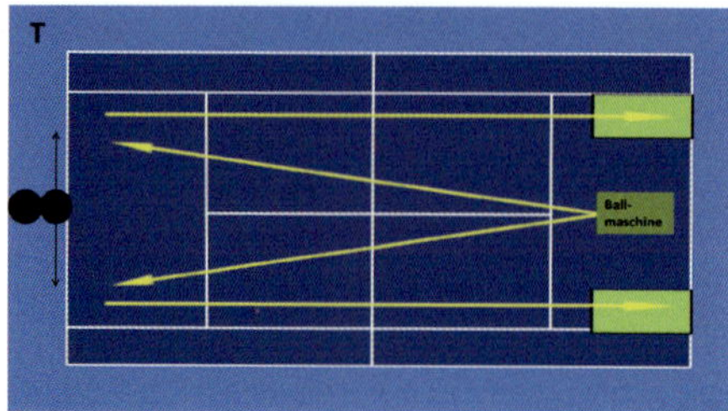


#### Testziele:

- Stabilität von VH- und RH-Grundlinienschlägen
- Schlagpräzision

#### Ablauf:

Zwei Testpersonen stehen hinter der Grundlinie und wechseln sich nach jeweils vier Schlägen ab (abwechselnd VH und RH). Die Schläge müssen longline in das hintere Außenviertel des Spielfeldes platziert werden. Der Ball muss dabei unterhalb eines auf 2,50 m Höhe angebrachten Markierungsbandes das Netz überqueren. Der Laufweg der Spieler ist hinter der Grundlinie. Die Ballfrequenz beträgt 20 Bälle/min. Die Flugrichtung ist festgelegt. Die Testdauer beträgt 10 min. Jeder Spieler schlägt genau 100 Bälle. Die Treffer werden für VH und RH registriert.

***Messwerte:*** Trefferquote (maximal 100)

***Normwerte:*** Kreisklasse: 30

Oberliga: 50

Regionalliga: 70

### Test: „Tennisballwandtest"

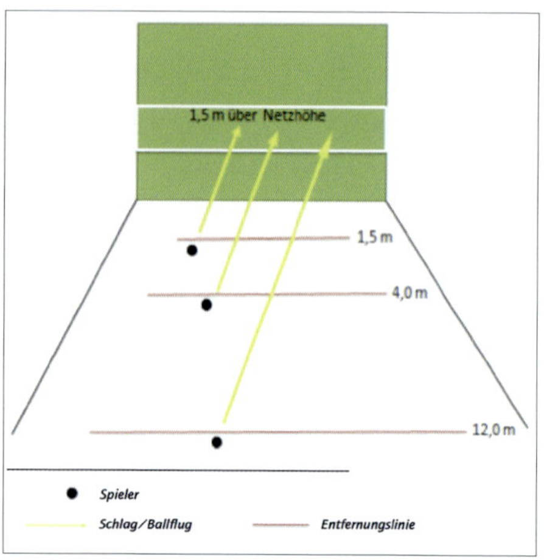


#### Testziele:

- Stabilität von Vorhand- und Rückhandschlägen (Volley und Grundlinie)
- Schlagpräzision unter Zeitdruck

#### Ablauf:

Die Testperson steht hinter einer im Abstand von 1,5 m, 4 m oder 12 m vor der Tenniswand angebrachten Entfernungslinie. Sie hat die Aufgabe, innerhalb einer festgelegten Zeit von 30 s mit einem Ball möglichst viele gültige Wandtreffer in ein festgelegtes Feld (1,50 m über Netzhöhe) zu erzielen. Jede Testperson hat drei Versuche. Das beste Ergebnis wird gewertet.

*Tab. 7: Durchschnittliche Messwerte der gültigen Versuche in 30 s (Maier 1987, S. 171)*

| *Orientierungswerte bei den Wandtests (1,5; 4,0; 12,0) für unterschiedliche Niveaugruppen* | | | |
|---|---|---|---|
| Leistungsniveau | 1,5 m | 4,0 m | 12,0 m |
| Fortgeschrittene | 33 | 26 | 12 |
| Verbandsrangliste | 52 | 39 | 17 |
| Deutsche Rangliste | 54 | 42 | 19 |

***DIGITALE VIDEOANALYSE:*** Die Videoanalyse ist ein Teil der optischen Messverfahren in der Biomechanik und kann im Unterschied zu anderen Verfahren (z. B. Lichtspur- oder Hochgeschwindigkeitsfilmaufnahmen) leicht und dennoch effektiv eingesetzt werden. Die besonderen Vorteile der Videotechnik sind:

- Die optische Abbildung der Tennistechnik ist reproduzierbar und sie ist dadurch immer wieder verfügbar.
- Präzise und schnelle Erfassung der Bewegung mit hoher räumlicher und zeitlicher Auflösung wird ermöglicht.
- Die Analyse erfolgt an Bildreihen oder am Einzelbild, das digitalisiert werden kann und dadurch exakte Messungen ermöglicht.
- Das Bild kann auf ein Modell übertragen werden, das weitere Berechnungen zulässt.
- Vergleichbare und parallel abspielbare Bildsequenzen erleichtern zusätzlich das Fehlersehen und die Fehlerkorrektur.

Im praktischen Einsatz der Videotechnik sollten vor der Durchführung der Aufnahmen folgende Überlegungen stehen:

- Welche Schlagtechnik soll aufgenommen werden (Aufschlag, Return, VH, RH, Volley, Lob, Smash)?
- Welche Kamera steht zur Verfügung (Qualität, Anzahl der Bilder/s, Markierungsmöglichkeiten/Rastergitter)? Sollen mehrere Kameras eingesetzt werden?
- Welcher Kamerastandort wird festgelegt (Aufnahmen von vorn, von der Seite, von hinten, von oben)?
- Welcher zeitliche und finanzielle Aufwand steht zur Verfügung?

Für die sachgerechte Technikanalyse können spezielle Softwarehilfen (derzeitig z. B.: *www.Contemplas.de*; *www.Dartfish.com*; *www.quintic.com*) herangezogen werden. Auch wenn die Videotechnik besondere Parametrisierungs- und Motivierungseffekte erzielt und für Spieler und Trainer eine herausragende Trainingshilfe darstellt, darf nicht übersehen werden, dass für eine korrekte Technikanalyse, verbunden mit der entsprechenden Technikkorrektur, eine hohe Fachkompetenz erforderlich ist.

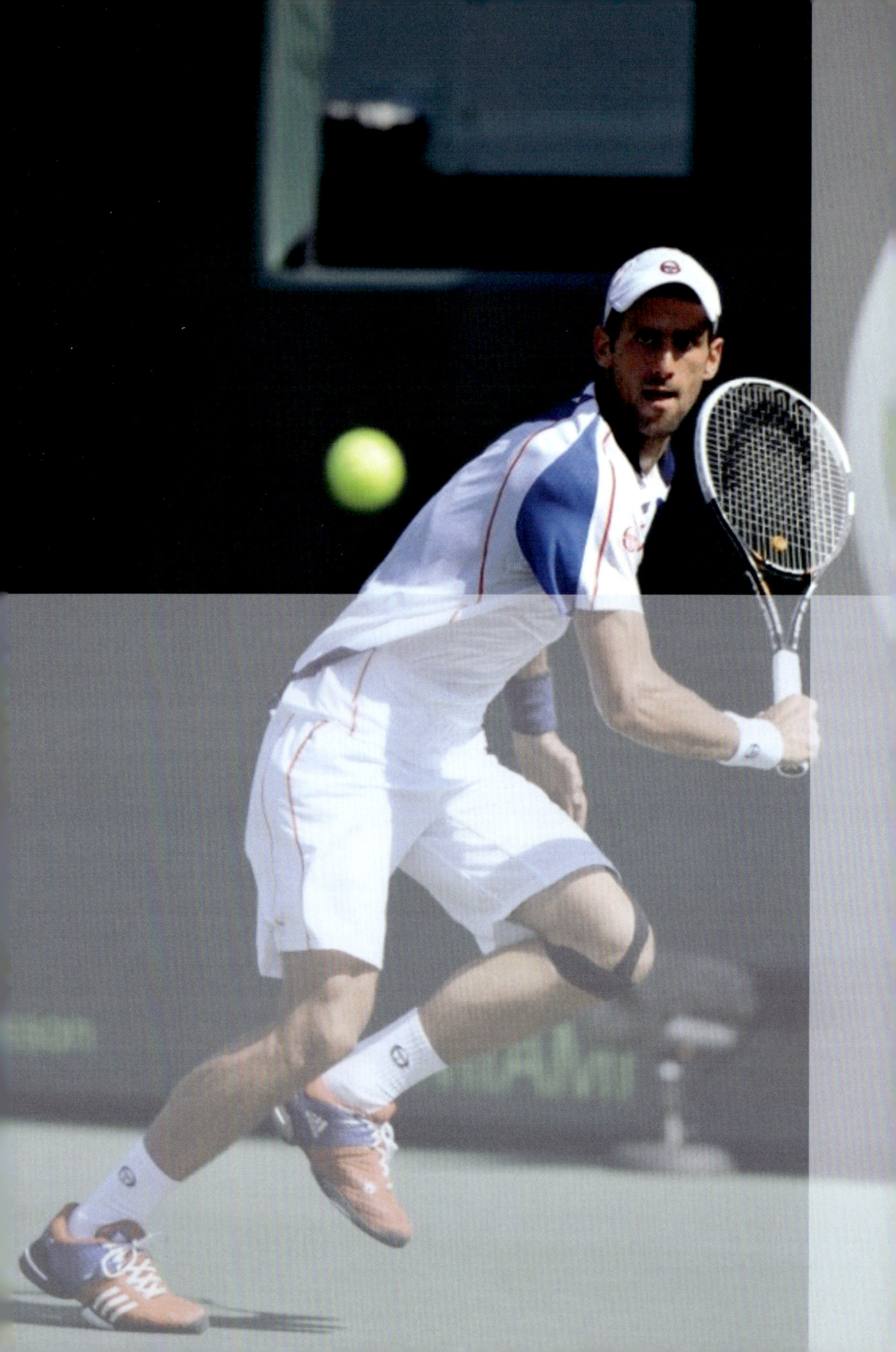

# 3
# *Taktiktraining*

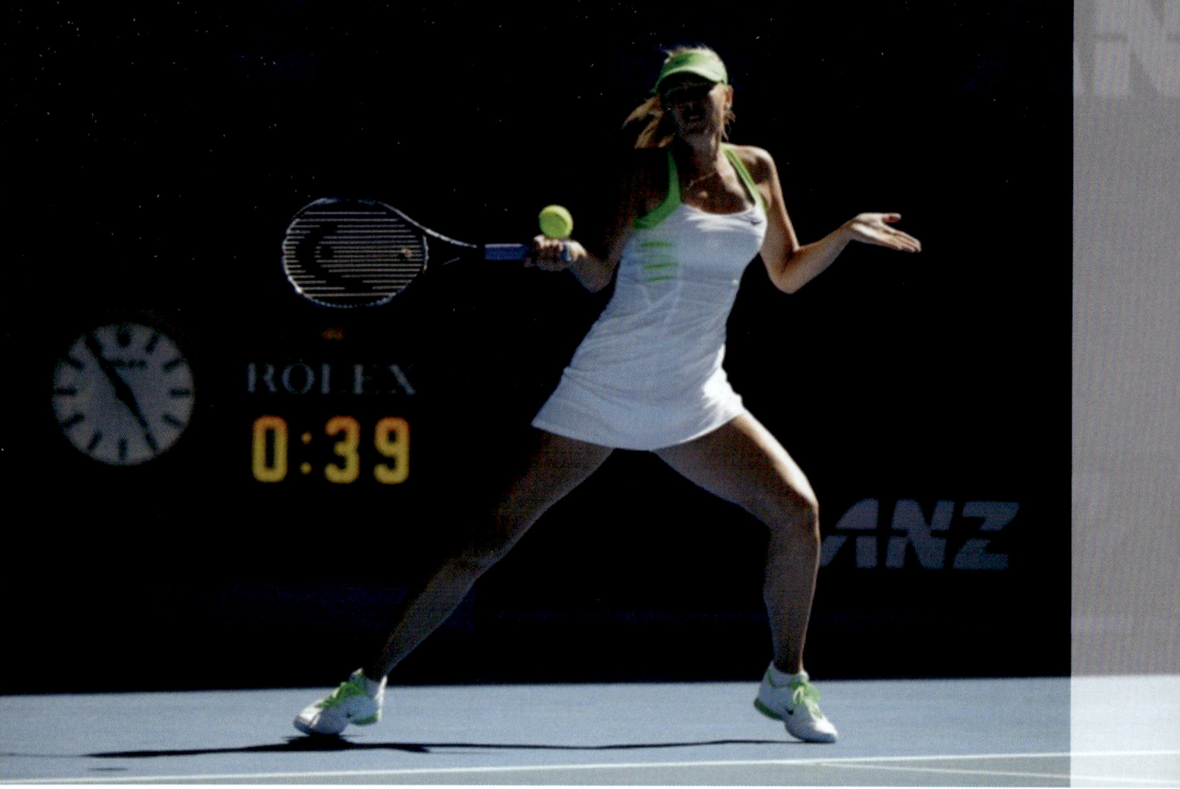


## 3.1 Einführung

Trainer und Spieler sind sich einig, dass die Taktik häufig von spielentscheidender Bedeutung für die Leistung im Einzel und Doppel ist. Trotzdem wird das Taktiktraining in der neueren Tennisliteratur nur selten behandelt (Maier, 2012; Schönborn, 2012) und es verwundert daher nicht, dass bei vielen Tennistrainern Unklarheit darüber besteht, wie Taktiktraining sinnvoll und erfolgreich durchgeführt werden kann. Jedes taktische Verhalten ist untrennbar verknüpft mit der individuell unterschiedlichen Qualität der tennistechnischen Voraussetzungen, der psychischen und der konditionellen Fähigkeiten und Fertigkeiten (Abb. 47) von Spieler und Gegner. Eine isolierte Betrachtung des Taktiktrainings ist daher nicht möglich und vor allem nicht praxisgerecht. Sinnvolles Taktiktraining muss immer auch Technik, Kondition und Psyche von Spieler und Gegner berücksichtigen und entsprechendes Techniktraining, psychologisches Training sowie konditionelles Training einschließen.

Die konditionellen Fähigkeiten spielen spätestens dann in der Taktik eine Rolle, wenn nach strategischen Überlegungen – aufgrund der Stärken und Schwächen des Gegners – die Wahl für eine bestimmte Spielweise getroffen wird. So kommt bei der Entscheidung für die Taktik „Nur ‚Mondschläge' von der Grundlinie" verstärkt die tennisspezifische Ausdauer ins Spiel, während bei einer Taktikwahl „Serve-and-Volley" vermehrt die Schnelligkeit im Vordergrund steht.

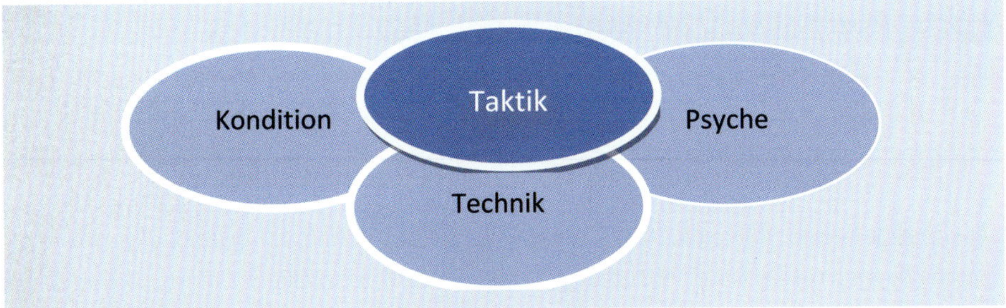


*Abb. 47: Überlappung von Taktik mit Technik, Psyche und Kondition*

Dieser Zusammenhang soll an einem Beispiel verdeutlicht werden. Es zeigt den chronologischen Ablauf der taktischen Anforderungen an einen Spieler während des Ballwechsels.

***AUSGANGSSITUATION:*** Ein Spieler spielt den Ball kurz ins Mittelfeld und ermöglicht dem Gegner einen Netzangriff. Der Gegner nutzt nun die Chance und greift mit einem VH-Topspinschlag longline auf die Rückhand des Spielers an.

***ANTIZIPATION und WAHRNEHMUNG (Phase 1):*** Der Spieler muss die Absicht des gegnerischen Netzangriffs und dessen Durchführung möglichst frühzeitig und exakt hinsichtlich Richtung, Länge, Drall, Geschwindigkeit und Absprungverhalten des Angriffsballs antizipieren und wahrnehmen.

***BEURTEILUNG (Phase 2):*** Der Spieler muss beurteilen, welche Handlungsmöglichkeiten (z. B. Passierball hart longline, Passierball weich kurz cross, defensiver hoher Lob, Topspinlob) ihm bleiben und wie die jeweiligen Erfolgsaussichten des eigenen Antwortschlags sind.

***ENTSCHEIDUNG (Phase 3):*** Der Spieler entscheidet sich unter strenger Berücksichtigung der eigenen Fähigkeiten für den zur Lösung der vorgegebenen Situation aus seiner Sicht Erfolg versprechenden Schlag.

***HANDLUNGS- BZW. SCHLAGAUSFÜHRUNG (Phase 4):*** Der Spieler führt die vorgenommene Aktion aus und schlägt den Ball.

***BEWERTUNG und VERHALTENSSTEUERUNG (Phase 5):*** Der Spieler registriert das Ergebnis (Erfolg/Misserfolg) seiner Aktion und bewertet danach die vorangegangenen vier Phasen: „Antizipation und Wahrnehmung", „Beurteilung", „Entscheidung" und „Handlungs- bzw. Schlagausführung". Die Konsequenz der Bewertung mündet bei Erfolg in eine Bestärkung des Verhaltensmusters und bei Misserfolg in eine Verhaltensveränderung in den entsprechenden Phasen.

Taktiktraining besteht also in Anlehnung an diese fünf Phasen darin, dass der Spieler lernt, in einer Spielsituation aus einem Pool zur Verfügung stehender Handlungsmöglichkeiten eigenständig die richtige bzw. erfolgreiche Alternative zu wählen und umzusetzen. Daraus lassen sich drei wesentliche spezielle Aspekte für das kompklexe Taktiktraining ableiten (Abb. 48):

### 3.1.1 Psychologische Aspekte des Taktiktrainings

Die Antizipationen und die Situationswahrnehmungen (Phase 1) basieren vorrangig auf der kognitiven Leistungsfähigkeit des Spielers. Sie erfordert zunächst die korrekte Erfassung (Blick sowie Vorausblick) der Spielsituation. In der Folge wird sie geprägt von der tennisspezifischen Spielintelligenz und der spielerischen Kreativität. Sie beinhalten die Beurteilungs- sowie die Entscheidungsprozesse (Phasen 2 und 3). Während die Spielintelligenz durch „konvergentes Denken" unter Einbeziehung der tennisspezifischen Grundlagen die schulmäßig optimale Lösung umsetzt, gelingt es der Kreativität, durch „divergentes Denken" weitere Lösungsmöglichkeiten zu schaffen und die Spielaufgabe durch eine ungewöhnliche und überraschende Aktion zu lösen (vgl. z. B. Federer im Halbfinale US-Open 2009: Passierball durch die Beine mit dem Rücken zum Netz).

Kreative Spiellösungen sind durch Eigenständigkeit und Originalität gekennzeichnet und lassen sich deshalb nicht durch exakte Vorgaben trainieren. Ihre Entstehung und Förderung entwickelt sich aus dem Primat des „Spielens". Insbesondere durch häufiges und zunächst auch „unangeleitetes Spielen" werden die kognitiven Anteile der Taktikleistung verbessert (vgl. Roth & Raab, 1998; Roth, Kröger und Memmert, 2002). Die Bewertungsprozesse (Phase 5) beeinflussen nicht nur die emotionale Sicherheit und die mentale Stärke des Spielers, sondern wirken sich auch auf die Koordinationsleistung, speziell die Verhaltensanpassung, aus.

Diese kognitiven Komponenten nehmen erfahrungsgemäß mit wachsendem Leistungsstand und Erfahrungsschatz des Spielers erheblich zu. Gegenüber dem Anfänger, der sich gemäß der Anweisung seines Trainers, zunächst ausschließlich auf Richtung und Länge des Ballflugs konzentrieren muss, kann der erfahrene Turnierspieler bereits eine deutlich höhere Informationsdichte verarbeiten (z. B. Schlagposition des Gegners, dessen Schlaghärte und Drall sowie Windstärke und Windrichtung). Beispielsweise wird der Anfänger nach dem von ihm zu kurz gespielten Ball nicht einmal die Möglichkeit eines gegnerischen Angriffs ins Kalkül ziehen, während der Turnierspieler, ähnlich einem erfahrenen Schachspieler, bereits frühzeitig den aus Sicht des Gegners optimalen Spielzug vorausahnt (z. B. VH longline als Angriffsball) und zugleich weitere eventuelle Alternativen (z. B. VH-Stopp cross) nicht außer Acht lässt.

Wegen der engen Verzahnung mit den gegenseitigen Wechselbeziehungen von Antizipation und Wahrnehmung, Beurteilung, Entscheidung und Bewertung empfiehlt es sich, diese Faktoren in Form eines Komplextrainings in vielen unterschiedlichen Spielsituationen zu schulen. Hierbei sollte zu einer speziellen Kreativitätsschulung (Kasten) ein Trainingsschwerpunkt auch auf dem freien Spiel liegen, dem sich eine Nachbesprechung unter besonderer Berücksichtigung einer Taktikkomponente (z. B. Phase 1: Antizipation und Wahrnehmung) anschließt.

***EXKURS:** KREATIVITÄTSSCHULUNG IN DEN SPORTSPIELEN*

In Anlehnung an die von Roth, Kröger und Memmert (2002; 2007) ermittelten Taktikbausteine in Teamsportspielen werden, speziell für die Rückschlagspiele, folgende Taktikbausteine von Memmert (2004) differenziert: „Orientieren und Differenzieren", „Zusammenspiel" „Ins Ziel treffen", „Ball dem Ziel annähern" und „Lücke erkennen". Hieraus lassen sich für das Tennisspiel die folgenden modifizierten Trainingsziele zur Kreativitätsschulung herausstellen:

*Antizipieren und Wahrnehmen:* Ball ins Ziel treffen, Ball dem Ziel annähern, Freiräume erspielen, Ball ins freie Feld oder gegen die Laufrichtung schlagen.

*Orientieren und Differenzieren:* Schläge variieren (Länge, Höhe, Geschwindigkeit), Druck erzeugen und Vorteile herausspielen.

*Verstehen und Lösung finden:* Während eines Ballwechsels die Chance erkennen, in der Auseinandersetzung mit den eigenen Fähigkeiten und den Stärken/Schwächen des Gegners den Punkt erfolgreich zu Ende zu spielen.

Es ist zu erkennen, dass im Rückschlagspiel Tennis der Baustein „Lücke erkennen" in den ersten und zweiten Trainingszielen verankert ist, während der Baustein „Zusammenspiel" eher im dritten Trainingsziel involviert ist und speziell im Doppel oder in der methodischen Spielreihe „Miteinander" eine Rolle spielt.

Für eine gezielte Trainingsarbeit empfiehlt es sich, matchadäquate Spielsituationen bzw. Spielzüge auszuwählen und im „freien Spiel" üben zu lassen, z. B.: „Spieleröffnung", „Erweiterte Spieleröffnung", „Spieleröffnung mit Netzangriff", „Grundlinienduelle" oder „Grundlinienduelle mit Netzangriff". Dass hierbei alle drei angesprochenen Ziele eng miteinander verflochten sind, sollte beachtet und in der Nachbesprechung berücksichtigt werden.

In diesem Zusammenhang muss darauf hingewiesen werden, dass in dem Vermittlungsmodell „Play and Stay", das in jüngster Zeit von der ITF ins Leben gerufen wurde, speziell diese Taktikelemente im Vordergrund stehen.

## 3.1.2 Tennisspezifische Aspekte des Taktiktrainings

Eine objektive Beurteilung der Spielsituation (Phase 2) ist nur dann möglich, wenn der Spieler über weitreichende Erfahrungen hinsichtlich der Erfolgswahrscheinlichkeit seiner verschiedenen Handlungsalternativen verfügt. Diese Erfahrungen wird der Spieler in einem zeitlich lang andauernden Lernprozess über Erfolg und Misserfolg selbst gewinnen; sie können aber auch durch ein systematisches Training schneller bewusst in ein erfolgreiches Spiel umgesetzt werden.

*TAKTISCHE ASPEKTE:*

- Die Spielfelddimensionen berücksichtigen: Netz ist in der Mitte niedriger als außen; Crossschläge sind sicherer als Longlineschläge,
- Eigene Fehler vermeiden.
- Eigene Stärken einsetzen.
- Gegner zwingen, Bälle aus dem Lauf zu spielen.
- Mit Cross-Bällen den Platz öffnen.
- Gegen die Laufrichtung des Gegners spielen, insbesondere, wenn er weit aus dem Platz getrieben worden ist.
- Gegnerisches Spielverhalten „lesen" und erkennen.
- Die Spielsituation sowie äußere Einflüsse wie Bodenverhältnisse, Wind und Sonne beachten.

Die taktischen Regeln können entweder sehr allgemein formuliert (z. B.: „Versuche, eigene Fehler zu vermeiden!") und als grundlegende Strategie von übergeordneter Gültigkeit vermittelt werden (z. B.: „Im Doppel wird Serve-and-Volley gespielt."). Diese taktischen Grundregeln können aber auch ganz konkret mit einzelnen Schlagsituationen gekoppelt werden („Nach einem Longlineangriff auf die Rückhand bietet der Longlinepassierschlag die größten Erfolgsaussichten."). Allgemeine Aussagen hinsichtlich der Erfolgsträchtigkeit von taktischen Verhaltensmustern können Trainer und Spieler durch die Analyse der Taktik erfolgreicher Spieler gewinnen. Darüber hinaus bieten entsprechende repräsentative Ergebnisse der systematischen Spielerbeobachtung eine wertvolle Hilfe. Selbstverständlich müssen jedoch diese Ergebnisse auf das Niveau des jeweiligen Spielers angepasst und eventuell modifiziert werden.

## 3.1.3 Technische Aspekte des Taktiktrainings

Die Entscheidung über den Antwortschlag des Spielers in der Phase 4 seiner Handlungskette wird neben der Kenntnis über die Erfolgsquote der verschiedenen Schlagalternativen vor allem durch die technischen Fähigkeiten des Spielers bestimmt. So wird sich dem Anfänger niemals die Möglichkeit zum Topspinlob oder zum RH-Topspin kurz cross bieten, da er diese beiden schwierigen Schläge nicht beherrscht (Abb. 48).

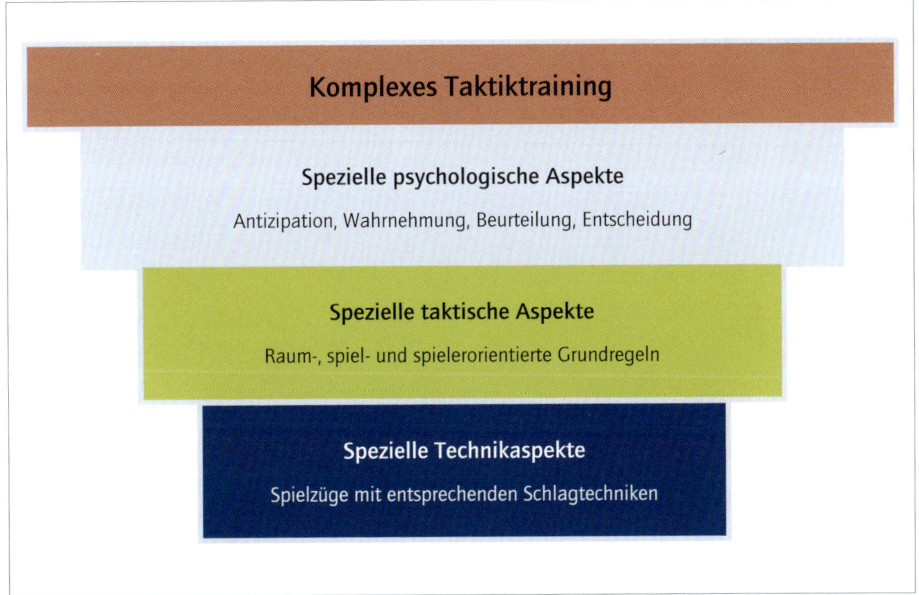


***Abb. 48:** Lernstufen im Taktiktraining*

Grundlegende Basis für das Taktiktraining ist somit ein spezielles Techniktraining, welches in möglichst spielnahen Situationen die Stabilität jener Schlagtechniken erhöht, die für die Umsetzung taktischer Ziele unabdingbare Voraussetzung sind. Da Qualität und Variabilität der Tennistechnik die unverzichtbare Basis für die praktische Umsetzung des Taktiktrainings darstellen, steht aus methodischer Sicht zu Beginn des Taktiktrainings die Durchführung eines speziellen Techniktrainings (**Lernstufe: spezielle Technikaspekte**). Zuerst müssen die Techniken von RH-Passierball cross und longline sowie vom RH-Lob mit solider Stabilität beherrscht werden, damit die Vermittlung und das Training taktischer Grundregeln beim Angriff des Gegners auf die Rückhand möglich wird. Der Longline-Schlag setzt den Angreifer unter größeren Zeitdruck als der Crossschlag (**Lernstufe: spezielle taktische Aspekte**). Läuft der Angreifer sehr nahe ans Netz, empfiehlt sich ein Lob über die Rückhandseite. Verfügt der Gegner über einen hervorragenden Schmetterball oder steht er nicht nah genug am Netz, ist der Passierball die bessere Wahl. Vorgenannte taktische Grundregeln müssen daher mit dem Training kognitiver Prozesse kombiniert werden und mit der Optimierung der Antizipation, Wahrnehmung, Beurteilung von Spielsituationen und Entscheidung von Spielhandlungen verbunden werden (**Lernstufe: spezielle psychologische Aspekte**). Am Beginn dieser Lernstufe stehen Trainingsformen mit zunächst nur einer Handlungsalternative und erst anschließend wird die erfolgreiche Auswahl von Mehrfachalternativen eingefordert. So spielt beispielsweise der Trainer von der Aufschlaglinie aus den Ball weit in die Rückhandecke des Schülers an. Je nachdem, ob der Trainer nach seinem Zuspiel stehen bleibt oder nah an das Netz vorrückt, spielt der Schüler seine RH cross entweder als Passierball oder als Lob. Erst danach wird die Anzahl der Freiheitsgrade (z. B. RH cross bzw. longline oder Lob defensiv bzw. offensiv) kontinuierlich erhöht. Die erlernten Grundlagen zeigen sich dann im Rahmen des komplexen Taktiktrainings (Abb. 52). Hier zieht sich der Trainer als Zuspieler zurück und gibt von außen ein taktisches Konzept vor (z. B.: „Attackiere in der optimalen Mischung die Vorhand des Gegners."). Die jeweilige taktische Aufgabe kann bei den beteiligten Spielern unterschiedlich sein und muss dem Mitspieler nicht immer bekannt sein. Grundlage des komplexen Taktiktrainings ist der frei gespielte Ballwechsel, der mit oder ohne Aufschlag eröffnet wird. Die Spielfelddimensionen sowie weitere Rahmenbedingungen können, je nach Trainingsziel, verändert werden. Zwischen den Ballwechseln ist die mentale Verarbeitung der absolvierten Spielzüge sowie die Wertung und Aufmerksamkeitslenkung durch den Trainer entscheidend für die Effektivität des gesamten Trainings.

# 3.2 Einzeltaktik

Zahlreiche grundlegende taktische Elemente gelten im Tennis unabhängig von der Spielstärke. Sie basieren auf den Spielregeln und den vorgegebenen Spielfelddimensionen und unterliegen dem Einfluss von äußeren Faktoren (insbesondere Gegner, aber auch Platzoberfläche, Wetterbedingungen, Schläger und Bespannung sowie Bälle) und inneren Faktoren, nämlich den verschiedenen Fähigkeiten des Spielers selbst. Wir unterscheiden im Folgenden sieben grundlegende Prinzipien der Einzeltaktik:

*1. EINSATZ DER EIGENEN STÄRKE:* Viele Spieler verfügen über einen besonders erfolgreichen Schlag, einen häufig gewinnbringenden Spielzug, eine herausragende Schnelligkeit oder eine besondere mentale Stärke. Der Einsatz dieser Stärken sollte im Normalfall auch dann den Vorzug gegenüber schwächeren oder ungewohnteren Alternativen erhalten, wenn hierdurch die gegnerischen Schwächen unberücksichtigt bleiben. Ein Spieler wie Nadal, dessen Spezialschlag ein Sliceaufschlag zur gegnerischen Rückhand ist, setzt diesen Schlag auch gegen Rückhandspezialisten (wie z. B. Djokovic) vorrangig und vor allem in entscheidenden Spielsituationen ein.

*2. VERMEIDUNG EIGENER FEHLER:* Tenniswettkämpfe werden z. B. nicht allein durch die Zahl der Gewinnschläge, sondern z. B. vor allem durch die Zahl der Fehlschläge entschieden, die oft in erzwungene Fehler und Fehler ohne Bedrängnis eingeteilt werden. Wegen des Einflusses speziell der sogenannten Fehler ‚ohne Bedrängnis' (unforced errors) auf Sieg oder Niederlage im Match, gehört es daher zu den wichtigsten taktischen Zielen, gerade diese *Fehler ohne Zwang*, die üblicherweise durch Aufmerksamkeitsdefizite oder durch fehlerhafte Schlagtechnik (einschließlich entsprechender Laufarbeit) verursacht werden, weitestgehend zu vermeiden. Neben einer erhöhten Aufmerksamkeit und Konzentration für jeden einzelnen Schlag bedarf es hierzu vor allem der Berücksichtigung allgemeiner taktischer Grundregeln wie:

***PRAXISTIPPS:***

- Schlage den Ball 1-2 m über das Netz und jeweils 2 m entfernt von Seiten- bzw. Grundlinie.
- In Bedrängnis spiele hoch, lang und cross, damit du den nächsten Schlag aus einer besseren Position ausführen kannst.
- Schnelle und präzise Beinarbeit mit früher Schlagvorbereitung stellt die wesentliche Voraussetzung für stabile Schläge dar.
- Der Ball wird sicherer getroffen, wenn er dorthin gespielt wird, wo er herkommt.
- Die Schlagrichtung nur ändern, wenn Ballgeschwindigkeit und eigene Schlagposition solide genug sind.
- Zu Beginn des Ballwechsels den Ball lang crosscourt oder lang in die Mitte schlagen, damit der eigene Fehler vermieden und der Gegner auf Distanz gehalten wird.

***3. AUSNUTZUNG DER GEGNERISCHEN SCHWÄCHEN:*** Die gegnerischen Schwächen sollten immer dann in der eigenen Taktik berücksichtigt werden, wenn dies mit den gegebenen technischen und psychischen Möglichkeiten realistisch erscheint und der Einsatz der eigenen Stärken hierdurch nicht zu stark begrenzt wird. Diese Regel bezieht sich beispielsweise auf das Anspielen der schwächeren Schlaghand im Grundlinienduell. Allerdings muss hierbei die Schlagrichtung variiert werden (z. B. nur zwei Drittel aller Schläge auf die schwächere Rückhand), damit die Schwäche des Gegners nicht sozusagen trainiert wird: Somit wird außerdem der Gegner zu einem Schlag aus dem Seitwärtslaufen gezwungen, er kann sich nicht auf die Absichten einstellen und zugleich wird seine schwächere Seite (z. B. Rückhand) weiter geöffnet.

***4. VERMEIDUNG DER GEGNERISCHEN STÄRKEN:*** Im Normalfall baut der Gegner sein Spiel auf seinen Stärken auf und entwickelt hieraus seine Grundstrategie, in der er sich besonders wohlfühlt und zugleich erfolgreich wirken kann. Ein wichtiges taktisches Ziel muss folglich darin liegen, diese Stärken des Gegners frühzeitig zu erkennen und durch geeignete Gegenmaßnahmen auszuschalten oder wenigstens zu mildern. Wenn es gelingt, die Stärke des Gegners zu brechen oder systematisch auszuhöhlen, werden nicht nur die Schläge des Gegners, sondern auch dessen Grundstrategie und Selbstvertrauen erheblich geschwächt.

Hat beispielsweise der Gegner einen schnellen, geraden Aufschlag (ähnlich wie Karlovic oder Del Potro), wird üblicherweise zuerst versucht, den Aufschlag 1-2 m weiter hinten anzunehmen, um dadurch mehr Zeit für den Return zu gewinnen. Ein guter Returnspieler kann es jedoch auch wagen, seine Ausgangsposition um einen Schritt nach vorne zu verlegen, damit

Schlagvorbereitung und -bewegung noch kürzer werden müssen und nach einer Anpassungszeit von 1-3 Aufschlagspielen die Gefährlichkeit des Returns größer wird und so die gegnerische Aufschlagstärke gemildert oder gar gebrochen wird.

***5. ORIENTIERUNG AN ERFAHRUNGSWERTEN:*** Taktische Grundlagen orientieren sich einerseits an den Spielregeln und an den Spielfelddimensionen (Netzhöhe, Spielfeldmaße). Andererseits sind taktische Grundlagen stark geprägt durch fortdauernde Erfahrungswerte. Hierunter fallen zum einen die von verschiedenen Spielern sowie Trainern gemachten subjektiven Erfahrungen, die systematisch zusammengefasst und mit plausiblen Begründungen untermauert werden können (**allgemeiner Erfahrungsschatz**).

Da ein Tenniswettkampf üblicherweise nicht allein durch eine Erhöhung der Zahl der Gewinnschläge, sondern auch durch eine Verminderung der Zahl der Fehlschläge entschieden wird (vgl. auch Abb. 50), kommt es vor allem bei ausgeglichenen Begegnungen darauf an, die Zahl der eigenen (leichten) Fehler zu senken. Wenn zugleich der Gegner zu einigen Fehlern mehr verleitet oder gezwungen werden kann, wird der Unterschied zum Gegner erheblich vergrößert und die Siegesschancen steigen erheblich. Mit der Einhaltung folgender Grundregeln wird dieses Ziel leichter erreicht:

***PRAXISITIPPS:***

- Schlage den Ball sicher in das freie Feld.

  Hiermit wird der Gegner zum Schlag aus dem Lauf gezwungen, sodass sich seine Fehlerquote erhöht. Außerdem wird ihm hiermit die Möglichkeit für einen Gewinnschlag genommen oder zumindest erschwert.

- Schlage den Ball in die Richtung, aus der dein Gegner kommt (Gegenstart).

  Laufstarke und erfahrene Spieler verlassen sehr schnell ihren Schlagort, um in ihre günstige Ausgangsposition zurückzukommen. Sie haben es daher teilweise schwerer, ihre Laufrichtung erneut zu ändern.

- Spiele nicht nur lang, sondern nutze auch das Winkelspiel zur Feldöffnung.

  Mit den geeigneten Cross-Schlägen bietet sich nicht nur die Möglichkeit für satte Gewinnschläge, sondern sie werden vor allem auch dazu benutzt, die Schwachstelle des Gegners (z. B. Rückhand) effektiv anzuspielen.

- Stelle dich auf deinen Gegner ein.

  Es gehört zu den besonderen Herausforderungen im Tennis, Schwächen und Stärken des Gegners zu erkennen und für den eigenen Vorteil zu nutzen. Wenn wir beispielsweise feststellen, dass die gegnerische Schwäche bei der Rückhand liegt, sollte bevorzugt auf die Rückhand aufgeschlagen werden. Auch bei den Grundschlägen wird so lange die Rückhand gesucht, bis er einen Fehler begeht oder sein schwacher Rückschlag einen Erfolg versprechenden Angriffsschlag erlaubt.

- Passe dich den äußeren Bedingungen an.

Hierzu gehören Sonne, Wind, Temperatur, Luftfeuchtigkeit und Platzoberfläche. Mit dem Wind im Rücken wird beispielsweise mit mehr Vorwärtsdrall gespielt, während gegen den Wind längere Bälle, aber auch Stoppbälle bevorzugt werden. Auf schnellen Bodenbelägen muss auch der defensive Grundlinienspieler druckvoller spielen als auf langsamen Sandplätzen und umgekehrt muss ein Angriffsspieler auf Sand zumindest nach dem zweiten Aufschlag häufiger den Ballwechsel von der Grundlinie aus bestreiten.

Den erheblichen Einfluss des Bodenbelags auf die Taktik verdeutlicht das Beispiel von Boris Becker, den wir in mehreren aufeinanderfolgenden Jahren bei den Grand-Slam-Turnieren in Wimbledon (London), Flushing Meadows (New York) und in Paris systematisch beobachtet haben. Auf schnellen Rasenplätzen spielte Becker Aufschlag und Return fast doppelt so häufig wie auf Sand, während umgekehrt das Grundlinienspiel auf Sand deutlich dominierte und zugleich das Netzspiel fast zur Bedeutungslosigkeit verkümmerte (Abb. 49):

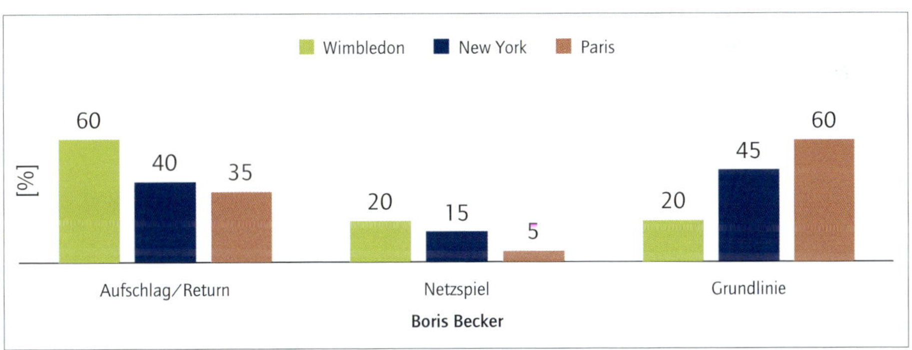


***Abb. 49:** Schlaganteile von Boris Becker auf verschiedenen Bodenbelägen bei Grand-Slam-Turnieren (Ferrauti et al., 1996)*

***6. BERÜCKSICHTIGUNG VON STATISTISCHEN WAHRSCHEINLICHKEITEN:*** Eine wesentliche Orientierung für taktisches Verhalten besteht darin, bei einer repräsentativen Anzahl von Spielern systematisch jeden einzelnen Schlag zu beobachten und über eine vergleichende Auswertung von Erfolg und Misserfolg objektives Datenmaterial als objektive Grundlage zur Entwicklung diverser taktischer Grundstrategien abzuleiten.

- *SCHLAGHÄUFIGKEIT*

  Da beim Spiel auf Sandplätzen die Grundlinienschläge mit 50-60 % Anteil weit überwiegen und die Spieleröffnung (Aufschlag und Return) immerhin ein Drittel aller Schläge beinhaltet, das Flugballspiel jedoch unter 5 % liegt, muss das Hauptaugenmerk des Taktiktrainings auf die Grundschläge sowie auf Aufschlag und Return gerichtet sein. Bei einer gemeinsamen Betrachtung von Gewinn- und Verlustschlägen fällt auf, dass der Return an die zweite Stelle rückt, nach den für Punkterfolg oder -verlust erwartungsgemäß weit an der Spitze liegenden Grundlinienschlägen. Hieraus folgt, dass es besonders wirksam ist, solche Spielweisen und Taktiken zu entwickeln, die beim Gegner die Zahl der Verlustschläge an der Grundlinie und beim Return erhöhen und gleichzeitig die eigene Fehlerquote bei den genannten Schlägen vermindern (Abb. 50).

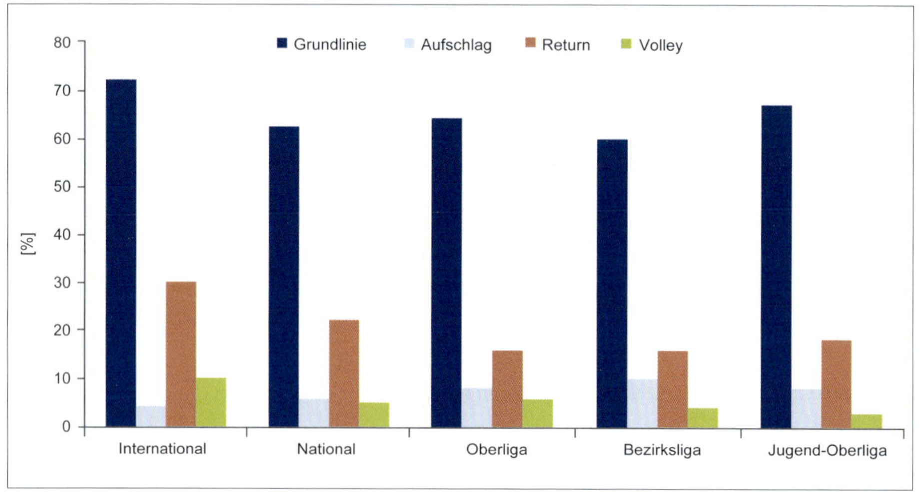


***Abb. 50:** Durchschnitt der Punktverluste in einem Herrenmatch, differenziert nach verschiedenen Schlagarten in unterschiedlichen Leistungsklassen (Ferrauti et al., 1996)*

- *AUFSCHLAG*

  Damen und Herren der Weltspitze verbesserten erheblich ihren Aufschlag speziell im vergangenen Jahrzehnt. Auf der Basis jährlicher Erhebungen aller vier Grand-Slam-Nationen über die maximale Geschwindigkeit der jeweils 20 schnellsten Aufschläger/innen steigerten sich die jeweils besten Spieler/innen innerhalb der vergangenen acht Jahre einheitlich um durchschnittlich 8-12 % (Miller, ITF, pers. Mitteilung 2011). Anlässlich unserer Untersuchungen über verschiedene Qualitätsmerkmale des Aufschlags in sämtlichen Begegnungen der drei Schlussrunden (4 VF, 2 HF & F) der French Open 2002 und 2009 stellten wir noch deutlichere Erhöhungen der Durchschnittsgeschwindigkeit der ersten und zweiten Aufschläge der Herren fest (Tab. 8).

*Tab. 8: Verschiedene Qualitätsmerkmale (Durchschnitt [x̄] und Standardabweichung [±s]) des ersten/zweiten Aufschlags der Damen und Herren (je 4 VF, 2 HF & F) bei den French Open 2009 sowie der Herren bei den French Open 2002 (4 VF, 2 HF & F) (Weber & Born, 2012)*

| QUALITÄTSMERKMALE DES ERSTEN UND ZWEITEN AUFSCHLAGS | | | | | | |
|---|---|---|---|---|---|---|
| Qualitätsmerkmale Aufschlag | French Open ♀ 2009 | | French Open ♂ 2009 | | French Open ♂ 2002 | |
| | x̄ | ± s | x̄ | ± s | x̄ | ± s |
| **Erster Aufschlag** | | | | | | |
| v [km/h] | 157,9 | 7,9 | 188,9** | 11,7 | 165,1 | 8,6 |
| Asse/Match | 2,4 | 2,8 | 8,6 | 6,8 | 2,2 | 0,6 |
| Gewinnpunkte [%] | 61,8 | | 71,5 | | 67,4 | |
| Gültigkeit | 66,7 | 6,7 | 64,4 | 6,6 | 60,2 | 5,5 |
| **Zweiter Aufschlag** | | | | | | |
| v [km/h] | 135,4 | 7,6 | 152,9** | 6,5 | 135,5 | 4,8 |
| Gewinnpunkte [%] | 40,0 | | 54,1 | | 47,6 | |
| Doppelfehler/Match | 3,9 | 2,2 | 2,5 | 1,6 | 3,4 | 2,9 |
| Gültigkeit | 82,7 | 12,3 | 92,5 | 7,0 | 85,4 | 9,2 |
| **Return** | | | | | | |
| Gewinnpunkte [%] | 40,3 | | 35,3 | | | |
| (1. und 2. Aufschlag) | 472/1.171 | | 510/1.530 | | | |

Beim ersten Aufschlag erhöhten die Spieler 2009 innerhalb von sieben Jahren prüfstatistisch hochsignifikant die durchschnittliche Geschwindigkeit um 14,4 % auf 188,9 km/h (Tab. 1) und die Zahl der Asse auf 8,6/Match (vs 2,2/Match). Selbst in der ersten Runde mit Spielern der erweiterten Weltklasse (n = 84) lag die mittlere Geschwindigkeit aller ersten/zweiten Aufschläge der untersuchten 84 Spieler mit 183,9 bzw. 149,3 km/h nur 5,0 km/h (2,5 %) bzw. 3,8 km/h (2,5 %) niedriger als im illustren Kreis aller Viertelfinalteilnehmer (n=8). Trotz Steigerung der Aufschlagsicherheit auf 64,4 % (Tab.1) wurde als weiterer wichtiger Beleg für die bessere Aufschlagqualität auch die Gewinnquote aller mit dem ersten Aufschlag erzielten Punkte deutlich erhöht (71,5 % vs 67,4 %).

- *RETURN*

  Je höher die Qualität der Spielstärke, umso höher liegt nach unseren vieljährigen Beobachtungen zur systematischen Spielanalyse der prozentuale Anteil bei den mit Vorwärtsdrall geschlagenen Returns im Verhältnis zum Rückwärtsdrall. Da jedoch durchgängig bei allen Leistungsklassen die Schlagsicherheit beim Topspin höher liegt als beim Slice (Abb. 51) und die Schlagrichtung cross gegenüber longline eine niedrigere Fehlerquote aufweist (Abb. 52), muss dem Crossreturn mit Vorwärtsdrall auch in der Spieltaktik erste Priorität eingeräumt werden. Dies gilt vor allem dann, wenn wichtige Punkte anstehen oder das eigene Spiel durch zu häufige Fehler gekennzeichnet ist.

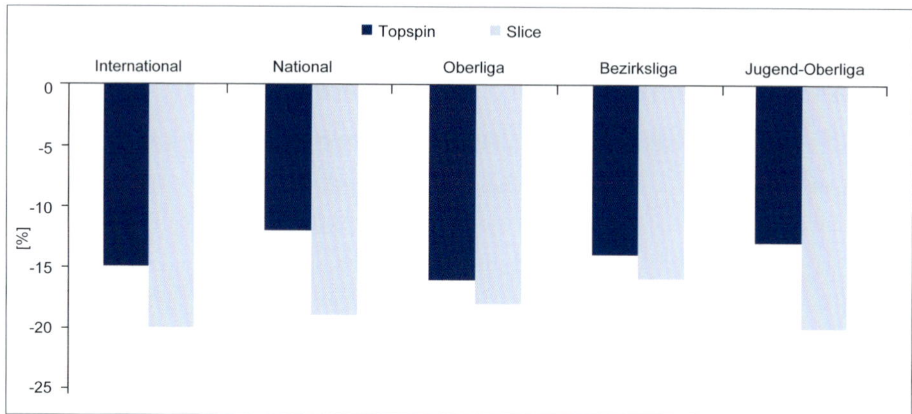


*Abb. 51: Erfolgsdifferenzen (% Winner minus % Fehler) bei Topspin- und Slicereturns mit der Rückhand in verschiedenen Leistungsklassen (Ferrauti et al., 1996)*

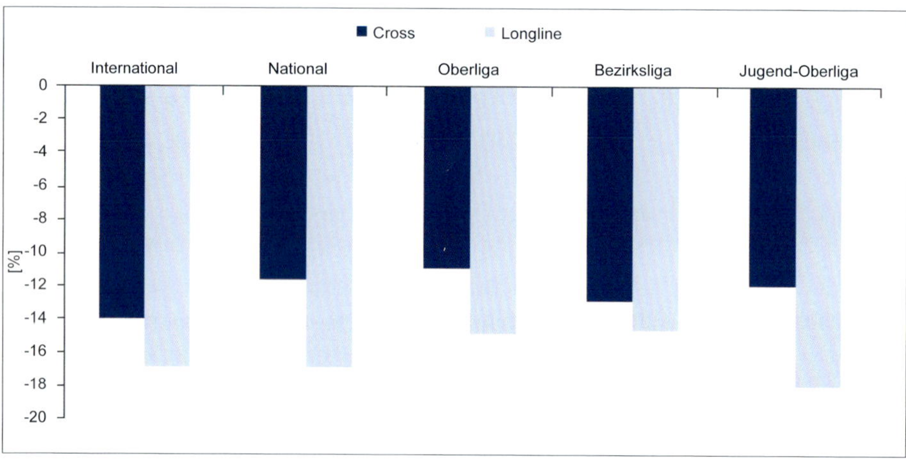


*Abb. 52: Erfolgsdifferenzen (% Winner minus % Fehler) bei Cross- und Longlinereturns mit der Rückhand in verschiedenen Leistungsklassen (Ferrauti et al., 1996)*

- *GRUNDLINIENSCHLÄGE*

  Vor allem in der Bezirksliga (BL), aber auch in der Juniorenoberliga (J-OL), fällt auf, dass die Erfolgsdifferenz beim RH-Grundlinienschlag im Verhältnis zur Herrenoberliga (OL) und zur nationalen/internationalen Klasse (NK/IK) erheblich niedriger liegt und im Durchschnitt bereits bei jedem sechsten Schlag zu einem Fehler führt (Abb. 53). Auf der Basis eines systematischen Techniktrainings für den RH-Grundlinienschlag muss ein entsprechendes Taktiktraining aufgebaut werden, welches einerseits die eigene Schwäche für diesen Schlag vermindert und andererseits, speziell beim RH-Grundlinienduell, die entsprechende „Achillesferse" des Gegners besonders erfolgreich zu verletzen vermag.

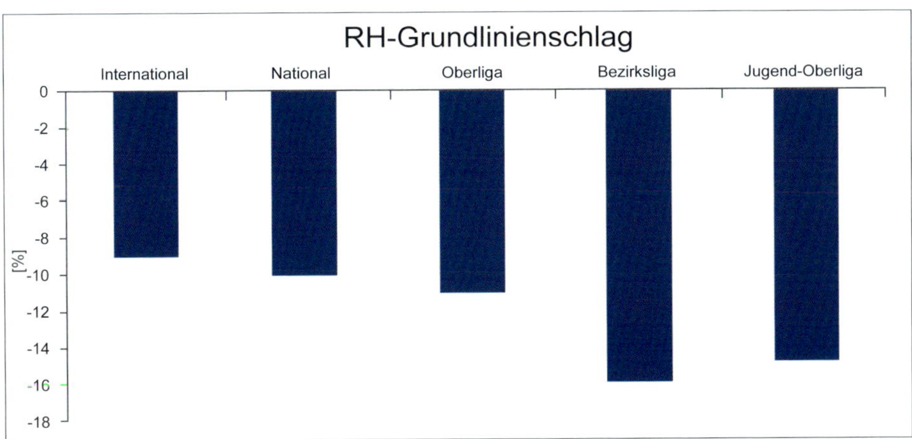


***Abb. 53:*** *Erfolgsdifferenz (% Winner minus % Fehler) beim RH-Grundlinienschlag in unterschiedlichen Leistungsklassen (Ferrauti et al., 1996)*

- *ANGRIFFS- UND PASSIERSCHLAGRICHTUNG*

  Die optimale Angriffs- und Passierschlagrichtung steht in gegenseitiger Abhängigkeit. Aus der systematischen Analyse von mehr als 1.000 Angriffssituationen in der Herrenweltklasse auf Sandplätzen können wir konkrete Empfehlungen ableiten. Nach einem Aufschlag mit Netzangriff von der Einstandseite bietet der RH-Passierschlag longline eine doppelt so hohe Erfolgsquote (30 %) wie der Crossreturn (15 %). Demgegenüber empfiehlt sich beim Serve-and-Volley-Versuch von der Vorteilseite der RH-Return cross. Angriffsschläge auf die Vorhand sollten, unabhängig von der Angriffsrichtung, meist mit einem Longlinepassierschlag beantwortet werden. Bei Longlineangriffen auf die Rückhand ist der Crosspassierball erfolgreicher, während Crossangriffe auf die Rückhand besser longline zurückgespielt werden (Ferrauti et al 1996).

- *WINKELHALBIERENDE*

  Im Normalfall erwartet der Spieler den gegnerischen Schlag auf der Winkelhalbierenden aller mit hoher Wahrscheinlichkeit erfolgreich platzierten Folgeschläge (Abb. 54), damit das eigene Spielfeld optimal abgedeckt wird. Allerdings versucht der Spieler, diesen Punkt nur so lange zu erreichen, bis der gegnerische Schlag erfolgt. Spätestens dann wird der Lauf zur Rückschlagposition abgeschlossen oder unterbrochen. Hierdurch gelingt dem Spieler ein schneller Start in alle notwendigen Richtungen. Spieler mit gefährlicher Vorhand und entsprechend guter Beinarbeit werden allerdings an der Grundlinie stets versuchen, die strategisch optimale Position gegenüber einer zur RH-Seite verschobenen Erwartungshaltung (schwarzer Laufpfeil) aufzugeben, auch um den Gegner dazu zu verleiten, in das scheinbar offene Feld zu spielen (Abb. 54).

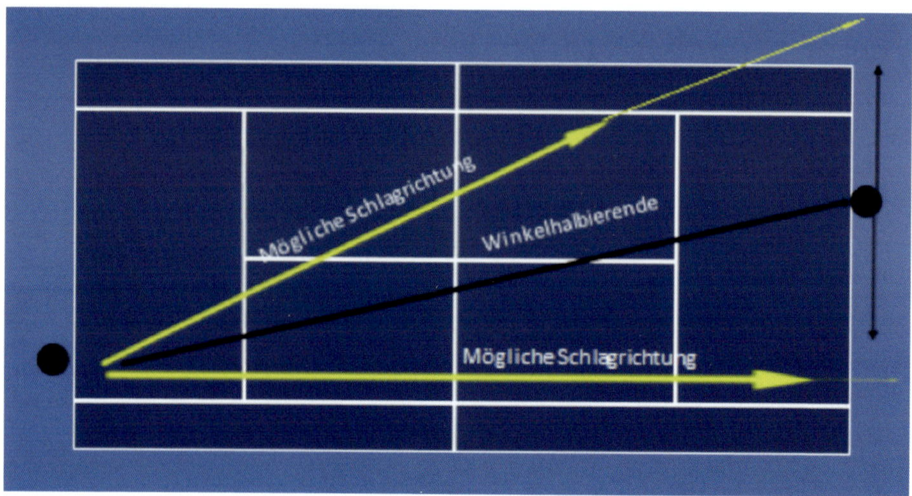


*Abb. 54: Optimale Position auf der Winkelhalbierenden, die bei vorhand- und beinarbeitstarken Spielern nach links (Rechtshänder) verschoben liegt.*

*7. ENTWICKLUNG VON GRUNDSTRATEGIEN:* Alle erfolgreichen Spieler entwickeln im Laufe ihrer Karriere eine eigene, individuell geprägte und grundlegende Strategie, die – trotz situationsbedingter Variationen – die Basis für ihren Spielaufbau bildet. Neben zahlreichen Mischformen lassen sich drei Grundstrategien unterscheiden:

- *OFFENSIVE GRUNDLINIENTAKTIK*
- *DEFENSIVE KONTERTAKTIK*
- *NETZANGRIFFSTAKTIK*

*OFFENSIVE GRUNDLINIENTAKTIK:* Der offensive Grundlinienspieler besitzt Schnelligkeit und Schnellkraft, aber auch Ausdauer; er ist mutig und scheut keineswegs das Risiko. Offensive Grundlinienspieler verfügen über harte und lange Schläge aus dem hinteren Bereich beider Platzhälften. In der Regel verfügen sie über eine besonders gefährliche Waffe, die sie aus möglichst vielen Positionen einzusetzen versuchen (z. B. RH longline von Federer oder VH-Winner sowie RH-Winner in Bedrängnis von Nadal). Darüber hinaus ist ein schneller erster Aufschlag (mehr als 210 km/h in der Weltklasse und 180 km/h in der Oberliga) selbstverständlich geworden.

Dieser Spielertyp findet sich in der Weltklasse sehr häufig, zumal er auf allen Bodenbelägen erfolgreich ist. Seit dem Wimbledon-Sieg von Andre Agassi von 1992 sind hiervon auch Rasenplätze nicht mehr ausgeschlossen. Vor allem die neue Generation in der Reihenfolge der derzeitigen TOP VIER der Weltrangliste mit Djokovic, Murray, Federer und Nadal bei den Herren (Stand: 27.05.13) sowie S. Williams, Scharapova, Azarenka und Radwanska bei den Damen (Stand: 27.05.13) können diesem Spielertyp zugerechnet werden.

Auch auf mittlerer Leistungsebene wird der erste Aufschlag mit hohem Druck in unterschiedliche Richtungen eingesetzt. Der zweite Aufschlag erfolgt lang und mit Drall vornehmlich in die Mitte des Aufschlagfelds oder auf die schwächere Returnseite des Gegners. Normalerweise verändert der Aufschläger die Winkelhalbierende zugunsten einer Öffnung der Vorhandseite. Alle kurz gespielten Returns werden mit einem Winnerversuch oder in Ausnahmefällen mit einem Stoppball gegen die Laufrichtung beantwortet.

Der Return wird auf Sandplätzen nach ersten Aufschlägen möglichst druckvoll mit Vorhand und Rückhand überwiegend als Topspin gespielt. Bei schwächeren zweiten Aufschlägen rückt der Spieler vor, umläuft teilweise seine Rückhand und versucht, einen Winner vorzugsweise longline oder inside-out zu erzielen.

Während des Ballwechsels bleibt der Spieler meistens nah an der Grundlinie, trifft die Bälle im höchsten Punkt oder gar im Steigen; er umläuft häufig die Rückhand, um seine Vorhand mit hohem Druck oder kontrolliertem Risiko einzusetzen. Kurz cross platzierte Topspinschläge dienen dazu, das gegnerische Feld zu öffnen, um anschließend mit einem druckvollen Longlineschlag einen Winner zu erzielen.

Der offensive Grundlinienspieler bleibt häufig im Bereich der Grundlinie. Befindet sich der Gegner in Not, wird er, in Abhängigkeit von Platzoberfläche, Gegner und Spielstand, den Weg zum Netz suchen. Bei aus der Bedrängnis zu kurz geratenen Bällen des Gegners sowie bei weichen und mit hoher Flugkurve zurückgeschlagenen Bällen setzt er als Angriffs- bzw. Winnerschlag den Topspinvolley ein, wie es z. B. in der Weltklasse der Damen häufig zu sehen ist. Vereinzelte überraschende Netzangriffe zählen zu seinem Taktikrepertoire. Gegen Serve-and-Volley-Spieler verwendet der offensive Grundlinienspieler neben seinen beidseitig harten Passierschlägen nicht selten den Topspinlob.

Das offensive Grundlinienspiel stellt die vorrangige Grundstrategie im derzeitigen Turniertennis dar.

***CHECKLISTE:***
***OFFENSIVE GRUNDLINIENTAKTIK (TURNIERSPIELER DER OBEREN SPIELKLASSEN)***

1. Erster Aufschlag druckvoll und variabel in alle drei Richtungen.
2. Zweiter Aufschlag mit Drall sowie lang auf den Körper oder auf die schwächere Returnseite.
3. Aggressiver Return nach dem zweiten Aufschlag.
4. An der Grundlinie die Rückhand umlaufen für Feldöffnung oder Gewinnschlag mit der starken Vorhand.
5. Druckvolle Grundschläge aus möglichst früher Schlagposition.
6. Das Spielfeld öffnen mit Schlägen kurz cross.
7. Bei gegnerischen Notschlägen mit Winner, Topspinvolley oder Stoppball aufrücken.

*DEFENSIVE KONTERTAKTIK:* Defensive Grundlinienspieler und Konterspieler (Counterpuncher) verfügen über solide Grundschläge, präzise Passierschläge und sichere Lobs aus jeder Lage; diese technischen Vorzüge sind kombiniert mit außerordentlicher Fitness. Da dieser Spielertyp physisch und psychisch niemals einen Ballwechsel als verloren ansieht und teilweise mit überraschenden, außergewöhnlichen Passierschlägen oder gar Gegenangriffen reagiert, muss die Gegenseite jeden einzelnen Punkt von Anfang bis Ende herausspielen bzw. erarbeiten.

Auf ATP- und WTA-Ebene ist eine reine Kontertaktik mittlerweile nur noch sehr selten vertreten. Aufgrund des hohen technischen Niveaus (vor allem in der Schlagschnelligkeit), verbunden mit einer stetig weiter verbesserten Athletik (vor allem in der Schnellkraft), werden von Weltklassespieler/innen hinsichtlich Erfolg und Attraktivität andere Spielsysteme bevorzugt. Allerdings ist das Konterspiel für weniger hochklassige Spieler und speziell auf langsamen Sandplätzen eine geeignete Spieltaktik.

Da wir in Deutschland in der Sommersaison fast ausschließlich auf Sandplätzen spielen, aber auch, weil fortgeschrittene Breitensportler und mittelklassige Turnierspieler ihre Tenniswettkämpfe vor allem dadurch gewinnen, dass sie weniger leichte Fehler produzieren, ist für diese große Gruppe Tennisspieler zunächst das defensive Grundlinienspiel und die reaktive Kontertaktik eine empfehlenswerte Grundstrategie.

Des Weiteren sind bei der weit überwiegenden Mehrheit dieser Leistungskategorie technische Fertigkeiten, wie harte Vor- und Rückhand aus dem unmittelbaren Grundlinienbereich sowie ein gefährlicher erster Aufschlag und variantenreicher zweiter Aufschlag, nicht oder nur nichtkonstant vorhanden, sodass auch die Qualität des Netzspiels viele Wünsche offenlässt.

Defensiv eingestellte Grundlinienspieler benutzen ihren Aufschlag vorrangig nur zur sicheren Spieleröffnung. Da möglichst viele erste Aufschläge ihr Ziel erreichen sollen, wird vorrangig die Mitte des Aufschlagfelds anvisiert. Gleichzeitig ermöglicht diese Aufschlagrichtung dem gegnerischen Rückschläger keinen gefährlichen Rückschlagwinkel. Auch mit dem eigenen Aufschlagreturn werden möglichst alle unnötigen Fehler vermieden. Aus einer Position von etwa 1 m hinter der Grundlinie wird er als hoher Topspin oder als weicher Slice hinter die Aufschlaglinie in die Mitte des Spielfelds zurückgespielt. Während des Ballwechsels bleibt der Spieler 1-2 m hinter der Grundlinie und spielt jeden Schlag als Vor- und Rückhand sicher und präzise, d.h., er vermeidet Netzfehler und hält einen Sicherheitsabstand zur seitlichen und hinteren Spielfeldbegrenzung; hierfür sind aus Sicherheitsgründen Schläge mit Vorwärtsdrall (Topspin) in Crossrichtung besonders geeignet.

Damit der Gegner nicht zu schnell spielen kann, wird der Ball möglichst lang und hoch gespielt sowie weiche Bälle mit Rückwärtsdrall (vor allem RH-Slice) eingestreut. Auch ohne Zeitnot werden einige hohe Mondbälle gespielt. Sollte der Gegner Netzangriffe starten, werden klug gesetzte Passierschläge (z. B. weich kurz cross und longline – kurz oder lang) sowie sichere Lobs eingesetzt.

Ein Taktiktraining für das defensive Konterspiel muss daher in erster Linie die Schlagsicherheit mit entsprechendem Positionsspiel sowie den Schlag aus schwierigen Verteidigungssituationen berücksichtigen. Unverzichtbar hierfür ist auch die Profilierung konditioneller Fähigkeiten, wie Ausdauer und Schnelligkeit, in Kombination mit psychischen Fähigkeiten, wie Beharrlichkeit und Willensstärke.

***CHECKLISTE:***
***DEFENSIVE KONTERTAKTIK (FORTGESCHRITTENE FREIZEITSPIELER UND MITTELKLASSIGE TURNIERSPIELER)***

1. Erster und zweiter Aufschlag sicher und lang ins Feld.
2. Return sicher und lang.
3. Grundschläge mindestens 1 m über das Netz.
4. Sicherheitsabstand von 1-2 m zur Grundlinie und den Seitenlinien.
5. Schläge in Crossrichtung und mit Vorwärtsdrall sind sicherer.
6. Schläge in Longlinerichtung und ohne Drall nur aus sicherer Position.
7. Sicheres Grundlinienspiel mit hohen Mondbällen und weichen Bällen mit Rückwärtsdrall mischen.

*NETZSANGRIFFSTAKTIK:* Wer überdurchschnittlich groß ist und über eine gute Reichweite und Beweglichkeit verfügt, und sich darüber hinaus beim Volley und Schmetterball wohlfühlt, ist zum Netzangriffsspieler geeignet. Üblicherweise erscheinen speziell Serve-and-Volley-Spieler als aggressive Persönlichkeit auf dem Platz und bevorzugen hohes Risiko in ihrem Spiel. Typische und erfolgreiche Vertreter für diese Spielweise waren in der Vergangenheit McEnroe, Becker und Navratilova. Als ehemalige Topspieler der Weltrangliste sind Sampras, Rafter, Ivaniseviç, Rusedski, Cash und Henman zu nennen.

In der neuen, jungen Generation ist weder bei den Männern noch bei den Frauen derzeitig ein Erfolg versprechender Vertreter in Sicht. Der reine Netzangriffsspieler scheint also extrem selten zu werden; selbst auf prädestinierten Platzoberflächen, wie Gras und schnellen Hartplätzen, ist der ständige Netzangriff z. Z. kaum zu sehen, was sicherlich auch mit dem hohen Athletik- und dem herausragenden Technikniveau der offensiven Grundlinienspieler zusammenhängt. Z. B. verfügt jeder Weltklassespieler über exzellente VH- und RH-Topspinschläge. Und zusätzlich ist eine enorme Verbesserung der Return Qualität trotz verstärkter Zunahme der Aufschlagqualität zu verzeichnen (s. Tab. 8).

Bei körperlicher und mentaler Eignung sowie mit entsprechenden tennistechnischen Voraussetzungen kann bereits im niedrigeren und mittleren Leistungsbereich das Serve-and-Volley-Spiel zum einen für eine grundlegende Strategie im Doppel (vgl. Doppeltaktik) und zum anderen für ein überraschendes und entscheidungsfreudiges Spiel im Einzel empfohlen werden. Entscheidende Voraussetzungen für ein konsequentes Angriffsspiel sind eine überdurchschnittlich gute Aufschlag- und Volleytechnik, die es erlauben, mit jedem ersten Aufschlag sowie häufig nach dem zweiten Aufschlag an das Netz vorzurücken. Beide Aufschläge müssen hinsichtlich Schlaghärte und -richtung annähernd identisch sein, sodass der erste Aufschlag stets auch mit Drall gespielt wird und der zweite mit vergleichsweise hohem Risiko eingesetzt wird. Die Quote der gültigen ersten Aufschläge sollte in der Regel über jener des offensiven Grundlinienspielers liegen und wenigstens 60 % überschreiten. Dies wird durch den verstärkten Einsatz von Slice (z. B. Isner) oder Twistaufschlägen (z. B. Doppelspezialisten Bryan & Bryan) erreicht. Alle Aufschläge werden variabel in alle drei Richtungen (auch auf den „Mann"), jedoch vorrangig in den seitlichen Randbereich des Aufschlagfelds platziert. Dies gilt insbesondere für Aufschläge von der linken Seite (Rechtshänder), wobei der Spielzug Twistaufschlag nach weit außen auf die Rückhand – Vorlaufen ans Netz – und ein Volley in die offene Vorhandseite eine klassische Variante des Angriffsspielers darstellt.

Der Return wird meist aus vorgezogener Position (z. B. auf Höhe der Grundlinie) gespielt und ähnelt dem Return im Doppel. Der Spieler will auch hier möglichst schnell die Netzposition erreichen. Selbst harte erste Aufschläge des Gegenspielers werden mit verkürzter Ausholbewegung und mit schneller Körpermitnahme nach vorn sowohl auf der Vor- und der Rückhand noch druckvoll retourniert. Nach dem zweiten Aufschlag erfolgt häufig ein direkter Netzangriff mit dem Return.

An der Grundlinie versucht der Netzangriffsspieler, ständig mit einem Angriffsball die Netzposition zu erreichen. Auch lässt er sich nie weit hinter die Grundlinie drängen, sondern wartet aus grundliniennaher Position auf zu kurz geratene Schläge des Gegenspielers. Hierzu dienen ihm auch wie an der Schnur gezogene Bälle mit Unterschnitt (z. B. RH-Slice), die aus Schulterhöhe bis nah an die Grundlinie des Gegners fliegen.

Typischerweise versucht er, mit schnellen Grundschlägen oder mit hoch abspringenden Topspinschlägen den Gegner weiter hinter die Grundlinie zu drücken, um sich dadurch bessere Angriffsmöglichkeiten zu erspielen. Bevorzugte Richtungen für den Angriffsschlag sind die Rückhand des Gegners sowie die Platzmitte.

**CHECKLISTE:**

*NETZANGRIFFSTAKTIK (AUCH FÜR TURNIERSPIELER MIT NIEDRIGEM UND MITTLEREM LEISTUNGSNIVEAU)*

1. Erster Aufschlag mit hohem Druck, leichtem Drall und solider Sicherheit .
2. Zweiter Aufschlag mit ähnlicher Härte, stärkerem Drall und Risikobereitschaft, mehrheitlich auf die Rückhand oder „auf den Mann".
3. Serve-and-Volley nach erstem und teilweise nach zweitem Aufschlag.
4. Erster Volley in den freien Raum, aber auch gegen die Laufrichtung oder als Stoppball.
5. Offensive Returns teilweise mit Netzangriff kombinieren (Chip-and-Charge).
6. Nahe Grundlinienposition bevorzugen.
7. Jede Angriffschance erkennen und so häufig wie möglich nutzen.

## 3.2.1 Trainingsbeispiele zur Einzeltaktik

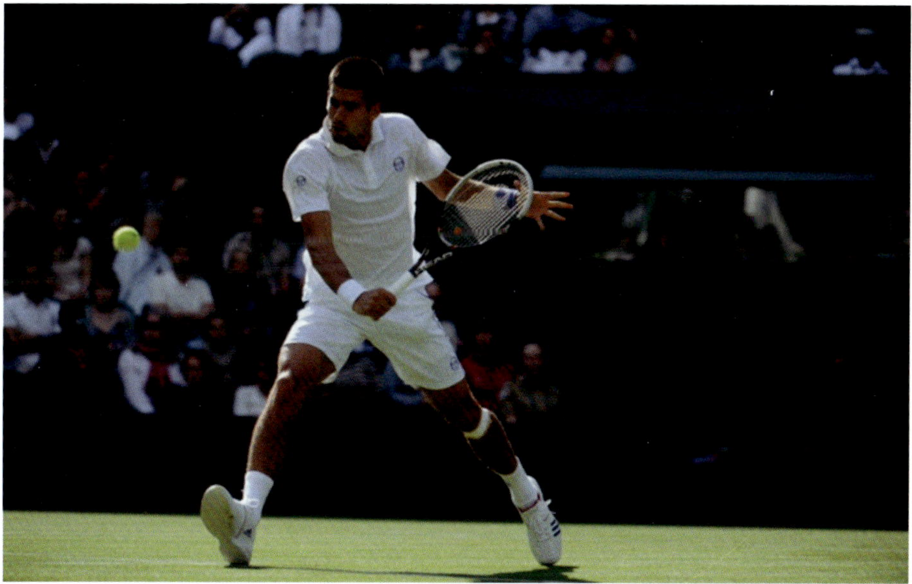

Auch im Mannschaftstraining kann das Taktiktraining auf eine der drei Grundstrategien ausgerichtet sein. Steht ein Turnierspieler jedoch vor einem Wettkampf, sollten sich seine letzten Trainingseinheiten sowie die unmittelbare Vorbereitung auf dem Platz auf die von ihm vorzugsweise angewendete Strategie während des Matchs konzentrieren. Damit das Taktikrepertoire zumindest mittel- und langfristig erweitert wird, sollten auch auf der Ebene des Mannschaftstrainings immer wieder neue und ungewohnte Strategien eingeführt werden.

Bei Kindern und Jugendlichen soll eine zu frühe Spezialisierung vermieden werden, vor allem um Spielintelligenz und Kreativität zu fördern; hierzu müssen die Trainingsinhalte alle drei taktischen Grundstrategien umfassen. Dies gilt insbesondere für das konsequente Netzangriffsspiel und das offensive Grundlinienspiel, da jenes im Wettkampf zwar erst mit ausreichender Körpergröße und auf der Grundlage entsprechend schneller Schläge, verbunden mit einer niedrigen Fehlerquote, erfolgreich umgesetzt wird, die notwendigen Grundlagen jedoch rechtzeitig gelegt werden müssen (Voraussetzung: mehr als 1x pro Woche Training).

Wegen der eng begrenzten Qualität der Tennisschläge (vor allem RH-Grundlinienschlag und Netzspiel, teilweise aber auch Aufschlag) liegt bei fortgeschrittenen Breitensportlern und bei leistungsschwächeren Turnierspielern der Schwerpunkt beim Training zur Einzeltaktik vorrangig beim defensiven Grundlinienspiel. Trotz der höheren Erfolgswahrscheinlichkeiten zu Beginn der Tenniskarriere müssen jedoch bereits frühzeitig Taktikelemente für das offensive Grundlinienspiel und den Netzangriff eingebaut werden, damit rechtzeitig der Übergang zum erfolgreichen und freudvollen Doppelspiel und zum Einzel auf schnellen Plätzen möglich wird. Ferner deuten die derzeitigen Tendenzen im Weltspitzentennis darauf hin, dass zukünftig die aggressiven Grundlinienspieler und Ganzplatzspieler dominieren werden.

Die nachfolgenden Trainingsbeispiele sind grundsätzlich dadurch gekennzeichnet, dass erstens um Punkte gespielt wird und zweitens eine Wahlalternative zur Spielweise angeboten wird. Je nach Schwerpunktsetzung stehen eher spezielle technische Aspekte, spezielle taktische oder spezielle psychologische Aspekte im Vordergrund (vgl. Abb. 48, S. 123).

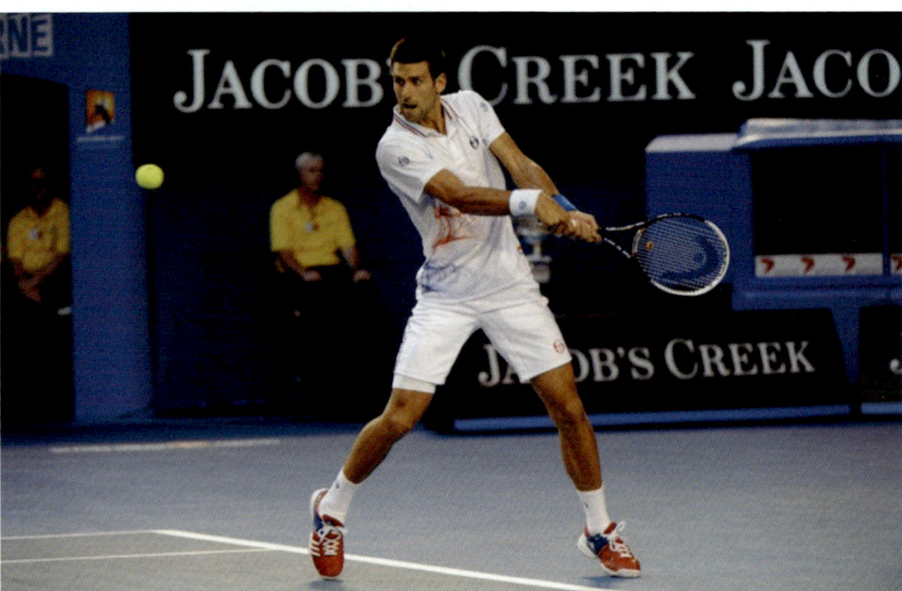

*OFFENSIVE GRUNDLINIENTAKTIK*

### Übung 1: Aufschlag-Return-Duell

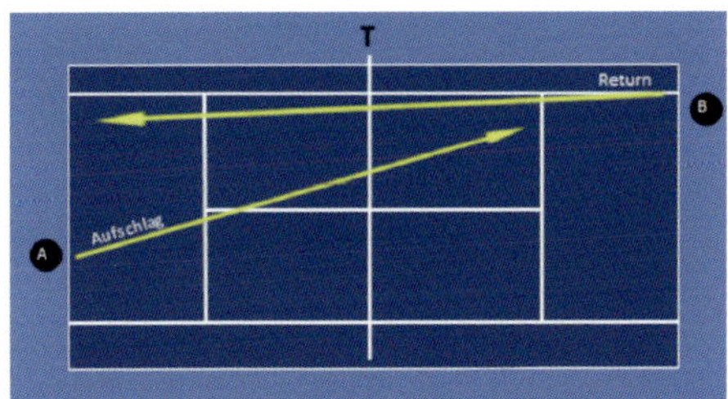


**Ziele:**

- Qualität des ersten Aufschlags
- Returnqualität

**Ablauf:**

Aufschläger A und Returnspieler B spielen gegeneinander 10 Punkte aus. A schlägt nur erste Aufschläge mit jeweils zwei Versuchen und erzielt einen Punkt, wenn B nicht regelgerecht returniert. B erhält Punkte nach regelgerechten Returns oder bei Doppelfehler von A. Nach 10 Punkten ein Wechsel: Sieger ist, wer am Ende die meisten Punkte erzielt hat.

**Dauer:**

2-4x 10 Aufschläge pro Spieler

**Tipps:**

- Trainerkorrekturen zur Aufschlag- und zur Returntechnik
- Besprechung des Aufschlag-Return-Spielzugs

**Variationen:**

- Aufschlagvorgaben (Richtung und Drall)
- Returnvorgaben (Mitte, longline oder cross)

### Übung 2: Erster Schlag

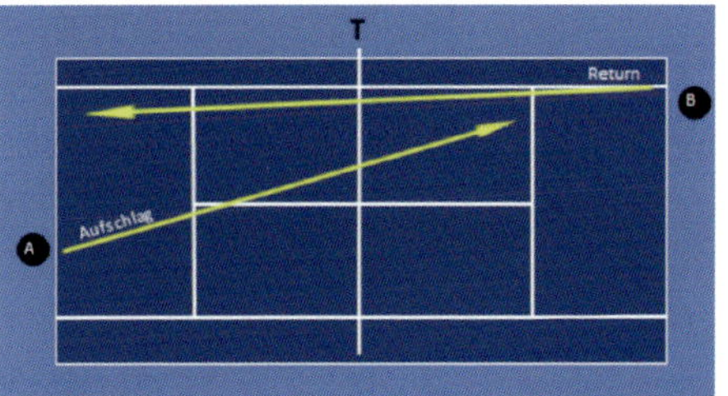


**Ziele:**

- Effizienzsteigerung der Aufschlagspiele
- Optimierung des ersten Schlags nach dem Aufschlag
- Entwicklung und Festigung eines Spielzugs

**Ablauf:**

Spieler A schlägt zur VH-Seite von Spieler B auf. B retourniert mit VH longline und A antwortet mit RH lang cross oder kurz cross. Erster und zweiter Schlag des Aufschlägers müssen zum Punktgewinn führen, sonst geht der Punktgewinn an den Gegner. Es werden 10 Punkte ausgespielt, danach ist B Aufschläger.

**Dauer:**

10 Aufschläge pro Spieler

**Tipps:**

- Entscheidungshilfen in Abhängigkeit von Aufschlag- und Returnrichtung festlegen.
- Besprechung einzelner Ballwechsel

**Variationen:**

- Return cross, zweiter Schlag mit VH longline
- Return in die Mitte, zweiter Schlag VH kurz cross oder VH inside-out

### Übung 3: Return-Entscheidung

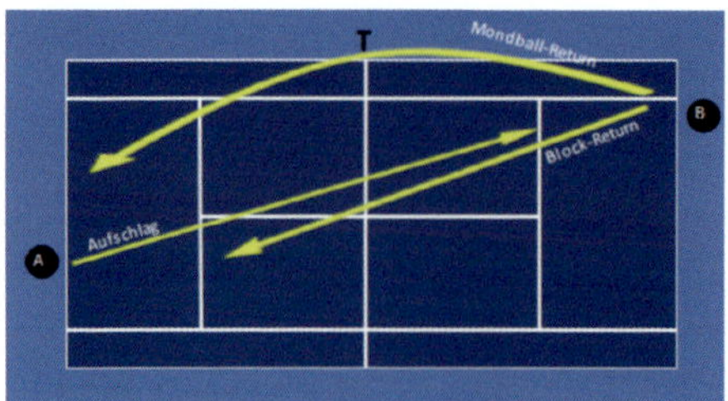


**Ziele:**

- Optimierung des Returnverhaltens
- Antizipations- und Wahrnehmungsschulung für den Returnspieler

**Ablauf:**

Spieler A schlägt 10x hintereinander auf und variiert zwischen weichen und harten Aufschlägen, sowie Aufschlägen ohne und mit Netzangriff. Der Returnspieler B soll wie folgt reagieren:

| Aufschläger | Returnspieler |
|---|---|
| *1.* Weicher Aufschlag | Winnerreturn mit der VH oder Stoppball |
| *2.* Harter Aufschlag | Blockreturn oder Mondballreturn |

**Dauer:**

Zwei Serien mit jeweils 10 Returns für jeden Spieler

**Tipp:**

- Trainer gibt Entscheidungshilfen und Technikhinweise.

**Variationen:**

- Aufgabenstellung offener: Zweifach- oder Dreifachwahl ermöglichen.
- Richtungsvorgaben variieren.

### Übung 4: Power-Tennis

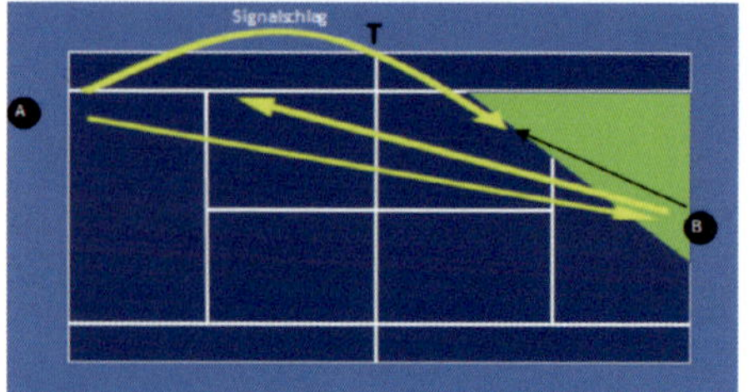


**Ziele:**

- VH-orientiertes, druckvolles Spiel
- Wahrnehmung und erfolgreiches Abschließen von Offensivchancen

**Ablauf:**

Spieler A (oder Trainer) spielt aus der RH-Ecke lang und variabel auf VH und RH von Spieler B. B muss jeden Ball, der in die markierte Zone trifft, umlaufen und mit VH zurück in Richtung A schlagen. Dabei muss B nah an der Grundlinie bleiben und jeden Schlag mit hohem Druck ausführen. A streut nach 2-4 Schlägen einen weichen, hohen und ggf. kurzen Ball ein. Dieser Signalschlag muss vom Spieler als Topspinvolley in die freie Spielfeldecke gepunktet werden. Die Spieler wechseln sich fortlaufend ab.

**Dauer:**

Jeder Spieler absolviert 10-15 Punkte.

**Tipp:**

- Technik- und Wahrnehmungshilfen vom Trainer

**Variationen:**

- Aufgabenstellung offener: freie Technikwahl beim Volley.
- Nach Signalschlag Stoppball oder Winner.

## Übung 5: Winkelspiel

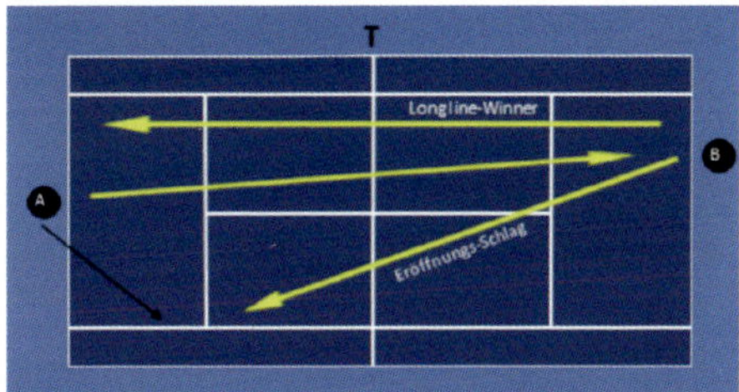


### Ziele:

- Spielfeldöffnung
- Entwicklung und Einsatz der eigenen Stärken

### Ablauf:

A und B spielen gegeneinander Punkte aus. A bringt den Ball von unten ins Spiel. Der Trainer gibt Spieler B die taktische Aufgabe, mit einem kurz cross gespielten Topspin das Spielfeld zu öffnen, um in der Folge die Alternative zwischen einem Schlag erneut kurz cross oder einem Winnerschlag longline zu haben. 11 Punkte werden ausgespielt, danach wechselt die Aufgabenstellung.

### Dauer:

2x werden 11 Punkte gespielt.

### Tipps:

- Hilfen durch den Trainer: Wann erfolgt der Kurzcrossschlag, nach dem zweiten, dritten oder vierten Schlag?
- Gegner mit hohem Topspin nach hinten treiben.
- Gegner in der Rückhandecke halten.

### Variationen:

- Nur einer der beiden Spieler erfährt die Aufgabe.
- Jeweils der Anspieler entscheidet, wann er den Ball kurz cross platziert.

## Übung 6: Credit-Match

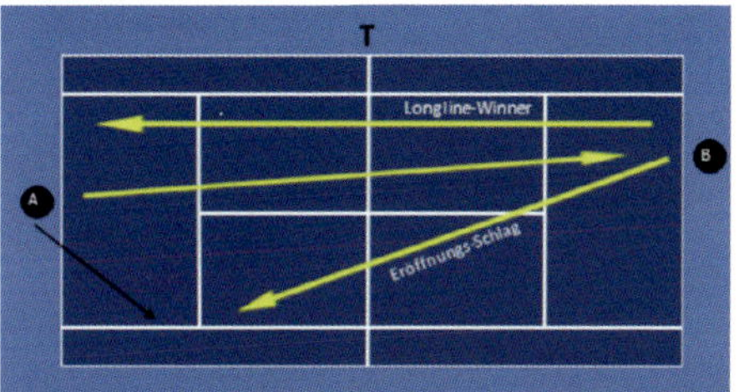


### Ziel:

- Gedankenkontrolle und Aufmerksamkeitslenkung
- Spielhandlung und Entscheidungsfindung unter psychischem Druck

### Ablauf:

Das Spiel startet beim Spielstand von 5:5, jeder Spieler hat also ein Guthaben von fünf Punkten. Spieler A und B spielen gegeneinander Punkte aus. Im ersten Durchgang wird der Ball von unten jeweils von A ins Spiel gebracht. Der Rückschlag wird lang in die Mitte zurückgespielt. Spieler A kann mit seinem zweiten Schlag entscheiden, einen Winner zu schlagen oder sicher zurückzuspielen. Gelingt A ein Winnerschlag, bekommt er zwei Punkte gutgeschrieben und B verliert gleichzeitig zwei Punkte. Spielt A sicher zurück, wird der Punkt von der Grundlinie zu Ende gespielt. Sieger ist, wer zuerst 10 Punkte auf seinem Guthaben hat. Beim zweiten Durchgang hat Spieler B das Angaberecht.

### Dauer:

Zwei Durchgänge bis 10 bzw. 0

### Variation:

- Das Match wird mit einem Aufschlag gestartet.

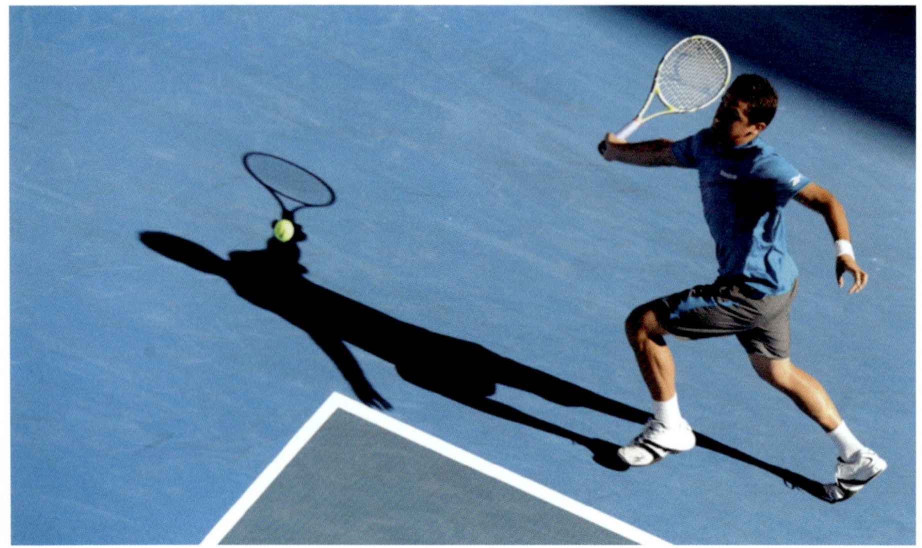

*DEFENSIVE KONTERTAKTIK*

### Übung 7: Aufschlag-Return-Tiebreak

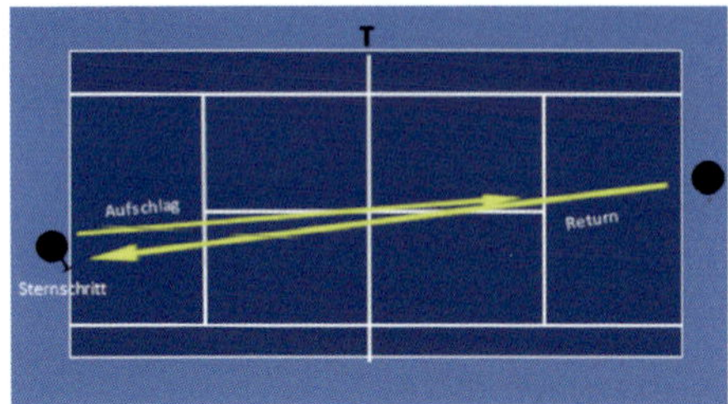


**Ziele:**

- Aufmerksamkeit, Wahrnehmung, Antizipation
- Schlaganpassung und Differenzierung für Aufschlag und Return

**Ablauf:**

Ein Aufschläger spielt gegen einen Returnspieler. Der Aufschläger hat jeweils nur einen Aufschlag und kann die Aufschlagart und -richtung frei wählen. Der Returnspieler erhält einen Punkt, wenn er seinen Rückschlag direkt zum Aufschläger zurück so lang platzieren kann, dass der Aufschläger den Ball (evtl. mit einem Sternschritt) noch fangen könnte. Gelingt dem Rückschläger diese Aufgabe nicht, bekommt der Aufschläger einen Punkt.

**Dauer:**

1-3 Gewinn-Tiebreaks

**Tipps:**

Trainer gibt Instruktionen zur Schlagwahl sowie zu den Schlagpositionen jeweils für den Aufschläger und für den Rückschläger.

**Variationen:**

- Aufschläger darf nur mit Kick oder mit Slice servieren.
- Aufschlagasse ergeben einen Sonderpunkt.
- Rückschläger darf bei Kickaufschlägen nur mit Vorhand retournieren.

## Übung 8: Zielflächenelfer

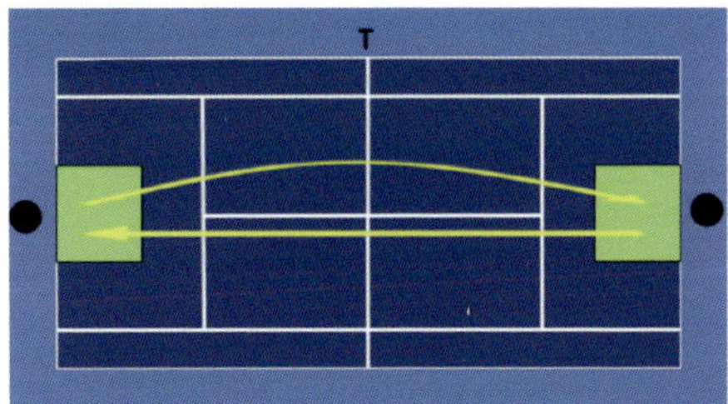


### Ziele:

- Schlagsicherheit und -konstanz
- Präzision und Länge
- Beharrlichkeit und Willensschulung

### Ablauf:

Zwei Übende spielen gegeneinander einen Elfer-Grundliniensatz auf Zielflächen. Zielflächentreffer werden als Extrapunkte gezählt. Wer zuerst 11 Punkte erreicht, ist Sieger. Die Angabe erfolgt mit VH oder RH ggf. auch mit sicherem Aufschlag lang in die Mitte des Aufschlagfeldes und wechselt nach jedem Punkt.

### Dauer:

1-3 Elfer

### Tipp:

Trainer gibt Instruktionen zur Beinarbeit, Schlagart und Ballflugbahn.

### Variationen:

- Nur Rückhandschläge sind erlaubt.
- Jede RH umlaufen.
- Nur Bogenbälle dürfen gespielt werden.

## Übung 9: Wieselabwehr

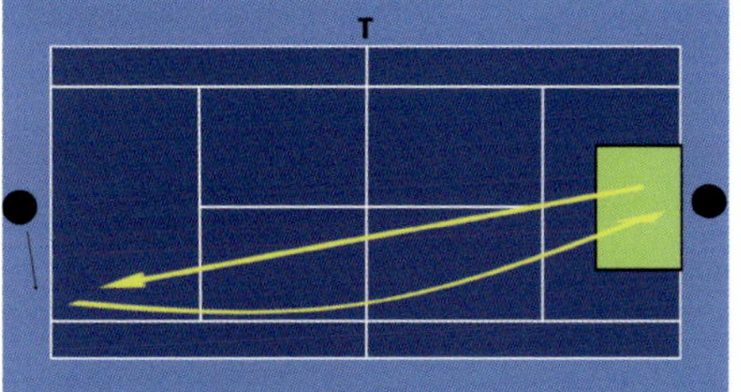


### Ziele:

- Beinarbeitflexible und beharrliche Abwehr an der Grundlinie
- Anpassung und Umstellung
- Beharrlichkeit und Willensschulung

### Ablauf:

Ein Übender spielt gegen den Trainer oder Partner ein Grundlinienduell bis 11. Der Partner variiert jeden Schlag hinsichtlich Schlaghärte, -richtung und -höhe, der Übende spielt jeden Schlag lang (wenigstens ein Drittel hinter die T-Linie) und ggf. hoch zurück und versucht, innerhalb des Grundlinienduells (Netzangriff ist nicht erlaubt) möglichst viele Treffer zu erzielen. Wer am Ende von zwei Duellen die meisten Treffer erreicht hat, ist Sieger.

### Dauer:

Zwei Elfer – jeder Spieler ist 1x Offensivspieler und 1x Abwehrwiesel.

### Tipp:

Trainer gibt Instruktionen zur Beinarbeit und zur Technik.

### Variationen:

- Jeden Schlag auf die RH platzieren.
- Jede RH umlaufen.
- Jeden Schlag cross.

### Übung 10: Positionsspiel

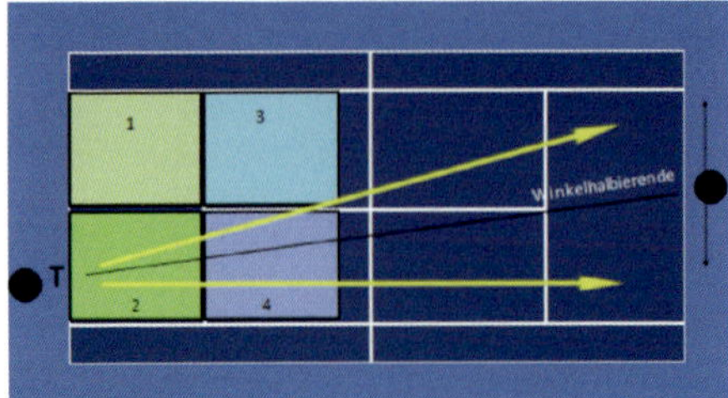


**Ziele:**

- Optimierung der Spielfeldverteidigung und Beinarbeit
- Aufmerksamkeitslenkung und Reaktion

**Ablauf:**

Spieler A spielt von einer Seite aus longline oder cross und gibt jeweils eine zu treffende Spielfeldzone vor. Spieler B versucht, jeden Ball in die vorgegebene Zone zu spielen und hat die Aufgabe, in Abhängigkeit von der Position von Spieler A, das eigene Spielfeld optimal abzudecken. Hierzu versucht er, jeweils die Winkelhalbierende einzunehmen. Nach 1 min wechselt er sich mit seinem Partner ab. Durchführung als Wettkampf: Alle Treffer werden gezählt.

**Dauer:**

10 min (5 x 1 min für beide Spieler)

**Tipp:**

- Trainer gibt Technikanweisungen.

**Variation:**

- Spieler A gibt die Zielzonen sehr früh (sehr spät ) an.

### Übung 11: Sternlauf

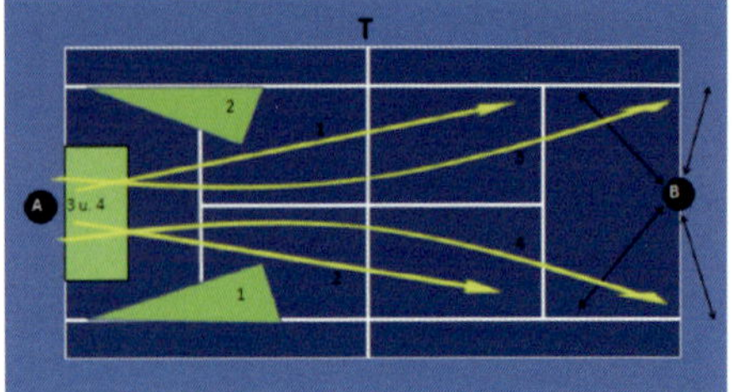


**Ziele:**

- Verbesserung der Konterschläge
- Zielschläge nach unterschiedlichen Laufrichtungen

**Ablauf:**

Spieler A spielt vier Bälle hintereinander an: Ball 1 flach auf die VH; Ball 2 flach auf die RH beide Bälle müssen von Spieler B in die entsprechende Zielfläche gespielt werden – Ball 3 hoch auf die VH; Ball 4 hoch auf die RH. Alle hoch zugespielten Bälle müssen lang in die vorgegebene Nummernzone zurückgespielt werden. Wettkampfdurchführung: Nach erfolgreichen Treffern, die als Zusatzpunkte zählen, wird der Punkt ausgespielt.

**Dauer:**

5 x 4 Schläge pro Spieler

Zwei Spieler treten jeweils in wechselnder Position (A bzw. B) gegeneinander an.

**Tipps:**

- Verdeutlichung des sternförmigen Laufwegs.
- Trainer gibt Technikanweisungen.

**Variationen:**

- A kann die Reihenfolge der Zuspielrichtung frei bestimmen.
- Zuspielart und Zuspielgeschwindigkeit variieren.

### Übung 12: Mondball

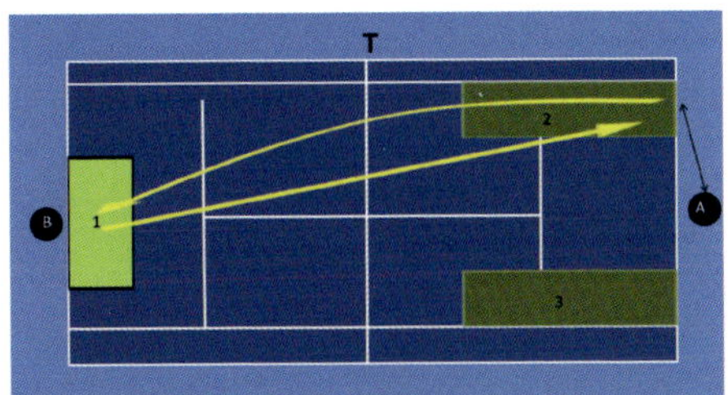


**Ziele:**

- Befreiung aus der Defensive
- Optimierung der Spielfeldverteidigung

**Ablauf:**

Spieler A versucht, jeden Ball in die markierte Sicherheitszone 1 zu platzieren, Spieler B versucht, den Defensivspieler unter Druck zu setzen. Hierzu übt er die Feldöffnung mit Crossschlägen (Zielflächen 2 und 3). Immer dann, wenn der Defensivspieler in Not gerät, befreit sich dieser mit einem hoch über das Netz gespielten Mondball. Durchführung als Spielform bis 11 um Punkte und Treffer, die am Ende der Spielform addiert werden.

**Dauer:**

Jeweils zwei Spielformen bis 11; nach jeder Spielform werden die Aufgaben (A bzw. B) getauscht.

**Tipp:**

- Technik- und Taktikkorrekturen durch den Trainer

**Variationen:**

- Spieler B spielt nur longline (auch in Trefferzonen).
- Spieler B kann die Schlagrichtung frei wählen.

### Übung 13. Hoch oder flach

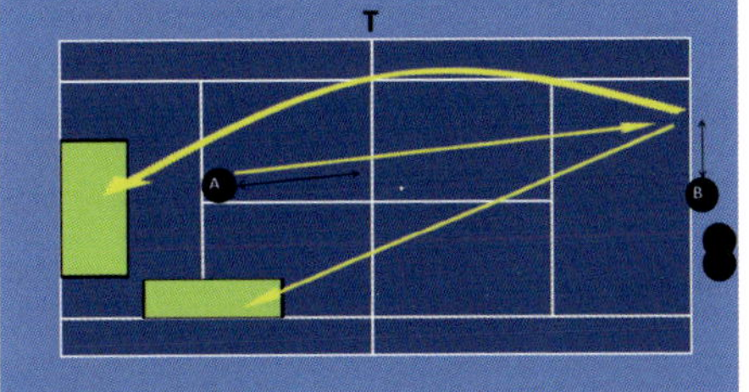


**Ziele:**

- Wahrnehmen und entscheiden
- Optimierung des Passierschlags (Absicht und Richtung)

**Ablauf:**

Spieler A (oder Trainer) spielt den Ball, auf Höhe der Aufschlaglinie stehend, weit nach außen an und bleibt anschließend entweder stehen oder rückt näher ans Netz vor. Spieler B spielt bei netznaher Position von Spieler A (des Trainers) einen Lob, in allen übrigen Fällen einen Passierball kurz cross. Nach jedem Schlag orientiert sich der Spieler zurück zur Spielfeldmitte. Jeder Spieler absolviert vier Schläge hintereinander. Treffer und richtige Entscheidungen werden honoriert.

**Dauer:**

Jeder Spieler 4 x 4 Schläge (vier Durchgänge)

**Tipps:**

- Technikvorgaben (Topspin oder Drive) durch den Trainer
- Trainer bietet Hilfen zur Blickrichtung an.

**Variationen:**

- Trainingsspiel mit der Rückhand
- Trainerposition zunächst deutlich variieren.

### Übung 14: Borg-Verteidigung

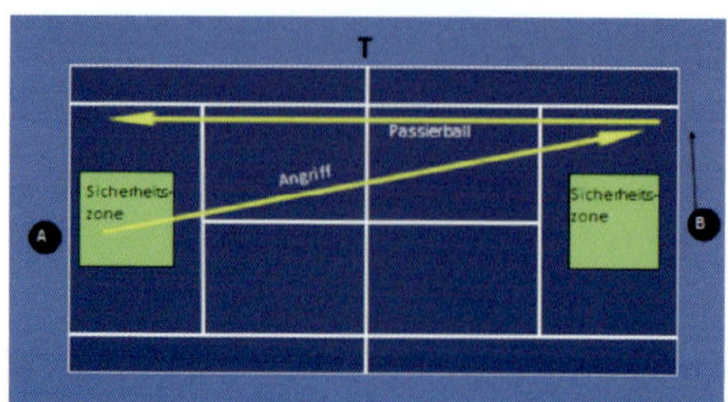


**Ziele:**

- Situationsangemessenes Defensivspiel
- Wahrnehmung des Gegnerverhaltens
- Extremer Spin mit VH und RH, der sehr hoch abspringt (z. B. Kopfhöhe)

**Ablauf:**

A und B spielen sich in der Sicherheitszone mit extremem Topspin den Ball zu. A (Offensivspieler) spielt den Ball an und darf nach zwei Zonentreffer Druck auf B (Defensivspieler) ausüben. Hierbei können folgende Situationen trainiert werden:

| A (Offensivspieler) | B (Defensivspieler) |
|---|---|
| 1. Druck ohne Angriff | Mondball |
| 2. Angriff auf VH | Longlinepassierschlag |
| 3. Longlineangriff auf RH | Crosspassierschlag |

**Dauer:**

16 min; nach jeweils 2 min werden die Aufgaben getauscht.

**Tipp:**

- Bewertung der Spielzüge sowie einzelner Schläge durch den Trainer (z. B. „guter Schlag – schlechter Schlag")

**Variationen:**

- Freie Handlungsentscheidung der Spieler als Offensiv- sowie als Defensivspieler
- Durchführung als Wettkampf

## *NETZSANGRIFFSTAKIK*

### Übung 15: Kick-and-Volley

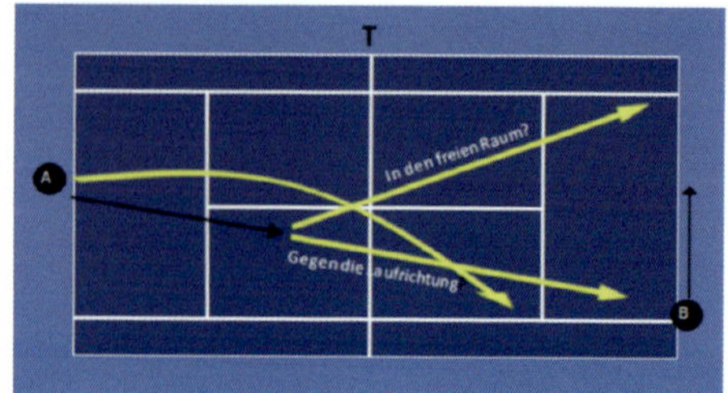


**Ziele:**

- Stabilisierung der Aufschlag-Angriff-Taktik
- Entscheidungsfindung und Anpassung

**Ablauf:**

Der Aufschläger A spielt einen Kick-Aufschlag von links nach rechts, treibt damit den Rückschläger B nach außen aus dem Feld und läuft ans Netz. Der erste Volley wird, je nach Return-Qualität und Gegnerverhalten, entweder gegen die Laufrichtung oder in den freien Raum gespielt. Der Punkt wird anschließend ausgespielt.

**Dauer:**

10 Aufschläge von beiden Seiten oder Spiel gegen den Returnspieler bis 11 Punkte

**Tipps:**

- Aufschlagposition etwas nach links verlagern.
- Trainerkorrekturen zur Aufschlag- und Volleytechnik.

**Variationen:**

- Kickaufschlag von rechts in die Mitte
- Sliceaufschlag von rechts nach links außen

### Übung 16: Chip-and-Charge oder Blockreturn

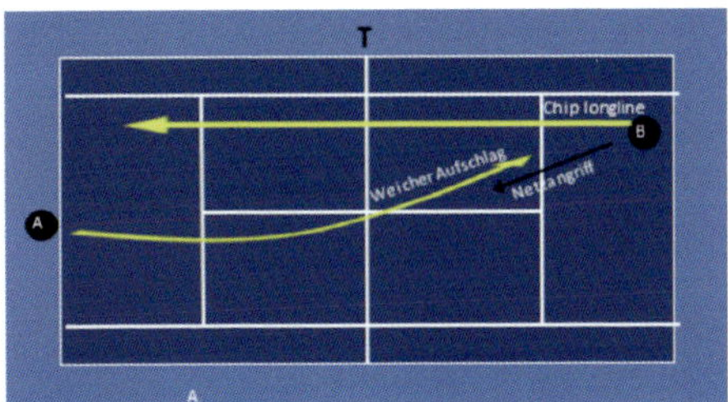


**Ziele:**

- Stabilisierung der Returntechniken „Chip" und „Block"
- Wahrnehmungslenkung auf das Aufschlagverhalten und Entscheidungsfindung

**Ablauf:**

Der Aufschläger variiert erste und zweite Aufschläge in verschiedene Richtungen. Der Returnspieler versucht, nach jedem zweiten Aufschlag mit druckvollen Slicereturns anzugreifen. Harte erste Aufschläge werden früh und druckvoll geblockt, ein Angriff erfolgt dann in Abhängigkeit von der Returnqualität. 20 Punkte werden ausgespielt, danach Aufgabenwechsel.

**Variationen:**

- Erste und zweite Aufschläge in umgekehrter Reihenfolge
- Wettkampf: Erfolgreiche Returnangriffe zählen doppelt.

**Dauer:**

Jeder Spieler 10 Returns von rechts und links.

**Tipps:**

- Trainerhinweise zur Returntechnik und zum Returnverhalten
- Besprechung der Spielzüge

### Übung 17: Volleyduell

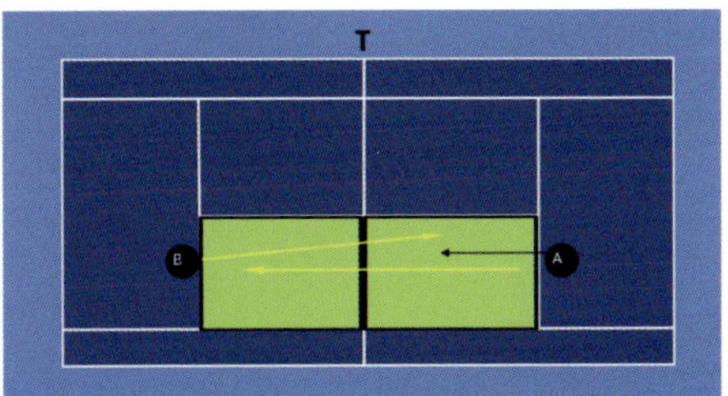


**Ziele:**

- Präzisionsdruck beim Volley aus dem Vorlauf
- Antizipation, Wahrnehmung und Reaktion

**Ablauf:**

Vier Spieler (A und B bzw. C und D) spielen in den gegenüberliegenden Aufschlagfeldern um Punkte bis 10. Die Angabe wechselt nach jedem Punkt und sie muss von dem jeweiligen Spieler, hinter der T-Linie stehend, ausgeführt werden. Der Spieler, der die Angabe macht, muss unmittelbar ans Netz aufrücken, um den Return als Volley zu schlagen. Der Ball darf in seiner Hälfte nicht mehr den Boden berühren (andernfalls Punktverlust). Der Rückschläger muss die Angabe auftippen lassen, nach seinem Return hat er jedoch freie Spielwahl.

**Dauer:**

1-3 Spiele bis 10

**Tipps:**

- Technikanweisungen für gefühlvolle Volleys, Volleystopps oder druckvolle Zielvolleys
- Turnierform jeder gegen jeden

**Variationen:**

- Volleyduell auf der gesamten Platzlänge, im halben Feld
- Durchführung in den diagonal gegenüberliegenden Crosshälften

### Übung 18: Netzverteidigung

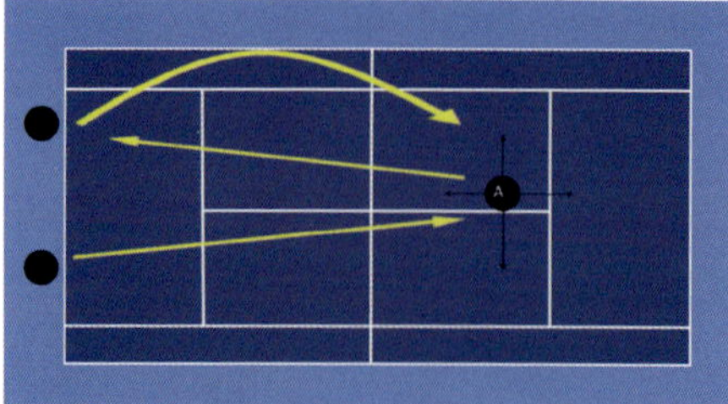


**Ziele:**

- Verbesserung der Spielfeldverteidigung am Netz
- Wahrnehmung von Gewinnschlagchancen
- Wahrnehmung von Passierschlagchancen

**Ablauf:**

Ein Spieler am Netz spielt gegen zwei Spieler an der Grundlinie. Der Netzspieler spielt abwechselnd den linken und rechten Grundlinienspieler an und versucht, sein Spielfeld entsprechend der jeweiligen Spielsituation optimal abzudecken. Bei einem Treffpunkt über Netzkantenhöhe muss der Volley druckvoll gespielt werden.

**Dauer:**

Jeder Spieler ca. 5 min oder um Punkte bis 11 („Elfer")

**Tipp:**

- Trainer korrigiert die Position und die Volleytechnik des Netzspielers.

**Variationen:**

- Schlagrichtung des Netzspielers variabel
- Durchführung als Spielform im Einzelfeld: „Elfer", die ersten zwei Schläge müssen zugespielt werden!
- Die GL-Spieler schlagen keine Lobs.

### Übung 19: Attacke

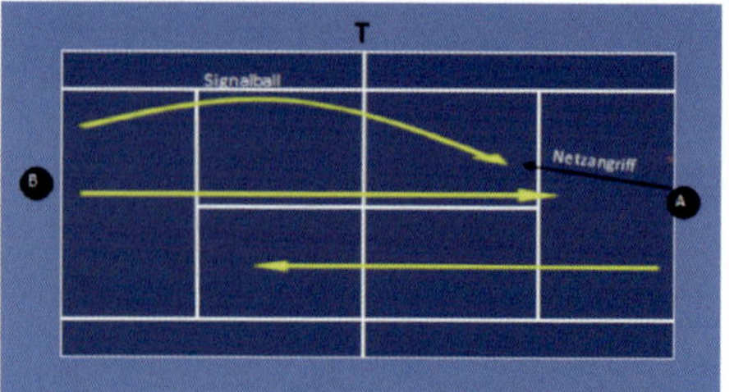


**Ziele:**

- Wahrnehmung von Angriffschancen
- Erarbeiten und Ausnutzen von Angriffschancen

**Ablauf:**

„Elfer" mit Vorgabe: Spieler B spielt passiv als defensiver Grundlinienspieler jeden Ball sicher und lang zurück. Spieler A versucht, den Gegner in die Defensive zu treiben und wartet auf einen zu kurz gespielten gegnerischen Schlag. Er muss diesen Signalball erkennen und ihn mit einem Netzangriff beantworten. In der Folge wird der Punkt zwischen beiden Spielern ausgespielt.

**Dauer:**

Zwei „Elfer" mit Aufgabentausch, ca. 10-15 min

**Tipp:**

- Vorbereitung durch hohe Topspinschläge auf die RH

**Variation:**

- Durchführung trainerzentriert: Trainer steht in der VH-Ecke und streut einen kurzen Ball ein; es folgt ein Angriff auf die RH; auf der Trainerseite steht ein weiterer Spieler, der den Ballwechsel mit einem RH-Passierschlag fortsetzt und zu Ende spielt.

### Übung 20: Pressing

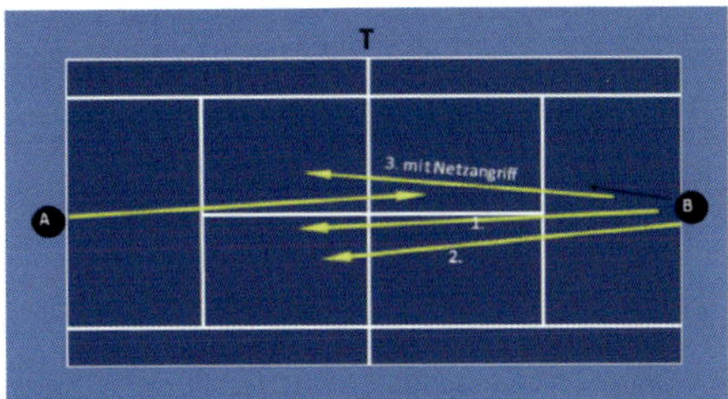


#### Ziele:

- Erarbeiten von Angriffschancen
- Den Gegner unter Druck setzen
- Zerstörung des Spielrhythmus

#### Ablauf:

„Elfer" mit Vorgabe: Spieler A und B spielen gegeneinander Punkte aus. Die Spieler müssen sich auf der Grundlinie positionieren und dürfen nicht zurückweichen. A spielt den Ball an. B gestaltet seine Rückschläge so, dass er spätestens mit seinem dritten Schlag einen Netzangriff durchführen kann. Nach jedem beendeten Ballwechsel wechselt die Angabe zum anderen Spieler.

#### Dauer:

Zwei Spielformen bis 11 Punkte

#### Tipps:

- Insbesondere für schnelle Hallenböden geeignet.
- Taktikkorrekturen vom Trainer

#### Variationen:

- Durchführung mit Aufschlag / Return
- Beide Spieler haben das Angriffsrecht: Welcher Spieler als Erster die Netzposition erreicht und den Punkt gewinnt, erhält einen Sonderpunkt.

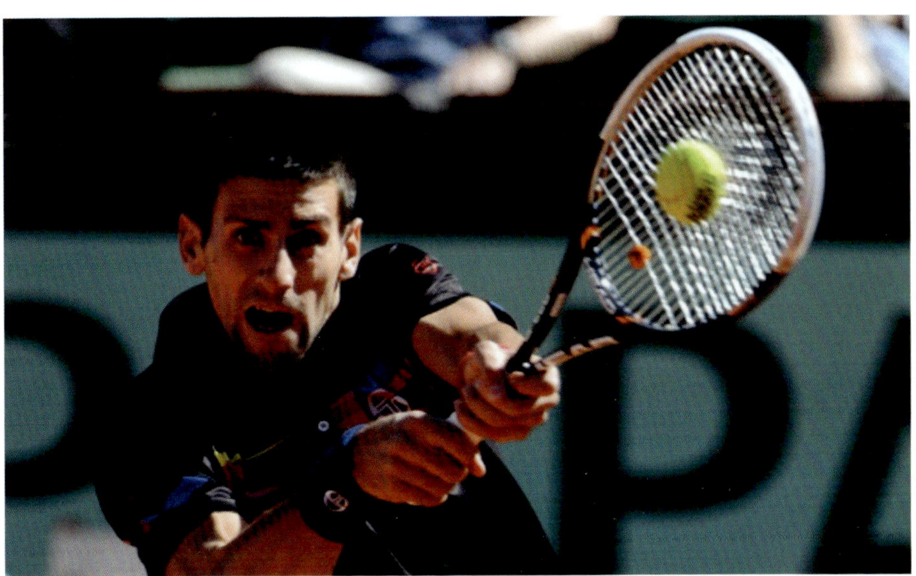

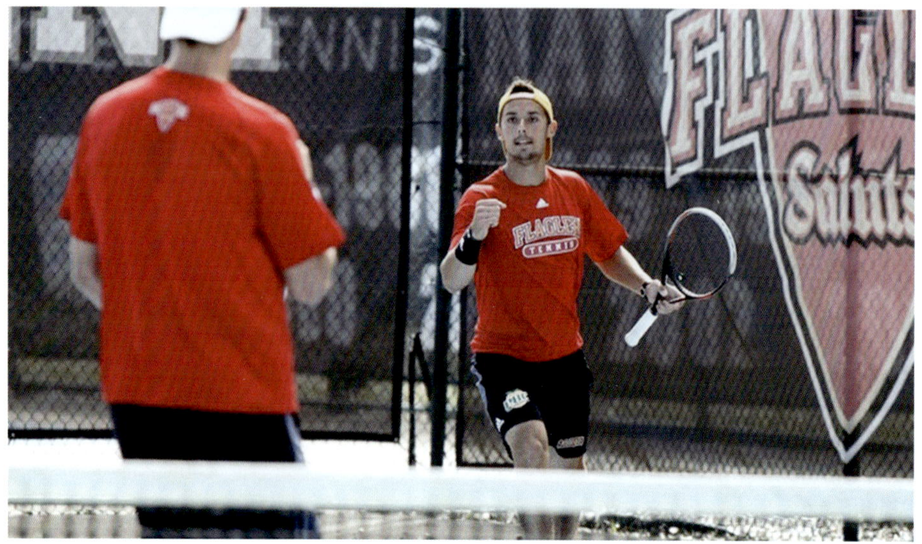


## 3.3 Doppeltaktik

Das Doppel stellt auf jeder Leistungsebene für Zuschauer und Spieler gleichermaßen eine mit dem Einzelwettbewerb nicht zu vergleichende Attraktion dar. Der engere Bewegungsraum für die Spieler, die gegenläufigen Bewegungsrichtungen beider Paare sowie die in schneller Folge und höchstem Tempo wechselnde Flugrichtung des Balls machen den besonderen Reiz des Doppels aus. Doppel macht Spaß, da es einerseits dem Freizeitspieler mehr Geselligkeit vermittelt, ...

> *„Mixed ist wie Sex – mit dem richtigen Partner kann es wunderbar sein."*
> (Billy-Jean King, erfolgreichste Siegerin in Wimbledon im Einzel, Doppel und Mixed)

... und andererseits dem Leistungsspieler einen Ausgleich von dem stets hohen Leistungsdruck im Einzel verschafft.

> *„Geteiltes Leid ist halbes Leid – geteilte Freude ist doppelte Freude."*
> (Volksmund)

Im Idealfall richten sich die Trainingsziele und -inhalte im Doppel direkt nach dem Anforderungsprofil des Wettkampfs. Letzteres unterscheidet sich jedoch erheblich in Abhängigkeit von Leistungsstärke und Geschlecht der Spieler. Die Basis für eine sinnvolle Ausrichtung der Trainingsinhalte ist daher unter anderem eine umfassende Analyse taktischer Elemente im Doppel.

Unter dieser allgemeinen Zielsetzung wurden bereits vor 20 Jahren insgesamt 166 Doppelmatches nach zahlreichen Gesichtspunkten wissenschaftlich durchleuchtet (Ferrauti, 1992).

Eine erneute Analyse von 20 aktuellen Doppelpaaren weist aus, dass die Spielstruktur nicht nur im Tenniseinzel, sondern auch im Doppel in den vergangenen Jahrzehnten einer erheblichen Veränderung unterlag (Hahn, 2012). Im Detail wird deutlich, dass die Spieleröffnung (speziell der Aufschlag) und das Netzspiel gegenüber früheren Analysen erheblich an Bedeutung im Doppel verloren hat, während sich der Anteil der Grundlinienschläge annähernd verdreifacht hat (Abb. 55). Nach wie vor nehmen Aufschlag, Return und Netzspiel jedoch im Doppel einen wesentlich höheren Stellenwert ein als im Einzel, obwohl eine deutliche Annäherung der beiden Beanspruchungsprofile erkennbar ist.

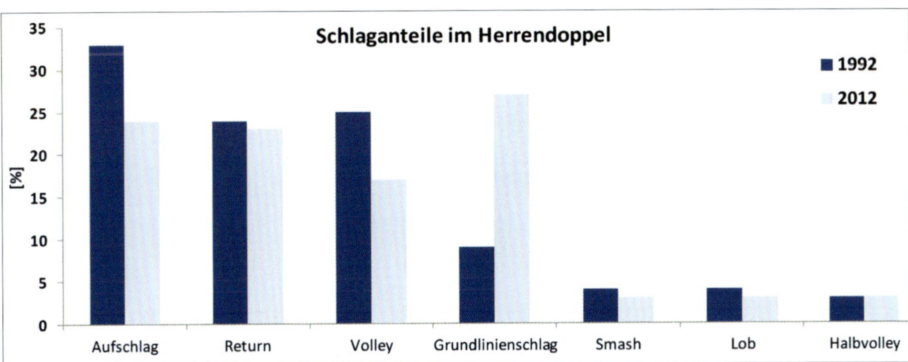


*Abb. 55: Vergleichende Darstellung der prozentualen Verteilung aller Schlagtechniken im Herrendoppel der Weltklasse 1992 und 2012 (Hahn, 2012)*

***BASISTAKTIK IM DOPPEL:*** Serve-and-Volley bildete vor 20 Jahren das Hauptkennzeichen des Leistungsdoppels. Die Häufigkeit von Netzangriffen des Aufschlägers sank jedoch in der Vergangenheit erheblich ab und auch die Grundposition des Returnpartners ist wesentlich häufiger defensiv an der Grundlinie (Abb. 56), sodass sich auch der Anteil des Netzspiels von der Gesamtschlagzahl verringerte und jener der Grundlinienschläge zugenommen hat (Abb. 55).

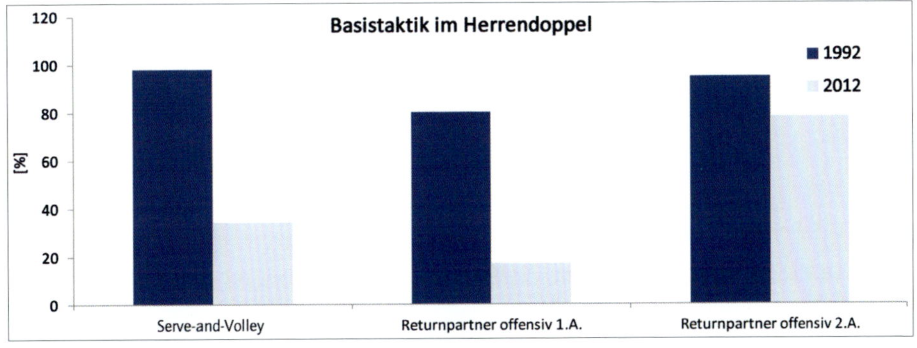


*Abb. 56: Charakteristika zur Basistaktik im Herrendoppel der Weltklasse 1992 und 2012 (Hahn, 2012)*

Konkret bedeutet dies, dass sich bei Punkten, die mit einem ersten Aufschlag eröffnet werden, das retournierende Paar häufig an der Grundlinie gegen meist zwei offensiv am Netz postierte Gegner verteidigt. Die Spieleröffnung mit einem zweiten Aufschlag erfolgt hingegen gegen einen zumeist offensiv postierten Returnpartner (Abb. 56). Da in diesen Fällen der Aufschläger häufiger an der Grundlinie verbleibt, ergibt sich dann das klassische, diagonal versetzte Muster von jeweils einem Netz- und einem Grundlinienspieler, wobei sich diese beiden Cross duellieren.

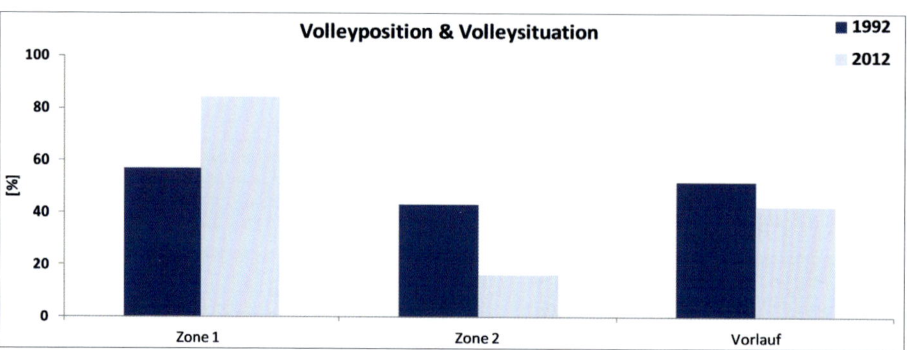


***Abb. 57:** Charakteristika des Netzspiels im Herrendoppel der Weltklasse 1992 und 2012 (Hahn, 2012)*

Entgegen der früheren Volleycharakteristik im Doppel (Schlagposition häufig entfernt vom Netz, tiefer Treffpunkt, Schlag aus dem Vorwärtslauf) ergeben sich aktuell Schlagpositionen aus näherer Distanz zum Netz (Zone 1) und mit höherem Treffpunkt, da der vollierende Spieler seltener während des Ballwechsels den Weg von der Grundlinie ans Netz überbrückt (Abb. 57).

Die Ursachen für die Vielzahl an Veränderungen der Basistaktik im Doppel liegen primär in der Perfektionierung des druckvollen Grundlinienspiels im Einzel. Da aus dem gleichen Grund inzwischen auch auf schnellen Bodenbelägen (z. B. auf Rasen) die Serve-and-Volley Taktik im Einzel nur noch in Ausnahmen eingesetzt wird, fehlen den Spielern die notwendigen Bewegungsmuster, um diese im Doppel erfolgreich einzusetzen. Im Umkehrschluss bedeutet dies auch, dass offensive Spielvarianten durch regelmäßiges Doppelspiel weniger geschult werden und folglich weniger als noch vor 20 Jahren ein positiver Transfereffekt auf das Einzel erwartet werden kann. Geht man der Frage nach, worauf die Perfektionierung des Grundlinienspiels zu begründen ist, dann spielt unter anderem der zumeist frühe Lernbeginn im Kindesalter (Netzspiel bei geringer Körpergröße ohne Erfolgsrelevanz) eine Rolle.

***INDIVIDUELLE BESONDERHEITEN:*** Doppelspezialisten fließen in die aktuelle Analyse nur zum Teil ein. Die wenigen, speziell auf das Doppel spezialisierten Spieler bzw. Paare (z. B. die Brüder Bryan, USA) grenzen sich deutlich vom dargestellten Durchschnitt ab und realisieren nach wie vor eine grundsätzlich offensive Basistaktik (Tab. 9). Das bedeutet jedoch nicht, dass auf höchstem internationalen Niveau nur die klassisch-offensive Doppeltaktik erfolgreich sein kann. Die chilenische Paarung González/Massú gewann 2004 in Athen die olympische Goldmedaille im Tennisdoppel weitgehend durch offensives Spiel von der Grundlinie. Auch die spanische Paarung López/Granollers bevorzugt das Spiel von der Grundlinie. So registrierten wir beim World-Team-Cup 2012 nach dem zweiten und nach dem ersten Aufschlag keinen einzigen Netzangriff der Spanier (Tab. 9). Die Spanier gewannen am Ende des Jahres 2012 für die Fachwelt überraschend die Doppelweltmeisterschaft in London. Offenbar stellt sich die Basistaktik im Doppel gegenüber früheren Zeiten deutlich defensiver, jedoch zwischen den Doppelpaaren als sehr heterogen dar (Tab. 9). Dies mag eine Folge der Verunsicherung in der Trainerschaft sein, ob die klassisch-offensive Spielweise als grundsätzliche Leitlinie weiterhin Bestand hat oder ob alternative und individuell abweichende Strategien gefördert werden sollten.

***Tab. 9:*** *Serve-and-Volley-Anteil verschiedener Doppelpaare beim World-Team-Cup 2012*

| ***Serve-and-Volley-Anteil [%]*** | ***Erster Aufschlag*** | ***Zweiter Aufschlag*** |
|---|---|---|
| Chela/Monaco (Argentinien) | 2,7 | 46,7 |
| Lindstedt/Aspelin (Schweden) | 100,0 | 100,0 |
| Isner/Fish (USA) | 80,0 | 68,8 |
| Golubjew/Kukuschkin (Kasachstan) | 2,4 | 0,0 |
| Tursunov/Andreev (Russland) | 0,0 | 0,0 |
| Tipsarevic/Troicki (Serbien) | 2,9 | 0,0 |
| Lopez/Grannolers (Spanien) | 0,0 | 0,0 |
| Petzschner/Kas (Deutschland) | 62,5 | 52,2 |
| Zimonjic/Tipsarevic (Serbien) | 54,5 | 52,0 |
| Petzschner/Kas (Deutschland) | 58,1 | 40,7 |
| Isner/Querrey (USA) | 27,8 | 17,6 |
| Gonzales/Monaco (Argentinien) | 24,4 | 50,0 |
| Tursunov/Andreev (Russland) | 10,8 | 4,2 |
| Petzschner/Mayen (Deutschland) | 98,0 | 70,4 |
| Golubjew/Kukuschkin (Kasachstan) | 13,9 | 0,0 |
| Gonzales/Monaco (Argentinien) | 28,6 | 12,0 |

***TAKTISCHE LEITLINIEN:*** Für die Ausbildung leistungsorientierter Nachwuchsspieler stellt sich auf der Basis der spielanalytischen Ergebnisse die Frage, welche offensiven Modifikationen gegenüber dem Tenniseinzel im Doppel berücksichtigt werden sollten, um einerseits den angestrebten Spielerfolg im Doppel sicherzustellen und andererseits einen positiven Transfer auf das Einzel zu ermöglichen. Hierzu können folgende taktische Grundregeln bzw. Empfehlungen formuliert werden:

- Den ersten Aufschlag hart und meist auf die Rückhand spielen.
- In den meisten Fällen mit dem ersten Aufschlag angreifen (Serve-and-Volley).
- Nach dem zweiten Aufschlag gewöhnlich Verbleib an der Grundlinie.
- Aufschlagrichtung und taktische Folgehandlungen vor jedem Punkt mit dem Partner absprechen.
- Aufschlagpartner steht im Zentrum des Aufschlagfelds und deckt auch das Hinterfeld.
- Spieleröffnung sollte gelegentlich variiert werden (z. B. durch Rochade, I-Formation).
- Aufschläger an der Grundlinie druckvoll und offensiv, eher in Richtung des Returnspielers spielen.
- Returnspieler verteidigen sich an der Grundlinie druckvoll und offensiv.
- Chance suchen, mit dem ersten oder zweiten Grundschlag die Netzposition zu erreichen.
- Return aus einer frühen Position ggf. aus Vorwärtsbewegung druckvoll und cross platzieren.
- Chance suchen, vor dem Aufschläger die Netzposition zu erreichen.
- Die Netzposition aggressiv verteidigen; Lob in jedem Fall mit Smash beantworten.

Bei schwächeren Spielern verursachen zahlreiche Faktoren eine eher defensive Strategie. Die Vermittlung grundlegender taktischer Kenntnisse sowie das situative Erlernen der hierfür notwendigen Schlagtechniken in vereinfachten Situationen bildet daher notwendige Inhalte des Trainings gerade bei schwächeren Spielern. Psychische Barrieren beim Netzangriff können im Rahmen einer ersten Lernstufe nur durch eine Erhöhung der Schlagsicherheit beim Volley behoben werden. Dies betrifft vor allem:

- Rückhandvolleys,
- Volleys, die während des Vorlaufs zum Netz geschlagen werden (Abb. 58),
- Volleys, die aus größerer Entfernung vom Netz geschlagen werden.

Die Basis für eine langfristig erfolgreiche Umsetzung des Serve-and-Volley-Spiels ist ferner die stärkere Einbeziehung des Aufschlagpartners in den gesamten Spielverlauf. Dieser darf keinesfalls nur passiv und unbeteiligt am vorderen äußeren Rand der Spielfeldseite bleiben. Vielmehr soll er seine Position in die Mitte des Aufschlagfelds verlagern, um die eigene Spielfeldseite und das gesamte Hinterfeld verteidigen zu können. Nur auf diese Weise sind die Rahmenbedingungen für einen erfolgreichen Netzangriff gewährleistet.

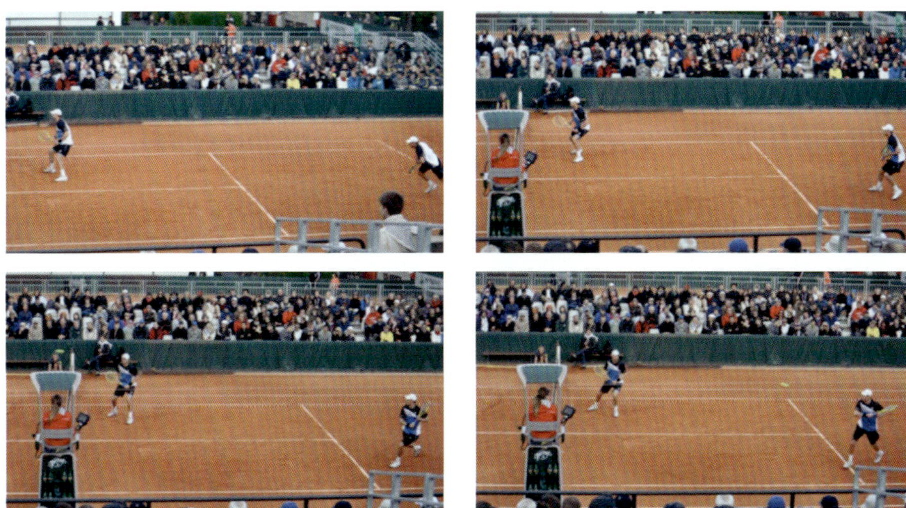

***Abb. 58:** Beispiel für das Vorlaufen des Aufschlägers zum Netz mit Splitstep und erstem Volley auf der T-Linie*

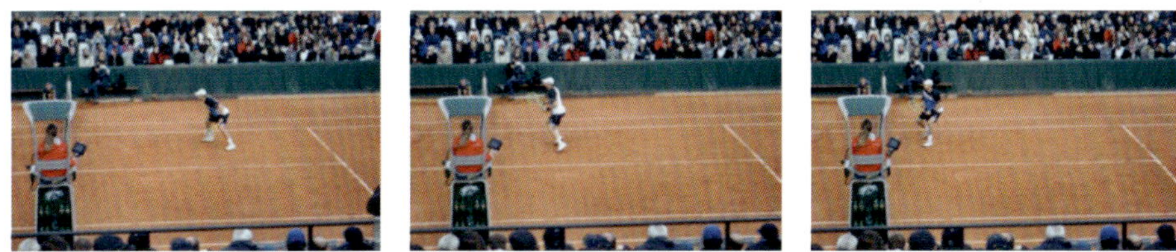

***Abb.59:** Beispiel für das Vorlaufen des Netzpartners zum Netz mit Splitstep und abschließendem Volley nah am Netz*

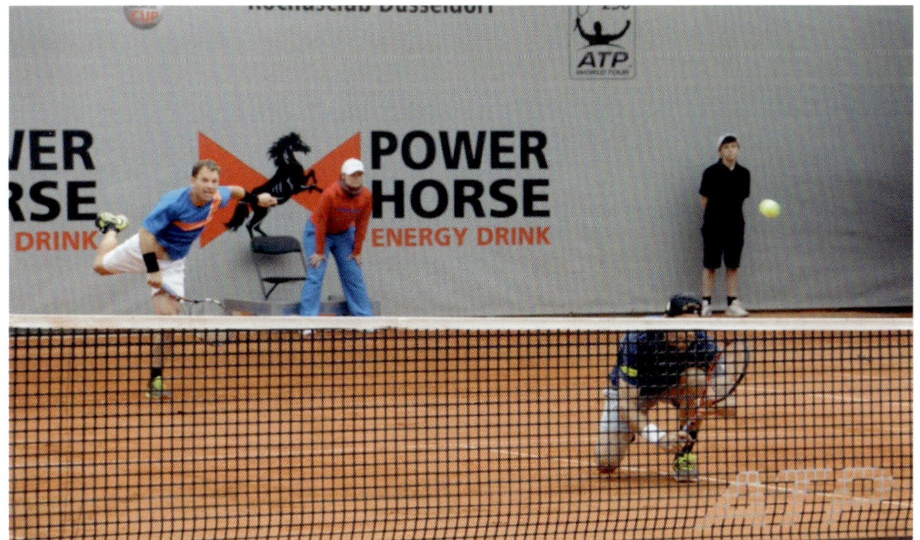


***Abb. 60:** Tiefe Volleyposition des Aufschlagpartners nah am Netz*

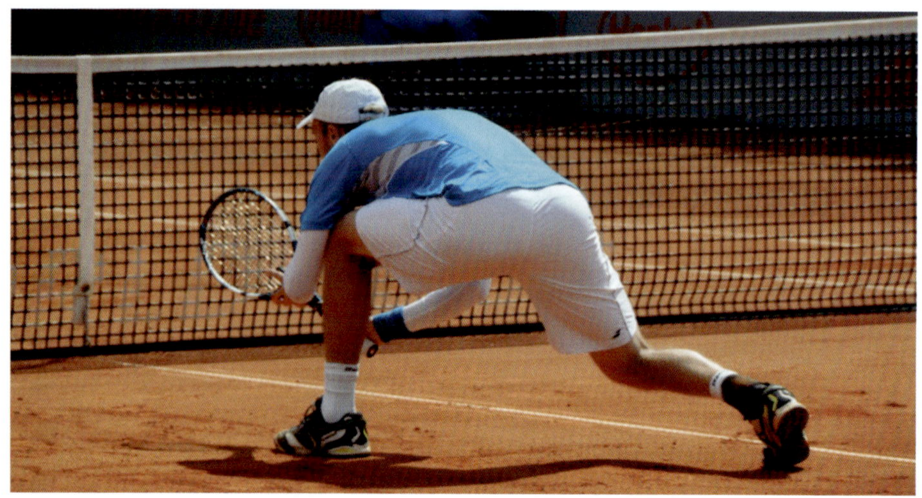

## 3.3.1 Trainingsbeispiele zur Doppeltaktik

Da die Grundtechniken für das Doppelspiel einer spezifischen Anpassung an die veränderte Spieltaktik bedürfen, ist ein vorgeschaltetes, spezielles Techniktraining als Basis für das weiterführende Training der Doppeltaktik unverzichtbar. Ferner setzt sich die Doppeltaktik aus unterschiedlichen Standardsituationen zusammen, sodass spezielle Spielzüge mit entsprechenden Variationen im Mittelpunkt des Doppeltrainings stehen. In Anlehnung an die vier Grundlagen des Taktiktrainings (Abb. 48) heißt dies, dass die beiden Lernstufen „Spielzüge mit entsprechenden Schlagtechniken" sowie „raum-, spiel- und spielerorientierte Grundregeln" von besonderer Bedeutung sind. Die nachfolgenden Trainingsbeispiele sind aufgeteilt nach den Spielsituationen *SPIELERÖFFNUNG* und *NETZ-* und *GRUNDLINIENSPIEL*.

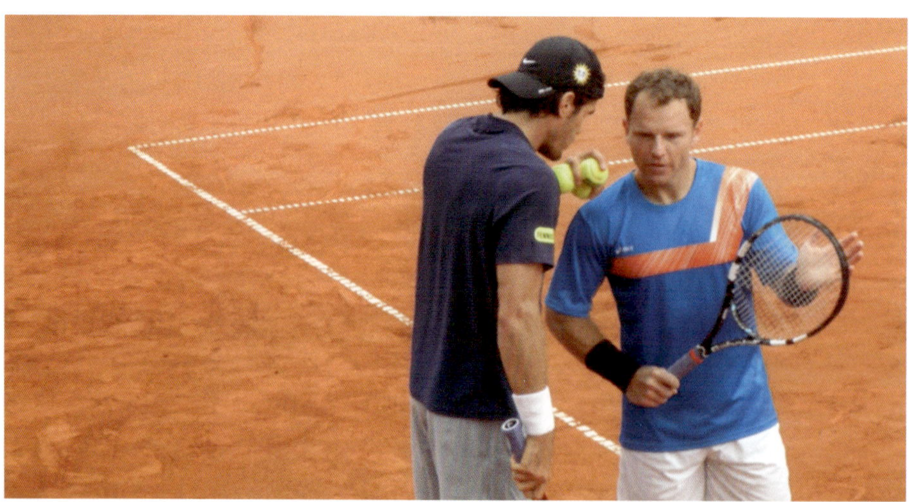

## *SPIELERÖFFNUNG*

### Übung 21: Aufschlag-Return

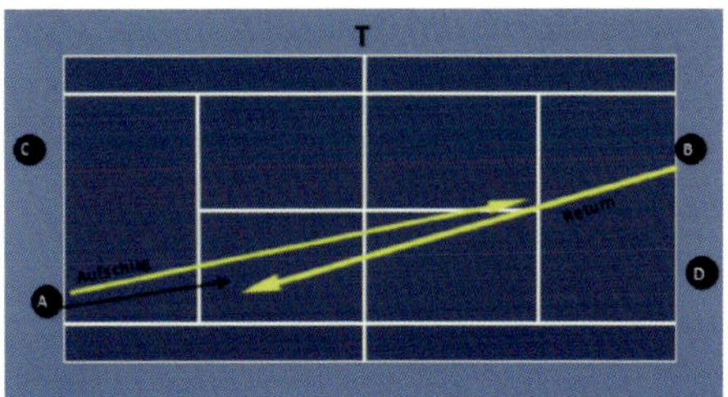


**Ziele:**

- Stabilisierung des Kickaufschlags mit Vorlauf zum Netz
- Schlaganpassung für Aufschlag und Return in der Doppelhälfte

**Ablauf:**

A (Aufschläger) spielt von rechts nach links gegen B (Returnspieler) folgenden Spielzug: A schlägt mit Kick in die Mitte auf, läuft ans Netz und spielt den von B geschlagenen Crossreturn mit einem Volley cross zurück. Anschließend spielt C gegen D von links nach rechts den gleichen Spielzug. A, B und C, D üben grundsätzlich in den diagonalen Doppelhälften.

**Dauer:**

Jeweils fünf Spielzüge zu jeder Seite als Aufschläger sowie als Rückschläger

**Tipps:**

Instruktionen zur Schlagwahl sowie Schlagpositionen jeweils für den Aufschläger und den Rückschläger

**Variationen:**

- Aufschläger servieren nach außen.
- Aufschlagart ist freigegeben.
- Rückschläger zielen auf die Füße des vorlaufenden Aufschlägers.

### Übung 22: Aufschlag auf Zielflächen

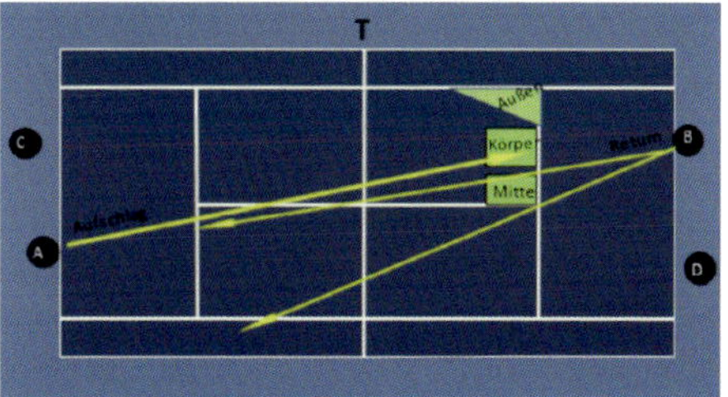


**Ziele:**

- Stabilisierung und Variation der Aufschlagrichtung mit entsprechender Technik
- Schlaganpassung und Differenzierung für Aufschlag und Return in der Doppelhälfte

**Ablauf:**

A schlägt mit Slice, gerade oder mit Kick je fünf Aufschläge auf vorgegebene Zielflächen außen, Körper oder Mitte. B übt dabei den Return situationsangepasst durch die Mitte bis extrem cross. Anschließend spielt C gegen D von links nach rechts die gleichen Schlagabfolgen. A, B und C, D üben grundsätzlich in den diagonalen Doppelhälften.

**Dauer:**

Auf jede Zielfläche jeweils fünf Aufschläge mit Return; danach Aufgabenwechsel

**Tipps**

- Aufschläge möglichst lang platzieren.
- Instruktionen zur Schlagwahl sowie zu den Schlagpositionen

**Variationen:**

- Aufschläger laufen nach dem Aufschlag ans Netz.
- Aufschlagtechnik ist freigegeben.

### Übung 23: Returnzonen

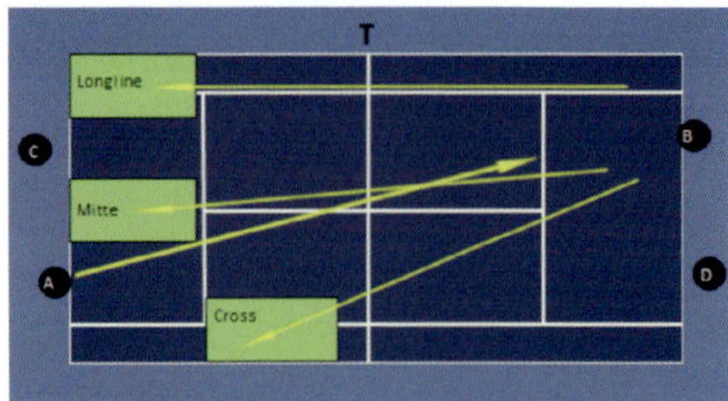


**Ziele:**

- Stabilisierung und Variation der Returnrichtung mit entsprechender Technik
- Schlaganpassung und Differenzierung für Aufschlag und Return in der Doppelhälfte

**Ablauf:**

B retourniert mit Topspin oder Block je fünf Aufschläge auf vorgegebene Zielflächen longline, Mitte oder cross. B übt dabei den Return situationsangepasst: longline ist auch ein Lob erlaubt. Anschließend spielt D gegen C von links nach rechts die gleichen Schlagabfolgen. A, B und C, D üben grundsätzlich in den diagonalen Doppelhälften.

**Dauer:**

Auf jede Zielfläche jeweils fünf Returns; zu jeder Seite also 15 Returnschläge, danach Aufgabenwechsel

**Tipps:**

- Rückschläge sollen möglichst druckvoll platziert werden.
- Trainer gibt Instruktionen zur Schlagwahl sowie zu den Schlagpositionen insbesondere für den Rückschläger.

**Variationen:**

- Rückschläger laufen mit dem Return ans Netz.
- Rückschlagtechnik ist freigegeben.

### Übung 24: Serve-and-Volley

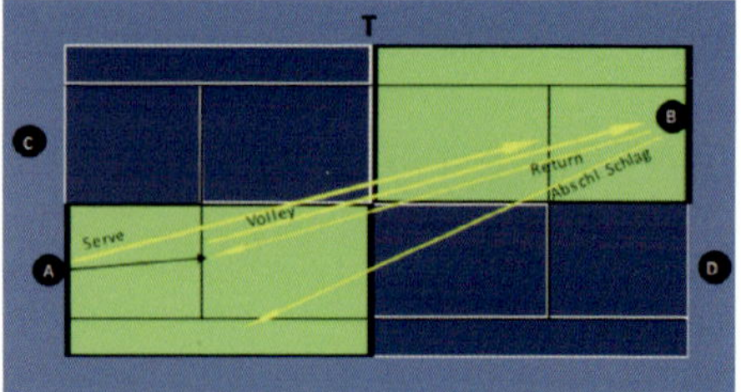


**Ziele:**

- Stabilisierung der Kombination Aufschlag und erster Volley
- Verbesserung des Volleys nach dem Vorwärtslauf

**Ablauf:**

A und B sowie C und D spielen in den diagonalen Doppelhälften den erweiterten Spielzug aus jeweils vier Schlägen: Serve-and-Volley für den Aufschläger und Return und abschließender Schlag für den Rückschläger. A und B sowie D und C wechseln sich nach jedem Spielzug ab: In der gleichen Diagonale jeweils fünf Spielzüge als Aufschläger und fünf als Rückschläger.

**Dauer:**

Insgesamt spielt jedes Spielerpaar 20 Spielzüge

**Tipp:**

- Instruktionen zur Schlagwahl sowie Positionen der Auf- und Rückschläger

**Variationen:**

- Festlegung unterschiedlicher Aufschlagrichtungen (nach außen, auf den Körper, in die Mitte)
- Festlegung unterschiedlicher Returnarten (schnell oder weich auf die Füße oder Winkel)
- Serve-and-Volley nach zweiten Aufschlägen

## Übung 25: 2. Aufschlag-Return-Angriff

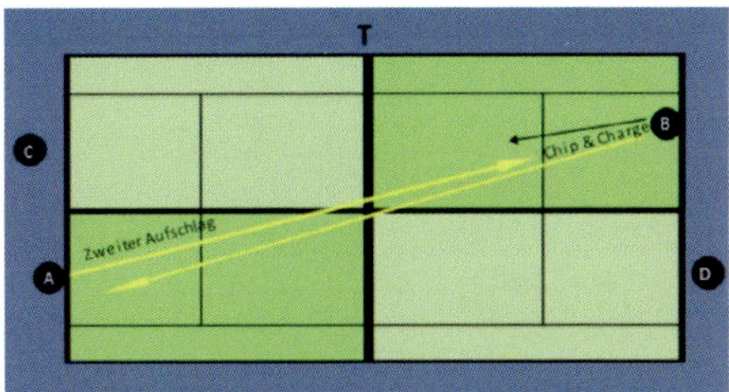


### Ziele:

- Optimierung von Chip-and-Charge
- Schlaganpassung und Differenzierung für den Angriff Return in der Doppelhälfte

### Ablauf:

B retourniert je fünf Aufschläge mit Block oder mit einem gehackten Slice (Chip) im Vorwärtslauf zum Netz mit anschließendem Volley. Der Aufschläger schlägt zweite Aufschläge und bleibt hinten, der Punkt wird ausgespielt. Anschließend schlägt D gegen C von links nach rechts die gleichen Schlagabfolgen. A, B und C, D üben grundsätzlich in den diagonalen Doppelhälften.

### Dauer:

Zu jeder Doppelhälfte jeweils fünf Returns; danach Aufgabenwechsel

### Tipps

- Rückschläge sollen aus dem Vorwärtslauf und möglichst lang platziert werden.
- Instruktionen zur Schlagwahl sowie zu den Schlagpositionen für den Rückschläger

### Variation:

- Rückschlagtechnik ist freigegeben.

## Übung 26: Doppeleinzel

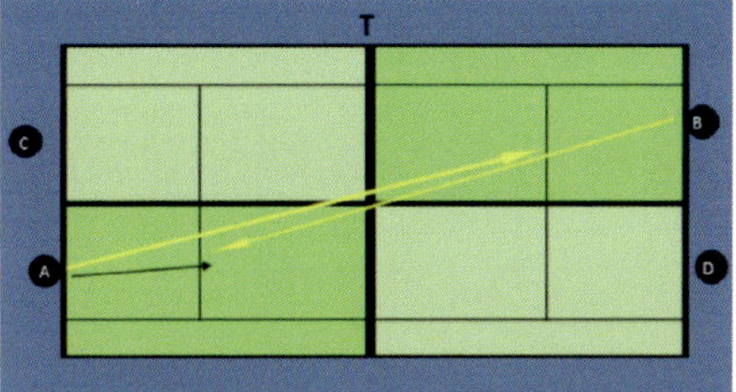


### Ziele:

- Stabilisierung der Spieleröffnung im Doppel
- Optimierung von Aufschlag, Return und erster Volley
- Differenzierung und Anpassung an die Spielfelddimensionen der Doppelhälfte

### Ablauf:

A und B sowie C und D spielen in den diagonalen Doppelhälften 10 Punkte aus: in der gleichen Diagonale jeweils fünf Punkte als Aufschläger und fünf als Rückschläger. Anschließend werden die Seiten gewechselt.

### Dauer:

Insgesamt spielt jedes Spielerpaar 20 Punkte aus.

### Tipp:

- Trainer gibt Instruktionen zur Schlagwahl sowie zu den Schlagpositionen für die Aufschläger sowie für die Rückschläger.

### Variationen:

- Aufschläger müssen direkt zum Netz; Rückschläger müssen direkt zum Netz.
- Es ist nur ein Aufschlag erlaubt.
- Die freien Spieler markieren die Doppelpartner.

### Übung 27: Rochade beim Aufschlag

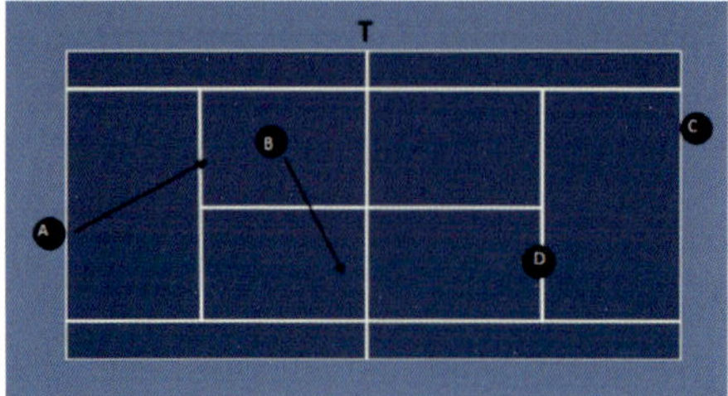


**Ziele:**

- Variation der Spieleröffnung im Doppel und Optimierung der Absprachen
- Verbesserung des Volleys aus dem Lauf

**Ablauf:**

Vier Spieler spielen aus der Standarderöffnung einzelne Punkte aus. Der Aufschlagpartner B wechselt in Absprache mit dem Aufschläger A die Seite (Rochade) und spielt ggf. einen Volley aus dem Lauf. A wechselt ebenfalls die Seite. Vor jedem Punkt wird die anstehende Spieleröffnung abgesprochen.

**Dauer:**

Jeder Spieler absolviert zwei Aufschlagspiele.

**Tipps:**

- Aufschläge in die Mitte platzieren.
- Verbale Absprache und/oder Zeichenabsprache hinter dem Rücken

**Variation:**

- Rochade aus der Tandemaufstellung

### Übung 28: Rochade beim Return

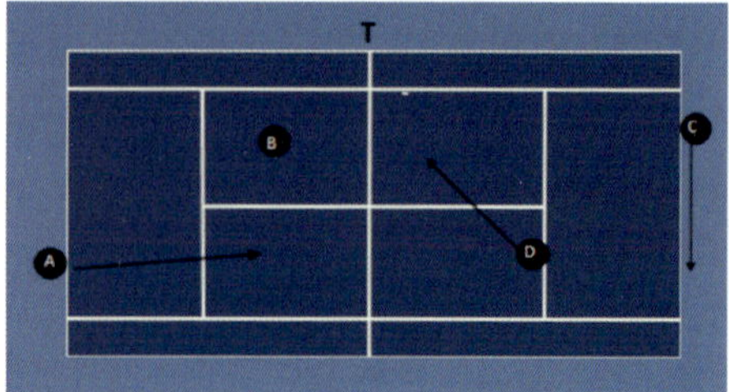


**Ziele:**

- Variation der Spieleröffnung im Doppel und Optimierung der Absprachen
- Verbesserung des Volleys aus dem Lauf

**Ablauf:**

Vier Spieler spielen aus der Standarderöffnung einzelne Punkte aus. Der Returnpartner D wechselt in Absprache mit dem Rückschläger C die Seite (Rochade), um den Ball von A abzufangen. C wechselt ebenfalls die Seite. Vor jedem Punkt wird die anstehende Spieleröffnung abgesprochen.

**Dauer:**

Jeder Spieler absolviert zwei Aufschlagspiele.

**Tipps:**

- Flache Returns auf die Füße des vorlaufenden Aufschlägers platzieren.

**Variation:**

- Returnpartner täuscht Wechsel an.

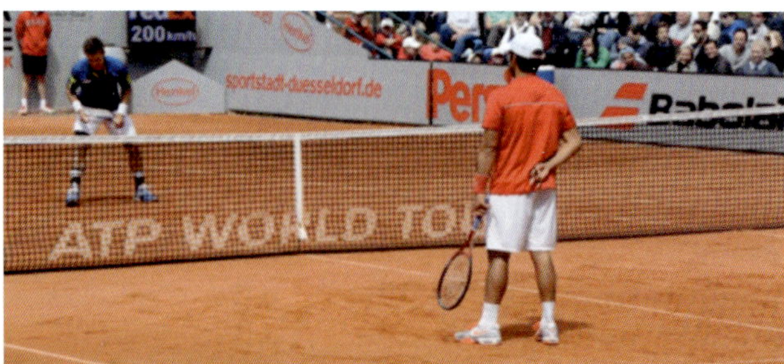

## Übung 29: „Australisch"

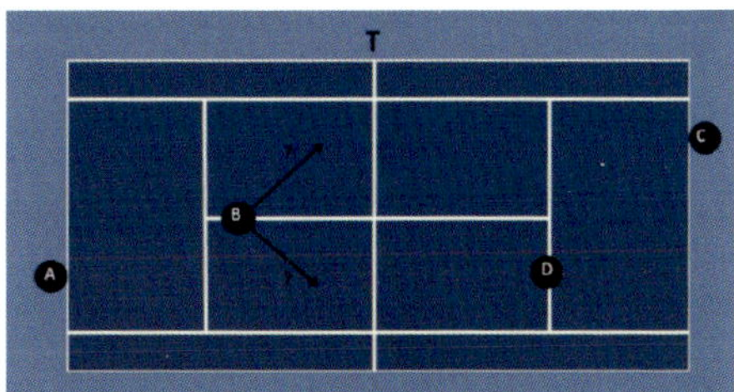


### Ziele:

- Variation der Spieleröffnung im Doppel und Optimierung der Absprachen
- Verbesserung des erweiterten Aufschlag-Spielzugs mit Volley aus dem Lauf

### Ablauf:

In der australischen Ausgangsstellung postiert sich der Aufschlagpartner in stark geduckter Position auf der Mittellinie ca. 1 m vor dem T-Kreuz (abweichende Varianten sind zu beobachten). Zuvor hat er sich mit dem Aufschläger abgesprochen, ob er zur rechten oder zur linken Seite wechselt.

### Dauer:

Jeder Spieler absolviert ein oder zwei Aufschlagspiele.

### Tipps:

- Aufschläge vorrangig in die Mitte platzieren.
- Verbale Absprache und/oder Zeichenabsprache hinter dem Rücken

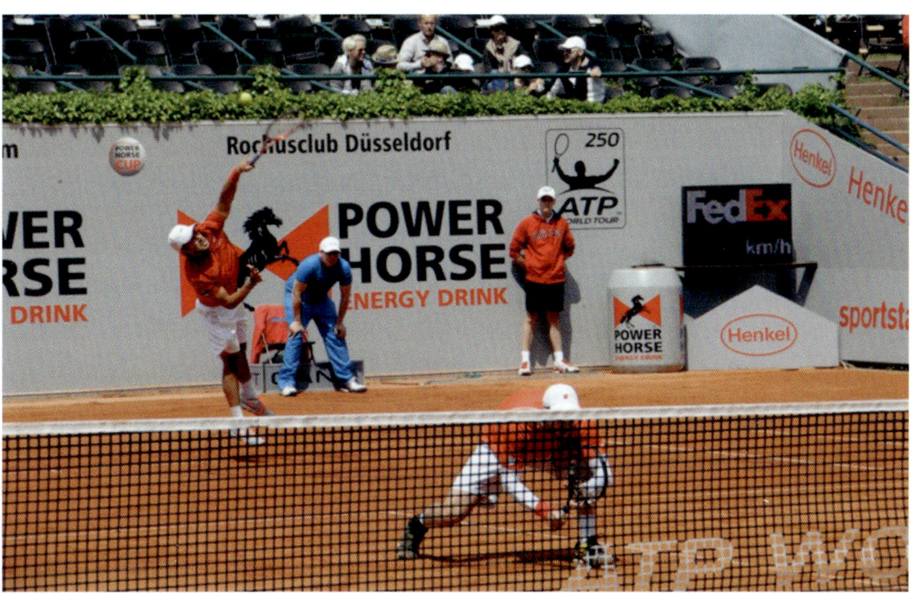

## *NETZ- UND GRUNDLINIENSPIEL*

### Übung 30: Partner-Volley

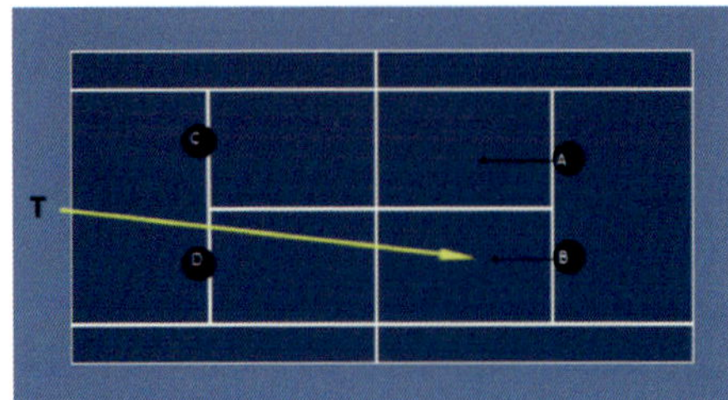


**Ziele:**

- Optimierung des Volley- und Positionsspiels am Netz
- Harmonisierung des Partnerspiels

**Ablauf:**

Vier Spieler spielen aus der Netzposition Punkte aus. Der Trainer bringt den Ball durch ein entsprechendes Anspiel auf A oder B ins Spiel, die gemeinsam mit offensiver Taktik gegen C und D, die unter Beibehaltung ihrer Position auf der Aufschlaglinie den Ballwechsel zu Ende spielen. Es dürfen nur flache Volleys gespielt werden. Nach 10 Punkten ist Aufgabenwechsel.

**Dauer:**

Jedes Spielerpaar spielt auf jeder Position zwei Serien zu 10 Punkten.

**Tipps:**

- Flaches Anspiel auf die Füße des vorlaufenden Paars platzieren.
- Korrekturhinweise zur Technik und zum Stellungsspiel

**Variationen:**

- Anspiel unterschiedlich gestalten.
- Hochbälle und Lobs sind erlaubt.

### Übung 31: Vierer-Volley-Match

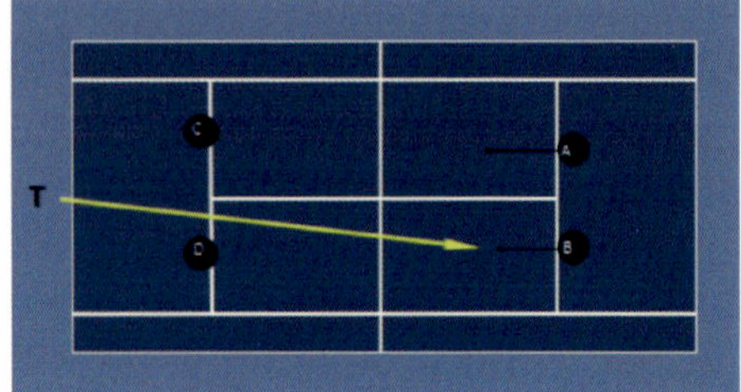


**Ziele:**

- Verbesserung des situations- und partnerbezogenen Netzspiels
- Optimierung des vorbereitenden und abschließenden Volleyspiels

**Ablauf:**

A und B spielen gegen C und D, aus der Netzposition startend, als Doppel gegeneinander. C und D eröffnen das Volleymatch auf das variable Anspiel des Trainers.

**Dauer:**

Jedes Spielerpaar spielt auf jeder Position ein Volleymatch bis 11.

**Tipp:**

- Technikwahl und Partnerabstimmung

**Variation:**

- Die Spieler bringen den Ball selbst ins Spiel (nach jedem ausgespielten Punkt ist ein anderer Spieler an der Reihe).

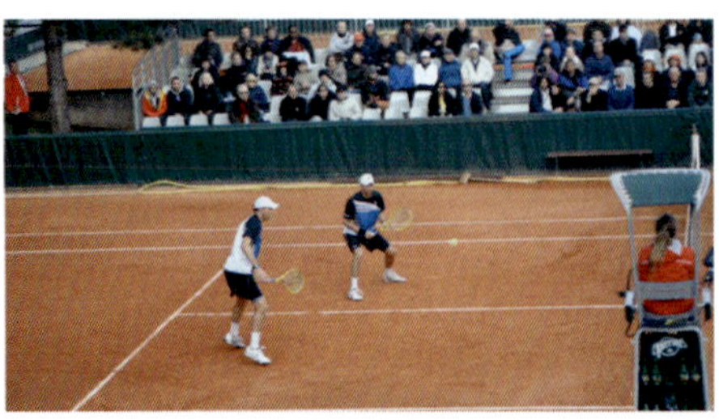

### Übung 32: Wildern miteinander

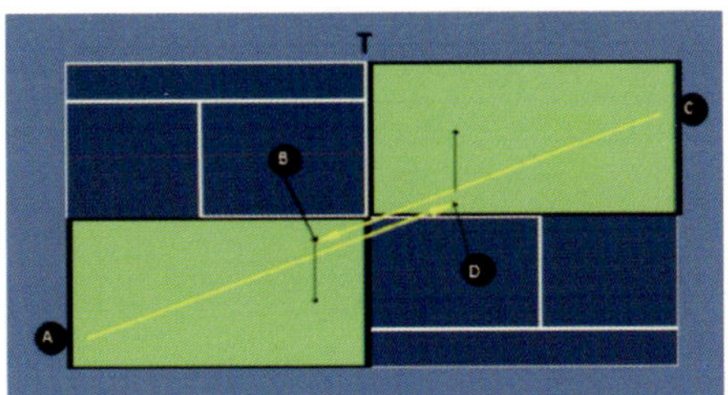


**Ziele:**

- Verbesserung des situationsbezogenen Netzspiels in der Rochade
- Optimierung und Variation des Volleyspiels aus dem Seitwärtslauf

**Ablauf:**

A und C spielen von der Grundlinie in der diagonalen Doppelhälfte cross. Nach dem zweiten Schlag von A kreuzt B die Ballflugbahn und spielt den Ball von C mit einem Volley zu C zurück; nach dem nächsten Schlag von C kreuzt D und spielt den Ball von A mit einem Volley zu A zurück. Nach 20 Ballwechseln werden die Aufgaben gewechselt.

**Dauer:**

Jedes Spielerpaar spielt auf jeder Position 15 Ballwechsel.

**Tipp:**

- Instruktionen zum Timing, Stellungsspiel und zur Technikwahl

**Variation:**

- Der Volleyspieler B platziert den Ball longline zum gegnerischen Netzpartner D. D volliert cross an die Grundlinie und nach entsprechender Rochade wird der Ballwechsel in der gegengleichen diagonalen Doppelhälfte weitergespielt.

### Übung 33: Wildern gegeneinander

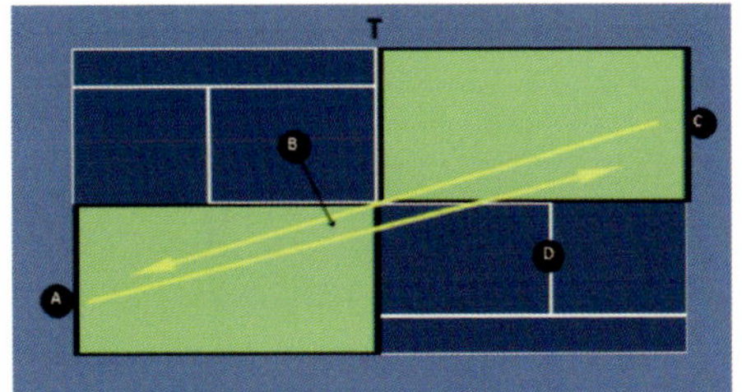


**Ziele:**

- Optimierung des situationsbezogenen Netzspiels in der Rochade
- Verbesserung des vorbereitenden oder abschließenden Volleyspiels aus dem Seitwärtslauf
- Abstimmung der Doppelpartner während des Ballwechsels

**Ablauf:**

A und C spielen von der Grundlinie in der diagonalen Doppelhälfte gegeneinander. Nach dem zweiten Schlag von C kann B – nach eigenem Ermessen – die Ballflugbahn kreuzen und der Punkt wird zwischen den Doppelpaaren frei ausgespielt. Nach 10 Punkten wechselt das Wildererrecht zum Gegner D. Nach 20 Punkten werden die Spielaufgaben getauscht.

**Dauer:**

Jedes Spielerpaar spielt auf jeder Position 10 Punkte aus.

**Tipps:**

- Instruktionen zum Timing, Stellungsspiel und zur Technikwahl
- Abstimmung durch Zuruf

**Variation:**

- Durchführung der Spielform auf den „Rückhand-cross-Doppelhälften"

### Übung 34: Aus der Verteidigung

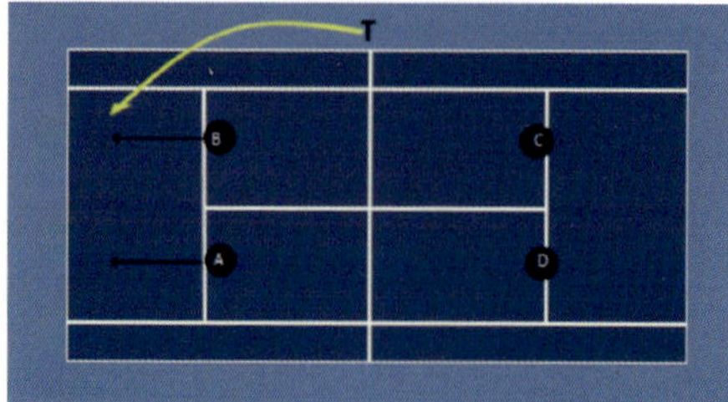


**Ziele:**

- Optimierung der Verteidigungstaktik
- Verbesserung der Abstimmung der Doppelpartner in der Rückwärtsbewegung
- Stabilisierung und Optimierung der Netzposition

**Ablauf:**

Beide Doppelpaare sind jeweils auf der Aufschlaglinie positioniert. Der Trainer startet den Ballwechsel und bringt mit einem Lob das Doppelpaar A und B in die Verteidigung. Der Punkt wird ausgespielt. Danach wird das Doppelpaar, C und D' vom Trainer überspielt. Siegerpaar ist, wer aus der Verteidigung zuerst sieben Punkte erzielt hat.

**Dauer:**

Drei Spiele bis sieben Punkte werden durchgeführt.

**Tipps:**

- Instruktionen zum Stellungsspiel und zur Technikwahl
- Abstimmung durch Zuruf

**Variationen:**

- Wer den Punkt macht, behauptet die Netzposition und kann punkten.
- Variables Anspiel durch den Trainer

### Übung 35: Grundlinie gegen Netz

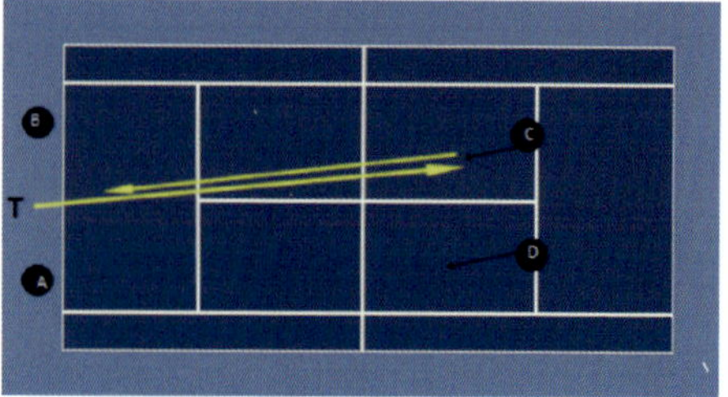


**Ziele:**

- Verbesserung des doppelspezifischen Grundlinienspiels des situationsbezogenen Netzspiels
- Abstimmung der Doppelpartner

**Ablauf:**

A und B spielen von der Grundlinie gegen C und D, die am Netz postiert sind. Der Trainer (oder einer der Spieler an der GL) spielt den Ball flach in die Mitte an. C oder D schlägt einen tiefen Volley lang zur Mitte zurück, danach wird der Punkt frei ausgespielt.

**Dauer:**

Nach 11 Punkten Postitionswechsel

**Tipps:**

- Gemeinsames Stellungsspiel und Technikwahl
- Abstimmung durch Zuruf

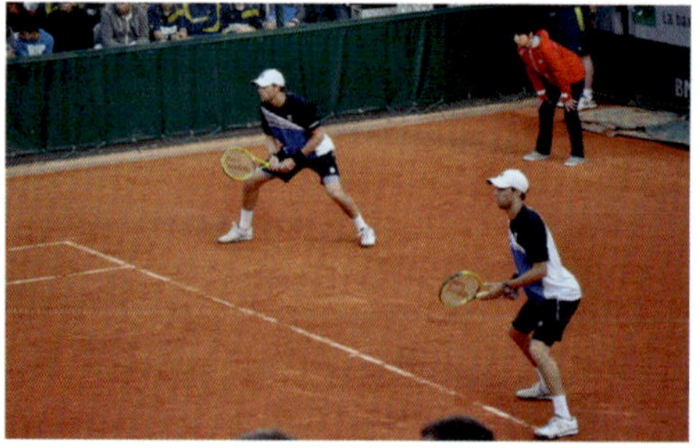

### Übung 36: Grundlinie gegen Grundlinie

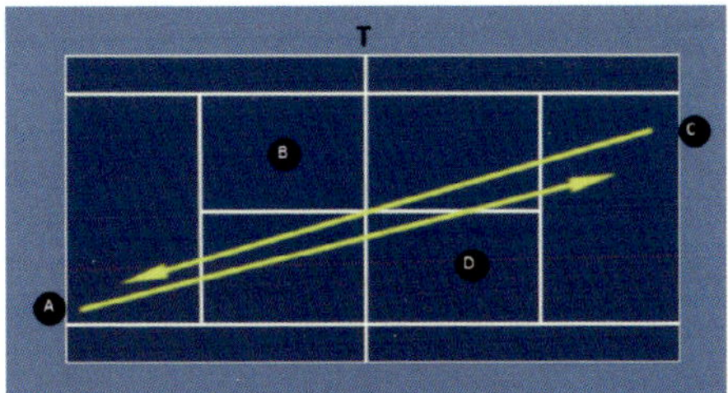


**Ziele:**

- Verbesserung des aggressiven Grundlinienspiels
- Situative Abstimmung der Doppelpartner

**Ablauf:**

A und B bleiben nach Aufschlag und Return an der Grundlinie und spielen jeweils auf der Vorhandseite aggressive Crossschläge. Die Netzpartner lauern auf ihre Chance, den Ballwechsel mit einem Volley zu entscheiden.

**Dauer:**

Jedes Spielerpaar spielt auf jeder Position 11 Punkte aus.

**Tipp:**

- Extreme Powerschläge mit Topspin

**Variation:**

- Durchführung auf der Rückhandseite

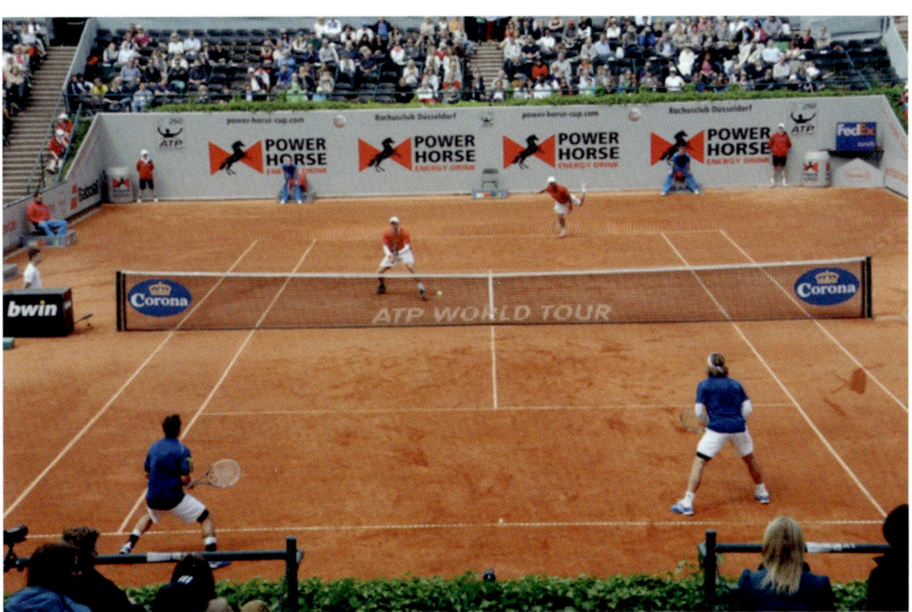


***Abb. 61:** Grundlinienposition des Returnpaars beim ersten Aufschlag*

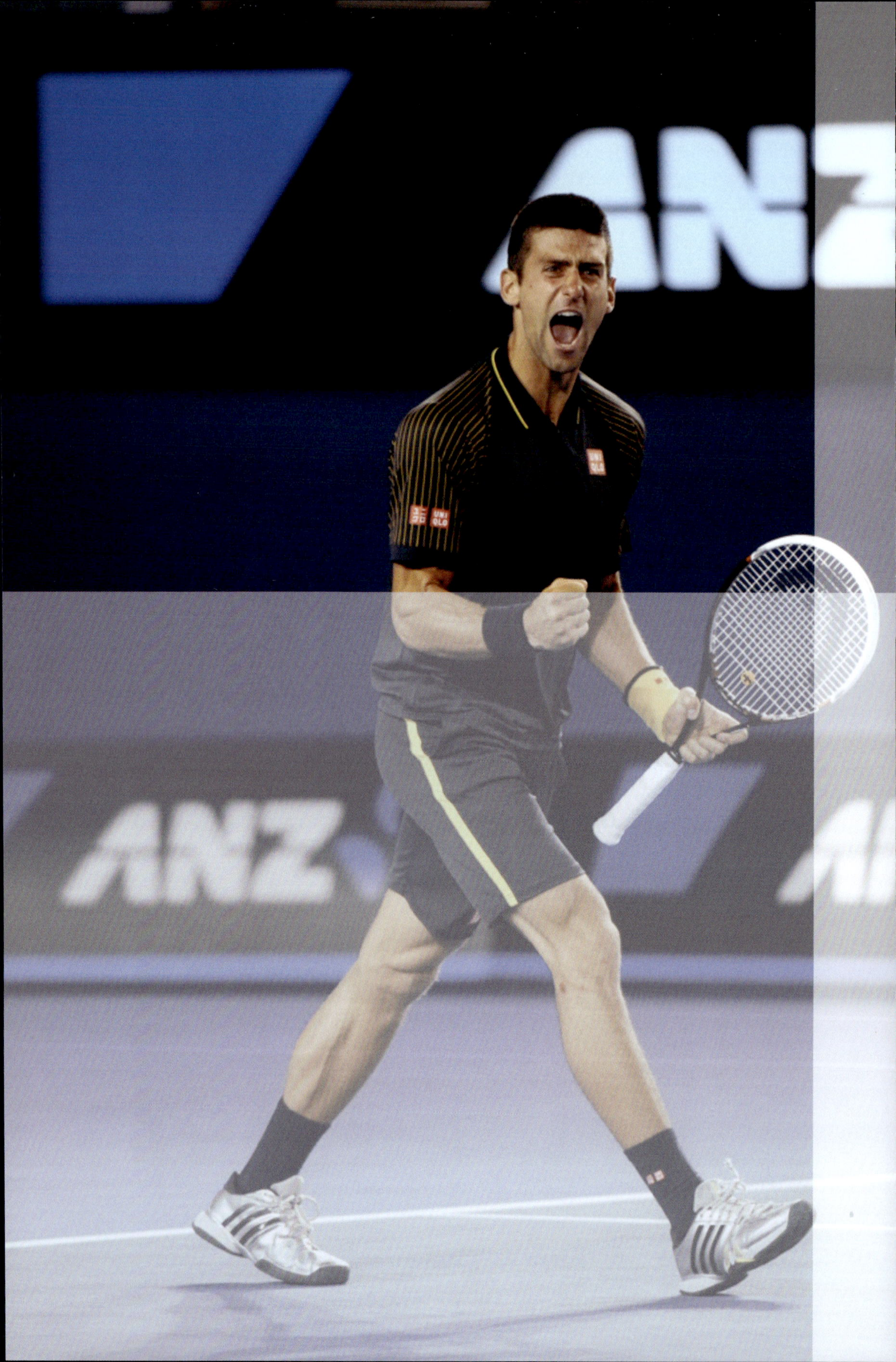
ANZ
UNI QLO
ANZ

# 4

# *Psychologisch orientiertes Training*

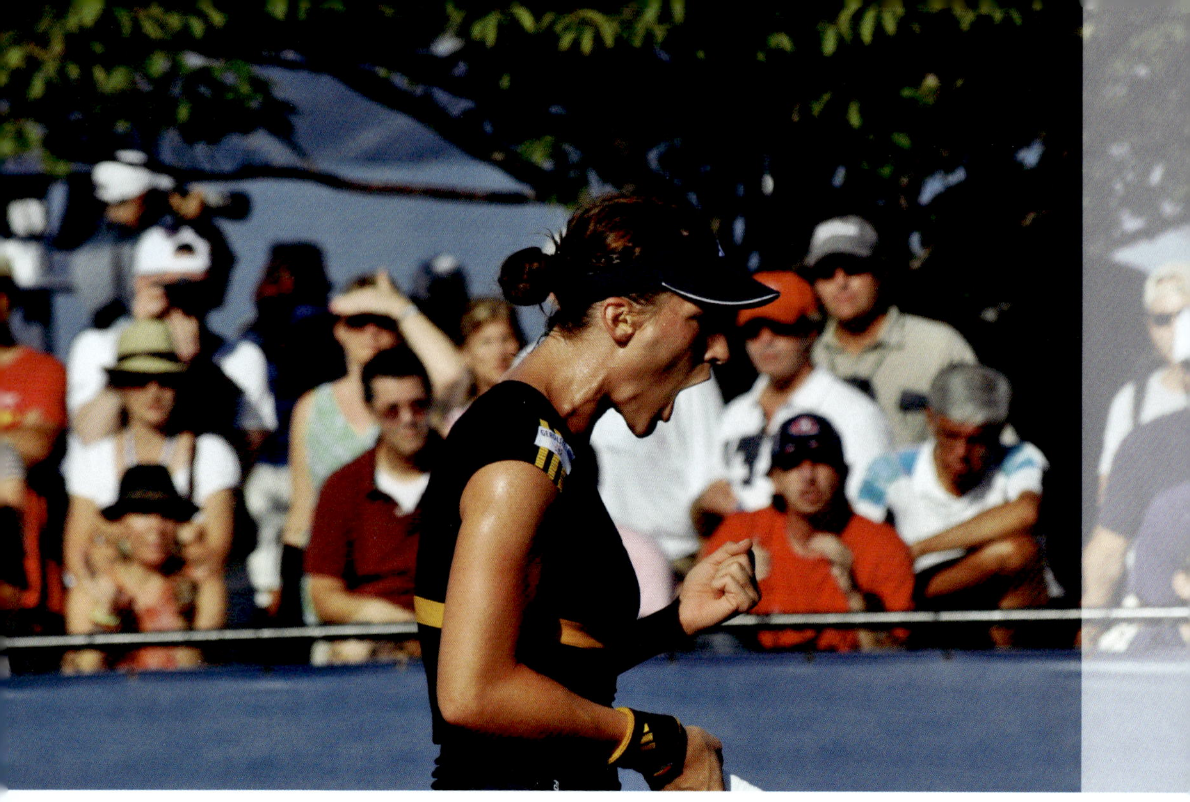

## 4.1 Einführung

Die Psyche hat zweifelsohne einen bedeutenden Einfluss auf die Leistung im Tennis (vgl. Gallway, 1974 und 2008; Loehr, 1991 und 2010; Mackenzie 1993; Gabler & Maier, 1998; Nittinger, 2009 und 2010; Knisel, 2003; Crespo et al., 2006; Schweer, 2008; Frankenberg, 2010; Wüstholz, 2011; Jekauc, 2012). Nicht selten wird in einem engen Tennismatch die Psyche zum einzig entscheidenden Faktor über Sieg oder Niederlage.

„Tennis im Kopf" spielt nicht nur eine Rolle bei technisch, taktisch oder konditionell gleichwertigen Gegnern, sondern auch bei ungleichen Voraussetzungen in den genannten Bereichen. Legendär, aber nach wie vor bedenkenswert: Das Achtelfinale der französischen Meisterschaften in Paris 1989 zwischen Michael Chang und Ivan Lendl war beispielsweise eines der klassischen Psychomatches, in dem ein konditionell deutlich angeschlagener Chang einen favorisierten Lendl noch im fünften Satz bezwingen konnte.

Zu den leistungsbestimmenden psychischen Komponenten zählen gleichermaßen willens- und motivationsbezogene Eigenschaften (z. B. Geduld, Entschlossenheit, hoher innerer Anreiz) als auch zahlreiche emotionsbezogene Fähigkeiten (z. B. Aufputschen durch Freude oder Ärger). Bedeutsame psychische Prozesse zeigen sich darüber hinaus in kognitiven Prozessen (hierbei sind die neurophysiologischen Vorgänge mit eingeschlossen), d. h. in tennisspezifischen Wahrnehmungs-, Antizipations- und Entscheidungsverhalten, in Anpassungs- und Umstellungsprozessen sowie in der Regulation der Aufmerksamkeit und der Gedanken (Abb. 62).

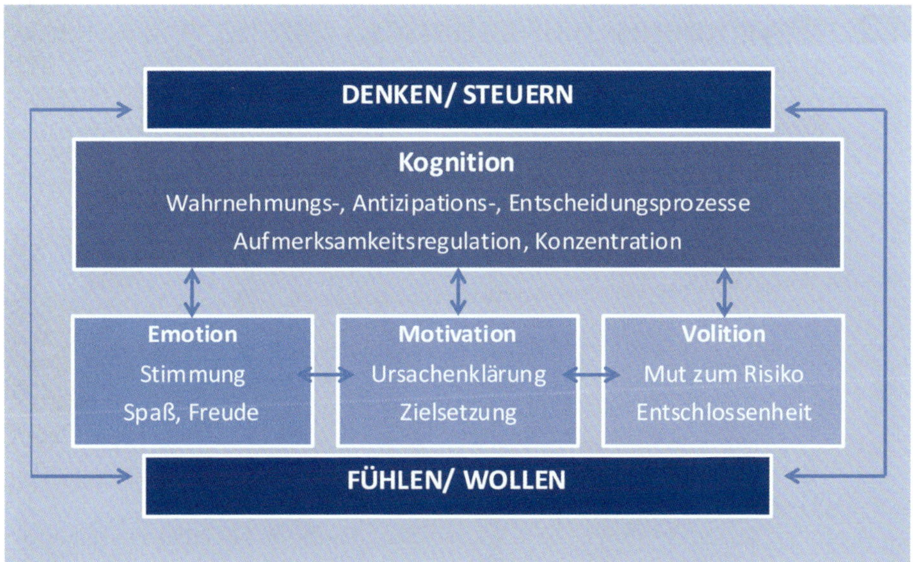


***Abb. 62:*** *Komponenten der psychischen Leistungsfähigkeit des Tennisspielers*

Die Vielzahl der in Abb. 62 enthaltenen Verbindungslinien verdeutlicht die enge Verzahnung der leistungsbestimmenden psychischen Bereiche Denken/Steuern und Fühlen/Wollen. Es wird schnell klar, dass eine Abtrennung einzelner handlungsregulierender Faktoren gerade in der Praxis nur schwer möglich ist. Dennoch wollen wir dies zur Übersicht und aus Gründen der systematischen Einteilung der Trainingsformen vornehmen.

Die dargestellten psychischen Faktoren sind nicht allein als eigenständige Leistungsgrößen effizient, sondern sie stehen auch in starker Wechselwirkung zu technischen, taktischen und konditionellen Fähigkeiten und Fertigkeiten (vgl. auch Kap. 1) Es liegt daher nahe, praktische Übungsformen mit ursprünglich technischen, konditionellen und taktischen Trainingszielen so zu modifizieren, dass eine Optimierung der psychischen Komponenten erreicht werden kann. Aus diesem Grunde ist es auch sinnvoll, gerade in der Praxisarbeit den Begriff *psychologisch orientiertes Training* zu verwenden. Dies ist auch speziell unter dem Aspekt nachzuvollziehen, dass psychische Prozesse im herkömmlichen Technik-, Taktik- sowie Konditionstraining jeweils einen bedeutenden Anteil einnehmen (Gabler & Maier, 1998).

## 4.2 Psychologisch orientiertes Training

Ein psychologisch orientiertes Training im Tennis ist zumindest mit folgenden Trainingsmitteln praktikabel und durchführbar:

***SPORTPSYCHOLOGISCHE BERATUNG***

Fremd- und Eigenberatung außerhalb des Tennisplatzes sowie während der Trainingsphase und speziell in der Vor- und Nachbereitung eines Tennismatchs.

***MENTALTRAINING AUF DEM PLATZ***

Auf dem Tennisplatz während der Ballwechsel und vor allem in den Pausen (zwischen den einzelnen Punkten sowie beim Seitenwechsel).

Die **Beratung** kann durch Trainer und Coach, aber auch durch Freunde erfolgen und mündet schließlich in die *SELBSTINSTRUKTION* und in das *SELBSTGESPRÄCH*.

Das **Mentaltraining** auf dem Tennisplatz sollte aus zwei Gründen durchgeführt werden:

1. Obwohl sich Spieler und Trainer darüber einig sind, dass psychische Faktoren gerade innerhalb konkreter Tennishandlungen eine wesentliche Rolle spielen, wird in der Praxis ein entsprechendes, psychologisch orientiertes Training häufig zu wenig bzw. zu unsystematisch durchgeführt.
2. Bei einer Umfrage unter Tennislehrern zur Einschätzung und Einordnung psychologisch orientierter Trainingsformen verlangen über 90 % der Trainer nach solchen Übungen, die direkt in die praktische Arbeit auf dem Platz integriert werden können (Ferrauti et al., 1996).

***TRAININGSPRINZIPIEN***

1. Die Beratung sowie die Durchführung psychologisch orientierter Trainingsformen auf dem Tennisplatz erfordert eine exakte Festlegung des angestrebten Trainingsziels. Trainer und Spieler müssen sich dieses Ziel immer wieder vor Augen führen.
2. Der Einsatz psychologisch orientierter Trainingsmaßnahmen benötigt eine Umstellung bei Trainern und Spielern, da schlagtechnische Korrekturhinweise eher im Hintergrund stehen. Dagegen werden vorrangig psychische Prozesse, wie z. B. mentale Spieleinstellung oder Wahrnehmungs- und Entscheidungsverhalten, angesprochen und korrigiert.
3. Das wichtigste Trainingsmittel ist die Rückfrage (Feedback), beziehungsweise die stetige Kommunikation vor und nach der Trainingseinheit.
4. Eine motivierte und konzentrierte Trainingsarbeit ist abhängig von:

- der Einsicht des Spielers, dass eine psychische Stärke optimiert oder ein entsprechendes psychisches Defizit verringert werden soll;
- der Einsicht des Spielers, dass durch die Beratung und/oder durch die angewandte Trainingsform eine Leistungsverbesserung erzielt werden kann.

## 4.2.1 Sportpsychologische Beratung

### *GRUNDLAGEN UND ZIELE*

Im Training und gerade in der Vor- und Nachbereitung auf ein Tennisspiel ist das übergeordnete Ziel der psychologischen Beratung das Erreichen der „mentalen Stärke". Sie basiert auf einem ‚realistischen Selbstvertrauen' und einer **idealen inneren Einstellung**, die gekennzeichnet ist durch:

*1.* optimale Leistungsbereitschaft,
*2.* außergewöhnlich hohe Konzentrationsfähigkeit,
*3.* stabile Widerstandsfähigkeit gegenüber Störfaktoren.

In einer vorbereitenden Beratung geht es somit um das Erreichen eines idealen Leistungszustands, um die Erarbeitung eines herausragenden Leistungswillens, um den Erwerb von Techniken zur optimalen Aufmerksamkeitsregulierung und um das Erlangen von Verhaltensweisen und Einstellungen, die eine erfolgreiche Bewältigung von Störungen ermöglichen.

**Zu 1.**: In einer optimalen Leistungsbereitschaft spielt das Bewusst machen der Stärken und Schwächen des Spielers eine bedeutende Rolle. Insbesondere das Herausstellen der Stärken – durch den Coach und/oder durch den Spieler selbst – bildet die Basis für eine selbstbewusste Spielauffassung und Spieleinstellung. Hierauf kann dann eine positive emotionale Grundstimmung aufbauen, die Voraussetzung dafür ist, eine zu lösende Spielaufgabe als Herausforderung aufzufassen und nicht als Belastung und/oder Bedrohung zu empfinden. Paart sich dieses Selbstbewusstsein dann noch mit willensbezogenen Merkmalen, wie bedingungsloser Eisatz, Kampfgeist und Durchsetzungsvermögen, kann schließlich eine **optimale Leistungsbereitschaft** entstehen.

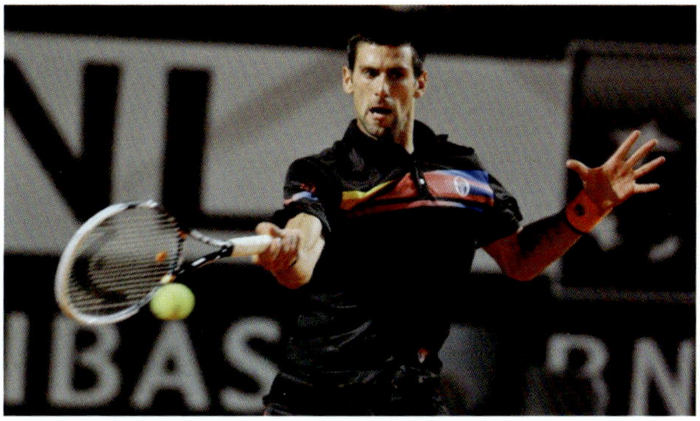

*Abb. 63: Optimale Leistungsbereitschaft*

**Zu 2.**: In der Aufmerksamkeitsregulation (Konzentration) sind für den Tennisspieler zwei Bereiche bedeutsam:

- Fokussierung der **Sinne** (Sehvermögen, Hörvermögen, Tastgefühl, Gleichgewichtsfähigkeit, Muskelspannungsempfinden/Kinästhetik) auf die Aufgabenstellung (Aktion/Schlag/Ballwechsel); hierbei ist ein spezielles Zentrieren der **Augen** auf bestimmte Punkte zur Ablenkung/Verarbeitungshilfe oder zur erneuten Aktivierung des Konzentrationsvorgangs von besonderer Bedeutung.
- Fokussierung der **Gedanken** auf die anstehende Aufgabenstellung/Aktion/Schlag/Spielzug durch die Technik des **Visualisierens** bzw. der Herstellung von **Vorstellungsbildern**.

Beide Bereiche – Sinnesleistungen und Denkprozesse – müssen miteinander vernetzt werden und aufeinander abgestimmt sein, um einen optimalen Konzentrationszustand zu erzielen.

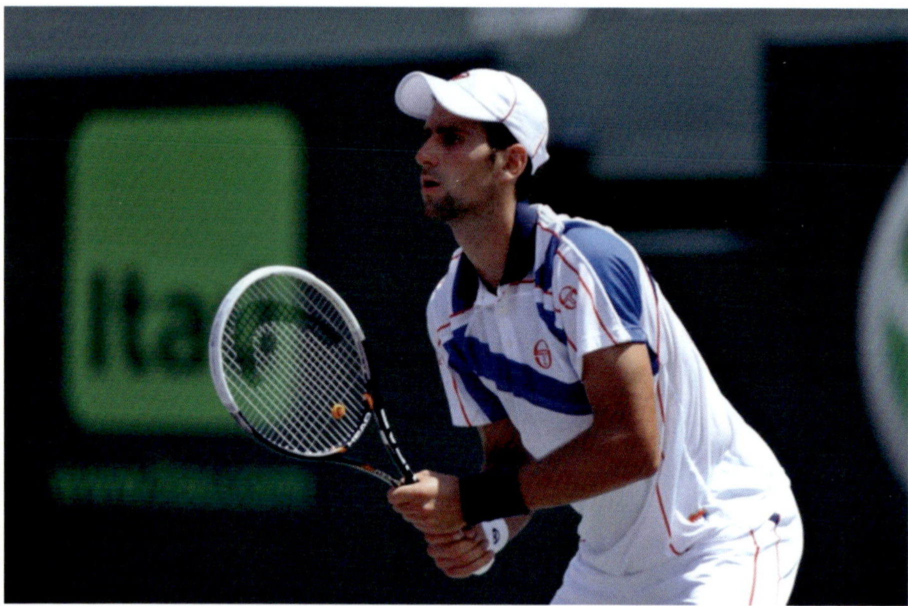

***Abb. 64:** Außergewöhnliche Konzentration*

**Zu 3.**: Je intensiver der Spieler in der Lage ist, Sinne und Gedanken auf die einzelnen Aktionen zu fokussieren, umso mehr steigt parallel die Fähigkeit, Störfaktoren auszublenden oder zu bewältigen. Eine mögliche Bewältigungstechnik von Störfaktoren (z. B. Geräusche oder Bewegungen) besteht bei vielen Spielern darin, diese Störungen als zusätzliche Herausforderungen zu betrachten, ihre Aufgaben besonders gut zu lösen, speziell nach dem Motto: „In jeder Situation sein Bestes geben!" So eine Einstellung können Spieler dann recht schnell erreichen, wenn ihnen klar geworden ist, dass sie auf das Sach- und Personenumfeld keinen Gestaltungseinfluss haben und es als gegebenes und reales Umfeld akzeptieren.

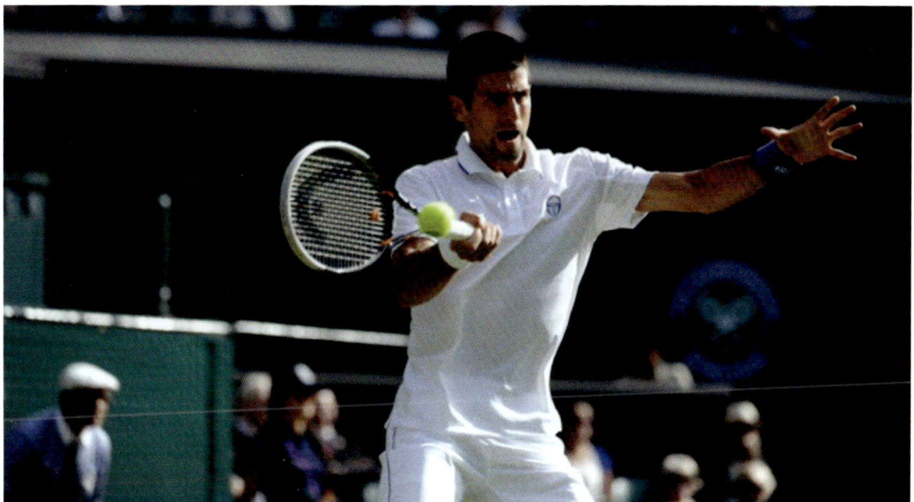

*Abb. 65: Hohe Stabilität*

In einer nachbereitenden Beratung wird die **ideale innere Einstellung** rückblickend bewertet. Es geht für den Spieler darum, herauszufinden, ob er im Match mit seiner mentalen und emotionalen Kontrollfähigkeit zufrieden war oder ob in bestimmten Matchabschnitten die Kontrollfähigkeit mangelhaft war und entsprechend trainiert werden muss. Kontrollschwerpunkte können sein: *Konzentration (gedanklich und visuell), Blickrichtung (oder Augen geschlossen), Atemtechnik, Selbstinstruktionen, positive Einstellung, Visualisierung und Rituale.*

Auch in den praktischen Trainingseinheiten sollten die Gespräche immer wieder stattfinden. Rückblickend auf die letzten Matcherfahrungen, werden Vor- und Nachteile bestimmter Verhaltensweisen besprochen und in der Vorschau auf das anstehende Match neue Gegebenheiten (Eigenheiten des Spielers, des Gegners, der Bälle und des Umfelds, des Tennisplatzes) berücksichtigt.

Das Training der mentalen Verhaltensweisen ist unter Berücksichtigung der individuellen Eigenheiten eines Spielers durchzuführen. Der Coach kann unterscheiden zwischen *kopflosen, gegnerunabhängigen, strategisch-disziplinierten und strategisch-intuitiven Spielweisen.*

- *Kopflose:* Weder die eigenen Stärken und Schwächen noch die des Gegners spielen eine Rolle; vorrangige Einstellung: „Entweder es kommt oder nicht."
- *Gegnerunabhängig:* Das eigene Spiel, die eigene Stärke steht im Vordergrund, die gegnerische Technik und Taktik ist eher zweitrangig.
- *Strategisch-diszipliniert:* Professionelle Einstellung, sich physisch und psychisch jederzeit zu verbessern; disziplinierte und programmierte Trainingseinheiten werden gewissenhaft durchgespielt.
- *Strategisch-intuitiv:* Die Vorbereitung und die Pausen sind durch analytische Reflexion gekennzeichnet und die Aktion ist durch Intuition und Improvisationsvermögen geprägt.

### *DURCHFÜHRUNGSTECHNIKEN*

Innerhalb der Durchführungstechniken unterscheiden wir Gespräch, Selbstgespräch, Selbstinstruktion, Visualisierungen, Observatives Training und Rituale.

*GESPRÄCH:* In der Beratung spielt das Gespräch zwischen Spieler, Coach, Trainer oder Freund (vgl. Agassi, 2009) eine herausragende Rolle. Hierbei gilt es, einen positiven geistig-seelischen Zustand und ein optimales inneres Leistungsklima, d. h. die **ideale innere Einstellung** herzustellen. In den Gesprächsinhalten geht es zunächst darum, Komponenten deutlich zu machen, die die Stärken des Spielers optimieren und zur **idealen inneren Einstellung** führen. Weiterhin werden Trainingsmittel und Regulationstechniken besprochen, die auf den individuellen Spieler zugeschnitten sind und dazu beitragen, ein optimales inneres Leistungsklima zu halten bzw. herbeizuführen.

Auf dem Tennisplatz kann das Kurzgespräch oder eine nonverbale Kommunikation über eingeübte Zeichen zwischen Coach und Spieler zur Optimierung der inneren Einstellung beitragen. Hierbei wird eine realistische positive Bewertung durch den Coach oder durch den Spieler selbst vorgenommen. Positiven Bewertungen können sich beziehen auf:

- bestimmte Schläge, z. B. spezielle Aufschlagstärke, besondere Returnfähigkeit, ausgeprägter Vorhandschuss oder Rückhandlonglinestärke;
- besondere Fähigkeiten, wie herausragende Beinarbeit, überdurchschnittliche Antizipations- und Reaktionsfähigkeit;
- spezielle Taktiken, wie variables Grundlinienspiel oder überragendes Angriffsspiel.

**Übung 1: Kurzgespräch**

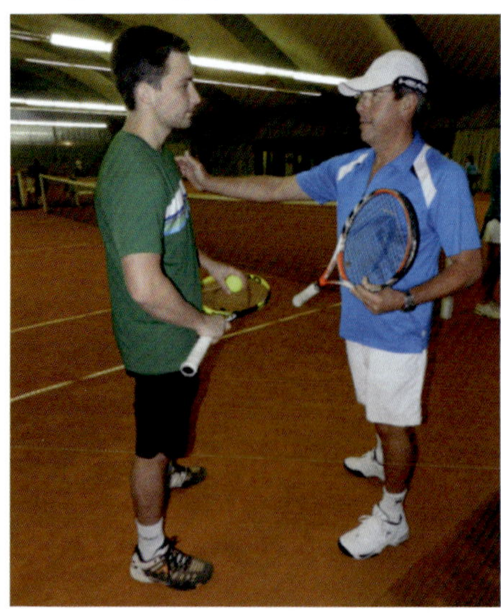

**Übung 2: Positive Bewertung**

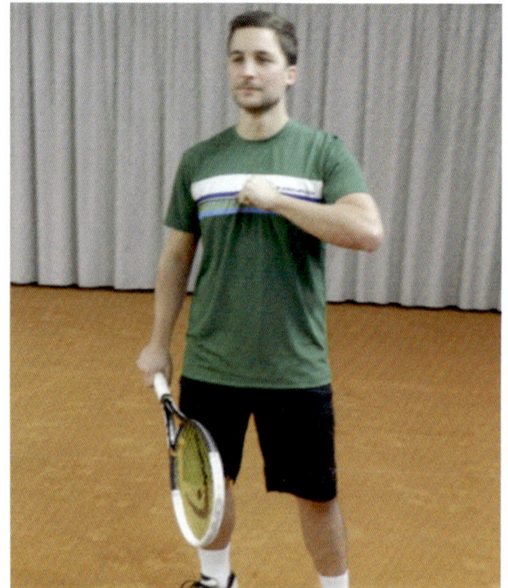

*SELBSTGESPRÄCH:* Da der Spieler im Wettkampf auf sich allein gestellt ist, muss er lernen, die gewonnenen Erkenntnisse zu verinnerlichen und eigenständig umzusetzen. Selbstgespräche und Selbstinstruktionen sind dazu geeignete Mittel. Gerade in kritischen Drucksituationen helfen positive Selbstgespräche und positive Selbstinstruktionen (im Training mit dem Coach einstudiert), ein hohes Konzentrationsniveau zu erhalten und somit die **ideale innere Einstellung** nicht zu verlieren. Negativ formulierte Instruktionen (z. B. „*Nicht* ins Netz schlagen!") sind dagegen kontraproduktiv und verleiten letztendlich dazu, genau den Fehler, der vermieden werden soll, zu begehen.

**Beispiele für positive Formulierungen:**

„Schlag den Ball über das Netz!"

„Du bist konditionell stark, du schaffst das letztendlich!"

„Wenn du unter Druck gerätst, ist das für dich ein zusätzlicher Ansporn, den Ball erst recht noch zurückzuspielen."

„Bewege deine Beine und setze deine starke Vorhand ein!"

„Gerade in brenzligen Situationen bist du ruhig und gelassen."

*SELBSTINSTRUKTION*

Die Selbstinstruktion kann planmäßig in drei Phasen angewendet werden:

**In der Vorbereitung des Spiels**

- Materielle Vorbereitung – Schläger, Bespannung, Griffband, Schuhe, Handtuch, Getränke/Ernährung überprüfen.
- Mentale Vorbereitung – sich auf den Platz einstellen, Strategien unter Berücksichtigung des eigenen Spiels, auf den aktuellen Gegner bezogen auswählen.

**Während des Spiels**

- Konzentration im Ballwechsel: „Ballflug anschauen", „Balltreffpunkt anhören" oder „Balltreffpunkt erfühlen"
- Aufmerksamkeitsregulierung in den Pausen: „Gang zum Handtuch", „Bespannung richten"
- Konzentration unmittelbar vor dem nächsten Punkt: Ruhige Minihandlung: siehe „Rituale" (S. 178)
- Augenkontrolle: „Auf die Füße, die Linien oder die Schlägerbespannung schauen."
- Fehlerbewältigung: „Sich den Idealschlag vorstellen und ihn gleichzeitig ‚trocken' nachspielen."
- Punktvorbereitung: In spielentscheidenden Phasen Vorsätze verbalisieren, z. B. „Big Point", „Attacke" oder: „Auf geht's!" (zusätzlicher Motivationsschub).

**In der Nachbereitung des Spiels**

Folgende Verhaltensweisen können abgefragt werden (allein oder gemeinsam mit dem Coach):

- Blick: Blickrichtung unter Kontrolle – unkontrolliertes Umherschweifen der Augen?
- Atmung: Atemtechnik wird angemessen reguliert – belastende Atemtechnik?
- Selbstinstruktionen: Passende, aufbauende Selbstgespräche – negative Selbstgespräche?
- Fehlerbewältigung: Gelungene Verarbeitung – nachhaltende negative Gedanken und Gefühle?
- Visualisierung: Unterstützende Vorstellungsbilder – störende Wirkung für die nachfolgende Aktion?
- Rituale: Hohe Effektivität – nutzlose Aktivität?
- Positive Einstellung: Wird starke positive Energie empfunden – beherrschen Selbstzweifel die Denkweise?

*VISUALISIERUNG:* Unter der *Visualisierungstechnik* ist die Fertigkeit zu verstehen, eine eigene Einzelaktion in einem Bild oder den eigenen kompletten Bewegungsablauf in einem geistigen Film sich intensiv vorzustellen, ohne die Bewegung tatsächlich auszuführen. Intensive Vorstellung bedeutet, dass Sinne, Empfindungen und Gefühle beteiligt sind. Stets gleichbleibende Bewegungsabläufe, wie die Aufschlagtechnik (weil gegnerunabhängig), ermöglichen ohne Umstände ein systematisches Visualisierungstraining = ideomotorisches Training. Andere Schlagtechniken dagegen variieren in der Ausführung (weil gegnerabhängig) und müssen im Vorstellungsbild entsprechend modifiziert gestaltet werden. Damit die Vorstellungsbilder im Wettkampf angemessene Effekte (Konzentration, Entschlossenheit) erzielen können, müssen sie im Training regelmäßig geübt werden. Es ist sinnvoll, die Trainingsübungen zu unterscheiden in

- Erstellung und Gestaltung von Vorstellungsbildern eigener Schlagtechniken unmittelbar vor oder nach dem Schlag, ggf. mit einem zusätzlichen „Trockenschlag";
- intensive Vorstellung ohne tatsächliche Durchführung der eigenen Schlagabläufe oder der eigenen Spielzüge oder des eigenen Spielverhaltens beim Seitenwechsel;
- Beobachten der Schlagtechniken anderer Spieler (Technikverbesserung über Parameterisierung).

**Übung 3: Trockenübung nach dem Schlag**

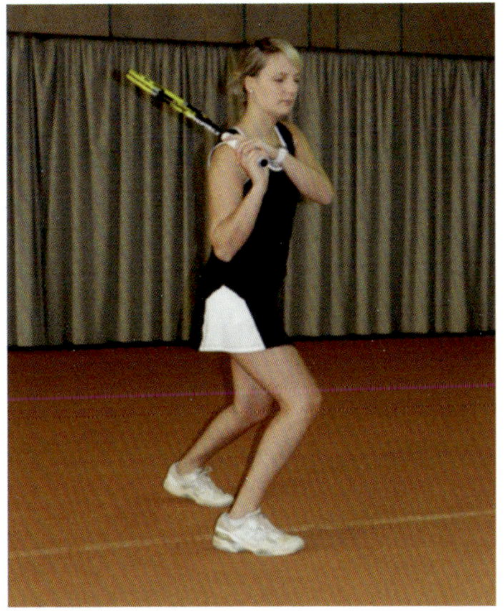

**Übung 4: Visualisierung beim Seitenwechsel**

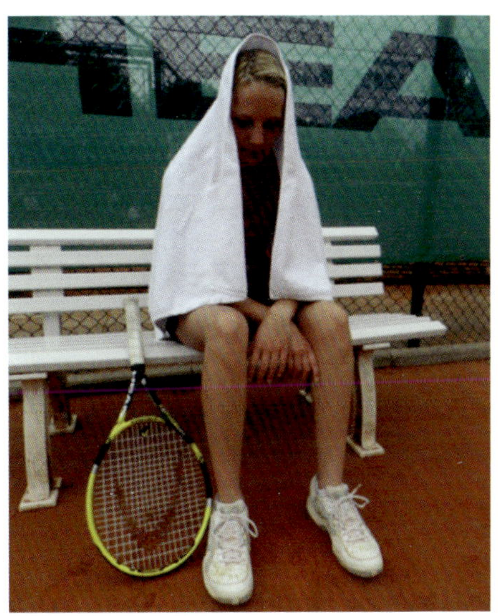

*OBSERVATIVES TRAINING:* **Observatives Training** heißt Schlagabläufe, Spielzüge sowie Spielverhalten anderer Spieler planmäßig und intensiv zu beobachten, um anschließend über Parameterisierungseffekte Verbesserungen im eigenen Schlag- und Spielverhalten zu erzielen. Die Wirkung ist neben der motorischen Erfahrung des Beobachters abhängig vom Beobachtungsstandpunkt (Entfernung, Blickwinkel) und der Häufigkeit sowie der Intensität der Betrachtung. Außerdem erhöht das Beobachten und Imitieren spielstärkerer Lieblingsspieler die Motivation und die Wirkungen. Zusätzlich können Erläuterungen des Trainers während der Beobachtung die Aufnahmefähigkeit vereinfachen und intensivieren, indem bestimmte Beobachtungsschwerpunkte herausgestellt werden, z. B. Art und Weise der Schlagbewegung sowie die Lokalisierung des Treffpunkts (Abb. 66 und 67). Grundsätzlich kann observatives Training an Fotoserien, Videos oder Livedemonstrationen durchgeführt werden, wobei Letztere bekanntermaßen eine höhere Motivierungs- sowie Parameterisierungseffizienz aufweisen (Lammers, 2012).

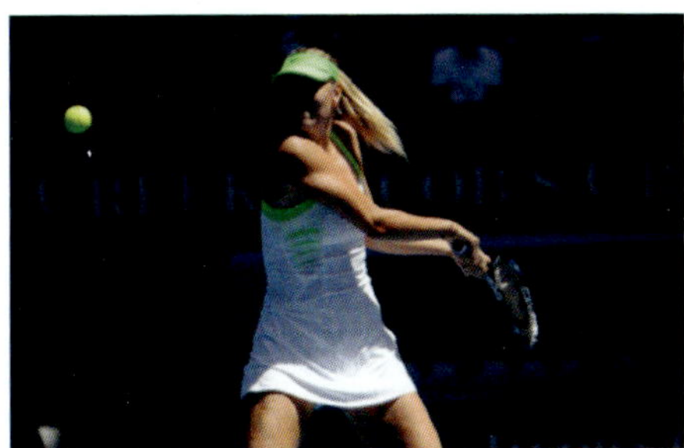

***Abb. 66:** „Schwerpunkt Zuschlag"*

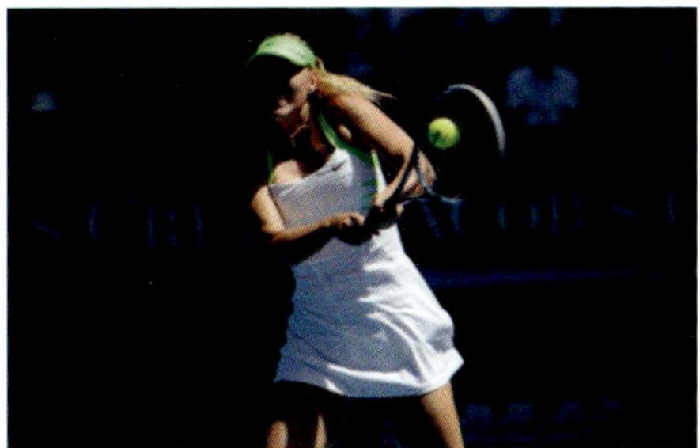

***Abb. 67:** „Schwerpunkt Treffpunkt"*

*RITUALE:* Rituale sind Psychoregulationstechniken, die entweder vom Spieler selbst – bewusst oder unbewusst – entwickelt worden sind oder gemeinsam mit einem Coach ausgewählt wurden, um die **ideale innere Einstellung** zu erhalten bzw. zu erreichen. Sichtbares Kennzeichen eines Rituals ist eine minimale körperliche Aktivität, die nach innen und nach außen Ruhe und Gelassenheit signalisiert. Die Ruhe (nicht wütend zu sein) ist neben der Fokussierung der Sinne und der Gedanken eine wesentliche Voraussetzung für eine optimale Konzentration. Im Tennis können zwei unterschiedlich wirkende Rituale zum Einsatz kommen:

1. Rituale, die unmittelbar nach einem Ballwechsel die Gelassenheit und die optimale Leistungsbereitschaft erhalten;
2. Rituale, die in Pausen beim Seitenwechsel nach einer Entspannungsphase die optimale Leistungsbereitschaft wiederherstellen.

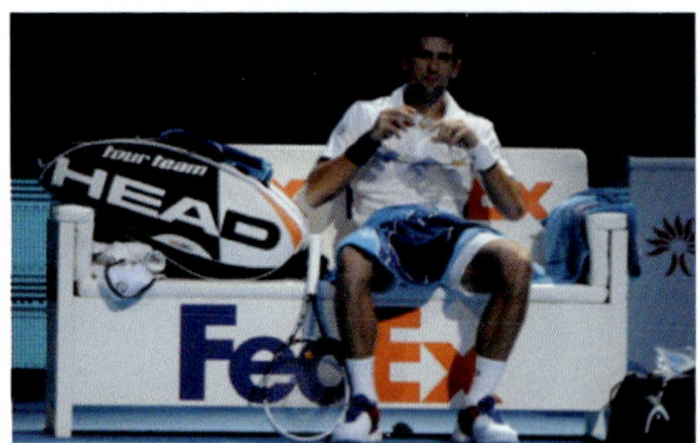


*Abb. 68: Ritual beim Seitenwechsel*

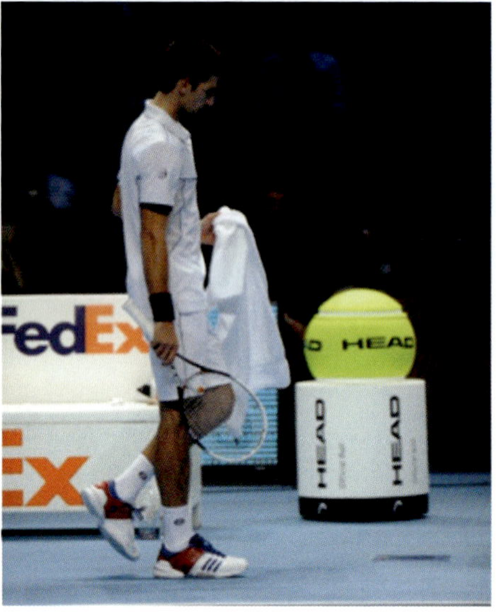


*Abb. 69: Ritual zwischen den Ballwechseln*

Die nachfolgend vorgestellten Verhaltensweisen sind nach dem Verlauf der Pausengestaltung geordnet. Sie stellen allerdings nicht unbedingt ein fertiges Rezept dar, sondern sollten ggf. vom Coach oder vom Spieler selbst (entsprechend seinen individuellen Eigenheiten) modifiziert werden.

Optimierung der effektiven Pausengestaltung zwischen den Ballwechseln (20 s Dauer):

1. Wie verarbeitet der Spieler den gerade beendeten Ballwechsel?
2. Wie gelingt es dem Spieler, sich abzulenken?
3. Wie schafft es der Spieler, sich aussichtsreich auf den nachfolgenden Ballwechsel zu konzentrieren?

**Zu 1.**: Die emotionalen Spannungen nach einem Ballwechsel sollten durch gedankliches und motorisches Abhaken verarbeitet werden. Beispielsweise nach einem Punktgewinn: kurze Affirmation/Bestätigung: verbal: „Gut gemacht!" und motorisch: „Faust!" (**Übung 5**). Bei Punktverlust: verbal: „nobody is perfekt" und motorisch: „Kopf hoch".

**Zu 2.**: Eine zusätzliche Verarbeitungshilfe zwischen den Ballwechseln ist eine entspannende und zugleich konzentrationserhaltende motorische Aktivität wie z. B. „Blick auf die Bespannung und mit den Fingern die Saiten richten" (**Übung 6**) oder „Gang zum Handtuch" (**Übung 7**), „Abtrocknen" und/oder „Handtuch wegbringen".

**Zu 3.**: Der Aufbau der Konzentration auf den nachfolgenden Ballwechsel geschieht durch körperliche Aktivierung: Anspannen der Muskulatur, auf der Stelle hüpfen und/oder mit der Faust auf das Brustbein klopfen sowie durch gedankliche Fokussierung auf die nächste Aktion: Vorstellungsbild zum Aufschlag oder zum Return (**Übung 8**).

**Übung 5: Faust – gut gemacht**

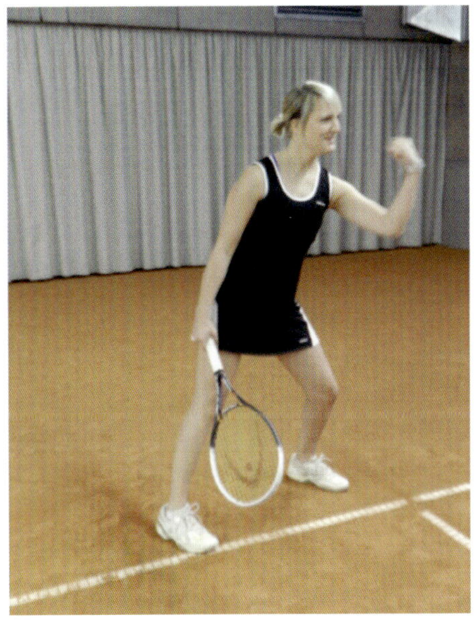

**Übung 6: Saiten ordnen – zur Ruhe kommen**

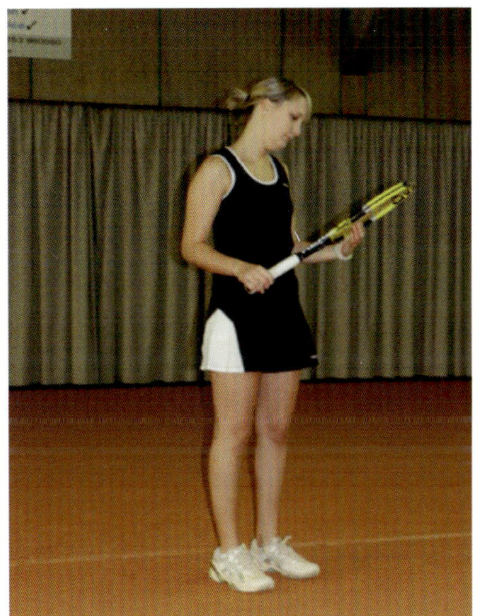

**Übung 7: Gang zum Handtuch – Ablenken**

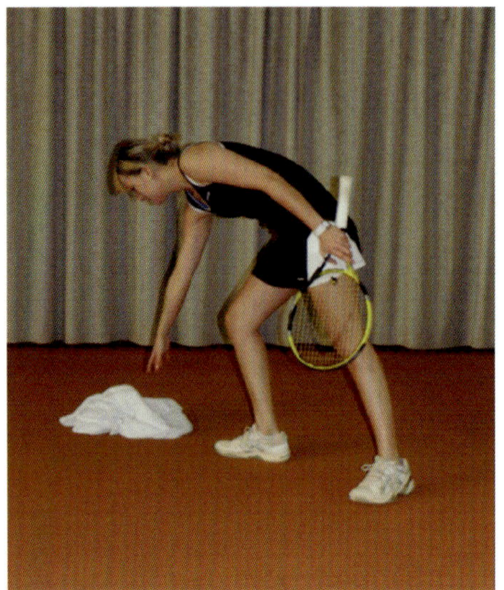

**Übung 8: Sich aufmuntern**

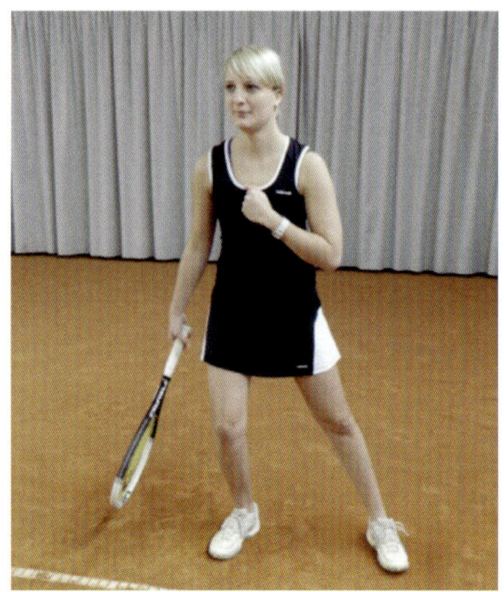

Optimierung der Pausengestaltung beim Seitenwechsel (90 s Dauer):

1. Wie verarbeitet der Spieler den gerade beendeten Ballwechsel? (**Phase I**) (s. auch Nr. 1 – Pausengestaltung zwischen den Ballwechseln)
2. Wie gelingt es dem Spieler zu entspannen? (**Phase II**)
3. Wie erreicht der Spieler wieder die nötige Anspannung? (**Phase III**)
4. Wie schafft es der Spieler, sich aussichtsreich auf den nachfolgenden Ballwechsel zu konzentrieren? (**Phase IV**)

**Phase I:** Die emotionalen Spannungen auf dem Weg zum Seitenwechsel sollten durch gedankliches und motorisches „Abhaken" verarbeitet werden: **bei Punktgewinn**: kurze Bestätigung z. B. „Schläger in die Nicht-Schlaghand wechseln und Klaps auf den Oberschenkel"; **bei Punktverlust:** „Kopf hoch" z. B. Selbstgespräch: „nobody is perfekt". Eine zusätzliche Verarbeitungshilfe ist der entspannende Gang zur Bank, zum Handtuch, das Abtrocknen und Trinken. Das Auslockern der Bein- und Armmuskulatur dient ebenso der Entspannungsphase wie die Atemtechnik (z. B. 1x ein- und 2x ausatmen).

**Phase II:** In der entspannten Phase erfolgt dann die Selbstinstruktion (z. B. „früher ausholen") oder die Coachinformation (z. B. „vermehrt in die Rückhandecke platzieren").

**Phase III:** In der nachfolgenden Vorbereitungsphase auf den nächsten Ballwechsel muss die nötige Spannung wieder aufgebaut werden, d. h. körperlich, gedanklich und gefühlsmäßig wird die unmittelbar bevorstehende Aufgabe (Aufschlag oder Return) fokussiert. Körperlich z. B. durch Anspannung der Muskulatur, durch kurze, energische Bewegung (z. B. Hüpfformen) durch beschleunigte Atemtechnik). Und psychisch durch Visualisierung: Über ein geübtes Vorstellungsbild zum beabsichtigten Aufschlagverhalten oder Returnverhalten wird die Konzentrationsphase eingeleitet. Eine über ein erfolgreiches Training erworbene Bildvorstellung gewährleistet zwei wesentliche Komponenten einer guten Konzentration: Durch das intensive Vorstellen wird einerseits das Aufkommen negativer Gedanken verhindert und andererseits ermöglicht das im Geiste vorgestellte und fest vorgenommene Spielverhalten eine nachfolgend resolute Aktion, die idealerweise ohne störende Gedanken und Gefühle durchgeführt werden kann.

**Phase IV:** Hierzu tragen wesentlich die Rituale bei, die unmittelbar vor Aktionsbeginn ausgeführt werden: z. B. „Haare ordnen", „am Hemd/Hose zupfen", „Klapps auf den Oberschenkel, „Klopfen aufs Brustbein", „mit Schläger eine Linie berühren". Solche erlernten oder unbewussten Rituale sind der Auftakt zum absolut konzentrierten Spielen.

**Übung 9: Abhaken – auf dem Weg zur Bank**

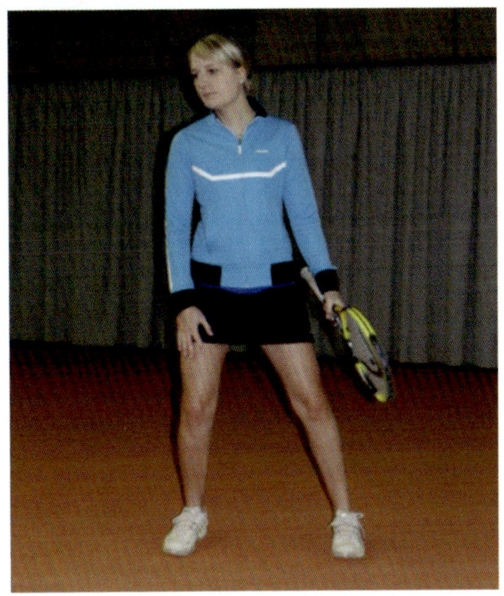

**Übung 11: Aktivieren – auf dem Weg zum Aufschlag**

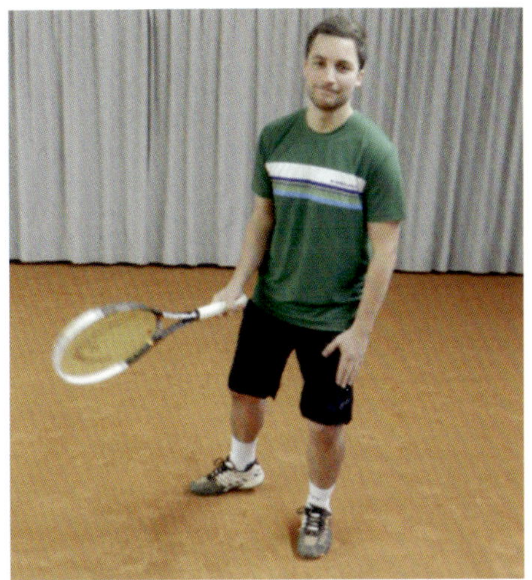

**Übung 10: Entspannen – Instruieren**

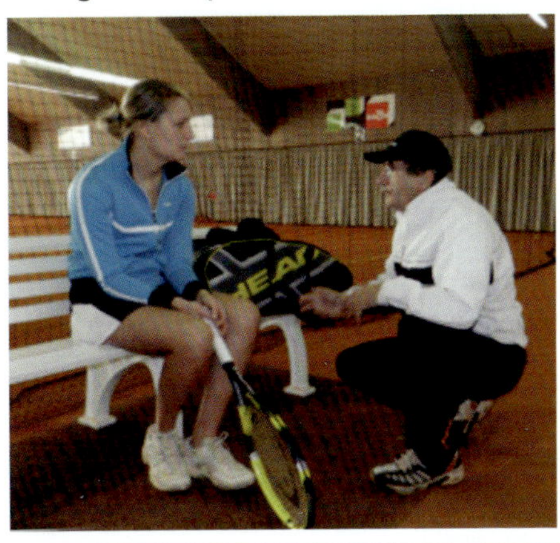


**Übung 12: Ab jetzt – spielen lassen**

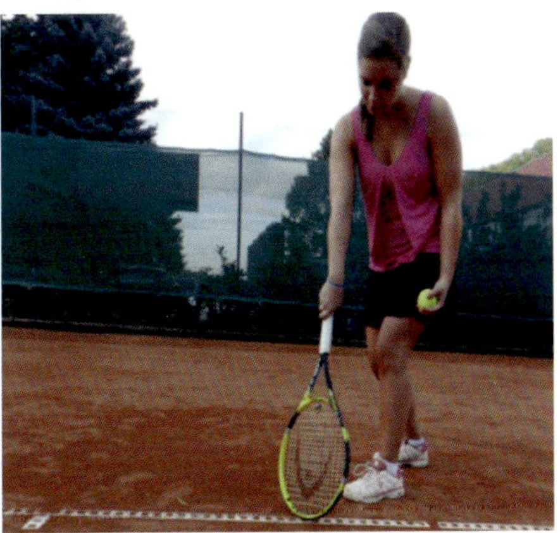

## 4.2.2 Mentaltraining auf dem Platz

*TRAININGSSYSTEMATIK*

Die nachfolgend vorgestellten Trainingsformen werden nach den Teilkomponenten (Abb. 62) gegliedert:

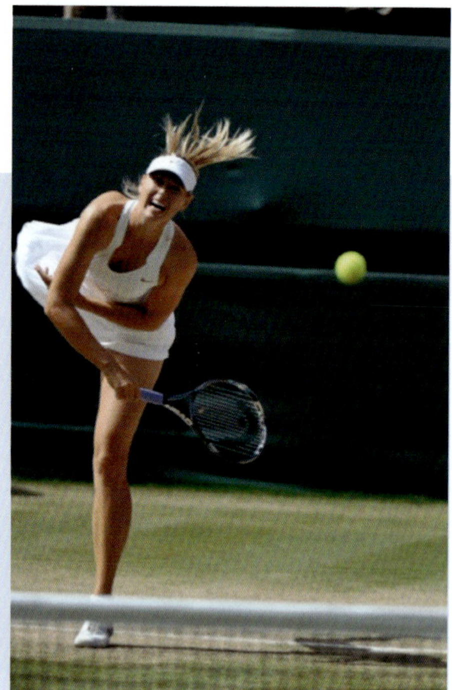

*DENKEN UND STEUERN*

1. Wahrnehmung und Antizipation: Ausbildung und Verbesserung der visuellen, kinästhetischen und akustischen Wahrnehmung = sinnenorientiertes Training sowie der mentalen Handlungs- und Bewegungsvorwegnahme.
2. Aufmerksamkeit und Visualisierung: Ausbildung und Verbesserung der Aufmerksamkeitsregulation und der Vorstellungsprozesse.

*FÜHLEN UND WOLLEN*

1. Zielsetzung und Selbstvertrauen: Ausbildung und Verbesserung einer realistischen Selbsteinschätzung und Trainieren unter psychischem Druck.
2. Geduld und Beharrlichkeit: Ausbildung und Verbesserung von Durchhaltewillen und Kampfgeist.

Eine weitere Auswahl psychologisch orientierter Trainingsformen findet sich in Gabler und Maier (1998), Jekauc (2012), Nittinger (2009) und Wüstholz (2011).

Das psychologisch orientierte Training dient zum einen der Optimierung beziehungsweise Vervollständigung von Fähigkeiten und Fertigkeiten (Funktionstraining) und zum anderen der Stabilisierung vorhandener Stärken (Stabilisierungstraining). Die Hauptaufgabe des Trainers ist es, abzuwägen, wie viel Trainingszeit dem Funktionstraining und wie viel dem Stabilisierungstraining gewidmet werden muss.

Allgemeine Empfehlungen können je nach Spielstärke gegeben werden. Während sich in der Weltklasse der überwiegende Teil der Trainingseinheiten mit dem Ausbau der Stärken befasst (Stabilisierungstraining), hat in den niedrigen Spielklassen (z. B. Verbandsklasse) das Beseitigen von Schwächen im Sinne einer Komplettierung von Leistungsvoraussetzungen (Funktionstraining) eine mindestens gleichwertige Bedeutung und muss entsprechend häufiger angewandt werden.

Im Interesse eines effektiveren Trainingsablaufs sollten selbstverständlich allgemeine methodische Prinzipien (z. B. keine Über- oder Unterforderung) beachtet werden. Weiterhin hat sich gezeigt, dass bei zahlreichen Spielern Matchformen eine höhere Akzeptanz erfahren als reine Übungsformen ohne Wettkampfcharakter. Letztere erfordern zur Aufrechterhaltung der Trainingsmotivation häufiger die Vermittlung und die Begründung ihrer Notwendigkeit durch den Trainer.

Die Effektivität der Trainingsformen bezüglich ihrer vorgegebenen psychologischen Ziele ist in der Regel abhängig von der Leistungsfähigkeit der Spieler. Schwächere Spieler entschuldigen eigene Fehler gerne und teilweise zu Recht mit ihrem Technikdefizit. Dagegen sind leistungsstärkere Spieler (z. B. Oberligaspieler) in der Lage, die Wirksamkeit psychologisch orientierter Trainingsformen von reinen Technikformen deutlich zu differenzieren. Effektivität und Akzeptanz des Trainings erhöhen sich zusätzlich durch den **individuellen Zuschnitt** der Trainingsschwerpunkte auf Spielanlage und Bedürfnisse des einzelnen Spielers.

## *TRAININGSFORMEN*

### *DENKEN UND STEUERN*

#### Übung 13: Den Aufschlag lesen

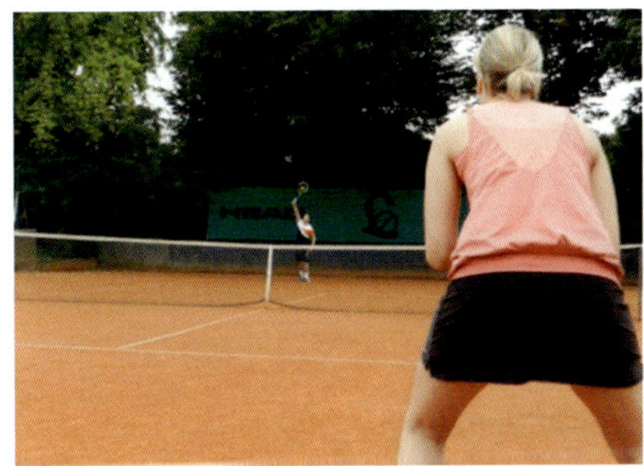

**Ziele:**

- Visuelle Wahrnehmungsfähigkeit
- Signal- und Situationsantizipation beim Return

**Ablauf:**

Der Aufschläger gibt vor seinem Aufschlag bekannt, in welche Richtung er aufschlägt: Vorhand- oder Rückhandseite. Der Rückschläger soll durch genaues Beobachten der Bewegung des Aufschlägers herausfinden, welche Bewegungsphasen (Signale) sich bei Veränderung der Aufschlagrichtung ändern. Die Lenkung der Blickrichtung wird zunächst vom Trainer gesteuert (z. B. Art und Weise des Ballhochwurfs, Schulterdrehung, Zuschlagbewegung oder Stellung der Schlägerfläche). Später soll der Returnspieler selbst herausfinden, wo bei dem jeweiligen Aufschläger die Signale zur Richtungsänderung zu erkennen sind und die Ansage der geplanten Aufschlagrichtung fällt weg.

**Dauer/Umfang:**

10 Aufschläge zu jeder Seite; Aufgabenwechsel nach jeweils 10 Aufschlägen.

**Variationen:**

- Der Returnspieler spielt diese Form hintereinander gegen mehrere Aufschläger mit unterschiedlicher Aufschlagtechnik; anschließende Besprechung der Wahrnehmungsinhalte mit dem Trainer.
- Der Aufschläger verändert Aufschlagart (Unterscheidung zwischen Slice, Kick und geradem Aufschlag) und Aufschlagtaktik (Erkennen eines Netzangriffs).

### Übung 14: Den Aufschlag lesen zu zweit

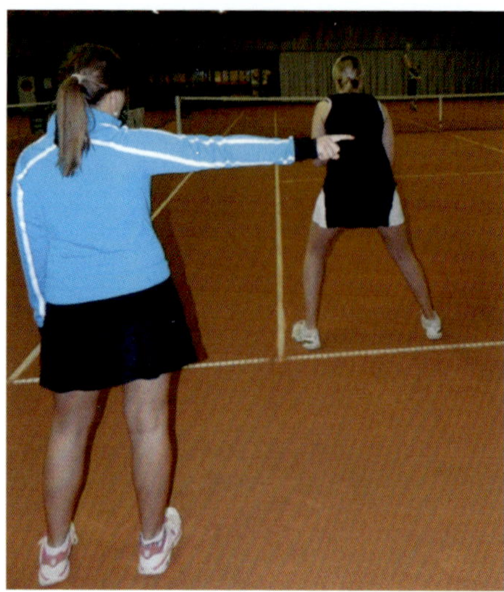

**Ziele:**

- Visuelle Wahrnehmungsfähigkeit
- Signal- und Situationsantizipation beim Return

**Ablauf:**

Spieler A schlägt auf, Spieler B und C trainieren gleichzeitig unterschiedliche Returnaufgaben: B retourniert aktiv, C übt den Return mental und dokumentiert seine Antizipation, indem er die Aufschlagrichtung exakt in dem Moment anzeigt, in dem der Aufschläger den Ball trifft. Hierzu richtet C deutlich sichtbar den gestreckten Arm nach außen. Nach 10 Aufschlägen wechseln die Returnaufgaben.

**Dauer/Umfang:**

10 Aufschläge zu jeder Seite; nach jeweils fünf Aufschlägen wechseln „Returnspieler" und „Anzeiger" ihrer Position.

**Variation:**

- Durchführung als Spielform: Welcher Spieler zeigt am häufigsten die korrekte Aufschlagrichtung an?

### Übung 15: Den Passierball lesen

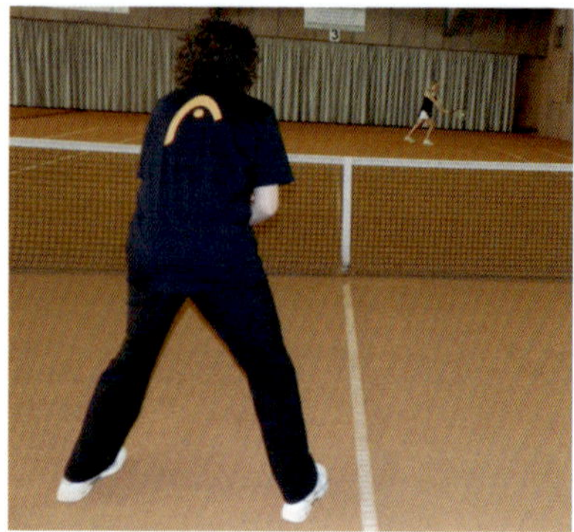

**Ziele:**

- Visuelle Wahrnehmungsfähigkeit
- Signal- und Situationsantizipation beim Angriff

**Ablauf:**

Aus einem Grundlinienduell startet ein Spieler einen Angriff longline auf seinen Gegner. Dieser hat die Vorgabe, im Wechsel cross und longline zu passieren. Der Angreifer muss herausfinden, welche Signale bei seinem Gegner (z. B. Laufform, Oberkörperhaltung, zu erwartende Schlagart) für die Passierballrichtung von Bedeutung sind.

**Dauer/Umfang:**

Nach fünf Durchgängen Besprechung mit dem Trainer; nach weiteren fünf Ballwechseln Aufgabenwechsel

**Variationen:**

- Der Angreifer spielt nacheinander gegen verschiedene Passierballspieler.
- Der Passierballspieler darf auch den Lob einsetzen.
- Veränderung der Angriffsrichtung (longline, cross oder durch die Mitte)
- Veränderung der Angriffstechnik (Slice oder Topspin)

### Übung 16: Den Angriff lesen

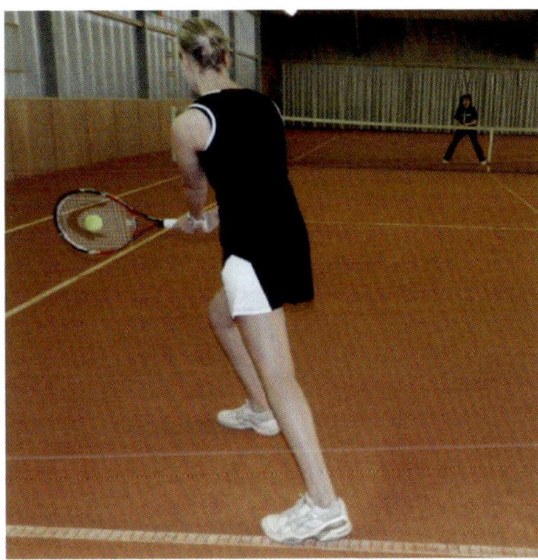

**Ziele:**

- Visuelle Wahrnehmungsfähigkeit
- Signal- und Situationsantizipation beim Passierball

**Ablauf:**

Aus einem Grundlinienduell wird der Verteidigungsspieler auf der Rückhandseite angegriffen. Er muss herausfinden, welche Signale des Angreifers (Laufrichtung und Angriffsposition) für die eigene Aktion von Bedeutung sind. Bei einer Angriffsposition links vom T-Kreuz empfiehlt sich eher ein Passierball longline, während bei einer Angriffsposition dicht am Netz eher ein Lob angebracht ist.

**Dauer/Umfang:**

Nach fünf Durchgängen Besprechung mit dem Trainer; nach weiteren fünf Ballwechseln Aufgabenwechsel

**Variation:**

- Der Angreifer variiert gezielt seine Netzposition (nah am Netz, T-Linie). Der Angriff erfolgt auf VH, RH oder in die Mitte.

### Übung 17: Blinde Kuh

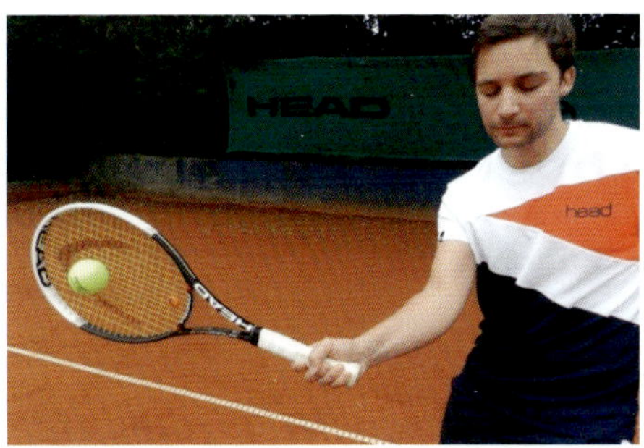


**Ziele:**

- Verbesserung der kinästhetischen Wahrnehmung (Ballgefühl)
- Training des Gleichgewichts- sowie des Rhythmusgefühls

**Ablauf:**

Die Spieler spielen miteinander Grundschläge. Exakt zum Treffpunkt des Balls schließen sie kurz die Augen, um den Ball blind zu spielen. Die Spieler erklären nach einigen Schlägen, was sie beim Treffen empfunden haben und wie und wo auf der Schlägerfläche sie den Ball getroffen haben.

**Dauer/Umfang:**

6 min (nach jeweils zwei Minuten werden die Aufgaben gewechselt).

**Variationen:**

- Die Augen werden zu unterschiedlichen Zeitpunkten geschlossen (kurz vor dem Treffpunkt; zum Zeitpunkt des Ballauftippens am Boden).
- Lobs, Volleys, Stoppbälle und Aufschläge mit geschlossenen Augen

### Übung 18: Grifffestigkeit

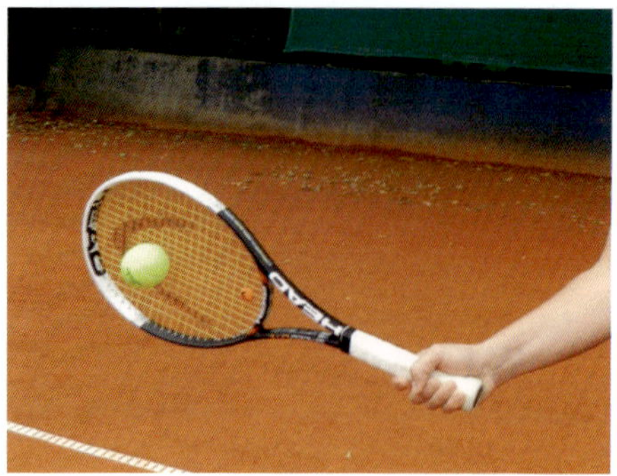


**Ziele:**

- Optimierung der situativen Anpassung der Grifffestigkeit
- Verbesserung der kinästhetischen Wahrnehmung (Schlagempfinden)

**Ablauf:**

Auf dosiertes Zuspiel des Trainers (oder Spielpartners) schlägt der Spieler VH und RH mit vorgegebener Energie (erster Gang, zweiter Gang oder dritter Gang) zurück. Dabei hat er die Aufgabe, unmittelbar nach dem Schlag die Grifffestigkeit auf einer Skala von 1-5 zu bewerten (1 = sehr locker, 2 = locker, 3 = mittel, 4 = fest, 5 = sehr fest)

**Dauer/Umfang:**

5-10 min (je nach Motivation der Spieler)

**Variationen:**

- Der Trainer variiert das Zuspiel in Geschwindigkeit, Drall und Höhe.
- Durchführung am Netz mit Volleys
- Bewertung der Grifffestigkeit bei Aufschlägen (bei unterschiedlichen Techniken: gerader Aufschlag, Slice und Kick)

### Übung 19: Taube Nuss

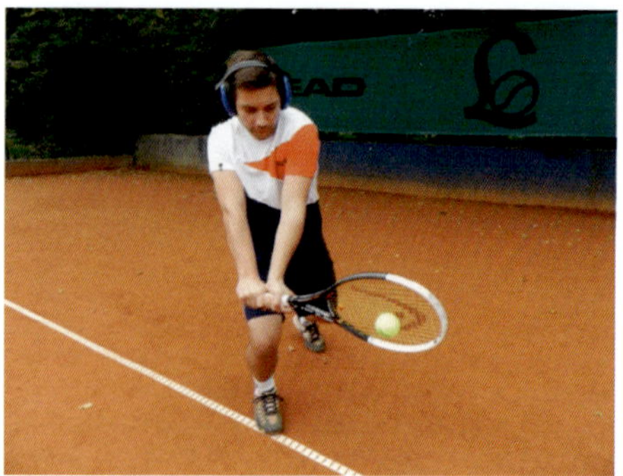

**Ziele:**

- Intensivierung der visuellen Wahrnehmung (exaktes Gegner- und Ballbeobachten)
- Verbesserung der kinästhetischen Wahrnehmung (Gefühl).

**Ablauf:**

Zwei Spieler schlagen Grundlinienbälle (oder spielen Punkte) aus. Sie tragen dabei Ohropax®, Ohrenschützer oder Kopfhörer. Der Hörsinn wird entweder vollständig ausgeschaltet oder gestört (z. B. durch spielen einer selbst gewählten Musik).

**Dauer/Umfang:**

10 min (je nach Motivation der Schüler)

**Variationen:**

- Der Spieler führt während des Bälleschlagens ein Gespräch mit einem neben ihm stehenden Partner.
- Der Trainer stellt von außen Rechenaufgaben während des Bälleschlagens.

### Übung 20: Flug-Tipp-Hit

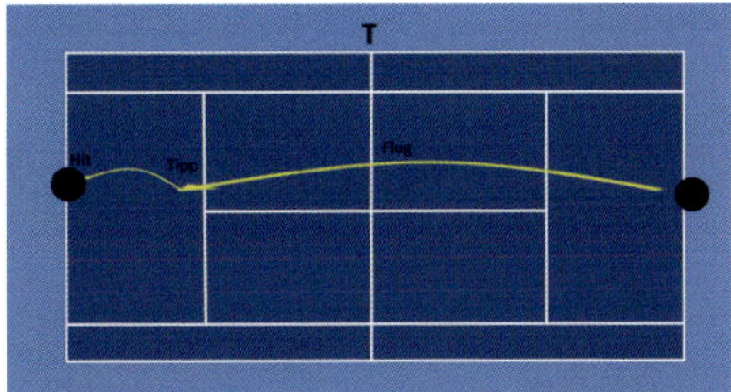


**Ziele:**

- Verbesserung von Schlagrhythmus sowie Konzentrationsschulung
- Aufmerksamkeitsregulierung mithilfe der Verbalisierung

**Ablauf:**

Zwei Spieler spielen Ballwechsel von der T-Linie bzw. von der Grundlinie. Sie haben die Aufgabe, den Ballwechsel synchron mit folgenden Worten zu kommentieren:

- „Flug" – während des anfliegenden Balls;
- „Tipp" – im Moment des Ballaufsprungs;
- „Hit" – im Moment des Balltreffens.

**Dauer/Umfang:**

10 min (je nach Motivation der Schüler)

**Variationen:**

- Lediglich Ballaufsprung und Balltreffen werden verbalisiert.
- Variation von Schlaghärte und Flughöhe des Balls im Ablauf eines Ballwechsels

### Übung 21: Mit zweien

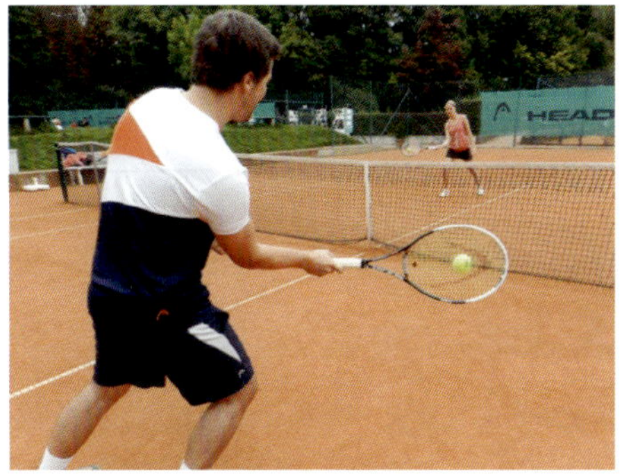


**Ziele:**

- Konzentration
- Koordination (Schlagrhythmus, Orientierung und Differenzierung)

**Ablauf:**

Zwei Spieler spielen von T-Linie zu T-Linie bzw. Grundlinie zu Grundlinie mit zwei gleichen oder zwei unterschiedlichen Bällen gleichzeitig möglichst viele Ballwechsel. Der zweite Ball wird während der Schlagbewegung des Gegners ins Spiel gebracht.

**Dauer/Umfang:**

5-10 min (je nach Motivation der Schüler)

**Tipp:**

- Durchführung als Spielform: Welches Paar erzielt in einer vorgegebenen Zeit die meisten Ballwechsel?

**Variationen:**

- Übungsdurchführung zu dritt
- Schlagrichtungswechsel cross oder longline
- Zusätzlich auf Zielmarkierungen spielen.

### Übung 22: Atmung

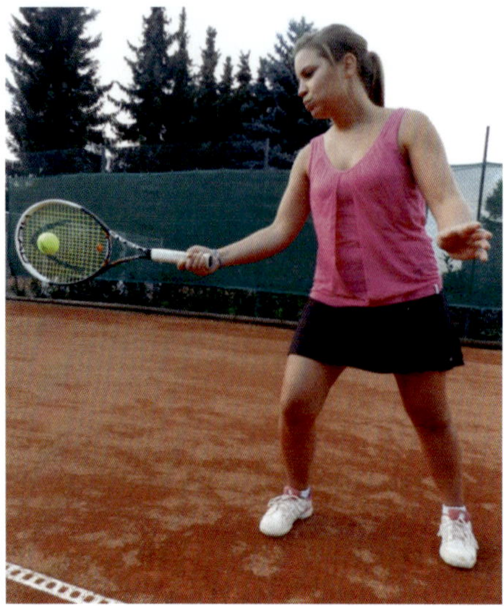

**Ziele:**

- Aufmerksamkeitsregulierung mithilfe der Atmung
- Verbesserung der Energieübertragung und des Schlagrhythmus

**Ablauf:**

Zwei Spieler schlagen Bälle von der Grundlinie. Sie haben die Aufgabe, die Schlagtechnik bewusst mit der Atmung zu kombinieren. Dabei bedeutet Ballanflug und Ausholbewegung = einatmen; Schlag und Treffpunkt = ausatmen.

**Tipp:**

Im Treffpunkt den Ball anpusten.

**Dauer/Umfang:**

Ca. 5 min (je nach Motivation der Schüler)

**Variationen:**

- Den Treffpunkt laut hörbar anpusten.
- Intensivierung des Treffens durch einen kurzen Schrei

### Übung 23: Mentalaufschlag

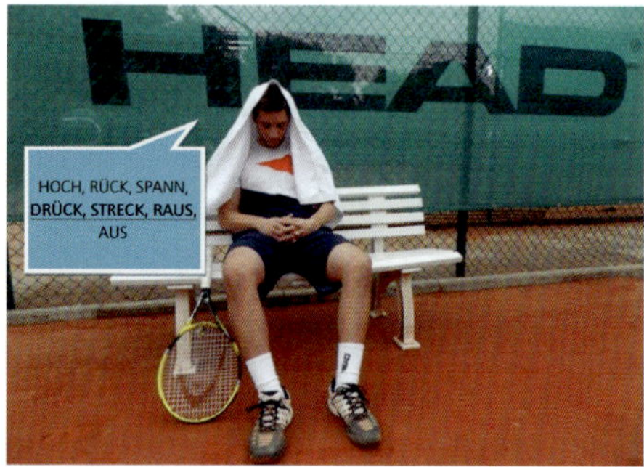


**Ziele:**

- Verbesserung der Bewegungsvorstellung und des Bewegungsempfindens
- Optimierung des Trainings durch Verknüpfung von praktischer und mentaler Übung

**Ablauf:**

Nach einem praktischen Aufschlagtrainings- zur Schlägerkopfbeschleunigung setzt sich der Spieler auf die Bank und stellt sich mental seie Aufschlagsbewegung (verbale Schlagworte) und betont speziell die Schlagworte zur „Beschleunigung“:

- Ballhochwurf = „hoch“
- Kniebeugung & Bogenspannung = „spann“
- Ausholen = „rück“
- Kräftiger Abdruck von den Füßen = „drück“
- Dynamische Auflösung der Bogenspannung = „streck“
- Explosives Beschleunigen des Schlägerkopfs = „raus“
- Ausschwung = „aus“

**Dauer/Umfang:**

16 Aufschläge praktisch, einmal mental

**Tipps:**

- Akustische Abschottung (z. B. Handtuch)
- Mit geschlossenen Augen

### Übung 24: Passing Fokus

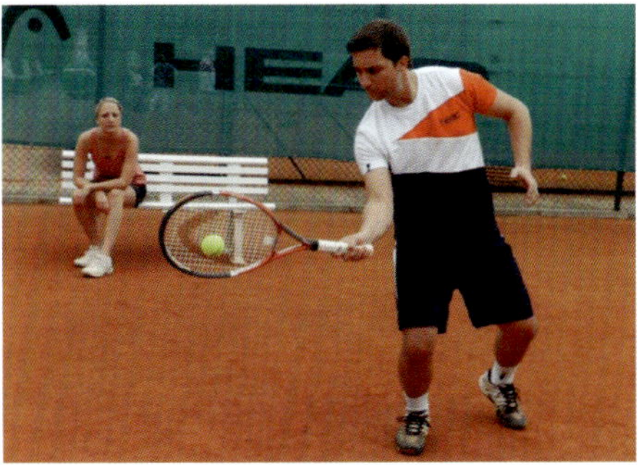

**Ziele:**

- Verbesserung der bildhaften Bewegungsvorstellung und des Bewegungsempfindens (Visualisierung)
- Verbesserung des Lernprozesses durch die Kombination von praktischer und mentaler Übungsabfolge

**Ablauf:**

Die Spieler stehen in der RH -Ecke und starten nach einem Trainerzuspiel in die Gegenrichtung zu einem Passierball mit der VH. Jeweils ein Spieler befindet sich unmittelbar hinter dem Passierballspieler und verfolgt konzentriert den Bewegungsablauf des Passierball-Spielers. Mithilfe der mentalen Visualisierung der Passierballsituation sieht er sich im Geiste selbst den Passierball ausführen.

**Dauer/Umfang:**

10-15 min (jeweils ein Spieler übt für 6-8 Schläge mental)

**Tipp:**

- Verbalisierung des Bewegungsablaufs mit Schlagworten (s. auch ‚Mentalaufschlag').

### Übung 25: Geistiges Auge

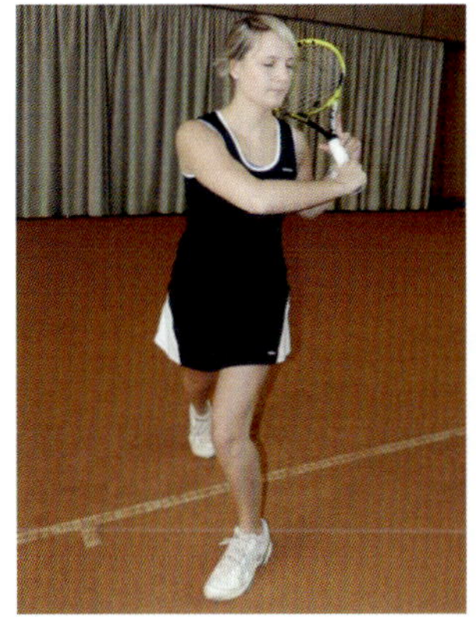

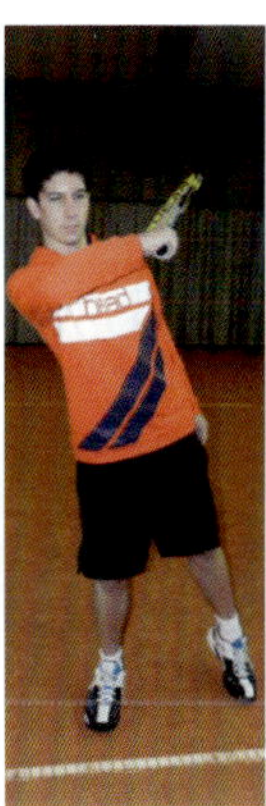

**Ziele:**

- Visualisierung zwischen den Ballwechseln
- Verbesserung der Aufmerksamkeitsregulation und der konzentrativen Vorbereitung
- Ablenkung von negativen Gedanken

**Ablauf:**

Zwei Spieler spielen um Punkte. Zwischen den Punkten stellt sich jeder Spieler eine spezielle Aktionsphase des folgenden Spielzugs vor. Die Spieler können individuell unterschiedlich – mit geschlossenen oder offenen Augen – entweder einen einzelnen Schlag oder einen Spielzug vor dem geistigen Auge durchspielen. Entscheidend dabei ist, dass der Spieler lernt, in den unterschiedlichen Spielphasen den jeweils für ihn persönlich bedeutsamen Schwerpunkt zu erkennen und zu visualisieren. Wichtig: Zwischen den Punkten immer nur einen Schwerpunkt visualisieren!

**Dauer/Umfang:**

15-30 min

**Tipp:**

Nach jeweils 5 min Gedankenaustausch mit dem Trainer

### Übung 26: 90-s-Kur

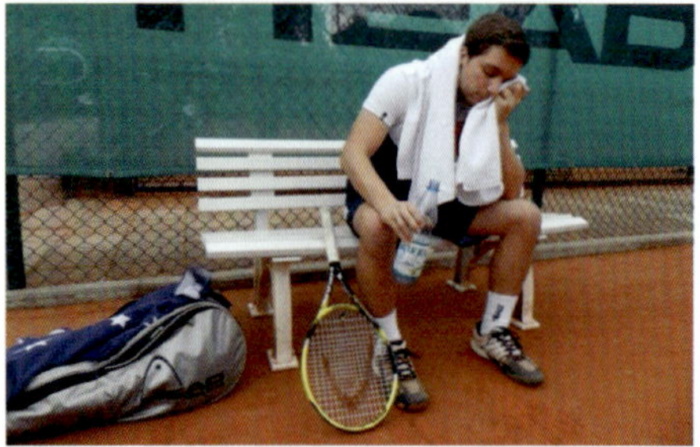

**Ziele:**

- Visualisierung beim Seitenwechsel
- Verbesserung der Aufmerksamkeitsregulation und der fokussierten Vorbereitung
- Ablenkung von negativen Gedanken

**Ablauf:**

Matchtraining zu dritt: Der Trainer ruft abwechselnd jeweils einen Spieler für ca. 3 min auf die Bank. Dort erfolgt eine Schulung und Rhythmisierung des Verhaltens beim Seitenwechsel. Nach der Reaktionsphase und der obligatorischen Entspannungsphase folgt die Flüssigkeits- und Energiezufuhr. In der abschließenden Aktivierungsphase wird der Aufmerksamkeitsschwerpunkt auf das folgende Spiel gelegt. Der Spieler stellt sich einen taktischen Spielzug vor. Vor Wiederaufnahme des Spiels versucht der Spieler, mithilfe eines automatisierten Rituals eine absolute Konzentration zu erlangen und den taktischen Plan entschlossen umzusetzen.

**Dauer/Umfang:**

30-60 min

**Tipp:**

Inhalt und Länge der Phasen (I-IV) individuell an den Spieler anpassen.

## *FÜHLEN UND WOLLEN*

### Übung 27: Handicap-Training

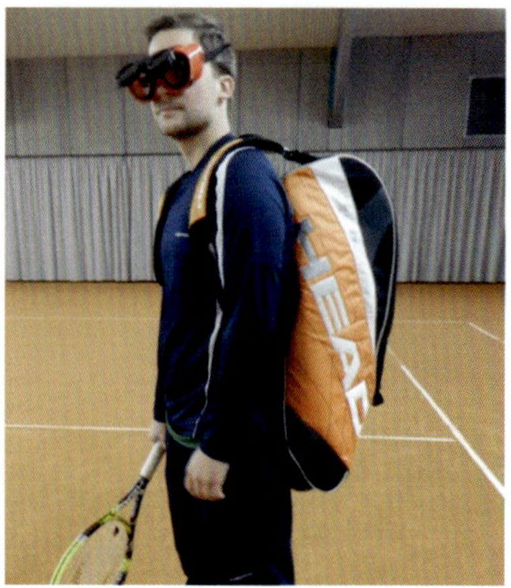

**Ziele:**

- Adaptation an psychischen Druck und Erhöhung der psychischen Stabilität
- Entwicklung einer realistischen Selbsteinschätzung

**Ablauf:**

Zwei Spieler absolvieren ein Matchtraining mit speziellen Spielstandsvorgaben. Bei Best of Three-Tiebreak beginnt abwechselnd jeder Tiebreak beim Spielstand von 2:4 und danach wird regelgerecht zu Ende gespielt.

**Dauer/Umfang:**

15-30 min

**Variationen:**

- Matchtraining bei unterschiedlichen Platzmaßen (z. B. ein Grundliniensatz, bei dem ein Spieler nur eine Platzhälfte abzudecken hat).
- Matchtraining mit unterschiedlicher Zählweise: Der Spieler, der ein Spiel gewinnt, beginnt das nachfolgende Spiel mit „0:15", bei zwei Spielgewinnen mit „0:30" und bei drei mit „0:40".

## Übung 28: Prognosetraining

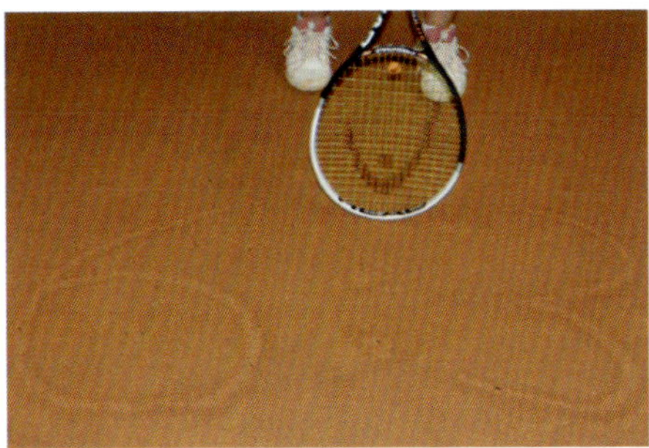

### Ziele:

- Erhöhung der psychischen Stabilität durch Zielsetzung
- Erarbeitung von Selbstvertrauen durch realistische Selbsteinschätzung

### Verdeckte Prognose:

Der Spieler setzt sich insgeheim vor Spielbeginn konkrete Ziele bezüglich Spielverlauf und Spielergebnis. Diese Ziele werden nach dem Spiel vom Spieler allein in einer Selbstreflexion kritisch überprüft.

### Offene Prognose:

Die gesteckten Ziele werden vor dem Match dem Trainer bekannt gegeben oder auf dem Platz notiert. Die Ziele können sich beziehen auf Strategien und/oder Endresultate. Das Trainingsmatch kann vom Trainer aufgezeichnet und anschließend besprochen werden.

### Dauer/Umfang:

Tiebreak (Best of Three) bzw. ein Satz

### Tipps:

- Die Zielsetzung muss herausfordernd, aber realistisch sein.
- Das Ziel muss durch persönliche Anstrengung erreichbar sein.

## Übung 29: Sturheitsdrill

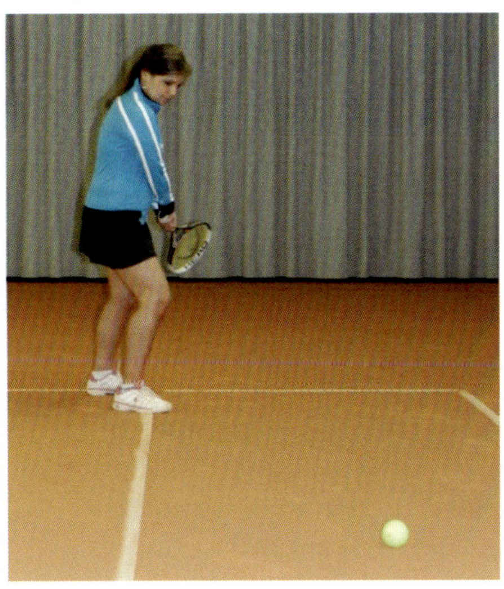

### Ziele:

- Verstärkung von Geduld, Beharrlichkeit und Durchhaltewillen
- Verbesserung von Platzierungsfähigkeit und Schlagtechnik

### Ablauf:

Zwei Spieler spielen gegeneinander im Doppelkorridor. Ein Spieler darf dabei nur mit VH, der andere nur mit RH schlagen. Die Spielzeit wird vorgegeben (z. B. 10, 20, 30 min).

### Dauer/Umfang:

10, 20 oder 30 min

### Variation:

- Nur eine Schlagtechnik ist erlaubt (z. B. nur Slice oder Topspin).

### Übung 30: „Groß und Klein"

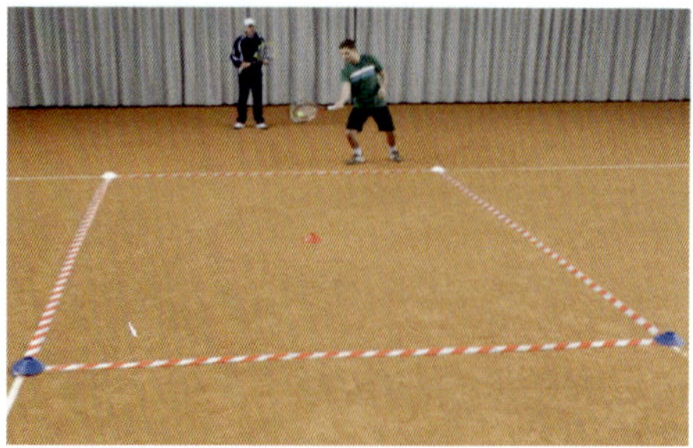

**Ziele:**

- Verbesserung von Geduld und Beharrlichkeit
- Verbesserung von Durchhaltewillen und Konzentrationsausdauer trotz Langeweile und Demotivation

**Ablauf:**

Innerhalb eines Ballwechsels spielt ein Spieler

- 10, 20 oder 30 min lang auf eine große Fläche, die er scheinbar ohne Anstrengung sowieso immer zu treffen glaubt.
- Wie 1., nur ist das Ziel so klein (z. B. ein einzelnes Hütchen), dass es auch bei größter Anstrengung nur ganz selten zu treffen ist.

**Dauer/Umfang:**

10, 20 oder 30 min

**Variation:**

Beide Spieler zielen jeweils auf eine an der Grundlinie liegende Zeitung. Wer erzielt in 10, 20 oder 30 min die meisten Treffer?

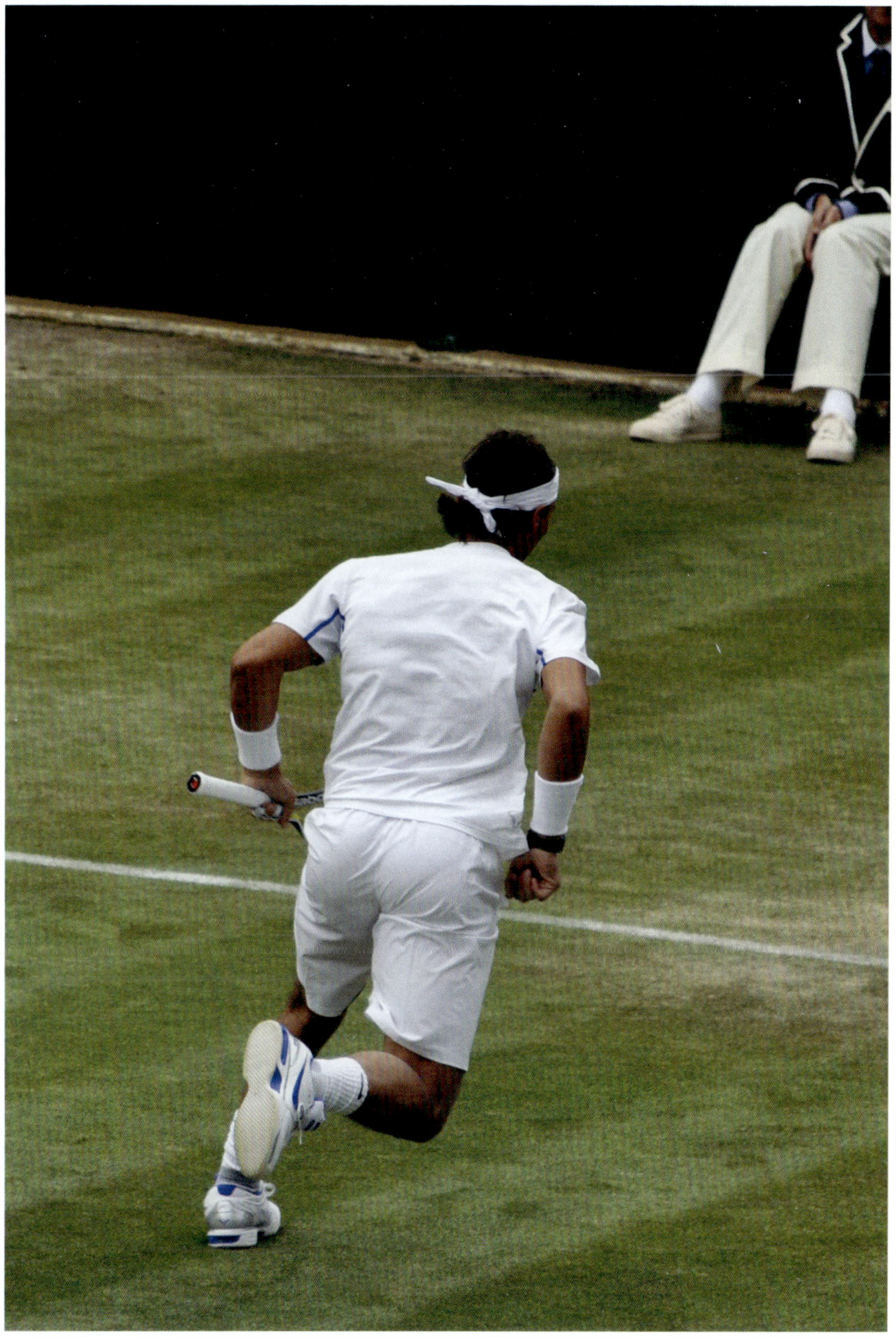

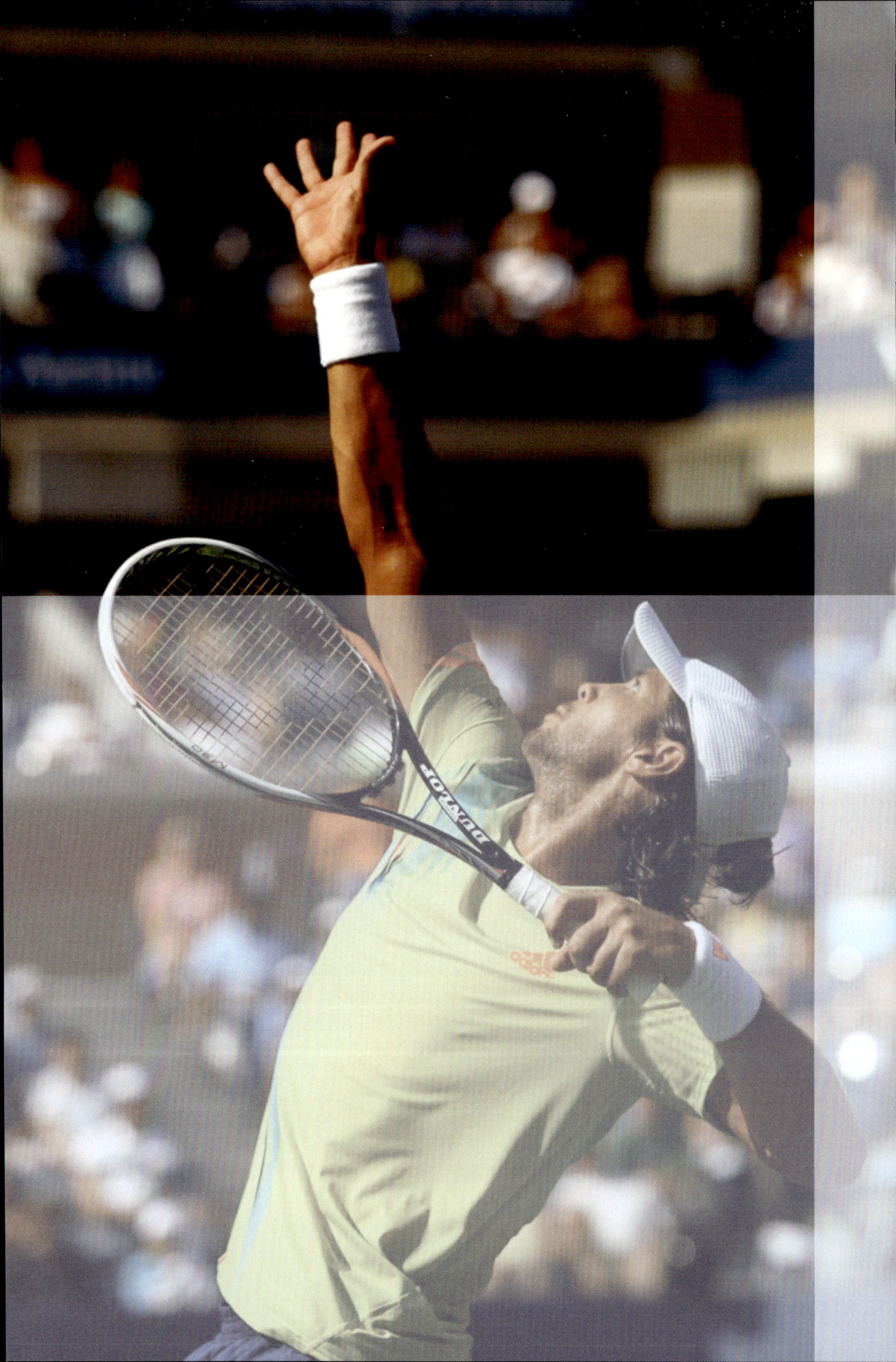

# 5

# *Krafttraining*

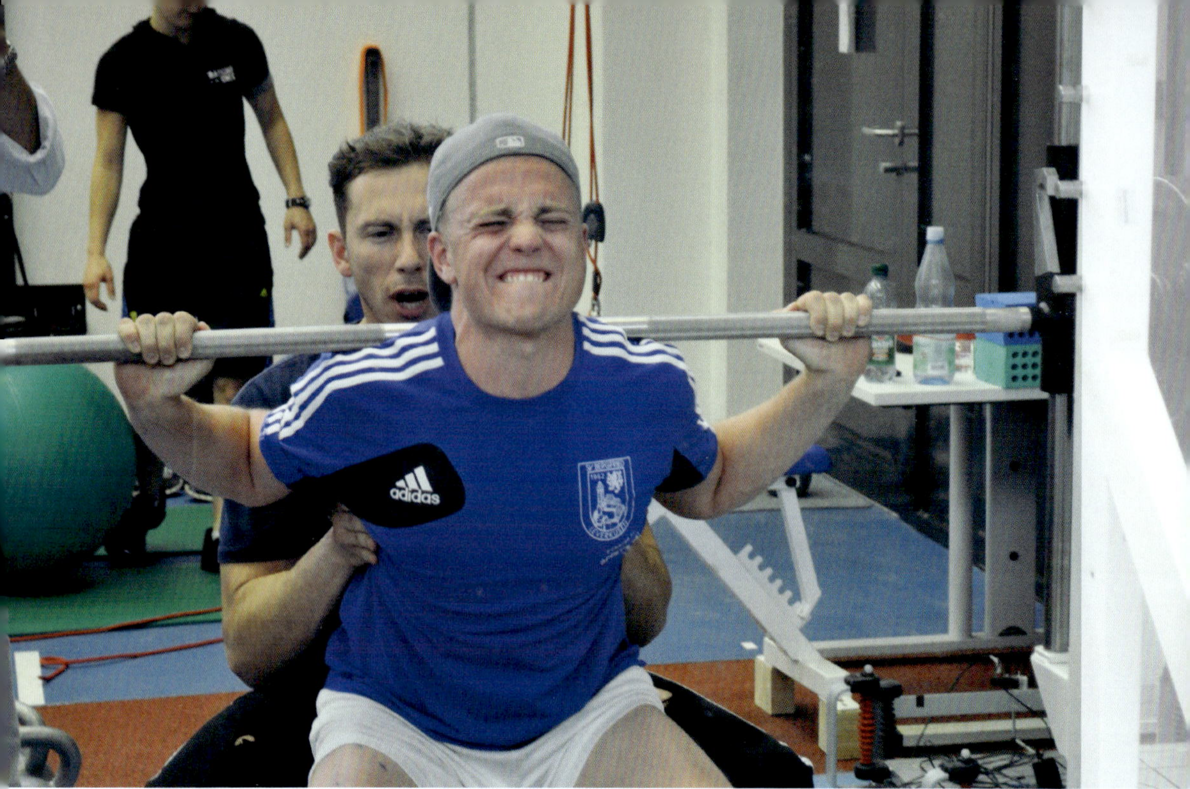


## 5.1 Einführung

Eine weit überdurchschnittliche Kraft ist für den Leistungstennisspieler von zunehmend hoher Bedeutung, sodass ein regelmäßiges Krafttraining unverzichtbar in den Trainingsalltag integriert werden muss. Das veränderte äußere Erscheinungsbild zahlreicher internationaler Spitzenspieler (aktuell Rafael Nadal und Andy Murray gegenüber früher Björn Borg und John McEnroe) verdeutlicht den bereits vollzogenen Wandel des Anforderungsprofils im Herrentennis. Auch im Damentennis deutet der athletische Körperbau von Spielerinnen wie Serena Williams, Samantha Stosur oder auch Andrea Petkovic diese Entwicklung an.

Multiple Regressionsanalysen mit unserem umfangreichen Datensatz zum konditionellen Leistungsprofil von nationalen D-Kaderspielerinnen und -spielern aus dem regelmäßig durchgeführten DTB-Konditionstest (Kap. 1) weisen in die gleiche Richtung. Demnach besitzt der Bereich „Power der oberen Extremität" als Leistungsindex, resultierend aus der Handgriffkraft, der Weite im Medizinballwurf und der Aufschlaggeschwindigkeit, den höchsten Aufklärungswert für eine Spitzenposition auf der deutschen Jugendrangliste. Folglich kommt diesem Bereich beispielsweise eine höhere Bedeutung zu als dem Bereich „Laufschnelligkeit und Sprungkraft".

Auch im Freizeit- und Gesundheitssport verdichten sich Indizien, dass ein einseitig nur auf Ausdauertraining ausgerichtetes Gesundheitstraining nicht der Vielfalt an erstrebenswerten orthopädischen und metabolischen Adaptationen gerecht wird. Die positiven Wirkungen einer erhöhten Muskelkraft, eines regelmäßigen Krafttrainings bzw. einer Steigerung der Skelettmuskelmasse sollen an folgender Auflistung verdeutlicht werden:

- Verbesserung der Stabilität des Bewegungsapparats und Schutz von Gelenkstrukturen,
- Steigerung von Stoffwechselaktivität und Erhöhung des Energieumsatzes auch in Ruhe,
- Voraussetzung für den Erhalt von Lebensqualität im Alter in einfachen Alltagssituationen,
- Voraussetzung für andere konditionelle Leistungsfaktoren wie Schnelligkeit und Ausdauer,
- Steigerung von Selbstbewusstsein (Sicherheitsgefühl) und Kriterium der Ästhetik.

Unter **Kraft** wird die Fähigkeit des Nerv-Muskel-Systems verstanden, durch Muskeltätigkeit nennenswerte Widerstände (> 30 % des individuellen Kraftmaximums) zu überwinden (konzentrische Kontraktion), ihnen nachgebend entgegenzuwirken (exzentrische Kontraktion) bzw. sie zu halten (isometrische Kontraktion) (Steinhöfer, 2008). Im Tennissport treten vorrangig konzentrisch- und exzentrisch-dynamische Formen der Muskeltätigkeit in Erscheinung. Beispielsweise liefern konzentrische Kontraktionen der Kniegelenkstreckmuskulatur die Energie zur Beschleunigung des Spielers beim Sprint zum Ball, während die gleiche Muskulatur das Abbremsen des Spielers vor der Schlagausführung durch exzentrische Kontraktionen gewährleistet. Rein isometrische Kontraktionen sind hingegen eher selten. Sie finden sich in Ansätzen und meist nur kurzfristig im Bereich der Rumpfmuskulatur zur Stabilisierung des Oberkörpers und im Bereich von Finger- und Unterarmmuskulatur zur Griffhaltung und Stabilisierung des Schlägers.

Auf einer weiteren Unterscheidungsebene differenziert man die Kraft in Abhängigkeit von der Intensität und dem zeitlichen Verlauf der Kraftentfaltung, da die Kraftanforderungen in der sportlichen Praxis sehr unterschiedlich sind und folglich auch im Krafttraining verschiedene Belastungsnormative für die Ansteuerung der jeweiligen Erscheinungsform empfohlen werden. Im Einzelnen werden folgende Kraftkomponenten unterschieden:

- **Maximalkraft**: maximal willentlich erzeugte isometrische oder dynamische Kraft,
- **Schnellkraft**: maximal schneller Kraftanstieg zu Beginn (Startkraft) und im Verlauf einer Bewegung (Explosivkraft),
- **Kraftausdauer**: Ermüdungswiderstandsfähigkeit gegenüber wiederholten Krafteinsätzen von über 30 % der Maximalkraft.

Eine besondere Ausprägung der Kraft wird als **Reaktivkraft** bezeichnet. Die Reaktivkraft spielt beim direkten Übergang von exzentrischer zu konzentrischer Kontraktion eine bedeutsame Rolle. Da sich der Muskel hierbei in einem kurzen Zeitabschnitt zunächst während der exzentrischen Phase verlängert und unmittelbar anschließend konzentrisch verkürzt, bezeichnet man diese Art der Muskeltätigkeit auch als den Dehnungs-Verkürzungs-Zyklus (DVZ). Der DVZ und die zur optimalen Realisierung erforderliche Reaktivkraft spielt im Tennissport bei fast allen dynamischen Muskelkontraktionen eine dominante Rolle, wie folgende Beispiele zeigen:

**Beinmuskulatur:**

- Landung beim Splitstep (exzentrisch) und Beginn der Beschleunigung zum Ball (konzentrisch),
- Abstoppen des Seitwärtslaufs mit dem Stemmbein (exzentrisch) und unmittelbar folgender Abdruck mit dem gleichen Bein in die Gegenrichtung (konzentrisch),
- Absenkung des Körperschwerpunkts (exzentrisch) und Streckung der Beine (konzentrisch) bei der explosiven Auslösung der Schlagbewegung (Aufschläge und Grundschläge).

**Arm- und Rumpfmuskulatur:**

- Übergang von der Ausholbewegung (exzentrisch) zur Schlagbewegung (konzentrisch),
- Extension (exzentrisch) der Handgelenksmuskulatur und anschließende Flexion (konzentrisch) beim Handgelenkeinsatz bei der Vorhand (RH entsprechend umgekehrt),
- Dorsal- (exzentrisch) und Ventralflexion der Bauchmuskulatur beim Aufschlag und Smash.

Die Reaktivkraft basiert auf der Maximalkraft (maximal willentlich erzeugte isometrische oder dynamische Kraft), der Schnellkraft mit ihren Komponenten Startkraft und Explosivkraft (maximal schneller Kraftanstieg) und der reaktiven Spannungsfähigkeit. Letztere wird unter anderem durch die Qualität der Dehnungsreflexe sowie von den elastischen Komponenten in der Muskelarchitektur, speziell den *Titinfilamenten*, bestimmt. Um ein Optimum an Reaktivkraft zu erzeugen, benötigt der Tennisspieler zusätzlich eine perfekt abgestimmte Koordination (intra- und intermuskuläre Koordination).

Die Bedeutung der *Koordination* für die tennisspezifische Umsetzung der Kraft wird durch die Tatsache transparent, dass ein Kraftsportler ohne Tenniserfahrung gewöhnlich nicht annähernd die Aufschlaggeschwindigkeit erreicht, die ein kraftuntrainierter Turniertennisspieler realisiert. Nur durch den optimal stufenförmig aufeinander abgestimmten Krafteinsatz (Staircase-Effekt) mehrerer, an der komplexen Gesamtbewegung beteiligten Teilbewegungen einzelner Körpersegmente (kinematische Kette) sowie die optimale Integration und Auslösung von einzelnen oder mehreren hintereinander geschalteten DVZ kann die zur Verfügung stehende Kraft bestmöglich in eine schnelle Schlagbewegung oder Laufbewegung umgesetzt werden. Die Gesamtheit der hierzu erforderlichen motorischen Anforderungen wird durch den Begriff der *intermuskulären Koordination* beschrieben.

In Abgrenzung hiervon beschreibt der Begriff der *intramuskulären Koordination* die je nach Krafteinsatz bestmögliche Rekrutierung von Muskelfasern bzw. von motorischen Einheiten des einzelnen Arbeitsmuskels. Für die schnellkräftige Überwindung hoher Widerstände (z. B. schneller Gegenstart nach einem Richtungswechsel aus höchster Laufgeschwindigkeit) ist zumeist eine maximale Rekrutierung von Muskelfasern bei höchstmöglicher neuronaler Entladungsfrequenz (*Frequenzierung*) und optimaler *Synchronisation* anzustreben.

Die außerordentliche Bedeutung der Koordination für die tennisspezifische Umsetzung von Kraftfähigkeiten in hohe Bewegungsgeschwindigkeiten legt die Notwendigkeit im Training des Tennisspielers nahe, das Krafttraining möglichst funktionell (*funktionelles Krafttraining*) auszurichten und darüber hinaus stets einen frühzeitigen koordinativen Transfer zur Zielbewegung sicherzustellen. Dies wird unter anderem durch das sogenannte *Komplextraining* angestrebt, welches beispielsweise dadurch gekennzeichnet ist, dass das klassische Techniktraining nach der Intervallmethode (z. B. acht Serien von acht VH-Winnerschlägen in Folge) in den Serienpausen mit einem spezifischen Krafttraining (z. B. Medizinballwürfe) zur muskulären Voraktivierung (Auslösung des Nachwirkungseffekts bzw. der *postactivation Potentiation*) und demnach zur Steigerung der Schlagschnelligkeit kombiniert wird.

### *LITERATURÜBERSICHT:*
### *KOMPLEXTRAINING UND POSTACTIVATION POTENTIATION (PAP)*

Moderne Trainingskonzepte im Tennis empfehlen komplex gestaltete Trainingsinterventionen, die durch die Integration von Elementen des Kraft-, Schnelligkeits- oder Koordinationstrainings in das Tennistraining auf dem Platz gekennzeichnet sind. Diese Form des Komplextrainings kombiniert das klassische Konditions- oder Athletiktraining mit dem tennisspezifischen Transfer und soll dadurch eine effizientere Verzahnung beider Trainingsinhalte sicherstellen (Ebben, 2002; Robbins, 2005; Baker & Newton, 2005). Dies kann beispielsweise die Kombination von Krafttraining der unteren Extremität (z. B. Kniebeugen mit Langhantel) mit Sprint-/Schlag- bzw. Sprung-/Schlagkombinationen oder die Kombination von Kleinhantel- bzw. Seil- oder Gummizugarbeit der oberen Extremität mit einem Training der Aufschlaggeschwindigkeit bedeuten (Treiber et al., 1998). Kurzfristige Steigerungen der Aktionsschnelligkeit durch vorausgehende Kraftinterventionen, bedingt durch die sogenannte *postactivation Potentiation* (PAP) bzw. den Nachwirkungseffekt, konnten vielfach experimentell belegt werden (Young et al., 1998; Baker, 2003). Der Effekt basiert auf molekularer Ebene auf einer optimierten Aktin-Myosin-Interaktion, einer verbesserten Erregbarkeit und Rekrutierung der schnellen Muskelfasern und insgesamt auf einem verbesserten neuromuskulären Signaltransfer (Tillin & Bishop, 2009; Sale, 2002; Güllich et al., 1996). Hinsichtlich der Komplexintervention der oberen Extremität ist die Datenlage allerdings weniger eindeutig als bei der unteren Extremität. Hier werden neben höheren Widerständen auch Komplexinterventionen mit verringertem Gewicht, jedoch höherer Bewegungsgeschwindigkeit als sinnvoll erachtet (Baker, 2003; Ferrauti & Bastiaens, 2007; Surakka et al., 2006). Ferrauti und Bastiaens (2007) weisen einerseits zwar nach, dass eine Schlagwurfintervention mit 600 g schweren Bällen während eines Aufschlagtrainings mit U-14-Spielern zu einer akuten Verringerung der Aufschlaggeschwindigkeit führt. Andererseits ergaben sich in dieser Studie jedoch signifikante langfristige Leistungssteigerungen (Bastiaens et al., 2006). Offenbar scheint der PAP-Effekt bei komplexen Techniken akut nur eingeschränkt zu greifen, da möglicherweise koordinativ störende Einflüsse entstehen. Komplextraining im Tennis kann jedoch trotzdem empfohlen werden, wenn es regelmäßig und in längerfristigen Trainingsprogrammen eingesetzt wird.

# 5.2 Krafttraining im Tennis

## 5.2.1 Klassische Trainingsmethoden im Überblick

Im Krafttraining wird üblicherweise zwischen dem **Kraftausdauertraining** (niedrige Reizintensität im Bereich von 30-50 % des 1 RM, hohe Wiederholungszahl und meist eher langsame Bewegungsausführung), dem **Kontraktilitäts-** oder **Schnellkrafttraining** (mittlere Reizintensität, ca. 10 Wiederholungen und maximale Kontraktionsgeschwindigkeit), dem **Hypertrophietraining** (hohe Reizintensität, ca. sieben Wiederholungen und mittlere Kontraktionsgeschwindigkeit) sowie dem **Maximalkraft-** bzw. **IK-**, d. h. **intramuskulärem Koordinationstraining** (maximale Reizintensität, geringe Wiederholungszahl und maximal mögliche Kontraktionsgeschwindigkeit) unterschieden (Abb. 70).

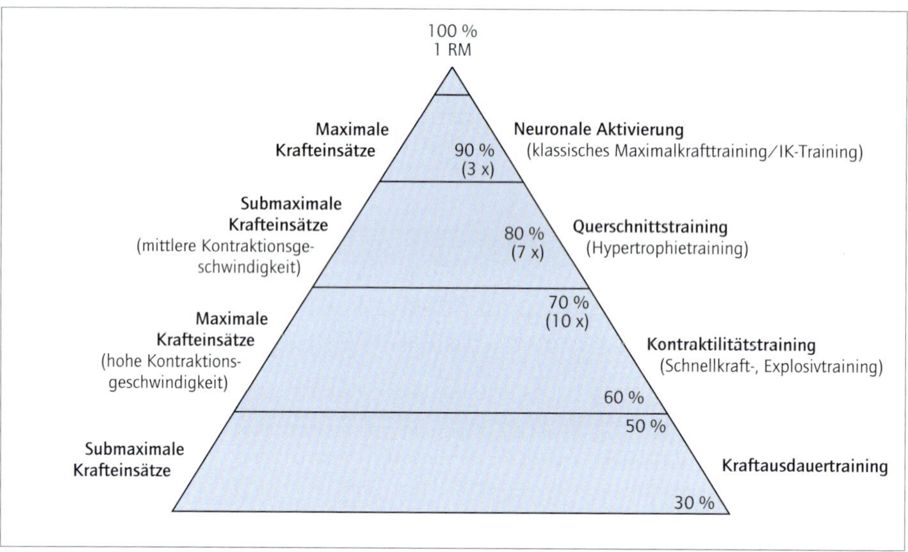


***Abb. 70:*** *Übersicht über die klassischen Trainingsbereiche und Trainingsmethoden sowie der zugehörige prozentuale Einsatz des einmaligen Wiederholungsmaximums (1 RM) und in Klammern die üblicherweise empfohlene Wiederholungszahl beim Mehrsatztraining im Krafttraining (mod. nach Tidow, 1994, in Steinhöfer, 2008, S. 97)*

Für Tennisspieler kann das Kraftausdauertraining nur für die Rumpfmuskulatur oder im Sinne einer Gewöhnungsphase bei vollständig kraftuntrainierten Spielern empfohlen werden. Stattdessen wird für die Extremitätenmuskulatur, aufbauend auf einem Hypertrophietraining, das je nach Ausgangssituation unterschiedlich gewichtet werden kann, ein IK-Training bzw. Schnellkrafttraining nachgeschaltet oder bei krafttrainingsgewohnten Spielern im Sinne des Komplextrainings kombiniert innerhalb einer Trainingseinheit eingesetzt. Letzteres kann beispielsweise durch folgende Trainingseinheit abgebildet werden:

| **Übung:** | Halbkniebeuge an der geführten Langhantel |
|---|---|
| zwei Serien | acht Wiederholungen mit 80 % 1 RM (Hypertrophietraining) |
| zwei Serien | drei Wiederholungen mit 95 % 1 RM (IK-Training) |
| Serienpause | jeweils acht maximale Counter Movement Jumps (Schnellkraft-/Reaktivkrafttraining) |

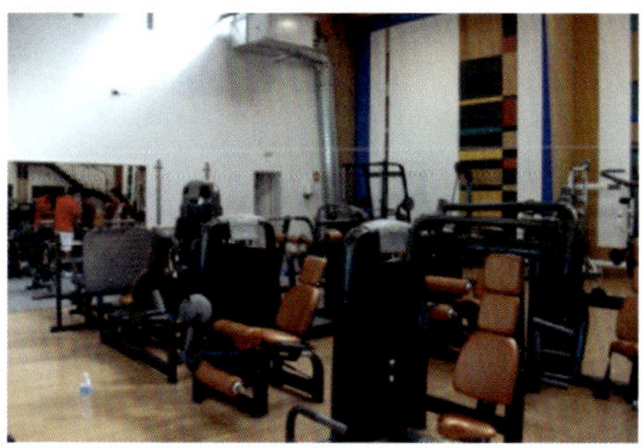

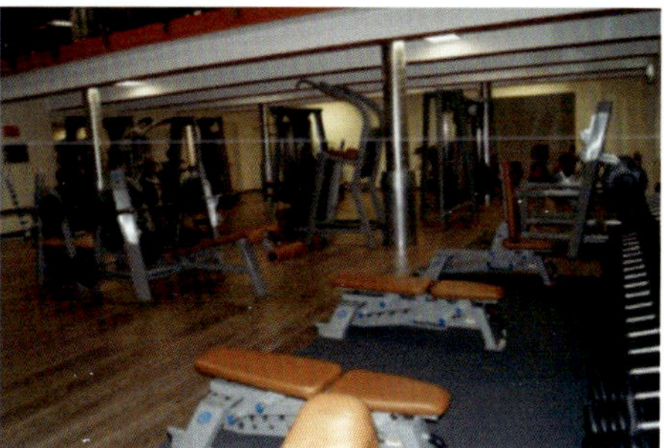

*Abb. 71: Basisausstattung einer Krafttrainingsstätte (links: Krafttrainingsmaschinen, rechts: Freihantelbereich)*

Für die Umsetzung der klassischen Trainingsmethoden sind entweder Krafttrainingsmaschinen oder Freihanteln (Lang- bzw. Kurzhanteln) mit den entsprechenden Gewichtsscheiben erforderlich (Abb. 71). Die Krafttrainingsmaschinen sind gewöhnlich auf die mechanisch geführte Durchführung einer ein- oder mehrgelenkigen Bewegung gegen variable Widerstände spezialisiert. Ihr Vorteil besteht darin, dass eine koordinativ und ggf. orthopädisch unerwünschte Fehlausführung durch die Möglichkeit der Körpergrößenanpassung und die starre mechanische Bewegungsführung weitgehend vermieden werden kann. Folglich sind Krafttrainingsmaschinen für den allgemein fitnessorientierten Anfänger, den krafttrainingsungeübten Tennisspieler und auch für Kinder ein sicheres und empfehlenswertes Trainingsmittel. Die Nachteile bestehen in der häufig isolierten und, bezogen auf einzelne Sportarten, nicht funktionellen Beanspruchung einzelner Muskelgruppen (Kap. 5.2.2).

Langhanteln bzw. Kurzhanteln ermöglichen hingegen maximale Freiheitsgrade bei der Bewegungsausführung und bergen allerdings den Nachteil fehlerhafter Ausführung mit Verletzungsgefahr. Als Kompromiss existieren mechanisch geführte Langhantelsysteme, die für den Ungeübten als Mittel der ersten Wahl zur Ausführung der beiden Basisübungen des sogenannten *Kraftdreikampfes*, nämlich Bankdrücken und Kniebeuge, empfohlen werden können (Abb. 73). Für den engagierten Nachwuchstennisspieler oder Tennisprofi sollte jedoch auch das freie Langhanteltraining (z. B. für Kniebeugen, Kreuzheben, Umsetzen und Stoßen) nicht ausgeschlossen werden. Der Vorteil des freien Trainings besteht darin, dass der koordinative Anspruch deutlich steigt und neben den Hauptmuskelgruppen zusätzliche Hilfsmuskeln zur Stabilisierung eingesetzt werden.

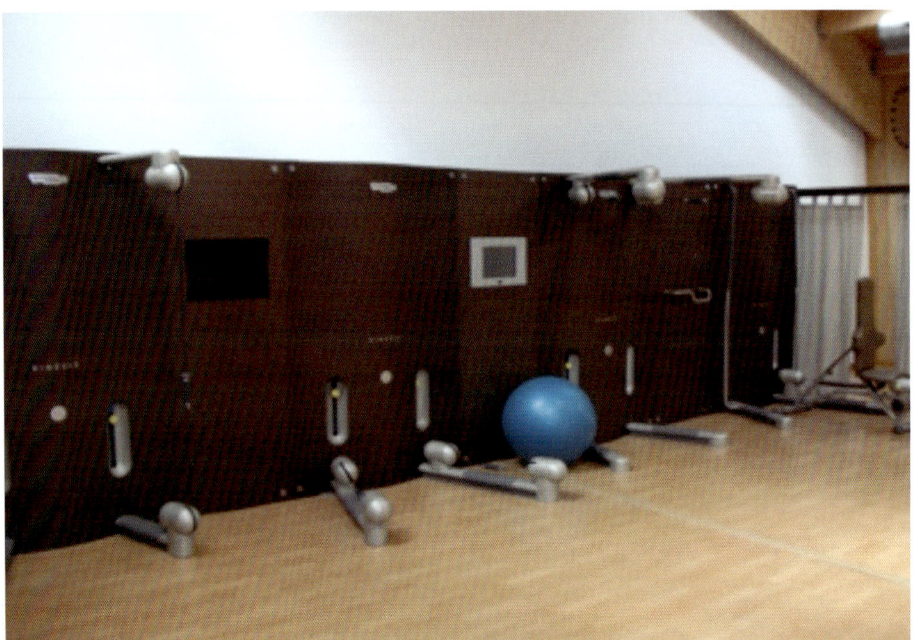

*Abb. 72: Multifunktionales Seilzugtraining in einer bekannten europäischen Tennisakademie*

Im Idealfall stehen neben Krafttrainingsmaschinen und Freihanteln auch variabel einsetzbare Seilzüge zur Verfügung. Diese eignen sich speziell zur sportartspezifischen Verbesserung der Aktionsschnelligkeit der oberen Extremität, da die Tennistechnik der wichtigsten Grundschläge gegen variable Widerstände annähernd deckungsgleich simuliert werden kann (Abb. 72).

## 5.2.2 Innovative und funktionelle Trainingsmethoden und Trainingsmittel

In diesem Kapitel wird eine Auswahl verschiedenartiger Trainingsmethoden in kompakter Form vorgestellt, die derzeit in der Sportpraxis die klassischen Trainingsmethoden bereichern und teilweise von Relevanz für den Tennisspieler sind.

***HIGH-INTENSITY-KRAFTTRAINING:*** Der Begriff des **High-Intensity-Training** ist ursprünglich für eine spezielle Ausbelastungsform im Krafttraining geprägt worden (Gießing, 2006) und wurde erst im Anschluss auf das Ausdauertraining (High-Intensity-Ausdauertraining) übertragen (Kap. 8.2.3). Innerhalb des Krafttrainings wird hiermit das hochintensive Ein-Satz-Training angesprochen, das vergleichbar mit dem ausdauerbezogenen HIT durch ein insgesamt geringeres Trainingsvolumen speziell im Vergleich zum Mehr-Satz-Training gekennzeichnet ist. Die Ausbelastung im High-Intensity-Krafttraining wird dadurch erreicht, dass der Widerstand (Reizintensität) nach einer maximal möglichen Wiederholungszahl bis zum Muskelversagen ohne nennenswerte Erholungspause sofort und in mehreren Stufen kontinuierlich verringert wird (Dropsätze). Dies kann beim „Bankdrücken" beispielsweise in der letzten Phase dazu führen, dass der Trainierende die Übung mit Liegestütz bis zum Muskelversagen beendet. Verschiedene Trainingsuntersuchungen belegen, dass durch ein derartiges Ein-Satz-Training bei geringerem Trainingsvolumen und verkürzter Trainingsdauer ähnliche Effekte bei der Entwicklung der Maximalkraft möglich sind (Remmert et al., 2005 und 2007).

Für den Tennisspieler besitzt diese spezielle Ausbelastungsmethode anstelle des klassischen, aus mehreren Sätzen bestehenden Hypertrophietrainings (s. o.) den Vorteil, dass hierdurch Trainingsvolumen für andere, ggf. wichtigere Trainingsinhalte im Bereich von Technik und Taktik gewonnen werden kann. Ferner ist der energetisch und möglicherweise koordinativ störende Einfluss eines Mehr-Satz-Trainings (z. B. auf Gefühl und Präzision bei den Schlägen) abgeschwächt. In der Praxis eignen sich eher komplexe und mehrgelenkige Übungen mit Integration mehrerer Muskelgruppen, wie „Bankdrücken" und „Kniebeuge" (Abb. 73). Durch die Fokussierung auf diese beiden Übungen kann das Basiskrafttraining des Tennisspielers nach der High-Intensity-Methode in nur 15 min abgeschlossen werden und weltweit auch unterwegs auf Turnierreisen in minimal ausgestatteten Trainingsräumen sogar während des Turnierzeitraums realisiert werden.

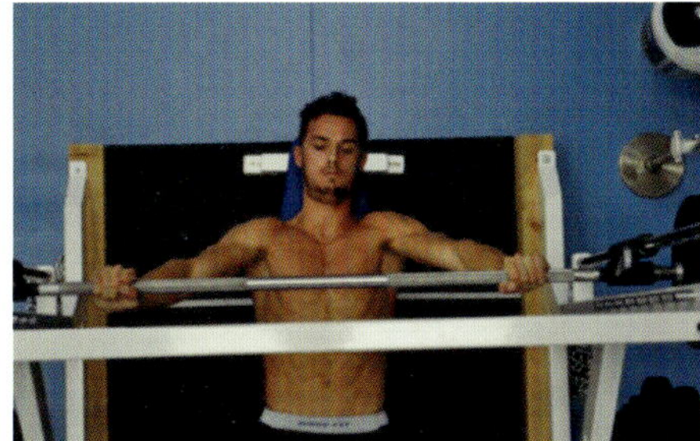

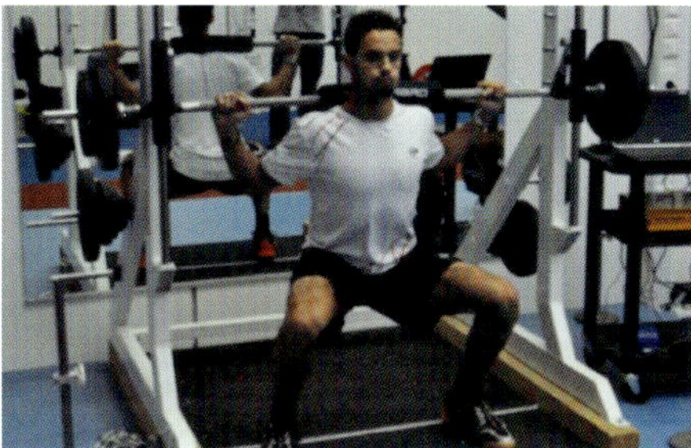

***Abb. 73:*** *Zwei wichtige komplexe und mehrgelenkige Basisübungen mit Integration mehrerer Muskelgruppen sind „Bankdrücken" (links) und „Kniebeuge" (rechts). Die Ausführung kann mit einem hier dargestellten, geführten Langhantelsystem bereits nach kurzer Einführung auch mit krafttrainingsungewohnten Tennisspielern realisiert werden*

***VIBRATIONSKRAFTTRAINING:*** Von zahlreichen, immer wieder neuartigen Trainingsmitteln, die aus der Fitnessszene den Markt überfluten, scheint sich das Vibrationskrafttraining wissenschaftlich etabliert zu haben (Luo et al., 2005). Eine Vielzahl an Herstellern entwickelt zunehmend preisgünstige Trainingsgeräte, die auf verschiedenartige Weise eine hochfrequente Vibration generieren (seitenalternierende, vertikale und stochastische Systeme) und die zur Ganzkörper- oder Teilkörpervibration (z. B. Vibrationshantel) eingesetzt werden können. Die Idee, eine Vibration als Trainingsreiz zu nutzen, geht zurück auf den Weißrussen Viktor Nazarov, der dieses Verfahren für die Raumfahrt zum Erhalt von Muskel- und Knochensubstanz unter Bedingungen der Schwerelosigkeit erfolgreich einsetzte.

Der Primäreffekt für die Muskulatur besteht in der Auslösung des tonischen Vibrationsreflexes, indem hochfrequente Dehnungen den monosynaptischen Muskelspindelreflex dauerhaft hintereinander hervorrufen. Hierdurch können auch die schnell zuckenden, aber unter normalen Trainingsbedingungen nur schwer rekrutierbaren Muskelfasern (Typ-IIb-Fasern) zur Kontraktion gebracht werden. Darüber hinaus existieren positive Effekte von Vibrationstraining auf Knochendichte (Osteoporoseprophylaxe) und Regeneration (Durchblutungsförderung, Lymphabfluss). Für den aktiven Tennisspieler ist das Vibrationskrafttraining speziell im Hinblick auf die Schnellkraftwirkung durch Aktivierung der Typ-IIb-Fasern von Interesse. Allerdings ist die praktische Verfügbarkeit entsprechender Geräte noch gering, sodass nur wenige Tennisprofis derzeit dauerhaft diese Methode einsetzen. In vereinzelten Trainingszentren gehört das Vibrationstraining jedoch bereits zum Trainingsalltag von Tennisspielern, wobei hier versucht wird, das Training möglichst tennisspezifisch zu gestalten, indem typische Bewegungsmuster (z. B. Splitsteps oder Seitwärtssprünge) auf der Vibrationsplattform absolviert werden (Abb. 74). Der Einsatz von niedrigfrequenter Vibration zur Regeneration auf Turnierreisen wird allerdings aufgrund des fehlenden Zugriffs auf entsprechende Geräte in naher Zukunft kaum möglich sein (Edge et al., 2009; Carrasco et al., 2011).

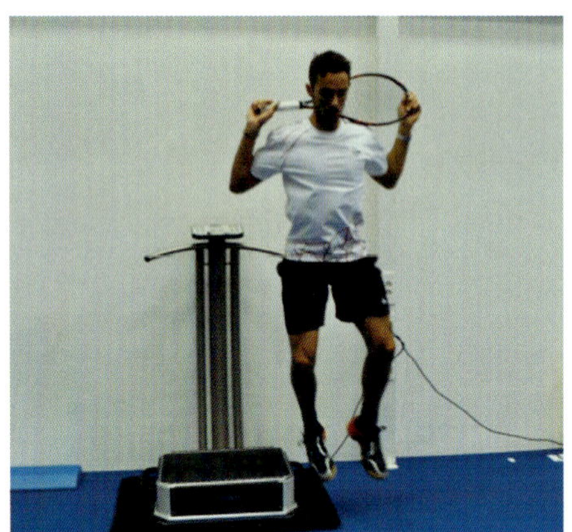

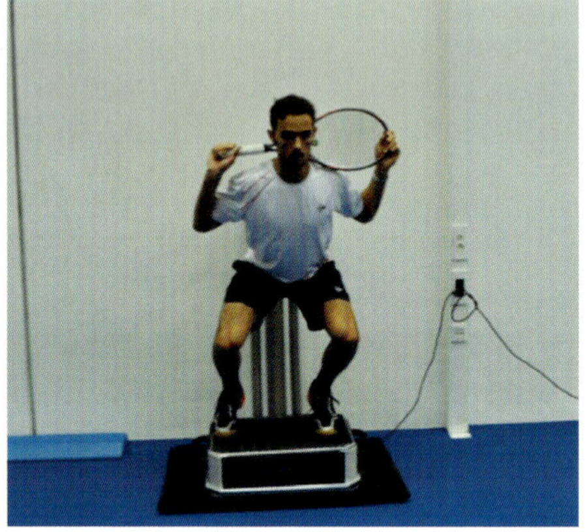

***Abb. 74:*** *Das Training von Tennisspielern auf bzw. mit der Vibrationsplattform sollte nicht nur stationär, sondern dynamisch unter Einbezug tennisspezifischer Bewegungsmuster erfolgen*

***EXZENTRISCHES KRAFTTRAINING:*** Beim exzentrisch betonten Krafttraining wird der Widerstand in der exzentrischen, also nachgebenden Phase der Bewegung, gegenüber der konzentrischen Phase erhöht. Ein derartiges Training steigert die muskelmechanische Beanspruchung, ohne gleichzeitig das Herz-Kreislauf-System zu belasten. Innerhalb der Arbeitsmuskulatur können speziell bei exzentrischer Arbeit Mikrotraumata entstehen (Proske & Morgan, 2001). Ursächlich hierfür ist die Tatsache, dass die Muskelfasern entgegen der haltenden Kontraktionskraft in die Länge gezogen werden, was mit Verletzungen auf der Ebene der

Sarkomere einhergehen kann. Als sekundäre Folge treten Entzündungsreaktionen, Muskelschmerz oder Muskelkater auf, was in der internationalen Literatur als *DOMS* (*Delayed Onset of Muscle Soreness*) bezeichnet wird (Aoi et al., 2004; Ascensao et al., 2008).

Diese scheinbar negativen Effekte sind aus Sicht der Kraftadaptation durchaus positiv zu beurteilen. Eine der wesentlichen Theorien zur Erklärung von krafttrainingsinduzierten Anpassungen des Skelettmuskels ist die *Muskeldestruktionstheorie*. Diese besagt, dass nach vorausgegangener Schädigung und nach Abschluss der Entzündungsreaktionen die Fusion von embryonalen Muskelzellen (Satellitenzellen) mit der Muskelfaser während der Reparaturvorgänge bessere Voraussetzungen für eine Muskelhypertrophie schafft (Spiering et al., 2008; Peake et al., 2005).

In der Praxis kann das exzentrische Krafttraining am leichtesten beim Training an gängigen Krafttrainingsmaschinen eingesetzt werden. Obwohl einige Gerätehersteller bereits auf den Trend reagiert haben und die Programmierung einer elektronisch voreingestellten exzentrischen Zusatzlast anbieten, bedarf es nicht unbedingt derartiger technischer Hilfsmittel. Viel einfacher ist beispielsweise die Kombination von beidarmiger oder beidbeiniger konzentrischer mit einarmiger bzw. einbeiniger exzentrischer Bewegungsphase (z. B. an der Beinpresse oder an der „Leg Extension"-Maschine). Im Freihanteltraining ist die Umsetzung exzentrischer Overloadbelastungen schwieriger und nur durch Partnerunterstützung zu realisieren.

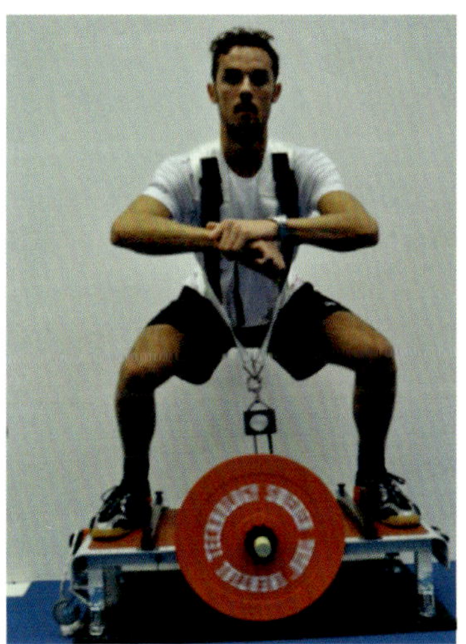

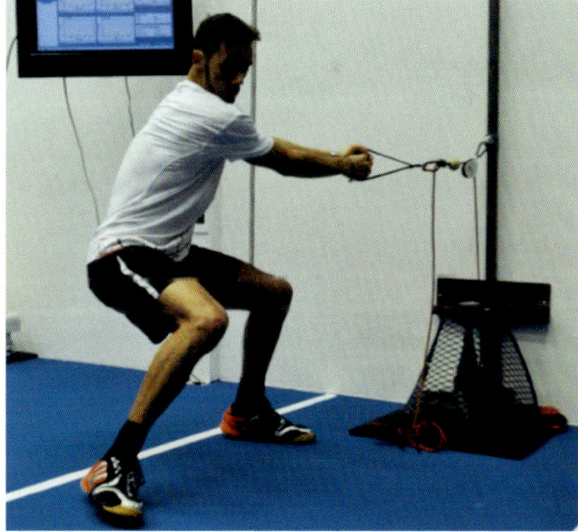

***Abb. 75:*** *Exzentrisches Seilzugtraining mit dem Flywheel (links) und dem Versa-Pulley (rechts). Eigene Trainingsstudien belegen, dass der Trainingsreiz der Übung „Kniebeuge" durch das Flywheel gegenüber dem Langhanteltraining signifikant gesteigert werden kann.*

Für den Tennisspieler bieten sich zusätzlich innovative Möglichkeiten des exzentrischen Krafttrainings durch funktionelle Seilzuggeräte an (z. B. Versa-Pulley und Flywheel, Abb. 75). Diese generieren die exzentrische Mehrbelastung dadurch, dass der Seilzug während der konzentrischen Phase beim Abwickeln ein Schwungrad antreibt, welches diese Energie zur potenzierten Aufwicklung des Seilzugs nutzt, sodass der Trainierende mit höherer Kraft in die exzentrische Phase gezogen wird. Der Vorteil dieser Geräte besteht darin, dass sie zum Teil mobil sind (der Versa-Pulley kann am Netzpfosten des Tennisplatzes fixiert werden und ist daher auch für ein Komplextraining auf dem Tennisplatz geeignet) und der Seilzug die Umsetzung tennisspezifischer Bewegungsabläufe (z. B. Schlagrotationssimulation) ermöglicht (Abb. 75).

Nach unserer Überzeugung sollten entsprechend innovative und funktionelle Trainingsgeräte in wichtigen Trainingszentren (z. B. in Landesleistungszentren und Bundesstützpunkten des DTB) und modernen Tennisakademien vorhanden und sachgerecht genutzt werden. Renommierte internationale Tennisakademien speziell in Spanien sind in dieser Hinsicht bereits jetzt hervorragend ausgestattet. Der Kostenaufwand hierfür beläuft sich keinesfalls über jenem für klassische Trainingsmaschinen. Auf dem expandierenden Markt funktioneller Trainingsmittel findet man zusätzlich sehr preisgünstige Geräte, die ebenfalls ein exzentrisch akzentuiertes Training ermöglichen. Der in Abb. 76 dargestellte Gürtel kann am Netzpfosten fixiert werden und dadurch ebenfalls mühelos ins Komplextraining auf dem Tennisplatz integriert werden.

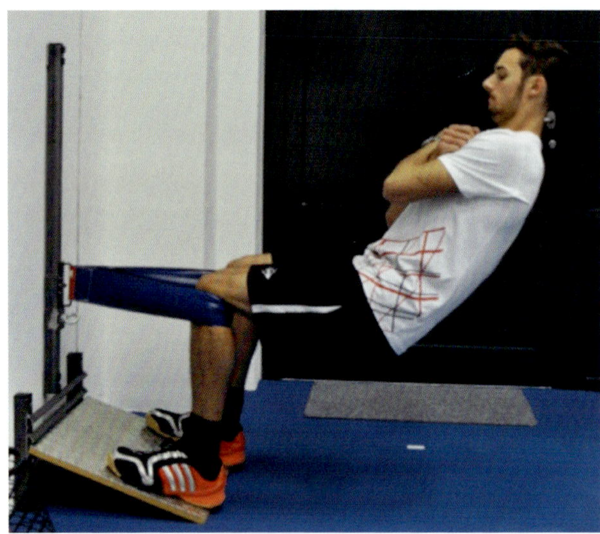

***Abb. 76:** „Excentric Brace" im Trainingseinsatz. Der Trainierende lehnt sich gegen den Widerstand des Gürtels möglichst weit zurück und versucht, den Oberkörper nach dem exzentrischen Abbremsvorgang möglichst reaktiv in einer konzentrischen Gegenbewegung aufzurichten.*

***FUNKTIONELLES KRAFTTRAINING:*** Das *funktionelle Training* bzw. *funktionelles Krafttraining* ist ein sportwissenschaftlich nicht klar definierter Begriff, der jedoch in der Sportpraxis zunehmend weit verbreitet ist. Der Markt an funktionellen Trainingsmitteln wächst stetig und die Zahl der daran interessierten Freizeit- und Leistungssportler ebenfalls. Die Grundidee des funktionellen Trainings besteht in der Erkenntnis, dass eine rein maschinengebundene und von Bewegungsrichtung, -umfang und -geschwindigkeit starr festgelegte Bewegungsausführung, zunächst nicht funktionell sein muss, da sie in exakt dieser Form in keiner Sportart eingesetzt wird. Ein sportartspezifisches Krafttraining sollte demnach jene Bewegungsabläufe möglichst genau abbilden, die in der jeweiligen Sportart häufig vorkommen und leistungslimitierend sind. In Deutschland entstand eine zunehmende Sensibilität für diese Philosophie im Zusammenhang mit der Vorbereitung der deutschen Fußballnationalmannschaft durch den amerikanischen Fitnesstrainer Marc Versteegen auf die WM 2006.

Inzwischen existieren zahlreiche Ausprägungen des funktionellen Trainings, die mit sehr unterschiedlichen Zielsetzungen eingesetzt und propagiert werden. Beispielsweise werden im Rumpfkrafttraining vielfach destabilisierende Hilfsmittel (z. B. der Pezziball) eingesetzt, um neben der Hauptarbeitsmuskulatur auch die umliegenden stabilisierenden, kleineren bzw. tiefer liegenden Muskeln anzusprechen und sie koordinativ in die Gesamtbewegung einzubinden, da diese ja auch in der realen Trainings- und Wettkampfsituation helfend und stabilisierend mitwirken (Abb. 77). Neben dem Pezziball sind auch einfache Seil-Griff-Kombinationen geeignet, um ein variables funktionelles Ganzkörperprogramm sowohl für die Extremitätenmuskulatur als auch zur Rumpfstabilisation durchzuführen. Dieses unter dem Begriff des *Slingtrainings* populäre Ganzkörpertraining ist für den Tennistrainer und -spieler von Interesse, da es vergleichsweise preisgünstig ist und mobil an jeder Trainingsstätte oder unterwegs auf Turnierreisen eingesetzt werden kann (Abb. 77). Petersen und Nittinger (2006) propagieren darüber hinaus eine Kombination von Gleichgewichts- und Krafttraining, häufig unter Nutzung von Thera-Bändern® und benennen diese Variante „Functional Stability Training" bzw. „Balanced Body Strength Training" (Kap. 5.2.4).

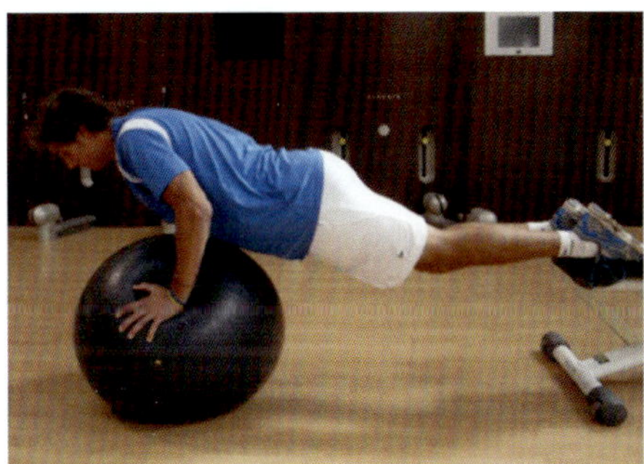

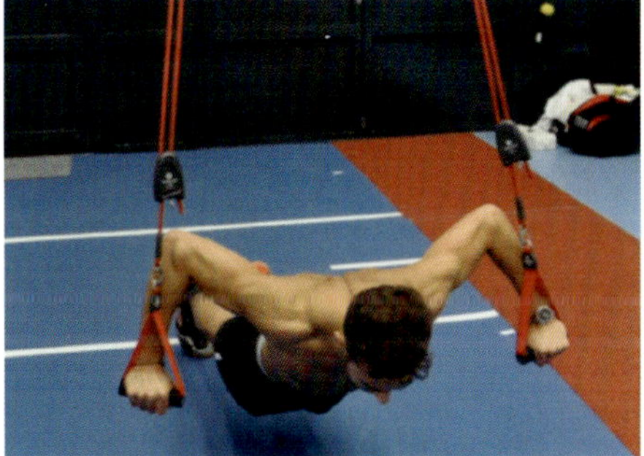

***Abb. 77:** Funktionelle Liegestütze mit instabilem Widerlager (links mittels Pezziball, rechts als Sling mithilfe von Seilen)*

Auch der Begriff des *Crosstrainings* kann dem Bereich des funktionellen Trainings zugeordnet werden. Hierbei werden bewusst, abweichend von der etwas künstlich-synthetischen Atmosphäre eines traditionellen Krafttrainingsstudios, Elemente der Militärausbildung, gepaart mit Einflüssen aus der Leichtathletik und speziell dem Turnen, kombiniert und gleichzeitig Kraft, Ausdauer, Koordination und Beweglichkeit angesprochen. Turnerische Elemente werden beispielsweise als komplexe Ganzkörperübungen an einfachen Gerüststangen absolviert.

Klassische Turnseile dienen zum Hangeln und motivierende Kleingeräte aus dem Markt der funktionellen Trainingsmittel ermöglichen dynamische Ganzkörperübungen. Speziell hierfür konzipierte Trainingsstätten wirken eher rustikal und sprechen somit eine andere Zielgruppe an, als das Hightechambiente der gängigen Studios.

Exemplarisch sei in diesem Zusammenhang die Kettlebell (auf Deutsch: Kugelhantel) erwähnt, welche als Rundgewicht mit Griffbügel in unterschiedlichen Gewichtsstufen erhältlich ist und zahlreiche komplexe Ganzkörperübungen ermöglicht (Abb. 78). Hierbei werden zumeist reaktivkräftige und schwungvolle ein- oder beidarmige Beschleunigungen der Hantel vorgegeben. Da die Bewegungen jeweils nicht nur die obere Extremitätenmuskulatur ansprechen, sondern stets auch die koordinativ abgestimmte Arbeit der gesamten Muskelschlinge, ausgehend von den Beinen über den Rumpf bis hin zu den Schultern und Armen, einfordert, wird hierbei auch von einem Training in einer geschlossenen kinetischen Kette (Ross et al., 2001; Prokopy et al., 2008) gesprochen (Closed versus Open Kinetic Chain Training).

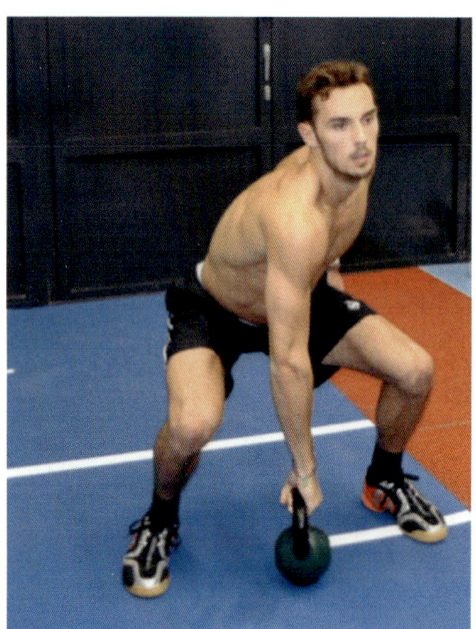

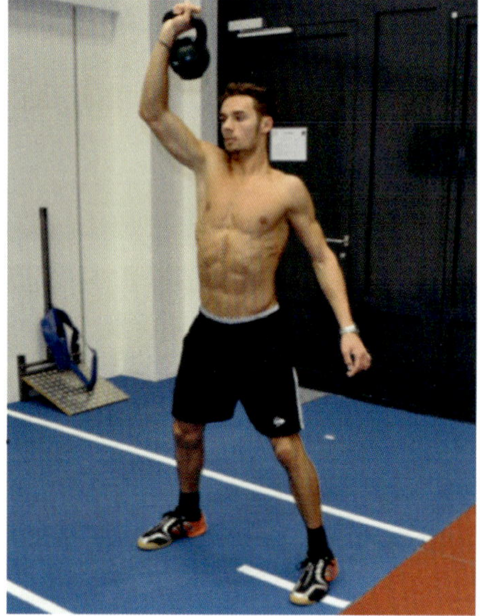

***Abb. 78:** Übungsbeispiel zum Kettlebelltraining: einarmiges Powerlifting für den rechtshändigen Tennisspieler zur Kräftigung von Kniegelenk- und Hüftstrecker, schräger Bauchmuskulatur, Schultermuskulatur und Handgelenkextensoren in Bewegungsverwandtschaft zur einhändigen Rückhand*

Für den Tennisspieler ist die funktionelle Bedeutung von Crosstraining mit Integration von innovativen Trainingsmitteln, wie beispielsweise Kugelhanteln oder „Anakondatrainingsseilen" (Abb. 79), differenziert zu betrachten. Einerseits entfernen sich die koordinativen Anforderungen zahlreicher Übungen von den spezifischen Bewegungsmustern im Tennis. Andererseits werden im Sinne geschlossener kinetischer Ketten reaktive und dynamische Ganzkörperaktivitäten mit hoher Aktionsschnelligkeit der oberen Extremität, vergleichbar mit den Schlagtechniken im Tennis, kombiniert. Letzteres kann im klassischen Krafttraining und mit den dort eingesetzten Trainingsmitteln weniger gut erreicht werden. Neben der funktionellen Betrachtung sollte jedoch stets auch der motivationale Aspekt bei der Beurteilung berücksichtigt werden. Unsere Erfahrungen in der DTB-A-Trainerausbildung und im praktischen Training mit Kaderspielern des DTB zeigen eindeutig, dass derartige Trainingsmittel einen hohen Aufforderungswert zum regelmäßigen Training besitzen und allein deshalb, sowie aufgrund der vergleichsweise preisgünstigen Anschaffung, in das Nachwuchstraining von Tennisspielern an leistungsorientierten Stützpunkten integriert werden sollten.

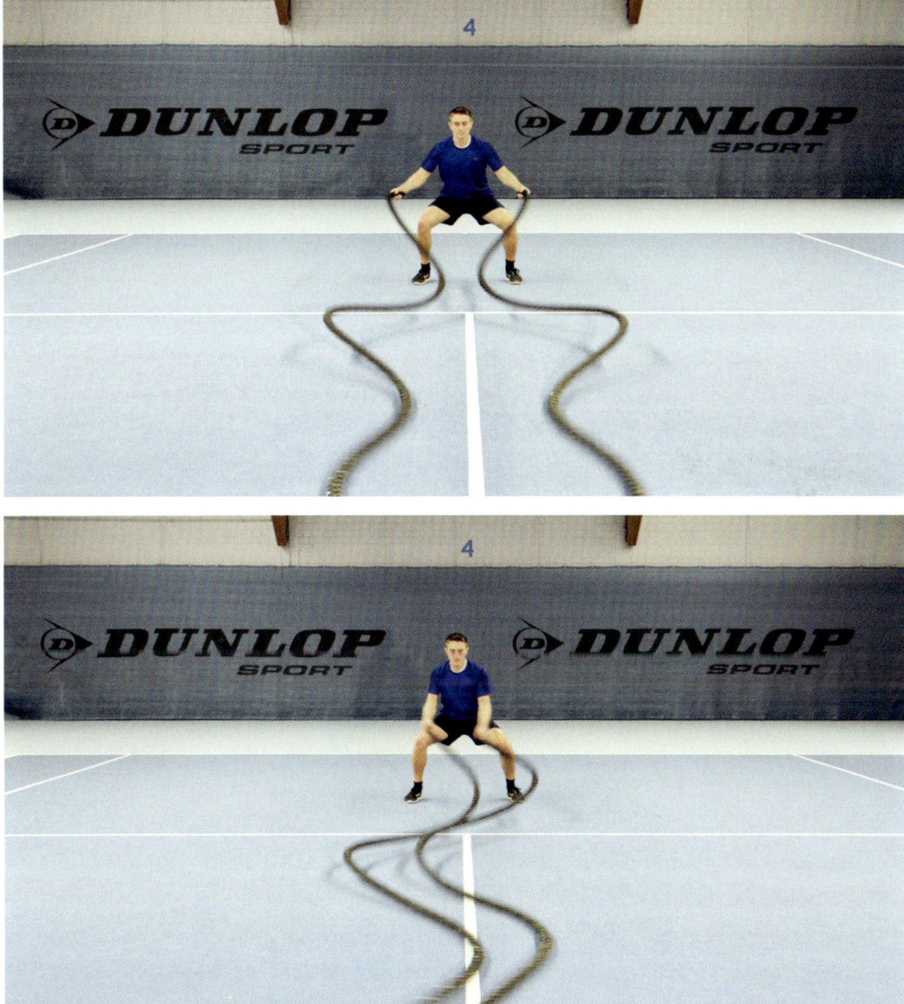


***Abb. 79:*** *Trainingsvariationen mit Anakondaseilen. Ganzkörperübungen in geschlossener kinetischer Kette*

### *LITERATURÜBERSICHT:*
### *CLOSED VERSUS OPEN KINETIC CHAIN TRAINING*

Krafttraining erfolgt entweder in *geschlossenen, teilweise geschlossenen* oder *offenen kinetischen Ketten*. Der Körper symbolisiert dabei eine Kette, wobei die Kettenenden entweder fixiert sind (geschlossene Kette) oder frei bleiben (offene oder teilweise offene Kette). Isolierte Bewegungen an gängigen Krafttrainingsmaschinen (z. B. Bizeps oder Bein Curls) charakterisieren offene kinetische Ketten. Geschlossene Ketten sind dann gegeben, wenn Hände und Füße das Körpergewicht oder Gegengewicht während der Übung tragen bzw. fixieren (z. B. Liegestütz oder Kniebeugen). Hierbei erfolgt die Bewegungsausführung größtenteils durch die Beteiligung mehrerer Gelenke (Prokopy et al., 2008; Ross et al., 2001). Praxisübliche Trainingsprogramme der oberen und unteren Extremität sowie der Rumpfmuskulatur beinhalten häufig eine Kombination beider Varianten. In der trainingswissenschaftlichen Literatur existieren verschiedene Studien, welche beide Trainingstypen auf ihre Wirksamkeit hinsichtlich der sportspezifischen Leistungsoptimierung untersuchten. So konnte gezeigt werden, dass ein Training der unteren Extremität in der geschlossenen Kette mit der Übung Kniebeuge deutlich höhere Sprungkraftleistungen hervorbrachte als ein Training in der offenen Kette mit der Übung Kniestrecken (Augustsson et al., 1998; Blackburn et al., 1998). Aus sportrehabilitativer Sicht (z. B. nach vorderer Kreuzbandruptur) scheint jedoch ein Krafttraining der Beinmuskulatur sowohl in offener als auch in geschlossener kinetischer Kette durchaus effektiv und empfehlenswert zu sein (Ross et al., 2001).

Zur Verbesserung von Schlag- oder Wurfhärte sind die Befunde in der Literatur weniger einheitlich. So konnten signifikante Leistungsverbesserungen von Aufschlag- und Wurfgeschwindigkeit im Tennis und Handball durch ein Krafttraining in offener kinetischer Kette (z. B. Bank- und Schulterdrücken) nachgewiesen werden (Chelly et al., 2010; Hermassi et al., 2011; Fernández-Fernández et al., 2013). Auch ein Krafttraining der oberen Extremität in teilweise offener kinetischer Kette wie bei Medizinballwürfen (Raeder, 2013) kann empfohlen werden (die Kette öffnet sich nach dem Abwurf des Balles). Demgegenüber stellten Prokopy und Mitarbeiter (2008) in einem Längsschnittvergleich heraus, dass ein Slingtraining in geschlossener kinetischer Kette höhere Leistungsverbesserungen in der resultierenden Wurfgeschwindigkeit auslöste als ein konventionelles Krafttraining in offener kinetischer Kette, welches die Autoren auf eine verbesserte Schultergelenkstabilisation zurückführten. In der Gesamtbetrachtung kann derzeit daher eine Kombination von Trainingsvarianten für die obere Extremität empfehlen werden. Abschließend sei anzumerken, dass eine genaue Zuordnung aller Trainingsformen zum „Closed" bzw. „Open Kinetic Chain Training" mitunter nicht immer möglich ist.

## 5.2.3 Krafttraining im Kindes- und Jugendalter

Leistungsorientierte Tennisspieler sollten bereits frühzeitig an ein systematisches und geräteunterstütztes Krafttraining gewöhnt werden. Dies sollte auch bereits im Kindesalter erfolgen, auch wenn die Aufwand-Nutzen-Relation zunächst vergleichsweise ungünstig ist (siehe u. a. Kap. 1.3.2). In der U 10 oder U 12 reicht demnach zunächst eine Trainingseinheit pro Woche neben dem allgemeinen Stabilisationstraining aus und dient zunächst primär der Technikschulung und der koordinativ bedingten Kraftsteigerung. Ferner werden wichtige Trainingsroutinen frühzeitig geschult und die Spieler im Sinne des mündigen Athleten daran gewöhnt, ab der U 16 ein technisch fehlerfreies Krafttraining an jeder Trainingsstätte weltweit auch während der Turnierreisen durchzuführen.

***PHYSIOLOGISCHE GRUNDLAGEN:*** Im präpuberalen Lebensabschnitt ist der kindliche Organismus durch einen noch unausgereiften Hormonhaushalt (niedrige Konzentrationen von Testosteron, Human Growth Hormone (HGH), Insulin-like Growth Factor (IGF-1)) gekennzeichnet, welcher jedoch mit dem Eintritt in die Pubertät starken Veränderungsprozessen unterliegt und für Jungen und Mädchen deutlich unterschiedlich verläuft. In der puberalen Phase kommt es bei Jungen zu einer vermehrten Sekretion von Wachstumshormonen (HGH, IGF-1) und zu einer Erhöhung der zirkulierenden Testosteronkonzentration. Am Ende der Pubertät ist die Testosteronkonzentration bereits auf das 20-Fache des präpuberalen Ausgangswertes angewachsen (De Ste Croix, 2007). Bei Mädchen steigt ebenfalls mit Beginn der Pubertät die Ausschüttung von Wachstumshormonen und Testosteron an, jedoch verbleiben die mittleren Hormonkonzentrationen um das 15-Fache niedriger als bei Jungen (Blimkie & Sale, 1998). Die während der puberalen Phase stattfindenden endokrinologischen Veränderungen im Hormonhaushalt sind maßgeblich der Impulsgeber für anabole Prozesse im kindlichen Skelettmuskel und der Wegbereiter der wachstumsbezogenen Kraftentwicklung bei Jungen und Mädchen (Rowland, 2005; Blimkie & Sale, 1998; Kraemer & Fleck, 2005).

Der zurückhaltende Einsatz von Krafttraining im Kindesalter wird häufig mit einem Ausbleiben eines Leistungseffekts aufgrund mangelnder hormoneller Voraussetzungen und mit einer möglichen akuten und chronischen Überbeanspruchung des kindlichen aktiven und passiven Bewegungsapparats begründet (Behringer et al., 2010). Demgegenüber belegt eine Vielzahl von Untersuchungen, dass ein Krafttraining in frühen Lebensjahren durchaus in effektiven Leistungssteigerungen münden kann. Pikosky et al. (2002) und Faigenbaum et al. (2002 und 2005) führten ein Krafttraining der oberen und unteren Extremität (Bankdrücken und Beinpresse) über einen Zeitraum von 6-8 Wochen bei 8-10-jährigen Jungen und Mädchen durch und konnten, unabhängig voneinander, signifikante Leistungsverbesserungen im Bankdrücken (10-21 %) und bei der Beinpresse (14-75 %) nachweisen. Eine Metaanalyse zur Trainierbarkeit der Muskelkraft im Kindes- und Jugendalter von Behringer et al. (2010) ergab, dass die prozentualen Leistungsgewinne der Muskelkraft teilweise sogar vergleichbar sind zu jenen der Erwachsenen. Die zugrunde liegenden Adaptationsmechanismen werden primär auf koordinativer Ebene in einer verbesserten neuromuskulären Ansteuerung der Arbeitsmuskulatur vermutet (Behm et al., 2008; Blimkie, 1992). Aber auch vor Eintritt in die Pubertät können Anpassungserscheinungen ebenfalls auf morphologisch-struktureller Ebene (Hyperthrophie) erzielt werden, solange ein ausreichend langer und intensiver Trainingszeitraum über mindestens acht Wochen sichergestellt werden kann (Rowland, 2005; Kraemer & Fleck, 2005). Akute sowie chronische Fehlbelastungen des kindlichen Organismus durch Krafttraining (z. B. Schädigungen der Wirbelsäule und im Bereich der Epiphysenfugen) sind bei Einhaltung einer fachgerechten Anleitung und unter Beaufsichtigung durch geschultes Fachpersonal nicht zu befürchten (Faigenbaum et al., 2009; Williams, 2001).

***TRAININGSEMPFEHLUNGEN:*** Die Planung und Durchführung von Krafttrainingsprogrammen bei Kindern sollte den Richtlinien und Empfehlungen folgen, welche durch Positionspapiere verschiedener internationaler Organisationen bereitgestellt werden. Aus der Vielzahl der publizierten Richtlinien zum Kinder- und Jugendkrafttraining, deren Inhalte sich größtenteils stark ähneln, sei exemplarisch auf die Empfehlungen von Faigenbaum et al. (2009) und Behm et al. (2008) verwiesen. Demnach sind für die Trainingspraxis folgende Gesichtspunkte zu beachten:

- Die Trainingsumgebung sollte sicher und frei von Gefahrenquellen sein,
- Jede Trainingseinheit sollte eine 5-10-minütige dynamische Aufwärmphase der oberen und unteren Extremität beinhalten,
- Anfänglich sollten übungsspezifische Aufwärmsätze mit leichtem Gewicht durchgeführt werden, bei denen vor allem auf eine korrekte Bewegungstechnik geachtet wird,
- Das Trainingsprogramm sollte als Ganzkörpertraining aus mehreren Kraftübungen bestehen
- Das Krafttraining sollte mit 1-3 Sätzen à 8-15 Wiederholungen (mit ca. 60 % des 1 RM) durchgeführt werden,
- Das Trainingsprogramm sollte stets eine funktionelle Kräftigung der Rumpfmuskulatur beinhalten,
- Schnellkraft- bzw. plyometrisches Training sollte mit 1-3 Sätzen bei nur 3-6 Wiederholungen für die obere und untere Extremität durchgeführt werden,
- Eine korrekte Bewegungsausführung und ein sicherer Trainingsablauf besitzten stets Priorität vor einer Erhöhung des Widerstandes,
- Es wird eine Trainingsfrequenz von mindestens zwei nicht aufeinanderfolgenden Tagen pro Woche empfohlen,
- Es sollte sichergestellt werden, dass Kinder den Spaß am Krafttraining erhalten.

Die genannten Empfehlungen sollten in den Bezirks- oder Verbandsstützpunkten des DTB bereits mit 8-10-jährigen Nachwuchstennisspielern 1-2 x pro Woche realisiert werden. Auch wenn hierbei der Trainingsreiz aufgrund des geringen Trainingsumfangs für eine nennenswerte Kraftentwicklung unterschwellig bleibt, werden wesentliche technisch-koordinative und motivationale Grundlagen für ein effizientes Krafttraining für den Zeitraum während und nach der Pubertät gelegt.

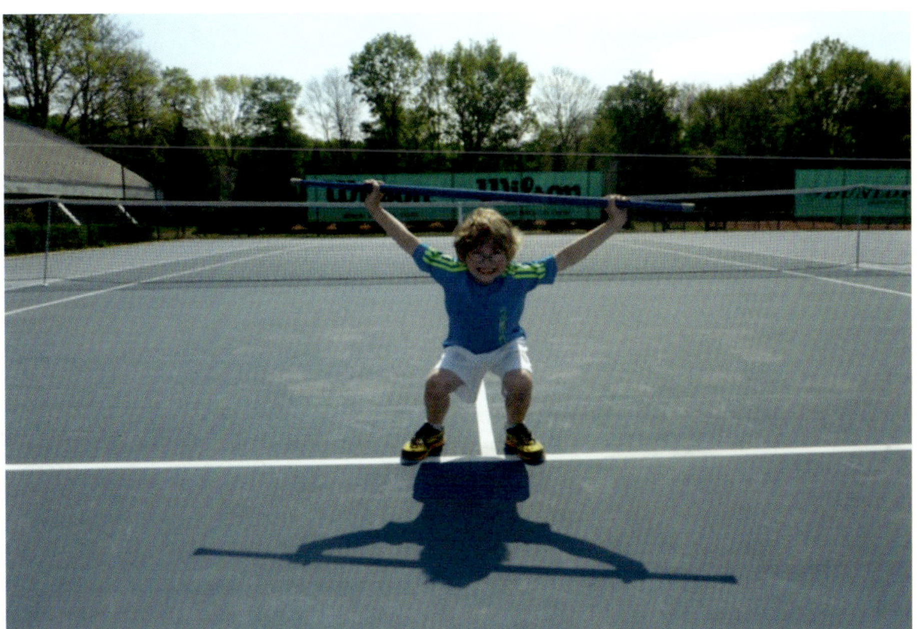

## ZUSAMMENFASSUNG

1. Eine Trainierbarkeit der Muskelkraft ist in allen Entwicklungsstufen (vor, während und nach der Pubertät) vorhanden und kann in effektiven Leistungssteigerungen münden. Die prozentualen Leistungszuwächse sind vergleichbar mit denen von Erwachsenen.
2. Akute und chronische Fehlbelastungen des kindlichen aktiven und passiven Bewegungsapparats (z. B. Schädigungen der Wirbelsäule und der Epiphysen) durch Krafttraining können wissenschaftlich nicht belegt werden.
3. Ein Kinder- und Jugendkrafttraining sollte immer angemessen strukturiert und periodisiert und immer unter Aufsicht von geschultem Fachpersonal durchgeführt werden.

## 5.2.4 Periodisierung und Integration des Krafttrainings für Tennisspieler

Das Krafttraining des Tennisspielers muss entsprechend des Trainingsalters, der zur Verfügung stehenden Trainingsdauer und der Trainingsziele strukturiert und periodisiert werden. Im Leben des Turniertennisspielers ergeben sich verschiedene Gelegenheiten und Nischen, das Krafttraining in verschiedener Weise und mit unterschiedlichen Schwerpunkten in den Trainingsalltag einzubauen. Dies kann einerseits als Heimtraining, als Vor- und Nachbereitung des Tennistrainings, als Komplextraining im Tennistraining, als spezieller Krafttrainingsblock in der Vorsaison oder im Saisonübergang sowie als regelmäßiges, fest im Trainingsplan implantiertes Erhaltungstraining erfolgen. Hieraus ergibt sich die folgende Matrix von Trainingsbedürfnissen, die auch altersspezifische Besonderheiten berücksichtigen sollte.

*Tab. 10: Matrix von Krafttrainingsgelegenheiten und -bedürfnissen im Tennis*

| | U 12 | U 14/U 16 | U 18/AKTIVE |
|---|---|---|---|
| Heimtraining (Körperstabilisation) | Rumpfkompaktprogramm oder balancierte Ganzkörperkräftigung (keine nennenswerten altersbedingten Unterschiede erforderlich) | | |
| Komplextraining (im Tennistraining) | light Intervention | light & heavy Intervention | heavy Intervention |
| Rahmentraining (vor dem Tennistraining) | Voraktivierung (Movement Preparation) | | |
| Rahmentraining (nach dem Tennistraining) | Balancierte Ganzkörperkräftigung | Ein-Satz-Training Balancierte Ganzkörperkräftigung | |
| Blocktraining (Vorsaison) | Kein speifischer Kraftblock | Ganzkörperprogramm obere und untere Extremität | Schwerpunkt obere oder untere Extremität |
| Erhaltungstraining (Hauptsaison, Turnierreise) | 1 TE/Woche (Kraftausdauer & Koordination) | 1-2TE/Woche (Hypertrophie & Schnellkraft) | 2-3 TE/Woche (Hypertrophie, Maximalkraft & Schnellkraft) |

***HEIMTRAINING:*** Das Heimtraining bildet eine unverzichtbare und wichtige Ergänzung für jeden engagierten Turniertennisspieler, da es täglich, zeitökonomisch und mit geringem Materialbedarf im häuslichen Umfeld realisiert werden kann. Neben verschiedenen möglichen weiteren Trainingszielen (z. B. Sprungkraft, Reaktivkraft) sollte primär die Körperstabilisation mit einfachen Übungen im Vordergrund stehen. Ein entsprechend kompaktes Programm benötigt täglich nicht mehr als 5-10 min.

Als Basisübungen dienen Rücken- (Abb. 80), Seit- (Abb. 81) und Unterarmstütz (Abb. 82). In allen Fällen ist auf eine hohe Ganzkörperspannung zu achten und die Ausführungsqualität ggf. durch einen Partner zu kontrollieren. Je nach Trainingszustand sind verschiedene Schwierigkeitsgrade möglich. Von besonderer Bedeutung sind Körperstabilisationsübungen im Alter des maximalen Größenwachstums (Peak Height Velocity Age) und speziell bei groß gewachsenen Nachwuchstennisspielern.

Die hier dargestellten Übungen und Fotos sind mit freundlicher Genehmigung aus der DTB-Handreichung *Funktionelles Krafttraining für Tennisspieler unterschiedlicher Altersklassen* von Klocke und Ulbricht (2013) übernommen.

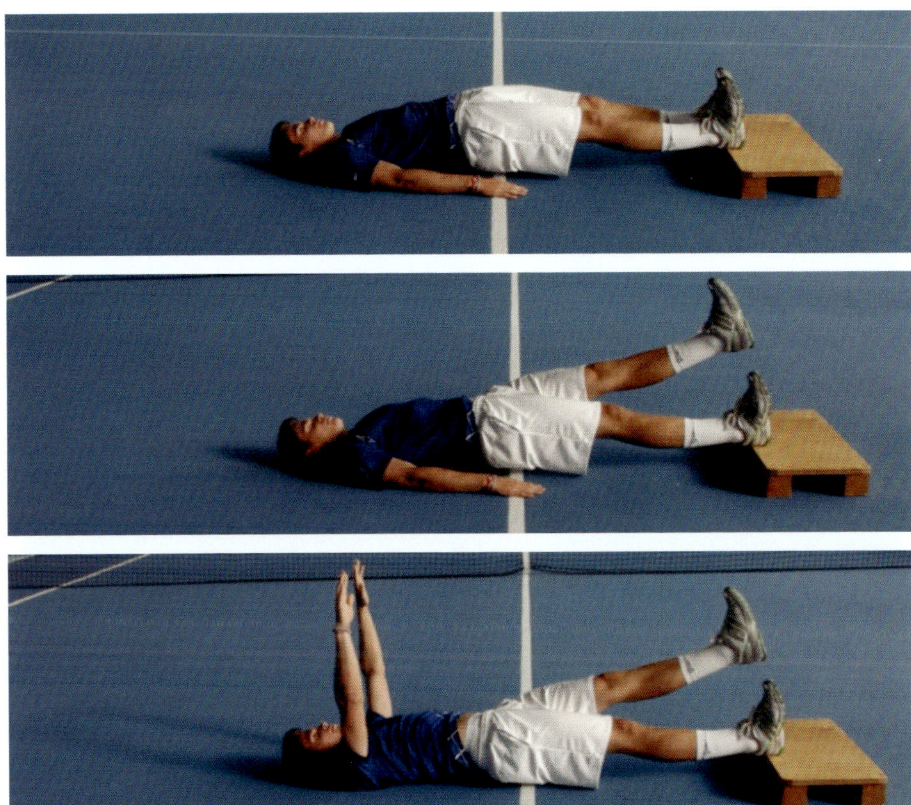

***Abb. 80:** Rückenstütz (von oben nach unten ansteigender Schwierigkeitsgrad)*

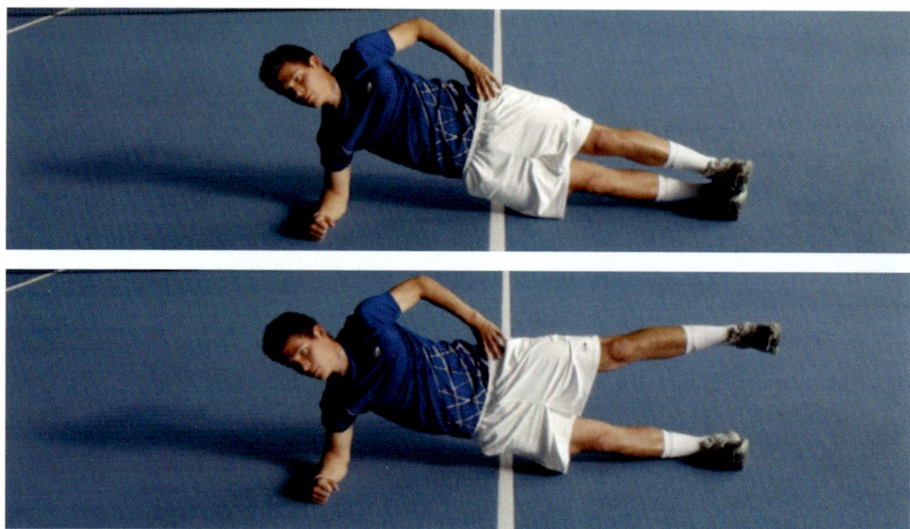

*Abb. 81: Seitstütz (von oben nach unten ansteigender Schwierigkeitsgrad)*

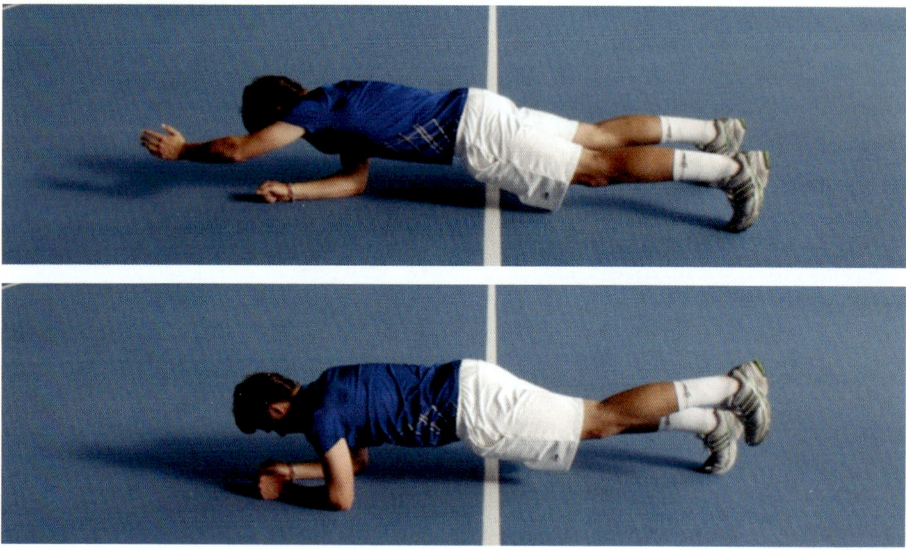

*Abb. 82: Unterarmstütz (von oben nach unten ansteigender Schwierigkeitsgrad)*

***MOVEMENT PREPARATION** (VOR DEM TENNISTRAINING):* Unter dem Begriff *Movement Preparation* werden komplexe und funktionelle Kombinationsübungen zusammengefasst, die gleichzeitig tennisspezifisch koordinative, kräftigende und beweglichkeitssteigernde Effekte besitzen und zur Vorbereitung von Training und Wettkampf eingesetzt werden sollten. Eine Auswahl an entsprechenden Übungen aus dem Bereich Gleichgewicht, Dehnung, Rotation (Abb. 83) sowie aus dem Bereich der Thera-Band®-Aktivierung der oberen Extremität (Abb. 84) ist den folgenden Fotos zu entnehmen (Klocke & Ulbricht, 2013).

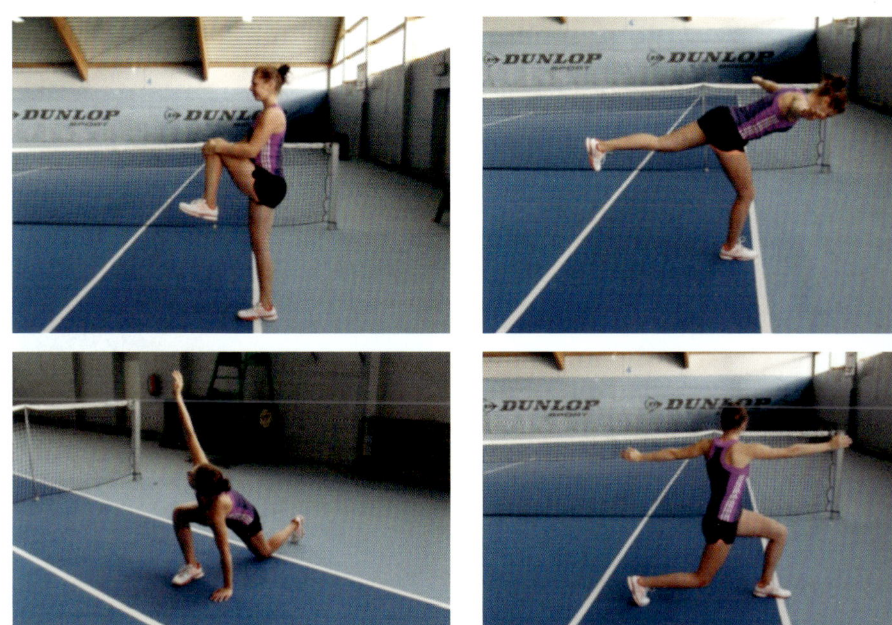


*Abb. 83: Movement Preparation I (Gleichgewicht, dynamische Dehnung, Rotation)*

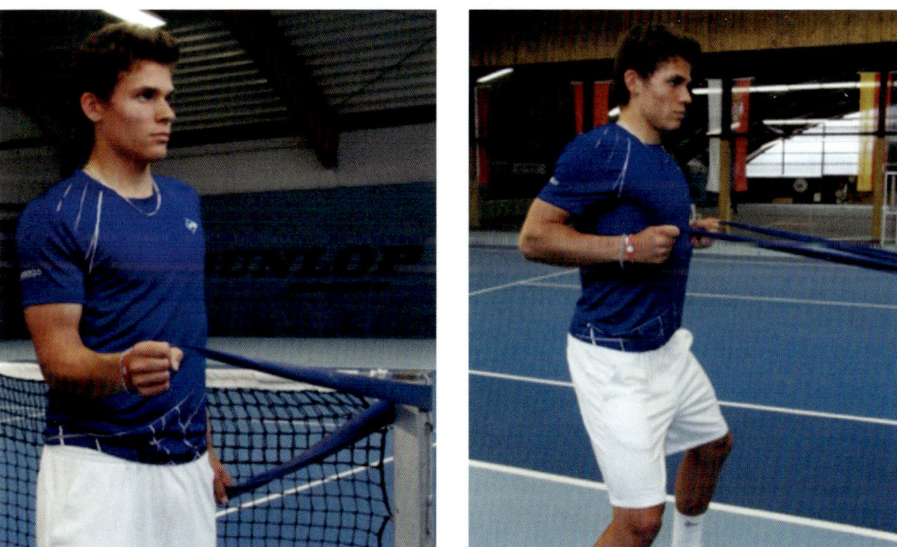

*Abb. 84: Movement Preparation II (Thera-Band®-Aktivierung)*

***KOMPLEXTRAINING** (IM TENNISTRAINING):* Das *Komplextraining* zielt darauf ab, die muskuläre Voraktivierung unmittelbar mit tennisspezifischen Bewegungsmustern zu kombinieren und hierdurch einen nahtlosen koordinativen Transfer herzustellen (Abb. 85). Hierbei wird beispielsweise das Techniktraining (Vorhandwinner) in den Serienpausen mit einem spezifischen Krafttraining (z. B. Medizinballwürfe) kombiniert (Auslösung des Nachwirkungseffekts bzw. der *postactivation Potentiation*). Andere Interventionen durch Seilzugtraining oder elastische Gummizüge für die obere Extremität oder auch Vertikal- bzw. Seitwärtssprünge mit Sandsäcken oder Gewichtswesten zur Voraktivierung für Sprintübungen sind möglich. In Trainingszentren oder Tennishallen mit angeschlossenem Kraftraum ist auch die Kombination von Gewichtstraining mit unmittelbar anschließendem Schlagtraining außerhalb des Turnierzeitraums sinnvoll.

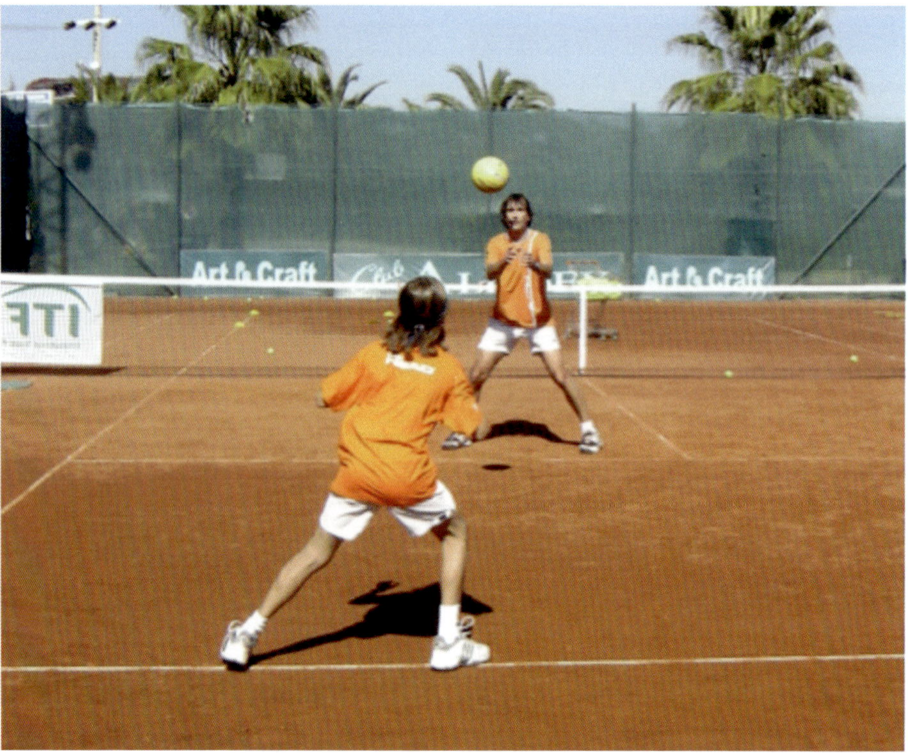


***Abb. 85:** Komplextraining mit dem Medizinball (2-3 kg). Dieser wird reaktiv mit maximaler Beschleunigung und unter Nutzung des DVZ aus VH- oder RH-Rotation zum Trainer zurückgeworfen. Nach 6-8 Wiederholungen erfolgt der Übergang zum Schlagtraining*

***RAHMENTRAINING ODER ERHALTUNGSTRAINING** (UNTER ANDEREM NACH DEM TENNISTRAINING):* In Trainingszentren oder Tennishallen mit angeschlossenem Kraftraum kann ein kompaktes Ein-Satz-Training bzw. High-Intensity-Krafttraining auch nach dem Tennistraining bei krafttrainingsgewohnten Spielern eingesetzt werden. In nur 15 min können komplexe Ganzkörperübungen wie Bankdrücken oder Kniebeuge bzw. Beinpresse mit jeweils nur einem Satz (Reduktionssatz bzw. Dropsatz, s. o.) durchgeführt werden und sichern die Erhaltung der aufgebauten Kraftleistung (Abb. 73).

***FUNKTIONELLES STABILITÄTSTRAINING*** *(UNTER ANDEREM NACH DEM TENNISTRAINING):* Unter dem Begriff des *Functional Stability Trainings* bzw. *Balanced Body Strength Trainings* verstehen Petersen und Nittinger (2006) eine Kombination von Gleichgewichts- und Krafttraining, häufig unter Nutzung von Thera-Bändern®, Physiobällen und vielen weiteren Hilfsmitteln (Abb. 86). Vielfach wird hierzu auch der Begriff des *Core-Trainings* verwendet, womit der anatomische Körperkern zwischen den Knien und Schultern gemeint ist (Gustedt, 2013).

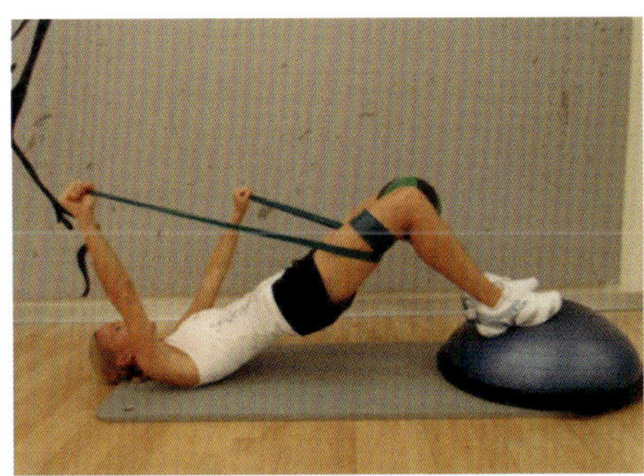

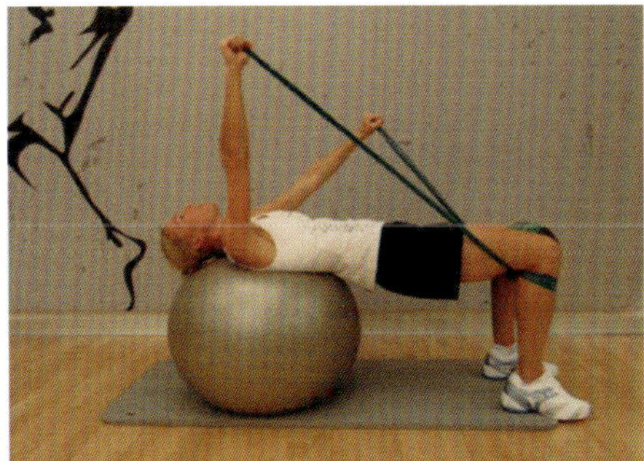

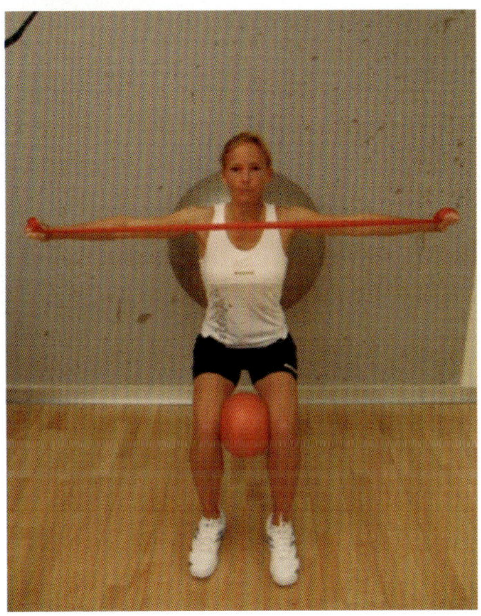

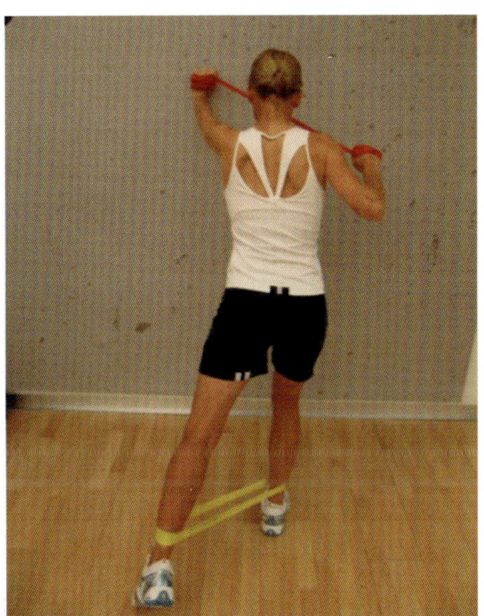

***Abb. 86:*** *Funktionelles Stabilitätstraining, demonstriert von Nina Nittinger (dargestellt ist jeweils die Endposition)*

Eine Grundcharakteristik des Tennissports sind komplexe und mehrdimensionale, schnellkräftige und vielfach rotierende Bewegungen. Die dabei entstehenden beschleunigenden und abbremsenden Kräfte beanspruchen den aktiven und passiven Bewegungsapparat und bergen das Risiko von Verletzungen und langfristigen Sportschäden, wenn die Bewegungen von Rumpf und Extremitäten nicht optimal aufeinander abgestimmt sind.

Am Rumpf sind verschiedene Muskelgruppen verankert, die in funktionellen Muskelschlingen von der Hüfte zur weiter oben liegenden Rumpfmuskulatur verlaufen. Dies sind die hintere schräge, die vordere schräge, die längs verlaufende (longitudinale) und die laterale Schlinge (Snijders et al., 1993; Vleeming et al., 1995). Diese Muskelschlingen helfen, die Energie von den Beinen durch den Rumpf auf den Oberkörper und die Arme zu übertragen.

Durch die Verbindung der Rumpfmuskulatur mit komplexen Übungen für die oberen oder unteren Extremitäten, welche die gesamte oder einen Teil der kinetischen Kette einschließen, wird die dreidimensionale Rumpfstabilität verbessert und dadurch bessere Voraussetzungen für Leistungsfähigkeit und Verletzungsvorbeugung geschaffen (Petersen & Nittinger, 2006). Der Vorteil von funktionellem Training liegt darin, dass, im Vergleich zu Übungen an Maschinen, nicht nur isolierte Muskelgruppen in einer Bewegungsdimension trainiert, sondern die komplette kinetische Kette und die Muskelschlingen rekrutiert werden. Hierzu werden Übungen mit freien Gewichten und Thera-Bändern® auf variierenden instabilen Unterlagen in verschiedenen Körperpositionen in das Rumpfkrafttraining integriert. Die Übungen sollten dem Alter, der Erfahrung und dem Fitnesslevel des Athleten angepasst werden. Als allgemeine Regel ist zu empfehlen, mit 1-2 Sätzen und 10 Wiederholungen zu beginnen, und dann auf 2-3 Sätze und 15 Wiederholungen zu steigern. Wichtig ist ein langsames Tempo bei der Bewegungsausführung (Abb. 86).

***BLOCKTRAINING:*** Unter langfristiger Perspektive sollten engagierte Nachwuchstennisspieler ab dem 13.-14. Lebensjahr, spätestens jedoch in der U 18 1-2 kraftorientierte Trainingsblöcke über einen Zeitraum von 2-4 Wochen in der Jahresperiodisierung außerhalb des Turnierzeitraums berücksichtigen. Hierbei kann es sich, je nach den individuellen athletischen Grundvoraussetzungen, um ein Ganzkörperprogramm oder um ein speziell auf die untere bzw. obere Extremität ausgerichtetes Spezialprogramm handeln. Das Programm wird 3x pro Woche umgesetzt und das Tennistraining entsprechend reduziert, aber unbedingt weiter fortgeführt. Die dargestellten Programme können verständlicherweise nur beispielhaft gelten, da sie der hohen Individualität von Alters- und Leistungsvoraussetzungen niemals gerecht werden können.

Sollten sich im Rahmen der Leistungsdiagnostik Defizite im Bereich „Power der oberen Extremität" ergeben, empfehlen wir eine entsprechende Schwerpunktsetzung (Tab. 10). Sind jedoch auffällige Defizite im Bereich „Schnelligkeit oder Sprungkraft" erkennbar, so ist die Schwerpunktsetzung für die untere Extremität vorzuziehen (Tab. 11). In beiden Programmen wird stets auf die Kombination einer komplexen Basisübung (z. B. Bankdrücken) mit einer ballistisch-schnellkräftigen Übung (z. B. Medizinballwürfe) Wert gelegt. Selbstverständlich können aus beiden Programmen auch Mischformen für die obere und untere Extremität konstruiert werden. Hierbei sollten obere und untere Extremität im Wechsel jeweils mit zwei aufeinanderfolgenden Übungen (komplexe Basisübung, gefolgt von ballistisch-schnellkräftiger Übung) angesprochen werden. Für weiterführende Empfehlungen wird auf die aktuelle wissenschaftliche (Bird et al., 2005) und sehr empfehlenswerte praxisnahe Literatur zum Krafttraining für Tennisspieler verwiesen (Roetert & Kovacs, 2011).

*Tab. 11: Beispiel eines 60-90-minütigen Krafttrainingsprogramms für die obere Extremität*

| TRAININGSPROGRAMM FÜR DIE OBERE EXTREMITÄT | | | | | |
|---|---|---|---|---|---|
| Übungsform | Sätze x Wdh. | Intensität | Pause | Tempo (exz–iso–konz) | Anmerkungen |
| LH – Bankdrücken | 4 x 6 | 8 RM | 3 min | 1-1-1 | Abwechselnd mit KH ggf. einarmig |
| MB – Chest Throws* | 2 x 6 | All-out | 2 min | Explosiv | Beidarmig oder einarmig |
| KH – Überzüge | 4 x 6 | 8 RM | 3 min | 1-1-1 | Abwechselnd mit LH |
| MB – Squat Slams** | 2 x 6 | All-out | 2 min | Explosiv | Offener Stand; ggf. mit Rumpfrotation |
| Klimmzüge | 4 x Max | All-out | 3 min | 1-0-x | Abwechselnd enger und weiter Griff |
| Enges Rudern | 3 x 8 | 10 RM | 3 min | 1-0-1 | Einarmig am Kabelzug aus KB-Position |
| Trizepsstrecken | 4 x 6 | 8 RM | 3 min | 1-0-explosiv | Am Kabelzug, stehend und Überkopf |
| MB – Side Throws*** | 2 x 6 | All-out | 2 min | Explosiv | Abwechselnd offener und geschlossener Stand |
| Unterarmserien | 3 x 20 | 20 RM | 1 min | 1-0-1 | Proniert – supiniert – rotierend |

exz = exzentrisch, iso = isometrisch, konz = konzentrisch, LH = Langhantel, KH = Kurzhantel, Wdh. = Wiederholung, MB = Medizinball, KB = Kniebeuge, RM = Repetition Maximum

*explosive, einmalige und lineare MB-Brustwürfe gegen eine Wand

**explosive MB-Überkopfwürfe aus Kniebeugeposition gegen die Wand

***explosive und lineare MB-Seitwürfe aus VH- und RH-Seite gegen die Wand

*Tab. 12: Beispiel eines 60-90-minütigen Krafttrainingsprogramms für die untere Extremität*

| TRAININGSPROGRAMM FÜR DIE UNTERE EXTREMITÄT | | | | | |
|---|---|---|---|---|---|
| Übungsform | Sätze x Wdh. | Intensität | Pause | Tempo (exz-iso-konz) | Anmerkungen |
| LH Kniebeuge | 4 x 6 | 8 RM | 3 min | 2-1-1 | Wahlweise auch Beinpresse möglich |
| Beinbeuger | 4 x 8 | 10 RM | 3 min | 2-0-1 | Maschine oder Gymball |
| Wadenstrecken an der Beinpresse | 3 x 10 | 10 RM | 2 min | 2-0-1 | Fußstellung variieren |
| (Over-)Box Jumps (40 cm)* | 2 x 8 | All-out | 2 min | Explosiv bzw. reaktiv | Beid- und einbeinige Landung |
| Rebound Jumps** | 2 x 8 | All-out | 2 min | Reaktiv | Kurze Bodenkontaktzeiten bei maximaler Sprunghöhe |
| LH Ausfallschritt | 4 x 6 | 8 RM | 3 min | 2-1-1 | Abwechselnd mit LH Seitausfallschritte |
| LH Kreuzheben | 4 x 6 | 8 RM | 3 min | 2-1-1 | Abwechselnd mit KH, ggf. einbeinig |
| Multidirektionale Hürdensprünge | 2 | All-out | 2 min | Explosiv bzw. reaktiv | Beid- und einbeinige Landung |
| Split Squat Jumps*** | 2 x 8 | All-out | 2 min | Explosiv | Mit Rumpfrotation oder Zusatzgewicht |

exz = exzentrisch, iso = isometrisch, konz = konzentrisch, LH = Langhantel, KH = Kurzhantel, Wdh. = Wiederholung, MB = Medizinball, KB = Kniebeuge, RM = Repetition Maximum

*reaktive Sprünge auf Kasten bzw. Sprünge über Kasten mit ein- und beidbeiniger Landung

**reaktive Prellsprünge über den Vorderfuß

***explosive Ausfallschrittsprünge, wahlweise mit Zusatzgewicht und Rumpfrotation

## 5.3 Kraftdiagnostik

*ÜBERBLICK:* In der Praxis können **Maximalkrafttests** (statisch oder dynamisch) von **Sprungkrafttests** und einfachen **Kraftausdauertests** (meist für Rumpfmuskulatur oder Ganzkörperstabilität) unterschieden werden. Die Tests besitzen entweder hohe messtechnische Anforderungen oder sie sind bewusst einfach und praxisnah gestaltet. Im Folgenden sollen verschiedene Maximalkrafttests und Sprungkrafttests genauer vorgestellt werden. Hinsichtlich der Rumpf-Kraftausdauertests sei auf das Kap. 1.2.2 zum DTB-Konditionstest verwiesen.

Im Gegensatz zur Ausdauerdiagnostik existiert zur Kraftdiagnostik national und international eine geringere Vereinheitlichung. Dieser fehlende „Goldstandard" ist unter anderem bedingt durch die Vielfalt an mechanischen Testgeräten und physikalischen Kraftaufnehmern. Folglich sind leistungsdiagnostische Ergebnisse intra- und interindividuell vielfach nur dann vergleichbar, wenn sie am selben Messplatz unter identischen Rahmenbedingungen erhoben wurden. Dies betrifft speziell die Maximalkrafttests, während bei der Sprungkraftdiagnostik eine bessere Vergleichbarkeit gegeben ist.

*Tab. 13: Übersicht über ausgewählte Verfahren der Maximalkraftdiagnostik*

| MAXIMALKRAFTTESTS | | | |
|---|---|---|---|
| Kontraktion | Statisch | Dynamisch | Dynamisch |
| Aufwand | Apparativ | Apparativ | Einfach |
| Test | Isometrische Maximalkraft | Isokinetische Maximalkraft | Wiederholungsmaximum (1 RM) |
| Messgerät | ▪ Computergestützte Testgeräte mit Kraftaufnehmer<br>▪ Dynamometer (z. B. Handydynamometer) | ▪ Computergestützte Testgeräte mit Kraftaufnehmer<br>▪ Computergestützte, isokinetische Testgeräte | ▪ Freie Gewichte, Trainingsgeräte oder Kraftmaschinen |
| Messgrößen [Parameter] | ▪ Kraft/Zeit-Kurve<br>▪ Absolute [N] & relative [N/kg] Maximalkraft | ▪ Drehmoment-Zeit-Kurve<br>▪ Absolutes [Nm] & relatives Drehmoment [N/kg], bezogen auf definierte Gelenkwinkel und Winkelgeschwindigkeiten | ▪ Absolute [kg] & relative [kg/kg KG] Maximalkraft |
| Vorteile | ▪ Standardisierbarkeit<br>▪ Reliabilität | ▪ Standardisierbarkeit<br>▪ Reliabilität<br>▪ Differenziertheit der Aussage<br>▪ Einsatzgebiet im Rehasport | ▪ Validität<br>▪ Praxisnähe<br>▪ Keine Apparatur erforderlich |
| Nachteile | ▪ Geräteabhängigkeit<br>▪ Validität für dynamische Anforderungen in der Praxis | ▪ Hohe Anschaffungskosten<br>▪ Meist nur maximale Bewegungen messbar<br>▪ Validität für dynamische Anforderungen in der Praxis | ▪ Unzureichend standardisierte Herleitung<br>▪ Variable Funktionsgleichungen zur Ableitung des 1 RM aus X RM und Gewichtslast |

***APPARATIVE MAXIMALKRAFTTESTS:*** Grundsätzlich kann zwischen *isometrischen* und *isokinetischen Messverfahren* unterschieden werden. Bei der *isokinetischen Kraftmessung* wird die Testperson mechanisch fixiert und realisiert bei meist monoaxialen (eingelenkigen) Bewegungen (z. B. Kniextension) eine maximale Kraft gegen einen mit festgelegter Winkelgeschwindigkeit bewegten Gelenkarm in konzentrischer und exzentrischer Richtung. Aufgrund der hohen Kosten für ein isokinetisches Kraftmessgerät wird diese Messung im Tennissport nicht flächendeckend eingesetzt. Ferner ergeben sich erhebliche Validitätsprobleme, da Bewegungsabläufe im Tennis niemals isoliert isokinetisch, sondern mehrgelenkig und dynamisch-reaktiv erfolgen. Trotzdem verfügt das Verfahren aufgrund der guten Reproduzierbarkeit und der geringen orthopädischen Beanspruchung über Vorteile im Bereich der Rehabilitation nach Sportverletzungen.

Die *isometrische Kraftdiagnostik* ist weiter verbreitet, da sie im einfachsten Fall unmittelbar am Trainingsgerät (Krafttrainingsmaschine) realisiert werden kann. Hierbei wird der bewegliche Gelenkarm der Maschine starr fixiert und die dort realisierte Kraft mittels Kraftaufnehmern (z. B. Dehnungsmessstreifen oder Piezo-Kraftaufnehmer) in Relation zur Zeit (Kraft-/Zeit-Kurve) mittels entsprechender Software abgebildet und hinsichtlich ausgewählter Maximalkraftparameter ausgewertet (Tab. 13). Der Nachteil dieser Messung besteht ebenfalls in der geringen Sportartspezifität, da auch hier die Bewegungsdynamik des Tennissports nicht abgebildet wird und sich die Messung jeweils nur auf eine Gelenkwinkelstellung bezieht. Diese wiederum muss zur Sicherstellung der Reliabilität sorgfältig eingestellt werden, um eine Vergleichbarkeit der Ergebnisse zu ermöglichen. Der Vorteil besteht darin, dass klassische mehrgelenkige Übungen mit hoher Aussagekraft für die absolute Gesamtkraft des Tennisspielers wie Bankdrücken oder Kniebeugen einfach durchgeführt werden können.

***EINFACHE MAXIMALKRAFTTESTS:*** Für die Praxis hat sich die Bestimmung des einmaligen Wiederholungsmaximums (1 Repetition Maximum, 1 RM) etabliert. Dieser Test erfolgt dynamisch, unmittelbar an dem entsprechenden Trainingsgerät (Krafttrainingsmaschine oder Freihantel), und liefert daher praxisnahe Ergebnisse, die dann auch zur Trainingssteuerung eingesetzt werden können. Für die Bestimmung des 1 RM haben sich unterschiedliche direkte oder indirekte Verfahren bewährt.

Bei den *direkten Verfahren* wird versucht, mit realistischen und möglichst zielstrebigen Annäherungsschritten genau die Gewichtslast zu bestimmen, die die Testperson 1x in korrekter Ausführung bewältigen kann. Der Nachteil dieses Verfahrens besteht in der Vorermüdung der Arbeitsmuskulatur durch die Vorbelastung und in der vielfach koordinativ unsauberen Ausführung der 1-RM-Belastung.

*Indirekte Verfahren* legen eine submaximale Gewichtslast vor, die die Testperson versucht, möglichst häufig zu bewegen. Evaluierte Funktionsgleichungen erlauben die Berechnung des 1 RM aus Gewichtslast und Wiederholungszahl (Mayhew et al., 2004). Problematisch ist die

Vielzahl an publizierten Funktionsgleichungen, da je nach Muskelgruppe und Adressaten unterschiedliche Zusammenhänge zwischen Gewichtslast und Wiederholungszahl (teils linear, teils exponentiell) bestehen. Ferner sollte die vorgelegte Gewichtslast bereits so austariert sein, dass maximal 10 Wiederholungen realisiert werden können, da mit zunehmender Wiederholungszahl die Genauigkeit der 1-RM-Ableitung sinkt.

Trotz der angesprochenen Nachteile birgt die 1-RM-Bestimmung aufgrund der hohen Praxisnähe entscheidende Vorteile. Realisiert die Testperson beispielsweise fünf Wiederholungen beim Bankdrücken mit einer Last von 85 kg, dann kann laut Dreisatz aus Tab. 14 ein 1 RM von ca. 96 kg berechnet werden. Gleichzeitig kann entsprechend Tab. 14 für das Hypertrophietraining dieses Athleten eine Trainingslast von 70-75 kg abgeleitet werden (entsprechend 75-80 % des 1 RM).

*Tab. 14: Zusammenhang zwischen Wiederholungszahl und prozentualer Auslastung des 1 RM (Brzycki, 1993, in Gießing, 2005). Die Berechnungsgrundlagen lauten: % RM = 102,78 – 2,78 x Wdh. bzw. 1 RM = Last/(1,0278 – 0,0278 x Wdh.).*

| Wdh.-Zahl | % von 1 RM |
|---|---|
| 20 | 47,18 |
| 19 | 49,96 |
| 18 | 52,74 |
| 17 | 55,52 |
| 16 | 58,30 |
| 15 | 61,08 |
| 14 | 63,86 |
| 13 | 66,64 |
| 12 | 69,42 |
| 11 | 72,20 |
| 10 | 74,98 |
| 9 | 77,76 |
| 8 | 80,54 |
| 7 | 83,32 |
| 6 | 86,10 |
| 5 | 88,10 |
| 4 | 91,66 |
| 3 | 94,44 |
| 2 | 97,22 |
| 1 | 100,00 |

***SPRUNGKRAFTTESTS:*** In der Praxis werden auch hier einfache und apparativ unterstützte Verfahren angewendet. Hinsichtlich der einfachen Tests hat sich für den Tennissport eindeutig der Standweitsprung als Mittel der ersten Wahl bewährt. Sprungfolgen (Dreierhopp) sind koordinativ zu anspruchsvoll und senken die Reliabilität; der Jump & Reach-Test ist für den Tennisspieler von geringerer Validität als der Standweitsprung. Zum Standweitsprung liegen entsprechende Normwerte für unterschiedliche Altersklassen für Mädchen und Jungen (Kap. 1.2.2) sowie konkret auf die Dimensionen des Tennisfeldes adaptierte Zielperspektiven vor (Kap. 1.2.3).

Apparative Sprungkrafttests nutzen in der biomechanischen Diagnostik installierte Kraftmessplatten und leiten hiermit differenzierte Befunde zur Kraftentwicklung ab. Die stationäre Gebundenheit dieser Messung lässt eine flächendeckende Verbreitung in der Praxis bislang nicht zu. Demgegenüber existieren einfache, softwareangesteuerte, optische oder mechanische Systeme, die den zeitlichen Verlauf von Bodenkontakt und Flugphase ermitteln und daraus die voraussichtliche Sprunghöhe für die Sprungformen Squat-Jump und Counter Movement Jump (sowie den Repetitive Counter Movement Jump) nach dem Flugzeitverfahren berechnen. Der Unterschied dieser Sprungformen besteht darin, dass der Counter Movement Jump (CMJ) eine abwärts gerichtete Auftaktbewegung vorgibt, sodass im Übergang von exzentrischer zu konzentrischer Bewegungsphase durch den Dehnungs-Verkürzungs-Zyklus eine höhere Energie erzeugt werden kann und dadurch höhere Sprunghöhen möglich sind als beim Squat-Jump aus der tiefen Kauerstellung. Bezogen auf die definierten Erscheinungsformen der Kraft, wird mittels Squat-Jump demnach die reine Schnellkraft und mittels des CMJ zusätzlich die Reaktivkraft gemessen. Beim Repetitive Counter Movement Jump werden, im Gegensatz zum einmaligen CMJ, mehrere Sprünge unmittelbar aneinandergereiht (Testdauer 15 s), sodass die Schnellkraftausdauer hier zusätzlich von Bedeutung ist.

Für die Praxis der Leistungsdiagnostik des Tennisspielers ist der einmalige CMJ Mittel der ersten Wahl, da er die reaktiven Anforderungen des Tennisspiels am besten abbildet. Zur Erhöhung der Reliabilität empfehlen wir im Tennis die Durchführung mit an den Hüften fixierten Händen.

Für den Drop-Jump sowie den Multiple-Rebound-Test werden neben der Sprunghöhe verschiedene, neuromuskulär interessante Sekundärparameter ermittelt bzw. berechnet. Hierbei fließt die Bodenkontaktzeit von der Landung bis zum erneuten Absprung ein. Das Testziel besteht darin, aus einer möglichst kurzen Kontaktzeit eine möglichst hohe Sprunghöhe zu erreichen. Beide Größen werden zu verschiedenen Reaktivkraftindizes verrechnet. Dieser interessante Ansatz birgt in der Praxis jedoch die Gefahr der Verunsicherung, da die Testpersonen im Zwiespalt zwischen kurzer Kontaktzeit und Sprunghöhe das genaue Testziel zu Recht hinterfragen. Die daraus resultierende Unzuverlässigkeit des Ergebnisses (geringere Reliabilität) kann verbessert werden, wenn wie beim Multiple-Rebound-Test mehrere reaktive Sprünge mit kurzer Kontaktzeit hintereinandergereiht werden und ein Mittelwert über mehrere (10-15) Sprünge berechnet wird (Tab. 15).

*Tab. 15: Übersicht über ausgewählte Verfahren der Sprungkraftdiagnostik*

| | SPRUNGKRAFTTESTS | |
|---|---|---|
| Aufwand | Apparativ | Einfach |
| Test | ▪ Squat-Jump<br>▪ Counter Movement Jump<br>▪ Drop-Jump<br>▪ Repetitive Counter Movement Jumps<br>▪ Multiple Rebound Jumps | ▪ Jump & Reach<br>▪ Standweitsprung<br>▪ Dreierhopp |
| Messgerät | ▪ Kontaktmatten<br>▪ Kontaktplatten<br>▪ Optische Bodensensoren<br>▪ Kraftmessplatten | ▪ Maßband, Zollstock, Wand |
| Messgrößen [Parameter] | ▪ Flugzeit [ms]<br>▪ Sprunghöhe (berechnet) [cm]<br>▪ Bodenreaktionskräfte [Nm]<br>▪ Bodenkontaktzeiten<br>▪ Sprungeffizienz, EKA (Flugzeit/Bodenkontakt)<br>▪ Reaktivkraftindex, RSI (Flugzeit/Bodenkontaktzet) | ▪ Sprunghöhe [cm]<br>▪ Sprungweite [cm] |
| Vorteile | ▪ Gute Reliabilität (außer Drop-Jump)<br>▪ Praxisnähe<br>▪ Testökonomie | ▪ Testökonomie<br>▪ Praxisnähe<br>▪ Ausreichende Reliabilität (speziell Standweitsprung) |
| Nachteile | ▪ Koordinativer Einfluss (speziell Drop-Jump) | ▪ Koordinativer Einfluss (speziell Dreierhopp und Jump & Reach) |

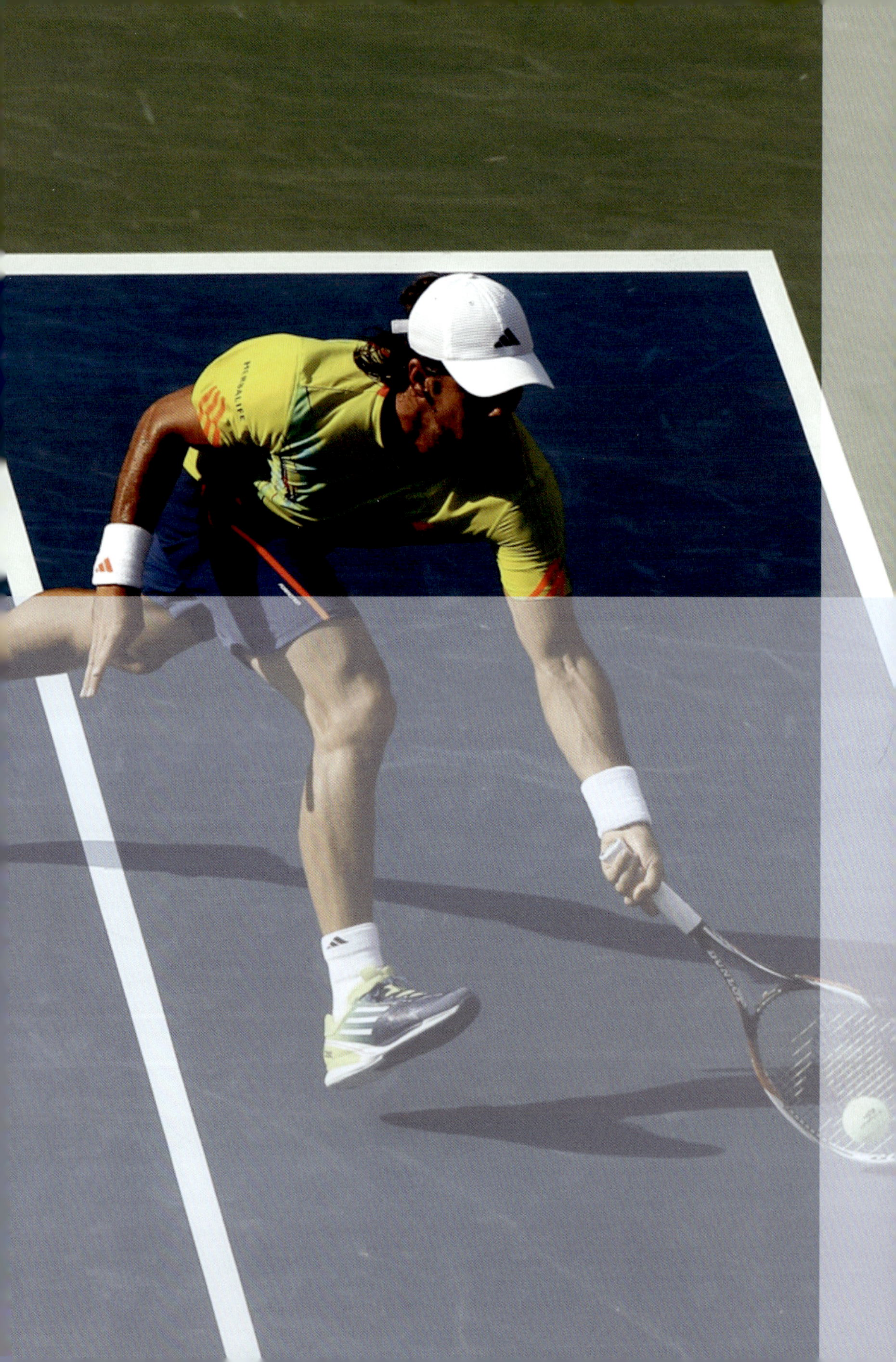

# 6
# *Schnelligkeitstraining*

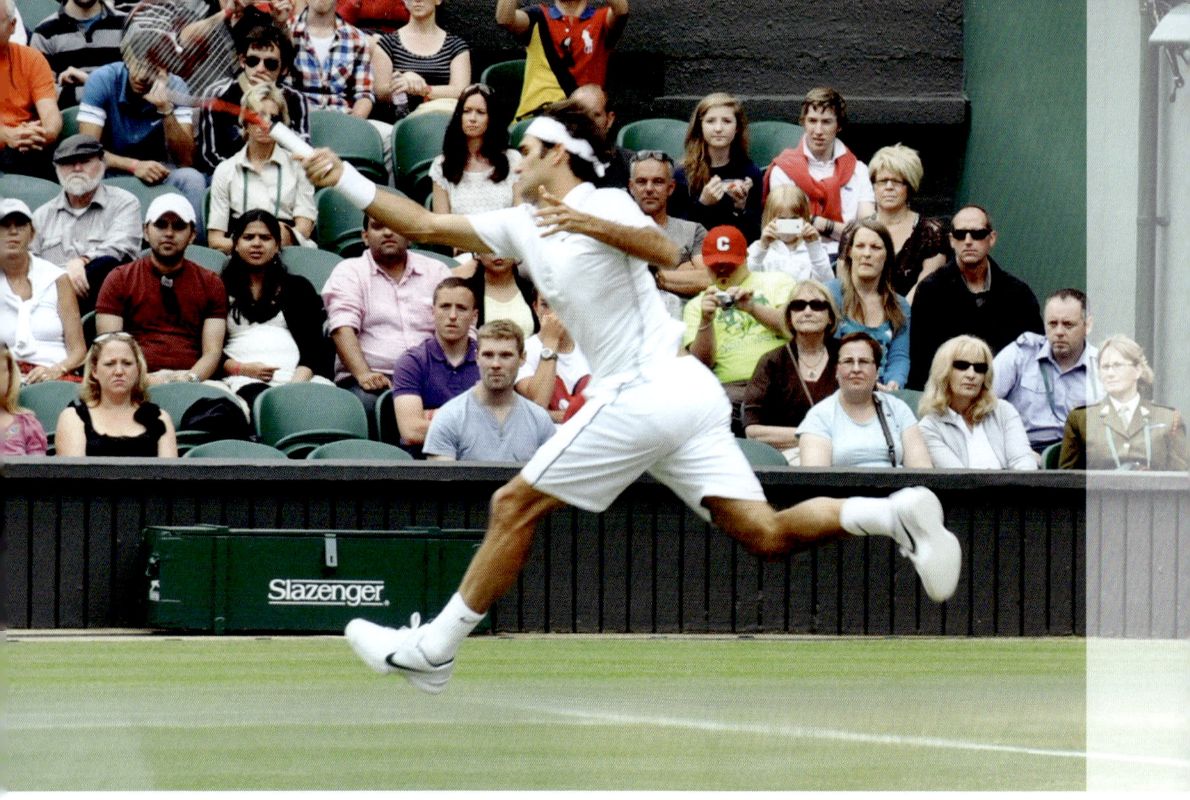


## 6.1 Einführung

Schnelligkeit im Sport beinhaltet die Fähigkeit, aufgrund kognitiver Prozesse, maximaler Willenskraft, und der Funktionalität des Nerv-Muskel-Systems höchstmögliche Reaktions- und Bewegungsgeschwindigkeiten zu erzielen (Grosser, 1991). Hinsichtlich der vielfältigen Einflussgrößen kann die oben zitierte Definition weiter differenziert werden. So sind insbesondere lern- bzw. koordinationsbedingte (z. B. intermuskuläre Koordination), sensorisch-kognitive (Konzentration und selektive Aufmerksamkeit), psychische (Motivation), neuronale (u. a. intramuskuläre Koordination, Vorinnervation) und tendomuskuläre Einflussgrößen (u. a. Muskelquerschnitt, Muskelfasertypenverteilung) in Abhängigkeit von den sportartspezifischen Besonderheiten in unterschiedlichem Ausmaß von Bedeutung.

Hinsichtlich der Erscheinungsformen von Schnelligkeit wird in der Literatur zwischen *zyklischer Schnelligkeit* bzw. *Frequenzschnelligkeit* (möglichst hochfrequente, gleichförmige und zwischen linker und rechter Extremität alternierenden Bewegungen) und *azyklischer Schnelligkeit* bzw. *Aktionsschnelligkeit* unterschieden (schnellstmögliche einmalige Ausführung ballistischer Bewegungen wie Würfe, Schläge oder auch Sprünge).

Schnelligkeit ist in ihrer Reinform nur schwer zu isolieren, da, bezogen auf die Schnelligkeitsanforderungen in den Sportarten, stets enge Verwandtschaften zur Kraft (Maximalkraft, Schnellkraft, Reaktivkraft) und zur Koordination bzw. Technik (intermuskuläre Koordination) bestehen. Das in den 1990er-Jahren propagierte Konzept der elementaren Schnelligkeit, nach dem Schnelligkeit unabhängig von Kraft und Querschnitt des Muskels auf gespeicherten

Bewegungs- oder Zeitprogrammen (zyklische und azyklische Zeitprogramme) basiert (Bauersfeld & Voß, 1992), scheint für die komplexen sportartspezifischen Anforderungen im Tennissport von untergeordneter Bedeutung zu sein.

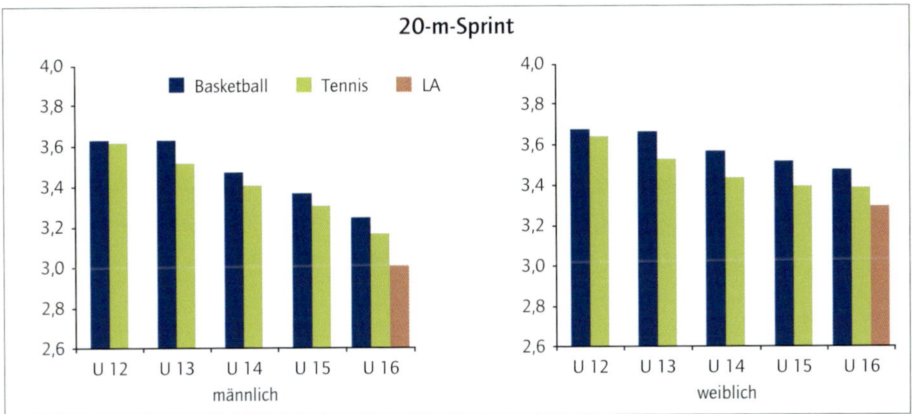


***Abb. 87:** Laufzeiten im 20-m-Sprint von männlichen und weiblichen D-Kaderspielern im Tennis und Basketball sowie von Nachwuchssprintern aus der Leichtathletik (LA) (modifiziert nach Stadtmann, 2013)*

Der Schnelligkeit wird im Tennis von namhaften Trainern eine sehr hohe Bedeutung zugesprochen (Ferrauti et al., 2006). Diese Aussagen beziehen sich dann zumeist auf die Laufschnelligkeit und die Beinarbeit. Tatsächlich sprechen unsere Befunde aus leistungsdiagnostischen Untersuchungen dafür, dass bereits jugendliche Kaderspieler des DTB eine höhere Laufschnelligkeit erreichen als Spieler vergleichbarer Kaderstufen im Deutschen Basketball Bund. Allerdings werden die Laufzeiten von gleichaltrigen Sprintern aus der Leichtathletik von den Tennisspielern nicht erreicht (Abb. 87).

Die Betrachtung der talentsensitiven Faktoren (Kap. 1.3.2) auf der Basis von Korrelationsberechnungen zur Ranglistenposition weist die Leistung im linearen Kurzsprint sowie im tennisspezifischen Richtungswechselsprint an der Grundlinie (r = 0.2-0.3) im Vergleich zur Schnellkraft der oberen Extremität (r = 0.3-0.5) als weniger aussagekräftig für die Gesamtleistung der Spieler aus (Kapitel 1.3.2, S. 60). Folglich muss die Bedeutung der Laufschnelligkeit für den Tennisspieler eher differenziert betrachtet werden und ist möglicherweise im Einzelfall geringer, als bislang angenommen. Dies gilt speziell für jene Spieler, die auf der Basis einer überragenden Schlagschnelligkeit in der Lage sind, den Gegner unter Zeitdruck zu setzen, um dadurch auch mögliche Defizite der eigenen Laufschnelligkeit zu kompensieren. Im Umkehrschluss steigt die Bedeutung der Laufschnelligkeit für Spieler ohne überragende Schlagschnelligkeit vermutlich deutlich an.

Überträgt man die komplexen Erscheinungsformen der Schnelligkeit auf das komplexe Anforderungsprofil des Tennisspiels, dann ergibt sich die folgende Matrix, in der die jeweiligen Spielsituationen mit den dort erforderlichen Erscheinungsformen der Schnelligkeit und den zur Verbesserung geeigneten Trainingsinterventionen gegenübergestellt sind:

*SITUATION 1:* In der Returnsituation und in fast allen Situationen während eines Ballwechsels ist der Spieler gefordert, möglichst rasch die gegnerische Schlagrichtung zu antizipieren bzw. zu erkennen, um sich Zeitvorteile für die Schlagvorbereitung zu erarbeiten.

*SITUATION 2:* In Situationen mit mittlerer Vorbereitungsdistanz und mittlerem oder geringem Zeitdruck erfolgt eine hochfrequente Präzisionsannäherung zum Ball bzw. der Spieler entscheidet aus taktischen Gründen, eine höhere Wegstrecke zurückzulegen und umläuft mit hochfrequenten Ausweichschritten seine Rückhand.

*SITUATION 3:* Beim Return oder an der Grundlinie ist der Splitstep gut getimt und der Spieler nutzt nach der beidbeinigen Landung nach dem Sprung die Reaktivkraft des Dehnungsverkürzungs-Zyklus in einen explosiven ersten Schritt in die notwendige Richtung.

*SITUATION 4:* Im Anschluss an den ersten Schritt schließt sich eine längere Laufstrecke zur Seite oder ans Netz an, auf der der Spieler rasch auf ein möglichst hohes Tempo beschleunigen muss, um den Ball zu erreichen.

*SITUATION 5:* Der Spieler muss den Lauf aus hohem Tempo abstoppen und reaktiv möglichst schnell in die Gegenrichtung starten und erneut beschleunigen. Hierbei müssen die insgesamt höchsten Krafte speziell auf rutschfesten Bodenbelägen überwunden werden.

*SITUATION 6:* In der Netzposition muss unter höchstem Zeitdruck ein maximaler Sprung zur Seite oder in vertikaler Richtung erfolgen, um den extrem gespielten Ball als Volley oder Überkopfball zu erreichen.

*SITUATION 7:* Der Spieler versucht, den Ball beim Aufschlag oder in der Grundliniensituation maximal schnell zu beschleunigen. Hier besitzt die intermuskuläre Koordination eine primär leistungslimitierende Bedeutung, während die Kraft-/Schnellkraftkomponente nur zweitrangig ist.

*Tab. 16: Matrix mit typischen schnelligkeitdeterminierten Spielsituationen sowie den dabei erforderlichen Schnelligkeitsvoraussetzungen und den zur Verbesserung geeigneten Trainingsinterventionen*

| Spielsituation | Schnelligkeitsvoraussetzung | Training |
|---|---|---|
| Richtung erkennen | ▪ Reaktionsschnelligkeit<br>▪ Antizipationsschnelligkeit | ▪ Situatives Overloadtraining<br>▪ Prognosetraining |
| RH umlaufen<br>Präzisionsvorbereitung | ▪ Frequenzschnelligkeit/zykl. ZP<br>▪ Intermuskuläre Koordination | ▪ Leitersprints/Tapping<br>▪ Situatives Overloadtraining |
| Start aus Split | ▪ Aktionsschnelligkeit/azykl. ZP<br>▪ Reaktivkraft | ▪ Sprungtraining (reaktiv)<br>▪ Sprung-Lauf-Kombinationen |
| Beschleunigung zum Ball | ▪ Schnellkraft<br>▪ Intermuskuläre Koordination (Sprint) | ▪ Krafttraining (z. B. Kniebeuge)<br>▪ Lauf-Widerstandstraining<br>▪ Situatives Overloadtraining |
| Schneller Richtungswechsel | ▪ Maximalkraft/Schnellkraft<br>▪ Reaktivkraft/intram. Koordination<br>▪ Intermuskuläre Koordination | ▪ Krafttraining (z. B. Kniebeuge)<br>▪ Sprung-Lauf-Kombinationen<br>▪ Situatives Overloadtraining |
| Sprung zum Volley/Smash | ▪ Maximalkraft/Schnellkraft<br>▪ Reaktivkraft/intram. Koordination<br>▪ Intermuskuläre Koordination | ▪ Krafttraining (z. B. Kniebeuge)<br>▪ Sprungparcours<br>▪ Situatives Overloadtraining |
| Schnelle (Auf-)schläge | ▪ Intermuskuläre Koordination<br>▪ Maximalkraft/Schnellkraft | ▪ Techniktraining<br>▪ Postactivation Potentation (PAP)<br>▪ Krafttraining (z. B. Seilzugtraining) |

Aus Gründen der besseren Übersichtlichkeit und der für die Trainingssteuerung geeigneten Strukturierung wird im Folgenden nach Reaktions- und Antizipationsschnelligkeit (Situation 1), Laufschnelligkeit (Situationen 2-6) und Schlagschnelligkeit (Situation 7) unterschieden (Tab. 16).

## 6.2 Reaktions- und Antizipationsschnelligkeit

**Reaktion** und **Antizipation** sind eng miteinander verwandt, da beide Faktoren einzig von der Qualität der Wahrnehmungsfähigkeit des Spielers und somit von der Informationsaufnahme und -verarbeitung abhängen. Gerade im Tenniswettkampf sind zahlreiche Reaktionen mit einer vorhergehenden Antizipation verknüpft. Die Gewichtung beider Faktoren hängt davon ab, wie stark der Spieler in einer Spielsituation unter Zeitdruck gerät. Der Stellenwert der Antizipation steigt insbesondere dann, wenn dem Spieler genügend Zeit für eine Vorentscheidung (Handlungsvorwegnahme), aber sehr wenig Zeit für die Handlungsentscheidung nach der gegnerischen Ballberührung bleibt.

*BEISPIEL:* Vier Spieler stehen sich im Doppel am Netz gegenüber und vollieren druckvoll und flach auf den Körper der Gegner (Reaktion). Ein Spieler bekommt die Chance zu einem hohen Volley oder Smash. Die Verteidiger spielen „alles oder nichts", entscheiden sich für eine Seite und führen den Schläger an eine erwartete Stelle im Raum (Antizipation).

Bei genauerer Betrachtung können drei verschiedene Formen der Antizipation unterschieden werden: Die *strategische* oder *taktische Antizipation* erfolgt mittel- und langfristig und bezieht sich auf typische Eigenheiten des Gegners (z. B. Aufschlagrichtung). Im Gegensatz dazu beruht die *kurzfristige Bewegungsantizipation* auf der genauen Beobachtung und der richtigen Beurteilung der Aktionen des Gegners. Die letzte Form, das *antizipatorische Timing*, bezieht sich auf das ständige Beobachten und Kalkulieren des Ballflugs und die daran abgestimmte Schlaggestaltung. Bei richtiger strategischer Antizipation entsteht ein erheblicher Zeitvorteil, da das motorische Programm für den Folgeschlag früher abgerufen wird. Dies ist allerdings auch mit einem hohen Risiko verbunden, da bei falscher Voraussage der Schlagrichtung ein erfolgreiches Umprogrammieren kaum noch möglich ist. Insgesamt wird die zeitliche Gestaltung sämtlicher Beobachtungs-, Planungs- und Handlungsschritte bis hin zum Treffpunkt als „Time-Management" bezeichnet (Kleinöder et al., 1994). Letzteres stellt eine wesentliche Größe für einen erfolgreichen Schlag (speziell unter Zeitdruck) dar.

Die wissenschaftliche Auseinandersetzung mit dem Bereich Reaktion und Antizipation ist verständlicherweise methodisch problematisch. Triolet et al. (2013) analysierten Videoaufnahmen dahin gehend, ab welcher Verzögerungszeit nach dem gegnerischen Schlag eine zu 100 % richtige Handlungsentscheidung des Spielers folgt. Die Autoren gehen davon aus, dass eine 100 % richtige Entscheidung als reine Reaktionsleistung zu definieren ist, während eine Antizipation stets auch zu vereinzelt falschen Entscheidungen führen muss. Im Mittel (Median) stehen dem Spieler ca. 200 ms nach dem gegnerischen Ballkontakt zur Entscheidungsfindung zur Verfügung. Das Zeitbudget, oberhalb dessen eine 100 % richtige Entscheidung registriert wurde, betrug in dieser Untersuchung 140-160 ms nach dem gegnerischen Ballkontakt. Bei geringerem Zeitbudget (< 120 ms) sinkt die Entscheidungsqualität und demzufolge steigt der Einfluss der Antizipation an der Entscheidungsfindung.

In den meisten Spielsituationen reicht die verfügbare Zeit aus, um mittels Reaktion zu einer vollständig richtigen Handlungsentscheidung zu kommen. Dies betrifft 90 % aller Schlagsituationen auf Sandplätzen. Auf schnelleren Bodenbelägen sinkt dieser Anteil auf 85 % (Gras und Hartplatz) ab. Nur in besonders ungünstigen Situationen (der Gegner steht bereits weit im Feld und kommt zum Schuss) scheint eine auf Antizipation basierende Entscheidung eine günstigere „Kosten-Nutzen-Kalkulation" aufzuweisen.

Diese Befunde sprechen trotz der quantitativen Gewichtung nicht zwingend gegen ein Antizipationstraining im Tennis. Zum einen sind die Trainings- und Anpassungsmöglichkeiten im Bereich der Antizipation deutlich größer als hinsichtlich der Reaktion. Zum anderen handelt es sich bei den erfolgreich antizipatorisch gemeisterten Spielsituationen meist um Schlüsselsituationen im Spielverlauf. Antizipationstraining beinhaltet ferner eine bedeutsame strategische, kognitive und schlagtechnische Wissenserweiterung des Spielers und sollte somit auch aus pädagogischer Sicht einen adäquaten Stellenwert in der langfristigen Ausbildung des Spielers einnehmen.

Die Fähigkeit zur Antizipation kann in Training und Wettkampf erlernt werden. Hierbei müssen dem Schüler zunächst Wahrnehmungshilfen geboten werden (z. B.: „Achte auf die Schulterachse des Gegners", oder: „Präge dir die Schlaggewohnheiten des Gegners ein"). In der Folge muss der Trainer einerseits scheinbar unlösbare Trainingsaufgaben stellen (z. B. Übung 6: „Elfmeter") und andererseits dem Schüler genügend Erfolgsmomente beim Antizipieren von Schlag- und Spielsituationen vermitteln (Erfolgschance mindestens 30:70). Häufig sind nur jene Spieler im Wettkampf in der Lage, scheinbar unmögliche Bälle zurückzuspielen, die hierin eine zwar schwierige, aber in Ausnahmen durchaus lösbare und somit reizvolle Aufgabe erkennen. Solche Spieler lassen ihre Gegner oft dadurch verzweifeln, dass sie an der Grundlinie einfach immer schon in der richtigen Ecke stehen, und am Netz, wie durch Zauberei, den Ball mit ihrem Schläger nahezu magnetisch anziehen.

Eine Verbesserung der Reaktion basiert zunächst auf der Kontrolle von statischer und dynamischer Sehschärfe (Jendrusch, 2000). Zahlreiche Tennisspieler erreichen ihre optimale Leistungsfähigkeit deshalb nicht, weil eine verborgene Sehschwäche lange Zeit unerkannt bleibt. Beim Reaktionstraining im Tennis wird der Schüler systematisch einem hohen, aber keinem überhöhten Zeitdruck ausgesetzt, sodass die Möglichkeit, noch reaktiv und nicht ausschließlich antizipatorisch die Situation zu meistern, gegeben ist (z. B. Übung Nr. 2: „Maschinengewehr").

## 6.2.1 Trainingsbeispiele

**Übung 1: Fallobst**

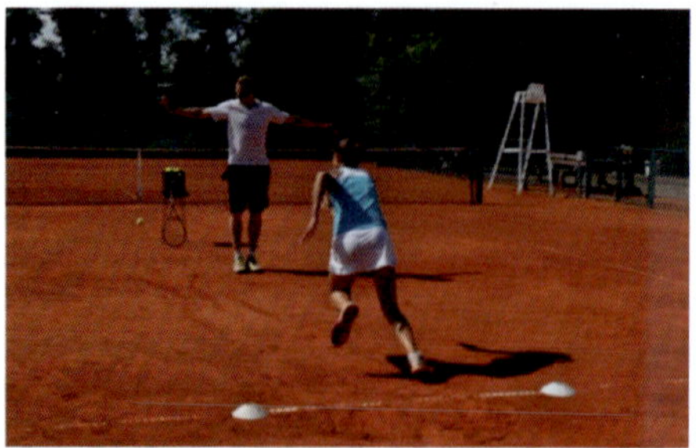

**Inhalt:**

Reaktion/Laufschnelligkeit

**Ziel:**

Verbesserung von Reaktion (und Laufschnelligkeit)

**Ablauf:**

Der Trainer steht 2-3 m vor dem Schüler und wirft einen Ball circa 50 cm senkrecht nach oben. Der Schüler startet aus der Grundstellung zum Ball und muss diesen als Volley über das Netz spielen.

**Dauer/Umfang:**

10-15 Versuche pro Spieler (15 s Pause)

**Tipp:**

Der Ball darf erst kurz vor der Bodenberührung erreicht werden.

**Variation:**

Zwei Zuspieler stehen auf den hinteren Eckpunkten des Einzelfelds und fixieren mit waagerecht ausgestrecktem Arm einen Ball. Der Übende steht in der Mitte der Grundlinie und versucht, den zuerst fallenden Ball noch im Steigen zu schlagen.

**Übung 2: Maschinengewehr**

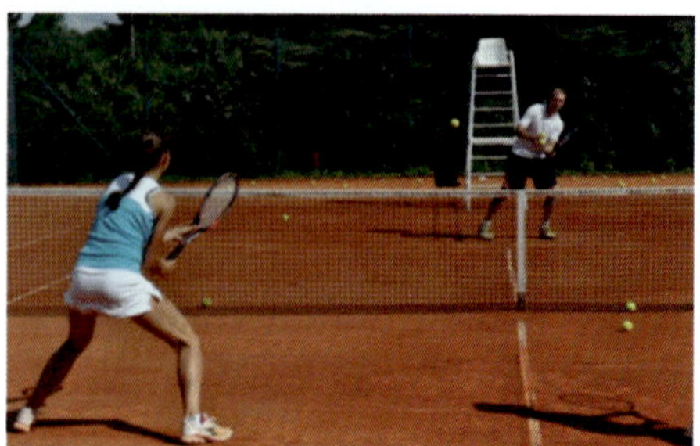

**Inhalt:**

Reaktion

**Ziel:**

Verbesserung der Reaktion

**Ablauf:**

Der Trainer (besser ein Trainer und ein Zuspieler) stehen dem Übenden in Netzposition gegenüber. Beide spielen in schneller Folge und mit mittlerem Tempo abwechselnd Bälle in die Reichweite oder auf den Körper des Übenden. Dieser muss so viele Bälle wie möglich gültig ins Spielfeld vollieren.

**Dauer/Umfang:**

Fünf Serien à 10-15 Schläge

**Tipp:**

Lockerung des Schlagarms in der Serienpause

**Variationen:**

- Vorgabe der Schlagrichtung (z. B. in die Mitte)
- Beide Zuspieler wechseln sich unregelmäßig ab.

### Übung 3: Chaos

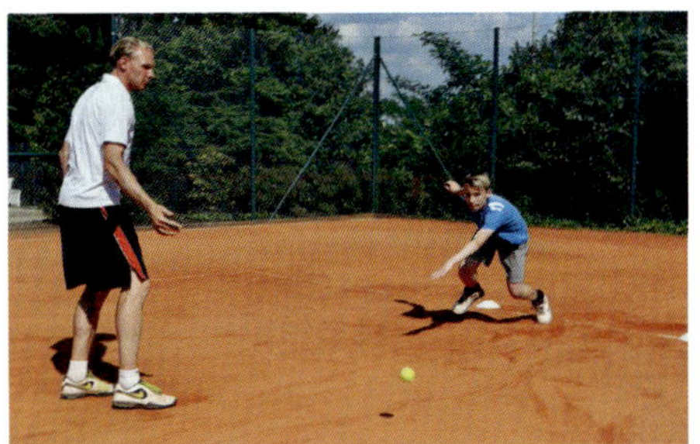

**Inhalt:**
Reaktion

**Ziel:**
Verbesserung der Reaktion

**Ablauf:**
Der Trainer wirft Bälle in unregelmäßiger Folge in einen Radius von 2-3 m. Der Übende muss den Ball vor dem zweiten Auftippen fangen, direkt zum Trainer zurückwerfen und den nächsten Ball erreichen.

**Dauer/Umfang:**
Fünf Serien à 5-8 Bälle

**Tipp:**
Trainer hat immer zwei Bälle in der Hand.

**Variation:**
Ball höher anwerfen und Ball muss mit Schläger zum Trainer zurückvolliert werden.

### Übung 4: Netzduell

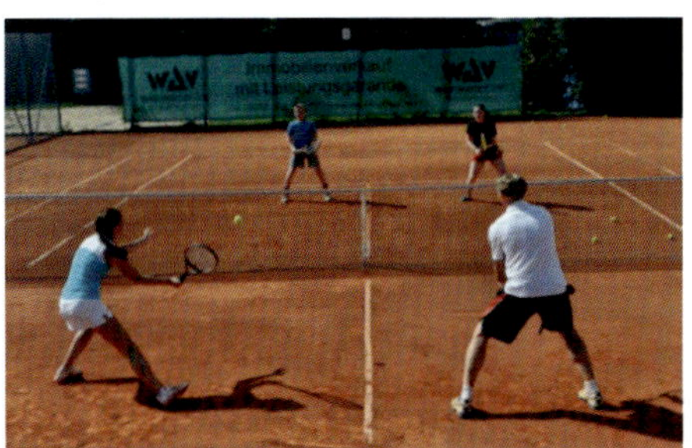


**Inhalt:**
Reaktion/Antizipation

**Ziel:**
Verbesserung von Reaktion und Antizipation

**Ablauf:**
Zwei, drei oder vier Spieler stehen sich in Netzposition gegenüber. Der Trainer bringt den Ball ins Spiel. Die Spieler spielen einzelne Punkte gegeneinander aus. Jeder Schlag muss in die Reichweite des Mitspielers platziert werden. Das Spielfeld wird nach hinten durch die Grundlinie begrenzt.

**Dauer/Umfang:**
Spiel bis 11/15 oder 21 Punkte

**Tipp:**
Angabe und Rückschlag werden zugespielt und führen noch nicht zu Fehlern oder Punkten.

**Variationen:**
- Körpertreffer werden doppelt gewertet.
- Volleylobs und Schmetterschläge einstreuen.
- Erste Aufschläge von der Grundlinie auf den Netzspieler

### Übung 5: Return-Duell

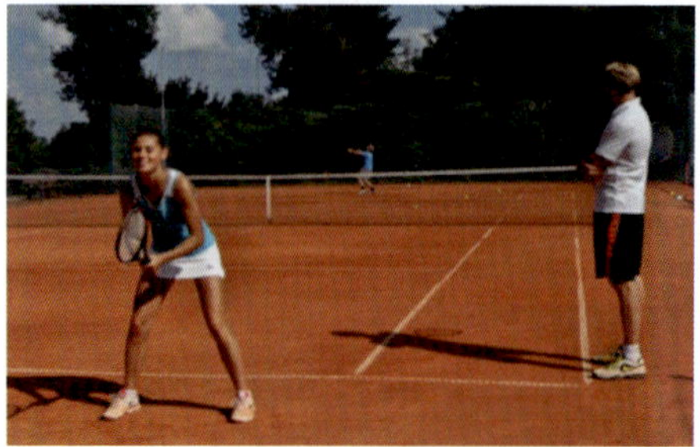

**Inhalt:**
Reaktion

**Ziel:**
Verbesserung der Reaktion

**Ablauf:**
Ein oder mehrere Spieler schlagen abwechselnd in unregelmäßiger Folge in die VH- oder RH-Ecke des Returnspielers auf. Dieser Returnspieler steht mit dem Rücken zum Aufschläger und darf sich erst auf Kommando des Trainers umdrehen (kurz vor dem Treffpunkt des Balls durch den Aufschläger).

**Dauer/Umfang:**
Wer retourniert von 10/15 Versuchen am häufigsten gültig ins Feld?

**Tipp:**
Kommando früh genug setzen!

**Variationen:**
- Kommando zu unterschiedlichen Zeitpunkten
- Ausgangsposition des Return-Spielers variieren.
- Returntechnik und -richtung festlegen.

### Übung 6: Elfmeter

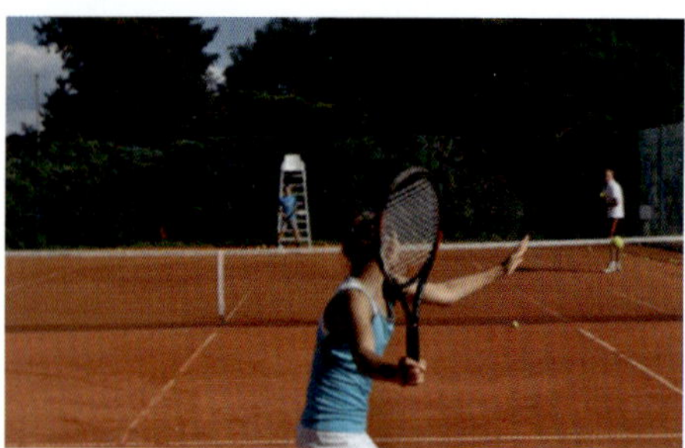

**Inhalt:**
Antizipation

**Ziel:**
Verbesserung der Antizipation

**Ablauf:**
Der Trainer spielt den Ball weich und mittellang an. Zwei Spieler im Wechsel versuchen, mit einem VH-Winner in die VH- oder RH-Ecke zu punkten. Zwei Übende befinden sich auf der Seite des Trainers und haben abwechselnd die Aufgabe, die gewählte Richtung zu antizipieren, den Ball zu erlaufen und zurückzuspielen.

**Dauer/Umfang:**
Wer antizipiert von 10/15 Versuchen am häufigsten richtig?

**Tipp:**
Trainer gibt Antizipationshilfen (z. B. Bewegungsmerkmale).

**Variationen:**
- Passierschlagelfmeter gegen einen Netzspieler
- Smashelfmeter gegen einen Grundlinienspieler

## 6.3 Laufschnelligkeit

Die Bedeutung der **Laufschnelligkeit** im Tennis ist unbestritten. Zunehmende Schlaghärte und -präzision gehen zwingend mit entsprechend hohen Laufbeanspruchungen einher. Systematische Beobachtungen belegen, dass Weltklassespieler auf Sandplätzen bei einem Fünftel aller Schläge (20 %) während der Schlagvorbereitung unter hohem Zeitdruck stehen. Jeder 10. Ball wird nur noch aus vollem Lauf erreicht oder trotz erheblicher Anstrengung knapp verfehlt. Die Laufschnelligkeit entscheidet demnach auf Sandplätzen durchschnittlich während jedes zweiten Ballwechsels maßgeblich über den Spielerfolg. Als Beleg hierfür kann die stark ansteigende Fehlerquote bei Schlägen aus dem Lauf angeführt werden. Auf schnelleren Bodenbelägen ist von einer noch höheren Bedeutung auszugehen.

Im Mittel beträgt die Laufstrecke unter Zeitdruck an der Grundlinie ca. 4-5 m und beim Lauf zum Netz ca. 8 m (Abb. 88). Die überwiegende Mehrzahl der Schläge aus dem Lauf ergibt sich an der Grundlinie (ca. 75 %). Dabei fällt auf, dass die Spieler insbesondere in der VH-Ecke unter Druck gesetzt werden (knapp 60 % aller Situationen unter Zeitdruck). Dies liegt daran, dass viele Spieler bestrebt sind, ihre Rückhand zu umlaufen und daher den gegnerischen Schlag leicht zur RH-Ecke versetzt erwarten (Abb. 88) (Weber et al., 2007).

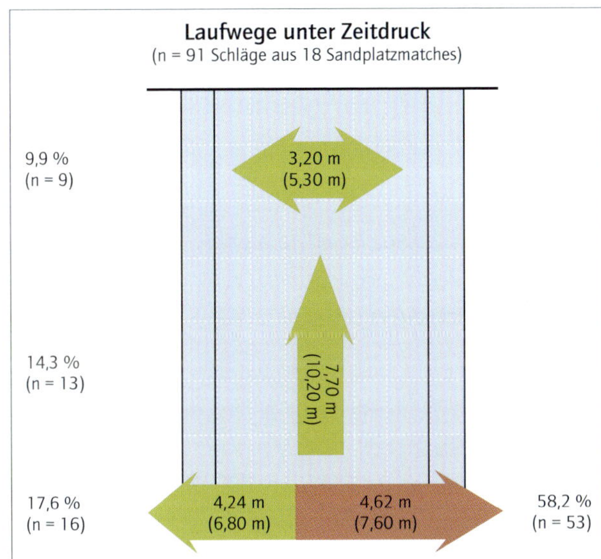


***Abb. 88:** Häufigkeit und Richtung sowie mittlere und maximale Länge (in Klammern) der Laufwege unter Zeitdruck im Sandplatztennis*

Die spezielle Spiel- und Schlagsituation unter hohem Zeitdruck in der Vorhandecke der Grundlinie bedarf einer vertieften Betrachtung. Bereits an anderer Stelle wurde darauf hingewiesen, dass sich die aktuellen Spitzenspieler vermehrt an diese Situation anpassen. Dies erfolgt beispielsweise durch den häufigeren Einsatz des extremen Vorhandslice und durch eine außergewöhnliche Beweglichkeit beim seitlichen Ausfallschritt (Kap. 7). Zusätzlich werden den Spielern beim Hinlaufen, Stoppen, Schlagen sowie beim Rücklauf besondere Schnelligkeitsleistungen und spezielle Schrittmuster abverlangt, die zudem im Detail sehr von den jeweiligen Bodenbelägen abhängig.

Hierzu erfolgte eine Untersuchung mit einem telemetrischen Messsohlensystem unter standardisierten Bedingungen auf den Bodenbelägen Sand und Teppich. Die Spieler besaßen die Aufgabe, ein schnelles Ballwurfmaschinen-Zuspiel in die Vorhandecke nach einem Sprint aus der Rückhandecke maximal schnell zu erlaufen, einen Vorhandpassierball zu spielen und anschließend zurück in die Rückhandecke zu sprinten. Die hierfür notwendigen Laufzeiten wurden mittels Lichtschranken registriert und die Bodenkontaktzeiten mittels des Messsohlensystems erfasst (Abb. 89).

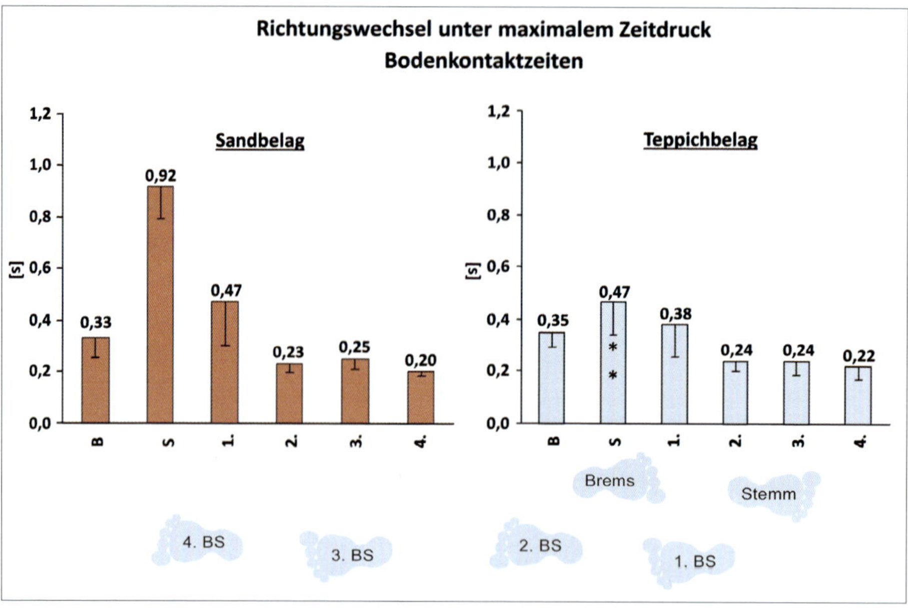


*Abb. 89: Bodenkontaktzeiten der letzten beiden Schritte beim Abstoppen in der Vorhandecke (Brems- und Stemmschritt) sowie der ersten vier Beschleunigungschritte zurück zur Rückhandecke auf Sandplätzen (links) und auf Teppichboden (rechts) (Ferrauti et al., 2013)*

Die Ergebnisse zeigen, dass die gleiche Aufgabe auf Sandplätzen deutlich langsamer als auf Teppich gelöst wird (3,63 s versus 3,31 s), dass die meiste Zeit während des Richtungswechsels verloren wird (1,26 s versus 1,09 s) und dass speziell der Stemmschritt auf Sand doppelt so lange Bodenkontaktzeiten aufweist (0,92 s versus 0,47 s) (Abb. 89). Die Bodenreaktionskräfte liegen auf Teppich deutlich höher als auf Sandplätzen und erreichen beim Stemmschritt ihr Maximum. Interessanterweise korrelieren die Laufleistungen auf beiden Belägen nur geringfügig.

Aus den Ergebnissen lassen sich praxisrelevante Schlussfolgerungen ableiten:
Offenbar unterscheiden sich die Schnelligkeitsanforderungen auf beiden Bodenbelägen sehr, sodass während der Übergänge von Sandplätzen zu rutschfesten Belägen und umgekehrt diese wichtige Spielsituation speziell trainiert werden muss. Dies ist sowohl zur Leistungsstei-

gerung als auch zur Verletzungsprophylaxe von Bedeutung. Sprunggelenkdistorsionen sind in der beschriebenen Spielsituation sehr häufig und können unter anderem auf das unterschiedliche Anforderungsprofil der Bodenbeläge zurückgeführt werden (Ferrauti et al., 2013).

Bezogen auf die zahlreichen Einflussfaktoren der Schnelligkeit, lässt sich zunächst eine andersgeartete inter- und intramuskuläre Koordination ausmachen. Während der rutschfeste Teppich- oder Hartplatzbelag eine jeweils maximale Rekrutierung von Muskelfasern und Nutzung der Reaktivkraft beim Stemmschritt erfordert (aber auch ermöglicht), ist in der gleichen Spielsituation auf Sand die optimale und eher submaximale Nutzung angemessener. Andernfalls resultieren die Fliehkräfte in einer Verlängerung der Bodenkontaktzeit (bzw. der Spieler rutscht aus), wodurch sich die Laufgeschwindigkeit insgesamt verlangsamt. Demzufolge wird sich ein Training von Maximalkraft, Schnellkraft und Reaktivkraft eher für das Spiel auf rutschfesten Bodenbelägen positiv auswirken, während das Training der spezifischen Koordination mit eher kleineren, situationsangemessenen und hochfrequenteren Schrittfolgen auf Sandplätzen zielführender ist.

## 6.3.1 Trainingsplanung und Periodisierung

Eine Verbesserung der Laufschnelligkeit durch Interventionsmaßnahmen im Training kann bekanntlich nur in geringem Maße erreicht werden. Unsere Erfahrungen mit einer Gruppe von Turniertennisspielern belegen jedoch, dass sich durch einen schnelligkeitsorientierten Mesozyklus mit drei Trainingseinheiten (TE) pro Woche bereits nach 9 TE erkennbare Verbesserungen erzielen lassen (Abb. 90). Die Leistungssteigerung während eines solchen Mesozyklus ist jedoch insgesamt gering und beträgt zwischen 3 und 5 %. Andererseits entspricht dies einem Raumgewinn von ungefähr 30 cm während eines 8-m-Sprints zum Ball bzw. bis zu 50 cm während eines Richtungswechselsprints. Bei der Abwägung von Aufwand und Nutzen sollte jedoch auch berücksichtigt werden, dass bereits der Zugewinn weniger Zentimeter bei der Annäherung über kürzere Distanzen eine bessere Schlagposition „hinter dem Ball" und ein gezielteres und besser getimtes „Auslösen" der Schlagbewegung gewährleistet. Schnelligkeitsverbesserungen sind folglich nicht nur in Extremsituationen hilfreich, sondern ermöglichen auch in zahlreichen anderen Schlagsituationen eine Steigerung der Schlagqualität.

**Trainingseffekte als Nettoraumgewinn in der Spielsituation**

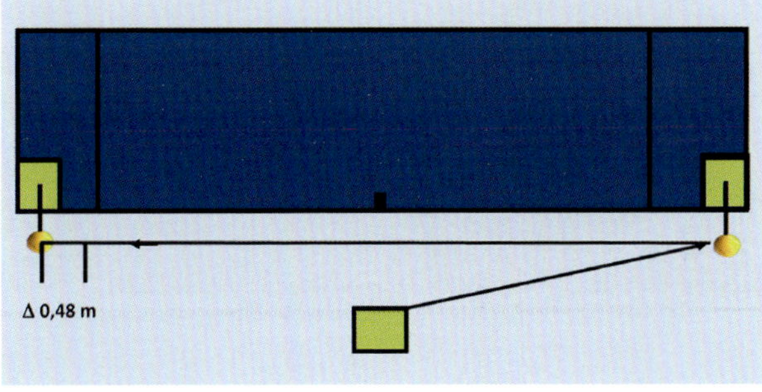


*Abb. 90: Leistungsverbesserung während eines vierwöchigen Mesozyklus mit dem Schwerpunkt Laufschnelligkeit, dargestellt als Nettoraumgewinn während eines Richtungswechselsprints*

***TRAININGSPLANUNG:*** Bei erkennbaren Defiziten der Laufschnelligkeit und Sprungkraft (Kap. 1.2.2 und 1.2.3) ist im Einzelfall abzuwägen, ob der Spieler zunächst einen vermehrt auf die Kraft der unteren Extremität bezogenen Trainingsblock absolviert (Kap. 5, Tab. 11) oder direkt einen kombinierten Kraft-/Schnelligkeitsblock mit 2-3 Trainingseinheiten pro Woche über einen Zeitraum von einem Monat einlegt (Tab. 17). Als Trainingsinhalte sind hierbei möglichst alle Komponenten der Bewegungsschnelligkeit und die entsprechenden Spielsituationen (z. B. Richtungswechselsprints in der Vorhand- und Rückhandecke) zu berücksichtigen (Tab. 16). Die Trainingsinhalte werden von Woche zu Woche spezifischer und nähern sich der tennisspezifischen Wettkampfbeanspruchung an.

Über den gesamten Trainingszeitraum erfolgt ein begleitendes Rumpf- und Sprungstabilisationstraining, da schnelle Lauf- und Sprungaktivitäten nur auf der Basis einer soliden Ganzkörperstabilisation verletzungsfrei und effizient in Vortrieb umgesetzt werden können. Ferner ist insbesondere bei Mädchen und Juniorinnen die Technik von Absprung und Landung isoliert und in einfachen Vorübungen (z. B. Einbeinsprünge mit Landungskontrolle) zu begutachten und zu optimieren, da geschlechtsspezifisch speziell bei weiblichen Spielern die Gefahr der Innenrotation im Kniegelenk mit instabiler Landung droht. Das Lauf-ABC wird gleichzeitig zur Aufwärmung der Arbeitsmuskulatur genutzt und fokussiert auf spezielle Aspekte der Lauftechnik (aufrechte Körperhaltung, Einhaltung der funktionellen Gelenkachsen, Vermeidung von Einseitigkeiten, reaktiver Abdruck, Balance und vieles mehr).

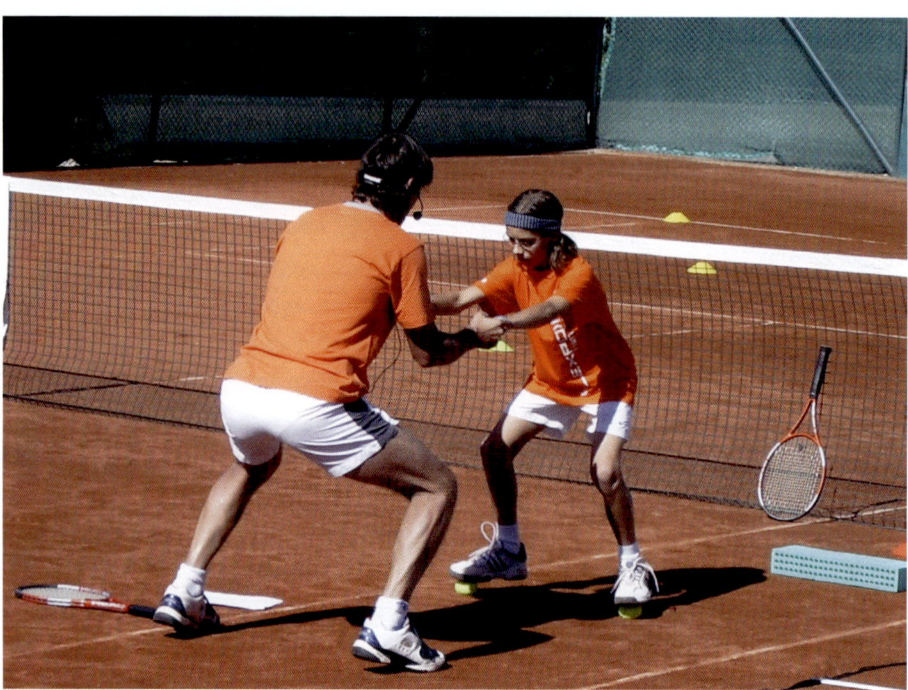

Diese Trainingsinhalte gehen in den ersten Trainingswochen nahtlos über in spezielle Übungen zur Frequenzschnelligkeit. Hier können variable Formen von Linientapping sowie zyklischen bzw. partiell azyklischen Leitersprints eingesetzt werden. Dabei ist zu beachten, ob die koordinativen Anforderungen der Übungen individuell angemessen (gleichzeitiges Training von intermuskulärer Koordination und Frequenzschnelligkeit) oder zu hoch sind (der Spieler ist koordinativ überfordert und die Schrittfrequenz fällt ab). Der Schwerpunkt sollte unbedingt auf der Frequenzschnelligkeit liegen.

Im Idealfall findet das Training an einer Trainingsstätte statt, die neben dem Tennisplatz einen Kraftraum mit Basisausstattung beinhaltet. Mit Ausnahme des Krafttrainings können alle übrigen Inhalte auf oder neben dem Tennisplatz realisiert werden. Für das begleitende Krafttraining sollte jedoch wenigstens eine der beiden Basisübungen „Kniebeuge" (im Idealfall mit der geführten Langhantel) oder „Beinpresse" in unmittelbarer Angrenzung an die Trainingsstätte umsetzbar sein (Kap. 5). Die angegebenen Trainingsinhalte dienen den Trainingszielen Muskelaufbau und Maximalkraft und setzen voraus, dass die Trainierenden bereits Krafttrainingserfahrungen mit den entsprechenden Trainingsgeräten besitzen. Die Kombination von Schnelligkeits- und Krafttraining ist aufgrund der enormen Widerstände insbesondere beim Richtungswechsel auf rutschfesten Belägen (Hartplatz oder Halle) dringend zu empfehlen.

Nach einer ersten, der Gewöhnung dienenden Trainingswoche, kommen weitere Trainingsinhalte hinzu. Dabei handelt es sich um variable Sprungparcours (beidbeinig, einbeinig, über Kleinhürden, Seitwärtssprünge), die bei Fortgeschrittenen zusätzlich durch Gewichtsbelastung (z. B. geschulterter 2-kg-Sandsack o. Ä.) oder plyometrisch als Tiefsprünge aus 40-60 cm Höhe durchgeführt werden können. Aufbauend ab der zweiten Trainingswoche, erfolgen zusätzlich Widerstandsläufe zur Schnellkraftverbesserung während der Beschleunigungsphase. Hierzu können Gummibandsysteme (Alternative: das klassische Deuserband) oder auch der bewährte Schleppschlitten (mit 10-20 kg Zusatzlast) eingesetzt werden. Je nach den Möglichkeiten, die das Trainingsgelände bietet, sind auch reaktive Treppensprints bergauf sinnvoll. Die Belastungsdauer sollte jeweils maximal 5 s betragen, bei maximaler Belastungsintensität.

Den notwendigen koordinativen Transfer der dargestellten grundlegenden Trainingsinhalte gewährleisten Richtungswechselläufe ohne (z. B. Hütchendrills) bzw. mit Schläger in der realen Spielsituation On-Court. Letzteres sollte sich eng am Anforderungsprofil orientieren und speziell die Situation an der Grundlinie mit reaktiven Richtungswechseln in der Vorhand- und Rückhandecke beinhalten (Abb. 88). Diese Trainingsinhalte werden dem semispezifischen bzw. tennisspezifischen Schnelligkeitstraining zugeordnet und nehmen quantitativ im Verlauf des Mesozyklus zu (Tab. 16).

Selbstverständlich können Einzelkomponenten dieses Trainingsplans stets auch begleitend zu übrigen Trainingsinhalten im Sinne des Komplextrainings in das Tennistraining eingebaut werden (Ebben, 2002). Hierbei ist allerdings zu berücksichtigen, dass nennenswerte

Leistungssprünge im Bereich der Laufschnelligkeit hierdurch nicht zu erzielen sind, so dass allenfalls ein Leistungsrückgang hierdurch vermieden werden kann. Im Sinne der unmittelbaren Wettkampfvorbereitung ist die Integration kompakter (nicht ermüdender) Schnelligkeitsreize jedoch zum reaktiven Spannungsaufbau sinnvoll.

Als Zeitraum bietet sich für Nachwuchstennisspieler eine turnierfreie Zeit im Oktober oder November mit anschließender Erhaltungsphase während der Wintersaison an. Der gleiche Zeitraum kann für Mannschaftsspieler der regionalen Klasse empfohlen werden, da hier der Übergang zur Hallensaison mit höheren Anforderungen an die Bewegungsschnelligkeit erfolgt. Turnierspieler der internationalen Klasse müssen bei entsprechenden Defiziten auf die wenigen turnierfreien Wochen vor der Jahreswende zurückgreifen.

Der in Tab. 17 dargestellte Trainingsplan wird nur von jenen Spielern realisierbar sein, die mit höchstem Engagement ihre Karriere planen. Die Umsetzung des Trainingsplans sollte keinesfalls zwingend „eins zu eins" erfolgen, sondern stets individuell adaptiert. Im Einzelfall müssen in enger Abstimmung zwischen Tennistrainer, Athletiktrainer und Spieler für jeden Trainingstag die exakten Trainingsinhalte und Belastungsnormative neu und in Abhängigkeit zum Befinden des Spielers justiert werden. Der vorgegebene Trainingsplan ist somit allenfalls als Rahmenplan zur Groborientierung gedacht, da er den individuellen regenerativen Bedürfnissen und Adaptationscharakteristika nicht gerecht werden kann.

***TRAININGSPRINZIPIEN:*** Bei allen semispezifischen und tennisspezifischen Trainingsinhalten zur Verbesserung der Laufschnelligkeit sollten folgende Prinzipien berücksichtigt werden:

*1.* Die Reizhöhe bzw. Belastungsintensität muss hoch bis sehr hoch angesiedelt werden (90-100 %) und die Bewegungen sind so schnell wie möglich auszuführen. Bei allen tennisspezifischen Trainingsformen, die mit Schläger und Ball auf dem Platz eingesetzt werden, darf der Übende nur mit größter Anstrengung das Trainerzuspiel erreichen. Der Schlagerfolg (Schlagsicherheit) gerät hier als Trainingsziel in den Hintergrund.
*2.* Die Reizdauer sollte möglichst kurz (maximal 5-8 s) und wettkampfspezifisch sein. Ein effizientes Schnelligkeitstraining beinhaltet maximal 2-3 Schläge in Folge (1-2 Richtungswechsel). Dem Schnelligkeitstraining sollte keine ermüdende Tätigkeit vorausgehen.
*3.* Die Reizdichte sollte möglichst so gestaltet werden, dass eine fast vollständige Erholung gewährleistet ist. Die erforderliche Pausendauer beläuft sich bei maximaler Reizhöhe und einer Reizdauer von 2-3 s auf mindestens 15 s und bei einer Reizdauer von 5-8 s auf mindestens 45-60 s.

*Tab. 17: Beispiel eines Mesozyklus zur Verbesserung der Laufschnelligkeit für gut trainierte Nachwuchstennisspieler (U 16 und älter)*

| Trainingsinhalt | Trainingsziel | Woche 1 (60 min) | Woche 2 (70 min) | Woche 3 (80 min) | Woche 4 (90 min) |
|---|---|---|---|---|---|
| ▪ Rumpf- und Sprungstabilisation | ▪ Stabilisation | 10' | 10' | 10' | 10' |
| ▪ Lauf ABC | ▪ Intermuskuläre Koordination | 10' | 10' | 10' | 10' |
| ▪ Leiterläufe<br>▪ Linientapping | ▪ Frequenzschnelligkeit<br>▪ Intermuskuläre Koordination | 10'<br>10 x 4 s<br>(30 s Pause) | 10'<br>10 x 4 s<br>(30 s Pause) | - | - |
| ▪ Kniebeugen (Squats)<br>▪ Beinpresse | ▪ Muskelaufbau<br>▪ Maximalkraft | 20'<br>3 x 8 x 80 % 1 RM | 20'<br>3 x 8 x 80 % 1 RM | 20'<br>3 x 5 x 90 % 1 RM | 20'<br>3 x 5 x 90 % 1 RM |
| ▪ Sprungparcours (Kleinhürden, Seitwärts-, Tief-, mit Zusatzlast) | ▪ Reaktivkraft<br>▪ Aktionsschnelligkeit | - | 5'<br>2 x 10 Sprünge<br>(60 s Pause) | 10'<br>4 x 10 Sprünge<br>(60 s Pause) | 10'<br>4 x 10 Sprünge<br>(60 s Pause) |
| ▪ Widerstandsläufe (Tubes, Schleppschlitten, Bergauf-, Treppenläufe) | ▪ Schnellkraft | - | 5'<br>3 x 5 s<br>(60 s Pause) | 10'<br>6 x 5 s<br>(60 s Pause) | 15'<br>9 x 5 s<br>(60 s Pause) |
| ▪ Pendel- und Zickzackläufe | ▪ Intermuskuläre Koordination<br>▪ Semispezifische Schnelligkeit | 10'<br>6 x 5 s<br>(60 s Pause) | 10'<br>6 x 5 s<br>(60 s Pause) | 10'<br>6 x 5 s<br>(60 s Pause) | 10'<br>6 x 5 s<br>(60 s Pause) |
| ▪ Sprint-Schlag-Kombinationen | ▪ Intermuskuläre Koordination<br>▪ Tennisspezifische Schnelligkeit | - | - | 10'<br>2 x 6 x 3 s<br>(45 s Pause) | 15'<br>3 x 6 x 3 s<br>(45 s Pause) |

## 6.3.2 Trainingsbeispiele

**Übung 7: Lauf-ABC**

**Inhalt:**
Intermuskuläre Koordination

**Ziel:**
Verbesserung von Lauftechnik und Koordination

**Ablauf:**
Eine Strecke von 10-20 m wird in folgenden Laufvariationen hin und zurück absolviert: Fußgelenkarbeit, Anfersen, Kniehebelauf (einseitig), Hopserlauf (mit und ohne Verwringung), Prellsprünge, Stechschritt und vieles mehr.

**Dauer/Umfang:**
jeweils zwei Bahnen, danach 15-30 s Pause.

**Tipp:**
Technikkorrekturen

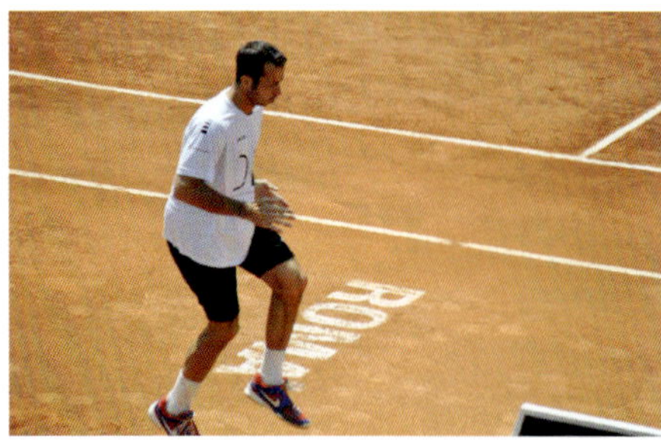

**Übung 8: Sprungstabilisation**

**Inhalt:**
Intermuskuläre Koordination

**Ziel:**
Verbesserung der Gesamtkörperstabilisation

**Ablauf:**
Der Spieler absolviert einbeinige und beidbeinige Sprünge vorwärts, rückwärts und seitwärts auf einen flachen Kasten bzw. Stepper in vorgegebener Reihenfolge unter bewuster Haltungskontrolle bei der Landung.

**Dauer/Umfang:**
10 min mit Pausen, Anzahl der Sprünge je nach Sprunghöhe variabel

**Tipp:**
Auf die korrekte Kniegelenkachse bei der Landung achten.

**Variation:**
Beidbeinige und einbeinige Tiefsprünge vom Kleinkasten mit „eingefrorener", stabiler Endposition

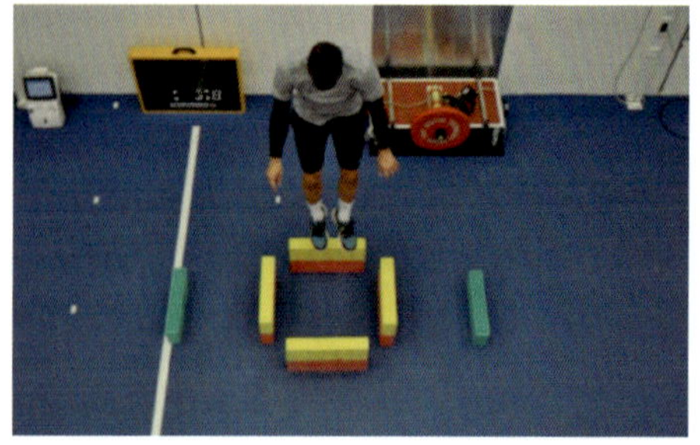

## Übung 9: Leiterläufe

**Inhalt:**
Frequenzschnelligkeit

**Ziel:**
Verbesserung von Frequenzschnelligkeit und intermuskulärer Koordination

**Ablauf:**
Der Spieler passiert eine Leiter mit verschiedenen Schrittrhythmen in maximal schneller Schrittfrequenz.

**Beispiel 1:** Rechts, links, rechts, links, ...

**Beispiel 2:** Rein, rein, raus, raus,...

**Beispiel 3:** Rechts, links, rechts, links, ... (seitlich)

**Beispiel 4:** Rein, rein, rein, raus-vor, rein, rein, rein, raus-vor, ...

**Dauer/Umfang:**
6-8 Wiederholungen von maximal 2-3 Varianten (30 s Pause)

**Tipp:**
Koordinativ zu anspruchsvolle Schrittrhythmen senken die Trainingswirkung.

**Variation:**
Anstelle der Leiter können Linien ausgelegt oder im Sand markiert werden (Beispiel 5: Beschleunigungssprints) bzw. Reifen können für variable azyklische Frequenzsprints ausgelegt werden (Beispiel 6).

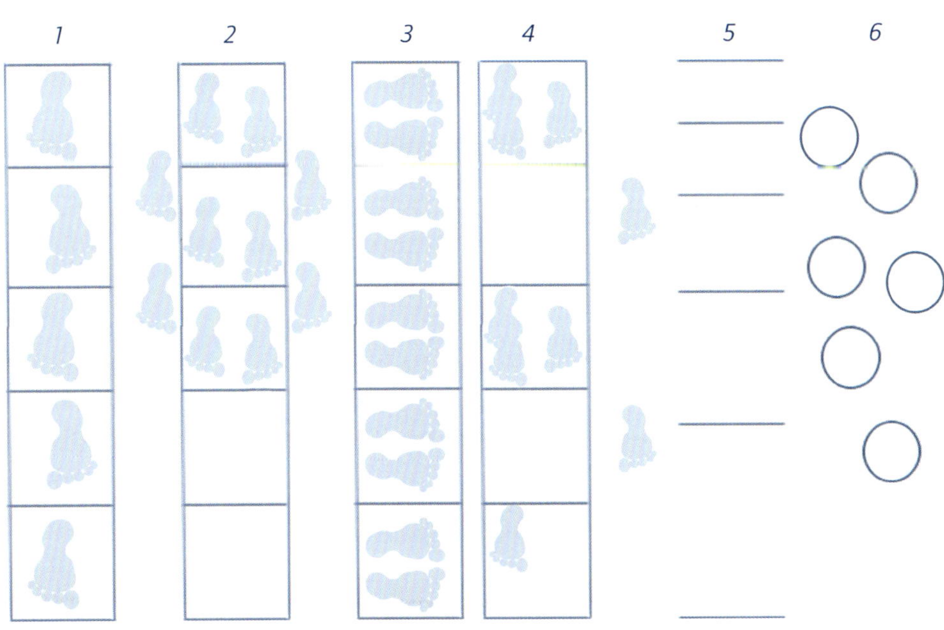

### Übung 10: Linientapping

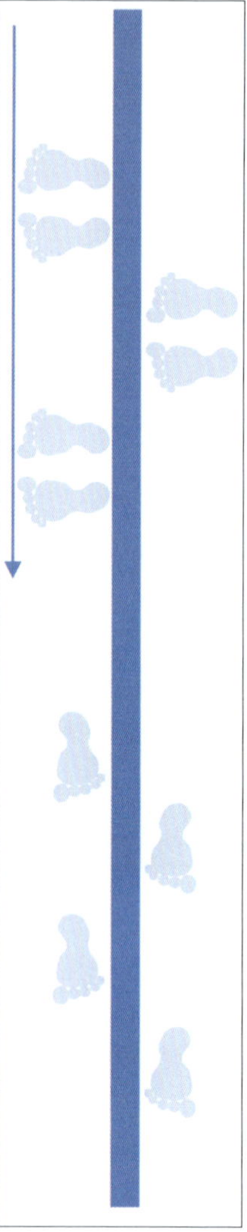

**Inhalt:**

Frequenzschnelligkeit

**Ziel:**

Verbesserung von Frequenzschnelligkeit und intermuskulärer Koordination

**Ablauf:**

Der Spieler absolviert vorgegebene Schrittrhythmen an den Linien des Tennisplatzes in maximal schneller Schrittfrequenz.

**Beispiel 1:** Vor, vor, rück, rück, ...

**Beispiel 2:** Links-kreuz, rechts-kreuz, links-kreuz, ... (ggf. auch rückwärts)

**Dauer/Umfang:**

5 x 5-10 s (30 s aktive Pause)

**Tipp:**

Koordinativ zu anspruchsvolle Schrittrhythmen senken die Trainingswirkung.

### Übung 11: Sprungparcours

**Inhalt:**
Reaktivkraft

**Ziel:**
Verbesserung von Reaktivkraft und azyklischen Zeitprogrammen (Bodenkontaktzeit)

**Ablauf:**
Der Spieler absolviert vorgegebene Sprungformen mit jeweils maximalem Impuls. Das Training beginnt stets mit Prellsprüngen (Beispiel 1 oder 2) und beinhaltet zusätzlich maximal zwei weitere Beispiele.

**Beispiel 1:** Einbeinige oder beidbeinige Prellsprünge mit kurzer Bodenkontaktzeit entlang den Linien des Tennisplatzes oder am Netzpfosten.

**Beispiel 2:** Punkte- oder Hexagondrill (beidbeinig rein, raus, rein, raus... vorwärts oder rückwärts im oder gegen den Uhrzeigersinn).

**Beispiel 3:** Vertikale Counter Movement Jumps mit Sandsack (2 kg)

**Beispiel 4:** Seitwärtssprünge über den Doppelkorridor mit Sandsack.

**Beispiel 5:** Beidbeinige reaktive Sprünge über Kleinhürden (je nach Alter und Leistung 15-40 cm).

**Beispiel 6:** Kombinationssprünge über Kleinhürden (z. B. beidbeinig vor, links, rechts, rechts, links, vor).

**Dauer/Umfang:**

2-3 Serien à 8-10 Sprüngen pro Übung, maximal drei verschiedene Übungen

**Tipp:**
Erst nach Gewöhnungsphase und Technikkorrektur auf den angegebenen maximalen Umfang steigern.

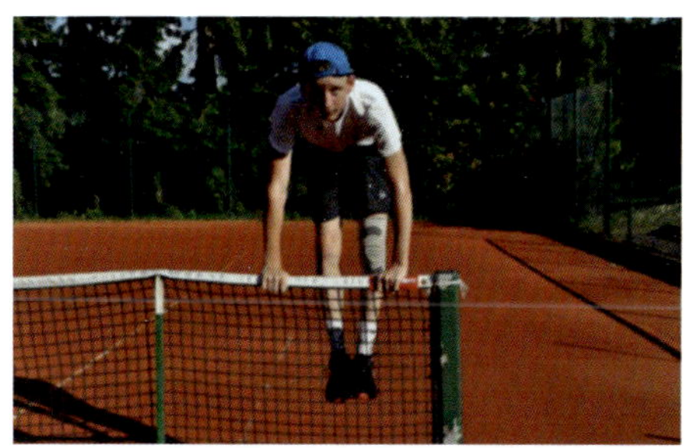

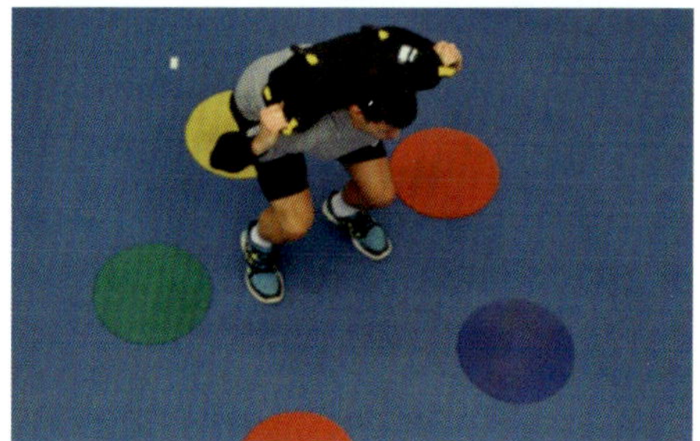

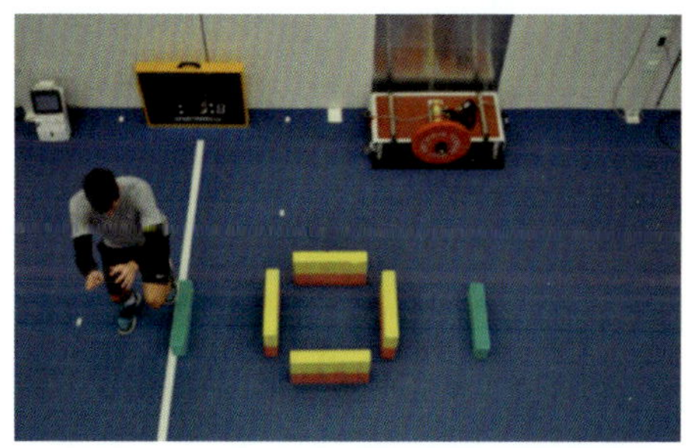

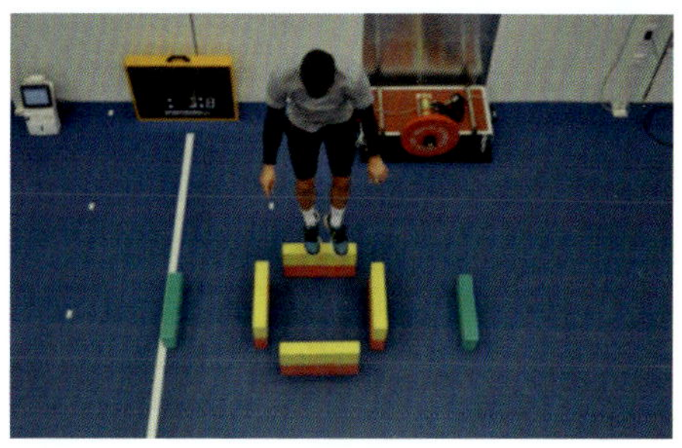

### Übung 12: Widerstandsläufe

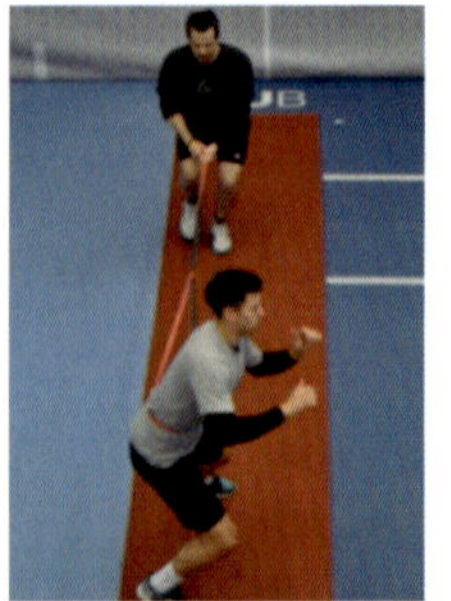

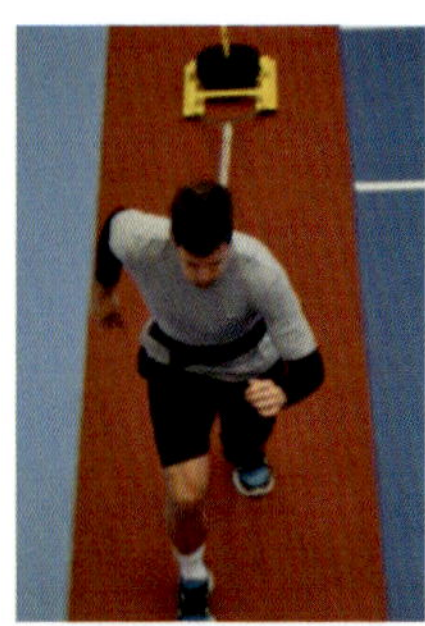

**Inhalt:**
Schnellkraft

**Ziel:**
Verbesserung der Beschleunigungsfähigkeit

**Ablauf:**
Der Spieler absolviert Kurzsprints über 5-10 m unter erschwerten Bedingungen gegen elastische Widerstände, im Sand oder bergauf. Trotz der Behinderung soll bei jedem Abdruck ein Maximum an Vortrieb entwickelt werden.

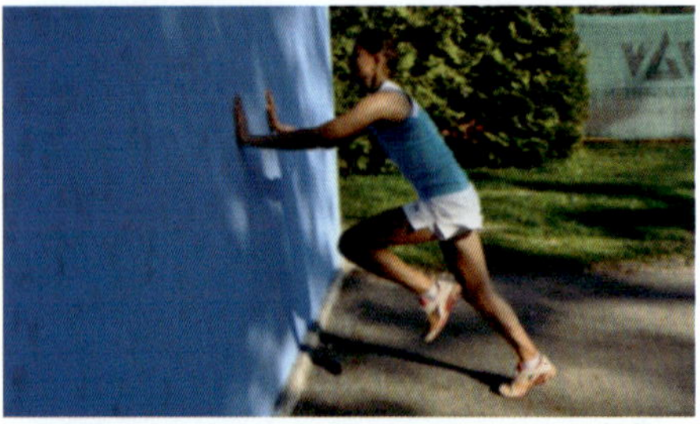

**Beispiel 1:** Frontal lineare oder seitliche Beschleugigungssprints gegen den Widerstand von zwei verknüpften Deuserbändern.

**Beispiel 2:** Schleppschlittensprints mit 10-20 kg Zusatzlast.

**Beispiel 3:** Walldrills, Kurzsprints steil bergauf, oder Treppenläufe (mehrere Stufen pro Schritt werden überbrückt).

**Beispiel 4-6:** Kniehebeläufe bzw. Sprungläufe im Sand.

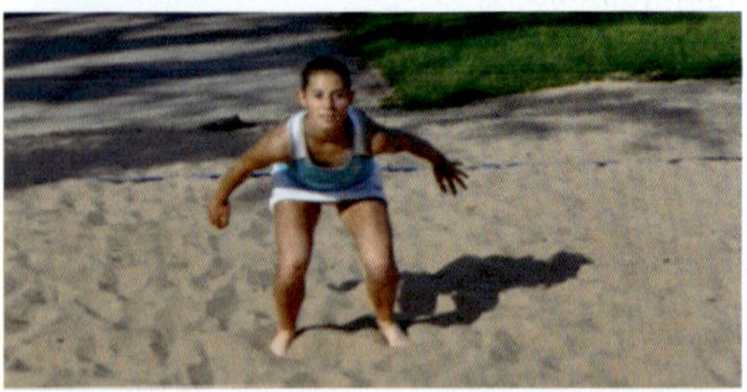

**Dauer/Umfang:**
2-3 Serien à 5-8 Kurzsprints (jeweils 45 s Wiederholungspause)

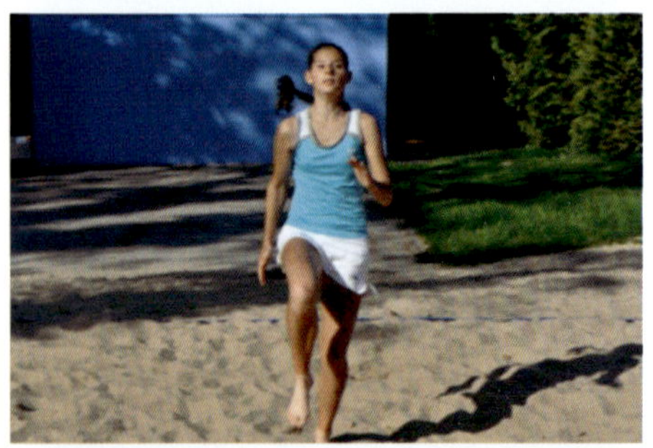

**Tipp:**
Auf lange Flugphase, optimalen Kniehub und vollständige Körperstreckung achten.

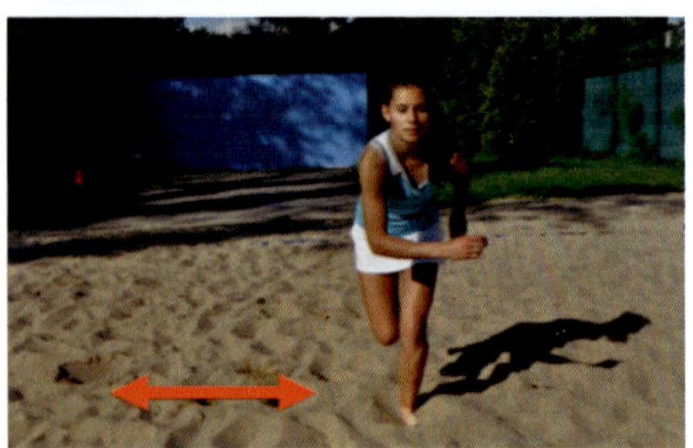

### Übung 13: Pendel- und Zickzackläufe

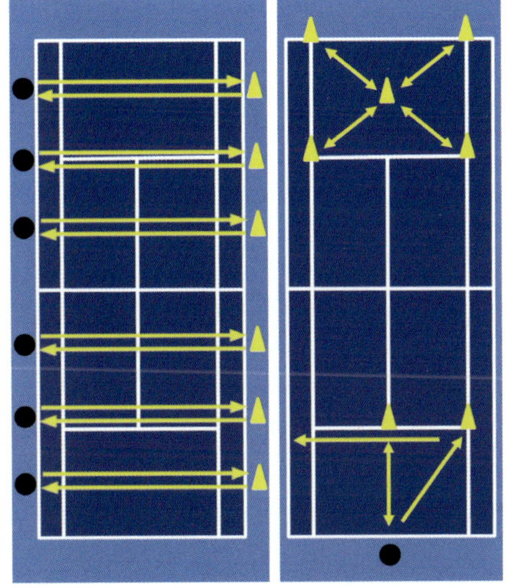

**Inhalt:**
Semispezifische Laufschnelligkeit

**Ziel:**
Verbesserung von Brems- und Beschleunigungsfähigkeit im Tennis

**Ablauf:**
Der „Pendellauf" (links) wird an der Seitenauslinie des Doppelfelds gestartet. Der Läufer überquert so schnell wie möglich das Spielfeld, berührt mit der Schlagfläche des Tennisschlägers die Pylone der Gegenseite und überquert erneut die Startlinie. Wahlweise können eine dritte oder weitere Spielfeldüberquerungen angereiht werden.

„Zickzackläufe" (rechts) kombinieren Vorwärts-, Seitwärts- oder Rückwärtsläufe (ggf. mit unterschiedlicher Beinarbeit). Beim Richtungswechsel wird auch hier eine Pylone mit dem Schläger oder mit der Hand berührt.

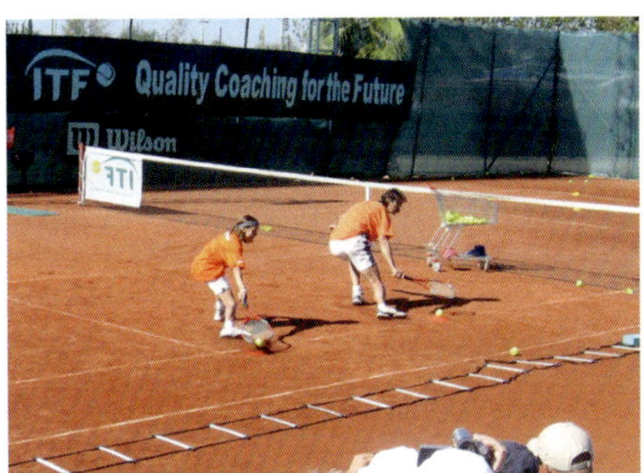


**Dauer/Umfang:**
6-8 Wiederholungen in Folge (jeweils 60 s Wiederholungspause)

**Tipp:**
Der „Pendellauf" eignet sich als Wettkampf zwischen mehreren Spielern gleichzeitig. Bei „Zickzackläufen" empfiehlt sich die Messung der Laufzeit.

**Variation:**
Modifikationen der Beinarbeit (z. B. Sidesteps)

## Übung 14: Sprint-Schlag-Kombinationen

### Inhalt:
Tennisspezifische Laufschnelligkeit

### Ziel:
Training von Schlagsituationen unter hohem Zeitdruck

### Ablauf:
Die Übung „VH-offen" (links) fokussiert auf die Schrittfolge beim Richtungswechsel in der VH-Ecke. Der Spieler startet mit einem Splitstep in der Spielfeldmitte. Zeitgleich wirft der Trainer den Ball weit nach außen. Nach dem Lauf zum Ball und einem Stemm- bzw. Bremsschritt (rechter Fuß des Rechtshänders) folgt ein Kreuzschritt zurück zur Mitte mit rechts und ein explosiver Sidestep mit links zur Spielfeldmitte. Während der Landung auf beiden Füßen (Splitstep) erfolgt sofort das nächste Zuspiel (Zuwurf) nach außen. Dieser Rhythmus wird 4-6 x wiederholt.

Beim „Passierball aus dem Lauf" (rechts) erwartet der Spieler das Zuspiel hinter der Grundlinie in der Mitte des Einzelfelds. Der Trainer spielt den ersten Ball wahlweise in eine Ecke an und den zweiten Ball schnell, flach und kurz cross zur gegenüberliegenden Seite. Der Spieler versucht, nach schnellem Gegenstart, den zweiten Ball aus vollem Lauf zu erreichen und als Passierschlag zu spielen.

### Dauer/Umfang:
6-8 Wiederholungen in Folge (45 s Pause)

### Tipp:
Die Übung "VH-offen" eignet sich, um die Schrittfolge beim Richtungswechsel und das Timing des Splitsteps (Nutzung des DVZ) zu optimieren.

Der „Passierball aus dem Lauf" verbessert Richtungswechsel und Beschleunigung danach unter maximalem Zeitdruck.

### Variation:
Ausführung zu beiden Seiten (VH in offener, RH in offener und geschlossener Schlagstellung trainieren und die individuell bevorzugte Variante festlegen).

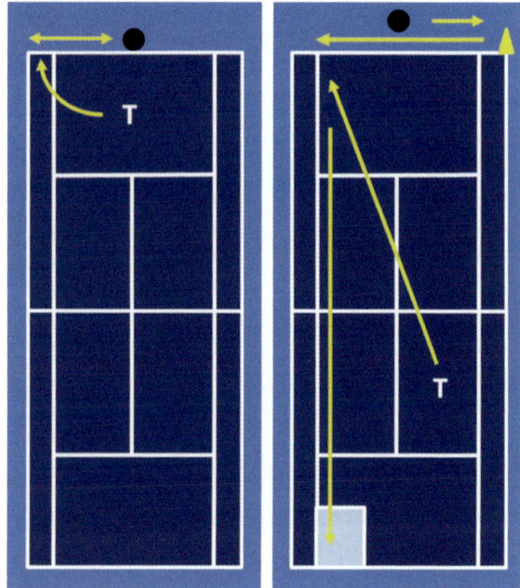

## 6.4 Schlagschnelligkeit

Die **Schlagschnelligkeit** und insbesondere die **Aufschlaggeschwindigkeit** hat in den vergangenen 10 Jahren in der Weltklasse erheblich zugenommen. Die durchschnittliche Geschwindigkeit aller ersten Aufschläge der Herren lag bei den French Open 2009 (alle Matches ab Viertelfinale) bei 189 ± 12 km/h gegenüber 165 ± 9 km/h im Jahr 2002 (Tab. 18). Entsprechend steigt die Zahl der Asse (8,6 % vs. 2,2 %) und der Prozentsatz der mit erstem Aufschlag gewonnenen Punkte (71,5 % vs. 67,4 %) (Weber et al., 2010). Im Verbund mit den Ergebnissen des DTB-Konditionstests (Kap. 1.3.2) sprechen diese Daten einheitlich dafür, dass der Schnellkraft der oberen Extremität eine bislang nicht angenommene, herausragende Bedeutung für die komplexe Spielleistung im Tennis zukommt. Bereits im Jugendalter erreicht die Aufschlaggeschwindigkeit und die Weite beim Medizinballwurf den engsten Zusammenhang zur Ranglistenposition (Kap. 1, Tab. 3, S. 60). Auch wenn hierzu keine verfügbaren Daten existieren, lassen die vorliegenden Ergebnisse vermuten, dass auch die Schlaggeschwindigkeit der Grundschläge Vorhand und Rückhand entsprechend zugenommen hat. Interessanterweise besteht eine hohe statistische Übereinstimmung zwischen den Schlaggeschwindigkeiten von Aufschlag und VH-Grundlinienschlag. Offensichtlich scheint die Fähigkeit zu schnellen Schlägen technikübergreifend zu bestehen und entspricht dem in Spielerkreisen bekannten Phänomen „schneller Arm".

*__Tab. 18:__ Vergleichende Darstellung verschiedener Qualitätsmerkmale des ersten Aufschlags der Herren bei den French Open 2002 und 2009 (modifiziert nach Weber et al., 2010)*

| *1. Aufschlag Herren* | *French Open 2002* | *French Open 2009* |
|---|---|---|
| V [km/h] | 165 ± 9 | 189 ± 12 |
| Asse [%] | 2,2 ± 0,6 | 8,6 ± 6,8 |
| Gewinnpunkte [%] | 67,4 | 71,5 |
| Gültigkeit [%] | 60,2 ± 5,5 | 64,4 ± 6,6 |

Von hohem trainingswissenschaftlichen Interesse ist die Auseinandersetzung mit den notwendigen Voraussetzungen für die Produktion von schnellen Schlägen, denn hierdurch werden die Eckpfeiler für die Trainingssteuerung definiert. Da es sich beim Tennisschläger um ein Sportgerät mit relativ geringer Masse handelt, ist für dessen Beschleunigung nicht zwingend ein großer Muskelquerschnitt erforderlich. Der Vergleich zu den Wurfdisziplinen der Leichtathletik kann hier angeführt werden. Demzufolge nimmt die Körper- und Muskelmasse der Athleten vom Kugelstoßer (Gewicht des Wurfgeräts bei Männern: 7,257 kg) zum Diskuswerfer (2 kg) zum Speerwerfer (800 g) erkennbar ab. In dieser Reihe folgt der Tennisschläger mit ca. 320 bis 360 g (männliche Weltklassespieler bevorzugen schwerere Schläger als Freizeitspieler, deren Schläger meist sogar unter 300 g Gewicht aufweisen). Diese Reihe ließe sich fortsetzen bis zum Badmintonspieler (Schlägergewicht 70-80 g) mit überwiegend filigranem Körperbau.

Die Bedeutung von **Muskelmasse** und **Maximalkraft** der oberen Extremität für die Entwicklung schneller Schläge ist differenziert zu betrachten. Innerhalb der Tennisweltklasse befinden sich derzeit zunehmend viele Spieler mit einem erkennbar muskulösen Oberkörper. Diese zeichnen sich gewöhnlich auch durch eine hohe Schlaghärte aus. Allerdings finden sich ebenfalls zahlreiche Spieler, die ohne nennenswertes Muskelvolumen ähnlich hohe Schlaggeschwindigkeiten erzielen. Der Aufbau von Muskelmasse und demzufolge ein systematisches Muskelaufbautraining der oberen Extremität alleine scheint demnach eine mögliche, aufgrund des vergleichsweise geringen Schlägergewichts, aber keine zwingend notwendige Voraussetzung für schnelle Schläge zu sein. Eine Erhöhung der **Maximalkraft** ohne nennenswerte Hypertrophie muss jedoch aufgrund der Zusammenhänge zur Schnellkraft auf jeden Fall angestrebt werden (Maximalkraft- bzw. IK-Training).

Ein Minimum an **Körpermasse** ist eine mechanische Voraussetzung für die optimale Übertragung des Kraftimpulses. Dies erklärt, warum bei den Mädchen einige leichtgewichtige und grazile „Tennisflöhe" erkennbare Probleme haben, eine hohe Schlagschnelligkeit zu erzielen. Speziell bei jüngeren Spielerinnen bis zum 12. Lebensalter konnten wir einen positiven Einfluss von Körpergröße und Körpergewicht auf die Schlaghärte nachweisen (Korrelationskoeffizient r = 0,5). In der Damenweltklasse finden sich daher immer noch einige sehr erfolgreiche Spielerinnen mit vergleichbar hohem Körpergewicht (zum Teil auch bedingt durch einen erkennbaren Körperfettanteil). Diese stehen in der Öffentlichkeit aus den genannten Gründen zumindest teilweise zu Unrecht in der Kritik. Anzustreben ist jedoch idealerweise eine hohe aktive und somit fettfreie Körpermasse, um den mechanischen und muskulären Erfordernissen für die Schlagschnelligkeit gleichermaßen gerecht zu werden. Im Herrentennis ist das geforderte Minimum an Körpermasse in den meisten Fällen gegeben und limitiert dort nur unwesentlich die Schlagschnelligkeit.

Die *Körpergröße* besitzt einen positiven Einfluss auf die Schlaggeschwindigkeit. Groß gewachsene Spieler mit einer Körperhöhe von über 1,95 cm (z. B. John Isner, USA) zeichnen sich ohne Ausnahme durch einen besonders harten Aufschlag aus. Hierfür mögen mehrere Ursachen verantwortlich sein. Groß gewachsene Spieler können bereits im frühen Jugendalter einen hohen Treffpunkt realisieren und ohne nennenswert bogenförmige Flugbahn die Netzkante überqueren. Folglich kann der Aufschlag bereits frühzeitig als eine Waffe im Schlagrepertoire ausgebildet werden. Gleichzeitig besteht vielfach eine besondere Notwendigkeit, dies zu tun, da andere motorische Fähigkeiten (u. a. Laufschnelligkeit bzw. Agility) bei groß gewachsenen Spielern oft unzureichend sind. Schließlich sind von hohen Extremitätenlängen aufgrund der Hebelverhältnisse (unter Voraussetzung einer guten intermuskulären Koordination) höhere Endgeschwindigkeiten zu erwarten.

Grundsätzlich sind sich alle Experten einig, dass neben den anthropometrischen und konditionellen Voraussetzungen in erster Linie die *intermuskuläre* Koordination den Löwenanteil an der realisierbaren Schlagschnelligkeit besitzt. Mit anderen Worten ist die optimale Abstimmung von Bewegungsumfang, Bewegungsablauf und Bewegungsfluss von herausragender Bedeutung. Nur durch eine gute Abstimmung dieser Elemente gelingt die charakteristische Impulsübertragung in einer Art *Staircase Effect* und zweitens die optimale Ausnutzung des Dehnungs-Verkürzungs-Zyklus (DVZ). Unter dem *Staircase Effect* versteht man die Impulsübertragung im Rahmen einer kinematischen Kette von unten (ausgehend von den Beinen) nach oben – sowie vom Körperzentrum in Richtung Peripherie (z. B. vom Schultergelenk über das Ellbogengelenk zum Handgelenk und schließlich auf den Schlägerkopf) (Kleinöder & Mester, 1996).

Dies bedeutet für die Trainingssteuerung, dass das komplexe Techniktraining und die Realisation der Gesamtbewegung im Vordergrund aller Bemühungen zur Verbesserung der Schlaggeschwindigkeit stehen muss. Ein begleitendes Maximalkrafttraining ist auf höherer Leistungsebene unbedingt notwendig. Hierbei sollte jedoch möglichst frühzeitig (z. B. direkt nach dem Krafttraining) der „koordinative Transfer" auf die Zielbewegung hergestellt werden (Roetert & Kovacs, 2011; Treiber et al., 1998).

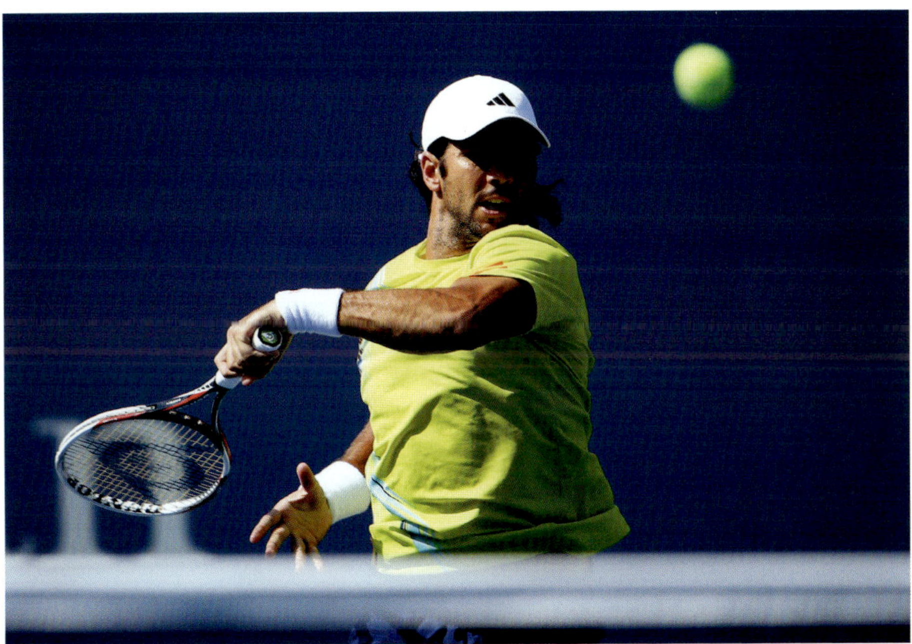

### 6.4.1 Trainingsplanung und Periodisierung

Die Aufschlaggeschwindigkeit steigt im Entwicklungsverlauf von U 14 bis U 16 um ca. 25 km/h, also um ca. 1 km/h pro Monat an. Folglich sollte die Trainingsplanung möglichst eine Steigerung dieser Zuwachsraten (z. B. auf 2 km/h) pro Monat anstreben, um die im Herrentennis derzeit notwendigen Maximalgeschwindigkeiten von über 200 km/h im Alter von 18 Jahren erreichen zu können. Hierzu können folgende allgemeine Empfehlungen für die Trainingsplanung formuliert werden:

1. tägliche Übungen zur Stabilisation des Schultergelenks und zur Prävention von Schulterbeschwerden,
2. Erhöhung der Aufmerksamkeit auf das Aufschlagtraining **in jeder** Trainingseinheit (Würfe im Kindesalter, Angaben über Kopf, Aufschläge zu Beginn jeder Trainingseinheit),
3. Steigerung der Attraktivität des Aufschlagtrainings (Entwicklung kreativer Spielformen, Komplextraining mit Einbau von zusätzlichen Trainingsmitteln in das Aufschlagtraining),
4. Einbau von speziellen Trainingsblöcken, bestehend aus einer Kombination von Krafttraining (Kap. 5) und Aufschlagtraining (koordinativer Transfer), in turnierfreien Phasen (Treiber et al., 1998).

Diese vergleichsweise trivialen Empfehlungen werden in der Trainingspraxis bislang nur vereinzelt umgesetzt. Die Ursache besteht darin,

1. dass die Spieler (und deren Eltern) nicht bereits im Kindesalter durch den Tennistrainer auf die Notwendigkeit dieser Maßnahmen hingewiesen werden (Empfehlung 1),
2. dass der Tennistrainer zur Steigerung der Attraktivität seines Trainings und, den Erwartungen der Spieler folgend, einen unangemessen überhöhten Anteil der Trainingszeit der Verbesserung des Grundlinienspiels widmet (Empfehlung 2),
3. dass kreative und abwechslungsreiche Trainingsformen zum Aufschlagtraining bzw. zum Training der Spieleröffnung weitgehend fehlen und auch nur schwer zu konzipieren sind (Empfehlung 3) und,
4. und dass der Einbau von turnierfreien Trainingsphasen mit definierten Trainingsblöcken für Spieler und deren Umfeld von kurzfristig unzureichendem Wert sind, verglichen mit dem eventuell unmittelbar ranglistenwirksamen Effekt weiterer Turnierteilnahmen (Empfehlung 4).

Während bis zur U 14 die Beherzigung der Punkte 1-3 bereits zu einer revolutionären Änderung der üblichen Trainingspraxis führen würde und vermutlich ausreichend ist, sollte bei Spielern ab dem 14. (Mädchen) bzw. 15. Lebensjahr (Jungen) mindestens ein Trainingsblock zum Krafttraining der oberen Extremität pro Jahr eingebaut werden. Begleitend und zur Erhaltung, sollten im Saisonverlauf alle weiteren Möglichkeiten des Krafttrainings ausgenutzt werden (Kap. 5.2.4).

Einschränkend muss an dieser Stelle gesagt werden, dass in der wissenschaftlichen Literatur vergleichsweise wenig evidenzbasierte Empfehlungen zur Strukturierung und Optimierung des Schlagschnelligkeitstrainings vorliegen. Beispielsweise ist die Frage ungeklärt, inwieweit ein Komplextraining von kurz- oder mittelfristigem Nutzen sein kann. Ferner besteht Unsicherheit, ob der Einsatz erleichterter Interventionen (z. B. Schläge mit dem Badmintonschläger) und demzufolge höherer Bewegungsgeschwindigkeit oder erschwerte Interventionen (muskuläre Voraktivierung durch Zusatzlasten wie Pre-Stroke oder Tubes) bzw. beide Formen der Intervention ggf. adressaten- und altersabhängig von Vorteil sind (Baker, 2003). Befunde des eigenen Arbeitskreises zeigten, dass bei Kaderspielern der U 12 und 14 beide Formen der Intervention im Sinne des Komplextrainings zunächst kurzfristig sogar zu einer Verschlechterung der Aufschlagleistung führten (Ferrauti et al., 2007) und sich die Vorteile erst bei wiederholter Anwendung nach mehreren Wochen einstellten (Bastiaens et al., 2006).

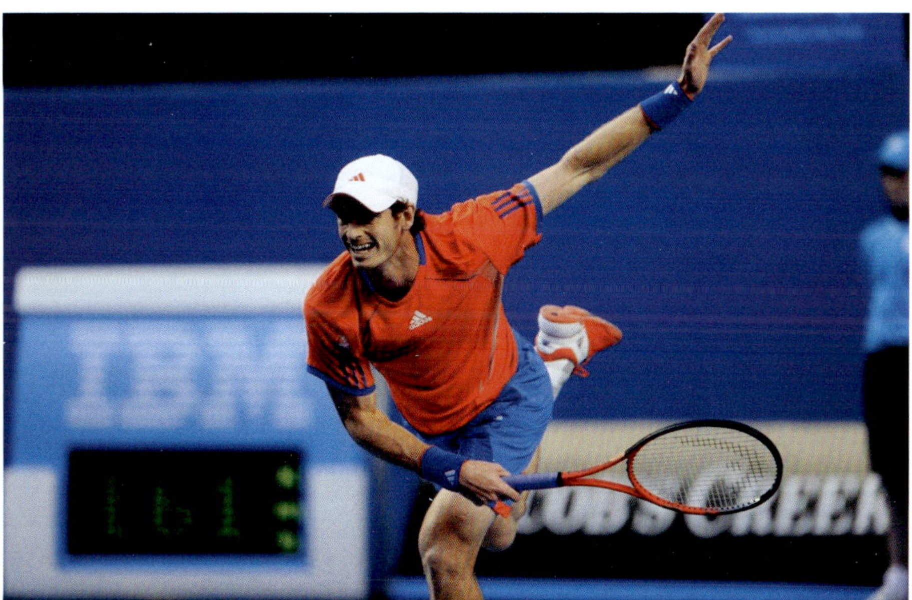

## 6.4.2 Trainingsbeispiele

**Übung 15: Schulterstabilisation**

**Inhalt:**

Krafttraining (u. a. M. deltoideus, M. rhomboideus minor und major, M. teres major, M. supra- und infraspinatus, M. trapezius)

**Ziel:**

Verletzungsprophylaxe für das Schultergelenk

**Ablauf:**

Der Spieler absolviert möglichst täglich jede Übung.

**Dauer/Umfang:**

Jede Übung 1 Serie à 15 Wiederholungen (insgesamt ca. 10 min)

**Flying Superman**

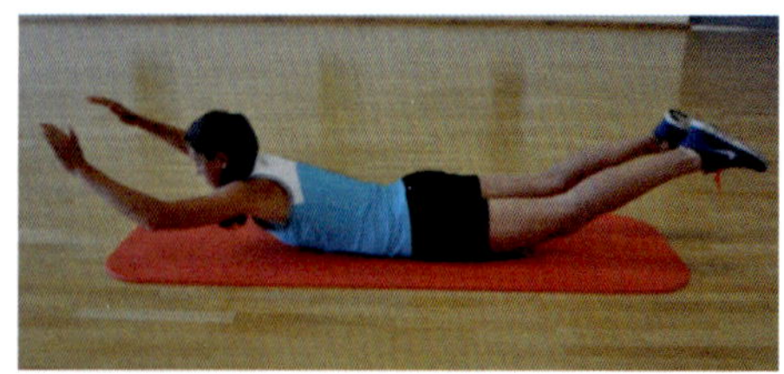

**Schwimmen**

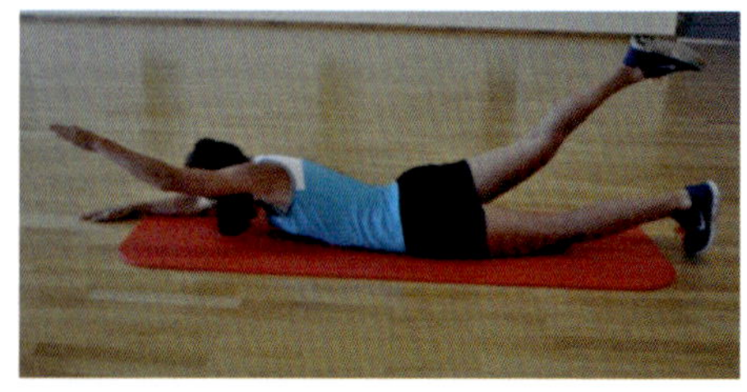

**Kleinhantelheben rückwärts**

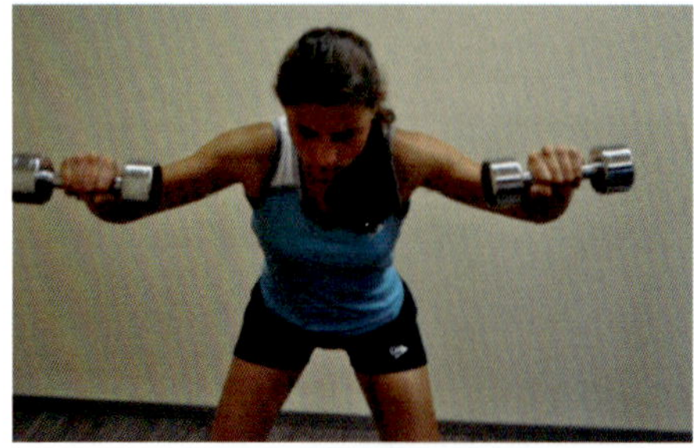

**Stützfedern rücklings**

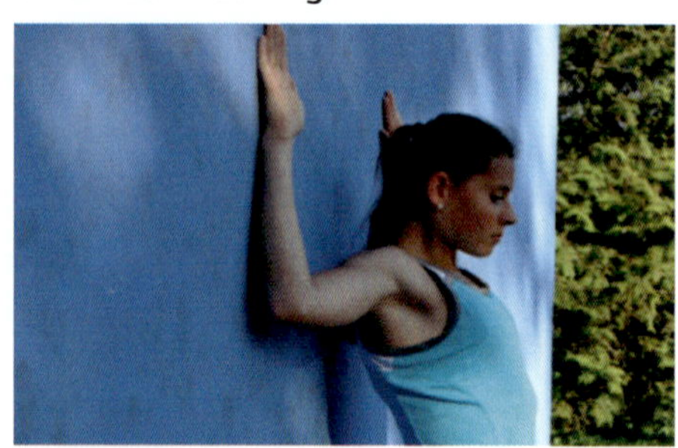

**Außenrotation mit Abduktion**

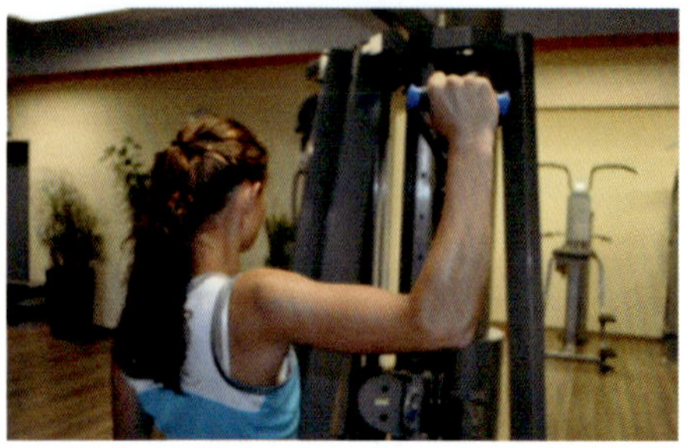

**Stützfedern vorwärts**

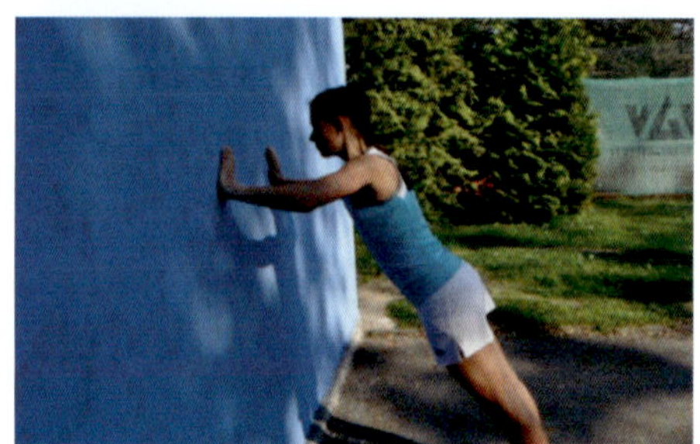

### Übung 16: Krafttraining obere Extremität und Rumpf

**Inhalt:**
Krafttraining (u. a. M. deltoideus, M. subscapularis, M. pectoralis, M. latissimus, Handgelenkmuskulatur)

**Ziel:**
Maximalkrafttrainig für Arm-, Schulter- und Rumpfmuskulatur

**Ablauf:**
Periodisierung entsprechend Kap. 5

**Dauer/Umfang:**
Vier Serien mit 4-6 Wiederholungen mit dem 8 RM (Kap. 5, Abb. 19)

**Latziehen**

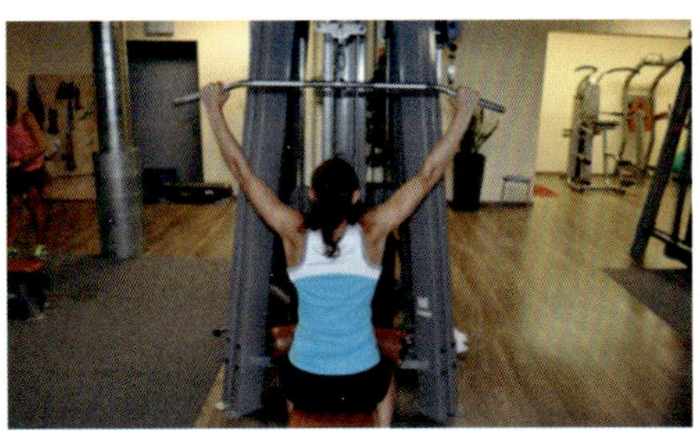

**Überzüge**

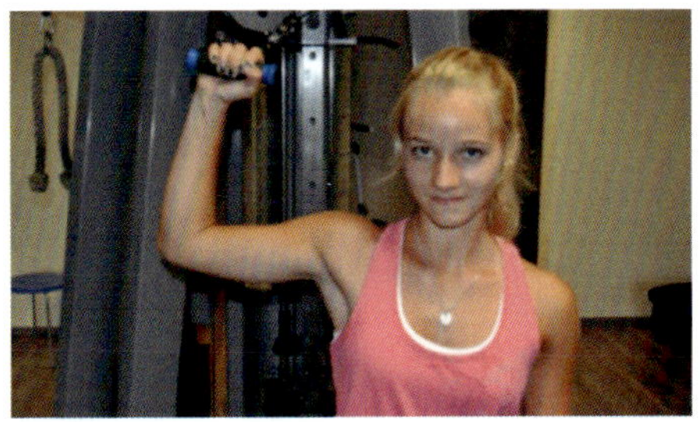

**Bankdrücken**

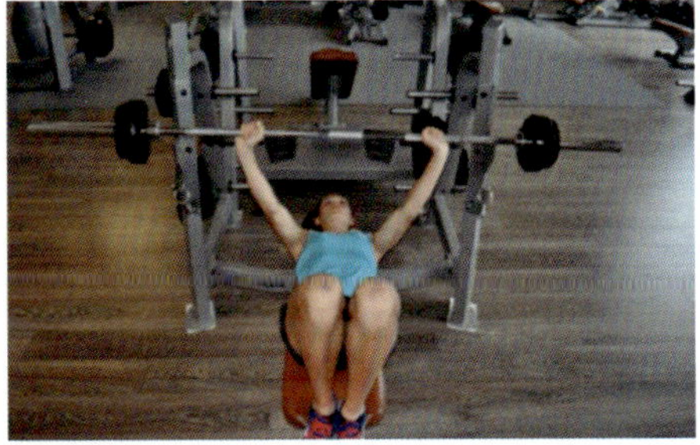

**Seilzugrotation**

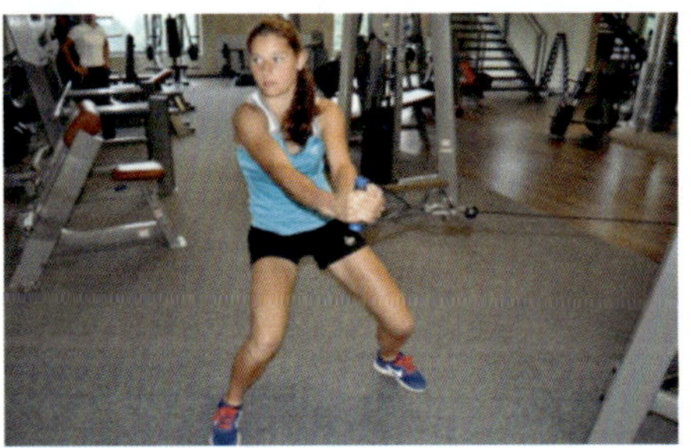

**Trizepsstrecken**

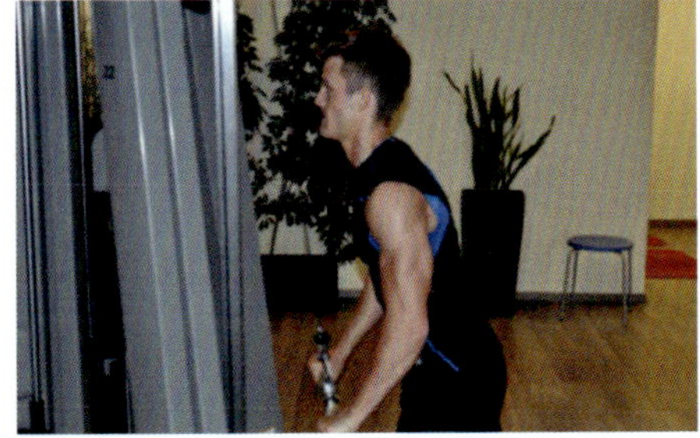

**Handgelenkcurls**

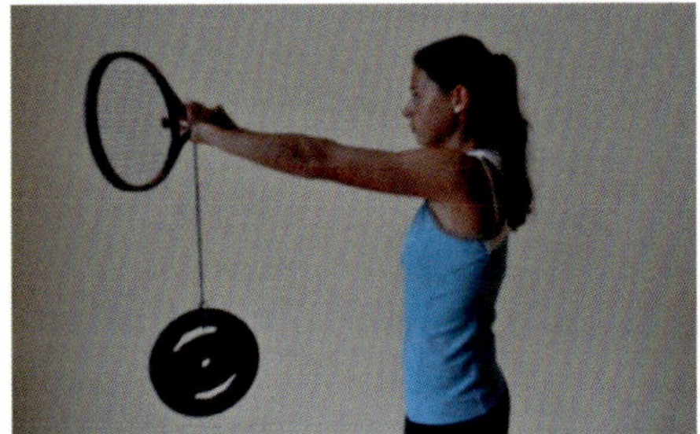

**Übung 17: Wurfprogramme**

**Inhalt:**

Semispezifisches Schlagschnelligkeitstraining

**Ziel:**

Transfer von Maximalkraft in ballistisch schnellkraftige Bewegungen

**Ablauf:**

Periodisierung entsprechend Kapitel 5

**Dauer/Umfang:**

Zwei Serien mit sechs Wiederholungen, maximale Beschleunigung (Kap. 5)

**Medizinball überkopf**

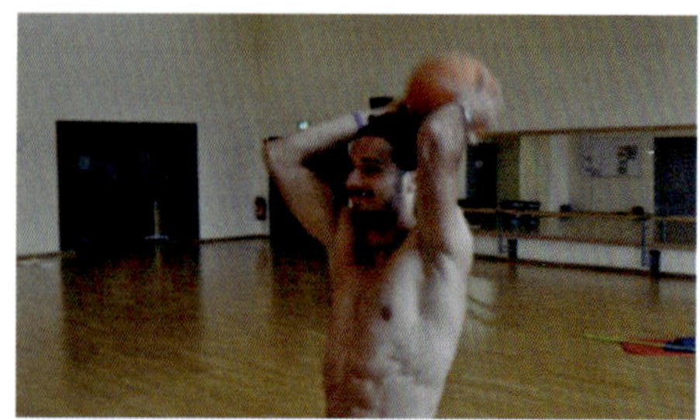

**Medizinball seitlich**

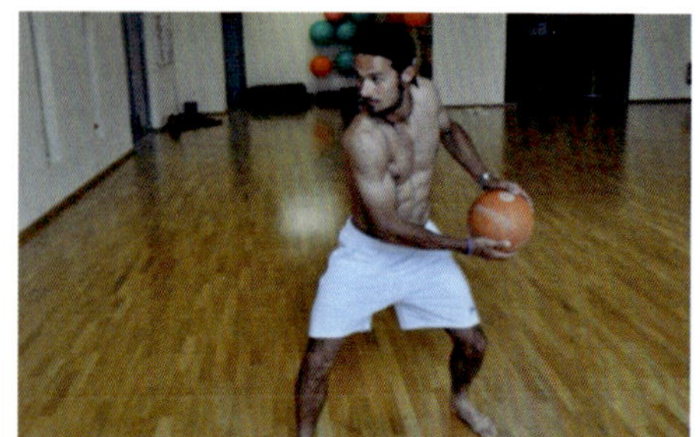

**Handballtennis**

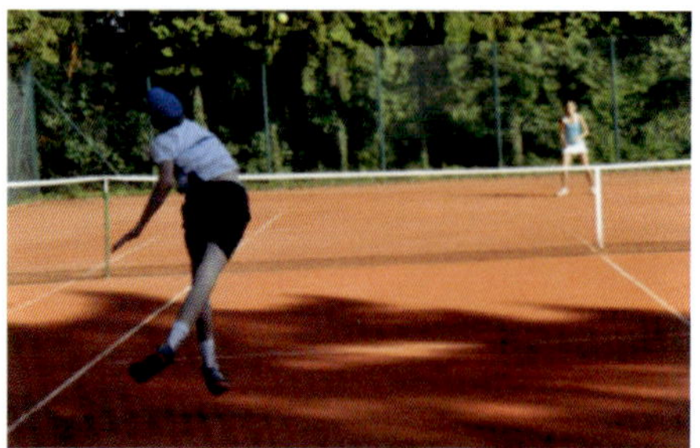

**Medizinball Brustpass**

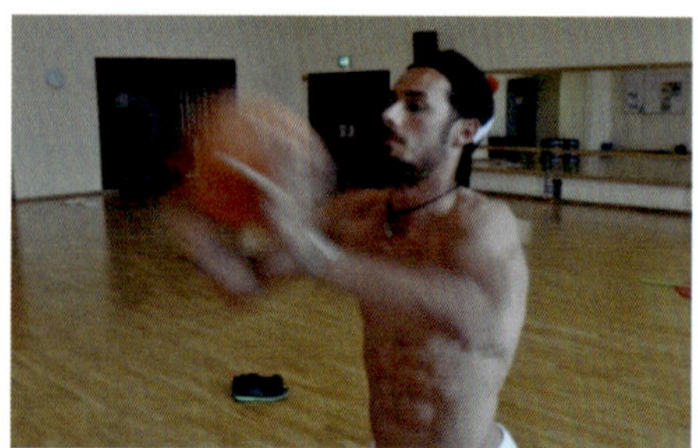

**Vortex Weitwurf**

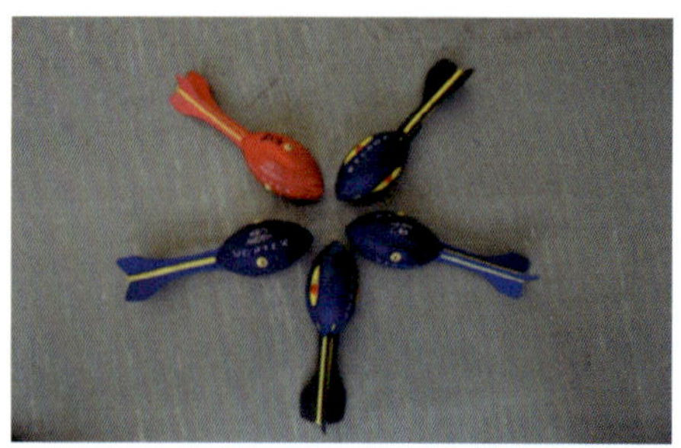

**Medizinball Squat Slams**

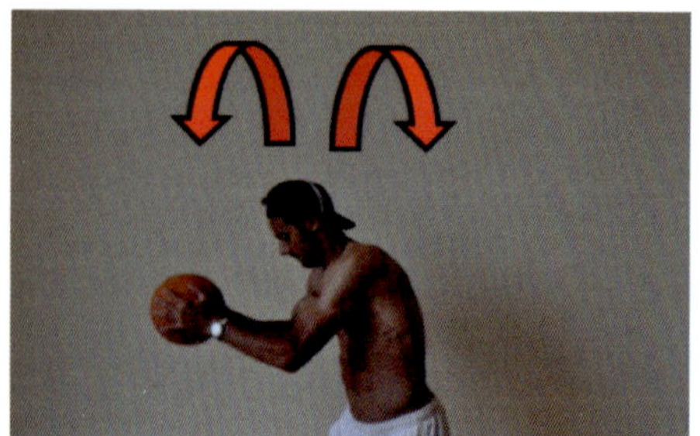

### Übung 18: Komplextraining On-Court

**Inhalt:**

Tennisspezifisches Schlagschnelligkeitstraining

**Ziel:**

Koordinativer Transfer sowie Berücksichtigung des Nachwirkungseffekts (Postactivation Potentiation)

**Power-Service**

**Ablauf:**

1. **Kanonenaufschläge auf Weite:** Die Spieler versuchen, über mehrere Plätze hinweg, so weit wie möglich aufzuschlagen.
2. **Kanonenaufschläge auf Absprunghöhe:** Die Spieler versuchen, so aufzuschlagen, dass der Ball nach dem Auftreffen im Aufschlagfeld möglichst hoch und weit abspringt. Der Auftreffpunkt am gegenüberliegenden Zaum (Plane) wird markiert.
3. **Spielform:** Aufschläger und Returnspieler spielen gegeneinander Punkte aus. Nur erste Aufschläge werden gespielt (drei Versuche pro Punkt). Der Aufschläger erhält den Punkt, wenn der Returnspieler den Return verschlägt (untere Leistungskategorien), zu kurz spielt (mittlere Leistungskategorien) oder nicht in einen gekennzeichneten Sektor spielt (hohe Leistungskategorien). Nach dem Return ist der Ballwechsel beendet.

**VH-Power**

**Ablauf:**

1. **Spanierübung:** Der Trainer steht neben dem Spieler an der Grundlinie und wirft mehrere Bälle in schneller Folge in Höhe des Treffpunkts des Spielers nach oben. Der Spieler versucht, mit schneller Aushol- und Zuschlagbewegung maximal druckvolle Vorhandschläge unter Ausnutzung des DVZ in Richtung eines vorgegebenen Ziels zu schlagen.
2. **VH-Winner:** Die Trainierenden stehen im Bereich der Grundlinie und absolvieren VH-Schlagserien (6-8 Schläge in Folge) mit maximalem Tempo auf vorgegebene Ziele. Schlagrichtung (z. B. Inside-out oder Inside-in nach Umlaufen) und Zuspiel (z. B. Absprunghöhe) kann serienweise oder von Schlag zu Schlag variiert werden.
3. **VH-Rallye:** Die Trainiernden schlagen von der Grundlinie paarweise nur VH-Schläge mit maximaler Härte und unten dabei den Play & Stay-Ball der Stufe grün.
4. **Grundlinien-Prellball:** Zwei Spieler spielen von der Grundlinie aus Vorhandschläge. Die Bälle müssen immer zunächst in der eigenen Spielfeldhälfte auftreffen und trotzdem möglichst weit bis zur gegnerischen Grundlinie fliegen (auch als Spielform gegeneinander im Einzelfeld möglich).

Interventionsmöglichkeiten während der Serienpause im Rahmen des Komplextrainings.

**Light Intervention**

1. Schwünge und Schlagsimulation mit dem Badminton- oder Squashschläger. In der Halle sind auch Overhead-Clear-Serien mit dem Badmintonball im Aufschlagfeld möglich. Die Aufgabe besteht darin, den Partner nach hinten zu treiben.
2. Weitwürfe mit dem Tennisball, der Vortex-Rakete oder dem 200-g-Schlagball.

**Heavy Intervention**

1. Medizinballwürfe über Kopf (Power-Service) oder seitlich (VH-Power).
2. Prestroke-Schwünge. Alternativ zum Original-Gerät sind kreative Alternativen (z. B. Keulen) denkbar.
3. Überzüge mit Tubes (z. B. Deuser- oder Thera-Band®) oder Kleinhanteln (Robbins, 2005).

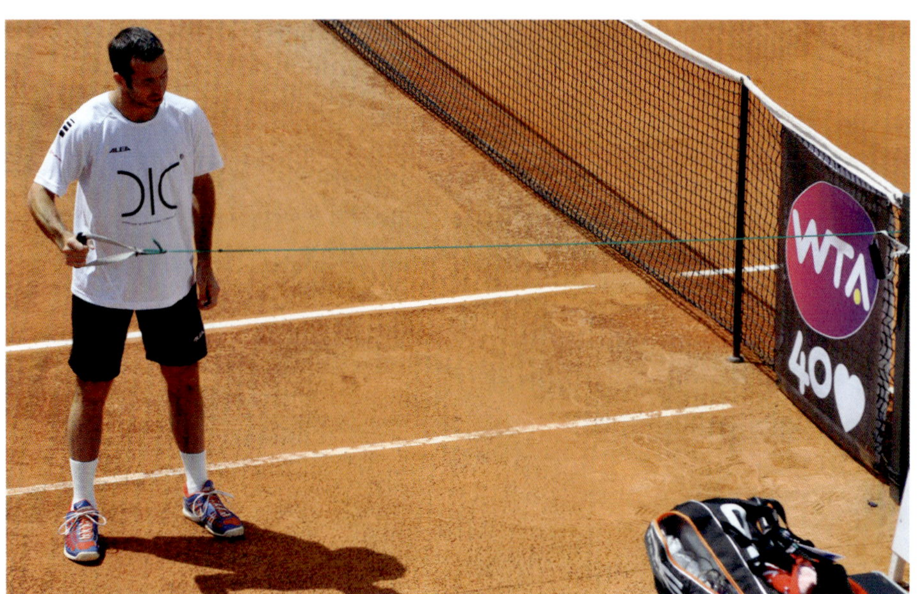

## 6.5 Schnelligkeitsdiagnostik

*ÜBERBLICK:* Die kurzen Belastungszeiten im Tennis erschweren die exakte Messung der Laufleistung mithilfe einer gewöhnlichen Stoppuhr. Im Leistungstennis ist daher der Einsatz elektronischer Messvorrichtungen erforderlich. Nur mit deren Hilfe ist es möglich, geringfügige Leistungsunterschiede zwischen mehreren Spielern eines Kaders (Querschnittanalyse) und vor allem die Leistungsverbesserungen ein und desselben Spielers im Entwicklungsverlauf (Längsschnittuntersuchung) glaubhaft zu registrieren.

Derzeit werden elektronische Messungen von elementarer Schnelligkeit (z. B. Sprungkraft und Bodenkontaktzeit mittels Kraftmessplatte oder Kontaktmatte), semispezifischer Schnelligkeit (linearer Kurzsprint, Zeitmessung mittels Lichtschrankensystem), und tennisspezifischer Schnelligkeit (Kurzsprints mit Richtungswechsel auf dem Tennisplatz, elektronische Zeitmessung) sowie detaillierte Technikanalysen (digitale Hochgeschwindigkeitskamera zur Analyse des Bewegungsablaufs, Radarmessanlage zur Messung der Schlaggeschwindigkeit) für Tennisspieler in der Bundesrepublik von verschiedenen Institutionen (z. B. Olympiastützpunkte und sportwissenschaftliche Institute der Universitäten) angeboten. Eine vertiefende Betrachtung der zugrunde liegenden Testverfahren kann an dieser Stelle entfallen, da diese bereits in Kap. 1 (u. a. Abb. 28-30, S. 48/49) erfolgt ist.

Der weitaus größte Anteil der tennisbegeisterten Spieler gehört den mittleren und unteren Leistungskategorien an. Diesen Spielern sowie den verantwortlichen Trainern bleibt der Zugang zu den oben genannten Verfahren aus Zeit- und Kostengründen sowie aus Gründen der Praktikabilität zumeist verwehrt. Trotzdem bietet es sich für den Vereinstrainer geradezu an, Leistungstests einfacherer Art (Grobanalyse) in regelmäßigen Abständen einzusetzen. Der Vereinstrainer hat schließlich den engsten, häufigsten und längsten Kontakt zu den Spielern und ist somit bestens in der Lage, die Leistungsentwicklung über Jahre hinweg zu verfolgen und zu beurteilen.

Geeignete Beispiele für eine Grobanalyse sind der Standweitsprung sowie verschiedene Formen des Pendelsprints (auf Zeit oder im Wettkampf gegeneinander). Im Idealfall führt der Trainer für jeden Schüler eine Leistungskarte der Messergebnisse zu allen absolvierten Tests (z. B. Techniktests wie der Ballwurfmaschinentest, Ausdauertests wie der Hit & Turn Test und Schnelligkeitstests wie Standweitsprung oder Pendelsprint), die parallel zum normalen Tennisunterricht regelmäßig vervollständigt wird. Eine derart langfristig angelegte Arbeitsweise erweitert das Arbeitsspektrum des Tennistrainers und macht allen Beteiligten Spaß.

Noch einfacher ist die Benutzung eindeutiger und auf jedem Tennisplatz verfügbarer Orientierungspunkte zur Leistungserfassung. Beispielsweise sollte ein 18-jähriger Nachwuchsspieler mit internationalen Ambitionen mit vier aufeinanderfolgenden Strecksprüngen die Distanz zwischen beiden Doppel-Seitenauslinien überbrücken können (2,75 m pro Sprung).

Ferner sollte der gleiche Spieler in der Lage sein, einen Medizinball (2 kg) von der Grundlinie über Kopf über das Netz auf die andere Spielfeldseite zu werfen. Andere einfache Standardtests (z. B. die Laufzeit für vier Pendelsprints in Folge) kann jeder engagierte Coach für sich selbst entwickeln und dauerhaft im Trainingsalltag einbauen (Abb. 35, S. 51).

***MESSINSTRUMENTE:*** Selbstverständlich übersteigt die Beschaffung von Lichtschranken und Radaranlage das gewöhnlich verfügbare Budget des Tennistrainers. Für größere Vereine oder leistungsorientierte Stützpunkte ist diese Anschaffung und der regelmäßige Einsatz jedoch dringend anzuraten. Jeder Spieler, der bereits an einer Messung der Aufschlaggeschwindigkeit teilgenommen hat, kennt den hohen Motivationswert dieser Messung, wodurch die Trainingswirkung steigt.

***MOVELAB (RUB, DTB):*** Das derzeit am besten auf die Bedürfnisse des Leistungstennis ausgerichtete, leistungsdiagnostische und biomechanische Großraumlabor befindet sich an der Fakultät für Sportwissenschaft der Ruhr-Universität Bochum. Am dortigen Lehrstuhl für Trainingswissenschaft (Leitung: Prof. Dr. Alexander Ferrauti) entstand unter der Bezeichnung **MoveLab** ein doppelstöckiges Labor, in dem alle tennisspezifischen leistungsdiagnostischen Verfahren standardmäßig durchgeführt werden können (unter anderem auf Rebound-Ace-Bodenbelag für Richtungswechselsprints und den Hit & Turn Tennis Test sowie fest installierte Voraussetzungen für Aufschlagradar- und Präzisionsmessung). Auf zwei Etagen angeordnet, ermöglicht der obere Balkonumgang Beobachtungen und Analysen aus der Vogelperspektive. Zwei Laufkatzen mit Krananhänger erlauben Mobilität im ganzen Raum (vertikal nach unten durchgeführte Bewegungsanalysen). Jederzeit ist auf Knopfdruck eine akustische Beschallung und optische Verdunklung möglich. Eine spezielle Absorptionswand dient zum Aufprall von Würfen, Schüssen und Schlägen aller Art, ein absenkbares Netz fängt Objekte aller Art auf. Kameras und Radarmessgeräte zeichnen alle bewegten Elemente auf und liefern Daten aus völlig neuer Perspektive. Eine tartanbeschichtete Laufbahn ermöglicht Antritte und Sprints und beherbergt mehrere Kraftmessplatten zur Lauf- und Ganganalyse. Das **MoveLab** ist der offizielle Stützpunkt für Diagnostik und Intervention des Deutschen Tennis Bunds.

Innovative Trainings- und Diagnosegeräte, wie ein nicht motorisiertes, selbst anzutreibendes Laufband sowie exzentrische Seilzuggeräte, wie das Flywheel und der Versa-Pulley, runden die Ausstattung ab. Derzeit nutzen bereits verschiedene Leistungstennisspieler diese Möglichkeiten zur Diagnostik und zum regelmäßigen Training.

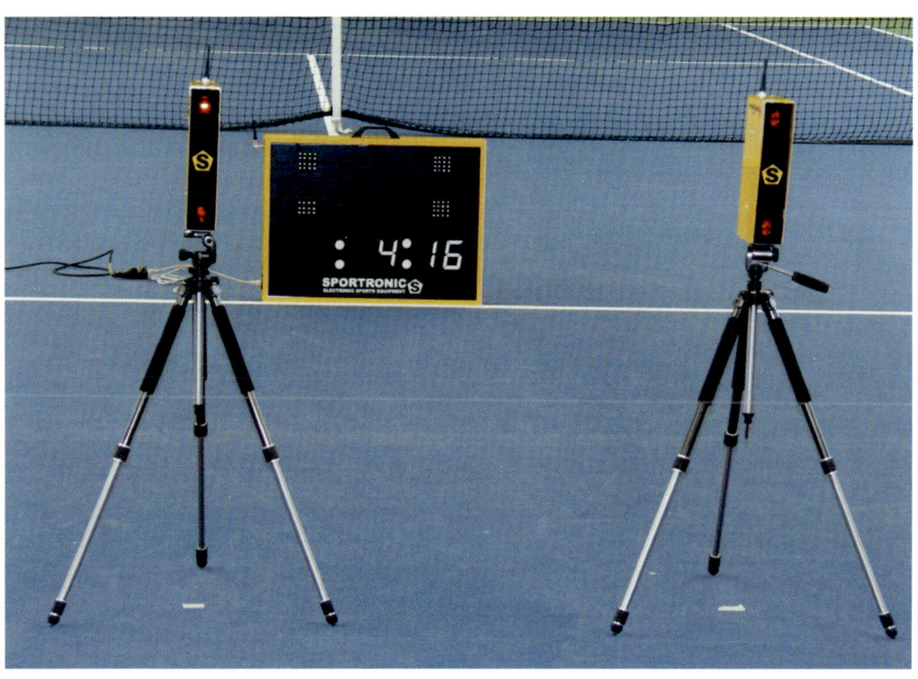
4:16
SPORTRONIC

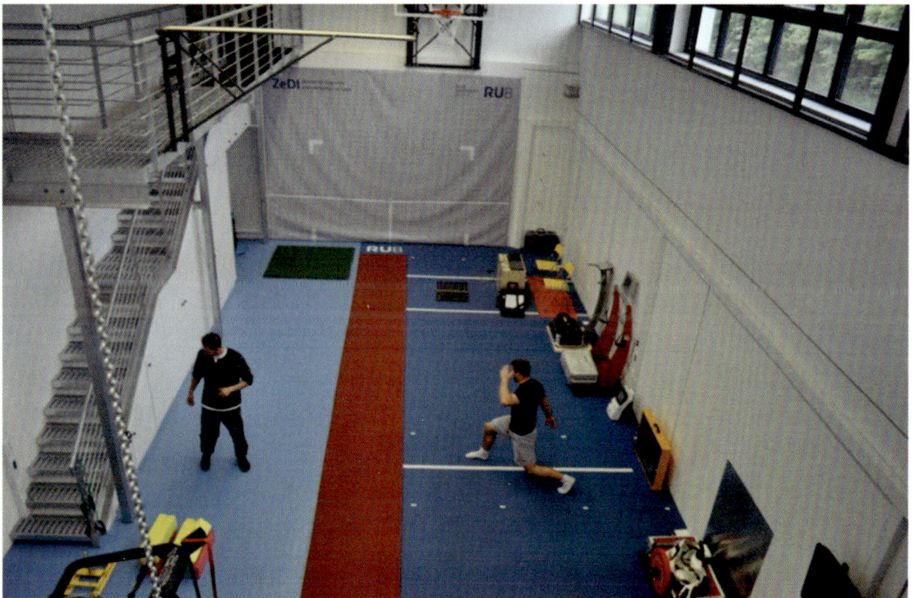
ZeDi
RUB

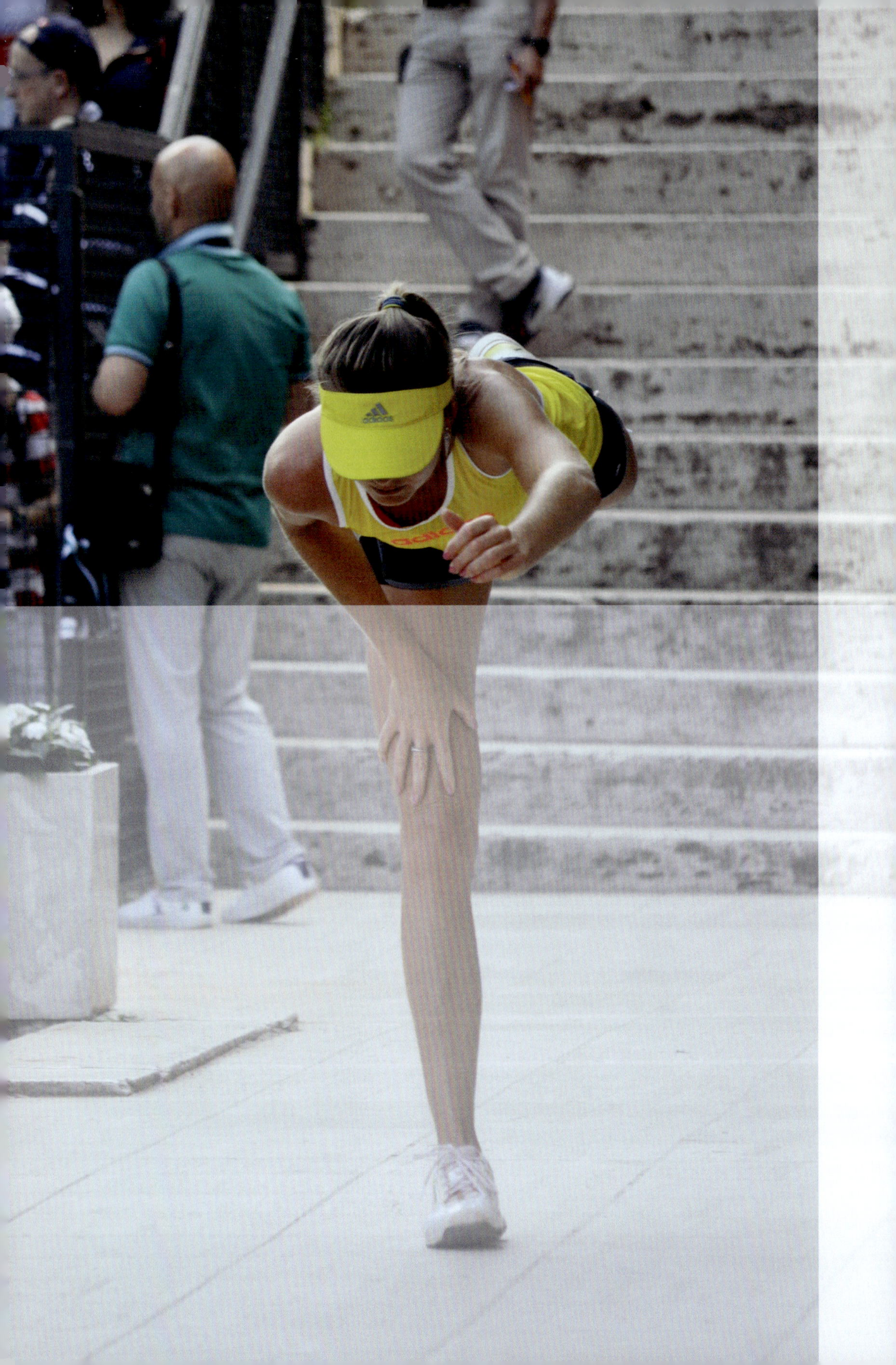
adidas

# 7

# *Beweglichkeitstraining*

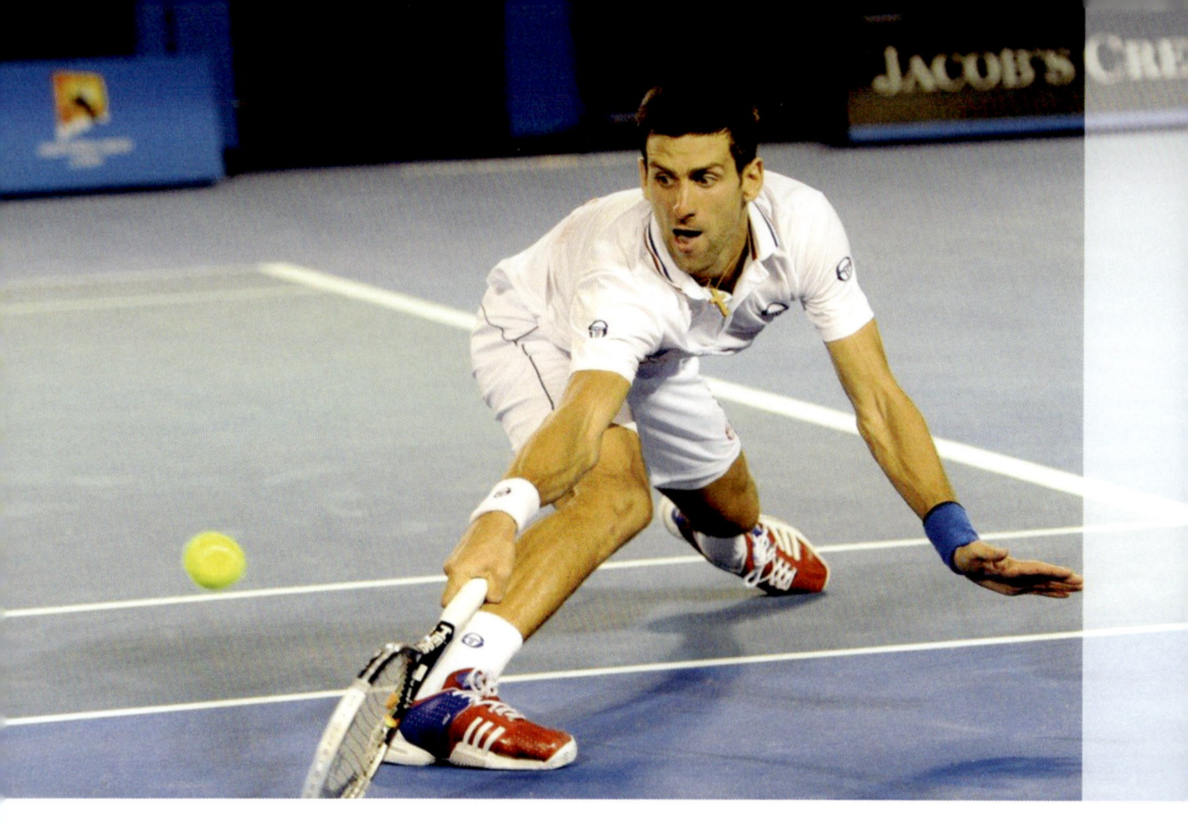


## 7.1 Einführung

Die Bedeutung der **Beweglichkeit** ist für den Leistungstennisspieler nicht eindeutig festzulegen. Verglichen mit anderen Sportarten, wie Gerätturnen, Rhythmische Sportgymnastik oder auch mit asiatischen Kampfsportarten bzw. mit einzelnen Disziplinen in der Leichtathletik und im Schwimmen, lässt sich keine primär leistungslimitierende Bedeutung der Beweglichkeit für den Tennisspieler ausmachen. Andererseits weisen aktuelle Beobachtungen in der absoluten Weltklasse darauf hin, dass vereinzelte Spieler eine weit überdurchschnittliche Beweglichkeit aufweisen. Dies mag unter anderem an dem sich wandelnden Beanspruchungsprofil mit steigender Dominanz des Grundlinienspiels und extremem Winkelspiel liegen, sodass die Spieler immer häufiger nur noch durch einen extrem weiten Ausfallschritt, verbunden mit maximaler Streckung von Schläger und Arm, in der Lage sind, den Ball zu erreichen (Abb. 91). Imposante Beispiele für die zunehmende Anpassung der Topspieler an diese veränderten Anforderungen sind Novak Djokovic und Kim Clijsters, die beide in vielen Spielsituationen (speziell unter Zeitdruck in der Vorhandecke) fast im Spagat in der Lage sind, den Ball noch wirkungsvoll im Spiel zu halten (notfalls mit Vorhandslice). Ohne intime Kenntnis über die Trainingsgewohnheiten der Spieler kann nur spekuliert werden, ob diese überdurchschnittliche Beweglichkeit genetisch bedingt und somit angeboren oder das Ergebnis intensiven Beweglichkeitstrainings ist. Eigene Beobachtungen der Trainingsvorbereitungen von Weltklassespielern sprechen derzeit noch für eine sehr heterogene Integration des Beweglichkeitstrainings im Trainingsalltag des Tennisspielers. Vereinzelte Spieler (z. B. Viktor Troicki, SRB) investieren regelmäßig mindestens 15 min intensives passives Dehnen mit Partnerhilfe vor Spielbeginn, während andere

Spieler mit einem kompakten dynamischen Dehnprogramm bzw. mit kombinierten funktionellen Komplexübungen aus dem Bereich der Movement Preparation oder gar ohne jegliche Vordehnung das Training beginnen.

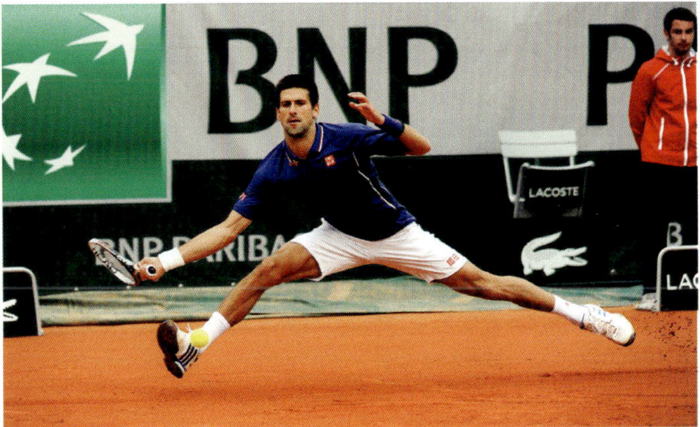


***Abb. 91:** Novak Djokovic mit weitem seitlichem Ausfallschritt*

Für folgende Spielsituationen im Tennis kann exemplarisch eine erhöhte Bedeutung der Beweglichkeit unterstellt werden:

- Weiter Ausfallschritt beim Abstoppen des Seitwärtslaufs an der Grundlinie oder beim Seitwärtssprung zum Volley am Netz. Hierdurch erreicht der Spieler den Ball auch noch in größerer Entfernung und kann diesen trotzdem in weitgehend balancierter Körperlage schlagen.
  **Gelenksystem:** Hüftgelenk
  **Muskelgruppen:** Hüftbeuger und -strecker sowie Adduktoren (Roetert & Kovacs, 2011).
- Tiefes Absenken des Schlagarms in der hinteren Kehre bei der Ausholbewegung zum Aufschlag. Hierdurch erreicht der Spieler einen größeren Bewegungsumfang und einen längeren Beschleunigungsweg und demzufolge eine höhere Schlaggeschwindigkeit.
  **Gelenksystem:** Schultergelenk
  **Muskelgruppen:** Innen- und Außenrotatoren, obere Rückenmuskulatur (Roetert & Kovacs, 2011).

Die **Beweglichkeit** ist eine der fünf motorischen Hauptbeanspruchungsformen, welche die Grundeigenschaften der körperlichen Leistungsfähigkeit des Menschen bilden. Beurteilt wird sie meistens anhand des maximal möglichen Bewegungsausmaßes eines oder mehrerer Gelenksysteme. Aus anatomischer Sicht sind zwei Komponenten dafür verantwortlich, die *Gelenkigkeit* und die *Dehnfähigkeit*. Die *Gelenkigkeit* ergibt sich aus der Struktur und der Form der am Gelenkaufbau beteiligten Knochen. Sie kann im Gegensatz zur Dehnfähigkeit nur wenig beeinflusst werden. Die *Dehnfähigkeit* bezieht sich in der Hauptsache auf die gelenkumgebenden bindegewebigen Strukturen, wie Sehnen, Bänder, Gelenkkapseln, und auf die Muskulatur. Sie kann leichter verbessert werden als die Gelenkigkeit.

Die Beweglichkeit ist von zusätzlichen endogenen (z. B. emotionaler Erregungszustand ↓, Ermüdungsgrad ↓, Körpertemperatur ↑, Muskelquerschnitt ↓) und exogenen Faktoren (z. B. Alter ↓, Geschlecht w↑, m↓, Tageszeit ↑ und Außentemperatur ↑) abhängig. Je nach Gelenkarchitektur wird das Bewegungsausmaß auch durch die knöchernen Anteile des Gelenks (knöcherne Gelenkhemmung bei der Streckung im Ellbogengelenk), durch die Muskelmasse (Massenhemmung durch den Bizeps bei der Beugung im Ellbogengelenk), durch die gelenkumgebenden Bänder (Bänderhemmung bei der Streckung im Kniegelenk) und durch die Muskulatur selbst limitiert (Muskelhemmung der Handgelenkbeuger bei der Überstreckung im Handgelenk).

Unsere Befunde von Kadertennisspielern zur Beweglichkeit im Schultergelenk zeigen die deutliche Geschlechts-, Alters- und Funktionsabhängigkeit der Beweglichkeit (Abb. 92). Die Mädchen weisen in allen Altersklassen eine höhere Beweglichkeit auf als die Jungen. Die Winkelsumme von Innen- und Außenrotation und somit das gesamte Bewegungsausmaß sinkt mit zunehmender Altersklasse bei beiden Geschlechtern ab. Interessanterweise weist die Schlagschulter in der U 12 eine höhere Beweglichkeit (möglicherweise als Folge der regelmäßig höheren Mobilisation) und in der U 16 und U 18 eine geringere Beweglichkeit auf (möglicherweise als Folge der einseitigen Muskelmassenzunahme). Da die Aufschlaggeschwindigkeit der Jungen und der älteren Spieler erwartungsgemäß höher liegt, muss der Einfluss der Schulterrotation auf die Schlaggeschwindigkeit gegenüber dem Kraft- und Koordinationsaspekt als geringer eingestuft werden. Trotzdem sollte der abnehmenden Schulterbeweglichkeit auch aus verletzungsprophylaktischer Sicht entgegengewirkt werden.

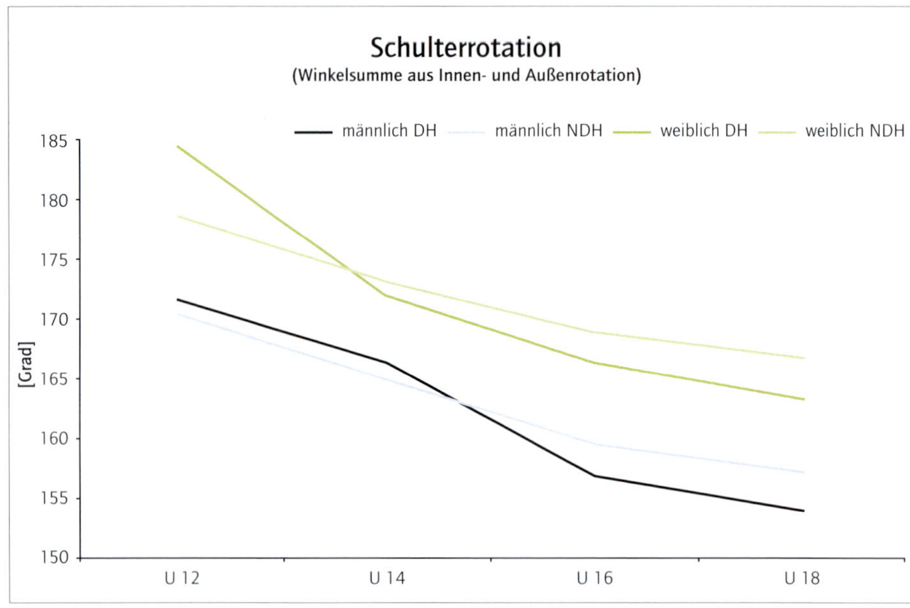


***Abb. 92:*** *Beweglichkeit der dominanten (DH) und nicht-dominanten (NDH) Schulter von DTB-Kaderspielern im Altersgang*

Der Widerstand der Muskulatur gegenüber Dehnung (Muskelhemmung) verlangt eine vertiefte Betrachtung, da die zugrunde liegenden morphologischen Strukturen von grundsätzlicher Bedeutung für das Verständnis über die Wirkung einer Dehnintervention sind. Speziell den Titinfilamenten kommt hierbei eine besondere Rolle zu (Abb. 93). Diese komplexen Eiweißmoleküle liefern den elastischen Widerstand des passiven Muskels während der Dehnung und sorgen während der Entdehnung für die geordnete Wiedereinnahme der Ausgangslänge des Sarkomers. Da mit der Anzahl der parallelen Myosinfilamente die Anzahl der parallelen Titinfilamente steigt, nimmt mit zunehmendem physiologischen Querschnitt des Muskels auch der elastische Widerstand des passiven Muskels zu und die Dehnfähigkeit ab. Dies ist auch ein Grund dafür, dass Männer meist weniger beweglich sind als Frauen und dass durch Krafttraining die Beweglichkeit üblicherweise abnimmt.

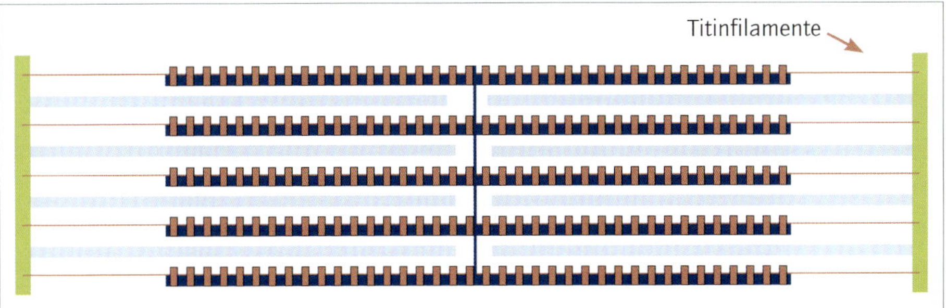


***Abb. 93:** Schematische Darstellung eines Sarkomers (kleinste funktionelle Einheit der Muskulatur,) bestehend aus den Aktinfilamenten (grün), die fixiert sind an den Z-Scheiben (gelb) und aus den dazwischen liegenden Myosinfilamenten (blau), die durch Titinfilamente (rot) an den Z-Scheiben fixiert sind (modifiziert nach Klee, 2003)*

Aufgrund der biologischen Bedeutung des Titins ist darüber hinaus nicht anzunehmen, dass Dehnübungen den elastischen Widerstand des Muskels verringern. Tatsächlich konnte die Arbeitsgruppe um Wiemann und Klee in zahlreichen Untersuchungen feststellen, dass die Ruhedehnungsspannung der ischiokruralen Muskulatur vor und nach einer 15-minütigen statischen oder dynamischen Dehnung in allen Gelenkwinkeln weitgehend unverändert bleibt; allerdings erweitern sich Gelenkreichweite und maximale Dehnungsspannung bereits nach den ersten vier Dehnungen um ca. 10 % (Abb. 94). Dies wird unter anderem darauf zurückgeführt, dass der Gedehnte größere Dehnungsspannungen erduldet. Man vermutet, dass hierbei lokale Schmerzrezeptoren oder spinale bzw. zentrale Schaltzentren der Informationsverarbeitung und -bewertung adaptieren (Wiemann & Klee, 2000).

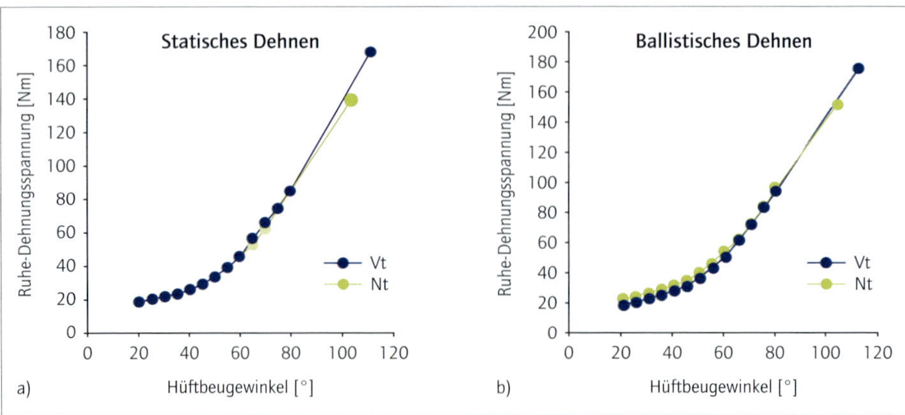


***Abb. 94:** Ruhespannungs-Dehnungskurven der ischiokruralen Muskulatur vor (Vt) und nach (Nt) einem jeweils 15 min dauernden statischen (a) bzw. dynamischen (b) Dehnungstraining (Wiemann, 2000, S. 106)*

Diese Befunde und Erklärungsansätze haben in der Sportpraxis zu intensiver Diskussion über den Sinn und Zweck von Dehninterventionen geführt. Darüber hinaus wurden folgende Erkenntnisse und Theorien publiziert, die eine zusätzliche Verunsicherung bei Trainern und Spielern verursachten:

- Eine bessere Beweglichkeit ist in den meisten Fällen angeboren und basiert auf dem Geschlecht (Frauen sind beweglicher als Männer) sowie möglicherweise auf molekularen Unterschieden innerhalb der Myofibrillen (z. B. unterschiedliche Titinisoformen) (Wiemann, 1996).
- Die Muskellänge, im Sinne der in Längsrichtung seriell hintereinander geschalteten Sarkomere, kann weder kurzfristig noch durch Langzeitdehnprogramme verändert werden, da der Muskel entsprechend seiner Alltagsbeanspruchung eine stabile Optimallänge ausbildet (Klee, 2003).
- Muskuläre Dysbalancen entstehen nicht primär durch eine unterschiedliche Beweglichkeit, sondern vielmehr durch Kraftunterschiede eines der beiden am Gelenksystem beteiligten Muskeln. Nicht Dehnungstraining des „verkürzten" muskulären Partners innerhalb eines balancegestörten Gelenksystems, sondern Krafttraining auf der Seite des Spannungsdefizits scheint demnach die effizientere Behandlungsmethode zu sein (Wiemann, 2000).
- Ein statisches Stretchingprogramm reduziert kurzfristig die Schnellkraft- und Reaktivkraftleistung (Abb. 94) durch Verringerung der elastischen Energie beim DVZ und Abnahme der neuronalen Aktivierbarkeit, sodass dieses nur in Kombination mit anschließender Aufwärmung bzw. Reaktivierung im Rahmen der Trainings- und Wettkampfvorbereitung sinnvoll erscheint (Hennig & Podzielny, 1994).
- Eine nennenswerte Verletzungsprophylaxe durch Dehnen lässt sich in epidemiologischen Untersuchungsansätzen nicht signifikant belegen (Wiemann, 2000). Hier sind jedoch vermutlich auch methodologische Ursachen verantwortlich.

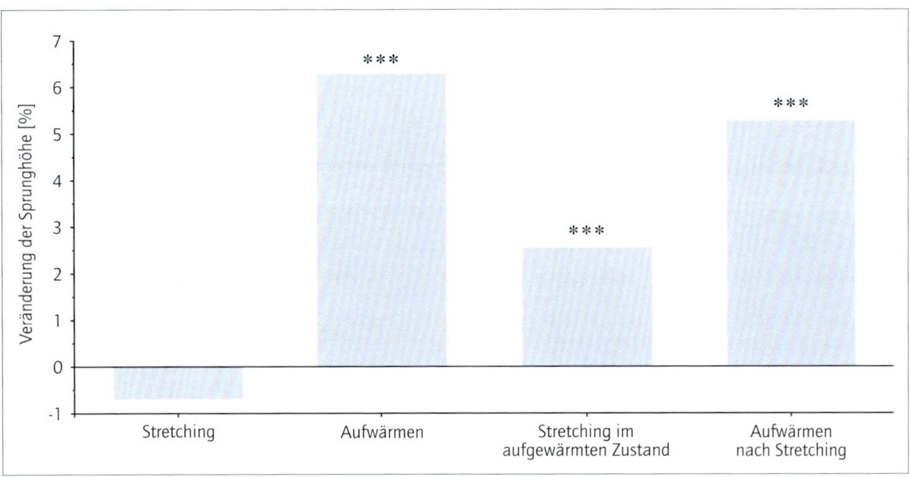


***Abb. 95:** Prozentuale Veränderung der Sprunghöhe im Counter Movement Jump gegenüber dem Ausgangswert durch unterschiedliche Warm-Up-Routinen. Statisches Stretching alleine verursacht einen Leistungsverlust. Es sollte demnach stets eine aktive Aufwärmarbeit (z. B. Lauf-ABC) folgen (Hennig & Podzielny, 1994)*

Trotz dieser scheinbar überzeugenden Gründe gegen das Dehnen spricht ebenso eine Reihe von Argumenten für die Integration von Dehnen und Beweglichkeitstraining in die Trainingspraxis des Tennisspielers, sodass die Entscheidung im Einzelfall und unter Abwägung der jeweiligen Rahmenbedingungen (Zeitpunkt des Dehnens, Dehntechnik und individuelle Vorerfahrungen und Defizite) getroffen werden muss.

Eine wesentliche Unterscheidung betrifft die Frage, ob es sich um *Kurzzeit-* oder *Langzeit-Dehnprogramme* handelt. **Kurzzeit-Dehnprogramme** zur Vorbereitung von Training und Wettkampf besitzen ihre Rechtfertigung, da der Gedehnte nach kurzer Zeit eine größere Bewegungsreichweite erreicht, auch wenn die Dehnungsspannung und selbstverständlich die Muskellänge weitgehend unverändert bleiben. Dynamische Dehntechniken (z. B. Schwunggymnastik) sind in dieser Situation statischen eher vorzuziehen und kürzere Dehnprogramme sind gegenüber längeren von Vorteil, da das Wirkungsoptimum bereits rasch erreicht wird. Für den Tennisspieler sollten die Dehnpositionen möglichst funktionell-koordinativ auf solche Bewegungsmuster ausgerichtet werden, die in Training und Wettkampf regelmäßig vorkommen (z. B. tiefe Kniebeugen und Ausfallschritte in Kombination mit Oberkörperrotationen). Das Prinzip der „Bewegungsvorbereitung" bzw. „Movement Preparation" bildet diese Zielperspektive ab. Kurzzeit-Dehnprogramme fungieren gleichzeitig als „Muskelcheck" und erlauben dem Spieler eine Groborientierung über die Funktionalität seines Bewegungsapparats. Trotz möglicher geringfügiger Nachteile (z. B. kurzfristige, vorübergehende Reduktion von Schnellkraft und Reaktivkraft) und umstrittener nennenswerter Vorteile sollten individuelle Gewohnheiten und bewährte Rituale beibehalten werden.

Von größerer Fragwürdigkeit ist der Stellenwert von **Langzeit-Dehnprogrammen** für den Leistungstennisspieler. Beispiele aus anderen Sportarten in denen die Beweglichkeit primär leistungslimitierend ist, belegen, dass regelmäßige Dehninterventionen im Rahmen der genetischen Voraussetzungen des Athleten zu erheblichen Beweglichkeitsverbesserungen führen. Für den Tennisspieler auf regionalem Niveau ist der hierzu notwendige Aufwand gegenüber dem Nutzen möglicherweise zu hoch. Ein professionell arbeitender Spieler sollte jedoch diese Form der Abrundung eines Trainingstages regelmäßig nutzen, zumal verschiedene Dehntechniken (speziell das statische Dehnen und Mobilisationsübungen) mit zentralnervöser Entspannung und Wohlbefinden einhergehen.

# 7.2 Beweglichkeitstraining im Tennis

## 7.2.1 Dehntechniken

Grundsätzlich wird zwischen *aktiven* und *passiven* sowie zwischen *statischen* und *dynamischen Dehntechniken* unterschieden.

***AKTIV-STATISCHES DEHNEN:*** Die *aktiv-statische Dehnung* nutzt die Kraft der Antagonisten und die von innen ausgehende reziproke Hemmung des Muskelspindelsystems auf der Seite des Agonisten, um eine möglichst große Gelenkwinkelstellung einzunehmen. Dies ist beispielsweise dann gegeben, wenn der Trainierende in Rückenlage ohne Partnerhilfe das gestreckte Bein möglichst senkrecht nach oben hebt. Durch die Kontraktion von Hüftbeuger und Kniestrecker wird mittels reziproken Feed-back-Mechanismen die Reflexaktivität der gedehnten ischiokruralen Muskulatur gesenkt und dadurch deren Dehnfähigkeit gesteigert. Für den Tennisspieler spielt diese Dehntechnik nur eine untergeordnete Rolle.

***PASSIV-STATISCHES DEHNEN:*** Das *passiv-statische Dehnen*, bzw. das *klassische Stretching*, erfolgt entweder mit Partnerhilfe oder nutzt die eigene (nicht antagonistisch wirkende) Muskulatur, um extreme Gelenkwinkelpositionen einzunehmen und diese länger zu halten. Bezogen auf die oben beschriebene Dehnübung, führt der Trainierende beispielsweise in Rückenlage sein eigenes Bein mithilfe der Arme oder mit Partnerhilfe in die Dehnposition. Passivstatisch werden extremere Dehnpositionen erreicht als aktiv-statisch. Dem statischen Dehnen kann eine isometrische Kontraktion der zu dehnenden Muskulatur vorausgehen. Diese spezielle Form des statischen Dehnens wird auch als *Anspannungs-/Entspannungs-Dehnen (AED)* bzw. als *CHRS-Dehnen bezeichnet (Contract, Hold, Relax, Stretch)*. Hierdurch kann die Dehnfähigkeit des Muskels zusätzlich gesteigert werden, da durch Muskelkontraktion und Reizung der Sehnenspindel des vorab kontrahierten Muskels die Reflexaktivität dieses Muskels verringert wird (postisometrische Relaxation). Für den Tennisspieler ist diese Form des Dehnens speziell im Rahmen der abendlichen Muskelhygiene und Entspannung relevant und bildet die Basis von Langzeit-Dehnprogrammen.

***DYNAMISCHES DEHNEN:*** Beim *dynamischen Dehnen* führen schwungvolle, ballistische Bewegungen des Trainierenden selbst dazu, dass ein Gelenksystem wiederholt bis in den Grenzbereich des Bewegungsausmaßes geführt wird. Die Grenzziehung zwischen der aktiven und passiven dynamischen Dehnung ist willkürlich und ohne praktische Bedeutung, da die aktiv durch Schwung erzeugten Drehmomente letztendlich auch als passive Kräfte auf das Gelenksystem einwirken. Die dynamische Dehntechnik hat sich im Rahmen der Trainings- und Wettkampfvorbereitung im Tennis etabliert. Bezogen auf die untere Extremität umgesetzt, steht der Spieler am Zaun oder am Netzpfosten und schwingt sein Bein vor und zurück bzw. seitlich durch Abduktion und Adduktion („Swinging Legs"). Selbstverständlich gehören auch alle Formen der schwungvollen Schlagsimulation zum Bereich der aktiv-dynamischen Dehnung für die obere Extremität und den Rumpf. Frühere Vorbehalte gegenüber dieser Technik, die schwungvolle Einnahme der Dehnposition löse den Muskelspindelreflex aus und sei demnach kontraproduktiv, konnten in Vergleichsuntersuchungen nicht bestätigt werden (Abb. 94).

***MOVEMENT PREPARATION:*** Unter dem Begriff *Movement Preparation* werden, unabhängig von der klassischen Einteilung der Dehntechniken, komplexe und funktionelle Kombinationsübungen zusammengefasst, die gleichzeitig statische (z. B. tiefer Ausfallschritt) und dynamische Elemente (z. B. Oberkörperrotation) kombinieren und aktuell vermehrt zur Vorbereitung von Training und Wettkampf eingesetzt werden (Klocke & Ulbricht, 2013, Abb. 96).

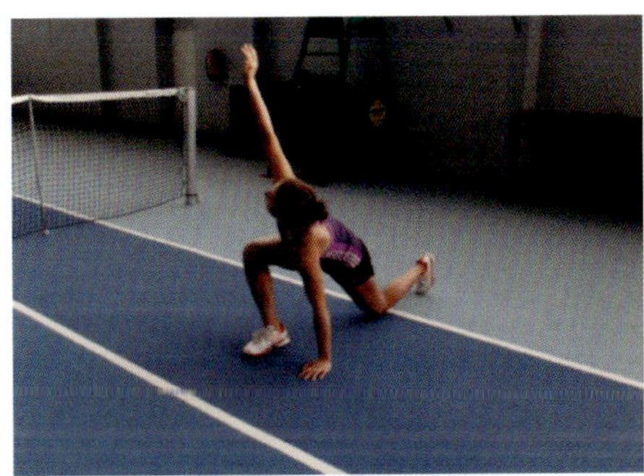

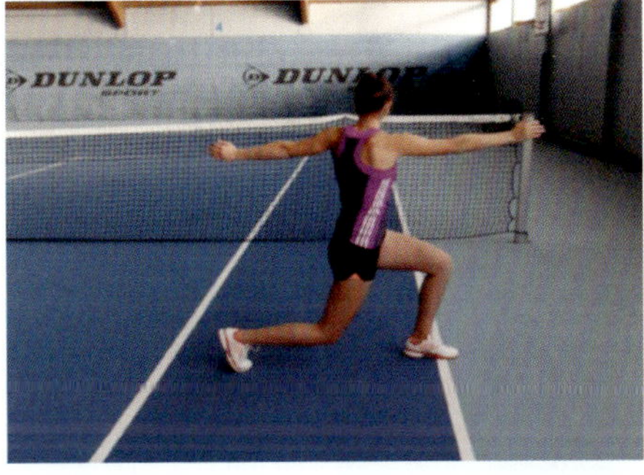


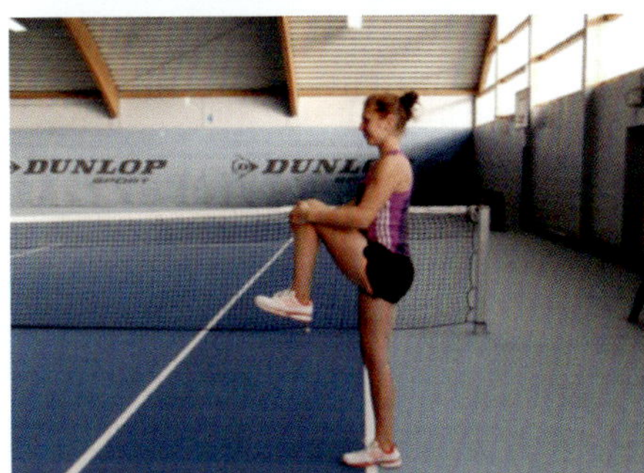


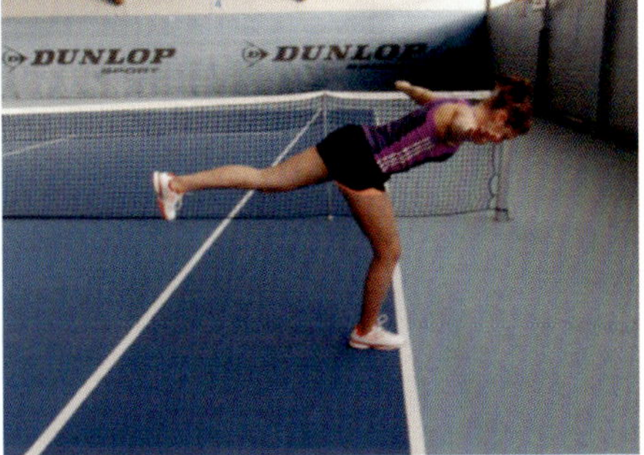


***Abb. 96:*** *Beispiele aus dem Bereich der Movement Preparation zur Trainings- und Wettkampfvorbereitung (Klocke & Ulbricht, 2013)*

## 7.2.2 Integration des Beweglichkeitstrainings für Tennisspieler

Das Beweglichkeitstraining des Tennisspielers sollte ein möglichst einheitliches „On-Court"-Kurzprogramm vor Beginn von Training und Wettkampf sowie ein zusätzliches Heimprogramm für den Abschluss des Trainingstages beinhalten, das mindestens 3 x pro Woche durchgeführt wird. Bei besonderen individuellen Defiziten oder Beschwerden sind weitere Maßnahmen zu ergreifen.

***ON-COURT-KURZPROGRAMM:*** Dieses wird im Anschluss an das Einlaufen und ggf. in Kombination mit Lauf-ABC-Übungen durchgeführt und beinhaltet vorzugsweise dynamische Dehntechniken, die übergehen in Übungen aus dem Bereich der Movement Preparation. Vor dem Übergang zum Tennistraining sollte eine erneute Reaktivierung durch Sprungkombinationen erfolgen (Kap. 12.2 „Trainingsvorbereitungen").

***HEIMDEHNPROGRAMM:*** Das Heimdehnprogramm kann gemeinsam mit dem Training zur Körperstabilisation erfolgen und bildet den Abschluss und den Beginn der Regeneration. Es beinhaltet auch aus Praktikabilitätsgründen vorwiegend Übungen auf der Bodenmatte, die dem passiv-statischen Dehnen zuzuordnen sind. Je nach Verfügbarkeit kann dies mit Partnerhilfe (z. B. Coach, Physiotherapeut oder auch Eltern bzw. Lebenspartner) erfolgen.

**Beispiel 1: Hintere Oberschenkelmuskulatur**

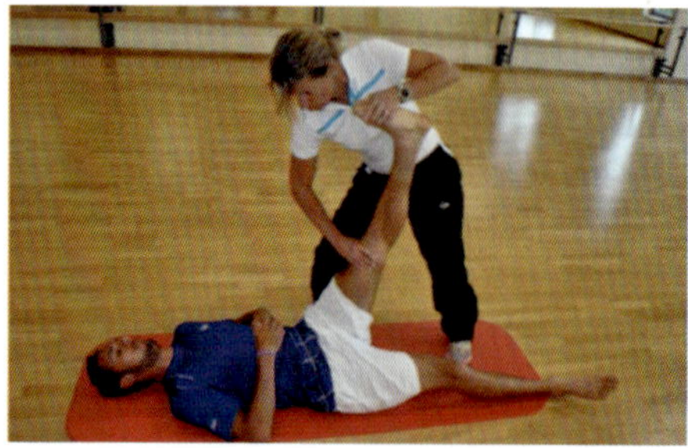

**Beispiel 2: Adduktoren**

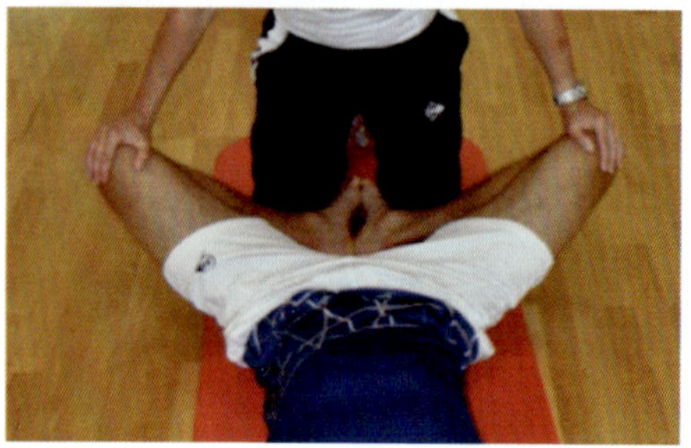

**Beispiel 3: Schultermobilisation**

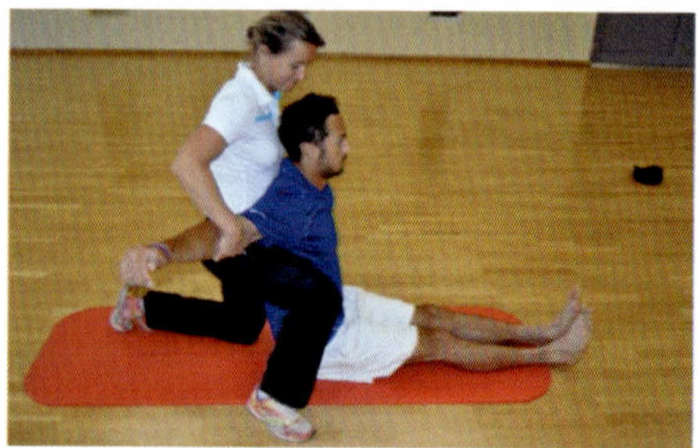

**Beispiel 4: Wirbelsäulenmobilisation**

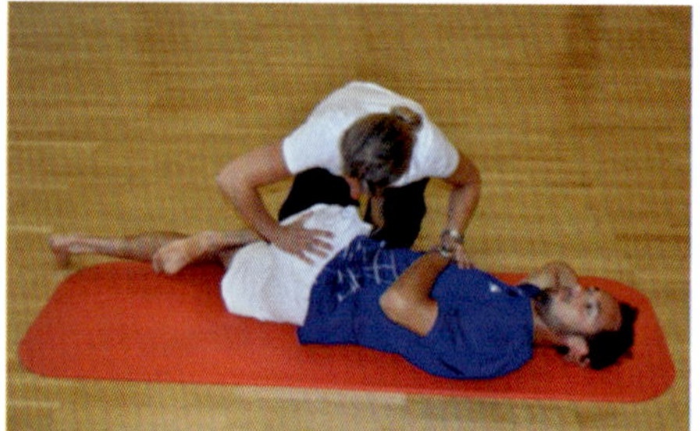

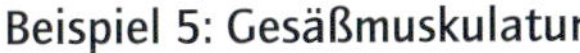

### Beispiel 5: Gesäßmuskulatur

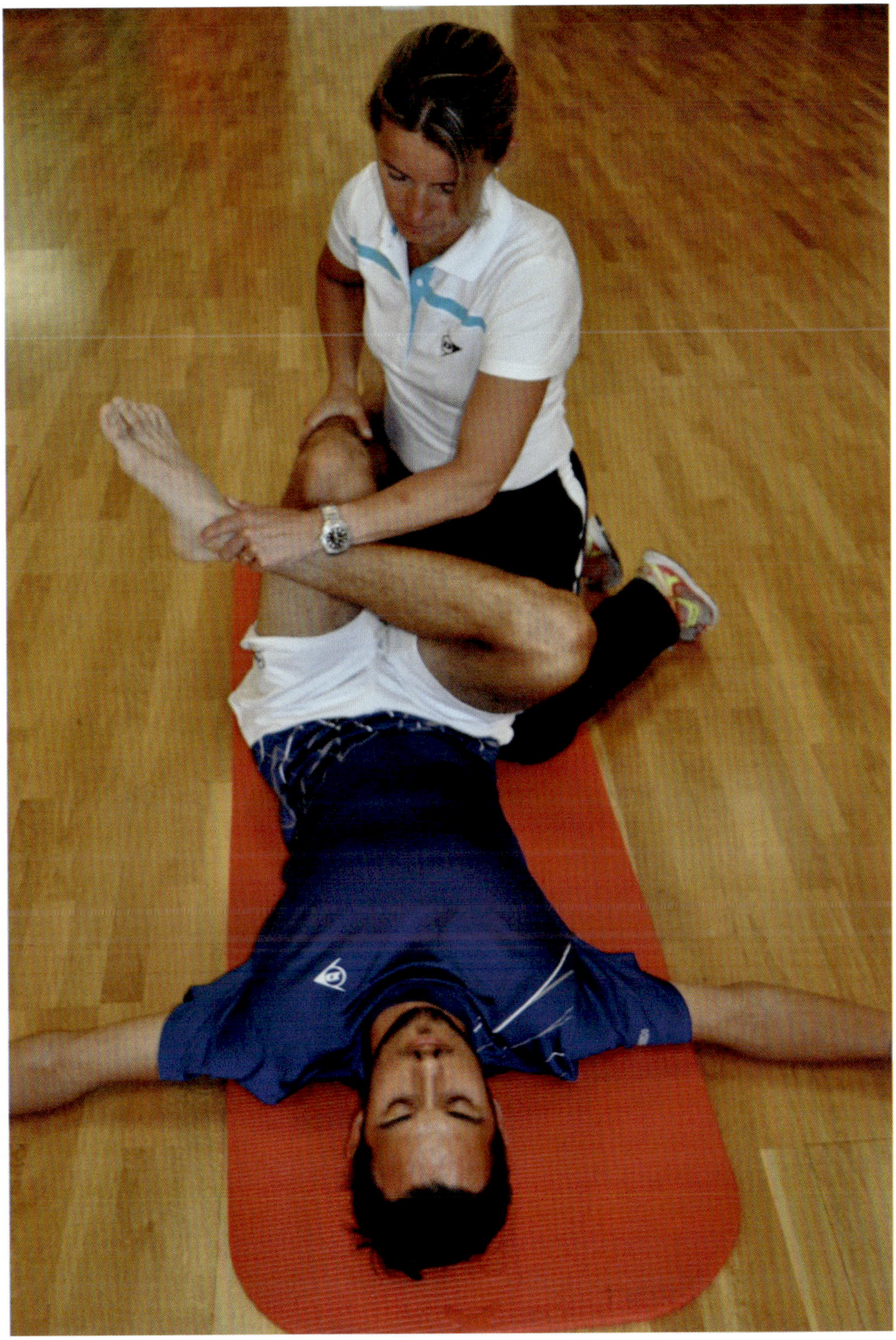

## 7.3 Beweglichkeitsdiagnostik

*ÜBERBLICK:* Weder national noch international hat sich bislang eine einheitliche Testbatterie zur *Beweglichkeitsdiagnostik* durchgesetzt. Das Problem besteht unter anderem in der fehlenden Genauigkeit der zur Verfügung stehenden wissenschaftlichen Messverfahren. Elektronisch angesteuerte Goniometer und gelenkwinkelbezogene Messungen der muskulären Dehnungsspannung verlangen aufwendige apparative Voraussetzungen für die Diagnostik der Beweglichkeit in nur einem Gelenksystem und sind somit wenig praktikabel. Der Einsatz von „Messschlitten" (z. B. für die Messung der Dehnungsspannung in der ischiokruralen Muskulatur) ist bislang nur im Zusammenhang mit wissenschaftlichen Fragestellungen zum Beweglichkeitstraining bekannt (s. o.) und wurde in Deutschland speziell von der Arbeitsgruppe um Wiemann und Klee (Berg.-Universität Wuppertal) eingesetzt (Klee, 2003). Einfache, manuell eingesetzte Goniometer sind sehr von der intraindividuellen Handhabung abhängig und leiden unter geringer Messgenauigkeit. Zusätzliche Fehlerquellen ergeben sich durch die hohen Freiheitsgrade der Testperson, wenn diese nicht mechanisch starr fixiert und auf die Bewegung in einem Gelenksystem reduziert ist. Nach anfänglichen Versuchen wurde die derartige Messung der Beweglichkeit im Schultergelenk bei Innen- und Außenrotation während des DTB-Konditionstests aufgrund der Messfehlergefahr wieder eingestellt (Abb. 97, links). Nach wie vor registrieren wir die Beweglichkeit der ischiokruralen Muskulatur und der tiefen Rückenmuskulatur mittels des Stand & Reach Tests (Abb. 97, rechts), obwohl auch hier die potenziellen Interpretations- und Messfehler (z. B. Einfluss der Extremitätenlänge) bekannt sind. Folglich haben sich für die Sportpraxis bislang nur sehr einfache Beweglichkeitstests durchgesetzt, wobei jeweils nur subjektiv beurteilte grobe, Qualitätsstufen unterschieden werden.

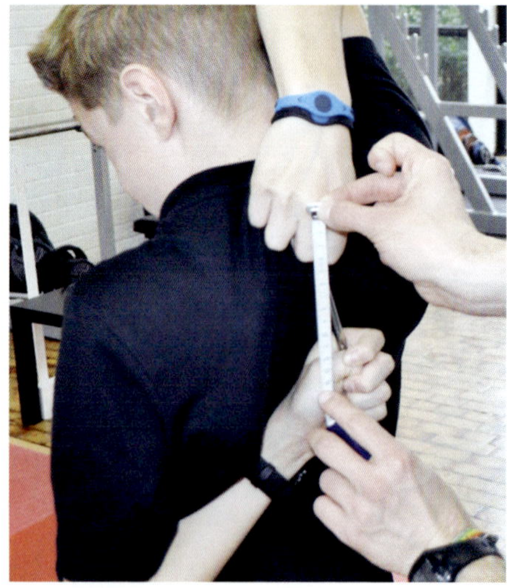

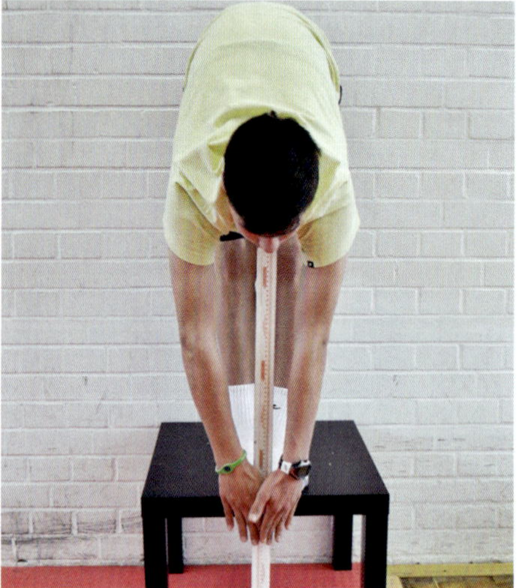

***Abb. 97:*** *Messung der Innen- und Außenrotation des Schlagarms mittels Goniometer (links) und der Stand & Reach Test (rechts) als Teil des DTB-Konditionstests*

***EINFACHE BEWEGLICHKEITSTESTS:*** Bereits in den 1970er-Jahren wurde eine einfache Testbatterie zur Beweglichkeitsdiagnostik von Janda (1976) vorgestellt. Dabei werden fünf Übungen bzw. Gelenksysteme speziell der unteren Extremität in drei Qualitätsstufen auf ihre Beweglichkeit überprüft. Im Einzelnen handelt es sich um die Hüftbeuger und -rotatoren sowie die Kniebeuger und -strecker sowie die Adduktoren. Alleine die Überprüfung der Hüftbeuger (Abb. 98, Übung 2) verdeutlicht Probleme bei der Einhaltung der Gütekriterien, da der Auflagepunkt der Hüfte erheblich das Messergebnis beeinflusst (Abb. 98).

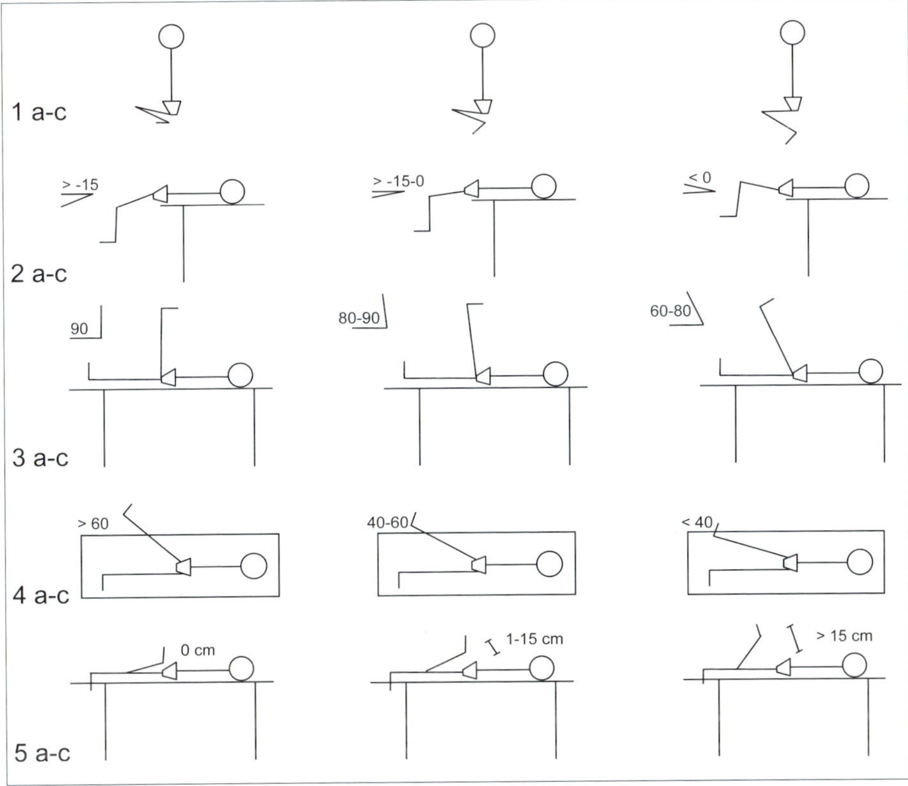


***Abb. 98:*** *Einfache Beweglichkeitstests nach Janda (1976) mit drei Qualitätsstufen von links (gut) nach rechts (schlecht) abfallend*

***FUNCTIONAL MOVEMENT SCREEN (FMS):*** Der Functional Movement Screen wurde von dem amerikanischem Physiotherapeuten Gray Cook entwickelt und ist ebenfalls ein einfacher und mit geringem Materialbedarf durchführbarer Beweglichkeitstest (Cook et al., 2010). Im Gegensatz zu den bislang beschriebenen, eher passiven Testverfahren für singuläre Gelenksysteme erhebt er den Anspruch, eine komplexere funktionelle Bewegungsanalyse vornehmen zu können. Hierzu wurden für zahlreiche Sportarten charakteristische und extreme Körperpositionen für die Testpositionen ausgewählt (Abb. 99). Das Verfahren beinhaltet sieben verschiedene Einzeltests (Testübungen) und soll sowohl grundsätzliche Bewegungseinschränkungen als auch Links-rechts-Asymmetrien sichtbar und quantifizierbar machen.

Dabei wird ein einfaches Punkte-Bewertungs-System verwendet, wobei je nach Bewegungsausführung zwischen 0-3 Punkte erworben werden können (drei Punkte = perfekte Ausführung; zwei Punkte = Kompensations- und Ausweichbewegungen; ein Punkt = die Übung kann nicht durchgeführt werden; null Punkte = die Übung verursacht Schmerzen). Die zu erreichende Höchstpunktzahl beträgt demnach 21 Punkte. Wissenschaftliche Studien haben erwiesen, dass Athleten mit einer Gesamtpunktzahl von 14 und weniger einem signifikant höheren Verletzungsrisiko ausgesetzt sind (Kiesel et al., 2007). Dies gilt ebenfalls bei einer Asymmetrie, d. h. einem Punkteunterschied zwischen der linken und rechten Seite, und zwar unabhängig von der Gesamtpunktzahl. Die Korrektur der Defizite mag sogar die Verletzungshäufigkeit von Leistungssportlern senken.

Trotz der scheinbaren Vorteile des FMS bleibt auch hier die Problematik bestehen, dass die klassischen Testgütekriterien (speziell die Reliabilität bzw. Zuverlässigkeit) nur bedingt erfüllt werden können. Grundvoraussetzung hierfür ist die Durchführung mittels eines stets gleichen Testleiters oder Physiotherapeuten. Anderenfalls sind erhebliche interpersonelle Differenzen zu erwarten. Derzeit findet eine flächendeckende Muskelfunktionsanalyse im DTB aus den genannten Gründen nicht statt, obwohl dem Bereich der Beweglichkeit eine hohe Bedeutung, insbesondere im Zusammenhang zur Verletzungsprophylaxe, zugesprochen wird.

**1. Tiefe Kniebeuge**

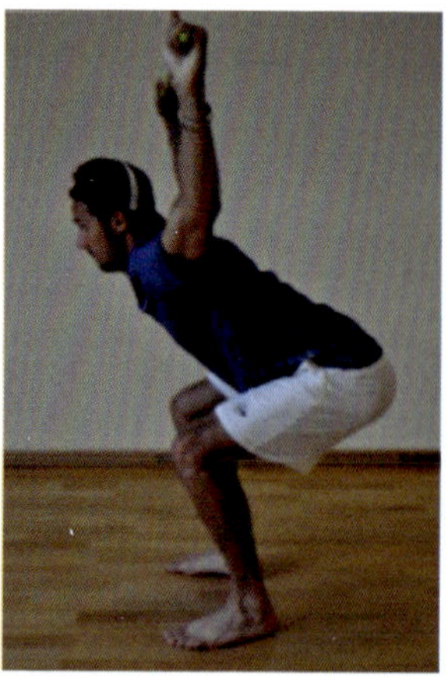

**2. Hürdenschritt**

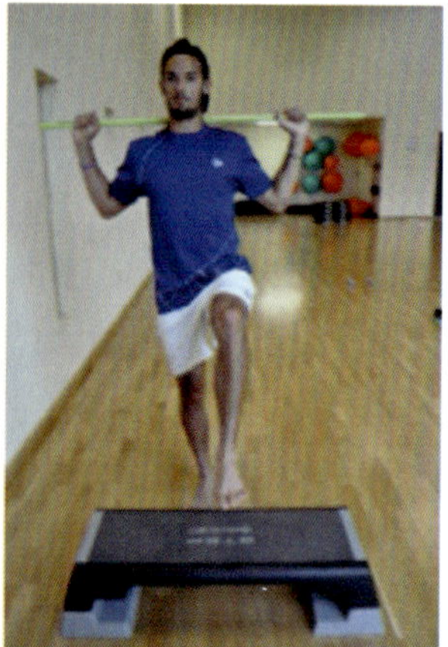

**3. Gerader Ausfallschritt**

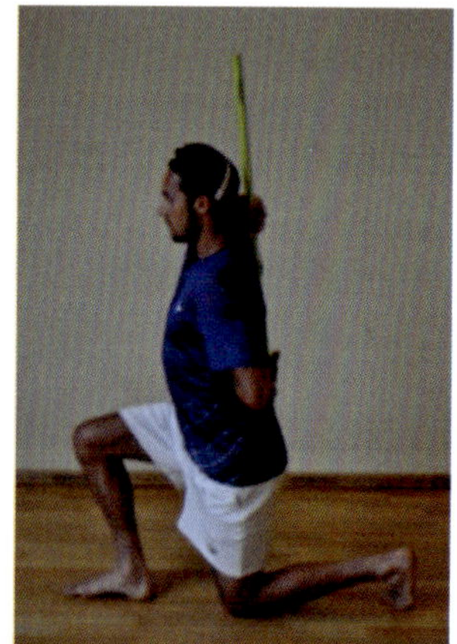

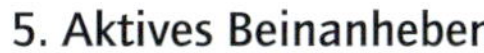

4. Schulter-Beweglichkeits-Test 5. Aktives Beinanheben

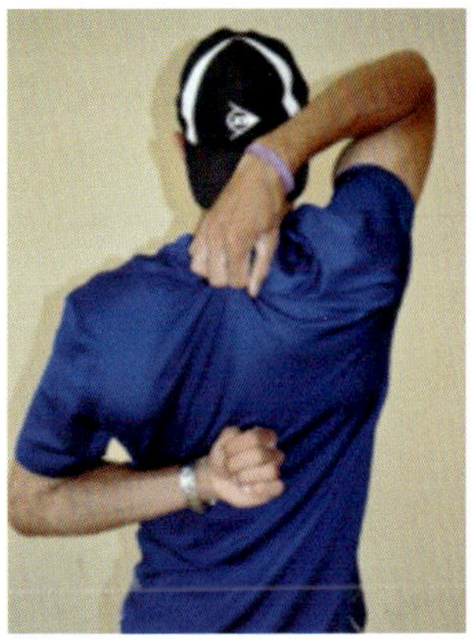

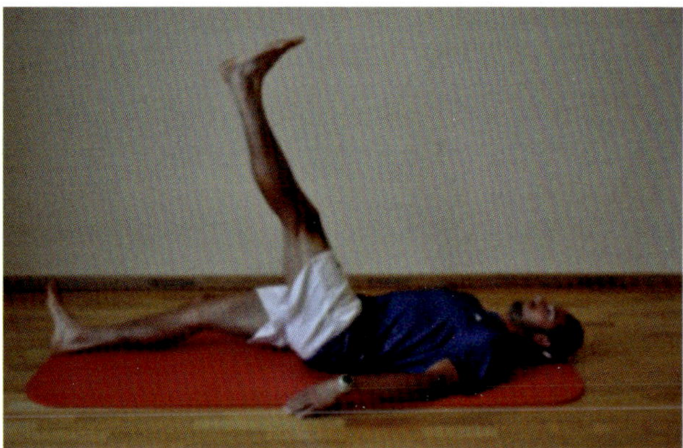

6. Rumpfstabilitätsliegestütz

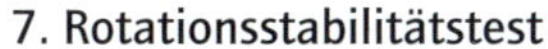

7. Rotationsstabilitätstest

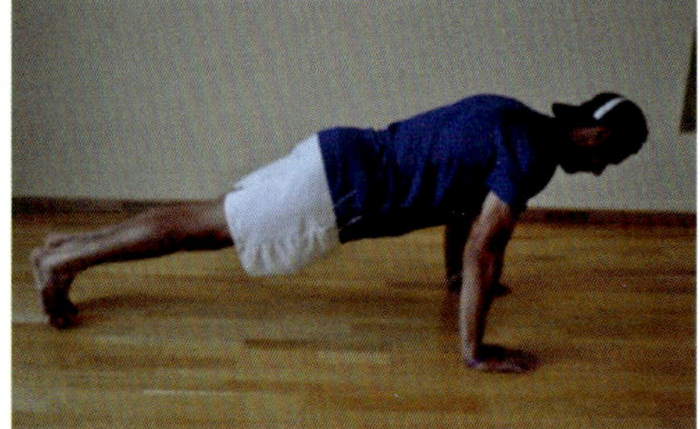

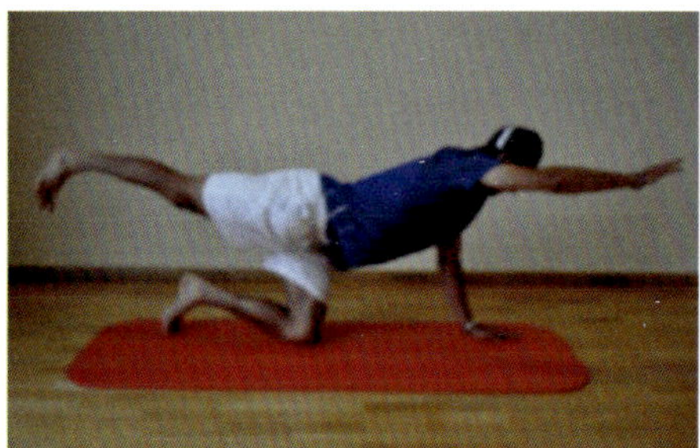

***Abb. 99:*** *Testübungen des Functional Movement Screens (FMS), dargestellt jeweils in der bestmöglichen Ausführungsform des Spielers. In der Detailbeurteilung ergibt sich folgende Individualbeurteilung (minimal null Punkte, maximal drei Punkte):*

| | | |
|---|---|---|
| Testübung 1: | Oberkörper unzureichend aufgerichtet, Kniebeuge unzureichend tief: | 1 Punkt |
| Testübung 2: | Leichte Kippung von Schulter- und Beckenachse: | 2 Punkte |
| Testübung 3: | Gute Ausführungsqualität: | 3 Punkte |
| Testübung 4: | Unzureichende Annäherung der Hände hinter dem Rücken: | 1 Punkt |
| Testübung 5: | Beinstreckung nicht im 90° -Winkel möglich: | 1 Punkt |
| Testübung 6: | Stabile Ausführung mit Händen auch auf Augenhöhe möglich: | 3 Punkte |
| Testübung 7: | Ohne Mängel: | 3 Punkte |
| | Gesamt | 14 von 21 Punkten |

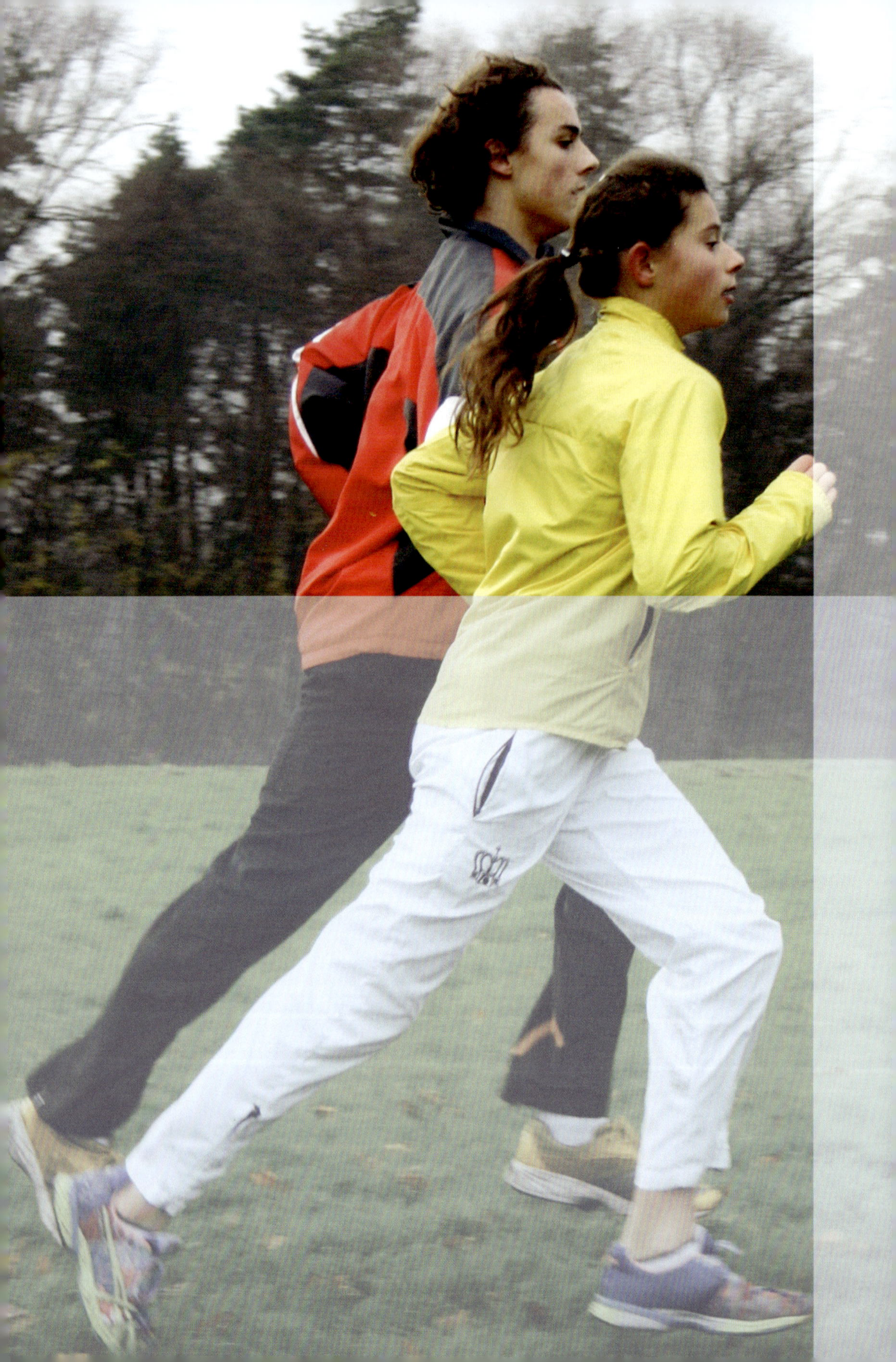

# 8 Ausdauertraining

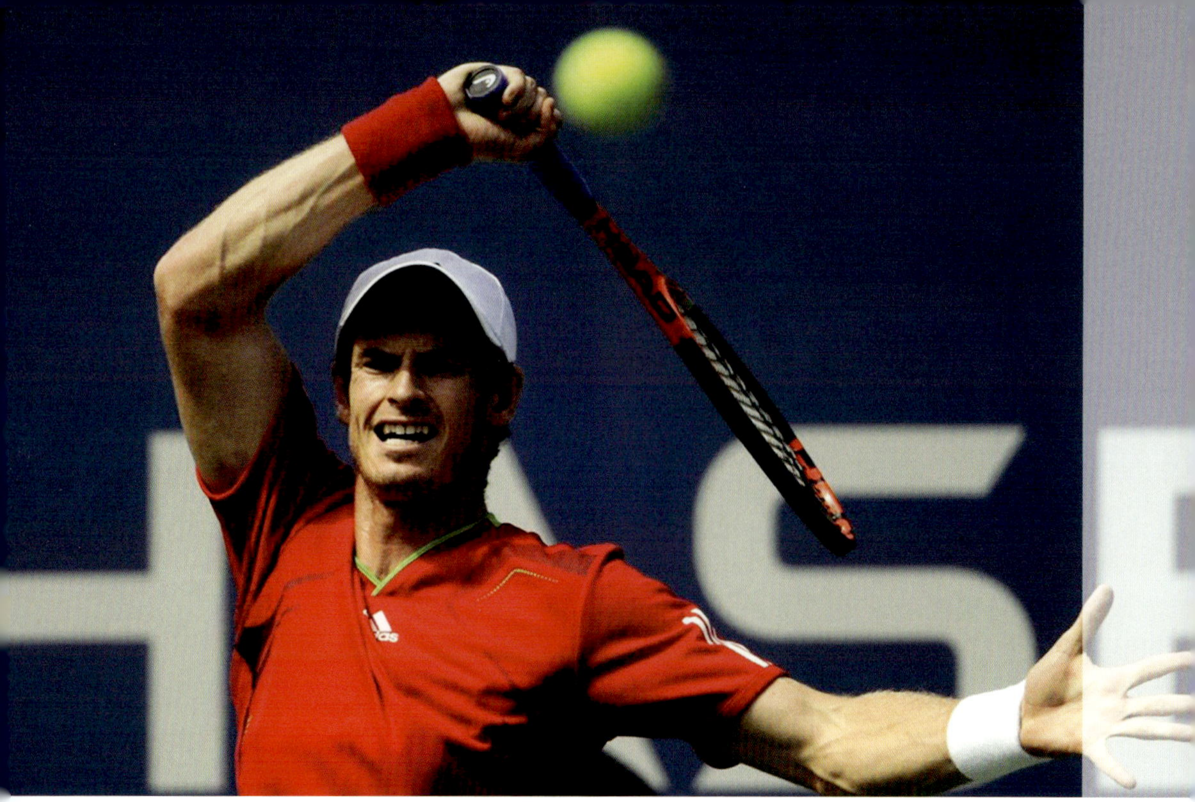

## 8.1 Einführung

Die **Ausdauer** ist eine der zentralen konditionellen Fähigkeiten. Sie ermöglicht, eine Belastung physisch und psychisch möglichst lange aufrechtzuerhalten (Ermüdungswiderstandsfähigkeit) und sich nach Abbruch der Belastung möglichst rasch zu erholen (Regenerationsfähigkeit). Die Ausdauer kann hinsichtlich ihrer Erscheinungsform nach verschiedenen Kriterien unterteilt werden. Hollmann und Hettinger (2000) unterscheiden (Abb. 100):

- **lokale** Ausdauer (< 15 % der Skelettmuskulatur ist aktiv und das kardiopulmonale System wirkt nicht leistungslimitierend) und **allgemeine** Ausdauer (nach dem vorrangig limitierenden System),
- **aerobe** und **anaerobe** Ausdauer (nach der vorrangigen Art der Energiebereitstellung) und
- **dynamische** und **statische** Ausdauer (nach der Arbeitsweise der Skelettmuskulatur).

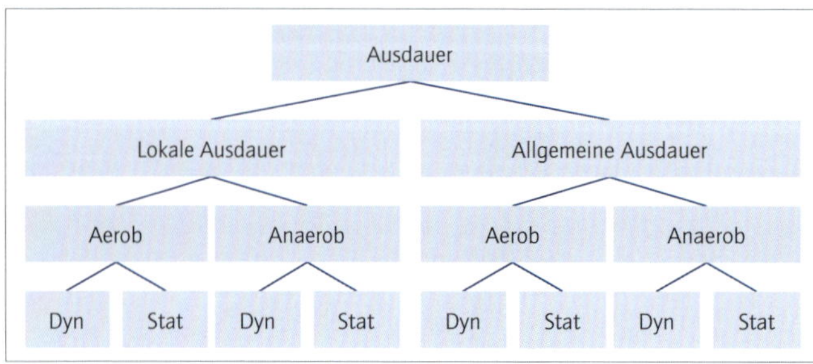


***Abb. 100:*** *Erscheinungsformen der Ausdauer (modifiziert nach Hollmann & Hettinger, 2000)*

Die Grundlagenausdauer kann entsprechend Abb. 100 auch als allgemeine, aerobe, dynamische Ausdauer bezeichnet werden. Sie wird demnach vorrangig beim dynamischen Einsatz größerer Skelettmuskelanteile im submaximalen Intensitätsbereich gefordert bzw. trainiert. Trainingsmethode der ersten Wahl zur Verbesserung der Grundlagenausdauer ist die *extensive Dauermethode*. Dabei können verschiedene Sportarten bzw. Bewegungsformen eingesetzt werden:

- Laufen/Jogging,
- Gehen/Walking/Nordic-Walking,
- Fahrradfahren,
- Inline-Skating,
- Schwimmen/Aqua-Jogging,
- Skilanglauf,
- Rudern/Kanu/Kajak,
- Aerobic/Step-Aerobic,
- Ergometertraining (Fahrrad, Laufband, Stepper, Elypsentrainer o. ä.),
- Kardiotennis oder Kalorientennis.

Die Ausdauer gilt auch im Tennis als eine wichtige Leistungsvoraussetzungen. Dies betrifft insbesondere das Spiel auf Sandplätzen; aufgrund der veränderten grundlinienorientierten Spielweise jedoch zunehmend auch das Spiel auf Hartplätzen und sogar auf Rasenplätzen. Ferner kommt der Ausdauer im Tennis eine besondere Bedeutung für die Belastungstoleranz innerhalb intensiver Trainingseinheiten und zur raschen Regeneration zwischen einzelnen Trainingseinheiten zu. Als indirekter Beleg für die Bedeutung der Ausdauerleistung für den Spielerfolg im Tennis kann die vergleichsweise enge Korrelation der Testleistungen zur Ranglistenplatzierung gesehen werden (Tab. 3, Kap. 1, S. 58-59).

Die Anforderungen an die Ausdauerleistung des Tennisspielers unterscheiden sich gegenüber der Grundlagenausdauer in vielerlei Hinsicht. In erster Linie fällt der regelmäßige Wechsel von Belastung und Pause ins Auge. Ferner sind die Belastungsphasen vergleichsweise intensiv. So kann die tennisspezifische Ausdauer definiert werden als die Ermüdungswiderstandsfähigkeit gegenüber intensiven Lauf- und Schlagbeanspruchungen im Tennis sowie die rasche Regenerationsfähigkeit unmittelbar danach. Ermüdungswiderstandsfähigkeit und Regenerationsfähigkeit werden jedoch nicht nur während bzw. zwischen einzelnen Ballwechseln, sondern auch mittelfristig während bzw. zwischen lang andauernden Matches bzw. Trainingseinheiten notwendig.

Eine gute Grundlagenausdauer wirkt sich in erster Linie beschleunigend auf die Regenerationsfähigkeit in den Spielpausen aus (Abb. 101). Aus stoffwechselphysiologischer Sicht sinkt die Bedeutung der Grundlagenausdauer während der Ballwechsel jedoch deutlich ab, da in diesen Phasen stets auch statische, anaerobe und lokale Anforderungen in individuell unterschiedlichem Ausmaß in den Vordergrund treten. So dominiert bei kurzen Ballwechseln die anaerob-alaktazide Energiebereitstellung, die bei längeren Ballwechseln hoher Intensität fließend in die anaerobe Glykolyse übergeht. Erst in den Pausen werden Kohlenhydrate (Glukose aus Muskel- und Leberglykogen) und Fette (intramuskuläre Triacylglyzerine und freie Fettsäuren aus den peripheren Fettspeichern) oxidiert und dienen der aeroben ATP-Synthese, die wiederum zur KP-Resynthese benötigt wird. Die Fette spielen gegenüber den Kohlenhydraten insgesamt eine geringere Bedeutung für die Energiebereitstellung im Tennis (Ferrauti et al., 2001a). Sie können speziell bei längeren Pausen (z. B. Seitenwechsel) sowie nach kurzen und wenig intensiven Ballwechseln verstoffwechselt werden (Abb. 101).

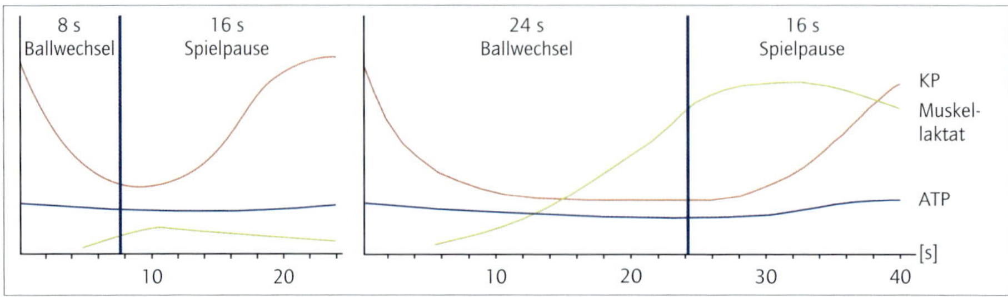


***Abb. 101:** Ungefähre Schätzung der Zeitkinetik von Kreatinphosphat (KP) und Adenosintriphosphat (ATP) sowie Laktatkonzentration im Muskel während eines kurzen (links) und eines lang andauernden intensiven Ballwechsels (rechts) und der darauf folgenden Spielpause*

Neben den besonderen stoffwechselphysiologischen Aspekten der tennisspezifischen Ausdauer besitzen individuelle anthropometrische und koordinative Besonderheiten einen nicht zu unterschätzenden Einfluss. In diesem Zusammenhang sind die individuelle Spiel- und Bewegungsökonomie (Energieaufwand für Schläge und Beinarbeit) sowie Körpergröße und Körpergewicht sowie die lokale Ausdauer und auch die Laufschnelligkeit zu nennen. Verschiedene Indizien deuten darauf hin, dass für den Tennisspieler die tennisspezifische Ausdauer gegenüber der Grundlagenausdauer von besonderer und insgesamt höherer Bedeutung ist.

Beispielsweise konnten wir nachweisen, dass die im Laufstufentest ermittelte Grundlagenausdauer (Laufgeschwindigkeit bei 4 mmol/l Blutlaktat [V 4]) nur bedingt mit den Reaktionen und Leistungen im Tennistraining korreliert. Bei dieser Untersuchung absolvierten 12 männliche Oberligaspieler zunächst einen Stufentest auf dem Laufband und an einem weiteren Versuchstag ein intensives Drilltraining auf dem Tennisplatz (16 x 8 Schläge in Folge aus vollem Lauf). Insgesamt ergibt sich ein statistischer Zusammenhang (r = 0,774). Einzelne Spieler tolerieren die Drillbelastung jedoch trotz ungenügender V 4 deutlich besser (blau) als andere Spieler mit höherer V 4 (rot) (Abb. 102).

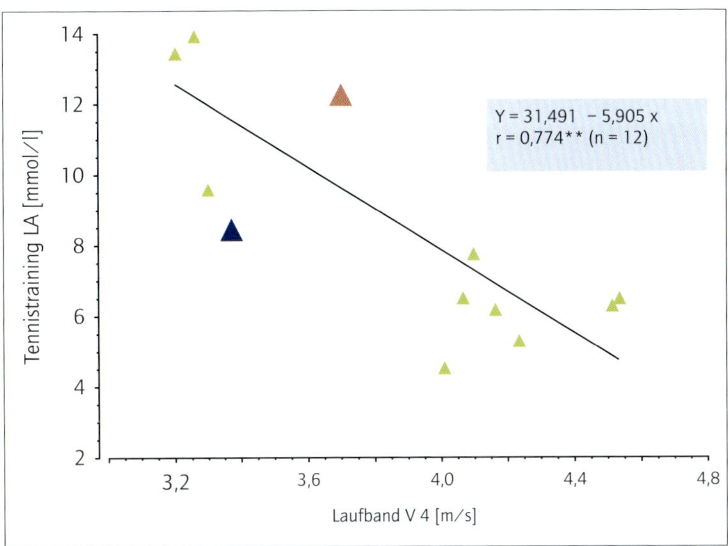


***Abb. 102:** Laufgeschwindigkeit bei 4 mmol/l Blutlaktat als Ergebnis eines Stufentests auf dem Laufband [V 4] und Blutlaktatkonzentration nach einem intensiven On-Court-Drilltraining*

Die Hinweise zu Bedeutung und Erscheinungsformen der Ausdauer im Tennis sprechen insgesamt dafür, dass im Rahmen des Ausdauertrainings ein komplexer Methodenzugriff erfolgen muss, der neben einem Grundlagenausdauertraining stets auch semispezifische und tennisspezifische Elemente in ausreichendem Maße berücksichtigen muss. Vereinzelt ist sogar zu diskutieren, ob ein voluminöses Grundlagentraining überhaupt vonnöten ist. Dies ist im individuellen Einzelfall in Abhängigkeit von Alter, Leistungsfähigkeit, Periodisierung und Spielanlage zu entscheiden.

Historisch betrachtet, unterliegen die Empfehlungen zum Ausdauertraining in den Sportspielen demnach erheblichen Schwankungen, sodass nach einer vorübergehenden Fokussierung auf rein aerobe Trainingsinhalte zum Ende des letzten Jahrtausends (Gerisch & Weber, 1992), die hochvolumige extensive Dauermethode als Trainingsmittel der ersten Wahl derzeit zunehmend gegenüber spezifischen Methoden sowie Methoden des hochintensiven Intervalltrainings (HIT) in den Hintergrund rückt.

Gleichzeitig ergeben sich ernst zu nehmende Konsequenzen für die Auswahl und Gewichtung von leistungsdiagnostischen Verfahren und Parametern. So sollten neben den klassischen, zur Diagnostik der Grundlagenausdauer verwendeten Testverfahren stets auch semispezifische oder tennisspezifische Testverfahren eingesetzt werden.

# 8.2 Ausdauertraining im Tennis

## 8.2.1 Trainingsmethoden im Überblick

Im Ausdauersport wird üblicherweise zwischen dem *Regenerationstraining* (REKOM), dem *GA-1* und *GA-2-Training* und dem *wettkampfspezifischen Ausdauertraining* (WSA) unterschieden (Hottenrott, 2000). Die überwiegend eingesetzte Trainingsmethode ist hierbei die *Dauermethode*. Hierbei nimmt die Intensität vom REKOM bis zum WSA kontinuierlich zu, während die Belastungsdauer vom GA-1-(vorrangig extensive Dauermethode) zum GA-2-Training (vorrangig intensive Dauermethode) abfällt (Tab. 19).

***Tab. 19:** Übersicht über die klassischen Trainingsbereiche und Trainingsmethoden sowie deren vorrangig angestrebte Adaptationen im Ausdauertraining (modifiziert nach Hottenrott, 2000).*

| **REKOM-TRAINING (Regenerations-training)** | **GA-1-TRAINING** | **GA-2-TRAINING** | **WSA-TRAINING** |
|---|---|---|---|
| ▪ Unterstützung der Wiederherstellung<br>▪ Erhöhung der Mobilitätsfähigkeit für nachfolgende intensive Belastungen | ▪ Stabilisierung und Entwicklung der Grundlagenausdauer<br>▪ Erhöhung der aeroben Leistungsfähigkeit | ▪ Entwicklung der aeroben/anaeroben Leistungsfähigkeit | ▪ Entwicklung der wettkampfspezifischen Ausdauer<br>▪ Laktattoleranz |
| **Methode** | **Methode** | **Methode** | **Methode** |
| ▪ Dauermethode | ▪ Extensive Dauermethode<br>▪ Wechselhafte Dauermethode (Fahrtspiel) | ▪ Intensive Dauermethode<br>▪ Extensive Intervallmethode<br>▪ Wechselhafte Dauermethode | ▪ Intensive Intervallmethode<br>▪ Wettkampfmethode<br>▪ Wiederholungsmethode |
| **Intensität** | **Intensität** | **Intensität** | **Intensität** |
| Sehr niedrig<br>HF: 60-70 %<br>Laktat: < 2 mmol/l | Niedrig bis mittel<br>HF: 70-80 %<br>Laktat: < 2,5 mmol/l | Mittel bis hoch<br>HF: 80-90 %<br>Laktat: 3-6 mmol/l | Hoch bis sehr hoch HF: > 90 %<br>Laktat: > 6 mmol/l |
| **Dauer** | **Dauer** | **Dauer** | **Dauer** |
| < 45 min | > 45 min | 20-60 min | 10-45 min |

Im Tennissport haben sich aus den dargestellten Trainingsbereichen und Methoden das klassische Grundlagenausdauertraining nach der Dauermethode (REKOM, GA-1 und GA2), die wechselhafte Dauermethode speziell nach der Fahrtspielmethode (GA-1 und GA-2), verschiedene intervallförmige Trainingsmethoden mit mehr oder weniger hoher Intensität (High-Intensity-Ausdauertraining bzw. HIT sowie Intervallsprinttraining) außerhalb des Tennisplatzes (GA-2- bzw. WSA-Training) sowie das tennisspezifische Ausdauertraining auf dem Tennisplatz (z. B. Drilltraining) in der Praxis etabliert. Da es hierbei zu einer Annäherung an das tennisspezifische Anforderungsprofil kommt, können die Methoden auch den Bereichen Grundlagenausdauertraining (Dauermethode), semispezifisches Ausdauertraining (Fahrtspiel, HIT und Intervallsprinttraining) und tennisspezifisches Ausdauertraining (Drilltraining auf dem Platz) zugeordnet werden. Diese Bereiche werden im Folgenden näher beschrieben.

## 8.2.2 Grundlagenausdauertraining

Die *Grundlagenausdauer* kann definitionsgemäß durch den dynamischen Einsatz größerer Skelettmuskelanteile im submaximalen Intensitätsbereich trainiert werden. Nach klassischer Lehrmeinung wird zur Verbesserung der Grundlagenausdauer zumeist das GA-1-Training, basierend auf der extensiven Dauermethode eingesetzt. Für den Tennisspieler ist das Lauftraining im Rahmen des Grundlagenausdauertrainings gegenüber anderen möglichen Varianten (z. B. Fahrradfahren, Inlineskating) meist vorzuziehen, da es die engste Bewegungsverwandtschaft zum Tennisspiel aufweist. Hierbei werden gewöhnlich Läufe mit konstantem und langsamem bis mittlerem Tempo über eine Zeitdauer von 20-60 min absolviert. In Phasen des Saisonübergangs oder zur aktiven Erholung können im Sinne des Crosstrainings auch andere Belastungsformen (Fahrrad, Skilanglauf) eingesetzt werden.

***ADAPTATIONEN:*** Das klassische Grundlagenausdauertraining erzielt eine Verbesserung der aeroben Kapazität (zentrale und periphere Faktoren von Sauerstofftransport und Sauerstoffutilisation) sowie eine Steigerung der Fettstoffwechselkapazität und dadurch eine Schonung der Glykogenspeicher (z. B. für intensive Phasen im Wettkampf). Ferner eine Ökonomisierung der Herz-Kreislauf-Arbeit, eine Stärkung des Immunsystems und eine Beschleunigung der psychophysischen Regeneration ermöglicht wird (Hollmann, 1983).

***TRAININGSSTEUERUG:*** Die Trainingssteuerung erfolgt im Grundlagenausdauertraining zumeist mittels Herzfrequenz. Armbanduhren zum Monitoring von Ruhepuls, Trainingspuls oder sogar Herzfrequenzvariabilität sind preiswert und motivierend. Die Sollwerte für das Training werden entweder formelgeleitet bestimmt oder basieren auf Testergebnissen. Die zahlreichen unterschiedlichen Formeln basieren auf Faktoren wie Lebensalter, Ruheherzfrequenz, maximale Herzfrequenz, Geschlecht, Trainingszustand und Herzfrequenzvariabilität.

**Beispiele:**

170 – 1/2 Lebensalter ± 10 S/min (Smith & Israel, 1983)

180 – Lebensalter (Hollmann, 1983)

Hf Ruhe + [Intensität (%) x (Hfmax - HfRuhe)] (Karvonen et al., 1957)

Untersuchungen belegen, dass keine der publizierten Formeln den beachtlichen interindividuellen Besonderheiten des Herzfrequenzverhaltens gerecht wird (Hanakam, 2011). Dies liegt daran, dass die für die Berechnung notwendigen Rohdaten (z. B. maximale HF) nur ungenau ermittelt werden können. Ferner wird speziell der Einfluss der Trainingsdauer in den gängigen Formeln nicht berücksichtigt. So steigt die Herzfrequenz im Grundlagenausdauertraining nach der Dauermethode bei konstanter Geschwindigkeit im Verlauf der ersten 30 min um 5 - 15 Schläge stetig an. Im Umkehrschluss bedeutet dies, dass es bei Einhaltung eines fixen Herzfrequenzsollwerts im Trainingsverlauf zwangsläufig zu einem Abfall von Laufgeschwindigkeit und Trainingsintensität (und ggf. Trainingswirkung) kommt (Abb. 103). Der beschriebene Effekt wird in der wissenschaftlichen Literatur als *Cardiodrift* bezeichnet und ist primär eine Kompensation gegenüber dem Anstieg der Körperkerntemperatur (Hanakam, 2011). Nimmt man zusätzlich den Einfluss der Umgebungstemperatur hinzu (Anstieg der HF um 5-10 Schläge beim Übergang von 15 zu 25° C), dann muss das Ergebnis einer formelgeleiteten Herzfrequenzvorgabe insgesamt unbefriedigend sein. Die Festlegung der individuellen Trainingsherzfrequenz sollte demnach durch Eigenversuche für verschiedene Intensitätsbereiche austariert und regelmäßig während des Trainings, in Abhängigkeit von Trainingsdauer und Temperatur, neu justiert werden. Dies berücksichtigt dann auch die in der Praxis auffällig hohen Herzfrequenzen von Kindern und Jugendlichen, insbesondere bei Mädchen und Juniorinnen.

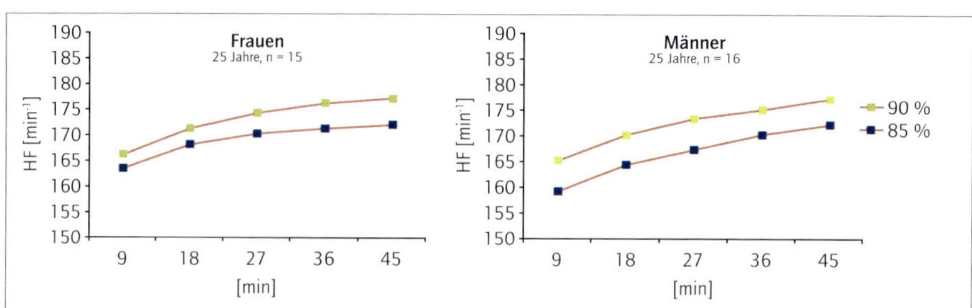


*Abb. 103: Herzfrequenzverhalten beim Lauftraining über 45 min mit 85 % bzw. 90 % der aerob-anaeroben Schwelle (V 4) von 25-jährigen Frauen und Männern (modifiziert nach Hanakam, 2011)*

Für den Tennistrainer, der zumeist Spieler im Kindes- und Jugendalter betreut, ist die Herzfrequenz demnach keinesfalls Mittel der ersten Wahl für die Trainingssteuerung. Wird zudem die Trainingsgeschwindigkeit variiert und die Dauermethode zugunsten des Fahrtspiels aufgegeben oder trägt der Schüler die Pulsuhr gar während des Tennistrainings, dann wird die für den Trainer verwertbare Information aufgrund der stetigen Schwankungen weiter sinken. Auf jeden Fall ist in diesem Fall vor Fehlinterpretationen zu warnen. Herzfrequenzspitzen über 190 Schläge/min sind in diesen Situationen keinesfalls zwingend ein Hinweis auf eine Überbeanspruchung oder einen schlechten Trainingszustand.

Als praktische Alternative ohne nennenswerten technischen Aufwand kann eine Trainingssteuerung mittels Laufzeiten bzw. Laufgeschwindigkeit empfohlen werden. Erfahrene Läufer wählen gewöhnlich prozentuale Abstufungen der Bestzeit mit festen Zwischenzeiten über 1-km-Distanzen zur Temposteuerung (Steffny & Pramann, 2001). Voraussetzung hierfür ist die Abmessung einer Laufstrecke (z. B. in der Umgebung des Tennisklubs) und die Markierung von Wegabschnitten (Abb. 105).

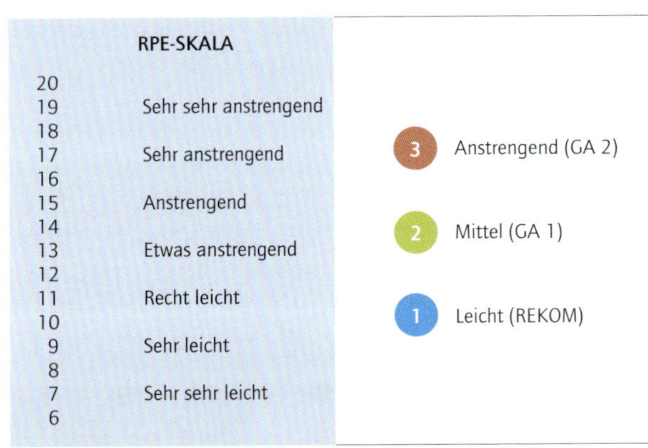


***Abb. 104:** RPE-Skala nach Borg (1998) sowie vereinfachtes Ampelschema zur Grobansteuerung wichtiger Trainingsbereiche*

Auch das subjektive Belastungsempfinden als Grundlage der Trainingssteuerung har sich als sehr praktikabel erwiesen. Die klassische *RPE-Skala* (Rating of Perceived Exertion) wurde ursprünglich von einem schwedischen Wissenschaftler (Borg-Skala) an der Herzfrequenz validiert und seitdem unzählige Male modifiziert (Borg, 1998). Bei ungewohnten Läufern sowie mit Tennisspielern auf Vereinsebene reicht möglicherweise auch eine einfache Dreifachskala zur Belastungssteuerung aus (Abb. 104).

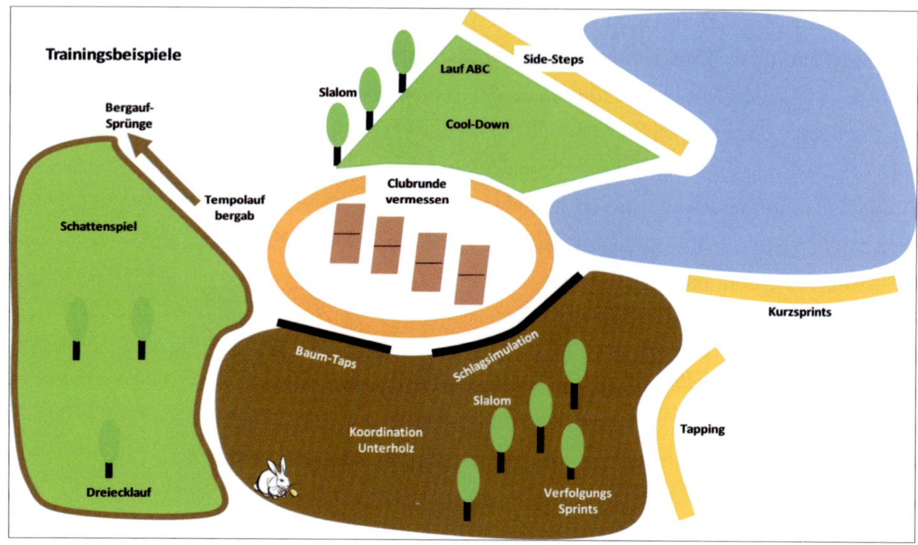


*Abb. 105: Ausdauertraining in der Umgebung Ihres Tennisklubs. Durch Vermessung einer festen Laufrunde können Laufzeiten für verschiedene Leistungsgruppen festgelegt werden. Die Umgebung kann auch für ein abwechslungsreiches Fahrtspiel genutzt werden.*

## 8.2.3 Semispezifisches Ausdauertraining

Das **semispezifische Ausdauertraining** erfolgt nach der **variablen Dauermethode** (**Fahrtspiel**) oder der **extensiven** bzw. **intensiven Intervallmethode** (**HIT** bzw. **Intervallsprinttraining**).

***FAHRTSPIEL:*** Das Fahrtspiel kann in idealer Weise im Gelände (Waldstück, Umgebung der Tennisanlage) durchgeführt werden und basiert auf dem kontinuierlichen Dauerlauf im REKOM- oder GA-1-Tempo (Abb. 105). In unregelmäßigen Abständen erfolgen nun Übergänge in den GA-2-Bereich bzw. die Integration von Tempoläufen, Kurzsprints oder intensiven tennisspezifischen Lauf- bzw. Sprungkombinationen. Alle intensiven Phasen werden von regenerativen aktiven REKOM Phasen unterbrochen.

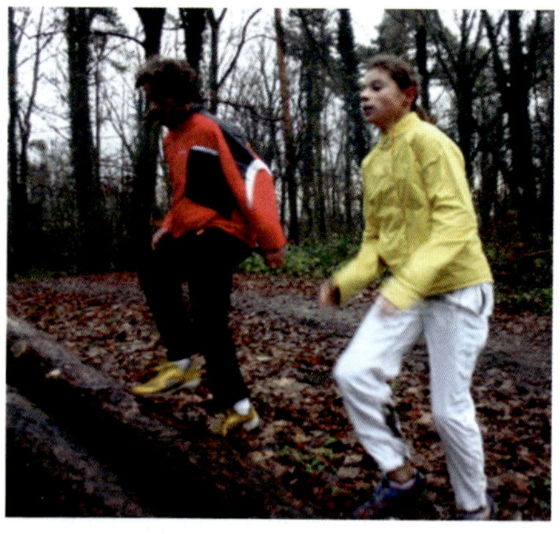

***HIGH-INTENSITY-TRAINING (HIT):*** Generell ist ein HIT dadurch gekennzeichnet, dass ein möglichst hoher prozentualer Anteil der maximalen Sauerstoffaufnahme wiederholt eingesetzt und über einen möglichst langen Zeitraum aufrechterhalten wird (Wahl et al., 2010). Die hochintensiven Belastungsphasen variieren dabei je nach Trainingsziel zwischen einigen Sekunden und mehreren Minuten und werden dementsprechend in Abhängigkeit von ihrer Dauer unterschiedlich oft wiederholt (Paton & Hopkins, 2004). Die Belastungsphasen werden durch aktive oder passive Erholungsphasen unterbrochen, woraus sich schließlich das für das HIT charakteristische Intervallmuster ergibt. Der Belastungsreiz kann dabei mit Blick auf die Sportart oder das Trainingsziel unterschiedlich strukturiert sein (McMillan et al., 2005). Die folgenden Beispiele zeigen exemplarisch Gestaltungsmöglichkeiten des Belastungsreizes. Von besonderem Interesse für den Tennissport sind die Varianten 2. und 3., da diese auf dem Tennisplatz bzw. auf mehreren aneinandergrenzenden Tennisfeldern durchgeführt werden können:

1. lineare Laufaktivitäten ohne Richtungswechsel (z. B. auf der Laufbahn);
2. Richtungswechselläufe über unterschiedliche Distanzen (z. B. 10-40 m);
3. Zirkeltraining mit semispezifischen Bewegungsmustern (z. B. reaktive Sprünge, Medizinballwürfe).

***INTERVALLSPRINTTRAINING:*** International wird das partiell anaerobe Wiederholungssprint- bzw. „Repeated Sprint Training" (RST) als interessante Alternative gegenüber dem überwiegend aeroben High-Intensity Intervalltraining diskutiert (Iaia et al., 2009). Hierbei werden Maximalsprints (All-out) mit oder ohne Richtungswechsel über eine Dauer von bis zu 5 s bzw. 40 m absolviert und von Erholungspausen von 20-45 s unterbrochen.

***ADAPTATIONEN:*** Wesentlicher Vorteil von Fahrtspiel, HIT oder auch Intervallsprinttraining gegenüber dem klassischen, niedrig-intensiven und umfangsorientierten Ausdauertraining ist der deutlich geringere Trainingsumfang, der benötigt wird, um ähnliche physiologische Anpassungen hervorzurufen und die Ausdauerleistungsfähigkeit zu verbessern (Gibala & McGee, 2008). Gerade im Tennis stellt das Technik- und Taktiktraining sowie das Training von weiteren konditionellen Fähigkeiten wie Kraft und Schnelligkeit wichtige konkurrierende Trainingsinhalte dar. Durch die günstigere Aufwand-Nutzen-Relation, also die geringere Zeit, die benötigt wird, um Verbesserungen der Ausdauerleistungsfähigkeit zu bewirken, können die konkurrierenden Trainingsinhalte vermehrt angesteuert oder gar gleichzeitig verbessert werden. Zudem bleibt mehr Zeit für die Verbesserung von beispielsweise technisch-taktischen Komponenten.

Schließlich weist das semispezifische Ausdauertraining eine enge Wettkampfnähe auf. Denn ähnlich wie im Tenniswettkampf wechseln sich Ruhe- und Belastungsphasen intervallförmig miteinander ab. Folglich werden koordinative (intra- und intermuskulär) und metabolische Aspekte (Optimierung und schnelle Umstellungsfähigkeit aller Wege des Muskelstoffwechsels von anaerob-alaktazid über anaerob-laktazid zu aerob) wettkampfnah trainiert. Interessanterweise belegen zahlreiche Untersuchungen, dass auch eine Verbesserung der rein aeroben Kapazität (speziell zentrale Faktoren) in gleicher Weise erfolgt wie bei der Dauermethode. Einen Überblick über die unterschiedliche Effizienz der dargestellten Trainingsmethoden bei der Ansteuerung wichtiger Adaptationen gibt Tab. 20.

*Tab. 20: Adaptationsspektren verschiedener Ausdauertrainingsmethoden*

| | Parameter | Extensive Dauermethode | Variable Dauermethode (Fahrtspiel) | High-Intensity-Traininig (HIT) | | Intervall-sprinttraining |
|---|---|---|---|---|---|---|
| | | | | Laufparcour | Laufbahn | |
| Herz-Kreislauf | $\dot{V}O_2max$ | + | + | + | + | ± |
| Muskel | Kapillarisierung | + | + | + | + | ± |
| | Mitochondrien | + | + | + | + | ± |
| | Glykol. Flussrate | - | + | ± | ± | + |
| | Kreatinphosphat | - | + | ± | - | + |
| | Schnellkraft | - | + | + | - | + |
| | Intramuskuläre Koord. | - | + | ± | - | + |
| Koordination/Schnelligkeit | Intermuskuläre Koord. | - | + | ± | ± | + |
| | Sportartspez. Technik | - | ± | ± | - | - |
| Psyche | Belastungsverträglichkeit | ± | + | + | + | + |

***TRAININGSSTEUERUNG:*** Die Trainingssteuerung des semispezifischen Ausdauertrainings ist gegenüber dem Grundlagentraining erschwert. Dies gilt insbesondere beim Training in der Gruppe im Gelände, da das individuelle Belastungs-/Erholungsverhältnis nur unscharf den individuellen Leistungsvoraussetzungen angepasst werden kann. Zur Aufrechterhaltung der Trainingsqualität (koordinative und schnellkräftige Ausführung) ist die Anwesenheit des Trainers unbedingt ratsam. Leistungsunterschiede können beim Gruppentraining durch Verlängerung der Belastungsphasen (Steigerung der Wiederholungszahlen) für besser Trainierte kompensiert werden.

Da kurze, hochintensive Belastungen mit annähernd 100 % Reizhöhe ausgeführt werden sollten, kann die Trainingssteuerung hier nur mittels Anpassungen von Belastungs- und Erholungsdauer erfolgen. Für einen breiten Adressatenkreis hat sich eine Relation von 3-10 s Belastung (100 %) und 30-60 s Erholung bewährt. Bei längeren Belastungen > 15 s bis zu 4 min sind kontinuierlich Reduktionen der Belastungsintensität bis auf 80 % der Maximalleistung vorzunehmen, um die Pause nicht wesentlich über 3 min ausdehnen zu müssen. Hochtrainierte Tennisspieler realisieren Trainingsprotokolle mit 15 s Belastung (90-95 % Maximalleistung) und 15-30 s Pause.

Für das Training mit Richtungswechselläufen (zum Beispiel über eine Laufstrecke von 30 m von Stirnseite zu Stirnseite des Tennisplatz findet sich in der Literatur ein interessanter Ansatz zur individuellen Trainingssteuerung auf der Basis eines vorgeschalteten Fitnesstests, dem „30-15 Intermittent Fitness Test" (Buchheit, 2008). Dieser liefert dem Trainer auf hoher Leistungsebene (z. B. Verbands- oder Bundesstützpunkte des DTB) eine zusätzliche Alternative für die individuell ausgerichtete Durchführung des HIT. Der 30-15 IFT ist ein sogenannter *intermittierender Fitnesstest*. Dies bedeutet, dass sich der Test aus Phasen der Belastung und Erholung zusammensetzt. Der Zusatz 30-15 kennzeichnet die Dauer der Belastungsphase (30 s) und der Erholungsphase (15 s). Dieses Testdesign wird den spezifischen Anforderungen der Sportspiele weit mehr gerecht als allgemein bekannte, kontinuierlich verlaufende Ausdauertests (z. B. auf dem Laufband). Ferner besitzt der 30-15IFT den entscheidenden Vorteil, dass die Ergebnisse als Grundlage zur Planung und Steuerung des Trainings benutzt werden können. Hierzu sei auf weiterführende Literatur verwiesen (Ulbricht et al., 2012).

***LITERATURÜBERSICHT:***
*HIGH-INTENSITY-AUSDAUERTRAINING (HIT)*

Ein Ausdauertraining vollständig ohne intensive Trainingsreize scheint sich in den Sportspielen endgültig überlebt zu haben. Zahlreiche Untersuchungen konnten die hohe Effektivität des HIT auch in Bezug auf die Verbesserung der aeroben Ausdauerleistungsfähigkeit nachweisen (Burgomaster et al., 2008). Das HIT hatte dabei keine negativen Auswirkungen auf Kraft- und Schnelligkeitsparameter, wie es häufig dem klassischen Ausdauertraining angeheftet wird (Iaia et al., 2009). Mögliche Ursachen für diese Verbesserungen sind verschiedene systemisch-kardiovaskuläre, zelluläre und molekulare Anpassungserscheinungen. Auf kardiovaskulärer Ebene führen die Belastungsspitzen des HIT zu ausreichend mechanischen (Spannungen und Drücke im Herzen und starke Scherkräfte in den Blutgefäßen) und metabolischen Stimuli (hypoxie- und laktatbedingte Auswirkungen auf die Endothelzellen) für angiogene und kardiale Prozesse (Prior et al., 2004; Hunt et al., 2007). Die aus diesen Prozessen resultierende Zunahme von Herzgröße, Blutfluss und Dehnbarkeit bzw. Neubildung von Blutgefäßen verbessert die Sauerstofftransportkapazität des kardiovaskulären Systems. Das wiederum führt zu einer schnelleren Sauerstoffaufnahmekinetik und einer erhöhten maximalen Sauerstoffaufnahme ($VO_2max$) (Rakobowchuk et al., 2008). Darüber hinaus setzt das HIT auch auf molekularer und zellulär-metabolischer Ebene leistungssteigernde Adaptionen mit vor allem sportspielspezifischer Relevanz in Gang (Iaia et al., 2009; Gibala et al., 2008). Die Optimierung der Ionenregulation in der arbeitenden Skelettmuskulatur, die Aktivitätssteigerung oxidativ und glykolytisch wirkender Enzyme mit daraus resultierenden Anpassungen des Energiestoffwechsels sowie die Optimierung der zellulären pH-Regulation durch Verbesserung der muskulären Laktattransport- und Pufferkapazität kann durch ein HIT generiert werden (Mohr et al., 2007). Infolge dieser Vielfalt potenzieller Effekte ist es möglich, aerob und anaerob einen höheren Energiefluss zu realisieren. Das erlaubt Spielern, hochintensive Aktivitäten während des Trainings oder des Wettkampfs über einen längeren Zeitraum aufrechtzuerhalten und anschließend schneller zwischen solchen Belastungen zu regenerieren (Iaia et al., 2009). Das bedeutet, das HIT initiiert nicht nur Verbesserungen der allgemeinen aeroben Ausdauerleistungsfähigkeit bzw. der Grundlagenausdauer, sondern es ermöglicht dem Tennisspieler, sich auf die spezifische Belastungsanforderung des Tenniswettkampfs vorzubereiten.

*TRAININGSBEISPIELE:* Richtungswechselläufe über Distanzen, die auf dem Tennisplatz oder der Tennisanlage realisierbar sind (20-40 m), stehen im Vordergrund eines HIT für Tennisspieler. Alternativ kann ein Zirkeltraining mit verschiedenen semispezifischen Agility-, Sprung-, Sprint- und Schnellkraftübungen konzipiert werden.

Aussagen zum präzisen Einsatz der Belastungsnormative (insbesondere der Reizdauer und Reizdichte) wurden derzeit noch nicht hinreichend untersucht und evaluiert, daher wird empfohlen, deren Einsatz möglichst wettkampfnah entsprechend der üblichen Ballwechsel- und Pausendauer zu gestalten. Dabei simuliert die jeweils 15 s Belastungsdauer einen Ballwechsel, an den sich je nach Leistungsstand eine Erholungsphase von 15-30 s anschließt. Die Belastungsnormative können analog zur Zählweise im Tennis auf 2 x 5 Wiederholungen (repräsentativ für einen „Spielgewinn zu 15") und eine Serienpause von 90 s (entsprechend des Seitenwechsels) ausgerichtet werden. Der Spieler absolviert sechs „Spiele" (6 x 5 Wiederholungen), beendet damit einen Tennissatz beim Spielstand von 6:0. Die Erholungsphase zwischen mehreren Sätzen kann je nach Leistungsstand zwischen 120-180 s variieren. Je nach Leistungsentwicklung können zwei bzw. drei simulierte Tennissätze (20-30 min Trainingsdauer) in Folge absolviert werden.

Anstelle von Richtungswechselläufen können während der 15 s Belastungsdauer im Stationenbetrieb auch andere Trainingsinhalte gefordert werden.

*MEDIZINBALLWURF ÜBER KOPF:* Der Spieler steht in aufrechter Position und hält den Medizinball mit beiden Armen vor dem Körper. Der Medizinball (MB) wird angehoben und der gesamte Körper nach oben gestreckt. Aus dieser Körperstreckung wird der MB mit maximalem Krafteinsatz und einer Drehbewegung im Oberkörper seitlich auf den Boden geworfen. Der MB wird noch im Aufsteigen gefangen; nun folgt der gleiche Bewegungsablauf mit reaktivem exzentrisch-konzentrischen Übergang zur gegenüberliegenden Körperseite.

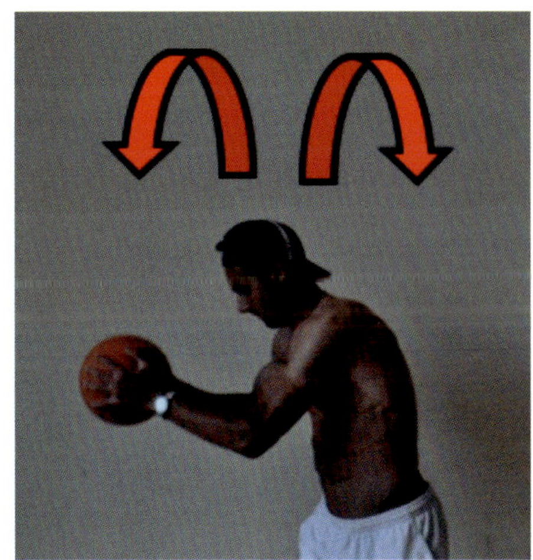

*FÄCHERLAUF:* Der Spieler läuft bei maximaler Geschwindigkeit zwischen den Pylonen hin und her, dabei muss die Pylone jeweils mit der Hand berührt werden. Wie in der Abbildung zu erkennen ist, lassen sich mit der Fünferaufstellung viele Varianten vollziehen. Eine Möglichkeit wäre, dass der Spieler im inneren Bereich „Sidesteps" ausführt und im äußeren vorwärts läuft. Der Abstand der Pylone beträgt hierbei 4-5 m.

vor-
Sidestep

*SPRUNGFOLGEN:* Auch im Bereich der Sprünge gibt es viele unterschiedliche Variationen. Das Beispiel zeigt eine mögliche Variante, die ein- und beidbeinige Sprünge miteinander verbindet. Als Sprunghindernis eignen sich „Softhürden", diese schützen vor Verletzungen und sind in unterschiedlichen Höhen erhältlich.

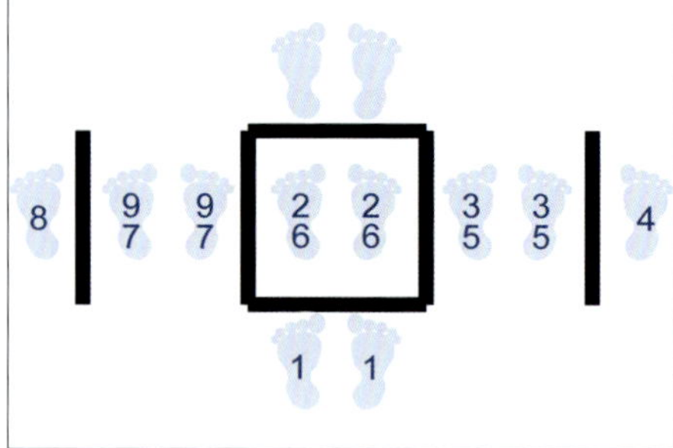


*LINIENLÄUFE:* Linienläufe bieten eine Vielzahl an verschiedenen Übungsvarianten. Der Spieler startet beispielsweise vom ersten Hütchen und läuft vorwärts bis zum zweiten Hütchen, berührt dieses und läuft mit „Sidesteps" zurück zum ersten Hütchen. Darauf folgt der vorwärts gerichtete Sprint zum Hütchen Nummer drei, und erneut der Lauf zurück mittels „Sidesteps" zur zweiten Markierung. In dieser Weise läuft der Spieler weiter, bis die letzte Markierung erreicht wurde, von dort sprintet der Spieler zum Ausgangspunkt zurück und beginnt erneut. Die Entfernung der Markierungen sollte bei ca. 5 m liegen.

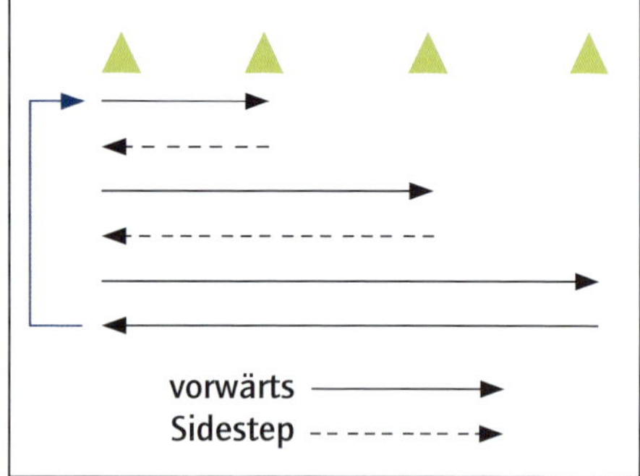

## 8.2.4 Tennisspezifisches Ausdauertraining

Das tennisspezifische Ausdauertraining ist hinsichtlich der Belastungsnormative vergleichbar mit dem High-Intensity-Training, findet jedoch auf dem Tennisplatz statt. Hierbei sollten verschiedene grundlegende Prinzipien eingehalten werden, um die Motivation der Spieler und die gewünschte Wettkampfnähe aufrechtzuerhalten (Ferrauti & Weber, 2009).

- Auswahl matchnaher Lauf- und Schlagaktivitäten (Intensität und Richtung);
- Ansteuerung submaximaler und maximaler Intensitäten;
- Intervallbelastung mit zwischengeschalteten Pausen bzw. Phasen geringerer Intensität (Trabpausen oder koordinative Zusatzaufgaben);
- Kombination von körperlicher Belastung und hoher tennisspezifischer Präzisionsanforderung;
- Vermeidung dauerhafter Überbeanspruchung mit Qualitätsreduktion und Motivationsverlust;
- wenn möglich, spielerische Durchführung;
- Schaffung von Übergängen zwischen standardisierten Abfolgen und freiem Spiel;
- Trainerzuspiel nur soweit notwendig;
- Einbau von Sprint- und Schnelligkeitsbeanspruchungen.

*TRAININGSBEISPIELE*

**Unter Druck**

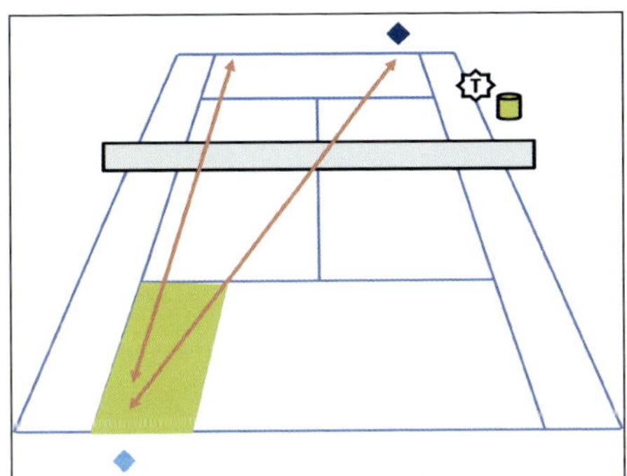


Trainer bringt den Ball ins Spiel. Spieler grün spielt druckvoll abwechselnd in die VH- und RH-Ecke des Partners. Spieler blau befreit sich mit langen Bällen in die gegnerische RH-Ecke.

**Zählweise:**

Welcher Spieler erzielt „unter Druck" in 60 s die meisten Treffer in das Zielfeld? Fehler von Spieler blau werden als Treffer von grün gewertet.

**Belastungsdosierung:**

30-45 s Belastung, 30 s Wechselpause

**Baseliner mit Vorbelastung**

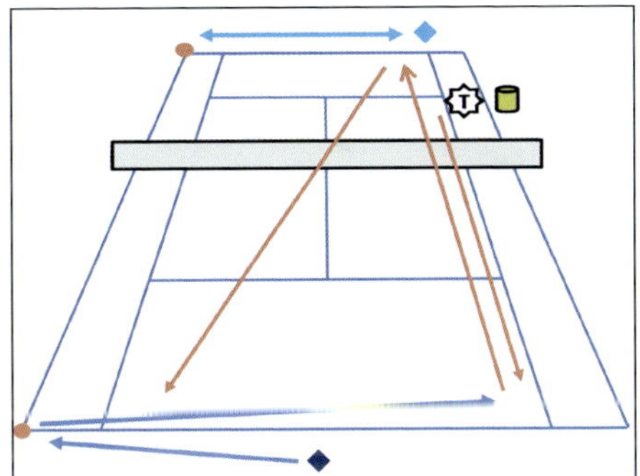


Spieler blau und Spieler grün sprinten auf Kommando des Trainers zum roten Markierungspunkt und berühren diesen. Trainer bringt den Ball in diesem Moment longline ins Spiel. Der Punkt wird gegeneinander ausgespielt.

**Zählweise:**

Spiel bis 7 Punkte

**Belastungsdosierung:**

15-20 s Pause zwischen Punkten

### Seitenwechsel

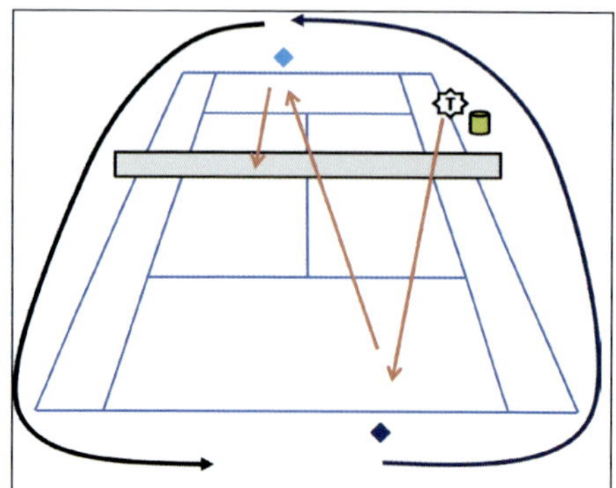

Der Trainer bringt den Ball ins Spiel. Zwei Spieler spielen den Punkt gegeneinander aus. Gewinnt ein Spieler zwei oder drei Punkte in Folge, starten beide im Wettkampf gegeneinander einen Sprint zur Gegenseite und müssen so schnell wie möglich den Mittelpunkt der Grundlinie berühren.

**Zählweise:**

3 Punkte in Folge = 3 Punkte
Gewonnener Sprint = 1 Punkt

**Belastungsdosierung:**

Ohne Sprint 5 s Pause
Mit Sprint 45 s Pause
Spiel bis 9, dann 3 min Serienpause

### Ins and Outs

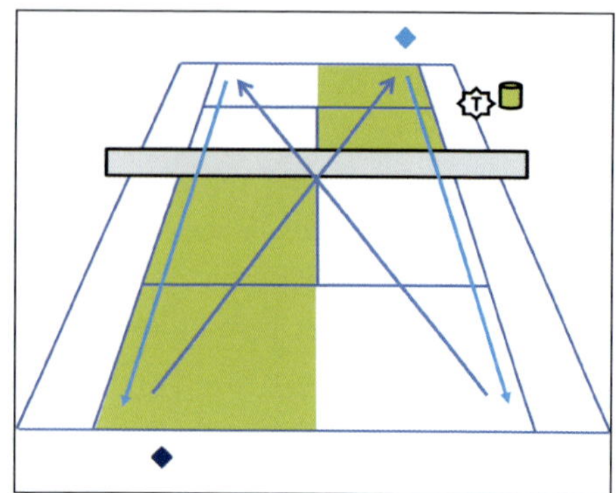

Zwei Spieler spielen ca. 30 s „Hosenträger" mit hoher Schlaghärte und möglichst extremem Winkelspiel. Der Trainer bringt bei Fehlern sofort einen neuen Ball ins Spiel.

Unmittelbar anschließend spielen beide Spieler drei Punkte als Crossduell in den markierten Zielflächen aus.

**Zählweise:**

Welcher Spieler gewinnt die meisten Crossduelle?

**Belastungsdosierung:**

Hosenträger (Ins) ca. 30 s
Crossduelle (Outs) ca. 30 s

## 8.2.5 Ausdauertraining im Kindes- und Jugendalter

***PHYSIOLOGISCHE GRUNDLAGEN:*** Kinder weisen gegenüber Erwachsenen besondere physiologische und psychologische Gegebenheiten auf, die für die Gestaltung des Ausdauertrainings zu berücksichtigen sind. Beispielsweise gilt eine geringere Aktivität von Enzymen des anaeroben Energiestoffwechsels (z. B. Phosphofruktokinase, PFK) als gesichert. Folglich ergeben sich geringere maximale Muskel- und Blutlaktatkonzentrationen bei stabileren Blut-pH-Werten nach erschöpfender Arbeit (Beneke et al., 2002; Van Praagh, 2007). Aus aerober Sicht konnten eine bessere periphere Sauerstoffnutzung und eine hohe relative Sauerstoffaufnahme, eine raschere Anpassung der Sauerstoffaufnahme ($O_2$-Kinetik) sowie größere relative Mitochondrienvolumina und Fettoxidationsraten nachgewiesen werden (Armstrong & Welsman, 2007; Beneke et al., 2002).

Diese Erkenntnisse sprechen vordergründig für eine geringere anaerobe Kapazität der Kinder. Bei genauerer Betrachtung ist dies jedoch zu relativieren, da auch der Energieverbrauch bei Kindern (ATP-Verbrauch pro Zeit) aufgrund der niedrigen Körper- und Muskelmasse deutlich geringer ist. Ein kleinerer Motor benötigt weniger Kraftstoff und produziert auch weniger Abgase, bei allerdings geringerer Leistung. Die anaerobe und aerobe Kapazität ist somit nicht geringer, sondern verschieden und bei Kindern exakt auf die veränderte Körperkomposition ausgerichtet. Aktuelle Veröffentlichungen gehen daher davon aus, dass Kinder sowohl aerob als auch anaerob belastbar sind (Beneke et al., 2002). Kinder werden demnach auch als „metabolische Generalisten" bezeichnet.

Das Bruttokriterium der aeroben Leistung, die relative körpergewichtsbezogene maximale Sauerstoffaufnahme ($\dot{V}O_2max$), bleibt bei Jungen im Altersgang vom achten bis zum 16. Lebensjahr konstant und fällt bei Mädchen in diesem Zeitraum sogar ab. Trotz dieser scheinbaren Negativentwicklung steigt die absolute Ausdauerleistung (z. B. Laufzeit über eine Meile) auch bei Mädchen kontinuierlich an. Der aufgezeigte Widerspruch zeigt auf, dass die relative $\dot{V}O_2max$ ein schlechter Parameter für die Ausdauerleistungsdiagnostik im Kindesalter darstellt (Armstrong & Welsman, 2007). Als zentrale Ursache für die unzureichend effiziente Umsetzung der guten aeroben Leistungsvoraussetzungen von Kindern in eine hohe Ausdauerleistung im Mittel- und Langstreckenlauf gelten biomechanisch bedingte Defizite der Laufökonomie. Neben einem ungünstigen Wirkungsgrad (Last-Kraft- und Hebelverhältnisse) spielen möglicherweise die Lauftechnik bzw. -koordination (z. B. unerwünschte Co-Kontraktionen unbeteiligter Muskelgruppen, Bodenkontaktzeiten und Abdruckeffizienz) sowie Kraft- bzw. Reaktivkraftdefizite eine wichtige Rolle (Hennig et al., 1994; Ferrauti et al., 2009). Kinder sind trotz ihrer guten aeroben Voraussetzungen demnach nur bedingt geeignet, lange Laufstrecken nach der extensiven Dauermethode zu absolvieren. Hinzu kommt, dass diese Belastungen nicht dem üblichen Bewegungsverhalten von Kindern entsprechen. Nachweislich bevorzugen Kinder im freien Spiel intermittierende, explosive und kurze Bewegungszeiten (< 15 s) von moderater bis starker Intensität (Bailey et al., 1995).

Intensive Intervallbelastungen mit anaerob-laktaziden und anaerob-alaktaziden Anteilen werden von Kindern demnach physiologisch und psychologisch sehr gut toleriert. Kinder besitzen eine schnellere Erholungsfähigkeit als Erwachsene. Herzfrequenz, Ventilation und Sauerstoffaufnahme nähern sich nach Belastungsende rascher dem Ruhewert an (Hebestreit et al., 1993). Dies kann primär auf die raschere Sauerstoffkinetik zu Beginn der Belastung und die dadurch geringere Sauerstoffschuld zurückgeführt werden. In unseren Untersuchungen absolvierten Kinder und Erwachsene an zwei Versuchstagen je 10 maximale Kurzsprints über eine Dauer von 5 s und einer Pause von 40 s. Die Ergebnisse zu LAmax und HFmax unterschieden sich hochsignifikant zwischen Kindern (LA 5,8 ± 3,0 mmol/l, HF 188,7 ± 8,3 S/min) und Erwachsenen (LA 10,6 ± 3,4 mmol/l, HF 179,6 ± 10,5 S/min). Der Blut pH sank bei den Kindern signifikant weniger ab als bei den Erwachsenen. Aus den vorliegenden Ergebnissen kann geschlossen werden, dass Kinder bei gleicher hochintensiver Intervallbelastung mit einer geringeren Azidose reagieren als Erwachsene und auch bei gleicher submaximaler Blutlaktatkonzentration eher in der Lage sind, das Säure-Basen-Verhältnis zu stabilisieren. Sie erholen sich während der Intervalle schneller als Erwachsene und regenerieren nach Belastungsende ebenfalls schneller. Intensive anaerob-alaktazide und laktazide Intervallbelastungen werden demnach von Kindern gut toleriert (Müller et al., 2009a und 2009b). In die gleiche Richtung weisen unsere Ergebnisse auf der Basis noninvasiver 31P MRS-Analysen (Magnetresonanzspektroskopie), die einen geringeren Kreatinphosphatabfall bei Kindern im Vergleich zu Erwachsenen speziell zu Beginn eines Intervalltrainings belegen (Abb. 106).

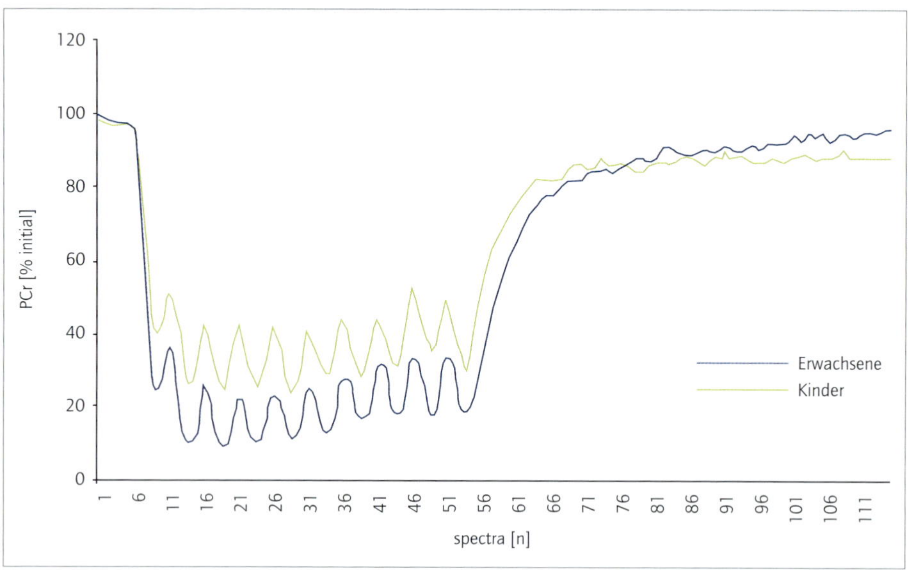


***Abb. 106:** Verlauf der prozentualen Kreatinphosphatkonzentration (PCr) im Arbeitsmuskel während intensiver Intervallarbeit bei Kindern und Erwachsenen (mod. nach Kappenstein et al., 2013)*

***TRAININGSEMPFEHLUNGEN:*** Der positive Einfluss von Ausdauertraining auf die körperliche Gesundheit und Leistungsfähigkeit von Kindern ist unbestritten (Hollmann & Strüder, 2009). Auch bereits im Kindesalter können positive Anpassungserscheinungen der aeroben Fitness (z. B. der maximalen Sauerstoffaufnahme) durch Ausdauertraining nachgewiesen werden (u. a. Becker & Vaccaro, 1983; Savage et al., 1986; McManus et al., 2005; Welsman et al., 1997, Baquet et al., 2002). Rowland (1985) belegte im Rahmen einer Metaanalyse, dass die aerobe Ausdauerleistungsfähigkeit von Kindern durch ein geeignetes Training durchschnittlich um 1,2 % pro Woche ansteigt.

Nur wenige Interventionsstudien widmeten sich bislang dem Einsatz intensiver oder hochintensiver intervallförmiger Trainingsinhalte. Rotstein et al. (1986) untersuchten den Effekt eines neunwöchigen Intervalltrainings auf die aerobe und anaerobe Kapazität von Kindern. Die durchschnittliche Leistungsfähigkeit stieg auch hier um 1,1 % pro Woche. Neben den nachweislichen Effekten auf die Leistungsfähigkeit erscheint das hochintensive Intervallsprinttraining auch deshalb für das Kindesalter geeignet, da es dem natürlichen kindlichen Bewegungsverhalten entspricht.

Die genannten Zusammenhänge sind speziell für das Tennistraining bzw. Sportspieltraining im Allgemeinen von hoher Praxisrelevanz. Offenbar entspricht das Beanspruchungsprofil der Sportspiele exakt den physiologischen und psychologischen Bedürfnissen von Kindern und Jugendlichen. Dies mag auch ein Grund für den großen Zulauf der Sportspiele in diesem Alter sein. Dies gilt natürlich neben dem Tennissport auch für andere Rückschlagspiele und für die populären Mannschaftsspiele.

Das Ausdauertraining für Tennisspieler im Kindesalter sollte sich vorrangig an der Fahrtspielmethode orientieren oder auf dem Tennisplatz stattfinden. Hierdurch ist gewährleistet, dass unterschiedliche koordinative Trainingsreize, einschließlich solcher zur Verbesserung der Laufschnelligkeit, gesetzt werden und das Training außerdem nicht langweilig wird. Das Fahrtspieltraining findet im Idealfall in der Gruppe statt und kann in unmittelbarer Umgebung des Tennisklubs konzipiert werden. Der Tennislehrer sollte zunächst eine festgelegte Laufrunde mit kreativen und variierenden Aufgaben entwerfen und nach ausführlicher Einführung (zur Sicherung der Ausführungsqualität) können die Trainingsgruppen ihr Ausdauertraining selbstständig, beispielsweise im Anschluss an das Tennistraining, durchführen.

Innerhalb des Tennistrainings können intensive Drillformen auch bereits im Kindesalter aus den beschriebenen Gründen durchgeführt werden (s. Fazit). Dabei sind die Belastungsphasen jedoch auf 30-45 s (z. B. 8-12 Schläge) zu reduzieren, um eine gute Technikqualität sicherzustellen. Dies kann sowohl in der Zweier- (30-45 s Pause) oder Dreiergruppe (60-90 s Pause) durchgeführt werden. Beim Training in der Dreiergruppe (optional), jedoch auf jeden Fall in der Vierergruppe, sind im Sinne des Komplextrainings zusätzliche koordinative Aufgaben zu erteilen, um die notwendige Reizhöhe und Reizdichte zur Aufrechterhaltung der Trainingswirkung anzusteuern.

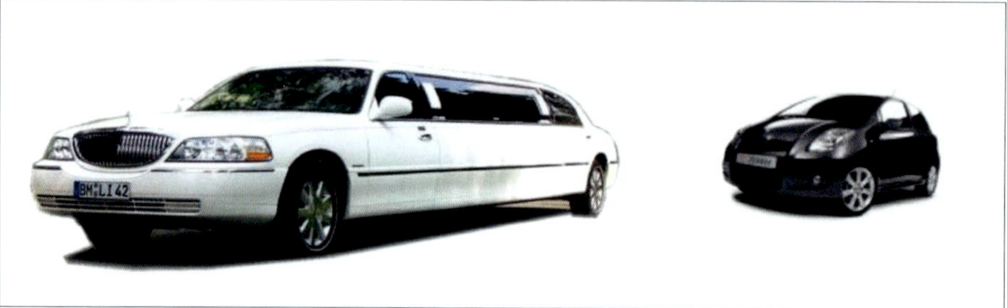

***PRAXISTIPPS:***

Ein kleinerer Motor benötigt weniger Kraftstoff und produziert auch weniger Abgase, bei allerdings geringerer Leistung. Diese „physiologische Selbstdrosselung" schützt Kinder vor Überbeanspruchung. Kinder sind wendig auf engem Raum, aber ungeeignet für lange Autobahnfahrten.

Der Tennistrainer sollte Kinder demnach keinesfalls besonders schonen. Im Gegenteil, Kinder können auch ein intensives Drilltraining gut tolerieren und sich rasch davon erholen. Eine Ausnahme ist das Training bei Hitze. Kinder besitzen Nachteile bei der Wärmeregulation. Eine kalte Dusche während der Serienpause unter der Platzsprenganlage hilft.

Für Jugendliche während oder nach der Pubertät empfiehlt sich zusätzlich zum Fahrtspiel das High-Intensity-Ausdauertraining, indem auch hier eine festgelegte Strecke auf der Tennisanlage (z. B. 30 m Weg entlang der Tennisplätze oder zwischen beiden Zäunen auf der Stirnseite eines Tennisplatzes) in vorgegebenen Zeiten mehrfach absolviert wird. Als Groborientierung sollten leistungsorientierte Jugendliche diese Strecke innerhalb von 15 s mindestens 2 x absolvieren. Hieran schließt sich eine 15-30 s Pause an. Angaben zum Belastungsumfang sind Kap. 8.2.3 zu entnehmen.

Die extensive Dauermethode ist bei Kindern und Jugendlichen nicht Mittel der ersten Wahl. Sie sollten jedoch zu bestimmten Saisonabschnitten (z. B. zu Beginn der Sandplatzvorbereitung, beim Saisonübergang) sowie während eines Trainingslagers oder als REKOM nach intensivem Tennistraining oder nach anstrengenden Turniermatches Beachtung finden. Da der kalorische Umsatz der extensiven Dauermethode (bei Trainingsumfängen über 45-60 min Dauer) gewöhnlich höher liegt als beim HIT, kann die Bedeutung des Dauertrainings in Einzelfällen (bei auffallend unzureichender Grundlagenausdauer oder bei Tendenz zum Übergewicht) eine hohe Bedeutung einnehmen.

## *ZUSAMMENFASSUNG*

1. Kinder können sowohl aerobe als auch anaerobe Trainingsinhalte tolerieren. Die Ausdauer ist gut trainierbar. Kinder werden demnach auch als „metabolische Generalisten" bezeichnet.
2. Kinder können submaximale Intervallbelastungen hervorragend tolerieren. Sie verfügen über eine hohe Stabilität von Säure-Basen-Bilanz und pH-Wert und besitzen eine schnellere Erholungsfähigkeit als Erwachsene. Eine Überbeanspruchung wird durch die individuellen muskulären Leistungsgrenzen weitgehend vermieden.
3. Die selbst gewählte Beanspruchungsform von Kindern entspricht einem extensiven und partiell intensiven Kurzzeit-Intervalltraining mit aktiven Pausen von geringer bis moderater Intensität.
4. Aus physiologischen und motivationalen Gründen sowie wegen der Nähe zur Sportspielbeanspruchung sollte demnach das semispezifische und tennisspezifische Ausdauertraining für Tennisspieler im Kindes- und Jugendalter im Vordergrund stehen.
5. Ein aerobes Grundlagenausdauertraining ist ebenfalls möglich und aus pädagogischer Sicht sinnvoll (Erziehung zum mündigen Athleten). Es sollte jedoch keinen übermäßigen Trainingsumfang einnehmen. Nur bei extremen Ausdauerdefiziten ist ein höherer Umfang vonnöten.

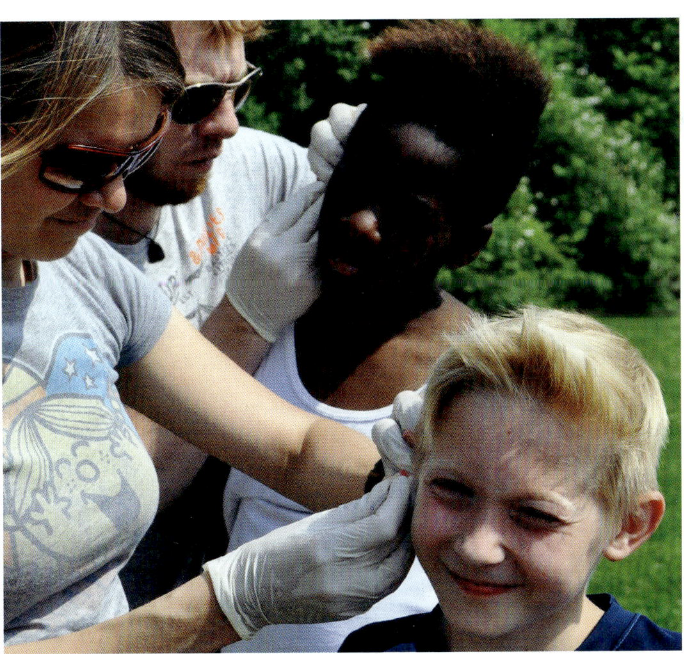

## 8.2.6 Periodisierung des Ausdauertrainings für Tennisspieler

### *SAISONVORBEREITUNG (ZIEL: LEISTUNGSAUFBAU)*

Die Saisonvorbereitung findet meist im Übergang zur Sandplatzsaison bei Spielern der regionalen und nationalen Klasse von Mitte Februar bis Mitte April statt. In ähnlicher Weise wird dieses Ziel auch auf internationaler Ebene zum Wiedereinstieg nach längeren Verletzungspausen verfolgt.

Bei der inhaltlichen Gestaltung dieses Mesozyklus ist nach unseren Erfahrungen im Normalfall vom klassischen „Blockschema" mit einer langen, einführenden Phase des Grundlagenausdauertrainings abzusehen (Abb. 107). Die zeitgleiche Integration aller Methoden im Mikrozyklus (Methodenpluralismus) mit gleitenden Umfangsänderungen Richtung Saisonbeginn verspricht Vorteile, da die tennisspezifischen metabolischen, technisch-taktischen und neuromuskulären Bedürfnisse stets mitberücksichtigt werden. Eine Ausnahme hiervon betrifft Spielerinnen und Spieler mit extrem unzureichender Grundlagenausdauer bzw. beim Wiedereinstieg nach langer Verletzungspause. Aus diesen Vorüberlegungen kann exemplarisch das folgende Trainingsprogramm für einen engagierten männlichen Turnierspieler (U 18 oder älter) abgeleitet werden. Selbstverständlich müssen die Inhalte individuell variiert werden (Abb. 108).

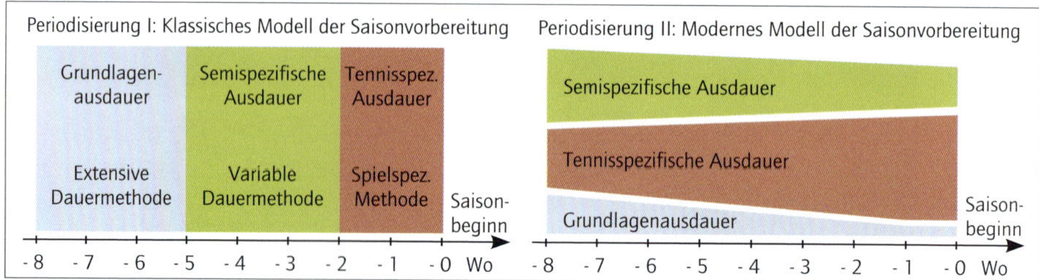


***Abb. 107:*** *Modelle zur Gestaltung eines Mesozyklus Ausdauertraining zur Saisonvorbereitung im Tennis (Ferrauti & Weber, 2009)*

| Woche | Grundlagenausdauertraining | Semispezifisches Training | Tennisspezifisches Training |
|---|---|---|---|
| 1 | 2 x 30 min 85 % v4 | 2 x 15 min<br>HIT oder Fahrtspiel | 2 x 30 min |
| 2 | 2 x 30 min 85 % v4 | 2 x 45 min<br>HIT oder Fahrtspiel | 2 x 30 min |
| 3 | 1 x 45 min 85 % v4 | 3 x 45 min<br>HIT oder Fahrtspiel | 3 x 45 min |
| 4 | 1 x 30 min 90 % v4 | 2 x 60 min<br>HIT oder Fahrtspiel | 3 x 45 min |
| 5 | | 3 x 90 min<br>tennisfreie Tage | 3 x 60 min |
| 6 | | 3 x 90 min<br>tennisfreie Tage | 3 x 60 min |
| 7 | 1 x 30 min REKOM<br>nach Tennis | | 4 x 60 min |
| 8 | 1 x 30 min REKOM<br>nach Tennis | | 4 x 60 min |

***Abb. 108:*** *Trainingsplan zur Saisonvorbereitung*

### *SAISONBEGLEITUNG (ZIEL: LEISTUNGSERHALT)*

Während der laufenden Sommersaison findet ein Ausdauertraining aufgrund der hohen tennisspezifischen Trainings- und Wettkampfbelastung nur selten statt. Trainingseinheiten außerhalb des Tennisplatzes dienen in erster Linie der Regeneration (REKOM-Methode). Auf dem Tennisplatz dominiert das tennisspezifische Ausdauertraining mit hohen Intensitäten, aber geringen Umfängen.

Speziell Nachwuchsspieler der regionalen Klasse (U 16 und jünger) sollten jedoch insbesondere während der Wintermonate ein zusätzliches Ausdauertraining zur Leistungserhaltung (1-2 x/Woche) neben dem Tennistraining sowie eine weitere Ausgleichssportart absolvieren.

Professionelle Tennisspieler sollten im Falle von mehreren spielfreien Tagen fernab von zu Hause und bei möglicherweise unzureichenden Trainingsbedingungen auf dem Tennisplatz kompakte HIT-Einheiten einbauen. Während des laufenden Turniers sind regenerative Läufe dringend anzuraten.

### *SAISONÜBERGANG (ZIEL: REGENERATION, LEISTUNGSAUFBAU)*

Turnierspieler der internationalen Klasse müssen aufgrund des dichten Turnierkalenders in einem Zeitraum von wenigen Wochen (kurze Übergangsperiode von Mitte November bis Mitte Dezember) Regeneration, Ausheilung von Beschwerden und Verletzungen, erneute Saisonvorbereitung und Korrektur von technisch-taktischen bzw. konditionellen Defiziten leisten. Die Vielzahl unterschiedlicher Zielsetzungen und die hohe Individualität im Hochleistungssport erlaubt an dieser Stelle keine allgemeingültige Vorlage eines Programms zum Saisonübergang.

**Gestaltungsvorschlag zum Saisonübergang:**

1. 2-3 Wochen Crosstraining zur Regeneration
   - Rennrad oder Mountainbikeausflüge über 2-3 Stunden.
   - Inlineskating, Skilanglauf, Ergometertraining (z. B. Stepper, Ruderergometer).
2. 2-3 Wochen erneute Vorbereitung
   - 3-4 x/Woche semispezifisches Ausdauertraining (Fahrtspiel oder HIT) sowie tennisspezifisches Ausdauertraining neben dem täglichen Technik-/Taktiktraining.
   - Täglich 15-30 min regeneratives Ausdauertraining nach dem Tennistraining.
3. Phase der Vorbereitungsturniere
   - Täglich neben den Trainings- und Matchverpflichtungen 45 min Ausdauertraining (15 min regenerativer Lauf, 15 min Fahrtspiel mit Schnelligkeitsreizen, 15 min extensives Ausdauertraining als Abschluss).

## 8.3 Ausdauerdiagnostik

*ÜBERBLICK:* In den vergangenen 30 Jahren können grob drei unterschiedliche methodische Zugänge zur Ausdauerleistungsdiagnostik im Tennis unterschieden werden: *Grundlagenausdauertests, sportspielspezifische Ausdauertests* und *tennisspezifische Ausdauertests* (Tab. 21).

Den Ausgangspunkt der Ausdauerdiagnostik in den Sportspielen und über die Jahrzehnte stets in unterschiedlichen Ausführungsvarianten häufig eingesetzt, bildet die klassische Laufbandergometrie (Heck et al., 1982) zur Erfassung der laufspezifischen Grundlagenausdauer. Hierbei absolviert der Spieler ein Protokoll mit stufenweise gleichförmig ansteigender Laufgeschwindigkeit bis zur Erschöpfung. Ausgangsgeschwindigkeit, Maßeinheit der Geschwindigkeitsfestlegung (km/h oder m/s), Stufenhöhe und Stufendauer variieren in den verschiedenen Ausführungsvarianten erheblich (Tab. 21). Als Feldstufentest existiert seit Anfang der 1990er-Jahre auch eine Ausführungsversion, die auf einer vermessenen Laufstrecke (zumeist 400-m-Rundbahn) mit einer größeren Anzahl an Spielern gleichzeitig durchgeführt werden kann (Gerisch & Weber, 1992). Durch die Erfassung von Messgrößen bereits auf submaximalen Laufstufen, ermöglicht diese Testvariante neben der Beurteilung der Maximalleistung (z. B. maximale Sauerstoffaufnahme, $\dot{V}O_2max$, s. u.) auch die Ableitung submaximaler Leistungsindizes (Leistung bei definierten Blutlaktatschwellen). Hinsichtlich der dabei zugrundeliegenden Schwellenmodelle sei, auf weiterführende Literatur verwiesen (Mader et al., 1976). Die Option der submaximalen Leistungserfassung garantiert, dass Motivation und Tagesform des Athleten nicht als Störgröße in die Diagnostik einfließen.

*Tab. 21: Übersicht über ausgewählte Verfahren der Ausdauerdiagnostik für Tennisspieler*

| **Testverfahren** (Autor der Erstbeschreibung) | **Testziel** | **Belastunsprotokoll** | **Beurteilungskriterien** (submaximal) | (maximal) |
|---|---|---|---|---|
| **Laufbandergometrie** (Heck et al., 1982)<br><br>**Feldstufentest** (Gerisch & Weber, 1992) | **Lauf-Grundlagen-ausdauer** | **Belastung:** Laufen<br>**Leistung:** m/s, km/h<br>**Beginn:** 6-10 km/h, 2-2,8 m/s<br>**Stufenhöhe:** 0,4 m/s, 2 km/h<br>**Stufendauer:** 2-5 (10) min | Laktatschwellen, abgeleitet aus Laktatleistungs-kurve | $\dot{V}O_2max$<br>v, HF, LA max |
| **30:15 Intermittent Fitnesstest** (Buchheit, 2008) | **Sportspiel-spezifische Ausdauer** | **Belastung:** 40 m Shuttle-Lauf<br>**Leistung:** km/h, Level<br>**Beginn:** 8 km/h<br>**Stufenhöhe:** 0,5 km/h<br>**Stufendauer:** 30 s | Keine | IFT max (km/h)<br>$\dot{V}O_2max$ (geschätzt) |
| **Ballwurfmaschinentest** (Weber & Hollmann, 1984) | **Tennis-spezifische Ausdauer** | **Belastung:** Laufen und Schlagen<br>**Leistung:** Ballfrequenz ($min^{-1}$)<br>**Beginn:** 18 Bälle/min<br>**Stufenhöhe:** 3 Bälle/min<br>**Stufendauer:** 3 min | Ballfrequenz ($min^{-1}$) bei sub-maximaler Laktatschwelle | Ballfrequenz ($min^{-1}$)<br>$\dot{V}O_2max$,<br>HF, LA max |
| **Hit & Turn Tennis Test** (Ferrauti et al., 2011) | **Tennis-spezifische Ausdauer** | **Belasung:** Laufen und Schlagen<br>**Leistung:** Teststufe/Schlag<br>**Beginn:** 4,9 s von VH zu RH<br>**Stufenhöhe:** 0,1 s<br>**Stufendauer:** ca. 45 s | Teststufe bei submaximaler Laktatschwelle | Teststufe, Schlag<br>$\dot{V}O_2max$ (geschätzt) |

***EXKURS:***
*SAUERSTOFFAUFNAHME*

Unter der **Sauerstoffaufnahme** ($\dot{V}O_2$ in ml/min bzw. l/min) wird die Menge an Sauerstoff verstanden, die der Organismus innerhalb 1 min im Rahmen der Energiebereitstellung in den Geweben umsetzt. Häufig wird anstelle der absoluten Sauerstoffaufnahme die auf das Körpergewicht bezogene, **relative Sauerstoffaufnahme** (in ml/min/kg) berücksichtigt. Die Sauerstoffaufnahme korreliert unmittelbar zum Energieumsatz (in Kilokalorien, kcal oder Kilojoule, kJ).

Limitierende Größen sind primär die Transportkapazität des Herz-Kreislauf-Systems (Herzminutenvolumen, HMV) und die periphere Sauerstoffextraktion im Gewebe (arteriovenöse $O_2$-Differenz, AVD).

HMV (l/min) x AVD (ml $O_2$/l Blut) = $\dot{V}O_2$ (ml/min)

Die Messung der Sauerstoffaufnahme erfolgt mittels spirometrischer Messverfahren im Rahmen der Leistungsdiagnostik zur Bestimmung der maximalen Sauerstoffaufnahme ($\dot{V}O_2max$ oder $\dot{V}O_2peak$) und zur indirekten kalorischen Berechnung des Energiebedarfs einer Aktivität. Die $\dot{V}O_2max$ wird auch als Bruttokriterium der aeroben Ausdauerleistung bezeichnet (De Marées, 2002).

Schon früh kamen insbesondere aus den Sportspielen kritische Rückmeldungen, dass die zugrunde liegende Beanspruchung der Laufbandergometrie (das kontinuierliche submaximale Laufen geradeaus) unzureichend valide (gültig) für die Erfassung der Ausdauer eines Fußballers, Handballer oder Tennisspielers sei. Ferner sei die Ableitung submaximaler Leistungsindizes angesichts der in den Sportspielen phasenweise geforderten maximalen Leistungsfähigkeit unzureichend aussagekräftig. Es entstanden verschiedene Tests, die regelmäßige Richtungswechsel im Abstand von 20-40 m beinhalten und durchweg bis zum erschöpfungsbedingten Abbruch durchgeführt werden. Die Steuerung der Laufgeschwindigkeit erfolgt hierbei mittels akustischer Signale („Beep-Tests"). Exemplarisch seien der „Multistage 20 m Shuttle Run Test" (Léger et al., 1988), der „Yo-Yo Intermittent Recovery Test" (Bangsbo et al., 2008) und der „30:15 Intermittent Fitness Test" (Buchheit, 2008) genannt. Zur Leistungsbeurteilung wird die Maximalgeschwindigkeit zum Zeitpunkt des Testabbruchs und die daraus abgeleitete (anhand von evaluierten Funktionsgleichungen berechnete) $\dot{V}O_2max$ benutzt. Die hohe Intensität dieser Tests und die stetigen Richtungswechsel mit reaktiven Anforderungen an die Muskulatur der unteren Extremität mit fortwährend exzentrischen Abstoppbewegungen und nachfolgenden Beschleunigungsphasen rechtfertigen die Zuordnung dieser Tests zur sportspielspezifischen Ausdauerdiagnostik (Tab. 21). Zahlreiche Validierungsuntersuchungen konnten belegen, dass die erreichte Leistung in diesen Tests mit der absolvierten Laufstrecke (speziell bei hoher Laufgeschwindigkeit) im Sportspiel korreliert (Bangsbo et al., 2008).

Parallel zu dieser Entwicklung erfolgte der Versuch, die Bewegungsabläufe noch enger am Beanspruchungsprofil des Tennisspiels zu orientieren. Dies kann entweder durch das standardisierte Zuspiel mittels Ballwurfmaschine (Weber & Hollmann, 1984) oder durch Schlagsimulationen im Rahmen zuletzt entwickelter Hit & Turn Tennis Tests (Ferrauti et al., 2011) oder anderer Tests auf den Dimensionen des Tennisfeldes (Girard et al., 2006) unter Einbau der tennisspezifischen Beinarbeit umgesetzt werden. Hierdurch wird gewährleistet, dass sich die geforderte intra- und intermuskuläre Koordination sowie die eingesetzten Muskelgruppen (einschl. obere Extremität und Rumpf) dem Beanspruchungsprofil des Tennisspiels angleichen. Aufgrund der geringeren Praktikabilität und Standardisierbarkeit wird der Ballwurfmaschinentest trotz seiner höheren Validität nur selten zur Standarddiagnostik im Tennis eingesetzt (Tab. 20).

### *LAUFBANDERGOMETRIE (DTB-TEST)*

Die Laufbandergometrie erfolgt gewöhnlich in einem stufenförmigen Belastungsmodus. Dieser wird auch als **rektangulär-triangulär** bezeichnet. Eine konstante Belastung (rektangulär) oder rampenförmige Belastung (triangulär) findet im Rahmen von Ausdauertests nur selten Anwendung. Alle Messgrößen der Leistungsdiagnostik haben einen zeitabhängigen Anstieg auf jeder Belastungsstufe, sodass eine gewisse Zeit vergeht, bis sich die Messgröße auf ein Steady State eingestellt hat. Speziell die Blutlaktatkonzentration steigt nur langsam an und wird daher erheblich durch die Stufendauer beeinflusst. National und international differieren die Belastungsschemata leider erheblich. Bei der Betreuung von Athleten ist daher auf ein konstantes Belastungsschema und Untersuchungsumfeld besonderer Wert zu legen.

Das Konzept zur Vereinheitlichung der Leistungsdiagnostik für Nachwuchsspieler/-innen im Deutschen Tennis Bund (Stockhausen et al., 1997) war notwendig, um den Vergleich von Testbefunden auch über die Grenzen der Landesverbände hinaus vornehmen zu können. Das Expertengremium beschloss zunächst das Belastungsschema ST 6-2-2. Dieses wurde anschließend auf ST 6-2-3 modifiziert und basiert auf folgenden Protokollmerkmalen (Abb. 109).

**Laufbandsteigung:** 1 %

**Anfangsbelastung:** 6-10 km/h

**Stufenhöhe:** 2 km/h

**Stufendauer:** 3 min

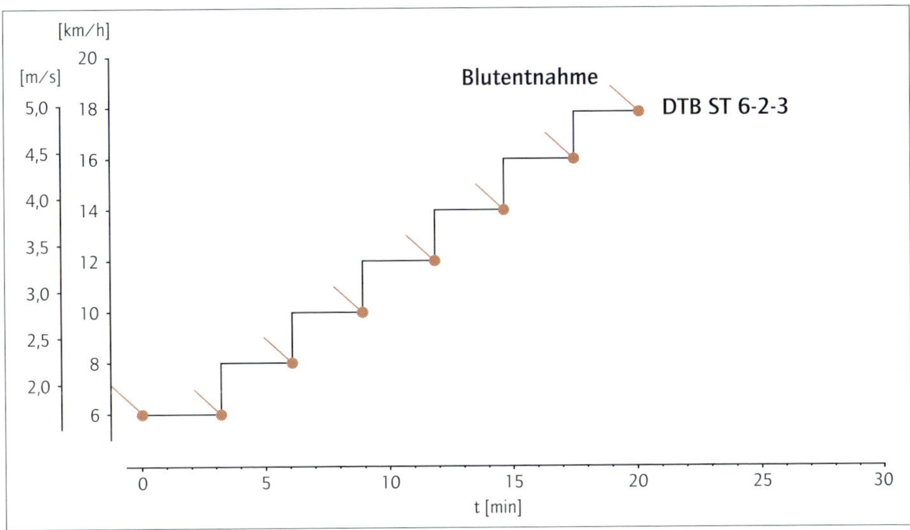


***Abb. 109:*** *Schematische Darstellung des Belastungsprotokolls DTB-Stufentest (entsprechend Stockhausen et al., 1997)*

## *30:15 INTERMITTENT FITTNESS TEST (30:15 IFT NACH BUCHHEIT, 2008)*

Zur Durchführung des Tests wird eine Laufstrecke von 40 m ausgemessen. Anfangs-, End- und Mittelpunkt werden markiert, sodass sich die drei Linien A, B und C ergeben (Abb. 110). Der Test verläuft stufenförmig und beginnt bei einer Startgeschwindigkeit von 8 km/h. Die Aufgabe der Testperson ist es, in den Phasen der Belastung die Strecke A-C mehrfach 30 s lang hin- und herzulaufen, jeweils im Moment des Signaltons die Linien zu passieren und in den Erholungsphasen (15 s) wieder zur vorgegebenen Startlinie zu gehen. Nach jeder Stufe wird die Laufgeschwindigkeit um 0,5 km/h erhöht. Die Laufgeschwindigkeit wird mittels Signaltönen über eine Audiodatei vorgegeben (www.martin-buchheit.net). Kann der Spieler die Geschwindigkeit nicht halten und befindet sich im Moment des Signaltons außerhalb des Toleranzbereichs von 3 m vor bzw. hinter den Markierungslinien, ist für den Spieler der Test beendet und die Laufgeschwindigkeit der erreichten Stufe wird als Maximalleistung (Vmax 30-15 IFT) erfasst.

Diese Laufgeschwindigkeit dient als Grundlage bzw. Referenz für die Steuerung des individuellen High-Intensity-Trainings. Hierzu muss zunächst die Dauer der Belastungsphasen im Training festgelegt werden (z. B. 30 s). Entsprechend der im Test erhobenen Vmax 30-15 IFT (z. B. 20 km/h) lässt sich nun die Laufstrecke für ein Training bei 100 % der Vmax 30-15 IFT berechnen. Diese beläuft sich im angegebenen Beispiel auf 166,5 m.

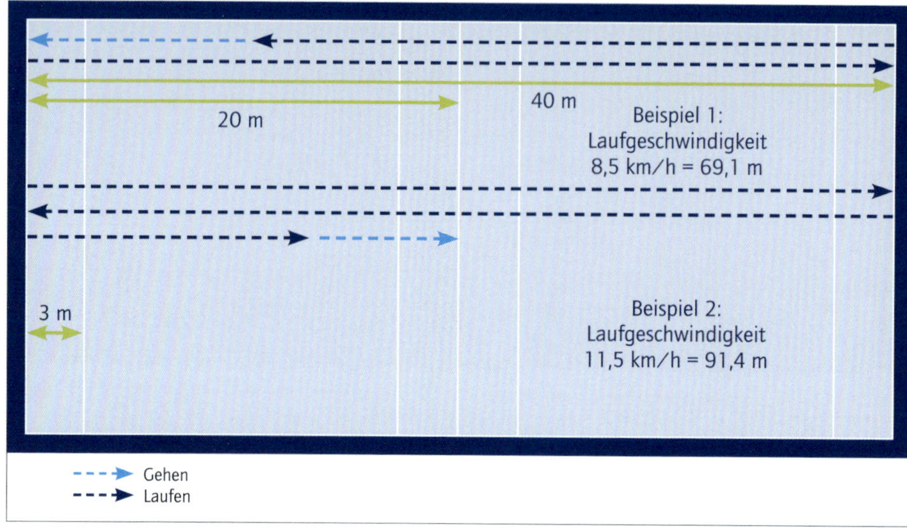


***Abb. 110:** Aufbau des 30-15 Intermittent Fitness Test modifiziert nach Buchheit, 2008*

In gleicher Weise lassen sich nun alle weiteren Intensitäten (z. B. 80 %) berechnen. Die Berechnungen werden komplexer, sobald Richtungswechsel (RW) mit einbezogen werden. Beispielsweise bietet die Durchführung auf dem Tennisplatz eine Laufstrecke von 20 m entlang der Seitenauslinie an. Studien haben gezeigt, dass die durchschnittliche Dauer eines RW 0,7 s beträgt. Im vorliegenden Beispiel ergeben sich daher 6 RW und demnach eine deutlich nach unten korrigierte Laufdistanz. Für die entsprechende Rechenprozedur kann beim Autor (Buchheit, 2008) eine auf Microsoft Excel basierte Umrechnungshilfe erworben werden.

**Berechnung der Trainingsvorgaben beim HIT (20 m Strecke)**

Gewünschte Geschwindigkeit: 20 km/h : 3,6 = 5,55 m/s
30 s x 5,55 m/s = 167 m (bei sieben Richtungswechseln korrigiert auf 143 m)
Ergebnis: 7 x 20 m plus 3 m in 30 s

### *HIT & TURN TENNIS TEST*

Der Test wird auf dem Tennisplatz durchgeführt. Eine oder mehrere Testpersonen laufen gleichzeitig zwischen den Doppel-Seitenauslinien (11 m) in der geforderten tennisspezifischen Beinarbeit hin und her (Kreuzschritte und Sidesteps bis zur Mittellinie, dann Lauf zur Ecke). Das Lauftempo wird entsprechend des IFT akustisch gesteuert, indem mittels CD eine festgelegte Abfolge von Signaltönen eingespielt wird. Die Spieler haben die Aufgabe, exakt zum Zeitpunkt des Signaltons einen Schlag (Vorhand oder Rückhand) auf Höhe der Doppel-Seitenauslinie zu simulieren (Abb. 111). Im Testverlauf nimmt die Signalfrequenz in 20 aufeinanderfolgenden Stufen (jeweils ca. 45 s Dauer) von 4,9 auf 3,0 s ab (Abb. 112). Die maximal erreichte Stufe wird als Testleistung registriert.

Aufgrund der höheren Praktikabilität, verglichen zu anderen Tests, kann der Hit & Turn Tennis Test als tennisspezifisches Testverfahren empfohlen werden (Ferrauti et al., 2011). Der Test ist als mp3-Datei kostenlos erhältlich unter (www.spowiss.rub.de/traiwi/downloads/) oder kann als DVD per E-Mail angefordert werden.

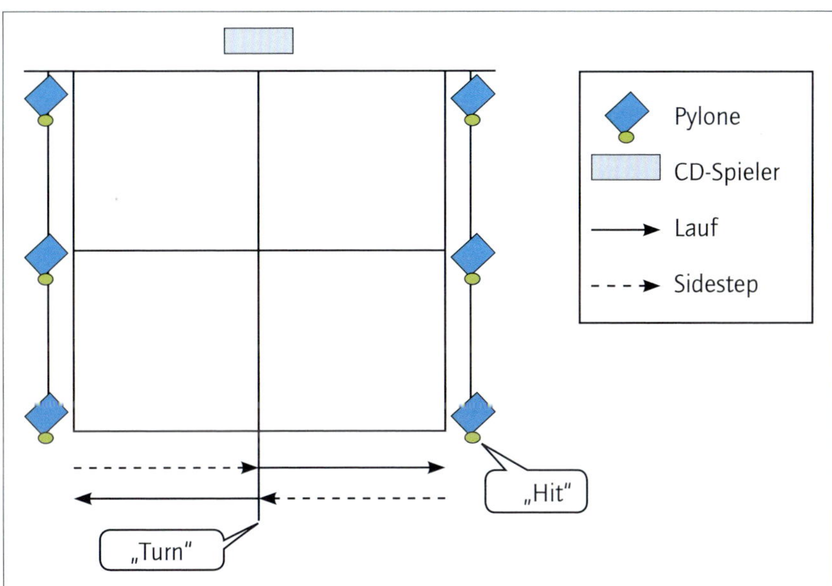


***Abb. 111:** Aufbau des Hit & Turn Tennis Tests für drei gleichzeitig getestete Spieler*

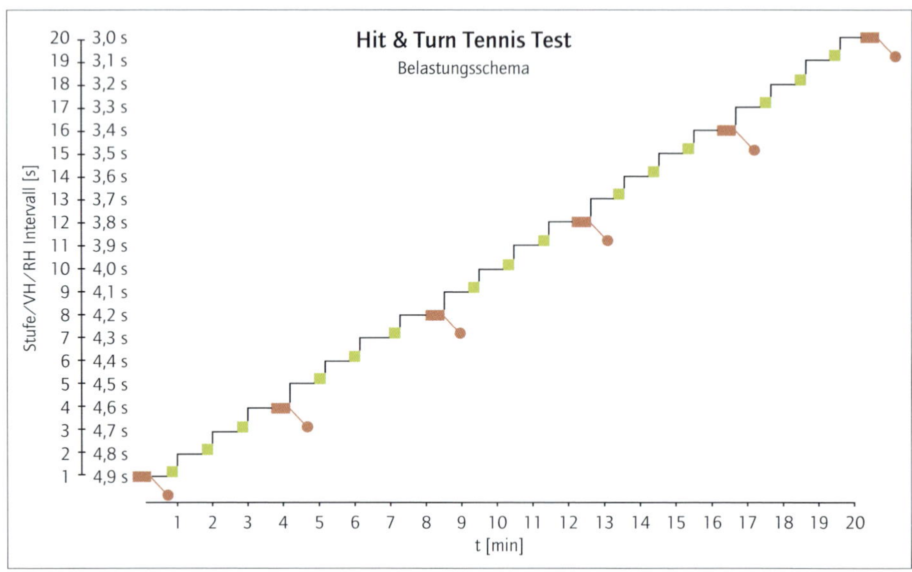


***Abb. 112:** Schematische Darstellung des Belastungsprotokolls zum Hit & Turn Tennis Test (Ferrauti et al., 2011)*

| $\dot{V}O_{2\,est}$ [ml/min/kg] | | Schläge | | | | | | | | | | | | | | | | Beurteilung |
|---|---|---|---|---|---|---|---|---|---|---|---|---|---|---|---|---|---|---|
| **Stufe** | **Intervall [s]** | 1 | 2 | 3 | 4 | 5 | 6 | 7 | 8 | 9 | 10 | 11 | 12 | 13 | 14 | 15 | 16 | |
| 1 | 4,9 | | | | | | | | | | | | | | | | | |
| 2 | 4,8 | | | | | | | | | | | | | | | | | |
| 3 | 4,7 | | | | | | | | | | | | | | | | | |
| 4 | 4,6 | | | | | | | | | | | | | | | | | |
| 5 | 4,5 | | | | | | | | | | | | | | | | | schlecht |
| 6 | 4,4 | | | | | | | | | | | | | | | | | |
| 7 | 4,3 | | | | | | | | | | | | | | | | | |
| 8 | 4,2 | | | | | | | | | | | | | | | | | |
| 9 | 4,1 | 46,0 | 46,0 | 46,1 | 46,2 | 46,3 | 46,4 | 46,6 | 46,8 | 47,0 | 47,2 | 47,4 | 47,6 | 47,8 | **48,0** | | | |
| 10 | 4,0 | 48,0 | 48,0 | 48,1 | 48,2 | 48,3 | 48,4 | 48,6 | 48,8 | 49,0 | 49,2 | 49,4 | 49,6 | 49,8 | **50,0** | | | |
| 11 | 3,9 | 50,0 | 50,0 | 50,1 | 50,2 | 50,3 | 50,4 | 50,6 | 50,8 | 51,0 | 51,2 | 51,4 | 51,6 | 51,8 | **52,0** | | | mittel |
| 12 | 3,8 | 52,0 | 52,0 | 52,1 | 52,2 | 52,3 | 52,4 | 52,6 | 52,8 | 53,0 | 53,2 | 53,4 | 53,6 | 53,8 | **54,0** | | | |
| 13 | 3,7 | 54,0 | 54,0 | 54,1 | 54,2 | 54,3 | 54,4 | 54,5 | 54,6 | 54,8 | 55,0 | 55,2 | 55,4 | 55,6 | 55,8 | **56,0** | | |
| 14 | 3,6 | 56,0 | 56,0 | 56,1 | 56,2 | 56,3 | 56,4 | 56,5 | 56,6 | 56,8 | 57,0 | 57,2 | 57,4 | 57,6 | 57,8 | **58,0** | | gut |
| 15 | 3,5 | 58,0 | 58,0 | 58,1 | 58,2 | 58,3 | 58,4 | 58,5 | 58,6 | 58,8 | 59,0 | 59,2 | 59,4 | 59,6 | 59,8 | **60,0** | | |
| 16 | 3,4 | 60,0 | 60,0 | 60,1 | 60,2 | 60,3 | 60,4 | 60,5 | 60,6 | 60,8 | 61,0 | 61,2 | 61,4 | 61,6 | 61,8 | **62,0** | | |
| 17 | 3,3 | 62,0 | 62,0 | 62,1 | 62,2 | 62,3 | 62,4 | 62,5 | 62,6 | 62,7 | 62,8 | 63,0 | 63,2 | 63,4 | 63,6 | 63,8 | **64,0** | sehr gut |
| 18 | 3,2 | 64,0 | 64,0 | 64,1 | 64,2 | 64,3 | 64,4 | 64,5 | 64,6 | 64,7 | 64,8 | 65,0 | 65,2 | 65,4 | 65,6 | 65,8 | **66,0** | |
| 19 | 3,1 | 66,0 | 66,0 | 66,1 | 66,2 | 66,3 | 66,4 | 66,5 | 66,6 | 66,7 | 66,8 | 67,0 | 67,2 | 67,4 | 67,6 | 67,8 | **68,0** | Weltklasse |
| 20 | 3,0 | 68,0 | 68,0 | 68,1 | 68,2 | 68,3 | 68,4 | 68,5 | 68,6 | 68,7 | 68,8 | 69,0 | 69,2 | 69,4 | 69,6 | 69,8 | **70,0** | |

***Abb. 113:** Ableitung der maximalen Sauerstoffaufnahme aus der maximalen Hit & Turn Testleistung und grobe Leistungsbeurteilung für männliche Junioren der U16*

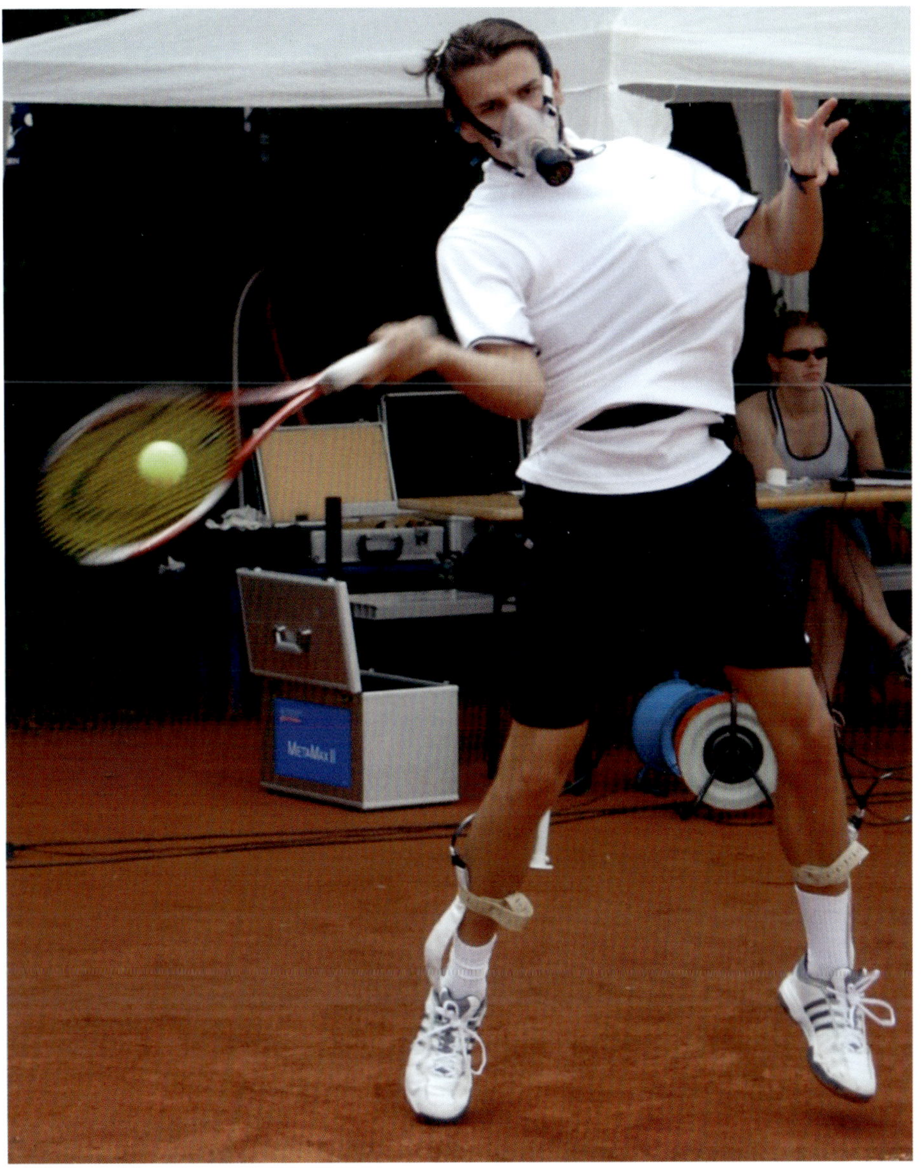
MetaMax II

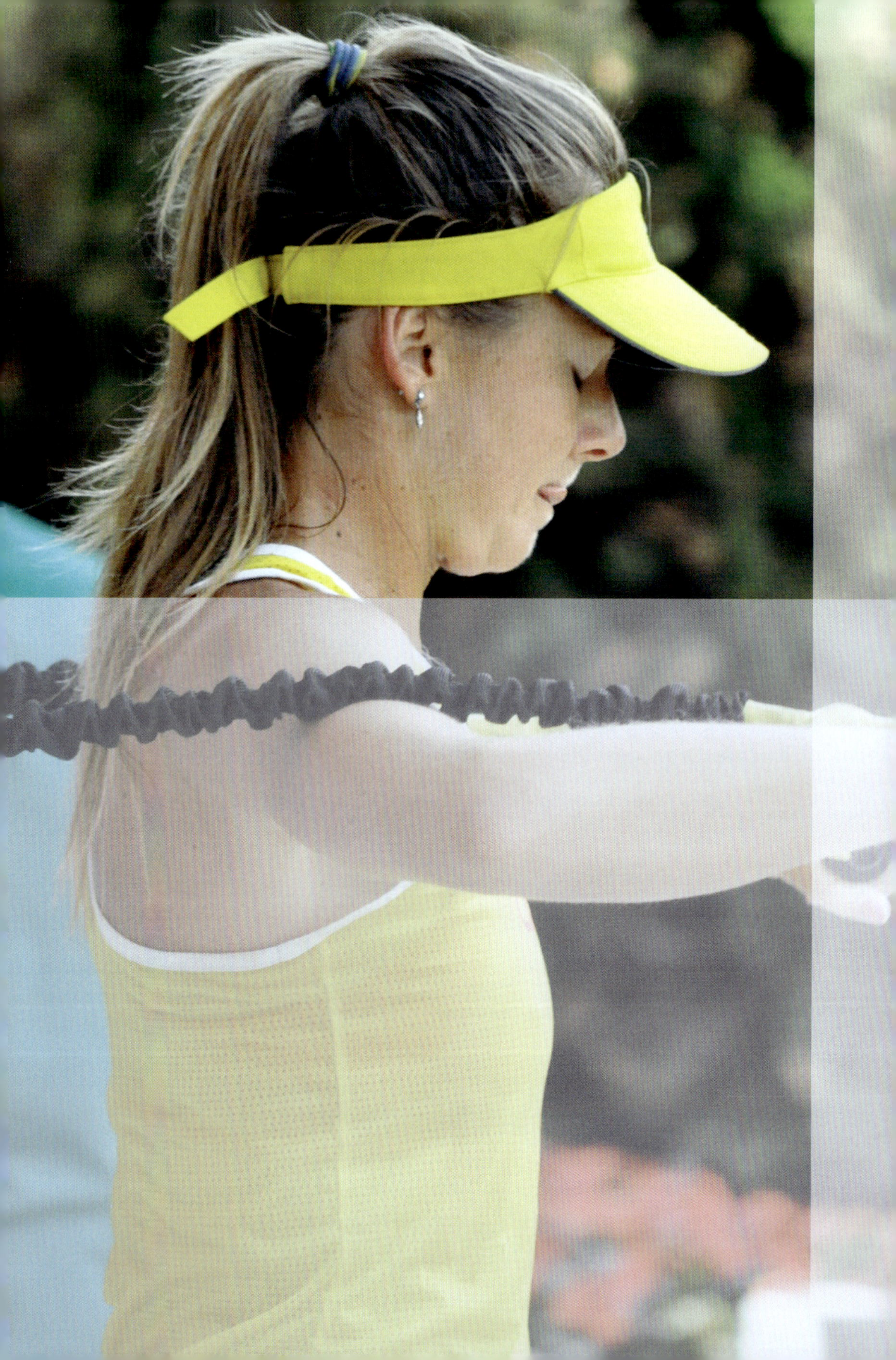

# 9

## *Gesundheit & Fitness*

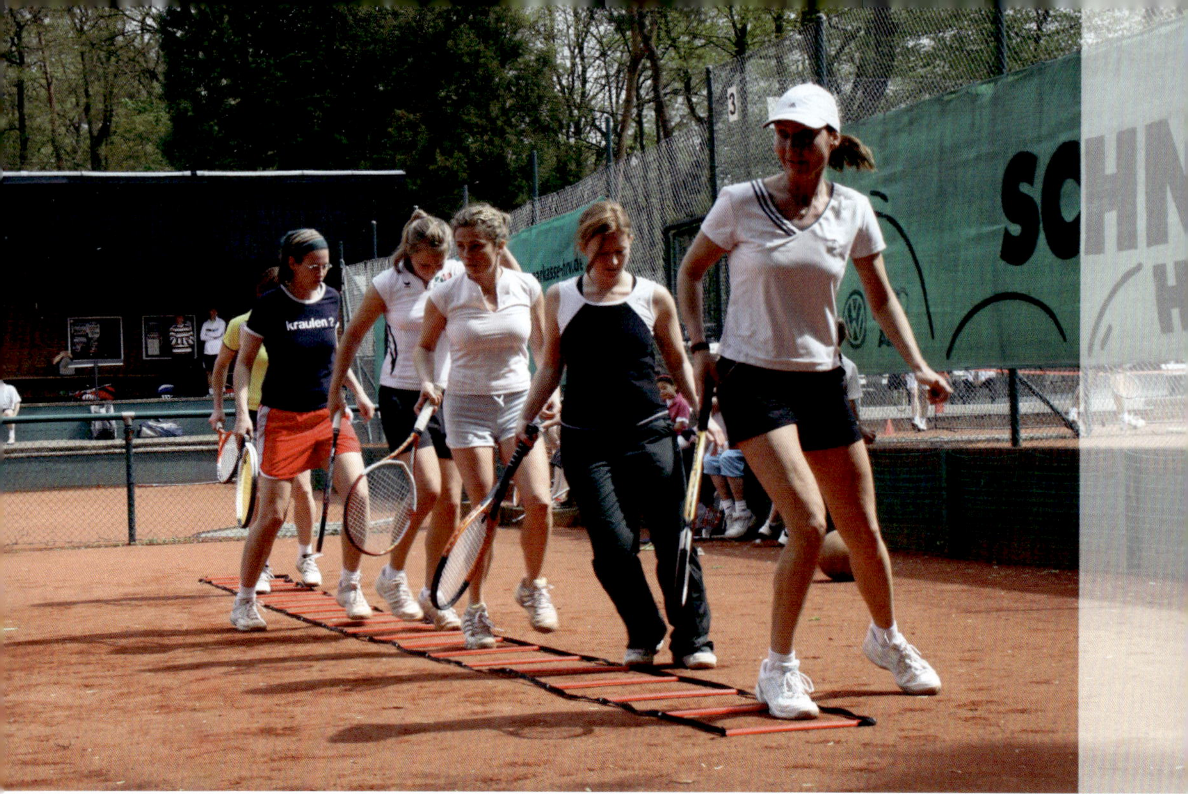

# 9.1 Einführung

Einfache Spielregeln, spannende Spielstruktur, kreative Koordinationsfähigkeit und hohes Öffentlichkeitsinteresse stellen die wesentlichen Bausteine für die außerordentliche Beliebtheit der Sportart Tennis dar. Da in der heutigen Zeit nahezu jeder bis in das höhere Rentenalter den Tennissport ausüben kann, ist es wichtig zu wissen, welchen Stellenwert Tennis als Gesundheitssport einnimmt. Zusätzlich ist von Interesse, unter welchen Bedingungen und mit welchen Trainingsmethoden der Tennissport einen besonders wirksamen Beitrag zur Steigerung der Leistungsfähigkeit (Fitness) und zur Optimierung der Lebensqualität (Wellness) leisten kann.

Tennis beansprucht den ganzen Menschen. Die einmalige Ausübung leitet zwar kurzfristige Reaktionen ein, doch nur regelmäßige Betätigung führt zu dauerhaften Anpassungen von Körper und Geist. Insbesondere folgende Organsysteme beim Tennisspieler werden beansprucht:

1. Halte- und Bewegungsapparat,
2. Herz-Kreislauf-System (Hämodynamik),
3. Energiestoffwechsel (Metabolismus) und
4. Psyche und Wohlbefinden.

# 9.2 Beanspruchung verschiedener Organsysteme

## 9.2.1 Halte- und Bewegungsapparat

Der Halte- und Bewegungsapparat des Menschen kann durch das Tennisspiel aus gesundheitlicher Sicht positiv (z. B. Stabilisierung der Knochenstruktur oder Kräftigung der Muskulatur), aber auch negativ (z. B. Entzündung/Degeneration einer Sehne oder Zerrung/Riss eines Muskels) beeinflusst werden. Da in der heutigen Arbeitswelt nur noch ein Minimum an körperlicher Aktivität gefordert wird, kommt es ohne sportliche Betätigung in der Freizeit bereits im dritten Lebensjahrzehnt zu einer Minderung der Funktionsfähigkeit des Halte- und Bewegungsapparats. Regelmäßiges Tennisspiel und vor allem systematisches und dosiertes Tennistraining (z. B. 2 x in der Woche) setzen dagegen jene Reize, die für die Funktionserhaltung und -steigerung des Halteapparats wie Knochen (insbesondere der unteren Extremität und des Schlagarms), Gelenke (vor allem Schulter- und Kniegelenk) und Bänder (z. B. an den Sprunggelenken) sowie des Bewegungsapparats wie Sehnen (z. B. Achillessehne) und Muskulatur (speziell am Schlagarm, Oberschenkel und Gesäß) erforderlich sind.

Doch nur Beanspruchungen mit ausreichendem Reizumfang führen beim Tennisspieler zu einer soliden Entwicklung der Knochenstruktur und zur entsprechenden Kräftigung der Muskulatur sowie zur Verbesserung der Bewegungskoordination. Daher empfehlen wir ambitionierten Tennisspielern im mittleren und höheren Lebensalter, vor Klubmeisterschaften oder Mannschaftsturnieren einen systematischen Trainingsaufbau über wenigstens 4-6 Wochen mit mindestens zwei Trainingseinheiten wöchentlich zu absolvieren. Andererseits benötigt der durch Training belastete Bewegungsapparat genügend Zeit der Ruhe zur Regeneration und Anpassung an die Trainingsweise. Tennisbreitensportler begehen beispielsweise häufig den Fehler, dass sie noch am Vorabend eines wichtigen Wettkampfs (z. B. Klubmeisterschaften oder Mannschaftsturnier in der Hobbyrunde bzw. auf Bezirks- oder Kreisklassenebene) besonders hart und lange trainieren. Auch ein intensives, tägliches Training kann sich für diesen Adressatenkreis (speziell im höheren Lebensalter) leistungsmindernd auswirken. Je länger und je intensiver das Training, desto wichtiger wird die Bedeutung der Erholung.

Sportverletzungen treten im Tennis im Breitensport und im Leistungssport auf. Sie sind meist das Ergebnis von akuten Unfällen (Tennisunfälle) oder von chronischen Über- bzw. Fehlbelastungen (Tennisschäden). Auf breitensportlicher Ebene (einschließlich Mannschaftstennis unterhalb Regional- und Bundesliga) rangiert Tennis mit weniger als einer Verletzung pro 1.000 gespielter Stunden zu den verletzungsärmeren Sportarten (Thomas & Busse, (2001). Das Verletzungsrisiko im Tennis liegt folglich eindeutig unter jenem in den Mannschaftsspielen (Basketball, Fußball, Handball, Hockey und Volleyball) sowie in den bewegungsverwandten

Rückschlagspielen (z. B. Badminton und Squash). Im Vergleich mit häufig betriebenen Sportarten (z. B. Fußball, alpiner Skilauf oder Reiten) liegt auch der Schweregrad der Verletzungen im Tennis erheblich niedriger.

Im professionellen Männertennis blieb die Anzahl der Verletzungen nach neuesten Verletzungsstatistiken der internationalen Spielervereinigung ATP in den letzten Jahren annähernd konstant (Schmidt-Wiethoff & Dargel, 2009). Verbesserte Diagnostik und Therapie der ATP-Ärzte in Kombination mit systematischer Verletzungsvorsorge durch spezialisierte Physiotherapeuten und Fitnesstrainer konnten folglich die vor allem im jüngsten Jahrzehnt erheblich gestiegenen Wettkampfanforderungen und Trainingsbelastungen ausgleichen. Eine Reduktion der Verletzungsquote ist jedoch nur über eine weitere Straffung des Wettkampfkalenders, der vor allem den Spitzenspielern nicht nur eine längere Regenerationsphase zwischen der ATP-Weltmeisterschaft und den Australian Open, sondern auch mindestens eine weitere kürzere Turnierpause während der Sandplatz- und/oder Hartplatzsaison erlaubt.

Bei den Tennisverletzungen unterscheiden wir **Tennisunfälle** und **Tennisschäden**. Tritt die Verletzung bei einem plötzlich eintretenden, einmaligen Geschehen auf, so handelt es sich um einen **Tennisunfall** (z. B. Muskel- oder Sehnenriss). Wirkt das Schädigungsgeschehen verzögert oder mehrfach im Sinne einer Kleinstverletzung ein, so entsteht ein primärer **Tennisschaden**, wie z. B. beim Tennisarm bzw. -ellbogen.

Tennisunfälle betreffen hauptsächlich Hautverletzungen an Armen und Beinen durch Sturz, Bandverletzungen am Sprunggelenk wegen Bodenunebenheiten oder herumliegender Tennisbälle sowie Zerrung und Riss einzelner Muskelbündel (z. B. an der Wade, an Oberschenkelvorder- und -rückseite oder am Bauch) aufgrund eines Kurzsprints oder schnellen Richtungswechsels, insbesondere nach Ermüdung oder unter Kältebedingungen.

Bei den (primären) Tennisschäden rangiert im Breitensport nach unseren Befragungsergebnissen von streng nach dem Zufallsprinzip ausgewählten Mitgliedern (n = 180) in zwei Tennisvereinen Nordrhein-Westfalens der Tennisellbogen zahlenmäßig an erster Stelle (Tab. 22). Mit deutlichem Abstand folgen Beschwerden an Lendenwirbelsäule und Schulter des Schlagarms sowie an der Achillessehne (Weber, 1982) und am sehnigen Ansatz des Kniegelenkstreckers unmittelbar unterhalb des Kniegelenks (Patellarsehne). Bei Leistungsspielern dagegen treten Schmerzen an der Lendenwirbelsäule (unabhängig vom Alter) besonders häufig auf, bevorzugt bei Spielern mit beidhändiger Rückhand.

*Tab. 22: Häufigkeitsverteilung der vier häufigsten Tennisschäden im Breitensport. Die Ergebnisse resultieren aus einer Befragung streng zufällig ausgewählter Mitglieder (n = 180) zweier Tennisvereine in Nordrhein-Westfalen (Weber, 1982)*

| | ♂♀ | | ♂ | | ♀ | |
|---|---|---|---|---|---|---|
| | **n** | **%** | **n** | **%** | **n** | **%** |
| Gesamt | 180 | 100 | 111 | 61,7 | 69 | 38,3 |
| Ohne Beschwerden | 74 | 41,1 | 43 | 38,7 | 31 | 44,9 |
| Tennisschaden | 106 | 58,9 | 68 | 61,3 | 38 | 55,0 |
| Tennisellbogen | 74 | 41,1 | 45 | 40,5 | 29 | 42,0 |
| Lendenwirbelsäule | 30 | 16,6 | 25 | 22,5 | 5 | 7,2 |
| Tennisschulter | 28 | 15,5 | 19 | 17,1 | 9 | 13,0 |
| Achillessehne | 13 | 7,2 | 10 | 9,0 | 3 | 4,3 |

Das Risiko für Sportverletzungen durch den Tennissport kann durch sorgfältige Vorsorgemaßnahmen auf ein Minimum reduziert werden. Hierzu empfehlen wir die Beachtung folgender Grundregeln:

1. Vermeidung von Überbelastungen,
2. gründliche Aufwärmung des Herz-Kreislauf-Systems und der Muskulatur zu Beginn eines jeden Tennistrainings,
3. regelmäßige Kräftigung und Dehnung der tennisspezifischen Arbeitsmuskulatur und entsprechen der Antagonisten außerhalb des Tennisplatzes.

Mit fortschreitendem Alter nimmt die Dehnfähigkeit des gesamten Körpers ab und die Rissgefahr des Muskel- und Sehnengewebes zu, sodass die genannten prophylaktischen Maßnahmen für Tennisspieler im mittleren und höheren Lebensalter besonders wichtig werden. Übungen zur Muskel- und Gelenkpflege sollten daher ähnlich wie das tägliche Zähneputzen zum festen Bestandteil des Trainings gehören. Zur Verletzungsprophylaxe des Bewegungs- und Halteapparats für Tennisspieler bietet sich ein Trainingsprogramm an, welches ohne wesentliche Hilfsmittel unmittelbar vor dem Training und vor allem auch daheim (siehe Heimprogramm) durchgeführt werden kann.

## 9.2.2 Herz-Kreislauf-System (Hämodynamik)

### *HERZFREQUENZ*

Im Verlauf von Tenniswettkämpfen unter Trainingsbedingungen beträgt die durchschnittliche Herzfrequenz bei Spielern unterschiedlicher Leistungskategorien und Altersklassen einheitlich circa 135-155 Schläge/min (Tab. 23). Ähnlich wie bei intensiver Intervallarbeit werden auch Herzfrequenzen erreicht, die kurzfristig an das individuelle Maximum heranreichen (z. B. 210 Schläge/min bei Kindern oder 180 bei 60-Jährigen). Der Herzfrequenzanstieg resultiert zumindest teilweise auch aus der erhöhten psychischen Beanspruchung. Beispielsweise liegt die Herzfrequenz unter Turnierbedingungen im Vergleich zum Training im Mittel 5-10 Schläge höher; auch unmittelbar vor dem ersten Aufschlag oder vor spielentscheidenden Phasen steigt die Herzfrequenz kurzfristig um circa 5-20 Schläge an.

*Tab. 23: Mittelwerte der Herzfrequenz, des arteriellen Blutlaktats und der Nettospielzeit von Tennisspielern unterschiedlicher Leistungsklassen und verschiedenen Alters bei Trainingswettkämpfen auf Sandplätzen (Weber 1982, 17)*

| LEISTUNGS-KATEGORIE | ALTERS-GRUPPE | n | T GES [min] | T EFF [%] | HF [$min^{-1}$] | LA [mmol/l] |
|---|---|---|---|---|---|---|
| Leistungsspieler (deutsche Rangliste/ Verbandsrangliste) | Kindesalter (U 14) | 18 | 90:00 | 25,4 | 171,5 ± 16,2 | 1,41 ± 0,63 |
| | Aktivenalter | 30 | 80:46 | 20,2 | 141,0 ± 13,5 | 2,01 ± 1,11 |
| | Aktivenalter | 22 | 91:36 | 20,3 | 150,4 ± 12,5 | 1,90 ± 0,75 |
| | Seniorenalter (H 50) | 12 | 90:00 | 32,1 | 153,7 ± 15,2 | 2,82 ± 0,75 |
| Freizeitspieler | Aktivenalter | 33 | 30:00 | 21,8 | 147,2 ± 11,4 | 1,43 ± 1,28 |
| | Seniorenalter (H 50) | 18 | 90:00 | 29,1 | 140,7 ± 16,0 | 2,67 ± 0,96 |
| Anfänger | Aktivenalter | 16 | 30:00 | 19,7 | 135,3 ± 19,0 | 1,92 ± 0,56 |

Nach unseren Befunden über das Verhalten der Herzfrequenz, des systolischen Blutdrucks und der Milchsäurekonzentration im Blut hat ein Tenniswettkampf eine ähnliche Wirkung auf das Herz-Kreislauf-System wie eine Sportart mit kontinuierlicher Belastung, die mit einer Intensität von ca. 45-60 % der maximalen Leistungsfähigkeit (z. B. Jogging oder Skilanglauf im gemütlichen Tempo) ausgeübt wird. Dies bedeutet, dass Tennis jenen unteren Schwellenbereich der Belastungsintensität zumindest knapp überschreitet, der für gesundheitlich wünschenswerte Anpassungen des Herz-Kreislauf-Systems notwendig ist. Eine entsprechende präventivmedizinische Wirksamkeit wird jedoch nur dann erreicht, wenn die Tennisaktivität regelmäßig und häufig genug, nämlich wenigstens 1-2 x wöchentlich je 60-90 min ausgeübt wird.

Leistungsstarke Grundlinienspieler werden im Mittel höher beansprucht, sodass sie den wünschenswerten Intensitätsbereich für ein optimal wirksames Gesundheitstraining, der bei 60-75 % der maximalen Kreislaufleistungsfähigkeit liegt, eher erreichen. Hierbei erhalten Sicherheit und Präzision der Schläge den Vorrang gegenüber höherer Schlaggeschwindigkeit und geringerer Ballkontrolle.

Eine Erhöhung der Reizsetzung auf das Herz-Kreislauf-System hat zur Folge, dass im optimalen Intensitätsbereich für eine Verbesserung der Ausdauerleistungsfähigkeit trainiert wird. Allerdings werden hiermit speziell bei längere Zeit sportlich Inaktiven, insbesondere in der zweiten Lebenshälfte, auch Belastungsüberforderungen möglich, deren Ausmaß speziell in einer gegnerabhängigen Spielsportart wie Tennis nicht dosierbar ist. Diese Gratwanderung, zwischen positiven Effekten auf Gesundheit und Leistung einerseits sowie Schädigungsmöglichkeiten für das Herz-Kreislauf-System andererseits, ist besonders gefährlich für Personen mit vorhandenen, aber teilweise noch unerkannten Stoffwechsel- oder Herz-Kreislauf-Krankheiten (z. B. Zuckerkrankheit, Bluthochdruck oder koronare Herzkrankheit).

### *BLUTDRUCK*

Der systolische Blutdruck wurde von uns telemetrisch im Training auf dem Tennisplatz gemessen. Hierzu untersuchten wir 46 Damen und 34 Herren im fünften/sechsten und siebten Lebensjahrzehnt zwecks Ausschluss einschneidender Erkrankungen des Herz-Kreislauf-Systems (z. B. Bluthochdruck und Sauerstoffmangel der Herzkranzgefäße unter Belastung) zuerst im Labor bei stufenförmig ansteigender Fahrradergometrie und anschließend während eines Einzel-Tenniswettkampfs unter Trainingsbedingungen. Für den signifikanten Anstieg des systolischen Blutdrucks auf dem Tennisplatz (Abb. 114) bei den jeweils älteren Herren (Herren 45 vs Herren 55) bzw. Damen (Damen 40 vs Damen 50) ist in erster Linie die im höheren Alter stärker ausgeprägte Verkalkung der Schlagadern bzw. arteriellen Blutgefäße (Arteriosklerose) verantwortlich. Die Zunahme des Körpergewichts und die Abnahme der Leistungsfähigkeit des Herz-Kreislauf-Systems sowie die nachlassende Koordinationsfähigkeit und hiermit verbundene höhere Kraftanstrengungen können flankierend als weitere ursächliche Faktoren für den teilweise beträchtlichen Blutdruckanstieg bei den jeweils älteren Tennisspielern genannt werden.

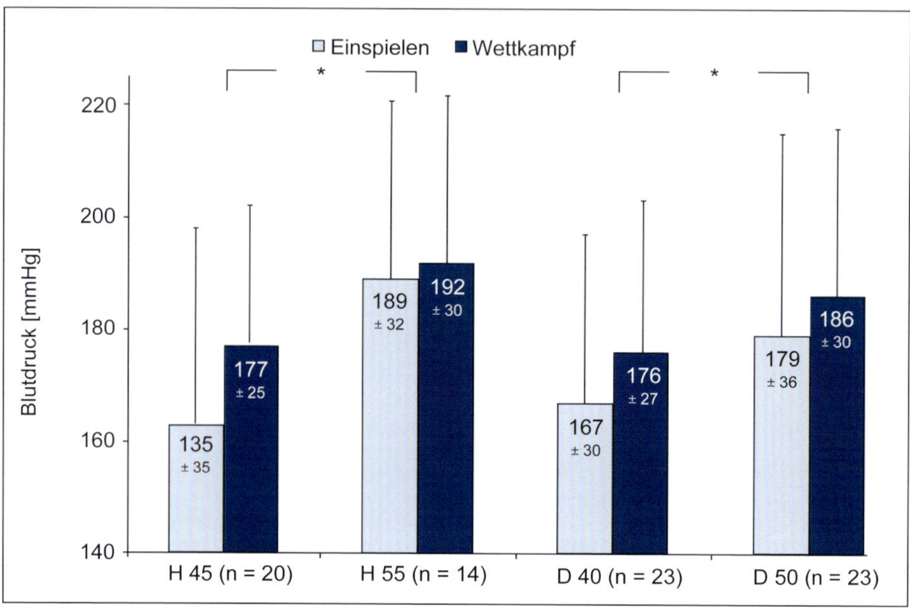


***Abb. 114:*** *Vergleichende Darstellung des systolischen Blutdrucks (Mittelwert und Streuung) bei Frauen und Männern der Altersklassen D 40/D 50 bzw. H 45/H 55 beim Schlag- und Wettkampftraining (Weber et al., 1995, S. 523). * = p < 0,05*

Den Blutdruckunterschied zwischen Männern und Frauen (Abb. 114) führen wir vornehmlich auf die größere aktive Muskelmasse der Männer zurück. Das Druck-Frequenz-Produkt (Blutdruck x Herzfrequenz) weist jedoch keine nenenswerten geschlechtsbedingten Unterschiede auf, da die Herzfrequenz beim weiblichen Geschlecht während des Tenniswettkampfs im Mittel um ca. fünf Schläge höher liegt.

Unsere Ergebnisse zum Blutdruckverhalten belegen, dass ältere Tennisspieler (z. B. älter als 50 Jahre) beim Tennis mit höheren Blutdruckwerten reagieren als eine Dekade früher. Ferner weisen speziell jene Spieler, die bei fahrradergometrischer Beanspruchung den Normbereich des Belastungsblutdrucks überschritten, auch auf dem Tennisplatz höhere Blutdruckwerte auf. Mittels nahezu erschöpfender Fahrradergometrie und der Differenzierung zwischen Normotoniker, Grenzwerthypertoniker und Hochdruckkranker können daher bereits vorsorglich wichtige Hinweise auf das Blutdruckverhalten bei der Ausübung des Tennissports gegeben werden.

Zusammenfassend stellt die Erhöhung des systolischen Blutdrucks in der genannten Größenordnung bei Tenniswettkämpfen eine notwendige Reaktion des hämodynamischen Systems an gegebene Belastungsanforderungen dar; dieser Blutdruckanstieg bleibt für den Herz-Kreislauf-Gesunden im höheren Lebensalter ungefährlich. Auch bei regelmäßiger Ausübung des Tennissports sind keine negativen Auswirkungen zu erwarten, da den verhältnismäßig kurzen Druckanstiegen beim Sport nicht die gleiche pathogenetische (krankheitsentwickelnde) Bedeutung zukommt wie der bei einer Hypertonie langfristigen Erhöhung des Blutdrucks.

Liegen jedoch krankhafte Veränderungen des Herz-Kreislauf-Systems vor, sind systolische Blutdruckspitzenwerte der genannten Größenordnung bei Tenniswettkämpfen unter Älteren im Individualfall differenzierter zu bewerten. Hohe Blutdruckwerte unter Belastungsbedingungen gehen nämlich mit einer erheblichen Steigerung des Sauerstoffverbrauchs im Herzmuskel einher. Bei einem Großteil der Hochdruckpatienten ist mit Verengungen der Herzkranzgefäße zu rechnen, und es liegt eine deutlich eingeschränkte Reserve der Herzkranzgefäße vor, sodass speziell für diese Patientengruppe die Gefährdung durch überhöhte Belastungsblutdruckwerte beim Tennisspiel deutlich wird. Die Gefährdung älterer Tennisspieler basiert folglich primär auf einer vorbestehenden Herz-Kreislauf-Schädigung und nur sekundär an der spezifischen Belastungsstruktur der Sportart Tennis. Wir empfehlen daher eindringlich allen Tennisspielern spätestens ab dem 40. Lebensjahr eine diesbezüglich gründliche Vorsorgeuntersuchung beim Sportarzt oder bevorzugt beim Internisten/Kardiologen im Ein- oder Zwei-Jahres-Abstand.

Das zentrale Ziel einer sportmedizinischen Vorsorgeuntersuchung für ältere Tennisspieler muss folglich darin bestehen, alle jene Personen herauszufiltern, die ein erhöhtes kardiovaskuläres Gefährdungspotenzial aufweisen. Mit einer solchen Präventivmaßnahme (z. B. Check-Up 35) könnte wenigstens ein Teil der kardialen Zwischenfälle auf dem Tennisplatz verhindert werden (siehe auch Abschnitt 9.3.5 „Gesundheitskontrolle im Breitensport und sportmedizinisches Untersuchungssystem im Leistungssport", S. 360).

Im fortgeschrittenen Lebensalter nimmt die Leistungs- und Anpassungsfähigkeit von Herz, Kreislauf und Atmung sowie des Muskelstoffwechsels ab. Im 60. Lebensjahr leistet der deutsche Mann ca. 30 % und die deutsche Frau ca. 25 % weniger als in ihrem Höchstleistungsalter. Allerdings können wir mit regelmäßigem Ausdauertraining (z. B. drei- bis viermaliges Jogging wöchentlich über mehrere Jahre hinweg) auch noch im hohen Lebensalter die Dauerleistung aus der Jugendzeit wiederholen und die Leistungsfähigkeit untrainierter Normalpersonen deutlich jüngeren Alters übertreffen. In diesem Zusammenhang erhebt sich daher die spannende Frage, ob auch regelmäßiges Tennisspiel zur Leistungsverbesserung in ähnlicher Größenordnung beitragen kann.

Auf der Basis unserer mittels Fahrrad- und Laufbandergometrie erhobenen Befunde zum Fitnessstand von Tennisspielern im Seniorenalter (D 40/50 und H 45/55) stellten wir diesbezüglich folgende Ergebnisse zusammenfassend in plakativer Form fest:

- 40-50-jährige Turniertennisspieler der regionalen Spitzenklasse (Regional- und Oberliga) erreichen im Mittel wenigsten die gleiche Leistungsfähigkeit wie der Durchschnitt 20-30-jähriger Normalpersonen (Abb. 115).
- 50-jährige Tennisspieler auf unterer und mittlerer Leistungsebene (Kreis-/Bezirksklasse) weisen annähernd die gleiche Leistungsfähigkeit wie 40-jährige Normalpersonen auf (Abb. 115).

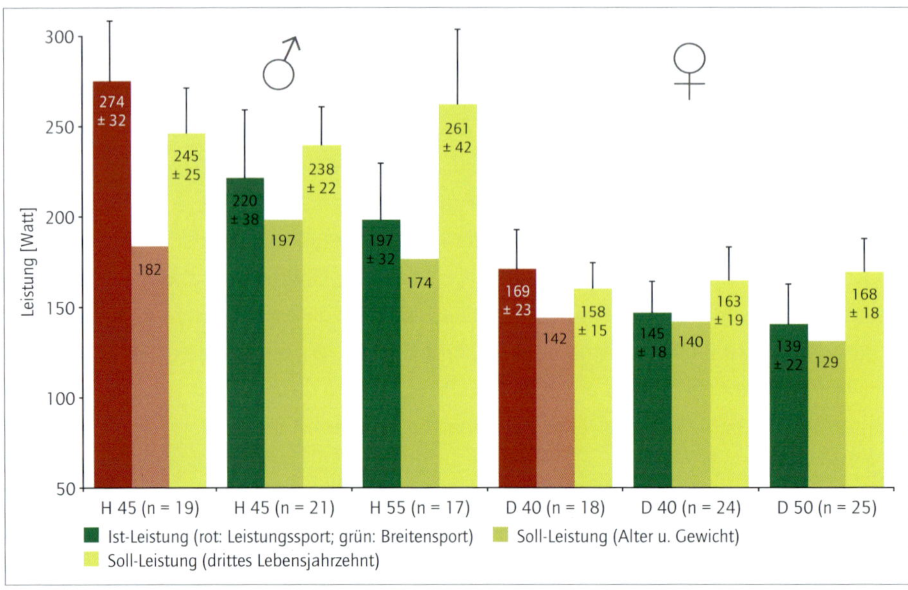


***Abb. 115:*** *Leistungsfähigkeit auf dem Fahrradergometer von Senioren (H 45 und D 40) der deutschen Rangliste (Leistungssport, rote Säule) und Senioren (H 45 und H 55 sowie D 40 und D 50) der Bezirksklasse (Breitensport, grüne Säule) im Vergleich mit Normalpersonen (hellrote bzw. hellgrüne Säule) gleichen Alters mit entsprechendem Körpergewicht sowie mit jüngeren Normalpersonen (gelbe Säule) im dritten Lebensjahrzehnt (Weber et al., 1995, S. 525)*

Bereits Carl Diem, der Gründungsrektor der Deutschen Sporthochschule Köln im Jahr 1947, prägte den Satz: „Durch ein entsprechendes körperliches Training gelingt es 20 Jahre lang, 40 Jahre alt zu bleiben", der später von Hollmann (1963) bei überwiegend am Langstreckenlauf orientierten Alterssportlern wissenschaftlich in überzeugender Weise bestätigt wurde. Unsere Resultate belegen zweifelsfrei (Abb. 115), dass diese positive Botschaft auch auf Tennisspieler speziell der höchsten Spielklasse (Ober- bzw. Regionalliga) ohne jegliche Einschränkung übertragen werden kann. Die signifikant höhere körperliche Leistungsfähigkeit der Leistungstennisspieler männlichen und weiblichen Geschlechts (Abb. 115) und der hiermit verbundenen, erheblichen Verbesserung der Lebensqualität geht darüber hinaus einher mit einem beachtlich erhöhten Schutzschild vor frühzeitigen kardiovaskulären und krebsbedingten Todesfällen (Abb. 116). Blair und Mitarbeiter (1989) konnten nämlich in einer methodisch überzeugenden Studie (Aerobics Center Longitudinal Study) mit 10.224 Männern eindrucksvoll nachweisen, dass das Sterblichkeitsrisiko aufgrund alterstypischer Herz-Kreislauf- und Krebserkrankungen mit Abnahme des Fitnesszustandes deutlich zunimmt (Abb. 116). Besonders drastisch fällt dieser Unterschied zwischen dem untersten Drittel (niedriger Fitnessgrad) zum Durchschnitt (mittlerer Fitnessgrad) aus (Abb. 116). Unter diesem Gesichtspunkt lohnt es sich daher vor allem für das leistungsschwache Drittel, durch geeignetes, sportlich orientiertes Training ihre Leistungsfähigkeit zu verbessern. Unsere Ergebnisse an Breitensportlern (Abb. 115) belegen, dass Letzteres auch durch Tennis erreicht wird.

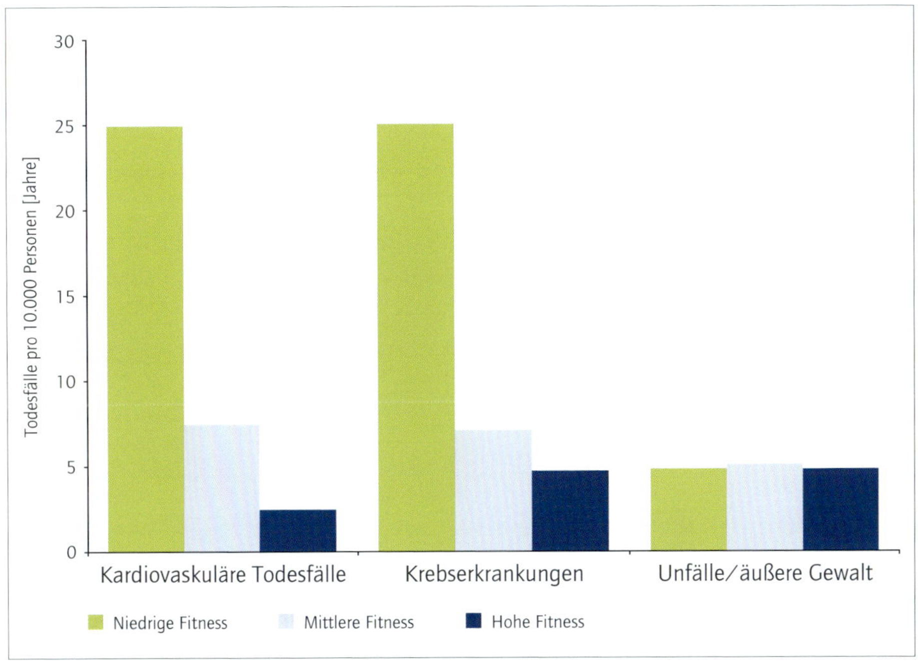


***Abb. 116:*** *Risiko für kardiovaskuläre Todesfälle und Krebserkrankungen in Abhängigkeit vom Fitnesszustand für 10.224 Männern in den USA aufgrund der Aerobics Center Longitudinal Study (Blair et al., 1989)*

In jüngster Zeit gewinnt neben Tennis auch der Golfsport in Deutschland in zunehmendem Maße eine breitensportliche Relevanz, vor allem im fortgeschrittenen Alter. Dies liegt auch daran, dass eine beträchtliche Zahl älterer Tennisspieler zum Golf wechselt oder beide Sportarten gleichrangig ausübt. Es bestand daher ein hohes Interesse an der Beantwortung der Frage, ob auch eine jahrzehntelange Aktivität auf dem Golfplatz mit vergleichbaren positiven Anpassungserscheinungen wie beim Tennis einhergeht. An unserer diesbezüglichen Untersuchung nahmen 21 männliche Golfer mit einem Durchschnittsalter von 60,0 Jahren und Handicap 20 sowie 18 Tennisspieler auf vergleichbarer mittlerer Leistungsebene (Bezirks- und Kreisklasse sowie Hobbyrunde) im mittleren Alter von 59,1 Jahren teil.

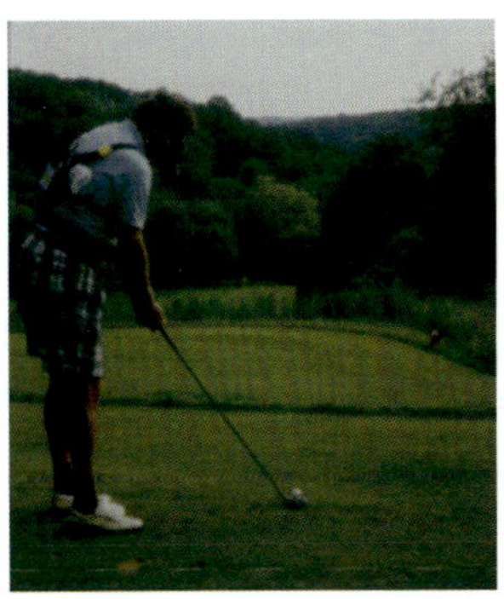

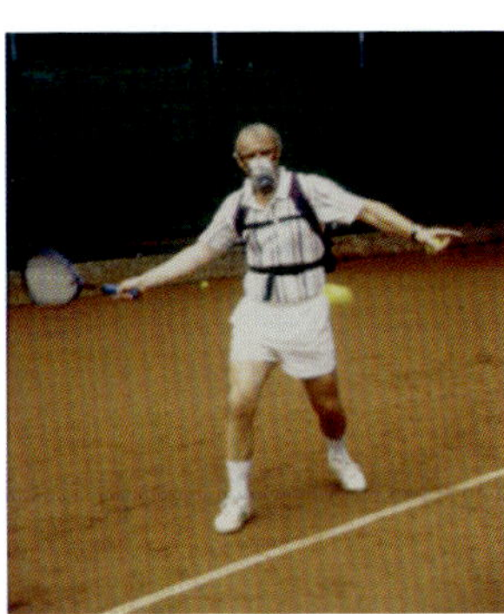

***Abb. 117:*** *Golf- und Tennisspieler in Aktion mit portablem medizinischen Messgerät (z. B. für Sauerstoff- und Kalorienverbrauch)*

Unsere Befunde (Ferrauti et al., 1997) deuten eindeutig daraufhin, dass entsprechende Adaptationen nur durch den Tennissport erzielt werden können. Tennisspieler im Alter von durchschnittlich 60 Jahren erzielten eine statistisch signifikant höhere maximale Wattleistung (Höchstleistungsgrenze) und eine ebenfalls hochsignifikant bessere Wattleistung an der aerob-anaeroben Schwelle (Dauerleistungsgrenze) als gleichaltrige Golfspieler (Abb. 118). Das Ausbleiben entsprechender Adaptationen bei Golfspielern steht im Einklang mit den Ergebnissen von Crews et al. (1984), die bei professionellen weiblichen Golfern im Vergleich mit Normalpersonen eine nur unwesentlich erhöhte maximale Sauerstoffaufnahme fanden, die darüber hinaus deutlich unter jener von Turnerinnen und Volleyballerinnen lag.

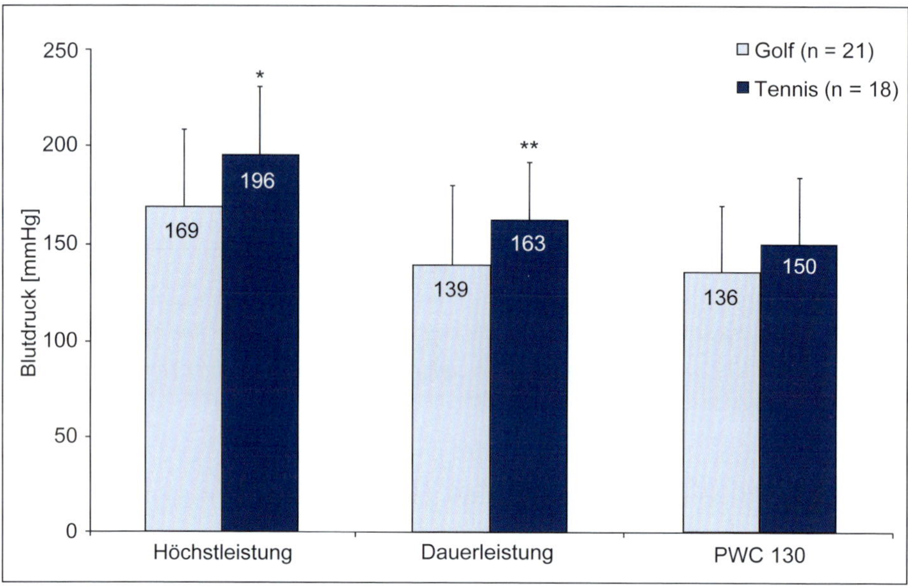


***Abb. 118:** Leistungsfähigkeit (Höchst- und Dauerleistung sowie PWC 130) auf dem Fahrradergometer von Golf- (Alter: 60,0 ± 5,3 Jahre) und Tennisspielern (Alter: 59,1 ± 2,3 Jahre) auf mittlerem Leistungsniveau (Ferrauti et al., 1997)*

Die erheblich niedrigere Leistungsfähigkeit der ambitionierten Breitensportgolfer im Vergleich zu den gleichaltrigen Tennisspielern liegt darin begründet, dass die kardiozirkulatorische und metabolische Belastung beim Golf wesentlich niedriger liegt als beim Tennis (Abb. 119). Dies betrifft mit Herzfrequenz, Blutlaktat, Sauerstoffaufnahme und Energieumsatz (Abb. 119) einheitlich sämtliche Parameter zur objektiven Quantifizierung der Belastungsintensität und steht im Einklang mit diesbezüglichen Ergebnissen aus der internationalen Literatur zum Golf (Murase et al., 1989) und Tennis (Therminarias et al., 1991).

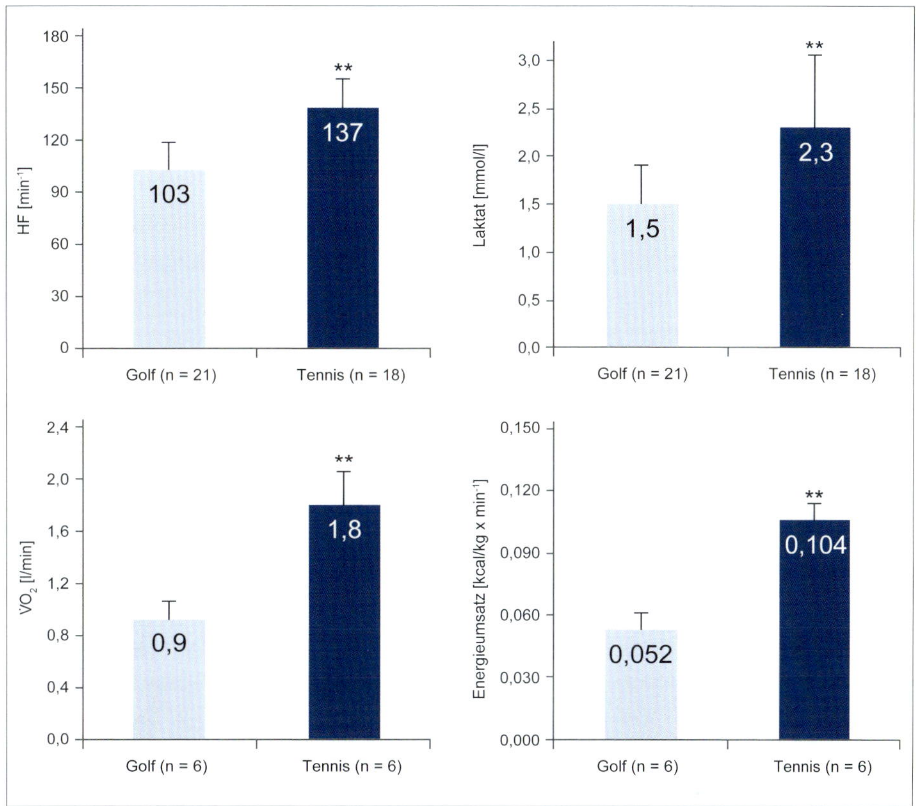


***Abb. 119:*** *Vergleichende Darstellung der Mittelwerte (einschließlich Standardabweichungen) verschiedener Parameter der Belastungsintensität und zum Energieumsatz bei 60-jährigen Golf- und Tennisspielern (Ferrauti et al., 1997)*

Abschließend wird zusammenfassend festgestellt, dass sowohl Tennis als auch Golf aufgrund ihrer langen Belastungsdauer einen beachtlichen Kalorienmehrverbrauch ermöglichen, der bei einem 75 kg schweren Sportler mit ca. 700-1.000 kcal Energieumsatz für einen zweistündigen Tenniswettkampf jenem einer vierstündigen Golfrunde über 18 Löcher gleichkommt. Bei regelmäßiger Ausübung (z. B. mindestens 2 x wöchentlich) können folglich mit beiden Sportarten über eine deutliche Steigerung der Fettverbrennung in Verbindung mit einer Senkung des Insulinspiegels mittel- und langfristig positive Effekte auf das Körpergewicht und den Fettstoffwechsel erwartet und der Entstehung des metabolischen Syndroms entgegengewirkt werden. Der doppelte Energieumsatz pro Zeiteinheit (Abb. 119) beim Tennis gegenüber dem Golf in Kombination mit der höheren kardiozirkulatorischen, metabolischen und konditionellen Beanspruchung (Abb. 119) ermöglicht allerdings nur im Tennis eine signifikante Verbesserung der körperlichen Leistungsfähigkeit. Im Falle von Vorschädigungen des Herz-Kreislauf-Systems resultiert hieraus jedoch gleichzeitig auch ein höheres Gefährdungspotenzial beim Tennis, zumal die Belastungsspitzen beim Tenniswettkampf im Seniorenalter in Einzelfällen bis an die maximale körperliche Leistungsfähigkeit heranreichen.

## 9.2.3 Energiestoffwechsel (Metabolismus)

Die Energiebereitstellung im Tenniswettkampf und -training auf Sandplätzen erfolgt vorrangig über den Abbau der Kohlenhydrate (ca. 60-85 %) und erst in zweiter Linie über den Abbau von Fett (ca. 15-40 %). Je intensiver die körperlichen Beanspruchungen in den einzelnen Ballwechseln sind, umso stärker wird der Kohlenhydratstoffwechsel aktiviert. Je länger die Ballwechsel und vor allem der gesamte Wettkampf bzw. das Training dauert, umso mehr tritt der Fettstoffwechsel in den Vordergrund. Allerdings werden im Tenniswettkampfspiel zu keinem Zeitpunkt jene hohen Fettstoffwechselraten erzielt, die bei moderater kontinuierlicher Beanspruchung wie beispielsweise dem Jogging vorliegen (Abb. 120). Die Ursachen liegen in der höheren Beanspruchung der weißen und schnellen (glykolytisch aktiven) Muskelfasern und der stärkeren Aktivierung des sympathischen Nervensystems (Ausschüttung der Stresshormone Adrenalin und Noradrenalin).

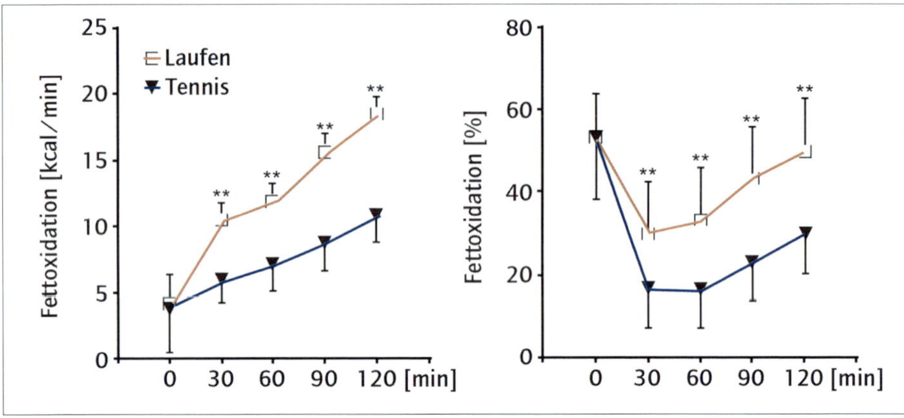


*Abb. 120: Anteil der Fettverbrennung an der Energiebereitstellung beim Tennis und Laufen gleicher Intensität (Ferrauti 1999, S. 64)*

Der Milchsäuregehalt (Laktatspiegel) im Blut beträgt im Tenniswettkampf unter Trainingsbedingungen in der Regel 2-3 mmol/l und überschreitet nur in Ausnahmesituationen 4 mmol/l. Unter Turnierbedingungen liegt der Blutlaktatspiegel gewöhnlich um ca. 0,5-1 mmol/l höher als im Trainingsmatch. Folglich wird beim Tennis die Energie überwiegend anaerob-alaktazid bereitgestellt. Die Spielpausen zwischen den Ballwechseln (derzeit 20 s nach der Wettspielordnung bzw. ITF-Regel) reichen normalerweise aus, um das notwendige Potenzial der energiereichen Phosphate (ATP und KrP) über aerobe Stoffwechselwege in der Arbeitsmuskulatur zu regenerieren. Im guten Trainingszustand wird folglich die Beinmuskulatur beim Tenniswettkampf nicht übersäuert.

Waren die Kohlenhydratspeicher vor Wettkampfbeginn aufgefüllt, ist mit einem Abfall des Blutzuckers im Verlauf eines Tenniswettkampfs oder -trainings üblicher Zeitdauer (1-2

Stunden) nicht zu rechnen (Ferrauti, 1999). Allerdings müssen nach intensivem Tennistraining sowie im Verlauf eines Tennisturniers die Kohlenhydratspeicher (Glykogenspeicher in Leber und Arbeitsmuskulatur) durch kohlenhydratbetonte Kost zügig aufgefüllt werden. Bei zweimaligem Training oder Wettkämpfen am Tag sind für die Erhaltung der Leistungsfähigkeit leicht verdauliche, kohlenhydratreiche Zwischenmahlzeiten auch während des Trainings zwischen einzelnen Trainingsabschnitten nicht nur empfehlenswert, sondern zwingend notwendig zur Erhaltung der Leistungsfähigkeit.

Spieler mit Neigung zur Unterzuckerung (Hungerast) müssen bereits im Verlauf eines länger dauernden Einzels (z. B. ≥ 90 min) für eine regelmäßige Zufuhr (in kleinen Portionen) von leicht verdaulichen Kohlenhydraten sorgen. Auch muss entsprechende Vorsorge getroffen werden, dass speziell bei Mannschaftswettkämpfen die Spieler in unmittelbarem Anschluss an ihr Einzel eine adäquate Kohlenhydratzufuhr in Verbindung mit Flüssigkeit erhalten, damit beim unmittelbar folgenden Doppel bereits während des Einschlagens kein Leistungsabfall eintreten kann. Messungen der Glukosekonzentration im Blut während der Endrunde zur Deutschen Mannschaftsmeisterschaft sowie entsprechende Umfragen bei erfahrenen Turnierspielern ergaben eindeutig, dass der Spielbeginn des zweiten Turnierspiels am Tag ein besonders sensibler Zeitpunkt für das Auftreten einer akuten Unterzuckerung darstellt (Abb. 121).

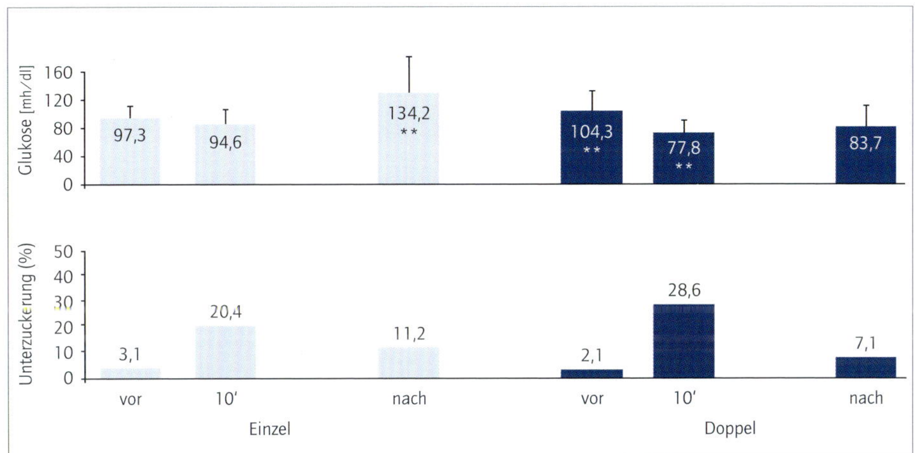


***Abb. 121:** Verhalten des Blutzuckerspiegels im Kapillarblut (n = 20) und Häufigkeit einer subjektiv empfundenen Unterzuckerung bei Leistungstennisspielern (n = 74) während eines Mannschaftswettkampfs vor dem Wettkampf, 10 Minuten nach Beginn sowie unmittelbar nach dem Wettkampf im Einzel und im anschließenden Doppel (Ferrauti, 1999, S. 82 & 83)*

Die genannten Empfehlungen gelten allerdings nicht für jene Breitensportler, die Tennis vorrangig zum Gesundheitsschutz und zur Steigerung von Energieumsatz und Fettstoffwechselrate betreiben. Tennisspieler mit dieser Zielsetzung sollten auf eine Kohlenhydratzufuhr im Verlauf eines Tennismatchs oder -trainings von 60 min Dauer verzichten, da die vorhandenen

Glykogenspeicher in Muskulatur und Leber als Energiequelle für die vergleichsweise kurze Spieldauer mit Sicherheit ausreichen und folglich auch kein Leistungsverlust zu erwarten ist. Außerdem würde die Zufuhr von Kohlenhydraten einer Insulinsenkung entgegenwirken und hierdurch den wünschenswerten Umsatz der körpereigenen Fette während der Belastung vermindern.

## 9.2.4 Psyche und Wohlbefinden

Die Gesundheit sämtlicher Organe bzw. das Freisein von Krankheiten stellt die wesentliche Voraussetzung für das Wohlbefinden des Tennisspielers dar. Darüber hinaus setzt Wohlbefinden den Einklang von gesundem Körper mit Psyche und Geist sowie vor allem die Zufriedenheit mit sich selbst und der Gemeinschaft voraus.

Der Tennissport beeinflusst in positiver Weise das Wohlbefinden und die Psyche des Menschen durch folgende Faktoren und Funktionen:

- Freude und Zufriedenheit über die eigene Leistung sowie Steigerung der Leistungsfähigkeit;
- Sensibilisierung für den Körper (Körpergefühl) und Emotionen;
- Entspannung von beruflichem und familiärem Stress;
- Kommunikation mit alten Bekannten sowie Möglichkeiten zur Integration in neue Gemeinschaften (z. B. Doppelpartner, Mannschaft).

Die genannten Faktoren, mit individuell unterschiedlicher Wertigkeit, können im Tennisklub, im Sport- und Freizeitzentrum oder beim Tennisurlaub durch ein Bündel von Maßnahmen gefördert werden. Neben einem systematischen Tennistraining mit qualifizierten Trainern gehört hierzu auch das spaßorientierte Spiel mit unterschiedlichen Gegnern/Partnern. Darüber hinaus sollte stets auch genügend Zeit für Muße und Regeneration nach dem Spiel reserviert bleiben, sodass je nach Belieben vorhandene Möglichkeiten zum Kaffeetrinken auf der Klubterrasse oder Biertrinken an der Klubtheke genutzt werden können.

Moderne Tennisvereine mit hohem Engagement für den Breitensport initiieren inzwischen die genannten Prozesse durch Organisation von Einführungsabenden für Neumitglieder, Tanz in den Mai, Doppel-Moppel oder Schleifchenturnier zu Saisonanfang und am Saisonende, Hausfrauenvormittage, Hobbyrunde sowie Tennissportabzeichen. Organisatoren erkennen, dass ein Klubrestaurant mit gemütlicher Atmosphäre und wechselndem, attraktivem Angebot kleiner Speisen (z. B. reichhaltige Auswahl an Kuchen, Reibekuchen, Pizza u. a.) als bedeutsames Kommunikationszentrum förderlich ist.

Mit dem positiven Einfluss des Tennissports auf Psyche und Wohlbefinden (Wellness) können zugleich günstige Wirkungen auf eine rasche Regeneration des gesamten Herz-Kreislauf-Systems und des Bewegungsapparats gefördert werden. Hiermit werden wichtige Voraussetzungen zur Erhöhung der intrinsischen Motivation für eine regelmäßige und freudvolle Ausübung des Tennissports geschaffen.

# 9.3 Gesundheit und Fitness für Tennisspieler

## 9.3.1 Muskeltraining

In jüngster Zeit häufen sich die verletzungsbedingten Ausfälle von talentierten Nachwuchsspielern und international bekannten Spitzenspielern. In vergleichsweise harmlosen Fällen (z. B. Muskelzerrung und -bündelriss, Sehnenreizung und -teilriss) müssen Spielpausen von wenigen Wochen bis mehrere Monate (z. B. Rafael Nadal, Andy Murray, Tommy Haas, Venus Williams und Andrea Petkovic), in hartnäckigen Fällen auch mehr als sechs Monate bis hin zum frühzeitigen Abbruch der Tenniskarriere (z. B. Tracy Austin, Pat Cash, Miroslav Mecir und Michael Stich) hingenommen werden.

Eine Überbeanspruchung durch Training und Wettkampf (einschließlich häufiger Wechsel von unterschiedlichen Bodenbelägen) sowie die mangelhafte Kräftigung und Dehnung der im Tennis besonders beanspruchten Muskelgruppen (einschließlich deren Antagonisten) sind oft für diese Häufung und den Schweregrad der Verletzungen verantwortlich. Speziell im (Hoch-)Leistungstennis sind vor allem der Rücken (insbesondere Lendenwirbelsäule), die Oberschenkel (einschließlich Knie) und der Schlagarm (speziell Handgelenke, Ellbogen und Schulter) nahezu täglich gefährdet; dieser Bedeutung entsprechend steht für alle Leistungsspieler ein eigenes Kapitel (Kap. 5 „Krafttraining") zwecks Prävention entsprechender Tennisverletzungen und -schäden zur Verfügung.

Jedoch auch für Tennisspieler der mittleren und unteren Leistungsklassen stellt das systematische Muskeltraining eine zentrale Vorraussetzung zur allgemeinen Gesunderhaltung und zur Verbesserung der Leistungsfähigkeit auf dem Tennisplatz dar. Daher müssen auch im ambitionierten Breitensport über eine harmonische Entwicklung des Halte- und Bewegungsapparats folgende zwei Ziele verfolgt werden:

- Steigerung der Leistungsfähigkeit sowie
- Vorbeugung von Verletzungen.

Diese beiden miteinander verbundenen Ziele werden durch allgemeine Kräftigung der Muskulatur des gesamten Körpers und durch spezielle Kräftigung und Dehnung der im Tennissport besonders beanspruchten Muskelgruppen erreicht. Zusammengefasst besteht ein systematisch aufgebautes Training für die Muskulatur von Tennisspielern aus drei Stufen:

1. Allgemeines Aufbautraining der gesamten Muskulatur zur harmonischen Entwicklung und Stabilisierung des Halte- und Bewegungsapparats.

2. Fortentwicklung der tennisspezifischen Muskulatur unter besonderer Berücksichtigung von individuellen Kraftdefiziten oder mangelhafter Dehnfähigkeit zur Leistungssteigerung. Ein tennisspezifisches Kraft- und Beweglichkeitstraining befasst sich hauptsächlich mit der Muskulatur der Körperregionen:
   - Rücken/Bauch,
   - Hüfte/Oberschenkel,
   - (Schlag-)Schulter/Arm.

3. Regelmäßige Kräftigung und Dehnung der (über-)belasteten Muskelgruppen zur Verletzungsprophylaxe; eine solche Muskelpflege einschließlich der Beseitigung von muskulären Ungleichheiten (Dysbalancen) ist besonders wichtig für folgende Muskelgruppen: Rückenstrecker, Hüftbeuger/-strecker, Hüftstrecker/Kniebeuger, Oberschenkelanzieher, Handgelenkbeuger, Unterarmaußenwender, Handgelenkstrecker und Unterarminnenwender.

Diese drei Stufen des Muskeltrainings bauen zwar aufeinander auf, werden aber in der Regel innerhalb einer Trainingseinheit in Abhängigkeit von Trainingsziel und -zeit gemischt. Aus organisatorischen und praktikablen Gründen stellen wir zur harmonischen Entwicklung des Halte- und Bewegungsapparats und für ein Heimprogramm zwecks Leistungssteigerung und tennisspezifischer Verletzungsprophylaxe im Folgenden praktische Beispiele für ein allgemeines Muskelaufbautraining vor.

### *ALLGEMEINES MUSKELAUFBAUTRAINING*

Das Ziel des allgemeinen Muskelaufbautrainings liegt darin, einen harmonischen Muskelaufbau des gesamten Körpers zu fördern. Zusammen mit einer gezielten Beseitigung von individuellen Kraftdefiziten und muskulären Ungleichheiten wird hier die notwendige Grundlage zur Steigerung der tennisspezifischen Leistungsfähigkeit und zur Vorbeugung von Tennisverletzungen gelegt. Das allgemeine Muskelaufbautraining zur Stabilisierung des Bewegungsapparats besitzt speziell im Kindes- und Jugendalter eine besondere Bedeutung.

Aus systematischen Gründen teilen wir die Kräftigungsübungen in solche der oberen (einschließlich Schulter) und der unteren Extremität (einschließlich Hüfte) und des Rumpfs ein (Tab. 24). Ferner wollen wir die unterschiedlichen Ausgangsbedingungen (z. B. Wohnzimmer oder Fitness- bzw. Kraftstudio) berücksichtigen. Wir unterscheiden daher Beispiele ohne jeglichen Geräteaufwand, mit schnell verfügbaren (Klein-)Geräten beziehungsweise Partner sowie mit speziellem Kraftgerät (Kraftturm, Hantel oder funktionsspezifisches Einzelgerät).

*Tab. 24: Übungsbeispiele zur Kräftigung des gesamten Bewegungsapparats*

| OBERE EXTREMITÄT | UNTERE EXTREMITÄT | RUMPF |
|---|---|---|
| Ohne Gerät<br>▪ Sich aus dem Kopfstand an der Wand in den Handstand drücken.<br>▪ Liegestütz vorlings. | Ohne Gerät<br>▪ Kniebeuge auf einem Bein.<br>▪ Schnellendes Umsteigen.<br>▪ Mehrfach-Einbeinsprünge (Dreierhopp, Fünferhopp). | Ohne Gerät<br>▪ Aus rückseitigem Unterarmstütz ein Bein anheben.<br>▪ Aus Seitstütz oberes Bein abheben. |
| Mit Gerät/Partner<br>▪ Medizinballstoß (links und rechts) gegen die Wand bzw. mit dem Partner.<br>▪ Klettern am Tau (ohne Hilfe der Beine). | Mit Gerät/Partner<br>▪ Hahnenkampf auf einem Bein.<br>▪ Schlusssprünge über Kastenteile.<br>▪ Sprunglauf über jeweils 2/3/4 Treppenstufen. | Mit Gerät/Partner<br>▪ Liegestütz rücklings: Partner hebt beide Fußspitzen bis zur Waagerechten an.<br>▪ Klimmzüge im Kammgriff.<br>▪ Beugestütz am Barren (Dips). |
| Kraftraum<br>▪ Bankdrücken.<br>▪ Nackendrücken (im Sitz).<br>▪ Überzüge an der Kraftmaschine. | Kraftraum<br>▪ Beinpresse (Beinschieben).<br>▪ Kniestreckung aus 1/4- oder 1/2-Kniebeuge.<br>▪ Beincurls. | Kraftraum<br>▪ Rumpf an der Kraftmaschine aufrichten.<br>▪ Beine in Bauchlage heben.<br>▪ Situps gerade/seitlich. |

### *HEIMPROGRAMM*

Nach den Ergebnissen aus physiotherapeutischen Kontrolluntersuchungen bei etwa 60 Kindern und Jugendlichen im Leistungskader des Württembergischen Tennis-Verbandes lagen die Schwachstellen vor allem in folgenden Bereichen (Dangel & Reichardt, 1986):

- deutliche Kraftdefizite der Gesäß-, Bauch- und Rückenmuskulatur;
- verkürzte Muskulatur an Oberschenkel, Hüfte und Schultern sowie im Bereich der gesamten Wirbelsäule.

Auf der Basis von Befragungsergebnissen bei 141 leistungsstarken Spielern der deutschen Rangliste stellte Eifler (1994) fest, dass die weitaus häufigsten Beschwerden (75 % der Fälle) am Rücken im Bereich der Lendenwirbelsäule auftreten. Nach Auffassung der betroffenen Spieler werden mangelnde Rumpfkraft (60,0 %) und harter Boden (47,6 %) sowie einseitiges Training (42,9 %) als wesentlich ursächliche Faktoren identifiziert. Einer typischen Sportverletzung (10,5 %) oder einer mangelhaften Technik (23,8 %) wird dagegen nur eine untergeordnete Bedeutung eingeräumt.

Den Resultaten der beiden genannten Studien entnehmen wir, dass bei der Übungsauswahl die Stabilisierung des Rumpfs bzw. der Wirbelsäule im Vordergrund stehen muss. Hierzu gehört auch die Beseitigung von Kraftdefiziten, insbesondere der Bauch- und Rückenmuskulatur sowie am Gesäß und Oberschenkel. Darüber hinaus bedarf es der Dehnung verkürzter Muskulatur (vor allem LWS-Strecker sowie Hüftbeuger/Kniestrecker bzw. Hüftstrecker/Kniebeuger). Eine systematische Differenzierung der vielfältigen tennisspezifischen Krafteinwirkungen auf die unterschiedlichen Beanspruchungen der Wirbelsäule wird in Tab. 25 dargestellt .

***Tab. 25:*** *Systematik der Wirbelsäulenbeanspruchung im Tennis*

| BEANSPRUCHUNG DER WIRBELSÄULE | | |
|---|---|---|
| **Biegung** | **Drehung** | **Stauchung** |
| Kick-Aufschlag | Beidhändige Rückhand | Richtungswechsel |
| Kanonenaufschlag | VH (offene Stellung) | Seitwärtssprünge |
| Schmetterball | Slice-Aufschlag | Vertikalsprünge |

Trotz der Vielzahl von Fitnessstudios mit reichhaltigem Geräteangebot und attraktivem Ambiente werden sie von Tennisspielern vergleichsweise selten besucht. Dies liegt daran, dass für den regelmäßigen Besuch dieser Fitnessstudios hoher finanzieller (ca. 30–60,- € monatlich) und zugleich beträchtlicher zeitlicher Aufwand für die Hin- und Rückfahrt notwendig wird. Ferner sind die vorhandenen Kraftgeräte bzw. -maschinen häufig nicht dazu geeignet, die im Tennis üblichen Bewegungen (z. B. Aufschlag oder Rückhand) zu simulieren. Daher muss nach anderen Möglichkeiten gesucht werden, um möglichst zeitökonomisch, kostengünstig und praxisnah zu trainieren. Eine Zeit- und Kostenersparnis wird im Idealfall dadurch erreicht, dass das Trainingsprogramm ohne wesentliche Hilfsmittel zu jeder Zeit und an jedem Ort durchgeführt werden kann (Dangel et al., 1998), z. B. auch auf dem Tennisplatz und vor allem daheim (Heimprogramm) unmittelbar nach dem Aufstehen oder abends vor dem Fernseher.

Die folgenden Übungen für ein Heimprogramm zielen auf die harmonische Stabilisierung des Bewegungsapparats sowie auf die Prophylaxe von Tennisverletzungen. Der Aufbau und die Fortentwicklung der tennisspezifischen Muskulatur bleibt einem speziellen Krafttraining vorbehalten, welches der tennistypischen Bewegungsstruktur und -dynamik (Kraft-Zeit-Verlauf) möglichst nahekommt. Letztgenanntes Training bedarf allerdings in der Regel spezieller Geräte (z. B. Kraftgeräteturm mit verschiedenen, separaten Segmenten) und benötigt darüber hinaus erhöhten Raumbedarf, sodass solche Übungen im Rahmen unseres folgenden Heimprogramms nicht berücksichtigt werden.

## *BEISPIELE ZUR KRÄFTIGUNG*

### *RÜCKENMUSKULATUR*

**Rücken 1:** Aus dem Kniestütz je einen Arm und ein Bein (der Gegenseite) diagonal bis zur Waagerechten strecken (Bild 1, Heimprogramm 1). Anschließend das in der Endposition gestreckte Bein leicht nach innen rotieren. Hohlkreuzhaltung vermeiden!

**Rücken 2:** Rückenlage mit gestreckten Beinen einnehmen. Für die Endposition werden die Handflächen gegen die Unterlage gedrückt und das Becken langsam vom Boden gelöst und nur wenig abgehoben. Zusätzlich kann ein Bein bis etwa in Höhe des Knöchels oder der Fußspitze des anderen Beins angehoben werden (Bild 3, Heimprogramm 1). Spieler mit geringem Kraftniveau beginnen mit mehrmaligem Anspannen, ohne die Hüfte wesentlich hochbewegen zu müssen.

**Rücken 3:** Bauchlage mit frei beweglichem Hüftgelenk auf Langbank/Sessel einnehmen, wobei der Oberkörper mit den Händen fixiert wird (Bild 7, Heimprogramm 1). Beide Beine werden gemeinsam oder wechselseitig bis höchstens zur Waagerechten gestreckt. Hohlkreuzhaltung vermeiden!

### *BAUCHMUSKULATUR*

**Bauch 1:** Rückenlage bei rechtwinklig aufgelegten Beinen einnehmen. Die Hände liegen neben dem Gesäß. Aus der Ausgangsposition erfolgt langsam das Abheben der Wirbelsäule, gleichzeitig greifen die Hände über den Boden in Richtung der Stuhlbeine. In der Endposition sind Schultern und Brustwirbelsäule deutlich vom Boden abgehoben (Bild 2, Heimprogramm 1).

**Bauch 2:** In Rückenlage die Beine im rechten Winkel anheben. Anschließend das Becken langsam heben und senken, wobei Hüft- und Kniewinkel bei ca. 90° konstant bleiben (Bild 4, Heimprogramm 1).

**Bauch 3:** Rückenlage mit angestellten Beinen einnehmen. Die Hände sind hinter dem Nacken verschränkt. Zunächst werden die Bauchmuskeln angespannt, sodass die Lendenwirbelsäule gegen den Boden gedrückt wird. Erst danach wird langsam aufgerollt mit einer Seitwärtsdrehung der Wirbelsäule. In der Endposition sind Schultern und Brustwirbelsäule vom Boden abgehoben und zeigen in die linke bzw. rechte Richtung (Bild 6, Heimprogramm 1).

*BECKEN-/HÜFTMUSKULATUR*

Becken/Hüfte 1: Rückenlage mit angestellten Beinen einnehmen. Die Hände liegen neben dem Gesäß. Aus der Ausgangsposition wird langsam das Becken abgehoben, bis der Oberschenkel mit dem Oberkörper eine (aufsteigende) Linie bildet. Anschließend wird zusätzlich ein Bein vom Boden gelöst und gestreckt. Hierbei darf die Beckenhälfte des gestreckten Beins nicht absinken (Bild 5, Heimprogramm 1).

Becken/Hüfte 2: Rückenlage mit einem angestellten Bein einnehmen. Die Hände umgreifen das Kniegelenk des anderen Beins und ziehen es in Richtung des Brustkorbs. Das Becken wird langsam abgehoben und so weit wie möglich nach oben geschoben. Zugleich wird das Knie des anderen Beins mit den Händen so dicht wie möglich zum Brustkorb gezogen (Bild 5, Heimprogramm 2). Hierbei muss die Hüftbeugung des gehaltenen Beins aufrechterhalten bleiben, da sonst eine Hohlkreuzhaltung droht.

*HÜFT-/BEINMUSKULATUR*

Beidbeinige-Schlusssprünge auf der Stelle mit möglichst kurzer Kontaktzeit.

Partnerübung: Aus dem einbeinigen Hüpfen versuchen, den Partner durch Körperkontakt aus dem Gleichgewicht zu bringen (die Arme liegen verschränkt am Körper).

*HÜFTSTRECKMUSKULATUR*

Aus dem Ellbogenstütz auf der Sitzfläche oder den Seitenlehnen eines Stuhls wird in der Hocke mit übergeschlagenen Beinen gedehnt.

*HÜFTBEUGER/KNIESTRECKMUSKULATUR*

**Hüftbeuger/Kniestrecker:** In Rückenlage ein Knie zur Brust ziehen und in maximaler Hüftbeugung mit den Händen fixieren. Das Gegenbein wird gebeugt aufgestellt. Danach dieses Gegenbein aktiv strecken und die Zehen anziehen.

*SCHULTER-/RUMPF-/HÜFTMUSKULATUR*

Schulter/Rumpf/Hüfte 1: Rückenlage mit gestreckten Beinen einnehmen, Unterarme aufstützen und langsam in den Stütz auf den Unterarmen drücken. Zugleich den Körper wie ein Brett in Spannung halten (Bild 2, Heimprogramm 2). Zusätzlich kann ein Bein vom Boden abgehoben werden.

Schulter/Rumpf/Hüfte 2: Seitlage einnehmen; beide Beine liegen übereinander. Ein Unterarm ist aufgestützt und der Ellbogen befindet sich unter dem Schultergelenk. Aus der Seitlage langsam in den Stütz auf den Unterarm drücken und dabei den Körper steif in Spannung halten. Anschließend kann zusätzlich ein Bein vom Boden gelöst werden (Bild 3, Heimprogramm 2).

Schulter/Rumpf/Hüfte 3: Im Unterarmstütz bäuchlings und mit gestreckten Zehenspitzen den Körper in gerader Linie in brettharter Spannung halten und gegebenenfalls nach 10 s ein Bein leicht anheben (Bild 6, Heimprogramm 2).

## HEIMPROGRAMM 1

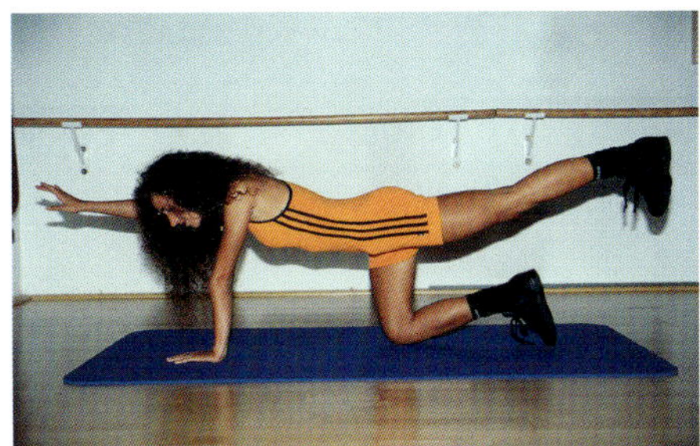

**Bild 1:** *Rücken 1: 4 x 8 s (li./re.)*

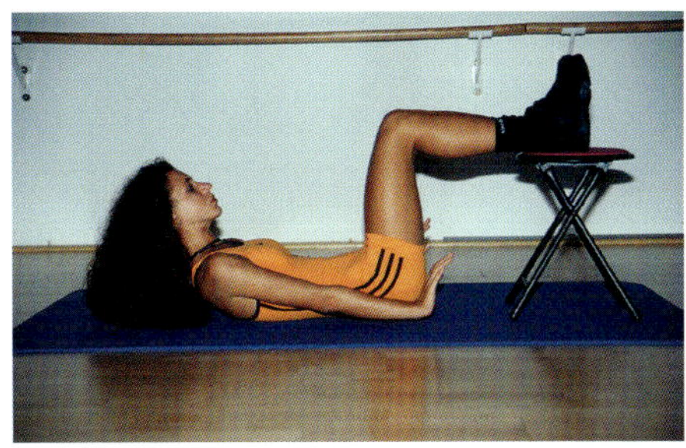

**Bild 2:** *Bauch 1: 2 x 8 Wiederholungen*

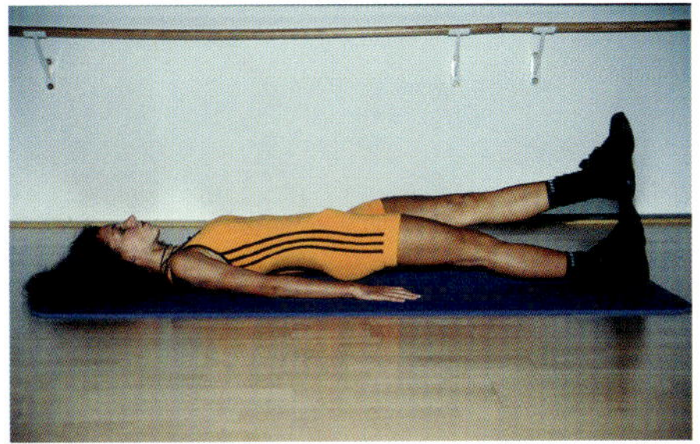

**Bild 3:** *Rücken 2: 4 x 6 s (li./re.)*

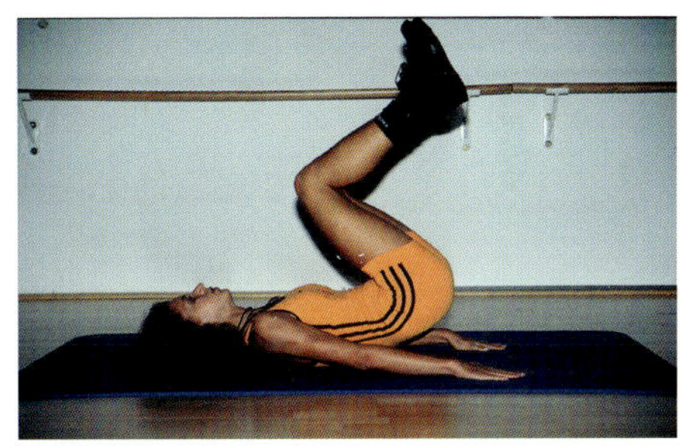

**Bild 4:** *Bauch 2: 4 x 6 s*

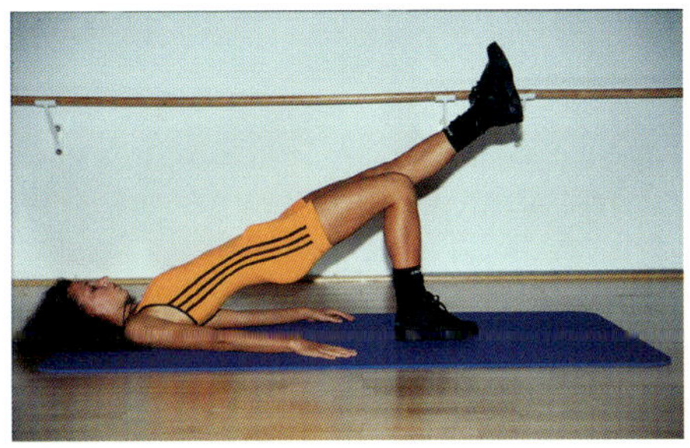

**Bild 5:** *Becken/Hüfte 1: 4 x 8 s (li./re.)*

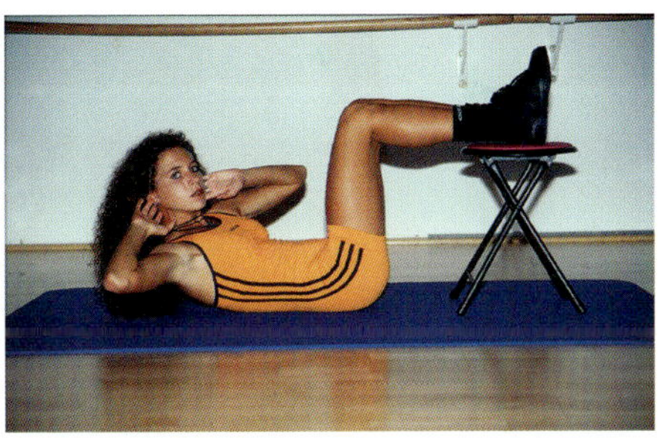

**Bild 6:** *Bauch 3: 2 x 8 Wiederholungen (li./re.)*

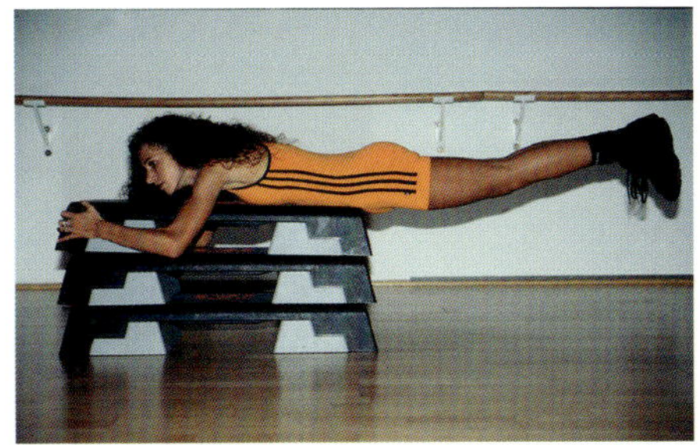

**Bild 7:** *Rücken 3: 4 x 6 s*

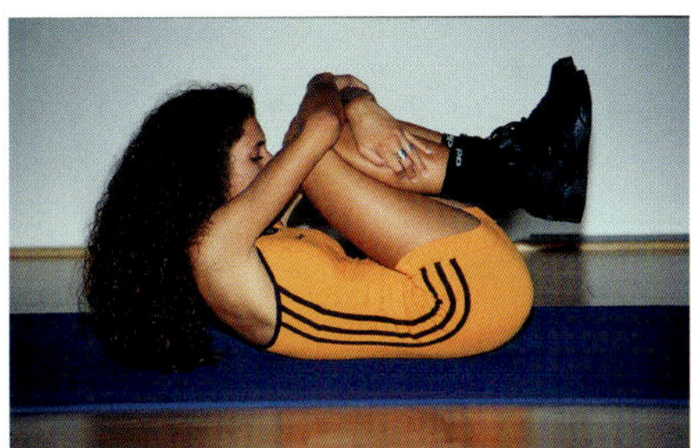

**Bild 8:** *Dehnung Rücken: 2 x 30 Sekunden*

*HEIMPROGRAMM 2*

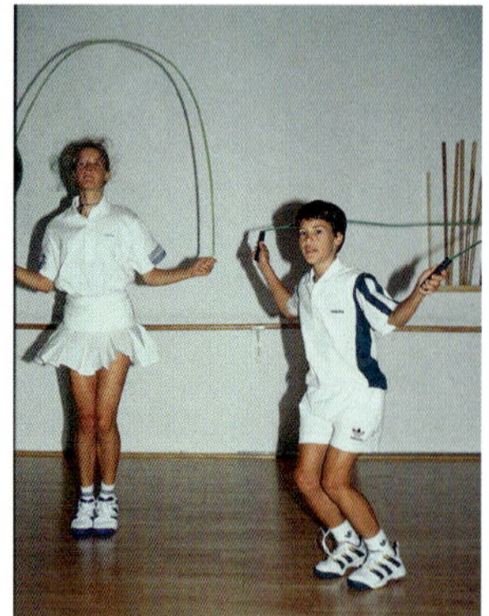

***Bild 1:*** *Aufwärmung 3 min*

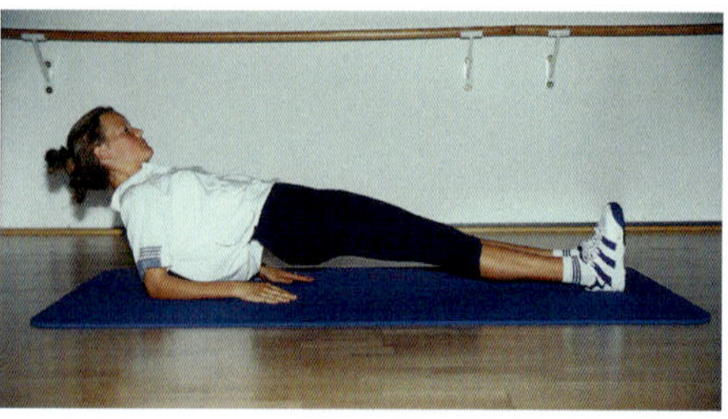

***Bild 2:*** *Schulter/Rumpf/Hüfte 1: 4 x 8 s (li./re.)*

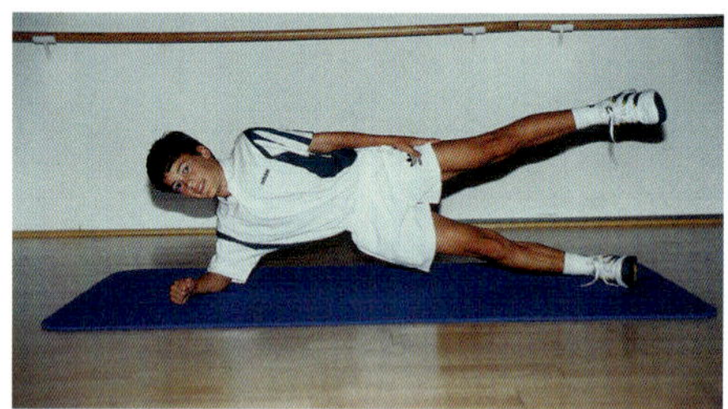

***Bild 3:*** *Schulter/Rumpf/Hüfte 2: 4 x 6 s (li./re.)*

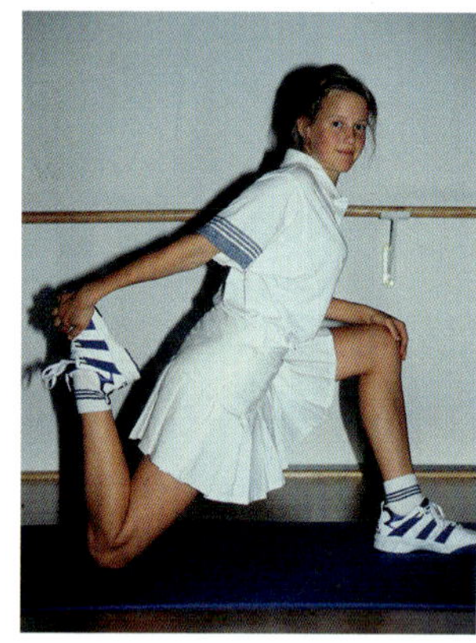

***Bild 4:*** *Dehnung Hüftbeuger: 4 x 30 s*

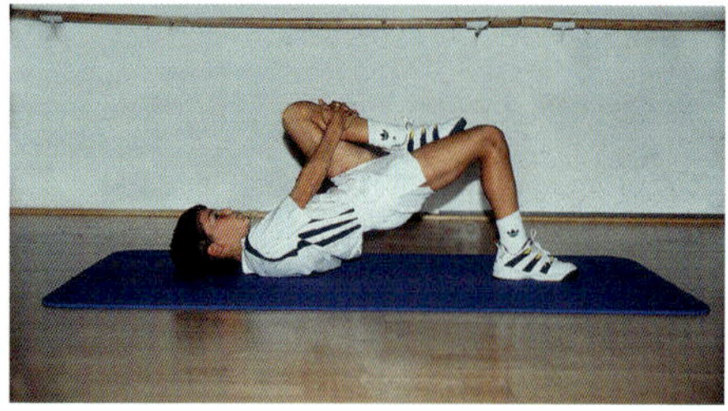

***Bild 5:*** *Becken/Hüfte 2: 4 x 8 Sekunden (li./re.)*

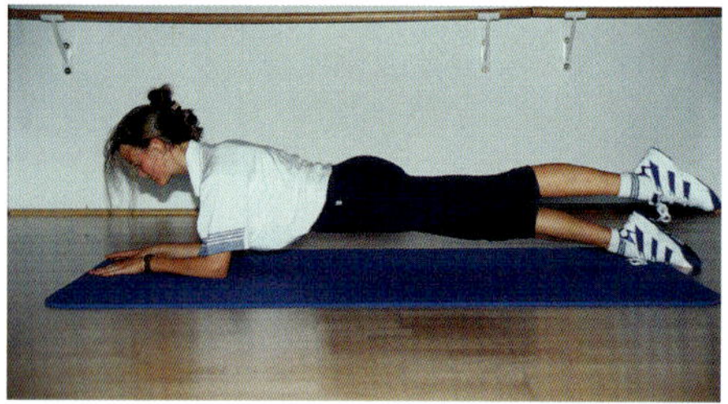

***Bild 6:*** *Schulter/Rumpf/Hüfte 3: 4 x 6 s (li./re.)*

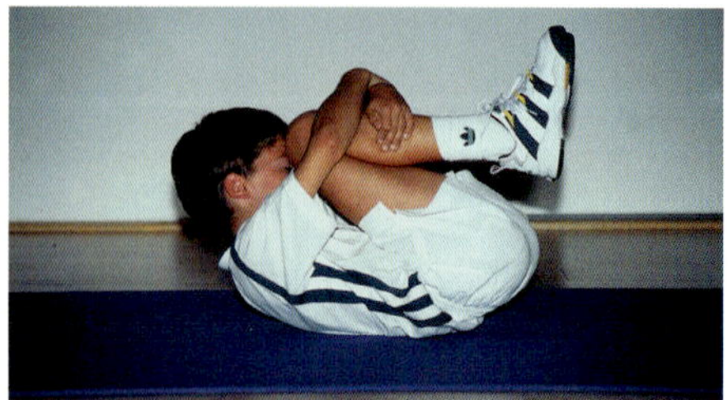

***Bild 7:*** *Bauch: 2 x 8 Wiederholungen*

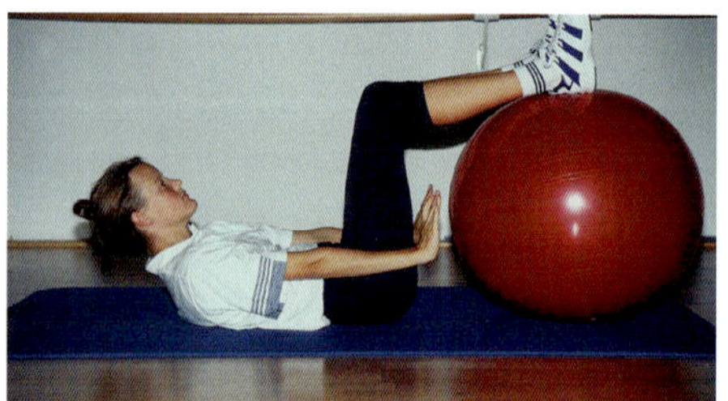

***Bild 8:*** *Dehnung Rücken: 2 x 30 s*

## *BEISPIELE ZUR DEHNUNG*

### *RÜCKENMUSKULATUR*

Dehnung Rücken 1: Rückenlage einnehmen. Die Hände umfassen die gebeugten Kniegelenke, der Kopf liegt auf. In einer kurzen Anspannungsphase drücken die Knie gegen die haltenden Hände, der Kopf gegen die Unterlage. Nun werden die Knie so dicht wie möglich zum Oberkörper gezogen und der Kopf eingerollt (Bild 8, Heimprogramm 1).

Dehnung Rücken 2: Aus der stabilen Seitenlage wird die untere Hand auf das gebeugte Kniegelenk gelegt, der obere Arm und die obere Schulter zurückgedreht. Das gebeugte Knie sollte seine Lage nicht verändern. Wird in dieser Position der höher liegende Arm gestreckt nach hinten oben geführt und abgelegt, erfolgt zusätzlich eine Dehnung des großen Brustmuskels.

### *HÜFTBEUGER/KNIESTRECKMUSKULATUR*

Dehnung Hüftbeuger/Kniestrecker: Aus dem Kniestütz (Weichmatte als Unterlage) in Schrittstellung wird die Hüfte nach vorn fixiert und anschließend der Fußrücken in Richtung Gesäß gezogen (Bild 4, Heimprogramm 2).

### *SCHULTER-/BRUSTMUSKULATUR*

Dehnung Schulter/Brust 1: Im Stand wird eine Hand bei waagerecht gestrecktem Ellbogen gegen eine Wand gestützt. Nach Anspannen wird der Oberkörper langsam von der Hand weggedreht.

Dehnung Schulter/Brust 2: Im Stand werden beide Hände mit gestrecktem Ellbogen knapp über Kopfhöhe auf einen Schrank gelegt. Nach Anspannung (ca. 5 s) den Oberkörper langsam absenken.

### *HANDGELENKSTRECKMUSKULATUR*

Mit gestrecktem Arm werden Handgelenk und Langfinger zur Dehnung der Unterarmstreckmuskulatur und der Langfingerstrecksehnen über die Hohlfläche der Gegenhand maximal zur Beugeseite gezogen. Hierbei kann die Streckseite des zweiten Mittelhandknochens auf den Oberschenkel gedrückt werden. Nun wird die Hand maximal nach innen gedreht (Handinnenfläche zeigt nach außen).

### *HANDGELENKBEUGEMUSKULATUR*

Im Sitz oder Kniestütz wird die Hand auf Bank oder Boden aufgesetzt und im Handgelenk maximal gebeugt. Nun wird die Hand nach außen gedreht, sodass die Finger nach hinten und zur Hüfte zeigen.

## 9.3.2 Herz/Kreislauf- und Stoffwechseltraining

Das Ziel eines Trainings für das Herz-Kreislauf-System und den Energiestoffwechel besteht in erster Linie darin, die tennisspezifische Fitness so weit zu steigern, dass die Spieler die Anforderungen im Training und Wettkampf immer müheloser bewältigen können, damit auf dieser Grundlage die Qualität der Tennistechnik verbessert und optimal eingesetzt werden kann. Im Vordergrund eines solchen Trainings steht zu Beginn die Verbesserung der Ausdauer, doch dürfen Schnelligkeit und Technik nicht vernachlässigt werden und vor allem muss die Spielfreude am Tennis erhalten bleiben.

Im Breitensport kann ein Training für das Herz-Kreislauf-System nur dann wirksam werden, wenn es intensiv, lang und häufig genug durchgeführt wird. Beispielsweise kann das Risiko für einen Herzinfarkt nur unter der Voraussetzung drastisch gesenkt werden, wenn wöchentlich eine körperliche Mehraktivität von ca. 2.000-3.000 kcal (ca. 8.400-12.600 kJ) geleistet wird (Abb. 122). Die Intensität, Zeitdauer und Häufigkeit des Tennistrainings sollte sich folglich an diesen Daten als objektive Messlatte orientieren, damit das Tennisspiel als Herz-Kreislauf-Training auch gegenüber der Arteriosklerose und deren Folgeerscheinungen (z. B. Herzinfarkt, Schlaganfall oder Raucherbein) präventiv wirksam werden kann.

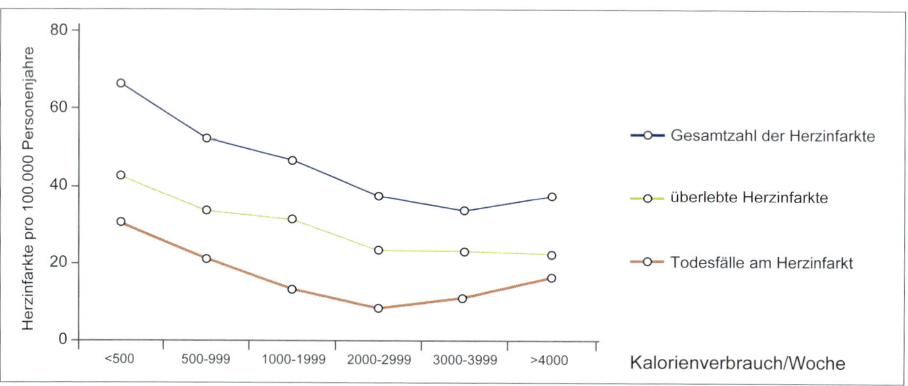


***Abb. 122:** Herzinfarktrisiko in Abhängigkeit vom Kalorienmehrverbrauchs/Woche durch körperliche Aktivität/Sport (Paffenbarger et al., 1978)*

Beim Tenniswettkampf auf Sandplätzen beträgt die effektive Spielzeit im Mittel zwischen 20 und 25 %. Hierdurch wird zwar eine lange Gesamtspieldauer möglich, aber der Energieverbrauch pro Zeiteinheit liegt vergleichsweise niedrig. Beispielsweise muss eine 60 kg schwere Spielerin (Tab. 26) mindestens fünf Stunden pro Woche Tennis spielen, um den in Abb. 122 zur Reduktion von Todesfällen durch Herzinfarkt wünschenswerten Kalorienmehrverbrauch (Paffenbarger et al., 1978) zu erzielen. Eine Steigerung des Energieumsatzes wird im Training mit verschiedenen Übungs-/Spielformen (beispielsweise mit „Dreieck"- oder „Hosenträgerspiel") erreicht. Ein solches Training hat zudem den Vorteil, dass die Zahl der Tennisschläge bedeutend höher liegt als im Wettkampf, sodass zusätzlich auch die tennisspezifische Koordination und die Tennistechnik wirksamer trainiert werden.

***Tab. 26:*** *Minimaler (Min), mittlerer (Mittel) und maximaler (Max) Bruttoumsatz von Damen und Herren im Tenniswettkampf in Abhängigkeit von Körpergewicht und Spielzeitdauer (Ferrauti, 1999, S. 70)*

| ***Spiel-dauer*** [min] | ***DAMEN*** | | | | ***HERREN*** | | | |
|---|---|---|---|---|---|---|---|---|
| | ***Gewicht*** [Kg] | ***Min*** [kcal] | ***Mittel*** [kcal] | ***Max*** [kcal] | ***Gewicht*** [Kg] | ***Min*** [kcal] | ***Mittel*** [kcal] | ***Max*** [kcal] |
| **60** | 45 | 280 | 305 | 330 | 65 | 445 | 485 | 525 |
| | 50 | 310 | 340 | 370 | 70 | 480 | 520 | 560 |
| | 55 | 345 | 375 | 405 | 75 | 515 | 560 | 605 |
| | 60 | 375 | 410 | 445 | 80 | 550 | 600 | 650 |
| | 65 | 405 | 445 | 485 | 85 | 585 | 635 | 685 |
| | 70 | 435 | 475 | 515 | 90 | 620 | 670 | 720 |
| | 75 | 465 | 510 | 555 | 95 | 650 | 710 | 770 |
| | 80 | 500 | 545 | 590 | 100 | 685 | 745 | 805 |
| **90** | 45 | 420 | 460 | 500 | 65 | 670 | 725 | 780 |
| | 50 | 465 | 510 | 555 | 70 | 720 | 780 | 860 |
| | 55 | 510 | 560 | 610 | 75 | 770 | 840 | 910 |
| | 60 | 560 | 610 | 660 | 80 | 825 | 895 | 965 |
| | 65 | 605 | 660 | 715 | 85 | 875 | 950 | 1.025 |
| | 70 | 650 | 715 | 780 | 90 | 925 | 1.005 | 1.085 |
| | 75 | 700 | 765 | 830 | 95 | 975 | 1.060 | 1.145 |
| | 80 | 745 | 815 | 885 | 100 | 1.025 | 1.115 | 1.205 |
| **120** | 45 | 560 | 610 | 660 | 65 | 890 | 965 | 1.040 |
| | 50 | 620 | 680 | 740 | 70 | 960 | 1.040 | 1.120 |
| | 55 | 680 | 745 | 810 | 75 | 1.025 | 1.115 | 1.205 |
| | 60 | 745 | 815 | 885 | 80 | 1.095 | 1.190 | 1.285 |
| | 65 | 805 | 880 | 955 | 85 | 1.165 | 1.265 | 1.365 |
| | 70 | 870 | 950 | 1.030 | 90 | 1.230 | 1.340 | 1.450 |
| | 75 | 930 | 1.020 | 1.110 | 95 | 1.300 | 1.415 | 1.630 |
| | 80 | 990 | 1.085 | 1.180 | 100 | 1.370 | 1.490 | 1.610 |

Die ausschließliche Verwendung monotoner Übungs- oder Spielformen wird mit fortschreitender Zeitdauer als langweilig empfunden, sodass eine Mischung aus Trainingsformen mit isolierten Technik- oder Taktikvorgaben (Tab. 27) sowie aus matchsimulativen Spielformen und regelgerechtem Tenniswettkampf anzustreben ist. Steht zum Beispiel ein Tennisplatz für höchstens 60 min zur Verfügung, sollte nach der Aufwärmphase wenigstens 10-20 min mit bewegungsintensiven Trainingsformen begonnen werden, ehe der üblicherweise bevorzugte Trainingswettkampf im Vordergrund steht. Beträgt die Spielzeit 90 oder 120 min, so empfehlen wir ein lauf- und schlagintensives Training von ca. 20-40 min Dauer (z. B. 5-15 min individuelles Technik-/Taktiktraining und 10-30 min matchorientierte Spielformen) und anschließend Wettkampftennis (z. B. ein oder zwei Sätze oder sieben Champion-Tie-Breaks).

***Tab. 27:*** *Mittlere Herzfrequenz ($min^{-1}$) und durchschnittliches Blutlaktat (mmol/l) von Spielern unterschiedlicher Leistungsklassen bei zwei typischen, laufintensiven Trainingsformen*

| **Übung** | | ***BUNDESLIGA*** | | ***KREISKLASSE*** | |
|---|---|---|---|---|---|
| | | Herzfrequenz | Blutlaktat | Herzfrequenz | Blutlaktat |
| Hosenträger | Cross | 155 | 3,2 | 155 | 2,6 |
| | Longline | 170 | 5,7 | 155 | 2,6 |
| Dreieckspiel | Zuspieler | 130 | 1,1 | 150 | 1,7 |
| | Läufer | 160 | 5,4 | 160 | 3,0 |

Auch im Training mit Freizeittennisspielern sollten solche Trainingsformen den Vorzug erhalten, die hohe Ähnlichkeit mit typischen Wettkampfsituationen (Matchsimulation) aufweisen und zugleich eine individuell optimal dosierbare Belastung des Muskelstoffwechsels und des Herz-Kreislauf-Systems erlauben. Speziell unter letztgenannter Zielsetzung bieten sich tennisspezifische Trainingsformen mit vorgegebener Lauf- und Schlagrichtung an, die zugleich einen hohen Schlagumfang in typischen Matchsituationen garantieren. Typische Beispiele hierfür sind das „Dreieckspiel" und der „Hosenträger". Da beim „Hosenträger zu zweit" der Laufweg des Longlinespielers durchschnittlich ca. 10-20 % länger ist als jener des Crossspielers, resultieren hieraus, (nur) bei entsprechend hoher Spielstärke, unterschiedlich hohe Herz-Kreislauf-Belastungen und differente Reaktionen des Energiestoffwechsels (Tab. 27). Beim technisch anspruchsloseren „Dreieckspiel" können wir auch bei Freizeittennisspielern zwischen Zuspieler und Läufer einen statistisch signifikanten Unterschied in der Belastung des Herz-Kreislauf-Systems und des Energiestoffwechsels in der Arbeitsmuskulatur feststellen (Tab. 27).

Bei den genannten Daten zur durchschnittlichen Belastung des Herz-Kreislauf-Systems und des Muskelstoffwechsels bei verschiedenen Trainingsformen muss folglich berücksichtigt werden, dass die Beanspruchung maßgeblich auch von der Qualität der Tennistechnik und dem konditionellen Ausgangsniveau der Tennisspieler abhängt. So sind die positionstypischen

Unterschiede zwischen Läufer und Zuspieler beim „Dreieckspiel" umso geringer, je tiefer das technische Leistungsniveau liegt (Tab. 27). Dies liegt daran, dass Anfänger und großenteils auch Turniertennisspieler der untersten Leistungsklassen mit der vorgegebenen Schlagrichtung und gleichzeitiger hoher Laufarbeit bei unterschiedlichen Zuspielbedingungen technisch überfordert sind.

Tennisanfänger können daher wegen ihrer Defizite in der Tennistechnik den aus präventivmedizinischer Sicht wünschenswerten Intensitätsbereich nur überschreiten, wenn sie ihr Training mit einem Tennistrainer oder an der Ballwurfmaschine durchführen. Auch beim typischen Tenniswettkampf mit einem Partner gleicher Spielstärke sind sie meist technisch überfordert, sodass die Nettospielzeit weniger als 20 % beträgt und die Herz-Kreislauf-Belastung unter dem trainingswirksamen Bereich bleibt. Daher empfehlen wir Tennisanfängern, – entgegen der Spielidee im Tenniswettkampf – den Ball nicht vom Partner entfernt, sondern so kontrolliert wie möglich auf den Partner zu spielen (ggf. unter Verwendung spezieller „Lern- bzw. Softbälle" mit langsamerem und kürzerem Flug); hiermit werden die Voraussetzungen geschaffen, dass der Ball möglichst häufig und präzise zurückkommt und die effektive Nettospielzeit um das Zwei- bis Dreifache angehoben werden kann. Über eine deutliche Steigerung der Zahl der Tennisschläge verbessert sich zwangsweise auch die Qualität der Technik. Hiermit stellen sich die wünschenswerten Erfolgserlebnisse immer häufiger ein. Darüber hinaus nähert sich die tennisspezifische Belastung einer kontinuierlichen Beanspruchung unter gleichzeitiger Ausschaltung extremer körperlicher Belastungsspitzen.

Der Entwicklung und Verbreitung stoffwechselintensiver Trainingsprogramme für den Gruppenunterricht mit Anfängern und Fortgeschrittenen gab Ferrauti (1999) speziell unter dem Stichwort „Kalorientennis" neue und nachhaltige Impulse (z. B. als Vorläufer von „Cardio-Tennis"). Mit Kalorientennis verfolgte er das Ziel, das teilweise monotone und ausschließlich technikorientierte Trainingsangebot in Tennisschulen und -vereinen um bewegungsintensive, spaßbereitende und zugleich gesundheitsfördernde Lehrinhalte zu erweitern. Ferrauti (1999) konnte im Rahmen seiner wissenschaftlichen Studie an der Sporthochschule Köln über sechs Wochen und insgesamt 18 Trainingseinheiten (3 x 2 Stunden laufintensives Gruppentraining pro Woche) mit insgesamt 30 Hobbyspielern überzeugend nachweisen, dass die körperliche Fitness und die Tennisleistung deutlich zunahme und gleichzeitig das Körpergewicht und auch der Fettstoffwechsel und der Cholesterinspiegel signifikant positiv beeinflusst wurde (Abb. 123). Darüber hinaus zeigte der überwiegend hervorragende Zuspruch aller Projektteilnehmer, dass ein ausdauerorientiertes und bewegungsintensives Training auf dem Platz bei der Mehrheit von Breitensportlern eine höhere Akzeptanz erreicht als die prinzipiell eher monotonen und teilweise langweiligen Ausdauersportarten. Tennislehrer sollten daher zukünftig Programme wie Kalorientennis, Tennis-Jogging und Cardio Tennis (Kap. 9.3.3 „Cardio Tennis") in ihr Konzept aufnehmen und sich hierdurch eine neue Klientel eröffnen.

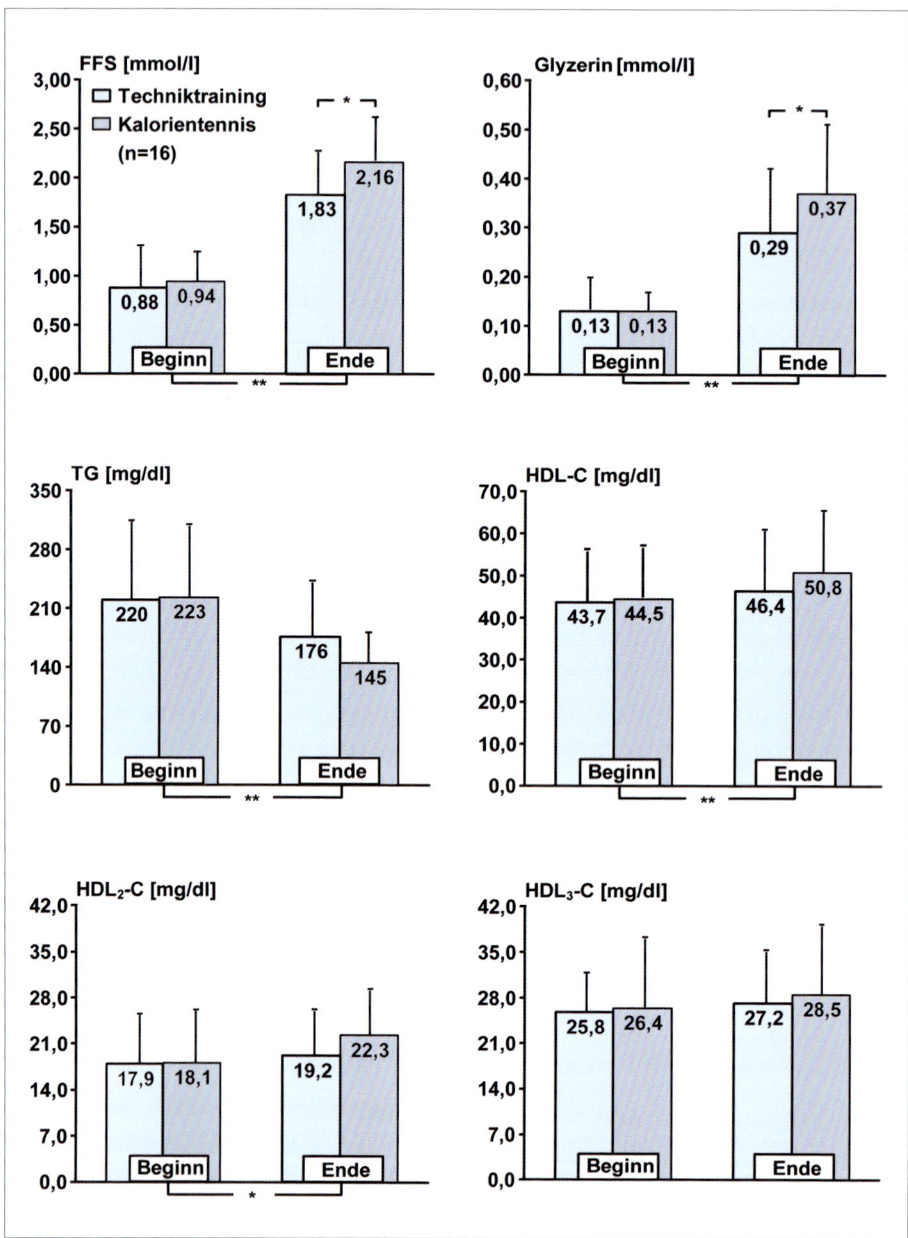


***Abb. 123:*** *Serumkonzentrationen von freien Fettsäuren (FFS), Glyzerin, Triglyzeride (TG) und HDL-Cholesterin (einschließlich $HDL_2$ und $HDL_3$) vor und nach einem zweistündigen Tennistraining unterschiedlicher Zielsetzung mit Freizeittennisspielern (Ferrauti, 1999, S. 186)*

Die Trainingsziele und Trainingsprinzipien im Kalorientennis nach Ferrauti (1999) werden im Folgenden übersichtlich zusammengefasst:

**Trainingsziele:**

- Steigerung von Kalorien- und Fettumsatz,
- Aktivierung von Kohlenhydrat- und Fettstoffwechsel,
- Verbesserung der allgemeinen körperlichen Leistungsfähigkeit,
- Vermittlung von Bewegungsfreude,
- Gewichtsreduktion und/oder Veränderung der Körperkomposition,
- Steigerung der spezifischen Tennisleistung.

**Trainingsprizipien:**

- hohe Belastungs- und Schlagdichte,
- vorwiegend aerobe Stoffwechselbeanspruchung,
- Vermeidung von anaeroben Belastungsspitzen,
- Training in der (gemischten) Gruppe,
- attraktive Präsentation (z. B.Tennis mit Musik),
- engagierte Trainingsgestaltung.

Leistungsspielern ist aus präventiv-medizinischer Sicht ebenfalls ein intensives Training mit einem spielstarken Partner zu empfehlen. Damit das Training nicht langweilig und bald aufgegeben wird, müssen die Aufgabenstellungen variiert und individuell interessant gestaltet werden. Nach einem intensiven Tennistraining von ca. 20-30 min Dauer dürfen daher der prickelnde Wettkampfcharakter eines Trainingsmatchs sowie die kreative Spielfreude und der Spaß am Spiel als zentrale Motivationsspritzen keinesfalls fehlen. Jeder Spieler sollte sich nach eigener Zielsetzung, entsprechend der individuell unterschiedlichen gesundheitlichen und konditionellen Ausgangslage, sein spezielles Mischungsverhältnis von spiel- und technikorientierten Trainingsformen sowie Wettkampfsimulation auswählen.

Die gewünschte, langfristige Adaptation des Herz-Kreislauf-Systems und des vegetativen Nervensystems erfolgt nur, wenn regelmäßig und häufig trainiert wird, zum Beispiel ein wöchentlich zwei- bis dreimaliges Tennisspiel von jeweils 60 min (Einzel) oder 120 min (Einzel und Doppel) Dauer. Empfehlenswert ist ein zusätzliches Lauftraining, welches im Sommer wöchentlich 1 x und im Winterhalbjahr 2-3 x von je ca. 30-60 min Dauer vorrangig im aeroben Bereich durchgeführt werden sollte (Abb. 124).

**Ratschläge für die Tennispraxis**
**zur Gesundheitsvorsorge aus internistisch-kardiologischer Sicht**

Ziele:

1. Mehrverbrauch von ca. 2.000 kcal bzw. 8.000 kJ/Woche durch Erhöhung der Reizdauer und -dichte (Reizumfang); Senkung der Reizstärke.
2. Steigerung der Leistungsfähigkeit des Herz-Kreislauf-Systems bzw. der Fitness durch Erhöhung der Reizstärke und/gegebenenfalls Anhebung des Reizumfangs.

| Reizumfang  | Reizdichte | Reizstärke (-höhe)  |
|---|---|---|
| **Erhöhung der Trainingsdauer und/oder der Trainingshäufigkeit** | **Erhöhung der Nettospielzeit durch spielnahe Trainingsformen (20-50%)** | **Erhöhung des Laufwegs oder der Schlagzahl** |
| Beispiele: | Beispiele: | Beispiele: |
| **Sommer (Woche)**<br>• 60 Minuten Tennis-Einzel (350-600 kcal)<br>• 2 x 90-120 Minuten Tennis (750 - 1800 kcal)<br><br>**Winter (Woche)**<br>• 60 Minuten Tennis – Einzel (300-550 kcal)<br>• 120 Minuten Tennis – Doppel (500 - 750 kcal)<br>• 60 Minuten Jogging/Rad fahren (500/1.000 kcal) | • „Softball-Hosenträger" im Halbfeld<br>• „Prellball-Tennis" im Halbfeld<br>• „Dreieckspiel" (ggf. im Wechsel)<br>• 3x cross/1x Longline (zwei Spieler)<br>• Grundliniensätze bis 15 Punkte (Aufschlag von unten; u.U. vier Spieler mit stetigem Wechsel) | • „Softball-Hosenträger" im Halbfeld (einschließlich Doppelseiten)<br>• 2:1 „Amerikanisches Doppel": (beide Einzelspieler derselben Seite spielen Serve-and-Volley)<br>• Beide Spieler müssen 3/4 ihres Feldes mit ihrer VH (gegebenenfalls RH) abdecken. |

*Abb. 124: Schematische Beispiele für die Tennispraxis zur Steigerung des wöchentlichen Kalorienmehrverbrauchs*

Ein solches Training erlaubt bereits nach wenigen Wochen höhere körperliche Leistungen, weil die Spieler vorherige grenzwertige Anforderungen inzwischen gleichsam im Schongang bewältigen können und Reizstärke sowie Reizdauer des Tennistrainings steigern wollen. Mit einem solchen Trainingsaufwand geht wöchentlich ein Energiemehrverbrauch von circa 1.250-2.250 kcal einher, sodass das relative Risiko für den Herzinfarkt deutlich gesenkt werden kann (Abb. 125).

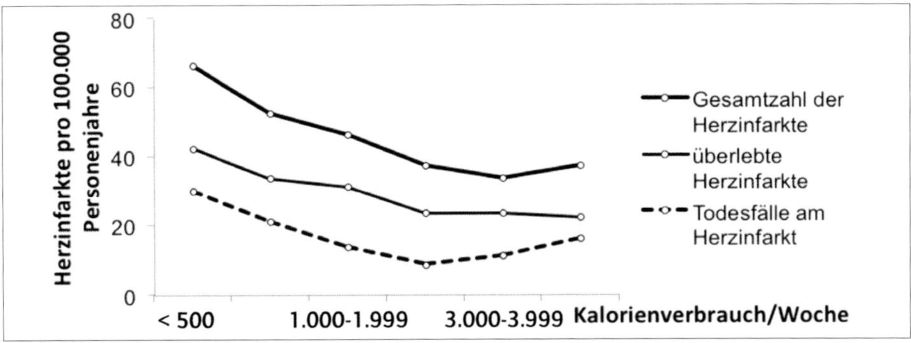


***Abb. 125:*** *Erhöhter Schutz vor frühem Tod bzw. Verlängerung der Lebenszeit in Abhängigkeit von der Höhe des durchschnittlichen wöchentlichen Kalorienmehrverbrauchs durch körperliche Aktivität (Paffenbarger & Olsen, 1996, S. 25)*

**Weitere Beispiele auf dem Tennisplatz**

- Ausdauertraining an der Ballwurfmaschine mit zwei oder drei Spielern: Systematischer Wechsel von Vorhand (VH) und Rückhand (RH) mit Vorgabe der Schlagrichtung (z. B. VH longline und RH cross) und des Dralls (z. B. VH-Drive und RH-Slice). Jeweils nach 4-6 aufeinander folgenden Schlägen erfolgt der Spielerwechsel, während der dritte Spieler die Bälle sammelt. Die Trainingsdauer sollte wenigstens 10-20 min betragen.
- Sicherheitsspiel an der Grundlinie: Der Ball soll konsequent nach vorgegebenem Schema (z. B. 3 x cross und 3 x longline oder 2 x cross und 1 x longline) gespielt werden. Ein erhöhter Zwang für die Beinarbeit entsteht, wenn beim Cross-Duell nach jedem Schlag mit einem Fuß die Mittellinie berührt werden muss. Bei guten Spielern sollte der Ball bei einer Spieldauer von wenigstens 8-15 min durchschnittlich wenigstens 1 min im Spiel bleiben.
- Grundliniensätze nach Zuspiel von unten: Der Satz endet nach sieben oder 10 Punkten in Tischtenniszählweise (Alternative Zählweisen: Punkten kann nur derjenige, der sich das Aufschlagrecht erspielt hat oder Vergabe von Zusatzpunkten durch drei oder vier in Serie erzielte Punkte). Die Laufarbeit steigt weiter an, wenn ein Doppelkorridor (z. B. auf der Rüchhandseite) freigegeben wird.
- Standardisiertes Sicherheitsspiel an der Grundlinie mit freigestelltem Spielabschluss nach dem Motto „Kreativität und Schuss erst nach Spiel mit Maß": Zwei Spieler spielen beispielsweise Vorhand Inside-out aus der RH-Ecke: Wenn einer der beiden Spieler seine Rückhand nicht umlaufen kann oder will, eröffnet er mit einem RH Longlineschlag den Ballwechsel, der ab diesem Zeitpunkt jegliche Freiheit erlaubt und zu einem Punktgewinn (z. B. Belohnung durch doppelte Punkte) führen soll.
- Tenniseinzel mit erhöhter Laufarbeit: Ein Spieler darf nur mit der Vorhand (oder der Rückhand) spielen. Hierzu kann das Einzelfeld in seinem gesamten Ausmaß belassen, aber auch seitlich verkürzt werden, indem die der RH zugewandte Seitenlinie um 1 oder 2 m bzw. 25 oder 50 % der Rückhandhälfte nach innen verlagert wird.

- Matchtraining mit erhöhter Belastungsdichte: Zwei Aufschläger wechseln sich bei jedem Punkt ab. Zwischen den Ballwechseln sammelt der freie Aufschläger die Bälle, sodass ohne wesentliche Pause gespielt werden kann. Der Rückschläger wird erst ausgewechselt, wenn er zwei, vier oder sechs Spiele verloren hat.

### 9.3.3 Cardio Tennis: Fitnesstraining auf dem Tennisplatz mit Musik

Cardio Tennis als jüngster Fitnesstrend auf deutschen Tennisplätzen wurde im Frühjahr 2005 in den USA von der USTA (United States Tennis Association) unter dem Label „Cardio Tennis: Heart Pumping Fitness" vorgestellt und anschließend über die PTR nach Europa transportiert. Bereits einige Jahre früher hatte in Deutschland Ferrauti (1999) mit „Kalorientennis" ähnliche Zielsetzungen und Inhalte wie im Cardio Tennis propagiert und hierzu auch konkrete Untersuchungsergebnisse speziell zur Optimierung des Fettstoffwechsels mit wünschenswerten Folgen für die Gesundheit von Freizeittennisspielern im mittleren Lebensalter vorgelegt (Ferrauti & Weber, 1996).

Das Ziel im Cardio-Tennis-Unterricht besteht darin, Spieler und Spielerinnen stetig hoch motiviert in flotter Bewegung zu halten, sodass die Herzfrequenz kontinuierlich im hohen und höchsten aeroben Bereich (ca. 66-85 % der maximalen Herzschlagzahl) liegt; für Untrainierte und Neueinsteiger sollte dieser Bereich zwischen 55-75 % liegen. Im Cardio-Tennisunterricht werden Tennis- und Fitnesselemente (insbesondere für das Herz-Kreislauf-System) miteinander verbunden. Freude an der Bewegung mit Tennisschläger und Ball unter attraktiver musikalischer Unterstützung sowie Spaß in der Gruppe stehen im Vordergrund.

Cardio Tennis wird üblicherweise als Gruppentraining für 6-10 Teilnehmer auf einem Tennisplatz angeboten. In der Regel dauert eine Trainingseinheit 60 min und besteht aus den drei Phasen: Aufwärmung (5-10 min), Cardio Workout (ca. 45-50 min) und Abkühlung (ca. 5 min). Zum besseren Verständnis der Inhalte und Wirkungen einer Trainingseinheit im Cardio Tennis werden im Folgenden fünf verschiedene Übungen („Box Run Line Touches" zum Warm-up sowie „Approach & Volley" (Drill-Based), „Mid-Court Crusher" (Game-Based), „Star Wars (Game-Based)" aus dem Cardio-Workout und „I did it" (Drill-Based) zur Abkühlung vorgestellt.

### Übung 2: Box Run Line Touches

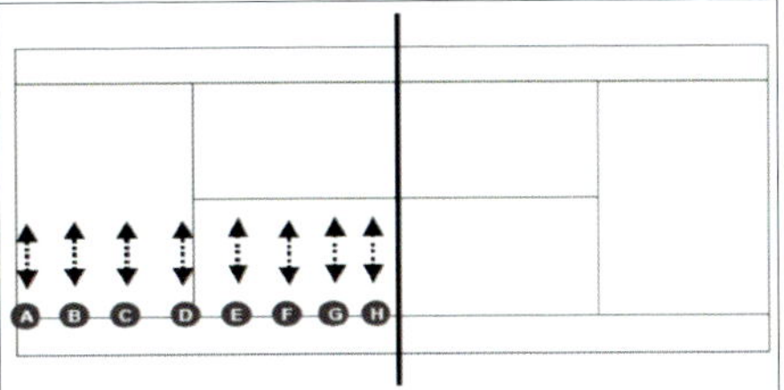


*Übung 2: Box Run Line Touches*

Die ganze Gruppe steht auf einer Seite des Platzes jeweils auf der Einzel-Seitenlinie. Auf Kommando bewegen sich alle Teilnehmer mit schnellen Seitsteps bis zur Aufschlag-Mittellinie (und deren gedachter Verlängerung) und wieder zurück. Es werden drei Wiederholungen mit je 20 s Dauer durchgeführt.

### Übung 4 (Drill-Based): Approach & Volley

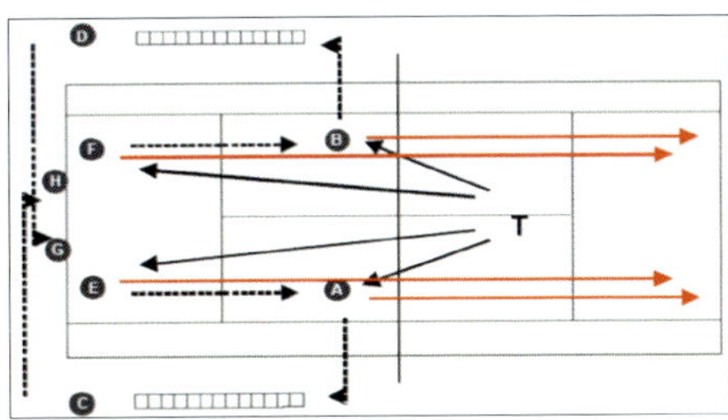


*Übung 4: Approach & Volley*

Zwei Gruppen mit je vier Spielern stehen hinter der Grundlinie, eine Gruppe auf der Einstandseite, die andere auf der Vorteilsseite. Der Trainer spielt von der Mitte der anderen Platzhälfte den Spielern A und B jeweils alternierend drei Bälle hintereinander zu. Die Spieler laufen nach ihrem Schlag an der Grundlinie nach vorn zum Volley und schließen sich, nachdem sie über Seitsteps durch die seitlich von Platz gelegene Koordinationsleiter gelaufen sind, der Gruppe wieder an. Sobald Spieler A und B das Feld seitlich verlassen haben, schlagen Spieler C und D ihre Vor- bzw. Rückhand.

### Übung 6 (Game-Based): Star Wars

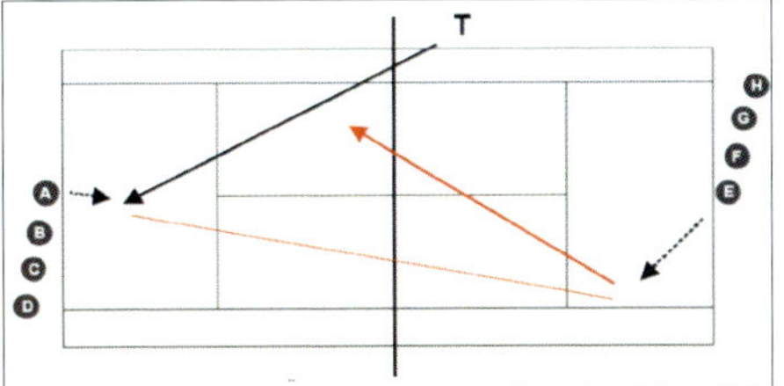


*Übung 6: Star Wars*

Der Trainer bringt den Ball ins Spiel und die beiden jeweiligen Anfangsspieler A und E spielen den Punkt im Einzelfeld aus. Der Gewinner bleibt und darf einen weiteren Mitspieler ins Feld holen. Der Verlierer muss sich wieder in seiner Gruppe hinten anstellen und ein neuer Spieler rückt nach. Sobald auf einer Seite alle vier Spieler im Feld stehen und den nächsten Punkt gewinnen, gibt es einen Sonderpunkt. Die Spieler, die zuletzt ins Team kamen, starten den nächsten Ballwechsel.

### Übung 7 (Drill-Based): Mid-Court Crusher

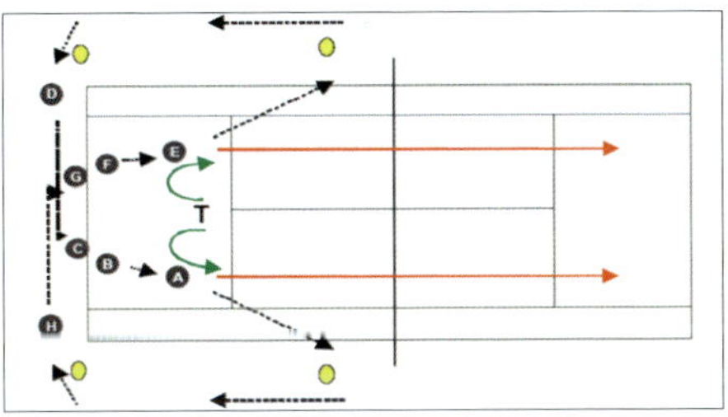


*Übung 7: Mid-Court Crusher*

Beide Vierergruppen stehen auf der gleichen Platzhälfte nebeneinander hinter der Grundlinie. Der Trainer steht in Höhe der Aufschlaglinie. Die Spieler, die zur linken Hand des Trainers stehen, schlagen auf Zuruf des Trainers einen Vorhand-Angriffsball, die Spieler zur rechten einen Rückhand-Angriffsball. Nach ihrem Schlag umlaufen die Spieler eine Pylone in der Nähe des Netzes außerhalb des Platzes und reihen sich über Kreuz wieder ein.

**Übung 10 (Game-Based): I did it**

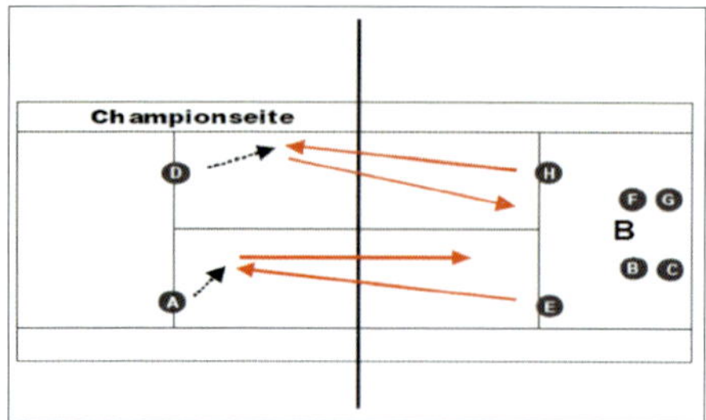


*Übung 10: I did it*

Die vier Aufschlagfelder werden zu zwei Mini-Tennisfeldern umfunktioniert, in denen parallel je zwei Spieler Punkte ausspielen. Auf der Champion-Seite stehen die Spieler A und D so lange, bis einer der anderen gegen ihn drei Punkte gewonnen hat. Erreicht einer dieser Spieler drei Punkte hintereinander, ruft er „I did it" und wechselt auf die Champion-Seite und löst einen der Spieler ab.

Zum Verhalten der Herzfrequenz und der Milchsäure im Blut von Tennisspielern und -innen und somit zur Größenordnung der Belastungen des Herz-Kreislauf-Systems und des Energiestoffwechsels lagen bisher keine Untersuchungsergebnisse im englisch- und im deutschsprachigen Schrifttum vor. Wir haben daher 17 weibliche und 15 männliche Tennisspieler bei zwei typischen Cardio-Tenniseinheiten untersucht; hierbei verfolgten wir das Ziel, bisher ungeklärte Fragen zur Bedeutung und Wertigkeit, aber auch zur Gefährlichkeit von Cardio Tennis als Gesundheits- und Funsport objektiv zu beantworten.

Unsere wesentlichen Befunde (Weber et al., 2008) lassen sich wie folgt zusammenfassen:

1. Die durchschnittliche Herzfrequenz im Cardio Workout liegt im oberen aeroben Grenzbereich.

Die durchschnittliche Herzfrequenz im Cardio Tennis mit insgesamt 11 Übungen liegt bei 148,1 Schläge/min (Tab. 28), nahezu unabhängig vom Leistungsstand (fortgeschrittene Anfänger bzw. leistungsmotivierte Mannschaftsspieler der Verbands- und Oberliga im mittleren Lebensalter). Mit Herzfrequenzen in dieser Größenordnung wird das zentrale Ziel im Cardio Tennis äußerst erfolgreich angesteuert. Folglich ist davon auszugehen, dass durch regelmäßige Ausübung (z. B. wenigstens 1-2 x wöchentlich) über mehrere Monate bzw. einige Jahre hinweg präventiv-medizinisch wünschenswerte Effekte, sowohl zur Verbesserung des Fettstoffwechsels und der Kreislaufleistungsfähigkeit als auch zur Verbesserung der allgemeinen Fitness und des Wohlbefindens erzielt werden.

*Tab. 28: Mittelwert und Standardabweichung sowie Extremwerte der Herzfrequenz für 11 Übungen im Cardio Tennis (n = 30)*

| | DRILL | HERZFREQUENZ [MIN$^{-1}$] | | |
|---|---|---|---|---|
| | | MW ± s | Min | Max |
| 1 | Ball & Racket Exchange | 140,4 ± 13,8 | 117 | 174 |
| 2 | Box Run Line Touches | 154,4 ± 15,1 | 127 | 185 |
| **Drill 1+2** | **Warm up** | **147,4 ± 14,4** | **117** | **185** |
| 3 | Two Balls across (dr) | 14,6 ± 13,5 | 118 | 181 |
| 4 | Approach & Volley (dr) | 155,9 ± 15,2 | 125 | 193 |
| 5 | Triples (sp) | 144,8 ± 15,7 | 107 | 189 |
| 6 | Star Wars (sp) | 139,3 ± 15,7 | 104 | 175 |
| 7 | Mid-Court Crusher (dr) | 158,8 ± 12,8 | 126 | 187 |
| 8 | Dropshot me (sp) | 156,5 ± 12,1 | 130 | 185 |
| **Drill 3-8** | **Cardio-Workout** | **150,3 ± 14,2** | **104** | **193** |
| 9 | Service drill | 138,7 ± 14,6 | 113 | 174 |
| 10 | I did it | 140,3 ± 14,3 | 112 | 172 |
| 11 | Walking & Stretching | 131,3 ± 17,9 | 100 | 171 |
| **Drill 9-11** | **Cool-down** | **136,7 ± 15,6** | **103** | **172** |
| **Drill 1-11** | **Cardio Tennis (Gesamt)** | **146,1 ± 16,9** | **100** | **193** |

2. Erhebliche Schwankungen der Herzfrequenz bei den verschiedenen drill- (dr) und spielorientierten (sp) Übungen.

Bei den 11 Übungen stellten wir großenteils erhebliche Unterschiede der durchschnittlichen Herzfrequenz fest (Tab. 28). Speziell mit den drillorientierten Übungen 7 „Mid-Court Crusher" und 8 „Dropshot me" werden durchschnittlich 158,8 bzw. 156,5 Schläge/min erreicht, sodass der für das 30. Lebensjahr definierte Bereich der hochintensiven Zone (85-100 % der maximalen Herzfrequenz) in unmittelbarer Nähe liegt; folglich werden diese Übungen von über der Hälfte unserer Teilnehmer nicht im aeroben, sondern überwiegend im anaeroben Bereich absolviert, wie auch unsere Resultate zum Verhalten des Blutlaktats belegen (Tab. 29).

*3.* Einzelne Teilnehmer überschreiten regelmäßig den aeroben Grenzbereich.

In allen sechs Übungen unseres Cardio-Workouts übertreffen einzelne Teilnehmer und Teilnehmerinnen eine maximale Herzfrequenz von 180 Schlägen/min und überschreiten individuell unterschiedlich eindeutig ihren aeroben Grenzbereich. Bei kreislauf- und stoffwechselgesunden Personen im mittleren Lebensalter darf ein zeitlich begrenztes Überschreiten des aeroben Bereichs keinesfalls als gesundheitsschädlich eingestuft werden, zumal hiermit eine Verbesserung der Fitness in Kombination mit Freude an der Bewegung und Spaß in der Gruppe als zentrale Trainingsziele besonders erfolgreich angesteuert werden.

*4.* Blutlaktatwerte bestätigen anaerob-laktazide Energiebereitstellung beim Cardio Tennis.

Der durchschnittliche Milchsäurespiegel im Blut weist nach den fünf Unterrichtssegmenten einer Cardio-Stunde bemerkenswerte Unterschiede auf (Tab. 29). Speziell die Größenordnung des mittleren Laktatgehalts nach den Übungen 8 und 2 (Tab. 29) belegt eindrucksvoll, dass die Mehrheit der Teilnehmer speziell bei einzelnen Übungen regelmäßig auch anaerob-laktazid Energie bereitstellen muss.

***Tab. 29:*** *Mittelwert, Standardabweichung und Extremwerte für Blutlaktat und subjektives Belastungsempfinden (RPE = Rating for Perceived Exertion) nach Abschluss verschiedener Übungen (n = 30) im Cardio Tennis (Weber et al., 2008)*

| **Übung** | ***LAKTAT [mmol/l]*** | | | ***RPE*** | | |
|---|---|---|---|---|---|---|
| | MW ± s | Min | Max | MW ± s | Min | Max |
| 2: Box Run Line Touches | 4,0 ± 1,7 | 1,3 | 8,0 | 12,3 ± 2,1 | 9 | 15 |
| 4: Approach and Volley | 2,7 ± 1,6 | 0,8 | 8,1 | 12,0 ± 2,7 | 9 | 15 |
| 6: Star Wars | 1,7 ± 0,8 | 0,7 | 4,1 | 9,7 ± 2,0 | 7 | 12 |
| 8: Dropshot me | 3,3 ± 1,8 | 1,4 | 9,5 | 15,0 ± 1,4 | 13 | 17 |
| 11: Walking & Stretching | 1,7 ± 1,0 | 0,8 | 6,1 | 11,5 ± 2,1 | 8 | 13 |
| **Gesamt (n = 30)** | **2,6 ± 1,7** | **0,7** | **9,5** | **12,1 ± 2,6** | **7** | **17** |

Aktivitäten im Cardio Tennis, die mit Blutlaktatwerten mehrheitlich zwischen 3 und 6 mmol/l (z. B. Übung 8) einhergehen, stellen für gesunde Personen im mittleren Lebensalter eine wünschenswerte und attraktive Variante dar, um neben dem Erlebnis der Bewegungsfreude (in Kombination mit motivierender Musik) und dem Spaß in der Gruppe gleichzeitig auch die körperliche Fitness (insbesondere Schnelligkeits- und Kraftausdauer sowie Geschicklichkeit bzw. Koordination) zu steigern.

*5.* Trainingssteuerung über Herzfrequenzkontrolle nur eingeschränkt möglich.

Unsere Ergebnisse der Korrelationsberechnung über den Zusammenhang (r) zwischen Herzfrequenz und Milchsäuregehalt im Blut sowie zwischen Herzfrequenz und subjektivem Belastungsempfinden lagen zu allen fünf Messzeitpunkten deutlich entfernt von einer wünschenswert hohen Übereinstimmung ($r \geq 0,7$). Offensichtlich spiegelt die Herzfrequenz beim Cardio Tennis aufgrund des Einflusses einer wechselnd hohen emotionalen Anspannung die Stoffwechselsituation in der Arbeitsmuskulatur nur unzureichend wider und kann daher weder zur Ansteuerung einer maximalen Fettverbrennung, noch zur trennscharfen Beurteilung einer individuellen, kardialen oder metabolischen Überforderung verwendet werden.

*6.* Gefährdung der Gesundheit bei diversen Vorschädigungen des Herz-Kreislauf-Systems.

Die vorliegenden Befunde zur Herzfrequenz beim Cardio Tennis in Kombination mit unseren Ergebnissen zum Verhalten des Blutdrucks beim Bälle schlagen und im Wettkampf (Strüder et al., 1995) belegen eindrucksvoll hohe und höchste Anforderungen an die Hämodynamik des Herz-Kreislauf-Systems. Blutdruck-Herzfrequenz-Produkte in einer Größenordnung von 200-220 mmHg x 180-200 Schlägen/min können jedoch für ältere und untrainierte Personen mit Einschränkungen oder bestehenden Schädigungen (z. B. koronare Herzkrankheit, Herzmuskelentzündung oder deutlicher Bluthochdruck) des Herz-Kreislauf-Systems eine akute Gefährdung der Gesundheit (z. B. Herzinfarkt oder Schlaganfall) auf dem Tennisplatz darstellen. Hiervon bleiben auch Personen bereits im mittleren Lebensalter nicht verschont, da speziell in diesem Alter Beginn und Schweregrad entsprechender Erkrankungen (z. B. Bluthochdruck, Zuckerkrankheit) häufig noch nicht erkannt oder entsprechende Risikofaktoren und Symptome ignoriert werden. Diesem Personenkreis empfehlen wir daher, vor Aufnahme in den Cardio-Tennisunterricht eine gründliche Untersuchung der Sporttauglichkeit beim Facharzt für Innere Medizin und Kardiologie.

*7.* Spaß, Fitness und Bewegungsfreude als zentrale Motive für eine nachhaltige Bindung an den Tennissport.

Unsere Befragung zur Rangfolge der entscheidenden Motive zur Ausübung regelmäßiger sportlicher Aktivitäten erbrachte folgende Resultate: Der Spaß beim Sport bzw. auf dem Tennisplatz dominiert eindeutig als Spitzenreiter, gefolgt vom Wunsch nach Verbesserung der Fitness und der Freude an der Bewegung (Abb. 126). Der Leistungsvergleich mit Anderen, sowie zählbarer, sportlicher Erfolg spielen dagegen für unsere Teilnehmer (n = 30) am Cardio Tennis nur eine deutlich untergeordnete Rolle.

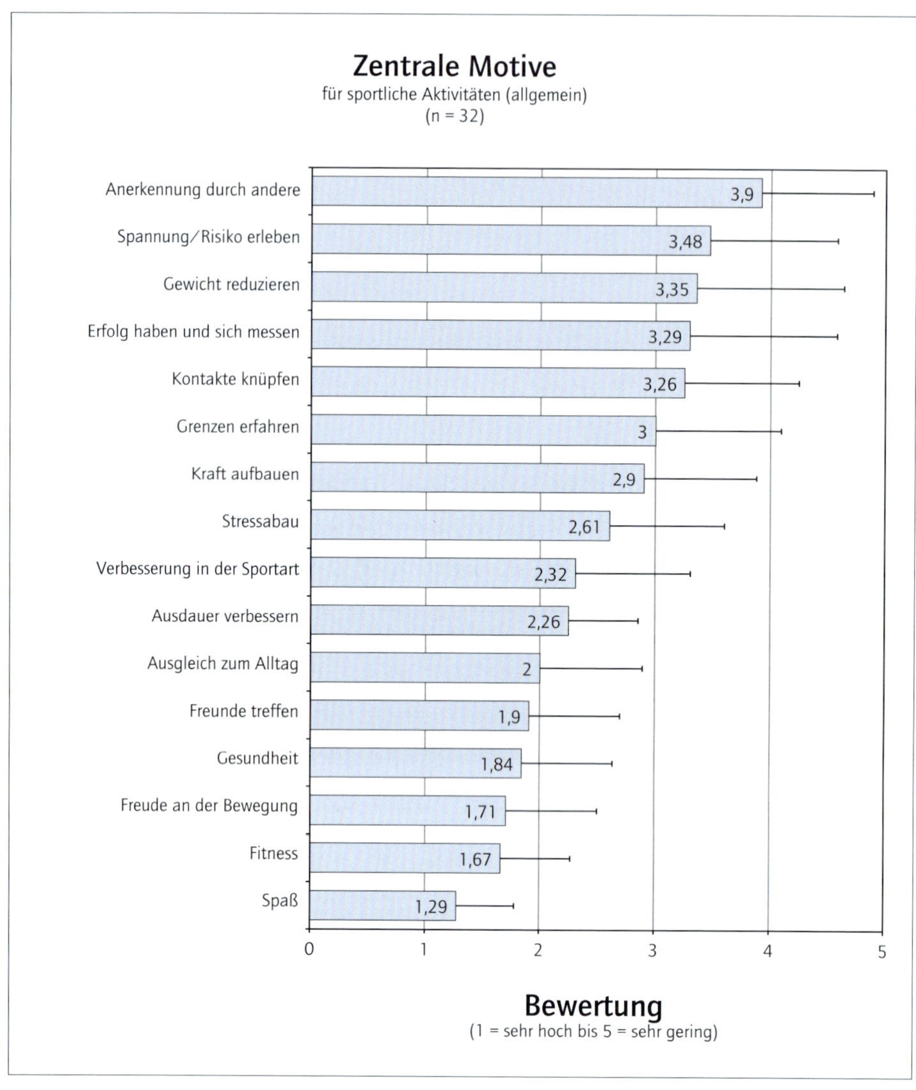


***Abb. 126:*** *Rangordnung der zentralen Motive unserer Teilnehmer/innen (n = 32) am Cardio Tennis für die Auswahl sportlicher Aktivitäten. Die Bewertung erfolgte nach einer Skala von 1 (sehr hohe Bedeutung) bis 5 (sehr geringe Bedeutung) (Weber et al., 2008)*

Fortgeschrittene Anfänger sowie leistungsmotivierte Mannschaftsspieler/innen zeigen bei dieser Rangfolge in der Motivstruktur keinen nennenswerten Unterschied. Es muss daher auch im Interesse der Tennistrainer und der -vereine liegen, dass dieses Spitzentrio der Motive (Spaß, Fitness und Bewegungsfreude) adressatenspezifisch angesprochen und hierfür passende Angebote attraktiv offeriert werden. Ferner entnehmen wir unseren Befragungsergebnissen zur Motivstruktur von Tennisspielern/innen im mittleren Lebensalter, dass der Tennistrainer für den Erfolg eines Cardio-Workouts in mehrfacher Hinsicht verantwortlich ist.

Auf der Grundlage fundierter cardiotennisspezifischer Kenntnisse benötigen die Leiter von Cardio-Tennisgruppen ein überdurchschnittlich hohes Engagement für die individuelle Betreuung in der Kleingruppe, sowie besondere Kreativität für die Kombination von Spaß und Fitness auf dem Tennisplatz im engen Verbund mit dynamischer Musik. Solides Fachwissen über die Entstehung und Folgen möglicher hämodynamischer Überbelastungen, speziell für Personen im höheren Lebensalter mit Vorschädigungen am Herz und Gefäßsystem, ist für Cardio-Tennistrainer unverzichtbar.

## 9.3.4 Ozonbelastungen im Training und Wettkampf

Wenn vor allem an heißen Tagen in den Sommermonaten die Ozonkonzentration steigt, wird in Funk und Fernsehen vor körperlicher Betätigung im Freien gewarnt. Dies betrifft in besonderem Maße auch den Tennissport, denn zahlreiche Tennisspieler setzen sich im Training oder im Turnier (insbesondere mit ihrer Mannschaft) bis zu 4-7 Stunden einer erhöhten Ozonkonzentration aus. Hieraus resultiert eine allgemeine Verunsicherung darüber, welche Gefährdungen für Tennisspieler bestehen und wie eine erhöhte Ozonkonzentration entsteht. Darüber hinaus ist von Interesse, mit welchen Maßnahmen die Gefahren der Ozonbelastung vermindert werden können.

### *OZONENTSTEHUNG UND -VORKOMMEN*

Beim Ozon handelt es sich um ein dreiatomiges Sauerstoffmolekül ($O_3$) von stark oxidierender Wirkung. Dieses Gas zeigt sich, je nach Konzentration, farblos bis blau. Bei der Beurteilung der gesundheitlichen Bedeutung für den Menschen muss zwischen dem Ozongehalt in den bodennahen Luftschichten (Troposphäre) und dem Ozonschutzschild in einer Höhe von ca. 20 km (Stratosphäre) unterschieden werden.

In der Stratosphäre absorbieren Sauerstoffmoleküle kurzwelliges UV-Licht und werden gespalten. Die frei werdenden Sauerstoffatome verbinden sich anschließend spontan mit molekularem Sauerstoff ($O_2$) zu Ozon ($O_3$). Die Konzentration beträgt in einer Höhe von 25 km mehr als 300 $\mu g/m^3$. Aus gesundheitlicher Sicht ist diese Ozonschicht von herausragend positiver Bedeutung, da sie den kurzwelligen UV-Anteil des Sonnenlichts absorbiert und somit einen unersetzlichen Schutz gegenüber Hauterkrankungen (vom Sonnenbrand bis zum Hautkrebs, wie z. B. gutartiges Basaliom oder bösartiges Melanom) darstellt. Andererseits verursacht die vorrangig über preisgünstige Kältemittel, Treibgase für Spraydosen oder Treibmittel für Schaumstoffe zunehmende Emission von Fluorchlorkohlenwasserstoffverbindungen (FCKW) die Zerlegung dieser Ozonmoleküle (Ozonloch); hierdurch nehmen Strahlungsintensität und Erderwärmung sowie die Gesundheitsgefährdung des Menschen zu. – Erfreulicherweise scheint das im Jahr 1987 unterzeichnete Montreal-Protokoll zur weltweiten Reduzierung der FCKW inzwischen grundlegende Wirkung zu zeigen: Nach den jüngsten Klimadaten über die Bestimmung der Ozonwerte in der Stratosphäre von 2012 aus der deutschen Neumayer-Station III in der Antarktis hat sich das Ozonloch über der Antarktis innerhalb von sechs Jahren um etwa ein Drittel verringert. Nach Ansicht dieser Forscher besteht daher berechtigter Grund zu der Annahme, dass sich das Ozonloch weiter schließen wird und die Ozonschicht ca. in der Mitte dieses Jahrhunderts eine ähnliche Dicke aufweisen könnte wie im Jahr 1980.

In der Troposphäre kann die direkte Spaltung von Sauerstoffmolekülen aufgrund der geringeren UV-Einstrahlung in Bodennähe nicht mehr stattfinden. Bei verschmutzter Luft erfolgt hier die UV-Absorption durch Stickstoffoxid ($NO_2$) und zum Teil auch durch Kohlenwasserstoffe, wobei atomarer Sauerstoff und Ozon entstehen. Das Ausmaß der Ozonentstehung in Bodennähe ist daher wesentlich vom Grad der Luftverschmutzung abhängig. Bei extremer Sonneneinstrahlung und hoher Konzentration an Verkehrsabgasen kann eine für den Menschen gesundheitsstörende Konzentration erreicht werden.

### *GRENZWERTE FÜR DEN BODENNAHEN OZONGEHALT*

Zu Beginn des 20. Jahrhunderts lagen in Deutschland die Ozonwerte bei 20-40 $\mu g/m^3$. Dieses Niveau ist derzeit auf durchschnittlich 40-80 $\mu g/m^3$ angestiegen und nimmt jährlich um circa 1-2 % zu. Nach der WHO sind an Tagen mit maximalen Einstundenmittelwerten von weniger als 100 $\mu g/m^3$ keine gesundheitsschädigenden Effekte zu erwarten. Im Tagesverlauf sind die Ozonkonzentrationen zwischen 14 Uhr und 17 Uhr am höchsten. Sie können bei 300-450 $\mu g/m^3$ liegen. In Deutschland empfiehlt das Bundesgesundheitsamt die Einstellung des Sportunterrichts an den Schulen bei Ozonwerten über 360 $\mu g/m^3$.

Je nach Empfindlichkeit des Bronchialsystems kann sich die Ozoneinwirkung bereits bei Werten unter 200 $\mu g/m^3$ Luft mit Husten, Atembeklemmung und Schmerzen unter dem Brustbein klinisch bemerkbar werden. Die niedrigsten Ozonkonzentrationen, bei denen unter schwerer körperlicher Belastung über sechs Stunden eine Einschränkung der Lungenfunktion beobachtet wurde, lagen bei 160 $\mu g/m^3$. Praktische Erfahrungen, speziell im Leistungssport, zeigen jedoch, dass oberhalb dieser Konzentration selbst bei Sportlern mit Beanspruchung eines hohen und höchsten Atemminutenvolumens in der Regel keine Beschwerden auftreten.

Zusammenfassend beruht das Problem einer einheitlichen Grenzwertdefinition für Ozon darauf, dass nicht nur die Ozonkonzentration, sondern auch die Art der körperlichen Betätigung, die Dauer der Einwirkung und die aufgenommene Luftmenge sowie vor allem die individuelle Empfindsamkeit eine entscheidende Rolle spielen. Da Tennisspieler beim Wettkampftennis nur eine mittlere Ausbelastung der Atmung erreichen, die deutlich unter dem Niveau von intensiven Ausdauerbeanspruchungen liegt, sind Tennisspieler bei gleicher Aufenthaltsdauer im Freien weniger gefährdet als typische Ausdauersportler wie Radfahrer oder Läufer.

### WIRKUNGEN DES BODENNAHEN OZONS

Die kleinen Ozonmoleküle dringen bei der Einatmung tief in alle Atemwege. Von entscheidender Bedeutung für das Ausmaß der Beeinträchtigungen durch Ozoneinatmung ist, neben der aktuellen Ozonkonzentration, vor allem die Atemtiefe und die Zeitdauer. Theoretisch sind bereits bei geringeren Ozonkonzentrationen (etwa ab 160-200 $\mu g/m^3$) Reizungen der Schleimhäute von Augen und Atemwegen möglich. Symptome wie Augenbrennen, Tränen der Augen, Kratzen im Hals, zunehmender Husten und atemabhängige Brustkorbbeschwerden, aber auch Kopfschmerzen und Übelkeit, können bei Ozonwerten über 240 $\mu g/m^3$ auftreten. Personen, die an Asthma oder chronischer Bronchitis leiden, sind stärker gefährdet, aber auch Ausdauersportler mit stetig hoher Atmung über eine längere Dauer sollten Zeiträume hoher Ozonkonzentrationen (z. B. $\geq$ 200 $\mu g/m^3$) meiden. Summarisch steht fest, dass Ozonwarnungen, vor allem von Personen mit überempfindlichem Bronchialsystem, ernst genommen werden sollen. Für den gesunden Freizeit- und Leistungssportler besteht jedoch für eine Dramatisierung der Ozonproblematik derzeit kein Anlass.

Eine Grenzwertfestlegung speziell für den Tennisspieler erscheint nicht sinnvoll, da die individuelle Empfindsamkeit und die Beanspruchung im Wettkampf keine festen Größen darstellen. Begleitumstände, wie extreme Hitzebedingungen, hohe Luftfeuchtigkeit sowie der Schweregrad individueller Vorerkrankungen (z. B. Pollenallergie sowie Zuckerkrankheit, koronare Herzkrankheit usw.), spielen eine wesentlich bedeutsamere Rolle für eine Entscheidung für oder gegen ein Tennisspielverbot.

### EMPFEHLUNGEN FÜR TRAINING UND WETTKAMPF

Unter Abwägung von gesundheitlichem Nutzen der körperlichen Betätigung im Rahmen eines Tennistrainings und dem Risiko durch chronische oder akute Ozonbelastung geht es nicht um die Frage, ob das Training gänzlich ausfallen soll, sondern wie dieses Training am sinnvollsten zu gestalten ist. Mit dem Ziel, Atemtiefe und Atemhäufigkeit zu senken und gegebenenfalls die Aufenthaltsdauer im Freien zu verringern, empfehlen wir folgende Regulationsmöglichkeiten:

- hohe Belastungsintensitäten vermeiden (z. B. Schnelligkeitstraining und Drilltraining);
- Täglichen Belastungsumfang kürzen (z. B. statt zwei Stunden Training nur 90 min bzw. eine statt zwei Trainingseinheiten pro Tag);
- Verlagerung der Lehrinhalte auf die Bereiche Technik und Taktik unter Rücknahme des konditionellen Anteils;
- Senkung der Belastungshöhe durch Eingrenzung des Aktionsvolumens (z. B. Halbierung des Spielfelds im Einzelunterricht oder Erhöhung der Spielerzahl auf einem Platz beim Gruppenunterricht).

Für Kinder und Jugendliche mit Asthma oder einem überempfindlichen Bronchialsystem sollten die Vorsichtsmaßnahmen besonders ernst genommen werden. In solchen Fällen empfiehlt sich auch eine zusätzliche Beratung beim Kinder- oder Sportarzt.

Freizeitspieler mit der Möglichkeit zur freien Terminwahl sollten ihr Tennistraining an ozonreichen Tagen in den frühen Vormittag oder auf den späteren Abend verlegen. Falls Augenbrennen, Hustenreiz sowie Atem- oder Kopfschmerzen auftreten, muss die Belastungsintensität (z. B. Doppel statt Einzel) und die Belastungsdauer (z. B. eine statt zwei Stunden) gesenkt oder das Tennisspiel gar abgebrochen werden.

Im Tenniswettkampf beträgt die effektive Belastungszeit während der Ballwechsel nur etwa ein Viertel der Gesamtspielzeit, sodass Tennisspieler nur eine mittlere Ausbelastung der Atmung erreichen; Atemmenge und Atemtiefe bzw. die Ventilation gehören darüber hinaus nicht zu den leistungsbegrenzenden Faktoren. Folglich ist bei normaler Empfindlichkeit des Tennisspielers eine akute gesundheitliche Gefährdung oder eine Leistungsminderung im Wettkampf nicht zu erwarten.

Nach dem derzeitigen Wissensstand über die tatsächliche Gesundheitsgefährdung scheint auch eine offizielle Einschränkung der Mannschaftswettkämpfe nicht angemessen zu sein. Besteht jedoch an extrem heißen Tagen speziell in den Sommermonaten die Möglichkeit für eine Zeitverschiebung (z. B. „Hobbyrunde"), ist es empfehlenswert, am Vormittag (frühe Morgenstunden sind am besten) oder am späteren Nachmittag zu spielen.

### 9.3.5 Gesundheitskontrolle im Breitensport (Check-up 35) und sportmedizinisches Untersuchungssystem im Leistungssport

Die sportärztliche Vorsorgeuntersuchung dient der Erkennung klinisch vorhandener oder (noch) nicht erkannter Krankheiten, die bei körperlicher Aktivität eine Gefährdung für die Gesundheit darstellen. Mit der Vorsorgeuntersuchung sollen gesundheitliche Risiken vermieden oder zumindest gemindert und jedem Sportler eine möglichst sichere Ausübung seiner sportlichen Tätigkeit, auch im Hinblick auf die Prävention von Krankheiten, ermöglicht werden (Löllgen et al., 2010).

Mit dieser sportmedizinischen Vorsorgeuntersuchung soll nicht nur gesundheitlichen Schädigungen (vor allem orthopädisch-traumatologischen und internistisch-kardiologischen) durch den Tennissport vorgebeugt werden, sondern sollen vor allem auch die Gefahren eines akuten Herztodes auf dem Tennisplatz verringert werden. Nach Hochrechnung entsprechender Todesfälle auf eng begrenzter Stadt- und Bezirksebene und in Kombination mit „hartem" Datenmaterial aus dem vergleichsweise kleinen und folglich leichter überprüfbaren Nachbarland Niederlande muss davon ausgegangen werden, dass in Deutschland jährlich ca. 50-80 Tennisspieler einen akuten Herztod auf dem Tennisplatz oder unmittelbar danach erleiden (Weber & Rost, 1990 unpubliziert). Nach einer Längsschnittuntersuchung über einen Zeitraum von

20 Jahren über plötzliche Todesfälle von Vereinssportlern aus 10 Bundesländern anhand von Dokumentationen der ARAG-Sportversicherung liegt die Sportart Tennis mit 209 Todesfällen nach Fußball und vor Radsport an zweiter Stelle sämtlicher vereinsgebundenen Sportarten in Deutschland (Parzeller & Raschka, 2003). Im strengen Gegensatz zu Fußball und zum Radsport stellen im Tennis jedoch die verletzungsbedingten Ursachen die Ausnahme dar. Wie bereits das Durchschnittsalter der angeführten 209 Todesfälle im Tennis mit 51,7 Jahren (Parzeller & Raschka, 1995) vermuten lässt, handelte es sich hierbei ursächlich nahezu ausschließlich um bereits bestehende Krankheiten bzw. Vorschädigungen des Herz-Kreislauf-Systems.

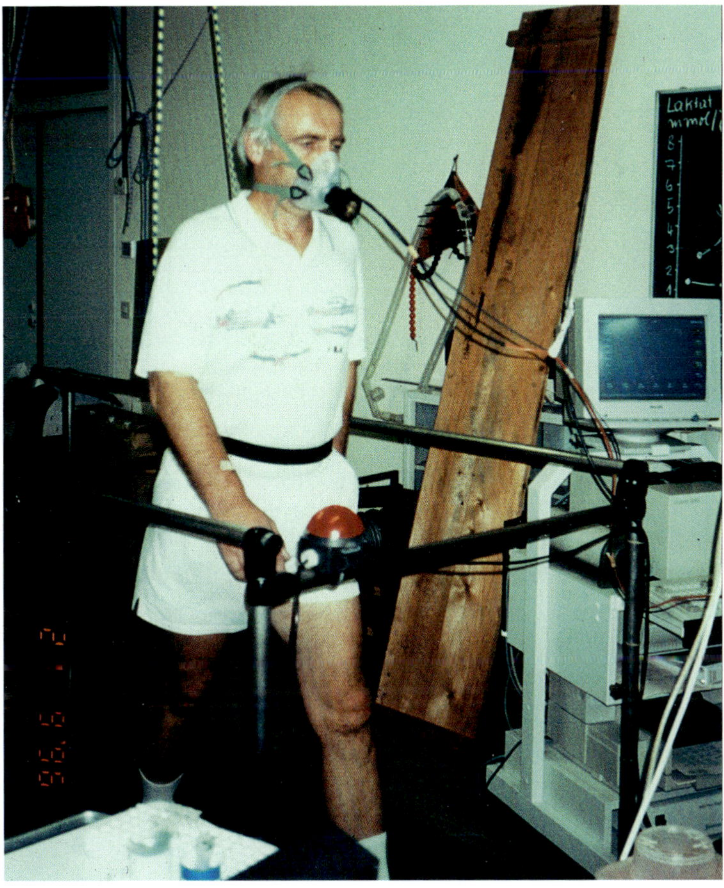


Allen Tennisspielern im mittleren und höheren Lebensalter empfehlen wir daher eine Gesundheitskontrolle beim Arzt im Abstand von höchstens einem oder zwei Jahren. In Italien konnte beispielsweise die Zahl der Todesfälle im Sport durch eine entsprechende Vorsorgeuntersuchung gesenkt werden, wie Untersuchungen an über 35.000 Sportlern (Corrado et al., 2006) gezeigt haben. Besonders wichtig ist diese ärztliche Gesundheitskontrolle für alle Spieler, die sich erstmalig zu einer Teilnahme an Tenniswettkämpfen (Einzel- oder Mannschaftsturniere)

entschließen; dies gilt vor allem für Spieler/innen ab Mitte des vierten Lebensjahrzehnts (z. B. H 40/50/60/70 und D 50/60). Hiervon sind nicht nur regelmäßig trainierende Spieler der nationalen und regionalen Spitzenklasse betroffen, sondern vor allem auch jene der mittleren und unteren Leistungsklassen (Bezirks- und Kreisklasse sowie Hobbyrunde); Letzteres gilt insbesondere für Tennisspieler und -spielerinnen nach längerer Spielpause sowie für Neulinge oder Quereinsteiger aus anderen Sportarten.

***DIE SPORTMEDIZINISCHE VORSORGEUNTERSUCHUNG FÜR TENNISSPIELER/INNEN SOLL FOLGENDE INHALTE ABDECKEN:***

- Anamnese (Krankheitenvorgeschichte),
- Ganzkörperstatus (insbesondere Herz-Kreislaufsystem und Bewegungsapparat einschließlich Funktionsdiagnostik des Bewegungssystems),
- Blutuntersuchung,
- Urinuntersuchung,
- Belastungsuntersuchung (einschließlich Belastungs-EKG).

Dieser Leistungskatalog ist durch den im Gesundheitsreformgesetz zum 01. Oktober 1989 eingeführten Gesundheits-Check-up für alle Frauen und Männer ab vollendetem 35. Lebensjahr im Zwei-Jahres-Abstand gebührenfrei, mit Ausnahme des Belastungs-EKGs. Da das Belastungs-EKG als einfache Vorsorgemaßnahme gegen den akuten Herztod auf dem Tennisplatz anzusehen ist, sollte hierauf beim Vorliegen entsprechender Gefährdungszeichen nicht verzichtet werden; wenn der Arzt aufgrund individueller Risikofaktoren (z. B. Bluthochdruck, Fettstoffwechselstörungen) das Belastungs-EKG für notwendig hält, entstehen dem Tennisspieler keine zusätzlichen Kosten.

Für Gesundheitsuntersuchungen der genannten Art bevorzugt geeignet sind Allgemeinärzte, Internisten und/oder Orthopäden. Für die Durchführung eines Belastungs-EKGs wird der Orthopäde und gegebenenfalls auch der Hausarzt den Tennisspieler zu einem Kardiologen überweisen. Von den genannten Fachärzten mit der Zusatzbezeichnung „Sportmedizin" können auch tiefer gehende Ratschläge zur individuell optimalen Leistungsentwicklung und zur Minimierung von Schädigungen durch Überbelastungen beim Tennissport erwartet werden.

Leistungssportlich orientierte Tennisspieler im Kindes- und Jugendalter benötigen neben der sportmedizinischen Gesundheitskontrolle auch eine sportmedizinische Betreuung, die sportmethodische und physiotherapeutische Maßnahmen zur Vorbeugung von Verletzungen einschließt. Darüber hinaus besteht häufig auch Bedarf für qualifizierte ärztliche Beratung über spezielle Maßnahmen der Leistungsdiagnostik und -steuerung sowie eine individuell leistungsfördernde Ernährung.

Für individuelle maximale sportliche Höchstleistungen stellt die Gesundheit eine unabdingbare Voraussetzung dar. Folglich benötigen alle leistungssportlich orientierten Tennisspieler und -innen präventiv ausgerichtete, sportmedizinische Untersuchungen zur nachhaltigen Sicherung und Wiederherstellung ihrer Gesundheit. Tennisspezifische Leistungsdiagnostik sowie Beratung und Betreuung einschließlich medizinischer Behandlung zwecks zügiger Regeneration und ggf. Rehabilitation gehören ebenfalls zur umfassenden sportärztlichen Versorgung aller Spieler und -innen im Hochleistungstennis.

Darüber hinaus kommt der sportmedizinischen Betreuung im Kampf gegen Doping eine besondere Verantwortung zu (Deutscher Olympischer SportBund, 2010). Ärztinnen und Ärzte sind nämlich in der Untersuchung und Betreuung von Leistungssportlerinnen und -sportlern wichtige Vertrauenspersonen: Ihre Zuständigkeit beinhaltet eine umfassende sportmedizinische Versorgung zur Gesunderhaltung ihrer Athleten, ohne dass diese zu unerlaubten Wirkstoffen und Methoden zur Leistungsmanipulation greifen.

Die sportmedizinischen Gesundheitsuntersuchungen aller Bundeskaderathleten (A-, B- und C-Kader) werden grundsätzlich in einem Sportmedizinischen Untersuchungszentrum (UZ) durchgeführt. Nur diese jeweils für vier Jahre lizensierten UZ (derzeitig 23 UZ in der Bundesrepublik anerkannt) sind berechtigt, ihre Leistungen beim Deutschen Olympischen SportBund (DOSB) abzurechnen und sind hiermit kostenfrei für alle Leistungstennisspieler und -innen, die dem A-, B- und C-Kader des DTB angehören.

Die jährlich durchzuführenden sportmedizinischen Gesundheitsuntersuchungen dienen vorrangig einer allgemeinen und sportartspezifischen Gesundheitsfürsorge, der Feststellung der Belastbarkeit, der Erhaltung der Leistungsfähigkeit und der Abwendung bleibender Sportschäden. Hierbei steht die internistische und die orthopädische Gesundheitsbeurteilung im Vordergrund. Speziell die intensive (große) orthopädische Untersuchung muss von einem Facharzt für Orthopädie durchgeführt werden, wobei neben Inspektion und Palpation des gesamten Haltungs- und Bewegungssystems vor allem die Funktionsprüfung des Stabilisierungs- und Bewegungsvermögens des Rumpfs und der Extremitäten von besonderer Bedeutung ist; hierbei dient der Vergleich der aktiven und passiven Beweglichkeit der Einschätzung von Muskelfunktionszuständen und der Diagnostik von Muskelverkürzungen und -dysfunktionen (Sommer, 2004). Außerdem halten wir einen systematischen Sehtest mindestens im Zwei-Jahres-Abstand für unverzichtbar. Alle Tennisspielerinnen werden zusätzlich mittels vorgegebenem Fragebogen des DOSB gynäkologisch befragt und beraten.

Im Deutschen Tennis Bund werden zudem leistungsdiagnostische Untersuchungen für alle Kader- und Nachwuchsspieler/innen durchgeführt, deren Ergebnisse in die Trainings- und Wettkampfplanung einfließen. Zwecks Gewinnung mittel- und langfristiger altersspezifischer und individualtypischer Erkenntnisse sind Längs- und Querschnittanalysen notwendig. Daher werden die Ergebnisse der sportmedizinischen und leistungsdiagnostischen Untersuchungen in einer zentralen Datenbank des DTB gespeichert und ausgewertet – unter Berücksichtigung der üblichen Regeln des Datenschutzes. In Abänderung der DOSB-Vorgaben wird das zur Gesundheitsbeurteilung notwendige Belastungs-EKG mit dem leistungsdiagnostischen Test auf dem Laufband gekoppelt (Stockhausen, 2013). Letzteres wurde möglich durch die Entwicklung moderner EKG-Geräte, die eine zufriedenstellende Artefaktunterdrückung auf dem Laufband gewährleisten. Hiermit wird die üblicherweise obligatorische (tennisunspezifische) Belastung auf dem Fahrradergometer eingespart.

Neben den Gesundheitsvorsorgeuntersuchungen der Kadermitglieder stellt die medizinische Akutversorgung der Aktiven in Training und Wettkampf die zweite Säule der medizinischen Betreuung deutscher Hochleistungssportler dar (DOSB, 2010). Die entsprechende Behandlung und Betreuung der Kaderangehörigen des DTB im alltäglichen Trainings- und Wettkampfprozess durch qualifizierte Sportmediziner und Sportphysiotherapeuten gehört zu den Grundaufgaben der Olympiastützpunkte und wird über deren Haushalte finanziert. Darüber hinaus erhalten ATP-Spieler und WTA-Spielerinnen im Rahmen ihrer jeweiligen Turnierteilnahmen sowohl ärztlich als auch physiotherapeutisch eine qualitativ hervorragende Betreuung.

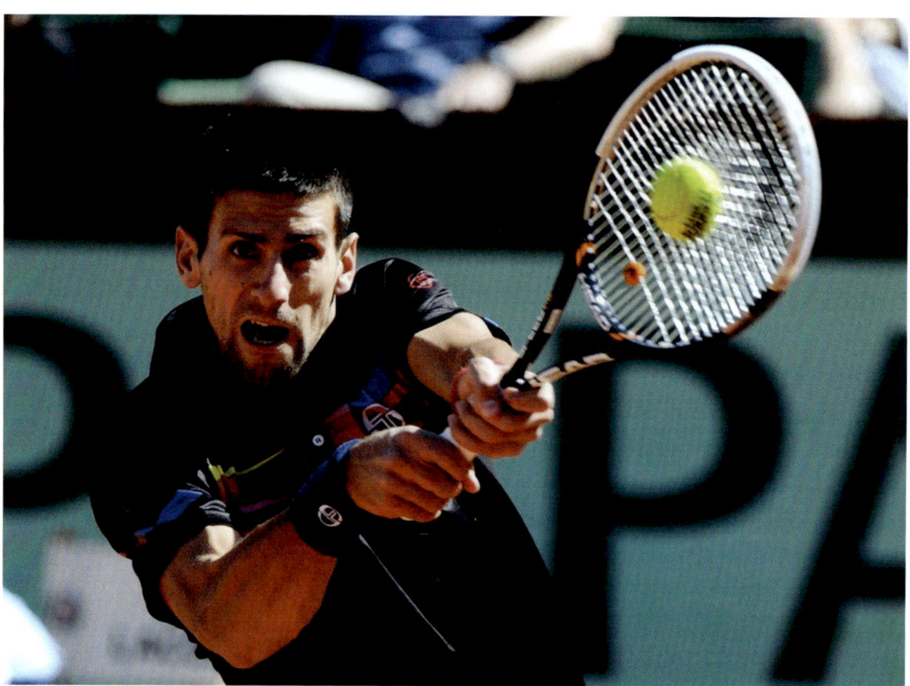

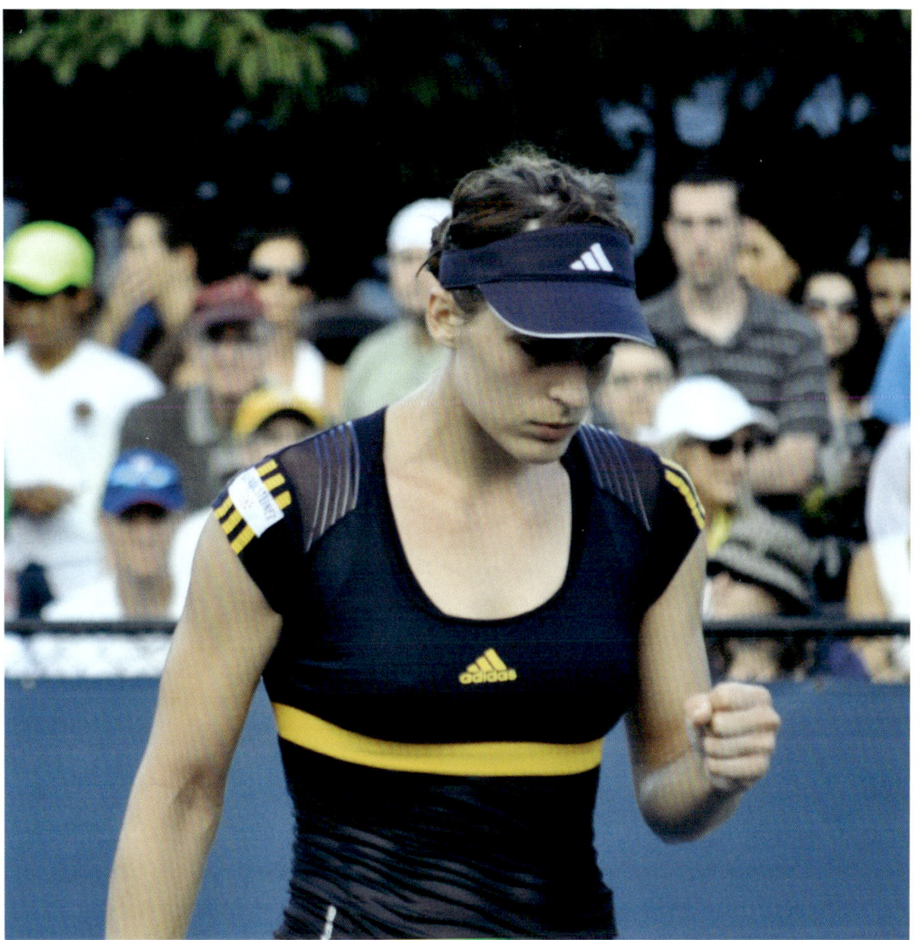
adidas

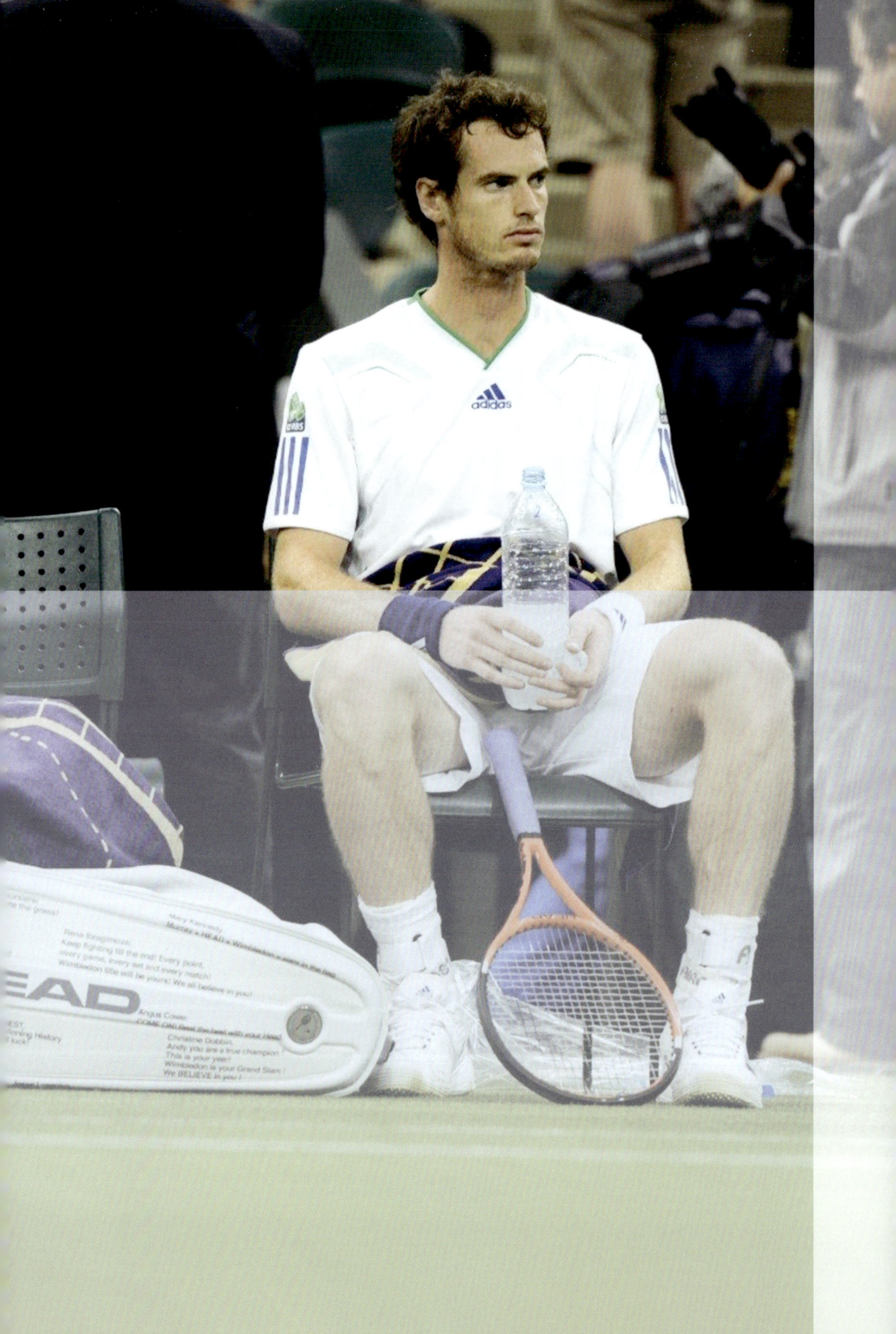
adidas
Rena Ibragimova:
Keep fighting till the end! Every point,
every game, every set and every match!
Wimbledon title will be yours! We all believe in you!
EAD
Angus Cowe:
Christine Dobbin:
Andy you are a true champion !
This is your year!
Wimbledon is your Grand Slam !
We BELIEVE in you !

# 10

## *Essen und Trinken im Training und im Wettkampf*

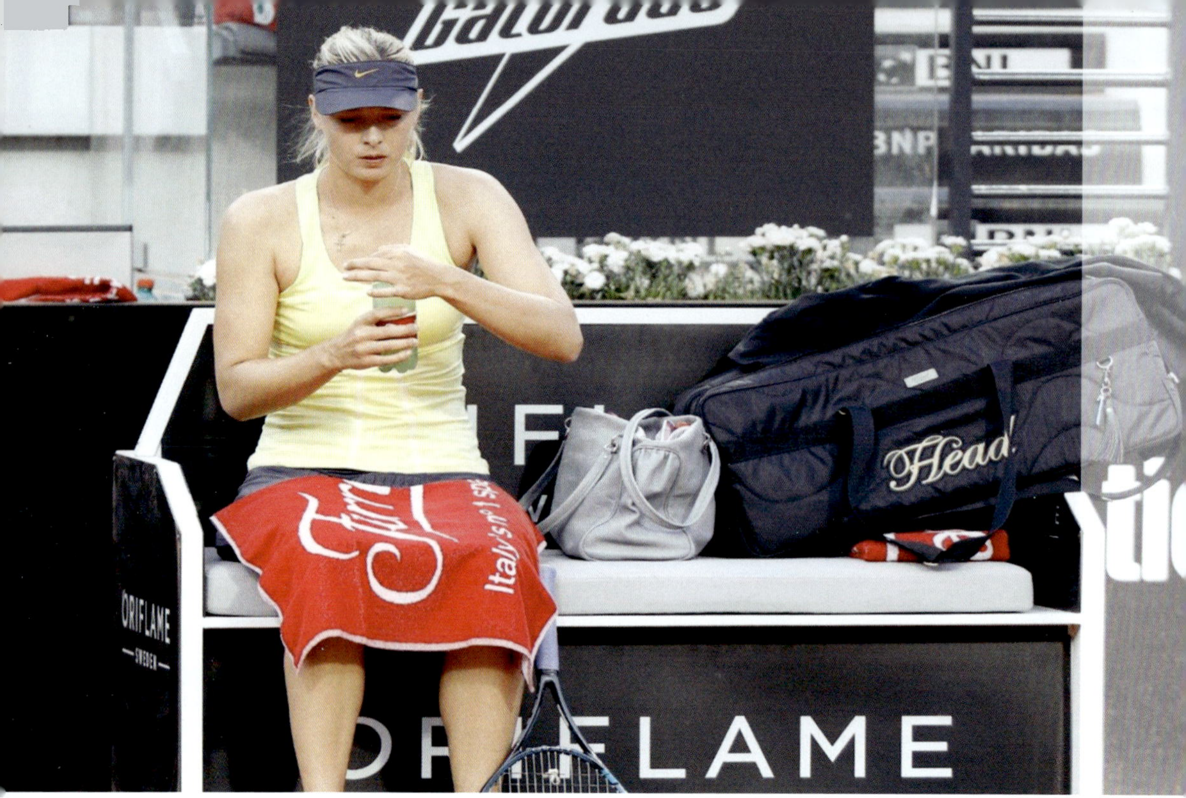


## 10.1 Ernährung

### 10.1.1 Einführung

***DIE ERNÄHRUNG DES TENNISSPIELERS VERFOLGT DREI ZIELE:***

1. Gesundheitsaufbau und -schutz,
2. Vollwertigkeit und
3. Optimale Belastungsanpassung und Leistungssteigerung.

Da kein Nahrungsmittel alle notwendigen Stoffe allein enthält, muss die Ernährung grundsätzlich vielseitig sein. Ferner sollten die Speisen schmackhaft zubereitet und appetitanregend serviert werden, damit nicht nur die Nahrungsstoffe allein, sondern auch optischer Eindruck und individueller Geschmack zu einer Anpassung an die sportlichen Beanspruchungen und zur Weiterentwicklung des Körpers sowie zugleich zur Entspannung der Psyche führen.

## 10.1.2 Gesundheitsaufbau und -schutz der Ernährung

Lebensqualität und persönliches Wohlbefinden hängt in entscheidendem Maß von der körperlichen und seelischen Gesundheit ab. Letztere kann durch richtige oder falsche Ernährung positiv oder negativ beeinflusst werden.

Leistungsorientierte Tennisspieler im Kindes- und Jugendalter sind diesbezüglich in besonderer Weise gefährdet, da sie sich wegen ihrer chronischen Zeitknappheit (Schule, Training, An- und Abfahrt) häufig in Schnellgaststätten aufhalten und zu Hause zwecks Zeitersparnis teilweise mit einseitigen Fertiggerichten vorliebnehmen müssen. Ferner tragen die mitteleuropäischen Essgewohnheiten durch ein Übermaß an Fett und Kochsalz sowie einen Mangel an Vitaminen, Mineralien, Spurenelementen und Ballaststoffen zu einer weiteren Gefährdung der Gesundheit bei. Körperliche Höchstleistung kann jedoch nur ein gesunder Organismus vollbringen.

***GRUNDSÄTZE FÜR EINE GESUNDHEITSSCHÜTZENDE ERNÄHRUNG***

1. Kohlenhydratreiche Mischkost als breite Basis unter Bevorzugung möglichst naturbelassener pflanzlicher Lebensmittel (z. B. Getreideprodukte, Kartoffeln, Reis, Hülsenfrüchte, Samen und Nüsse, Obst und Gemüse);
2. Milch und Milchprodukte (z. B. fettreduzierte Frischmilch, Butter- und Sauermilch, Joghurt, Quark und Käse);
3. (Mageres) Fleisch oder Fisch (gleichsam als Beilage);
4. Reduktion von Fetten (insbesondere Verminderung gesättigter Fettsäuren);
5. Reichhaltige Zufuhr von Ballaststoffen.

Grundsätzlich sollten jene Nahrungsstoffe vermieden werden, die hoch technisiert verarbeitet (z. B. zuckerreiche Fertigprodukte, polierter Reis) oder in Schnellkochküchen (Bratwurst und Pommes frites) hergestellt, da sie einerseits als „leere" Kalorienträger zu einem Mangel an Vitaminen, Mineralien sowie Spurenelementen beitragen und andererseits Krankheiten wie Übergewicht, Altersdiabetes und Arterienverkalkung frühzeitig begünstigen.

Die Nahrungsmenge orientiert sich am individuellen optimalen Körpergewicht, welches sich im Regelfall zwischen Idealgewicht (Körperlänge in cm abzüglich 100 minus 10 % und einem quozient aus Taillenumfang und Hüftumfang von maximal 0,8 bei Frauen und 1,0 bei Männern) und Normalgewicht (Körperlänge in cm minus 100 bzw. Body-Mass-Index (BMI) von 20-25 bei Männer und 18-23 bei Frauen) einpendeln sollte. Die tägliche Kontrolle des Körpergewichts auf der Waage und die Entwicklung eines Gefühls für das eigene optimale Leistungsgewicht eignet sich als Messlatte für Menge und Qualität der aufgenommenen Nahrungsmittel erheblich besser als hochdifferenzierte Kalorientabellen, die in der täglichen Praxis nur schwer umsetzbar sind.

## 10.1.3 Vollwertige Ernährung

Vollwertige Kost hat sich als Ernährungskonzept der ersten Wahl etabliert und inzwischen haben auch Sportler daran ein großes Interesse entwickelt. Bei der Vollwerternährung soll die Nahrung so natürlich wie möglich belassen werden. Die verwendeten Lebensmittel dürfen nur möglichst wenig verarbeitet sein (z. B. Vollkorn- statt Weißmehl). Die Wahrscheinlichkeit, dass die Nahrung alle lebensnotwendigen Bestandteile enthält, wird umso größer, je naturbelassener die Lebensmittel bleiben, beziehungsweise je weniger sie bei der Ernte oder nach dem Fang behandelt (manipuliert) werden. Diese Grundsätze gelten vor allem für die Zubereitung der Speisen in besonders beliebten „edlen" Restaurants.

Die Ernährung ist vollwertig, wenn alle benötigten Nährstoffe vorhanden sind. Hierbei handelt sich um eine Kostform, die sich hauptsächlich aus Getreideerzeugnissen, Milchprodukten, möglichst frischem Obst und Gemüse, aus Samen und daraus hergestellten Pflanzenölen unter Verwendung von Gewürzkräutern zusammensetzt. Pflanzliche Lebensmittel werden bevorzugt, der Fleischverzehr insgesamt reduziert (z. B. maximal jeden zweiten Tag). Fisch stellt eine wünschenswerte Ergänzung dar (z. B. mindestens 1-2 x wöchentlich).

Beim strengen Vegetarismus, der auf jegliche Lebensmittel tierischer Herkunft verzichtet, lassen sich insbesondere bei Leistungssport betreibenden Kindern und Jugendlichen, aufgrund des beträchtlich erhöhten Bedarfs, Mangelerscheinungen nicht ausschließen. Defizite bei Eiweißmenge und -zusammensetzung (essenzielle Aminosäuren) sowie eine Unterversorgung mit speziellen Mineralien (z. B. Kalzium) und Spurenelementen (z. B. Eisen, Zink und Selen) sowie Vitaminen (z. B. Vitamin $B_{12}$ und D) sind hierbei in erster Linie zu befürchten.

Die ovo-lacto-vegetabile Kost, welche Milchprodukte und Eier einbezieht, ist dagegen als vollwertig zu bezeichnen. Wird diese Kostform abwechslungsreich gestaltet, so sind keine Nachteile bei der Ausübung von Tennis als Leistungssport zu erwarten. Allerdings liegt der Zeitaufwand für die Zubereitung der Speisen im Vergleich zu herkömmlichen Kostformen höher.

Zusammenfassend gelten für leistungssportlich ambitionierte Tennisspieler bezüglich gesundheitsschützender und vollwertiger Kost folgende Empfehlungen:

1. Ernährung vielseitig und abwechslungsreich gestalten.
2. Kohlenhydratbetonte Mischkost pflanzlicher Herkunft bevorzugen.
3. Fettreiche Lebensmittel vermeiden und Fette nur sparsam verwenden.
4. Regelmäßig frisches Obst, Gemüse und Milchprodukte essen.
5. Weniger Süßigkeiten naschen, dafür unverarbeitete Kohlenhydrate (z. B. geschmacklich attraktive Vollkornprodukte) bevorzugen.

6. Nicht zu viel Fleisch (z. B. höchstens 2 x pro Woche) und nicht zu wenig Fisch (wenigstens 1 x pro Woche) konsumieren.
7. Speisen schmackhaft und nährstoffschonend zubereiten.
8. Ausreichende Flüssigkeitsaufnahme täglich sicherstellen.

### 10.1.4 Ernährung zur optimalen Belastungsanpassung und Leistungssteigerung

Menge und Auswahl der Nahrungsstoffe sollten sich möglichst eng an die täglichen Belastungen bzw. den Bedarf anpassen. Der Tennissport ist gekennzeichnet durch seine unregelmäßig-wellenförmig wechselnden Beanspruchungen, die sowohl Ausdauer und Schnellkraft betreffen und mit hohen koordinativen Anforderungen einhergehen. Aufgrund dieses tennistypischen Beanspruchungsprofils im Leistungstennis ist eine ausreichende Eiweißzufuhr und eine unmittelbar an die Beanspruchung folgende Auffüllung der Kohlenhydratspeicher notwendig.

Bei leistungsorientierten Tennisspielern bedarf die Ernährung einer spezifischen Feinabstimmung, die sich nach dem Belastungsumfang und -schwerpunkt in den verschiedenen Trainings- und Wettkampfphasen orientiert:

- Ernährung in der Trainingsphase (Basiskost),
- Ernährung unmittelbar vor dem Wettkampf,
- Ernährung während des Wettkampfs und
- Ernährung unmittelbar nach dem Wettkampf.

Da die Ernährung in der Trainingsphase (Basiskost) sowie die Nahrungsauswahl unmittelbar vor und während dem Wettkampf (Wettkampfkost) für Hobbyspieler und für Leistungsspieler gleichermaßen von Interesse ist, werden hierzu im Folgenden die wichtigsten Ratschläge zusammengefasst.

***ERNÄHRUNG IM TRAINING (BASISKOST):*** Prinzipiell muss die Ernährung in der Trainingsphase vielseitig und vollwertig, gesund und appetitanregend sowie bedarfsangepasst sein. Im Mittelpunkt steht eine kohlenhydratreiche Kost in Kombination mit viel vollwertiger Frischkost (Obst, Gemüse und Rohkost), sodass der Grundbedarf an Vitaminen, Mineralien und Spurenelementen einschließlich der notwendigen Ballaststoffe gewährleistet ist. Vor allem im Kindes- und Jugendalter ist auf eine genügende (möglichst fettarme) Eiweißzufuhr (z. B.

Magerquark, Fisch, Geflügel) zu achten. Jene Nahrungsmittel und Zubereitungsformen, die vorwiegend leere Kalorien produzieren, sollten vermieden werden. Besonders jugendliche Tennisspieler werden häufig viel zu fettreich (z. B. Schokolade, Pommes frites, Grillwurst, paniertes Schnitzel) ernährt. Auch die bei Kindern und Jugendlichen besonders beliebten Softdrinks (z. B. Cola-Getränke) enthalten ebenfalls reichlich Kalorien, jedoch nahezu keinerlei Mineralien und Vitamine (typisch für „leere" Kalorienträger).

Ist das Training ausdauerbetont und sehr umfangreich, muss der Kohlenhydratanteil erhöht werden (mindestens 60 %), bei einem Kraft- und Schnelligkeitstraining sollte der Eiweißanteil ansteigen. Da das Tennistraining regelmäßig mit relativ hohen Schweißverlusten einhergeht, bedarf es stets einer ausreichenden Flüssigkeitszufuhr mit den notwendigen Mineralstoffen (vor allem Natrium und Magnesium), Spurenelementen (insbesondere Eisen für das weibliche Geschlecht) und Vitaminen (vor allem B-Komplex und C).

***ERNÄHRUNG UNMITTELBAR VOR DEM WETTKAMPF:*** Die Hauptmahlzeit vor dem Wettkampf sollte kohlenhydratbetont (s. Literaturübersicht) und leicht verdaulich sein. Bekannte Eiweißträger wie Fleisch oder Fisch stellen nicht mehr die Hauptsache dar, sondern werden als Beilage betrachtet. Beispiele hierfür sind Bandnudeln mit Shrimps in Tomatensoße oder reichhaltige Pellkartoffeln sowie frisches Gemüse oder Salat mit gedünstetem Fisch (möglichst fettarm). Als Nachspeise bieten sich beispielsweise Fruchtgrütze mit Vanillesoße, frischer Obstsalat oder Waffeln mit frischen Früchten (ggf. als Tiefkühlkost) an.

Normalerweise sollte die Hauptmahlzeit etwa 2-3 Stunden vor Spielbeginn eingenommen werden. Durch Gewöhnung müssen Tennisspieler auch in der Lage sein, noch 60-90 min vor Wettkampf- oder Trainingsbeginn eine kleinere, kohlenhydratbetonte (Haupt-)Mahlzeit problemfrei zu vertragen. Vor allem an Wettkampftagen sollten liebgewonnene Gewohnheiten und Bekömmlichkeit der Speisen besondere Berücksichtigung finden.

Unmittelbar vor dem Wettkampf (z. B. 5-10 min) empfehlen wir die Einnahme von einem Glas Obstsaft oder einer Kombination aus Mineralgetränk (z. B. ein Glas stilles Mineralwasser) mit einem schmackhaften kohlenhydratreichen Naturprodukt (z. B. reife, halbe Banane). Die Gabe von Flüssigkeit und Kohlenhydraten hat den Zweck, die vor dem Wettkampf häufig auftretende Austrocknung der Mundschleimhaut zu beseitigen und zugleich eine optimale energetische Leistungsbereitschaft herzustellen. Die vielfach geäußerte Furcht vor einer reaktiven Unterzuckerung (Hypoglykämie) aufgrund eines entsprechenden Insulinanstiegs bleibt unbegründet, wie wir durch unsere Untersuchungen unter realen Wettkampfbedingungen (Abb. 127) unstrittig wiederlegen konnten. Die unmittelbar vor Wettkampfbeginn erheblich verstärkte Ausschüttung des Stresshormons Adrenalin sorgt nämlich für einen Anstieg des Blutzuckers, sodass die Insulinwirkung weitgehend neutralisiert wird.

***LITERATURÜBERSICHT:***
*KOHLENHYDRATSPEICHER BESCHRÄNKEN LEISTUNGSFÄHIGKEIT*

Mittels Muskelbiopsie konnte bereits vor mehreren Jahrzehnten der Nachweis erbracht werden, dass bei körperlichen Beanspruchungen hoher Intensität über eine längere Zeitdauer (≥ 90 min) das Glykogen (Speicherform der Kohlenhydrate) in der Arbeitsmuskulatur nahezu komplett entleert wird (Hermansen et al., 1967). Je höher der Ausgangswert des Muskelglykogens, umso länger konnten die Sportler hohe Belastungen (≥ 70 % $\dot{V}O_2max$) durchhalten (Bergström et al., 1967). Darüber hinaus stellten Fink et al. (1975) sowie Jentjens et al. (2002) fest, dass unter Hitzebedingungen (41 ° vs 9° C bzw. 35° vs. 16° C) die Glykogenvorräte erheblich schneller entleert und gleichzeitig exogen zugeführte Zuckerlösungen signifikant niedriger (ca. 10 %) verstoffwechselt werden (Jentjens et al., 2002). Folglich müssen Tennisspieler bei hohen Temperaturen bereits vor dem Wettkampf besonderen Wert auf eine maximale Auffüllung ihrer Kohlenhydratspeicher legen.

Für Tennisspieler von besonderem Interesse sind auch die Befunde von Costill (1988), der nach dreistündiger Laufbandarbeit feststellte, dass nach der Hälfte der Laufzeit bereits ca. 70 % des Muskelglykogens verbraucht waren, allerdings noch ohne nennenswerte Ermüdungserscheinungen; ab diesem Zeitpunkt mit weniger als einem Drittel des Muskelglykogens in der Arbeitsmuskulatur (Abb. 128, S. 390) steigen die Ermüdung und die subjektiv empfundene Anstrengung immer steiler an von „mäßig" bzw. „moderal" über „schwer" auf „erschöpft" bzw. „total erschöpft" ( Abb. 128). Ebenfalls von besonderer Bedeutung für den Tennissport sind die muskelbioptischen Resultate von Gollnick et al. (1974), dass speziell bei hohen Intensitäten wie z. B. typisch bei häufig wiederholten (Kurz-)Sprintbelastungen die schnellkräftigen, weißen Muskelfasern (Typ FT) erheblich schneller ihre Kohlenhydratspeicher entleeren.

Bei unvorhersehbarer Verzögerung des Wettkampfbeginns bedarf es häufig der zusätzlichen Einnahme einer kohlenhydratreichen Zwischenmahlzeit. Hierzu bieten sich beispielsweise Milchreis mit Zimt und Früchten, Joghurt mit Haferflocken, Trockenobst oder hochwertiges Müsli an. Fertigprodukte, wie Schokolade oder Marmorkuchen, sind zwar auch geeignet, stellen aber wegen des hohen Fettanteils und geringer Vollwertigkeit nur die zweite Wahl dar.

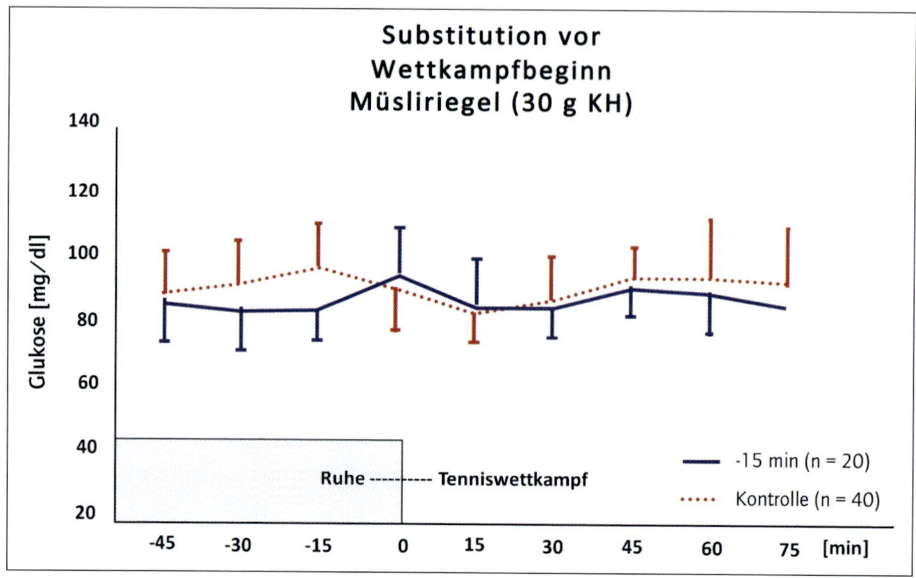


*Abb. 127: Vergleichende Darstellung des Verhaltens des Blutzuckerspiegels unmittelbar vor dem Match, zu Beginn und im Verlauf eines Tenniswettkamfs nach Gabe eines handelsüblichen Müsli-Riegels 15 Minuten vor dem Wettkampf*

***ERNÄHRUNG WÄHREND DES WETTKAMPFS:*** Für einen einzelnen Tenniswettkampf von weniger als zwei Stunden Dauer ist eine spezielle Kohlenhydratzufuhr (z. B. Banane, Müsliriegel) normalerweise nicht notwendig. Im Rahmen eines Tennisturniers mit täglich 1-2 x Wettkämpfen (Einzel und Doppel) oder nach intensivem Training am Vortag ist jedoch die Zufuhr von Kohlenhydraten auch während des Wettkampfs angezeigt (s. Literaturübersicht). In besonderer Weise gilt dies bei extremer Hitze im Falle einer plötzlich auftretenden Unterzuckerung (Hungerast) im letzten Drittel eines Wettkampfs sowie zur Verhütung einer Unterzuckerung zu Beginn einer zweiten Belastung am Wettkampftag (z. B. unmittelbar nach Beendigung des Einzels im Doppel während eines Mannschaftswettkampfs).

Die interessante Frage nach dem Zeitpunkt der frühestmöglichen Verfügbarkeit exogen zugeführter Kohlenhydrate in der Arbeitsmuskulatur bleibt wegen unzulänglicher technischer Möglichkeiten beim Menschen unbeantwortet. In diesem Zusammenhang jedoch außerordentlich bemerkenswert sind neurophysiologische Befunde mit dem Nachweis von Rezeptoren in Mund- und Rachenschleimhaut (Maresh et al., 2001, Riebe et al., 1997), die Signale an das Zentralnervensystem unmittelbar weitergeben können und im Gehirn das zuständige Areal für Belohnung und Freude stimulieren. Diese spekulative Hypothese (Jeukendrup, 2008) kann darüber hinaus durch eigene praktische Erfahrungen als Spieler und als Betreuer beim Eintritt von „Hungerast" voll bestätigt werden.

***LITERATURÜBERSICHT:** OPTIMALE KOHLENHYDRATAUFNAHME WÄHREND BELASTUNG*

Mit Trinken während Wettkampf und Training im Tennis werden zwei Ziele gleichzeitig verfolgt: die Versorgung mit Wasser und Elektrolyten zur Verminderung der Körperüberhitzung und zum Erhalt eines leistungsfähigen Herz-Kreislauf-Systems sowie die Bereitstellung von Kohlenhydraten als effizienteste Energiequelle aufgrund nur begrenzt vorhandener Kohlenhyratspeicherkapazität (Maughan & Noakes, 1991). Menge und Schnelligkeit der Kohlenhydratverfügbarkeit hängen vor allem von der Geschwindigkeit der Magenpassage und der Absorption im Dünndarm ab. Die Geschwindigkeit der Magenentleerung wird vornehmlich vom Kohlenhydratgehalt des Getränks bestimmt: Wird maximales Flüssigkeitsvolumen angestrebt, so stellen 3-8 % Kohlenhydrate das Optimum dar (Brouns 1993), steht die maximale Kohlenhydrataufnahme als primäres Ziel im Vordergrund, so müssen 10-20 % Kohlenhydrate eingebracht werden (Maughan & Noakes, 1991). Entgegen häufig vertretener Meinung auf Tennisplätzen haben sowohl Temperatur (z. B. 4° vs 37°C) als auch Kohlensäuregehalt (ohne/medium/classic) des Getränks keinen objektivierbaren Einfluss auf die Magenentleerungsrate (Maughan & Noakes, 1991).

Die Art der Kohlenhydrate und die Osmolarität der Lösung beeinflussen die Absorption im Dünndarm. Wird nur eine Kohlenhydratsorte (z. B. Traubenzucker) angeboten, übersteigt die Oxidationsrate nicht $60g \times h^{-1}$ (Jentjens & Jeukendrup, 2005). Werden dagegen verschiedene Kohlenhydrate (z. B. Trauben- oder Fruchtzucker bzw. Zweifachzucker wie Rohr- oder Malzzucker) angeboten, so steigen die Oxidationsraten auf nahezu das Doppelte an (Jentjens & Jeukendrup, 2005), ohne die Wasseraufnahme zu behindern (Jeukendrup, 2008). Dieser Effekt der „oxidation efficiency“ wird auf die unterschiedlichen Transportmechanismen durch die Dünndarmwand zurückgeführt (z. B. handelt es sich bei Traubenzucker, im Gegensatz zu Fruchtzucker, um einen aktiven, energieverbrauchenden Transport in enger Verbindung mit Natrium (Shi et al., 1995, Jeukendrup, 2008). Die Verwendung von Fruchtzucker in einer Kohlenhydratmischung bedarf der engeren Begrenzung (z. B. maximal ein Drittel), da Fruchtzucker zwar den Geschmack positiv beeinflusst, jedoch eine niedrigere Oxidationsrate als Traubenzucker aufweist und das Risiko für Magen-Darm Beschwerden deutlich erhöht (Jeukendrup, 2008).

Wettkampftennis ist aufgrund der regelmäßigen Seitenwechsel gut geeignet für eine stetige Zufuhr von Flüssigkeit, Mineralien und Energieträgern. Je nach Spielertyp (z. B. laufstarker Grundlinienspieler), Umgebungsbedingungen (z. B. Sommerhitze) und aktueller Wettkampfsituation (z. B. lang dauernder, zäher Wettkampf) ist es möglich, die Zufuhr flexibel zu variieren. Je länger und je intensiver ein Wettkampf geführt wird, desto wichtiger wird die Zufuhr von Kohlenhydraten. Wegen der Gefahr von Durchfall muss jedoch mit der Dosierung des Fruchtzuckers (Fruktose) vorsichtiger als mit Traubenzucker (Glukose) umgegangen werden. Prinzipiell müssen Flüssigkeit und Mineralien umso früher und umfangreicher ersetzt werden, je höher die Schweißverluste sind.

Unter Hitzebedingungen (Tab. 30) besteht erheblich gesteigerter Bedarf sowohl an Flüssigkeit als auch für Kohlenhydrate (s. Literaturübersicht „Kohlenhydratspeicher beschränken Leistungsfähigkeit"). Dieser für Gesundheitsschutz und Leistungsoptimierung notwendige Mehrbedarf kann nur gedeckt werden, wenn die Flüssigkeitszufuhr maximal ausgeschöpft wird (1.000-1.500 ml/h) mit einem Kohlenhydratanteil von ca. 5 % (z. B. durch Apfelsaft und Mineralwasser im Mischverhältnis 1:1) und zusätzlich verschiedenartige, kurzkettige Kohlenhydrate in fester Form (z. B. diverse Energie- bzw. Müsliriegel, reife Bananen oder Trockenobst) aufgenommen werden (Tab. 30).

***Tab. 30:*** *Flüssigkeit-, Mineralien- und Energiezufuhr beim Turniertennis unter Hitzebedingungen*

| **1. WÄHREND DES WETTKAMPFS/TRAININGS** |
|---|
| Flüssigkeit 800-1.500 ml/h (♀: ca. 30 % weniger)<br>Inhalt:<br>▪ Natrium 20-50 mmol/l bzw. 400-1.000 mg/l<br>▪ Kohlenhydratmischung 100-200 g/l KH<br>(z. B. Traubenzucker und Rohrzucker wegen „oxidation efficiency")<br>Energiegetränk mit 50 g/l KH (z. B. Powerade® Sports 5,1 g %) in Kombination mit Bananen (reif), Energieriegel oder Müsli (z. B. PowerBar® Energize: 70 g % KH bzw. Sirius® Schoko+Banane 66 g % KH)<br>80-150 ml jeden Seitenwechsel und 150-250 ml nach Satzende<br>Besonderheiten: Temperatur (z. B. 10° C), Kohlensäure (mit/ohne) und Geschmack (z. B. Kirsche):<br>Jeweils so erfrischend und wohlschmeckend wie möglich (im Training erprobt) |
| **2. UNMITTELBAR VOR DEM WETTKAMPF** |
| ▪ 30-45 min: 250-400 ml Flüssigkeit (z. B. Mineralwasser)<br>▪ 5-15 min: 150-250 ml Flüssigkeit mit Kohlenhydraten (5-10 g %) |
| **3. UNMITTELBAR NACH DEM WETTKAMPF** |
| ▪ 0-10 min: 250 ml Flüssigkeit (z. B. Mineralwasser oder Apfelschorle)<br>▪ 0-20 min: 250-500 ml kohlenhydratreiche Flüssigkeit (einschließlich Kalium, ggf. Eiweiß) (z. B. Apfelsaft, Gatorade® oder Champ® High Protein Drink)<br>▪ 15-40 min: Kohlenhydratreiche (Zwischen-)Mahlzeit (ggf. mit Eiweißzusatz) (z. B. Milchreis mit Apfelmus, Fruchtjoghurt mit gezuckerten Cornflakes)<br>Oder: Fertigprodukte wie PowerBar® Proteinplus-Riegel oder Champ® High Protein Drink |

Häufig bevorzugen Tennisspieler eine getrennte Einnahme beider Getränketypen (Mineralwasser bzw. Obstsaft). Da alle Obstsäfte in der Regel circa 8-11 % Kohlenhydrate enthalten sowie reich an Vitamin C und Kalium sind, kann jeweils frei nach eigenem Geschmack ausgewählt werden. Die Mineralwässer dagegen unterscheiden sich erheblich in ihrem Mineraliengehalt. Wir empfehlen jene Mineralwasser, die zum Schutz vor Muskelkrämpfen reich an Magnesium (mehr als 100 mg/l) und zwecks Beschleunigung des (aktiven) Traubenzuckertransports durch die Dünndarmwand in das Blutgefäßsystem ausreichend Natrium (ca. 400-800 mg/l) enthalten. Die Enscheidung über den Gehalt an Kohlensäure (z. B. klassisch, niedrig, ohne) hängt allein von der individuellen Geschmacksvorliebe ab, da, entgegen weitverbreiterter Meinung, eine leistungseinschränkende Wirkung der Kohlensäurehaltigkeit wissenschaftlich nicht nachweisbar ist. Auch über die Wahl der Temperatur kann das Individuum entscheiden. Im Normalfall wirken jedoch nur gekühlte Getränke besonders erfrischend und leistungsmotivierend für den überhitzten und erschöpften Tennisspieler.

***ERNÄHRUNG UNMITTELBAR NACH DEM WETTKAMPF:*** Bereits unmittelbar nach dem Wettkampf bedarf es einer möglichst reichhaltigen kohlenhydratreichen Kost zwecks schnellstmöglicher Wiederauffüllung der leistungsbegrenzenden Glykogenspeicher. Der Grund für eine möglichst frühzeitige (erste) Kohlenhydrataufnahme liegt darin, dass einerseits die komplette Wiederauffüllung entleerter Glykogenspeicher ca. 24-36 Stunden dauert und andererseits, dass das für den Glykogenaufbau in der Arbeitsmuskulatur zuständige spezifische Enzym (Glykogensynthetase) in den ersten beiden Stunden nach Arbeitsende am höchsten aktiviert wird und anschließend kontinuierlich abfällt. Für den schnellen Glykogenaufbau benötigt der Organismus darüber hinaus zusätzlich auch die Zufuhr ausreichender Flüssigkeit und Mineralien (insbesondere Kalium).

In jüngster Zeit wird ebenfalls möglichst früh nach Belastungsende, d. h. in den ersten 15-30 Minuten, die Aufnahme von Eiweiß zum Aufbau und zur Reparatur speziell der besonders beanspruchten Muskulatur empfohlen (entsprechende praxisnahe Ratschläge sowohl für Kohlenhydrate als auch für Eiweiß werden in dem Kapitel „Sicherung der optimalen Energiebereitstellung" (S. 386) gegeben).

Das Australische Sportinstitut empfiehlt die Zufuhr von 10-20 g hochwertiges Eiweiß (z. B. 6-12 g essenzielle Aminosäuren bzw. AS) zwecks Förderung der Eiweißsynthese zum Aufbau und zur Reparatur von Muskelzellen, insbesondere in den ersten 15-30 min nach Belastungsende (Grosshauser, 2010). Auch die kombinierte Einnahme von schnell verfügbaren Kohlenhydraten (z. B. 8-10 g/kg Körpergewicht) und essenziellen AS (0,2-0,4 g/kg) nach Belastung fördert den Eiweißaufbau in der vorher beanspruchten Muskulatur (Kerksick et al., 2008; Drummond et al., 2009); insbesondere die verzweigtkettige AS Leucin scheint einen stimulierenden Einfluss auf die Proteinsynthese zu haben.

*LITERATURÜBERSICHT: PROTEINE ZUR UNTERSTÜTZUNG DER REGENERATION*

Aerobes Training regt die Synthese von Eiweißen zur Bildung von Mitochondrien sowie oxidativen Enzymen an und Krafttraining provoziert die Bildung von kontraktilem Muskeleiweiß als Basis für die Zunahme verschiedener Kraftfähigkeiten (Williams, 1997). Der Eiweißbedarf für Sportler wird daher nach der American College of Sports Medicine (2000) beim Krafttraining mit 1,6-1,7 g/kg Körpergewicht und beim Ausdauertraining mit 1,2-1,4 g /kg täglich angegeben (Wilmore et al., 2008). Vor höheren Eiweißmengen bzw. Substitution mit Aminosäuren wird jedoch wegen unvorhersehbaren Gesundheitsrisiken ausdrücklich gewarnt (Williams, 1997).

Neuere Studien haben gezeigt, dass die Erhöhung von Aminosäuren (AS) im Blutplasma die Muskelproteinsynthese in der Erholungsphase anregt (Ivy, 2004; Wolfe, 2006). Darüber hinaus erhöht die zusätzliche Eiweißgabe zu den Kohlenhydraten die Glykogensynthese in der Erholung nach intensiver aerober Belastung sowie nach Krafttraining (Wilmore et al., 2008). Speziell die Einnahme von verzweigtkettigen AS (BCAA bzw. branched-chain amino acids), wie z. B. Leucin oder Isoleucin sollen die körperliche und mentale Leistungsfähigkeit steigern, in dem sie den Abbau von körpereigenem Protein verringern (MacLean et al., 1994; Greer, 2007) und die Ermüdungserscheinungen verzögern (Berardi et al., 2008; Matsumoto et al., 2009). Mit diesen Studien und den genannten Begründungen lassen sich zwar leistungssteigernde Effekte durch verzweigtkettige AS plausibel erklären, allerdings ist die experimentelle Datenlage bisher noch verbesserungsbedürftig und teilweise sogar widersprüchlich (Betts et al., 2005), vor allem für das weibliche Geschlecht (Rolands & Wadsworth, 2011).

In der typischen Ernährungspraxis mit natürlichen Lebensmitteln stehen als Eiweiß- und Kohlenhydratlieferanten in kombinierter Form z.B. zur Verfügung (Grosshauser 2010): 200g Fruchtyoghurt + 250ml Fruchtsaft + Müsliriegel oder 200 ml Fruchtmilch + Banane + Energieriegel.

***MIKRONÄHRSTOFFE (MINERALIEN, SPURENELEMENTE UND VITAMINE) ALS NAHRUNGSERGÄNZUNGSMITTEL:*** Jede körperliche Aktivität mit höherer Intensität und längerer Zeitdauer führt zu einem erhöhten Verbrauch an energieliefernden Makronährstoffen (z. B. Fette und Kohlenhydrate) sowie zu einer gesteigerten (Ab-)Nutzung von Mikronährstoffen (Mineralien, Spurenelemente und Vitamine), die wir als unverzichtbare Katalysatoren zur Optimierung unseres Energie- und Baustoffwechsels benötigen. Der menschliche Körper verliert darüber hinaus mit jedem Liter Schweiß nach den Angaben von Gröber (2012) Mineralien wie Natrium (ca. 1.000 mg/l), Kalium (ca. 200-400 mg/l) und Magnesium (ca. 20-50 mg/l) in beachtlicher Größenordnung sowie kleinere Mengen an Spurenelementen wie Eisen (0,3-0,7 mg/l) Jod und Zink (0,5-1,0 mg/l) sowie wasserlösliche Vitamine (Vitamin B-Komplex und Vitamin C). – Leistungstennisspieler müssen bei ein- bis zweimaligem Training täglich sowie durchschnittlich 15-25 Wochen offiziellem Turniertennis nicht nur überdurchschnittliche Arbeitsumfänge leisten, sondern auch regelmäßig hohe Schweißverluste (in Extremfällen bei Männern mehr als 3-4 l täglich) hinnehmen; folglich ist die Beantwortung der Frage nach einer gesundheitsoptimierenden und leistungssteigernden Wirkung von Mikronährstoffen von elementarer Bedeutung.

Verschiedene Autoren, wie in jüngster Zeit Wienecke 2011; 2012 sowie Gröber (2012), und vor allem die nährstoffherstellende Industrie werben intensiv für die zusätzliche Einnahme von Mikronährstoffen mit teilweise plausiblen Argumenten. Mittels gezielter individualisierter Supplementierung von Mikronährstoffen soll nach Wienecke (2011; 2012) und Gröber (2012) das Immunsystem stabiliert, die Regenerationsfähigkeit beschleunigt, das Verletzungsrisiko minimiert sowie die mentale und physische Leistungsfähigkeit verbessert werden.

Bei seiner Empfehlung zu einer notwendigen zusätzlichen Versorgung mit Mikronährstoffen geht Wienecke (2012) aufgrund seiner Analysen an 830 Tennisspielern (Profis und Nachwuchs) davon aus, dass Tennisspieler in der Regel erhebliche Defizite im gesamten Bereich der Mikronährstoffe aufweisen, allerdings ohne Angabe konkreter Durchschnittswerte und Streubereiche sowie ohne detaillierte Beschreibung der verwendeten Untersuchungs- und Bestimmungsmethoden, sodass erhebliche Zweifel an dem hierfür notwendigen wissenschaftlichen Standard der Untersuchungen und der Objektivität der Befunde bestehen. Diesselbe kritische Einschätzung vertritt auch Schek (2011b) in ihrer detaillierten Stellungnahme zu den Inhalten einer vorausgegangenen, umfangreichen Buchveröffentlichung von Wienecke (2011). Ebenfalls konträr zu Wienecke (2011; 2012) stellten Faude und Mitarbeiter (2005) keinen allgemeinen Substitutionsbedarf für Leistungssportler fest, basierend auf ihren Resultaten der Ernährungsprotokolle und der Blutkonzentrationen ausgewählter Vitamine und Mineralstoffe an 23 Hochleistungssportlern der Sportarten Rudern, Leichtathletik, Triathlon und Turnen vor den Olympischen Sommerspielen 2004 in Athen. In diesem Zusammenhang ist von Interesse, dass 87 % der designierten Olympiateilnehmer (n = 20) mindestens ein Nahrungsergänzungsmittel zu sich nahmen: Am häufigsten wurden die Vitamine C, E und B-Komplex sowie Magnesium, vornehmlich über Multivitaminpräparate, zugeführt.

Folglich vertreten Faude und Meyer (2012) sowie Berg und Mitarbeiter (2012) übereinstimmend die Auffassung, dass bei ausgewogener, vollwertiger und isokalorischer Ernährung zur Unterstützung der Regeneration und zum Aufbau antioxidativer Eigenschaften keine Substitutionsnotwendigkeit für Mikronährstoffe besteht. Als Ausnahmen werden diagnostizierte Mangelzustände (z. B. Eisen) oder Reisen in Gebiete mit eingeschränkter Nahrungsmittelauswahl ausdrücklich erwähnt (Faude & Meyer, 2012).

Darüber hinaus warnen Faude und Meyer (2012) eindringlich vor der Gefahr unerwünschter Nebenwirkungen, wie die Beeinträchtigung des körpereigenen Abwehrsystems sowie der keineswegs seltenen Verunreinigung von Nahrungsergänzungsmitteln (NEM) mit Dopingsubstanzen. Nach den Analyseergebnissen von Geyer und Mitarbeitern (2004) enthielten nämlich von 634 Nahrungsergänzungsmitteln aus 13 Ländern 14,8 % (n = 94) nicht deklarierte androgene Steroide (Nandrolon und Testosteron) mit folglich eindeutig positivem Dopingbefund; auch ca. 11 % der in Deutschland hergestellten NEM enthielten die genannten verbotenen Anabolika. Zur Risikominimierung eines unbeabsichtigen Dopingsvergehens sollten Athlethen nur Nahrungsergänzungsmittel von Firmen erwerben, die eine Qualitätskontrolle auf Prohormone durchführen (Geyer et al., 2004). Wir empfehlen daher dringlich bereits vor Einnahme einzelner NEM-Präparate die jeweils aktuelle Doping-Präventionsplattform Kölner Liste, eine Serviceleistung des Olympiastützpunkts Rheinland, oder die Beispielliste zulässiger Medikamente und Nahrungsergänzungsmittel (z. B. Biomagnesin und Vitamin-B-Komplex forte Hevert) von der Nationalen Anti Doping Agentur (NADA) abzurufen.

Von zusätzlichen Vitamingaben rät Schek (2011a) ausdrücklich ab, falls kein Vitaminmangel vorliegt (siehe auch D-A-CH-Referenzwerte aus dem Jahr 2000, welche die Empfehlungen der DGE (Deutsche Gesellschaft für Ernährung) von 1990 erstmalig länderübergreifend ablösten); mit einer isolierten Vitaminzufuhr über den Bedarf hinaus würde nämlich keine Leistungsverbesserung erzielt und beispielsweise hoch dosierte Vitamin-E-Präparate könnten unerwünschte Nebenwirkungen wie Übelkeit, Erbrechen und Muskelschwäche verursachen.

Auch die Supplementierung mit Mineralstoffen und Spurenelementen über den Tagesbedarf hinaus bleibt ohne leistungssteigernden Effekt, solange kein Mangel besteht (Schek, 2011a). Allerdings wird eine bedarfs- und symptomorientierte Überwachung speziell von Eisen (insbesondere bei Frauen), Kalzium und Magnesium sowie Kalium wegen der elementaren Bedeutung für Gesundheit und Leistungsfähigkeit dringlich empfohlen.

Abschließend wird zusammenfassend festgestellt: Weltweit liegen keine wissenschaftlich anerkannten Nachweise (placebokontrollierte Ergebnisse nach Untersuchungen mit crossoverdesign und basierend auf allgemein anerkannten Schwellenwerten) vor, dass trotz Ernährung nach DGE-Richtlinien mittels Zufuhr von Mikronährstoffen die Leistungsfähigkeit von Sportlern tatsächlich objektiv gesteigert werden kann (Faude et al., 2005; Schek, 2011a). Es wird daher angeraten, den allgemeingültigen Empfehlungen zur bedarfsgerechten und vollwertigen Ernährung zu folgen und unter angemessener Berücksichtigung des zusätzlichen trainings- und wettkampfbedingten Verbrauchs die Ernährung individuell zu optimieren (Schek, 2011b). In Einzelfällen kann jedoch sorgfältig abgewogen werden, spezielle Mikronährstoffe in Form ausgewählter und auf Verunreinigung überprüfter Präparate (siehe Kölner Liste oder NADA-Beispielliste) zu substituieren.

Allen (hoch-)leistungssportlich engagierten Tennisspielern empfehlen wir, darüber hinaus aufgrund der umfangreichen und teilweise hochintensiven Trainings- und Wettkampfbelastungen, verbunden mit erheblichem Energiemehraufwand und beträchtlichen Schweißverlusten, insbesondere bei Symptomen wie chronische Infektanfälligkeit sowie mangelhafte

Regenerations- und Leistungsfähigkeit, eine regelmäßige Kontrolle (z. B 1-2 x jährlich) ausgewählter Mikronährstoffe in einem zertifizierten Labor vorzunehmen, möglichst in Verbindung mit der Durchführung einer objektiven Ernährungsanalyse. Auch eine streng befristete Substitution unmittelbar vor und während der Saisonhöhepunkte sowie begleitend zu besonders intensiven Trainingsperioden kann in Einzelfällen erfolgreich sein, da bekanntlich allein durch gezielte Placeboeffekte eine Leistungssteigerung in 10-25 % der Fälle erwartet werden können.

Auch der wissenschaftlich abgesicherte Nachweis einer leistungsfördernden Wirkung von sogenannten *ergogenen Substanzen*, die nicht auf der Dopingliste stehen, wie z. B. Carnitin, Coenzym $Q_{10}$, Taurin sowie verzweigtkettige Aminosäuren, konnte bisher nicht erbracht werden (Schek, 2011a). Lediglich hochdosiertes Kreatin kann anwenderspezifisch (sog. *Respondertyp*) speziell bei wiederholter hochintensiven Schnellkraftbelastungen die Ermüdung hinausschieben und hiermit leistungssteigernd wirksam werden.

***KREATIN ALS NAHRUNGSERGÄNZUNGSMITTEL:*** Kreatin wird als Nahrungsergänzungsmittel nicht auf der Dopingliste geführt und von einigen Tennisspielern bedenkenlos eingenommen, obgleich Gesundheitsrisiko und leistungsförderndes Potenzial bei längerfristiger Einnahme bislang nicht hinreichend geklärt sind.

Kreatin kommt im menschlichen Körper in einer Menge von 110-130 g vor. Neben der Möglichkeit, Kreatin in der Leber aus den drei Aminosäuren Arginin, Glycin und Methionin (essenziell) zu bilden, bezieht der Organismus Kreatin vor allem aus der täglichen Nahrung. Bei einer Kreatinsupplementierung mit synthetisch hergestelltem Kreatinmonohydrat werden unphysiologisch hohe Mengen von Kreatin zugeführt. Dies verursacht zunächst eine Zunahme des Kreatingehalts in der Muskulatur und hierdurch die Aktivierung der mitochondrialen Kreatinkinase. Diese beschleunigt die oxidative Phosphorylierung in den Mitochondrien, die in der Muskelzelle für den energieliefernden Abbau von Kohlenhydraten und Fetten zuständig sind. Mit einer hierdurch bedingten Erhöhung des muskulären Kreatinphosphatpools können speziell bei intervallförmigen Beanspruchungen mit kurzen Belastungsphasen über maximal 5-15 s, wie in den Sportspielen Tennis, Fußball oder Eishockey üblich, Vorteile für die Aktionsschnelligkeit erwartet werden.

Die weit überwiegende Mehrzahl bisher veröffentlichter Kreatinstudien registriert nach Kreatinsupplementation neben Muskelverspannungen bei einzelnen Individuen (ca. 25 %) eine generelle Zunahme des Körpergewichts. Der Anstieg beläuft sich bereits nach 5-7 Tagen der Kreatinaufnahme auf durchschnittlich 0,5-1,6 kg und steigt bei längerer Einnahme auf 1,8-2,4 kg. Dies beruht vorwiegend auf einer Zunahme der fettfreien Körpermasse und ist auf zwei Vorgänge zurückzuführen: Zum einen stellt sich bereits in den ersten Tagen der Aufladung eine zelluläre Wassereinlagerung ein. Ferner ist häufig eine Steigerung der Muskelsynthese zu beobachten. Möglicherweise wirkt die Zellschwellung als molekulares Signal für einen Anstieg der Proteinbiosynthese. Der Muskelzuwachs wird auf eine kreatinbedingte Erhöhung von Reizumfang und Reizhöhe im Training zurückgeführt. Ein realer Kraftzuwachs konnte jedoch nur nachgewiesen werden, wenn die Kreatinzufuhr mit regelmäßigem Krafttraining kombiniert wurde. Kreatingabe allein ohne systematisches Krafttraining erbringt keinen nennenswerten Kraft- und Schnelligkeitsgewinn.

In Laboruntersuchungen konnten durch Kreatinsupplementierung bei intervallförmigen Sprints auf dem Fahrradergometer über eine Belastungsdauer von 6-30 s leistungssteigernde Effekte nachgewiesen werden. Bei körpergewichtsabhängigen Aktivitäten, wie Tennis oder Laufen, sind die energetischen Vorteile für kurzzeitige Schnellkraftbeanspruchungen (in vielfacher Wiederholung speziell beim Tennis) möglicherweise jedoch wegen der kreatinbedingten Gewichtszunahme ohne Relevanz. Summarisch empfehlen wir zum derzeitigen Zeitpunkt vorsichtige Zurückhaltung gegenüber einer systematischen Kreatinsupplementierung für Tennisspieler. Leistungssteigernde Effekte sind bisher nicht zweifelsfrei erwiesen und das längerfristige Gesundheitsrisiko (z. B. Langzeitschäden innerer Organe wie Leber oder Niere) noch ungeklärt.

## 10.2 Getränke

### 10.2.1 Einführung

Die Flüssigkeitszufuhr vor, während und nach einem Tenniswettkampf bzw. Tennistraining dient allgemein folgenden Zielen:

1. Ausgleich der Wasser- und Mineralienverluste durch den Schweiß zur Verringerung der überhöhten Körpertemperatur und Verbesserung der Pumpleistung des Herzens;
2. Schonung der begrenzt vorhandenen Kohlenhydratspeicher zur Sicherung der optimalen Energiebereitstellung in der Arbeitsmuskulatur;
3. Vermittlung von Frische zur Steigerung der Leistungsbereitschaft und als Anreiz für erneute Flüssigkeitsaufnahme.

Die genannten Ziele können optimal nur verwirklicht werden, wenn individuell unterschiedliche Bedürfnisse und stetig variable Bedingungen zusätzlich berücksichtigt werden.

### 10.2.2 Ausgleich der Wasser- und Mineralienverluste

Beim Tennistraining beträgt der Schweißverlust bei Männern durchschnittlich etwa 1-1,5 l/h (Frauen ca. ein Drittel weniger). Je wärmer und feuchter die Umgebungsbedingungen und je größer die psychische Beanspruchung, desto höher ist die Schweißflussrate, sodass in Extremsituationen auch Schweißverluste von 2-3 l/h auftreten können. Eine Schweißproduktion dieser Größenordnung (Verlust von ca. 3-5 % des Ausgangsgewichts durch Flüssigkeit) führt spätestens nach einer Stunde Wettkampfdauer zu einer Verminderung der Ausdauer- und Kraftleistungen (u. a. erhöhte Herzschlagzahl, geringeres Schlagvolumen, niedrigeres Blutvolumen, höhere Körpertemperatur, erhöhtes Belastungsempfinden) und zu einer Austrocknung der Mundschleimhaut (niedrigere Speichelsekretion). Die Flüssigkeit muss folglich ersetzt werden.

Die Menge der Flüssigkeitszufuhr orientiert sich in erster Linie an der Höhe des Schweißverlustes und sollte aus leistungsphysiologischer Sicht wenigstens 50-80 % des Schweißes ersetzen. Aufgrund der im Tenniswettkampf vorgegebenen Spielpausen beim Seitenwechsel ist die Aufnahme von 0,5-0,8 l Flüssigkeit innerhalb von 60 min in der Regel problemlos zu bewältigen, das heißt circa 0,1 l bei jedem Seitenwechsel. Sind höhere Schweißverluste zu erwarten (z. B. Hitzebedingungen, intensives Training, gleichwertiger, laufstarker Gegner), empfehlen wir, neben einer dosierten Steigerung der Flüssigkeitszufuhr (maximal 1,2-1,5 l/h), zusätzlich eine Flüssigkeitszufuhr von ca. 250 ml etwa 5-10 min vor Trainings- beziehungsweise Wettkampfbeginn (Tab. 31).

Mit dem Schweiß verlieren wir nicht nur Flüssigkeit, sondern auch wichtige Mineralstoffe und Spurenelemente (Tab. 32). Zusammensetzung und Menge des Schweißes sind individuell unterschiedlich und hängen von verschiedenen Umständen wie Lufttemperatur und -feuchtigkeit, Schweißflussrate und Trainingszustand ab. Sportler, die häufig und ausgiebig schwitzen, reduzieren aufgrund erworbener Anpassung die Ausscheidung von Mineralien, sodass diesbezügliche Mangelerscheinungen (z. B. Natrium/Magnesium) vergleichsweise seltener auftreten. Durch frühzeitige Akklimatisation können folglich Leistungseinbrüche oder -ausfälle bei Tenniswettkämpfen unter Hitzebedingungen (z. B. Australian Open) vermieden werden.

***Tab. 31:*** *Mineralstoffe und Spurenelemente im Schweiß (Brouns, 1993)*

| | | |
|---|---|---|
| Natrium | 460-1.150 mg/l | 20-50 mmol/l |
| Kalium | 120-240 mg/l | 3-6 mmol/l |
| Kalzium | 40-160 mg/l | 1-4 mmol/l |
| Magnesium | 20-24 mg/l | 0,8-1,0 mmol/l |
| Eisen | 1-3 mg/l | - |
| Zink | 1-3 mg/l | - |

Die drohende Gefahr von Muskelkrämpfen (z. B. Magnesiumdefizit) oder einer verzögerten Regeneration (z. B. Kaliummangel) sowie andere gesundheits- oder leistungsfeindliche Gründe (z. B. Blutfarbstoffarmut wegen Eisenmangel, elektrochemische Instabilisierung im neuromuskulären Zusammenspiel wegen Magnesiumdefizits) zeigen, dass die Gabe von reinem Wasser nicht ausreicht, sondern ein adäquater Zusatz nötig ist. Nach dem Substitutionsprinzip sollten die genannten Mineralstoffe und Spurenelemente möglichst schnell und vollständig zugeführt werden.

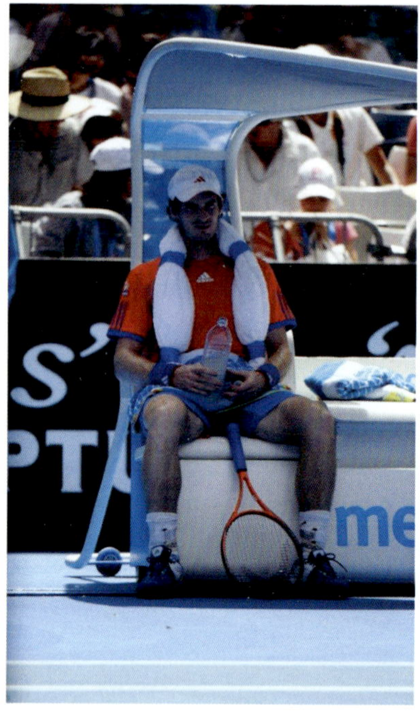

Der Menge nach ist der Verlust von Natriumchlorid (Kochsalz) weitaus am größten (Tab. 31); Natrium spielt eine entscheidende Rolle im Flüssigkeitsgleichgewicht des Körpers und ist im Wesentlichen für die Aufrechterhaltung des Plasmavolumens zuständig. Darüber hinaus stimuliert es die Aufnahme von Wasser und Kohlenhydraten durch die Darmschleimhaut und gewährleistet den raschen Transport in das Blut. Regelmäßig und hart trainierende Leistungsspieler sollten daher zur Leistungsoptimierung einen höheren Natriumgehalt (400-800 mg/l) bevorzugen. Andererseits ist die Kochsalzzufuhr in Mitteleuropa bekanntlich mit circa 2-4 g/Tag zu hoch. Daher empfehlen wir Tennisspielern, die Tennis vorrangig als Freizeit- oder Gesundheitssport betreiben und ein intensives Tennistraining mit einer Dauer von mehr als 60 min nur selten durchführen, möglichst natriumarme Getränke (z. B. < 250 mg/l Natrium).

Zusammenfassend stellen wir fest, dass im Training und Wettkampf bereits frühzeitig für einen Ausgleich der Wasser- und Mineralienverluste durch Schweiß gesorgt werden muss. Die Zusammensetzung des Getränks richtet sich in erster Linie nach dem Mineralstoff- und Spurenelementgehalt im Schweiß. Es sollte daher vor allem Natrium und Magnesum, gegebenenfalls auch Kalzium und Kalium, sowie verschiedene Spurenelemente (z. B. Eisen, Zink und Selen) enthalten. Das diesbezügliche Angebot auf dem Getränkemarkt ist leider wenig ergiebig. Für den Tennissport können wir als Fertigprodukt Basica® Sport (Natrium 500 mg/l, Kalium 400 mg/l, Kalzium 200 mg/l, Magnesium 116 mg/l sowie Eisen 4,5 mg/l, Zink 4,5 mg/l und Selen 20 µg/l)) und als Mineralwasser Apollinaris (Natrium 470 mg/l, Magnesium 120 mg/l) sowie Staatlich Fachingen (Natrium 560 mg/l, Magnesium 57 mg/l) oder Nürburg Quelle (Natrium 314 mg/l, Magnesium 278 mg/l) besonders hervorheben. Ältere Freizeittennisspieler, die nicht länger als 60-90 min spielen und eventuell an Bluthochdruck leiden, empfehlen wir ein natriumarmes Getränk.

Typische Softdrinks (z. B. Coca-Cola® oder Fanta®) verfügen zwar über einen aus energetischer Sicht günstigen Kohlenhydratanteil (ca. 10-12 %); doch sie enthalten nicht die wünschenswerten Mineralien in genügender Menge („leere" Kalorien). Insbesondere Kindern mit Übergewicht raten wir vom regelmäßigen Genuss solcher zuckerhaltiger Getränke (Tab. 32) ab.

*Tab. 32: Vergleichende Übersicht des Zucker (KH)- und Mineraliengehalts verschiedener Softgetränke*

| Getränk | Natrium [mg/100 ml] | Magnesium [mg/100 ml] | Kalium [mg/100 ml] | Kalzium [mg/100 ml] | KH [mg/100 ml] | Kalorien [g/100 ml] | Sonstiges [kcal/100 ml] |
|---|---|---|---|---|---|---|---|
| Powerade® Sportswater | 50 | - | - | - | 3,5 | 16 | Traubenzucker Fruchtucker |
| Powerade® Sports | 50 | - | - | - | 51 | 21 | Traubenzucker Maltodextrin |
| Gatorade® | 44 | 7 | 12 | - | 6 | 25 | Orange |
| Coca-Cola® | 6 | - | 1 | 4 | 11 | 44 | Koffein |
| Fanta® | 6 | - | 1 | 4 | 11 | 44 | Vitamin C |
| Fanta Light® | 6 | - | 1 | 4 | 1,4 | 7 | Süßstoff |
| Apfelsaft | 2 | 4 | 116 | 7 | 12 | 48 | Vitamine |
| Malzbier | 4 | 7 | 34 | 3 | 14 | 56 | 0,6 % Alkohol |
| Red Bull® | 40 | - | - | - | 11 | 45 | Koffein Vitamine |

Nach dem Homöostaseprinzip ist es wichtig, das Blutvolumen und die Konzentration der einzelnen Elektrolyte konstant zu halten. Anderenfalls droht eine Verschlechterung der Fließfähigkeit des Blutes oder es treten Muskelkrämpfe in der Arbeitsmuskulatur oder elektrophysiologisch bedingte Instabilitäten am Herzmuskel auf.

Nach unseren Untersuchungsergebnissen führt ein Tenniswettkampf grundsätzlich zu einer signifikanten Absenkung der Magnesiumkonzentration im Blut (Weber et al., 1983), die allerdings nicht allein durch den Verlust über den Schweiß und den Urin, sondern auch über eine Umverteilung des Magnesiums vom Blutplasma in die Erythrozyten zu erklären ist. Die Erkenntnisse über die Bedeutung von Magnesiummangel sowohl für die erhöhte Erregbarkeit des Muskels an der motorischen Endplatte (Poortmans, 1973) als auch unsere vielfach positiven praktischen Erfahrungen mit der erfolgreichen Wirkung einer Magnesiumgabe zur Vorbeugung von Muskelkrämpfen sollten dazu führen, einem Abfall der Magnesiumkonzentration im Plasma durch entsprechende Substitution frühzeitig entgegenzuwirken. Letzteres bedarf eines Magnesiumgehalts von 4-6 mmol/l im Getränk. Tennisspieler mit häufigeren Muskelkrämpfen bedürfen einer systematischen Magnesiumsubstitution bereits vor Beginn der Hauptwettkampfperiode, z. B. 2-4 x täglich 100-150 mg.

***PRAXISTIPPS:***

- Biomagnesin® (43 mg/Tabl.) als Lutschtablette, Magnesium Verla® (121 mg bzw. 5 mmol/Tabl.) und Magnesiocard® (182 mg bzw. 7,5 mmol/Tabl.) als Brausetablette,
- Basica® in Pulverform (Magnesium 116 mg, Kalium 400 mg),
- Beneroc® in Pulverform (Magnesium 850 mg, Kalium 500 mg).

***BESONDERHEITEN IM KINDESALTER***

Kinder verfügen, im Vergleich zur Körpermasse, über eine größere Körperoberfläche als Erwachsene (Bar-Or, 1986) und nehmen daher bei Hitze mehr Wärme auf. Darüber hinaus liegt die Schweißproduktion von Kindern bis zur Pubertät, vor allem beim männlichen Geschlecht, erheblich niedriger (ca. 50 %) als beim Erwachsenen (Kawahata, 1960), sodass Kinder aufgrund geringerer Verdunstungskälte weniger Kühlung erhalten. Außerdem steigt im Kindesalter bei gleichem Wasserverlust die Körpertemperatur stärker an als beim Erwachsenen (Bar-Or, 1995). Kinder sind folglich bei Hitze wesentlich stärker gefährdet für Hitzschlag und Kreislaufkollaps als Erwachsene.

Bei Kindern muss daher noch strenger als bei Erwachsenen beim Sport unter Hitzebedingungen auf frühzeitige und ausreichende Flüssigkeitszufuhr geachtet werden, denn extremer Wassermangel kann sogar lebensgefährdend wirken. Der Wasserverlust beim Sport wird durch gekühlte (ca. 10° C) Getränkemischungen mit Kohlenhydraten (3-8 %) und Kochsalz (15-25 mmol/l bzw. 300-500 mg/l) sowie nach individuellem Geschmack am besten verhindert (Bar-Or, 1995).

## 10.2.3 Sicherung der optimalen Energiebereitstellung in der Arbeitsmuskulatur

Ein ausreichender Kohlenhydratgehalt (Literaturübersicht „Kohlenhydratspeicher beschränken Leistungsfähigkeit", S. 373) ist notwendig für intensive Tennisbelastungen, die länger als 90 min dauern. Außerdem wird die Menge der Kohlenhydratspeicher in Muskulatur und Leber zur leistungslimitierenden Größe, wenn Tennisspieler mehrere Wettkämpfe bzw. Trainingseinheiten pro Tag absolvieren müssen, eventuell sogar mehrere Tage hintereinander. Folglich besteht das Ziel darin, über eine Schonung der Kohlenhydratspeicher während des Wettkampfs, die optimale energetische Leistungsfähigkeit solange wie möglich zu erhalten. Dies wird unter Hitzebedingungen umso wichtiger, da die Kohlenhydratspeicher mit steigenden Temperaturen erheblich schneller entleert werden (Fink et al., 1975) und speziell die schnell zuckenden Muskelfasern (FT-Fasertyp) besonders schnell ermüden (Gollnick, 1988).

Der Kohlenhydratanteil im Getränk sollte 3-8 % (30-80 g/l) betragen und ein Gemisch von kurz- und mittelkettigen Zuckermolekülen, wie Glukose (Traubenzucker), Saccharose (Rohrzucker, der als Zweifachzucker aus Trauben- und Fruchtzucker besteht) und Maltodextrin (geringere Osmolarität als Traubenzucker), enthalten. Falls Fruktose (Fruchtzucker) bevorzugt wird, sollte sein Gehalt unter 2 % liegen, da sonst erhöhte Durchfallgefahr besteht.

Kohlenhydrate in niedriger Dosierung beschleunigen die Flüssigkeitsaufnahme im Blut. Steigt der Kohlenhydratanteil dagegen auf mehr als 10 % (hypertonisch) an, so verzögern sich Magenentleerung und Durchtritt vom Dünndarm in das Blut, sodass das für die Thermoregulation benötigte Flüssigkeitsangebot absinkt. Diese leistungsbegrenzende Einschränkung der Wasseraufnahme kann jedoch nach neuesten Befunden (Jeukendrup, 2008) durch Mischung verschiedener Kohlenhydrate (z. B. Trauben- und Fruchtzucker) verhindert werden (s. Literaturübersicht „Optimale Kohlenhydrataufnahme während Belastung", S. 375); darüber hinaus können hiermit die Oxidationsraten für Kohlenhydrate auf nahezu das Doppelte gesteigert werden (Jentjens & Jeukendrup, 2005). Dieser Effekt („oxidation efficiency") wird auf unterschiedliche Transportmechanismen durch die Dünndarmwand zurückgeführt (Shi et al., 1995; Jeukendrup, 2008).

Sind Training oder Wettkampf dagegen von relativ kurzer Zeitdauer (z. B. 60-90 min), so steht der Flüssigkeitsersatz im Vordergrund. Folglich wird ein Kohlenhydratgehalt von höchstens 30-60 g/l benötigt. Dies erreicht man beispielsweise durch eine Mischung aus Mineralwasser und Obstsaft im Verhältnis 2:1 oder unter Verwendung üblicher Sportgetränke mit verschiedener Geschmacksrichtung.

***BEISPIELE FÜR GETRÄNKE MIT ABFALLENDEM KOHLENHYDRATANTEIL:***

- Apfel-, Orangen- oder Multivitaminsaft, Red Bull® und Coca-Cola®: Kohlenhydrate jeweils ca. 100-120 g/l
- Mischung aus Apfelsaft und Mineralwasser im Verhältnis 1:2: Kohlenhydrate 70 g/l
- Powerade® Sports (z. B. Wild Cherry): Kohlenhydrate 51 g/l
- Powerade® Sportswater (z. B. Grapefruit): Kohlenhydrate 35 g/l
- Mischung Apfelsaft/Mineralwasser 1:2: Kohlenhydrate ca. 35 g/l

Wird dagegen die Kohlenhydratverfügbarkeit zum leistungsbegrenzenden Faktor (typischerweise bei lang dauernden Wettkämpfen unter Hitzebedingungen, evtl. verbunden mit deutlichem Ermüdungsgefühl oder sogar „Hungerast"), sollte der Kohlenhydratgehalt des Getränks auf wenigstens 10-15 % erhöht werden (Tab. 32). Da zugleich die Trinkmenge erhöht werden muss und mit steigender Kohlenhydratrate des Getränks die Magenentleerungsrate abnimmt, empfehlen wir für die Trainings- und Wettkampfpraxis eine Kombination (Tab. 32) aus kohlenhydrathaltiger Flüssigkeit (z. B. Mischung 1:1 von Mineralwasser und Apfelsaft) in einer Menge von ca.

800-1.500 ml/h und zugleich Kohlenhydrate in fester Form (z. B. reife Bananen, Trockenobst oder diverse Müsli- oder Energieriegel – Tab. 33). Aufgrund dieser Mischung verschiedener Kohlenhydrate mit unterschiedlichen Transportmechanismen durch die Dünndarmwand können die bisher bekannten Grenzen der Oxidationsraten von Kohlenhydraten auf nahezu das Doppelte gesteigert werden („oxidation efficiency" nach Jentjens & Jeukendrup, 2005), ohne Menge und Geschwindigkeit der Wasseraufnahme nennenswert einzuschränken (Jeukendrup, 2008).

***Tab. 33:*** *Vergleichende Darstellung verschiedener Inhaltsstoffe zur Unterstützung des Energiestoffwechsels und diverser Fertigprodukte (Getränke einschließlich Pulverform sowie als Energie- oder Müsliriegel)*

| | **Fertigprodukte im Handel** | **Brennwert [kcal]** | **Kohlenhydrate (g) (Mischung)** | **Eiweiß (g)** | **Fett (g)** | **Natrium (g)** | **Vitamine Mineralstoffe** |
|---|---|---|---|---|---|---|---|
| Getränk | Champ® High-Protein-Drink 500 ml (100 ml) | 450 (90) | 53 (10,6) (nein) | 55 (11) | 1,6 (0,32) | 0,4 (0,08) | $B_1$, $B_2$, $B_6$; E |
| Pulver | PowerBar® Recovery Chocolate 55g/200 ml Wasser (100 ml) | 199 (99,5) | 35,9 (17,9) (ja) | 12,6 (6,3) | 0,55 (0,27) | 0,16 (0,08) | $B_6$, $B_{12}$; C; E |
| | PowerBar® Energie35 g/500 ml Wasser (100 ml) | 134 (27) | 33,3 (6,5) (ja) | 0,2 (<0,1) | <0,1 (<0,1) | 0,32 (0,06) | $B_1$, $B_6$; C; E Magnesium, Kalzium |
| Energie-riegel | PowerBar® Protein Plus Chocolate 55 g (100 g) | 175 (318) | 16,6 (30) (ja) | 16,7 (30,3) | 4,6 (8,4) | 0,05 (0,09) | |
| | PowerBar® Ride Energie Power 55 g (100 g) | 213 (387) | 22,5 (40,9) (ja) | 10,2 (18,6) | 9,1 (16,6) | 0,1 (0,2) | $B_1$, $B_2$, $B_6$, B12; C; E, Niacin, Magnesium, Kalzium |
| | Isostar® High Energie Multifruits 40 g (100 g) | 155 (389) | 28,9 (72,3) (ja) | 2,0 (5,1) | 3,7 (9,3) | 0,09 (0,23) | |
| Müsli-riegel | Sirius® Schoko + Banane 25 g (100 g) | 104 (417) | 16,6 (66,4) (ja) | 1,7 (6,9) | 0,02 (0,08) | 0,02 (0,08) | $B_1$, $B_2$, $B_6$; C; E |

Tritt während des Wettkampfs eine körperliche Schwäche im Verbund mit dringendem Hungergefühl (Heißhunger oder Hungerast) auf, muss der Tennisspieler hoch dosierte Kohlenhydrate in schnell verfügbarer (als Einfach- oder Zweifachzucker) und magenverträglicher Form zusätzlich aufnehmen. Beispiele hierfür sind:

- Traubenzucker (100 g Kohlenhydrate/100 g),
- (fettarme) Energie- oder Müsliriegel (> 70 g Kohlenhydrate/100 g),
- Trockenobst wie Aprikose oder Banane (je 60-80 g Kohlenhydrate/100 g),
- Reife Bananen (ca. 23 g Kohlenhydrate /100 g).

Andererseits schränken kohlenhydratreiche Getränke die aus gesundheitsschützender Sicht wünschenswerte Aktivierung des Fettstoffwechsels ein. Daher sollten Breitensportler, die Tennis als Gesundheitssport und zur Verbesserung ihrer Fitness benutzen, ihre Kohlenhydratzufuhr auf ein Minimum beschränken. Tennisspieler dagegen, die mehrfach am Tag trainieren oder am Wochenende täglich einen anstrengenden Tenniswettkampf (z. B. auch Club- oder Bezirksmeisterschaft) bestreiten, müssen ihre entleerten Kohlenhydratspeicher schnellstmöglich wieder auffüllen. Dies erfolgt vorrangig durch eine kohlenhydratreiche Ernährung („Ernährung unmittelbar nach dem Wettkampf", S. 377)

Die Kohlenhydratsuperkompensation und eine Verkürzung der Regenerationszeit wird positiv beeinflusst, wenn bereits unmittelbar nach dem Wettkampf für einen ausreichenden Flüssigkeitsersatz in Kombination mit einem kaliumreichen Kohlenhydratangebot gesorgt wird (s. auch Abschnitt „Ernährung unmittelbar nach dem Wettkampf", S. 377). Leider werden bisher nur wenige Getränke angeboten, die kaliumreich sind und darüber hinaus verschiedene Spurenelemente sowie Vitamine enthalten, die eine optimale Regeneration begünstigen. Einige empfehlenswerte Beispiele sind:

| | |
|---|---|
| **R-activ® Multi-Vit als Getränk** | Kohlenhydrate 43 g/l, Kalium 1,5 g/l, Vitamin-B-Komplex, Vitamin C, Vitamin E |
| **Basica® in Pulverform** | Kohlenhydrate 50 g/l, Kalium 400 mg/l, Eisen 4,5 mg/l, Zink 4,5 mg/l, Kupfer (0,5 mg/l), Selen 20 µg/l, Vitamin B2, Vitamin C |

Der Anstieg von Aminosäuren (AS) im Blutplasma stimuliert offensichtlich die Muskelproteinsynthese in der Erholungsphase (Ivy, 2004; Wolfe, 2006). Darüber hinaus erhöht die zusätzliche Eiweißgabe zu den Kohlenhydraten die Glykogensynthese in der Erholung nach intensiver aerober Belastung sowie nach Krafttraining (Wilmore et al., 2008). Zwecks Förderung der Eiweißsynthese zum Aufbau und zur Reparatur von Muskelzellen wird folglich vom Australischen Sportinstitut die Zufuhr von 10-20 g hochwertiges Eiweiß (z. B. 6-12 g essentielle

AS) empfohlen, vor allem in den ersten 15-30 min nach Belastungsende (Grosshauser, 2010). Auch die kombinierte Einnahme von schnell verfügbaren Kohlenhydraten (z. B. 8-10 g/kg Körpergewicht) und essentiellen AS (0,2 bis 0,4 g/kg) nach Belastung fördert den Eiweißaufbau in der vorher beanspruchten Muskulatur (Kerksick et al., 2008; Drummond et al., 2009); insbesondere die verzweigtkettige AS Leucin scheint einen stimulierenden Einfluss auf die Proteinsynthese zu haben.

Bei entsprechender Vorsorge stehen bereits unmittelbar nach Matchende noch auf dem Turniergelände als Eiweiß- und Kohlenhydratlieferanten beispielsweise zur Verfügung (teilweise in Anlehnung an Grosshauser 2010):

- 200 g Fruchtjoghurt sowie 250 ml Fruchtsaft sowie ein oder zwei Müsliriegel;
- 400 ml Fruchtmilch sowie ein oder zwei Bananen, evtl. in Kombination mit eiweißreichem Energieriegel (z. B. PowerBar® Proteinplus);
- 250 g Milchreis mit Früchten in Kombination mit Eiweißgetränk (z. B. Champ® High Protein Drink);
- ca. 400-500 ml (fettarmer) Kakao oder Erdbeer/Bananenmilchdrink (ca. 14-18 g Eiweiß sowie 45-60 g gemischte kurzkettige Zucker).

## 10.2.4 Vermittlung von Frische zur Steigerung der Leistungsbereitschaft

Mit Abnahme des Glykogengehalts in der Arbeitsmuskulatur nimmt das Ermüdungsgefühl (Abb.128) zu, sodass die Bereitschaft für anstrengende Leistungen sinkt und nur mit hoher Willenskraft kompensiert werden kann. Durch frühzeitige Kohlenhydratgabe wird der Glykogenabbau in Arbeitsmuskulatur und Leber vermindert, sodass das Ermüdungsgefühl in gemilderter Form beziehungsweise zeitlich später eintritt. Das Pausengetränk sollte daher Kohlenhydrate enthalten. Die Größenordnung des Kohlenhydratanteils kann, in Abhängigkeit von Spielsituation und Umgebungsbedingungen, variieren und sollte auf die individuell bevorzugte Geschmacksrichtung abgestimmt sein.

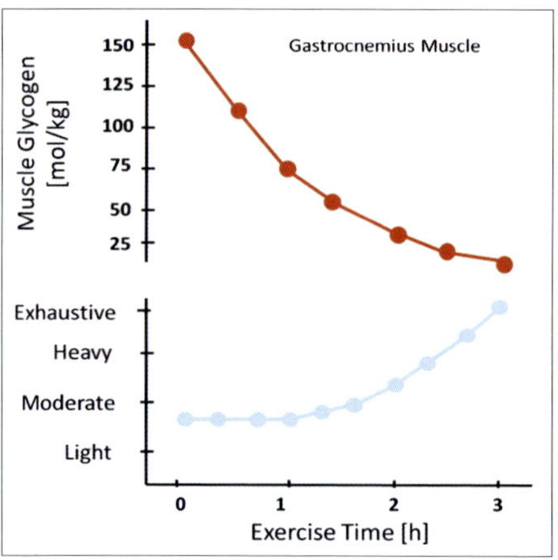


*Abb. 128: Anstrengungsgrad und „gefühlte" Ermüdung sowie Entleerung der Glykogenspeicher in der Arbeitsmuskulatur beim Jogging auf dem Laufband mit 75 % $O_2$ max (Costill, 1988)*

Tennisspieler sind ohne Zweifel leistungsfähiger, wenn sie sich frisch und regeneriert fühlen. Pausengetränke sollten folglich angenehm gekühlt, wohlschmeckend und gegebenenfalls prickelnden Charakter haben, sodass sie beim Trinken für wohltuende Frische sorgen und sowohl zur physischen als auch zur psychischen Regeneration beitragen. Im Gegensatz zur weit verbreiteten Meinung werden angenehm gekühlte Getränke keinesfalls nachteiliger aufgenommen als körperwarme Getränke, da sie während ihrer Passage durch Mundhöhle, Speiseröhre und Mageneingang bereits genügend erwärmt werden und den Magen genauso schnell passieren wie wärmere Getränke.

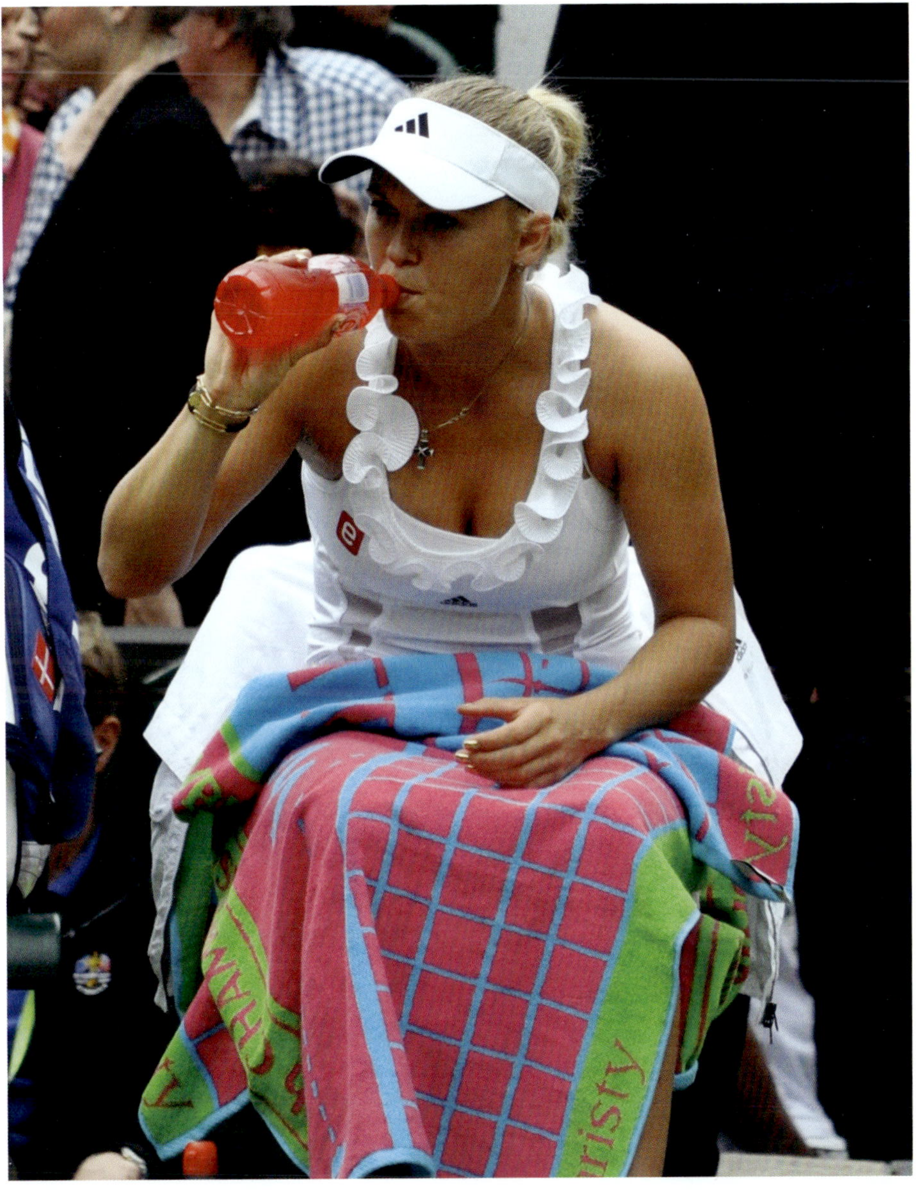

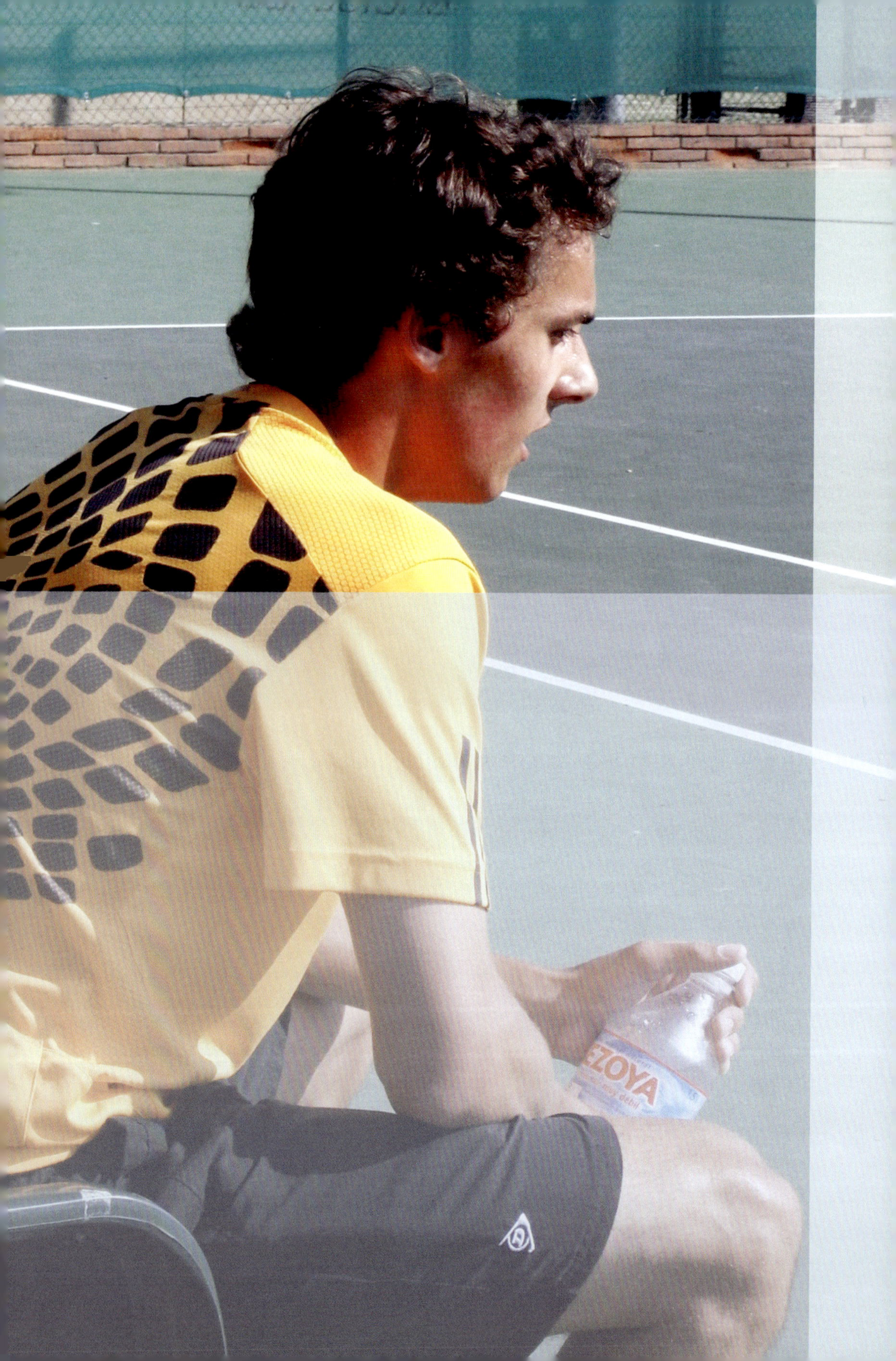
EZOYA

# 11
## *Regeneration*

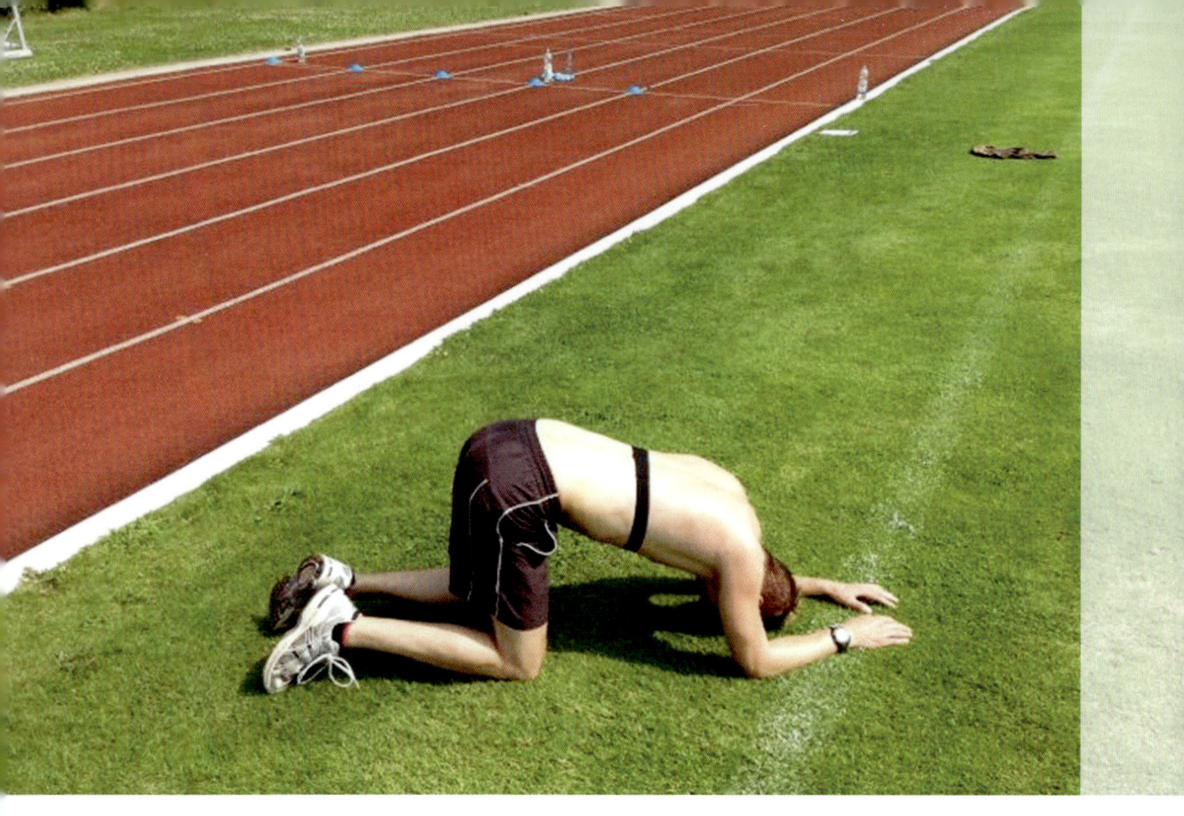

## 11.1 Einführung

Trainingsumfang, Wettkampfdichte und sozialer/medialer Druck sind im Tennis in den letzten Jahrzehnten deutlich angestiegen. Derzeit verdichten sich die Signale, dass physische und psychische Überlastungssyndrome bei Leistungstennisspielern erheblich zunehmen. Die Anzahl an verletzungsbedingten Aufgaben bzw. bereits im Vorfeld abgesagten Begegnungen speziell bei den Grand-Slam-Turnieren steigt momentan stetig an. Die Spielergewerkschaft mit renommierten Spielern an ihrer Spitze steht im dauerhaften Diskurs mit der ATP und fordert eine Verschlankung des Turnierkalenders.

Zur Vermeidung von Missverhältnissen zwischen Belastung und Belastbarkeit bietet die Erholungsphase (Regeneration) im klassischen Gesamtgefüge der Trainingssteuerung eine bis heute unzureichend erforschte Chance. Derzeit wird im Rahmen eines langjährigen Projekts mit dem Titel „Regenerationsmanagement im Spitzensport" (RegMan) überprüft, welche Regenerationsstrategien wirkungsvoll sind und welche Messwerte (Diagnostika) eine Aussagekraft für die Erfassung des Erholungszustandes eines Sportlers sind. Die folgenden Informationen sind in Teilen den Vorarbeiten der Forschergruppe um Tim Meyer (Saarbrücken), Mark Pfeiffer (Mainz), Michael Kellmann und Alexander Ferrauti (Bochum) entnommen.

## 11.2 Regenerationsfördernde Maßnahmen

Trainer und Athleten werden mit zahlreichen, potenziell regenerationsfördernden Maßnahmen konfrontiert, deren Wirksamkeitsnachweis nur selten unter wissenschaftlich kontrollierten Bedingungen erfolgt ist. Die folgende Auflistung fasst eine Auswahl der zahlreichen Empfehlungen und deren mögliche Wirkungsmechanismen zusammen:

***AKTIVE ERHOLUNG:*** Formen der aktiven Erholung können in vielfältiger Weise und mit unterschiedlicher zeitlicher Perspektive in den Trainingsalltag integriert werden (u. a. Erholung während oder nach einer Trainingseinheit). Aktive Erholung beinhaltet zumeist (1.) moderate und rein aerobe Aktivitäten großer Muskelgruppen (z. B. Laufen, Fahrradfahren oder moderates Krafttraining) mit dem Ziel der beschleunigten metabolischen Homöostaseherstellung (Monedero & Donne, 2000) oder (2.) muskuläre Mobilisierungstechniken mit dem Ziel der Wiederherstellung der Ruhedehnungsspannung des Muskels und zentralnervöser Deaktivierung (Shrier, 2004). Im Hinblick auf eine beschleunigte Wiederherstellung der metabolischen Homöostase (z. B. der beschleunigte Abbau von Blutlaktat) durch moderate Nachbelastungen herrscht weitestgehend Konsens. Neu ist allerdings die Diskussion, ob eine aktive Erholung tatsächlich regenerationsbeschleunigend ist oder ob durch eine schnelle Regeneration die Trainingsanpassung vermindert wird (Wahl et al., 2010).

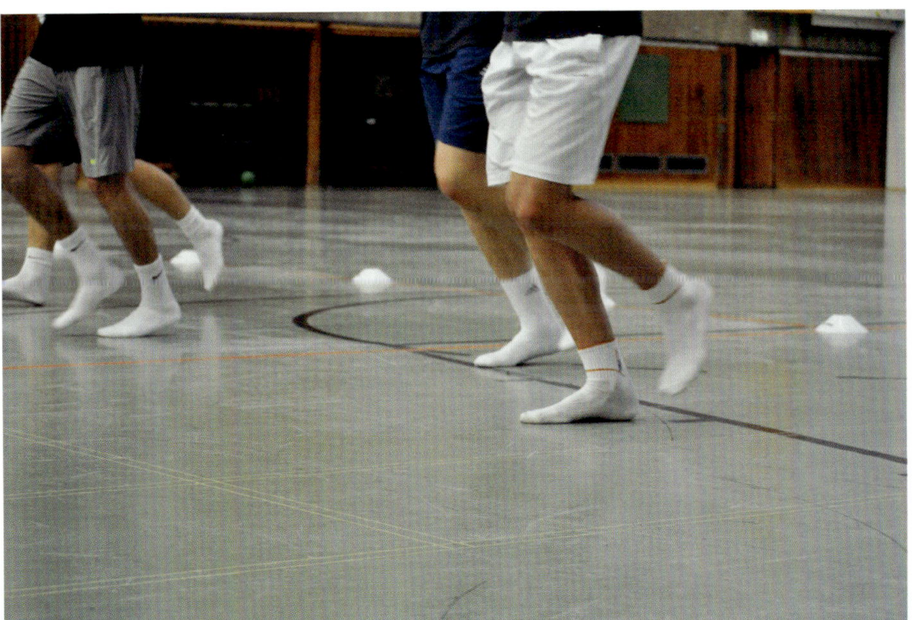

***ERNÄHRUNG:*** In diesem umfassenden Handlungsfeld gilt als gesichert, dass durch eine ausreichende Aufnahme von Kohlenhydraten, Proteinen und essenziellen Aminosäuren die Regenerationsfähigkeit gefördert wird. Auch Antioxidantien (AO) werden teilweise mit dem Ziel eingesetzt, die Regeneration zu unterstützen, obwohl keine gesicherte Datenlage hinsichtlich des Nutzens vorliegt (Niess et al., 2008). Neuerdings wird nach intensiven Trainingseinheiten und nach Wettkämpfen die Zufuhr von Schoko- oder Erdbeermilch empfohlen (Kap. 10), da hierdurch gleichzeitig Kohlenhydrate und Eiweiß aufgenommen werden (Kreider et al., 2010).

***SCHLAF:*** Schlaf wird als eine zentrale Komponente der Erholung beschrieben (Gunning, 2001). Andererseits differiert der notwendige Schlafumfang interindividuell erheblich und folgt intraindividuell einer negativen U-Funktion. Zu geringer oder zu großer Schlafumfang sowie Defizite in der Schlafqualität gehen mit Störungen der zentralnervösen Aktivierung und unerwünschten Leistungseinbußen einher (Atkinson et al., 2003). Schlafdefizite können im Tennissport durch Kontinentalreisen (Jetlag) und emotional bedingte Einschlafstörungen verursacht werden. Zusätzliche, kurze Ruhephasen (short naps) können in diesem Zusammenhang hilfreich sein (Takahashi et al., 1998).

***KÄLTE, IMMERSION:*** Eine häufige Regenerationsstrategie ist Kälteanwendung in Form von Kaltwasserimmersion oder Kältekammern, was mit der ödemreduzierenden und entzündungshemmenden Wirkung begründet wird (Leeder et al., 2011). Die Datenlage weist in den meisten Untersuchungen auf einen positiven Effekt von Kühlung auf die Wiederherstellung der Muskelkraft und die Reduktion des Muskelkaters (DOMS) hin. Die physiologischen/biochemischen Wirkmechanismen sind im Einzelnen allerdings noch ungeklärt und in den existierenden Studien werden häufig untrainierte Probanden untersucht. Ferner existieren vereinzelte Hinweise, dass Kälte einen negativen Effekt auf die Trainingsadaptation besitzen kann (Yamane et al., 2006). Insgesamt scheint sich die Kaltwasserimmersion als sinnvolle Maßnahme etablieren zu können. Diese scheint speziell unter extremen Hitzebedingungen, wie bei den Australian Open, von besonderer Relevanz.

***WÄRME UND SAUNA:*** Die verschiedenen Formen der Wärmeapplikation als Regenerationsmaßnahme sind empirisch kaum erforscht, werden in der Praxis aber dennoch angewendet, zumal die Sportlerwahrnehmung positiv ist (Wilcock et al., 2006). Belegt scheint eine positive Wirkung von Oberflächenwärme zur Schmerzreduktion. Für den Einsatz im Krafttraining wurden hingegen schlechtere Ergebnisse als nach Kaltwasserimmersion (Burke et al., 2000) beobachtet. Ähnliche Unsicherheit herrscht zum Effekt von Sauna, da negative Einflüsse durch Flüssigkeitsverluste und zentralnervöse Deaktivierung denkbar sind (Scoon et al., 2007).

***KOMPRESSIONSKLEIDUNG:*** Seit einigen Jahren ist das Tragen von Kompressionskleidung (insbesondere Strümpfe, ggf. Hosen) bei zahlreichen Athleten und vereinzelt auch im Tennis in Mode. Damit haben klinisch bewährte Strategien auch im Leistungssport Einzug gehalten.

Der potenziell regenerative Wert liegt in der Steigerung des venösen Rückstroms und in der Vermeidung von Ödembildungen. Es existieren jedoch keine eindeutigen Hinweise auf eine Leistungssteigerung (Davies et al., 2009).

***PSYCHOLOGISCHE MASSNAHMEN:*** Eine Bandbreite psychologischer Maßnahmen kann Erholung und Regeneration optimieren (Davis et al., 2002). Systematisch erlernte Entspannungstechniken, wie progressive Muskelentspannung, Atementspannung oder autogenes Training ermöglichen das schnelle Einschlafen am Abend vor einem Wettkampf, können aber auch zielgerichtet als „Erholungsbeschleuniger" zwischen den Trainingseinheiten eingesetzt werden.

***SPORTMASSAGE:*** Sportmassage ist in allen Sportartengruppen seit mehreren Dekaden weit verbreitet. Der zentrale Wirkungsmechanismus soll in der mechanischen Erwärmung und der lokal gesteigerten Muskeldurchblutung liegen. Die experimentelle Überprüfung ergab jedoch bislang keine eindeutigen regenerativen Effekte (Weerapong et al., 2005). Massageapplikation mittels Vibrationstrainingsgeräten kann für den Bereich der Regeneration ebenfalls von Interesse sein, obwohl auch hier ein wissenschaftlicher Wirksamkeitsnachweis bislang fehlt (Carrasco et al., 2011).

## 11.3 Diagnostik von Beanspruchung und Erholtheit

In der Vergangenheit wurde eine Vielzahl an Parametern vorgeschlagen, jedoch bislang kaum systematisch auf die erforderliche Sensitivität für das Monitoring von Erholtheit im Leistungssport und speziell im Tennis überprüft. Zur Auswahl stehen verschiedene psychometrische Verfahren, einfache sportmotorische Leistungstests, biochemische Marker, die Schlafqualität, die Herzfrequenzvariabilität und die Muskelfunktion. Die meisten dieser Verfahren werden den Bedürfnissen in der Sportpraxis nicht gerecht und sind allenfalls wissenschaftlichen Analysen vorbehalten. Demgegenüber scheint die Psychometrie am ehesten einsetzbar zu sein.

***PSYCHOMETRIE:*** Zum Befindensmonitoring werden unter anderem der Erholungs-Belastungs-Fragebogen für Sportler (Kallus & Kellmann, in Vorbereitung; Kellmann & Kallus, 2001) sowie die „Total Quality Recovery"-Befragung empfohlen (Kenttä & Hassmén, 1998). Zur Skalierung von Muskelschmerzen existiert eine einfache DOMS-Skala („Delayed Onset Muscle Soreness") (Impellizzeri & Maffiuletti, 2007). Zudem entwickelte Kellmann (2002) ein Kurzverfahren mit sieben Fragen, das die wichtigsten Aspekte des Erholungs-Belastungs-Fragebogens für Sportler integriert und um Fragen zur erfolgreichen Erholungssteuerung (angelehnt an das Konzept des „Total Quality Recovery") ergänzt.

***SPORTMOTORISCHE TESTS:*** Motorische (Feld-)Tests besitzen ebenfalls eine hohe Praktikabilität und erfassen spezifische Leistungskomponenten mit ausreichender Reliabilität. Aus einer Vielzahl an Beispielen kann für den Tennisspieler am ehesten der Counter Movement Jump

(Kap. 1.2.2 und 5.3) empfohlen werden, da die Messung vergleichsweise wenig belastend ist und die Schnellkraft- bzw. Reaktivkomponente eine wichtige leistungslimitierende Grüße des Tennisspielers darstellt (De Nardi et al., 2011).

***LABORWERTE:*** Biochemische Marker besitzen einen hohen Standardisierungsgrad von Materialgewinnung und Analytik und dadurch den Vorteil einer weitgehend gewährleisteten Objektivität. Von Praxisrelevanz im Leistungssport dürften nur solche Parameter sein, die aus dem kapillären Blut, dem Speichel oder dem Urin gewonnen werden. Aus einer Vielzahl an möglicherweise aussagekräftigen Parametern sei hier nur folgende Auswahl aufgelistet: Harnstoff, Glutamin, Glutamat, Testosteron, Cortisol, Kreatinkinase (CK) und TNF-alpha (Urhausen et al., 1998).

Zukünftig sollten Leistungstennisspieler und Trainer dem Bereich der Regeneration mehr Beachtung schenken. Hierbei ist eine enge und vertrauliche Kommunikation zwischen Trainer und Spieler eine Grundvoraussetzung für die angemessene Auswahl notwendiger Maßnahmen und für die situativ angemessene Trainingssteuerung, zumal die gängigen diagnostischen Verfahren zur Erfassung von Beanspruchung und/oder Erholtheit bislang insgesamt wenig überzeugend sind. Aufbauend auf ausreichendem Schlafumfang und guter Schlafqualität als Basisvoraussetzung, einer ausreichenden Flüssigkeitszufuhr und einer angemessenen Zufuhr von Kohlenhydraten und Proteinen nach Belastungsende, scheint sich die Kaltwasserimmersion derzeit als Mittel der ersten Wahl zur zusätzlichen Regenerationsbeschleunigung zu etablieren. Andererseits ist die Datenlage zu unsicher, um erfahrenen Spielern von bislang als hilfreich empfundenen Maßnahmen wie der aktiven Erholung, der Massage oder auch der Wärmeintervention abzuraten.

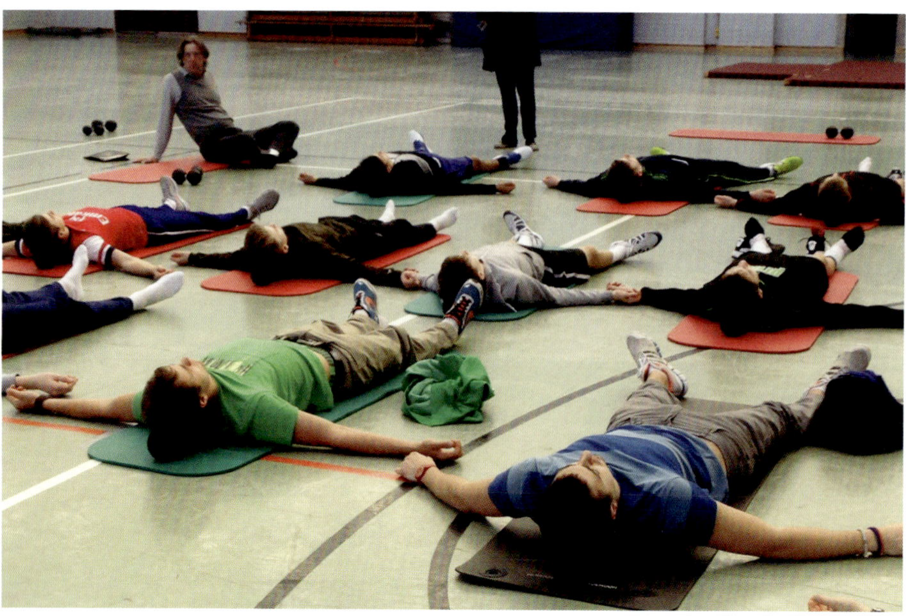

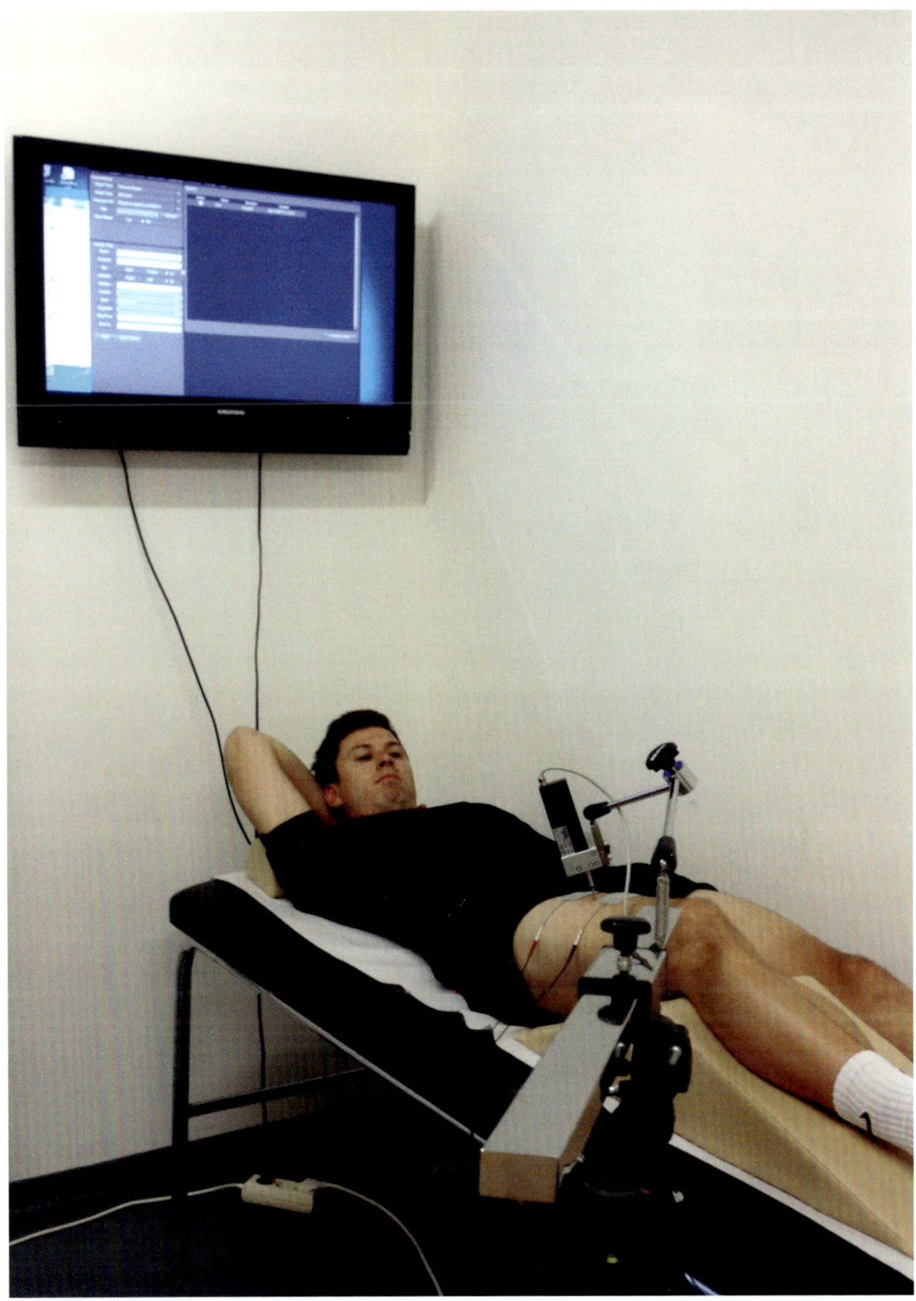

*Die Methode der Tensiomyographie (TMG) besitzt als nicht-invasive Methode der neuromuskulären Funktionsdiagnostik das Potenzial speziell eine krafttrainingsinduzierte Ermüdung der Arbeitsmuskulatur zu diagnostizieren.*

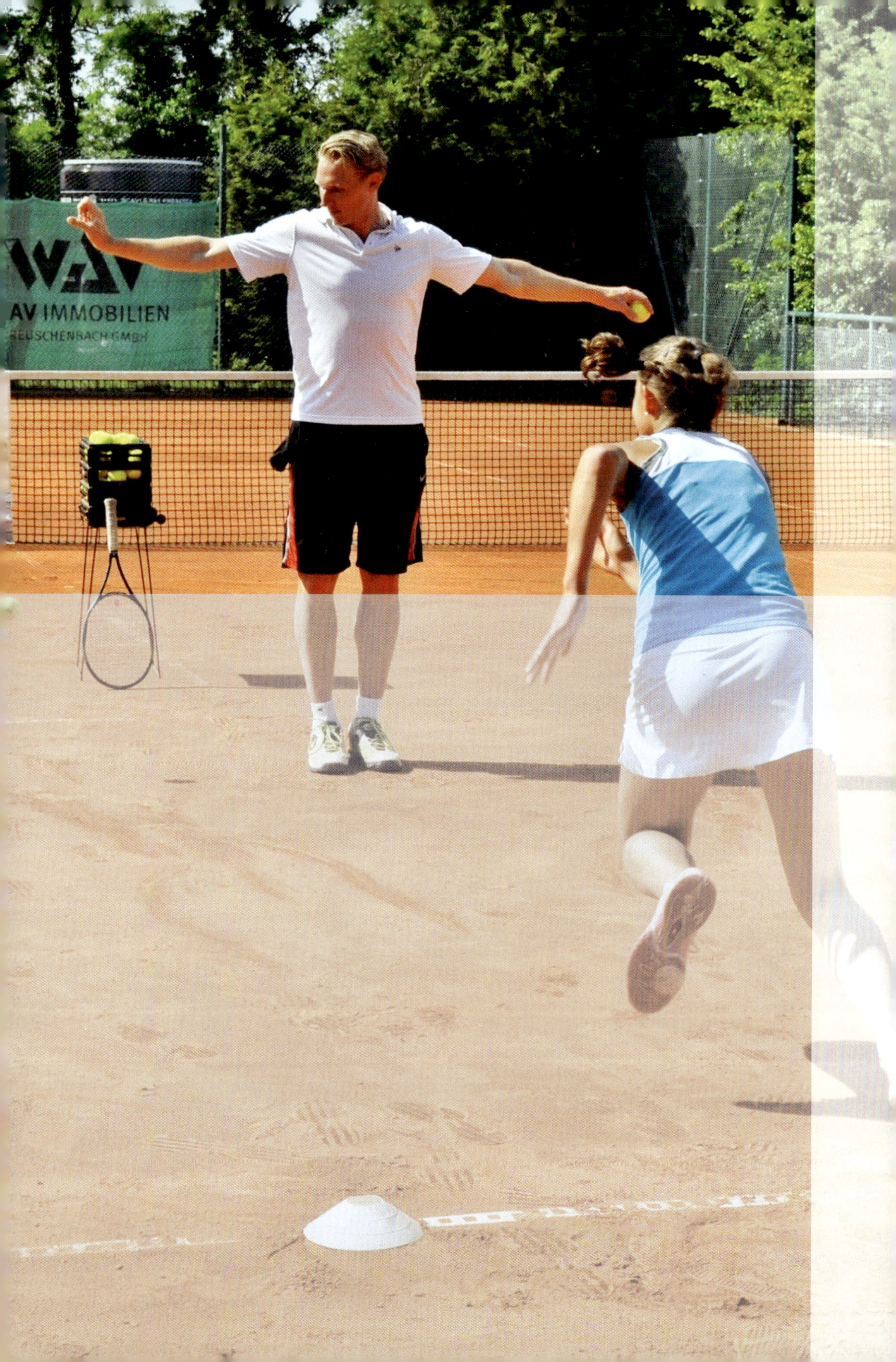
AV IMMOBILIEN
REUSCHENBACH GMBH

# 12

# *Trainingsrezepte für Mannschaftsspieler*

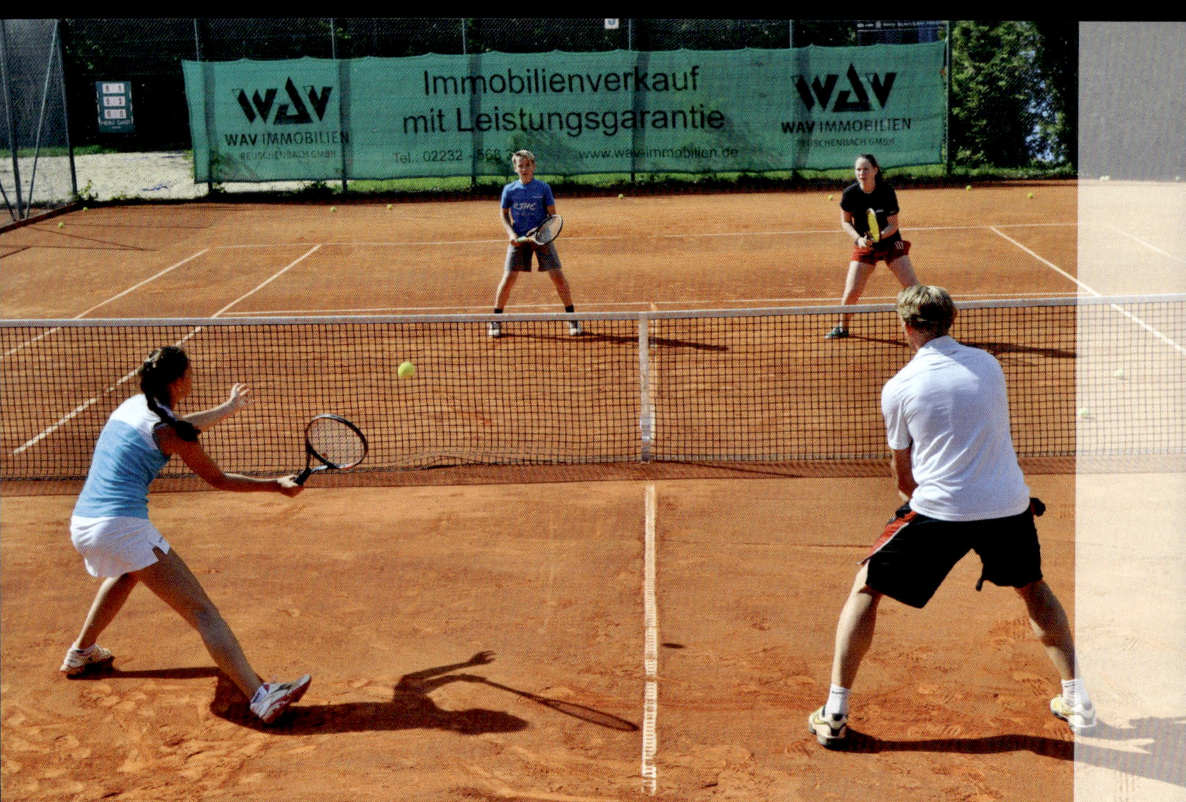


## 12.1 Trainingseinheiten und Periodisierung

Im Ablauf eines Kalenderjahres variieren die Anforderungen an den Tennisspieler erheblich. Folglich ist es nötig, auch die Trainingsschwerpunkte und -inhalte entsprechend zu modifizieren. Ursachen hierfür sind wechselnde Bodenbeläge und die damit verbundene Notwendigkeit der technisch-taktischen sowie konditionellen und psychischen Anpassung. Neben dem Bodenbelag spielt jedoch auch der Zeitpunkt, die Bedeutung und der Modus (z. B. Einzel oder Doppel) des bevorstehenden Wettkampfs eine wichtige Rolle für die Festlegung der Trainingsinhalte. Schließlich sollte der Trainer stets auch gegenwärtige und individuelle Besonderheiten bei der Trainingsplanung berücksichtigen (z. B. Trainingseinheit nach einem Sieg oder nach einer Niederlage bzw. bei drei verlorenen Doppeln im Mannschaftswettkampf). Den aufgezeigten Problemkreis wollen wir an drei konkreten Beispielen verdeutlichen:

1. Tennisspieler haben in unseren Breitengraden Jahr für Jahr mit der Umstellung von der Halle auf den Sandplatz und umgekehrt zu kämpfen. Hier ist der Trainer gefordert, situations- und spielerspezifische Trainingsschwerpunkte zu setzen.
2. 1-2 x Monate vor wichtigen Wettkampfphasen werden gewöhnlich allgemein ausgerichtete Trainingsformen zur Verbesserung der Grundlagenfähigkeiten bevorzugt. 1-3 x Wochen vor dem Wettkampf sollten demgegenüber spezielle Spiel- und Trainingsformen eingesetzt werden, die sich möglichst eng am individuellen Wettkampfverhalten des Spielers orientieren.

3. Die Gewichtung der Wettkämpfe variiert stark. So konzentriert sich der jugendliche Leistungsspieler auf die nationale Turnierszene, die Meisterschaften der Landesverbände oder die deutschen Meisterschaften. Für die große Masse der Tennisspieler stellen jedoch (neben Klub- und Bezirksmeisterschaften) die Mannschaftswettbewerbe den Saisonhöhepunkt dar.

Ein systematisches Training besteht somit nicht aus einer zufälligen Aneinanderreihung einzelner Trainingsformen aus dem vielfältigen Angebot des Technik-, Taktik- und psychologischen Trainings. Der Trainer sollte vielmehr mittel- und langfristig planen und dabei die Veränderungen im Anforderungsprofil des Wettkampfgeschehens berücksichtigen. Diese sind zumindest teilweise vorhersehbar und sollten sich in einer spezifischen Trainingsperiodisierung niederschlagen. Eine derartige Periodisierung stellt als Jahresplan ein Gerüst von Trainingsschwerpunkten dar, an dem sich die Auswahl der Trainingsinhalte orientiert.

Das vorliegende Kapitel soll dem Trainer bei der Festlegung entscheidender Eckpfeiler seines Trainingskalenders Hilfe leisten. Wir verdeutlichen den gewünschten Trainingsaufbau an einer Auswahl von 10 Trainingseinheiten. Hierbei handelt es sich um konkrete Trainingsrezepte, die der Trainer unmittelbar in der Praxis erproben kann.

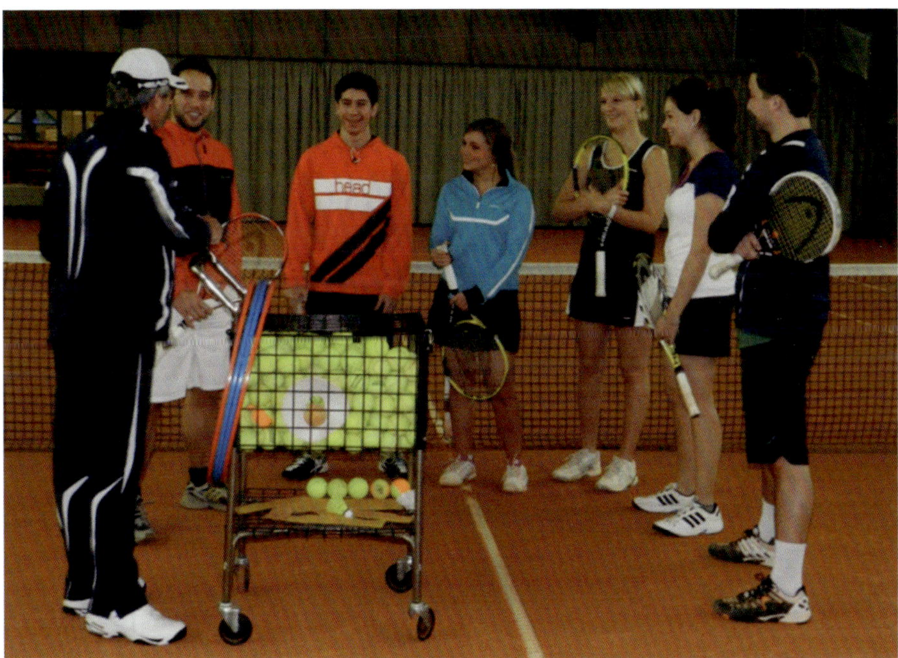


***Abb 129:** Teamtraining einer Mixed-Mannschaft*

Wir wenden uns an dieser Stelle hauptsächlich an Mannschaftsspieler mittlerer und höherer Spielstärke (d. h. Bezirksklasse bis Oberliga). Dabei wird die übliche Trainingssituation eines

Mannschaftstrainings (z. B. 6-8 Spieler mit einem Trainer auf zwei Tennisplätzen nebeneinander) zugrunde gelegt. Ein wesentlicher Gesichtspunkt hierbei ist auch die Devise „Spaß am Training und am Wettkampf", da sie bei allen engagierten Freizeitspielern eine wichtige Rolle spielt. Diesem Aspekt muss der Trainer mit einem entsprechenden Trainerverhalten und einer passenden Übungsauswahl Rechnung tragen. Der Einsatzbereich eines solchen Mannschaftstrainings reicht von der Jugend- bis zur Seniorenklasse. Die große Bedeutung gerade der Seniorenklasse wird allein dadurch erkenntlich, dass von den 1,5 Millionen beim DTB gemeldeten Tennisspielern derzeitig über 900.000 Spieler dem Seniorenalter angehören – mit steigender Tendenz. Entsprechend wächst der Bedarf an Trainingsangeboten.

Das Mannschaftstraining ist insofern von besonderem Interesse, da die Mannschaftswettbewerbe (in Sommer- und Wintersaison) für die meisten Tennisspieler mit mittlerer Spielstärke den Saisonhöhepunkt darstellen. Ferner verlangt ein Training mit acht Spielern auf zwei Plätzen vergleichsweise hohe organisatorische Fähigkeiten.

Die Zweiteilung in Sommer- und Wintersaison spiegelt sich in einer Schwerpunktsetzung auf die sandplatz- beziehungsweise hallenspezifischen Anforderungen wider (Abb. 130), wobei die Schwerpunkteinheiten je nach Anforderungen (z. B. Hallenspiele in der Sommersaison) austauschbar sind. Innerhalb der beiden Zeitblöcke legen wir Wert auf den Übergang von allgemein vorbereitenden Trainingseinheiten zu speziell wettkampfspezifischen Inhalten. Das ist allerdings nicht als starres Konzept aufzufassen: Selbstverständlich können die Übungen pro Trainingseinheit je nach Bedarf untereinander ausgetauscht werden. Hierbei sollte berücksichtigt werden, dass insbesondere aus dem Übungsangebot der „Trainingsbegleitenden Spiele" (Kap. 12.4) mehrere Spielformen bei Tennisspielern jeder Altersklasse sehr beliebt sind.

**Sandplatzsaison**

1. Umstellung auf Sandplätze
2. Aufschlag/Return und erweiterte Spieleröffnung
3. Grundlinienschläge
4. Psychologisch orientiertes Techniktraining
5. Matchtraining: Einzel

**Wintersaison**

6. Umstellung auf Hallentennis
7. Aufschlag/Return und Netzspiel
8. Schlaghärte und Reaktionsvermögen
9. Beinarbeit und Schnelligkeit
10. Matchtraining: Doppel

***Abb. 130:*** *Ausgewählte Schwerpunktthemen*

Der erste Höhepunkt des Tennisjahres beginnt mit der Vorbereitung auf die Sandplatzsaison im März. Der zweite Saisonhöhepunkt zieht sich von Oktober bis Januar hin und dient der Vorbereitung auf die Mannschaftswettkämpfe der Winterhallenrunde. Den Übergang zwischen beiden Zeiträumen bilden so bedeutsame Trainingseinheiten wie das erste Sandplatztraining oder das erste Hallentraining. Zum genaueren Verständnis sind die Hinweise zur Anwendung der Trainingsrezepte zu beachten, insbesondere obliegt es Trainern und Spielern, je nach Erfordernissen, unterschiedliche Trainingsschwerpunkte umzulagern bzw. zu modifizieren (siehe Kasten).

***HINWEISE ZUR ANWENDUNG DER TRAININGSREZEPTE:,***

- Jede Trainingseinheit wird auf einer Doppelseite dargestellt. Die linke Seite enthält den empfohlenen Zeitpunkt, einige allgemeine Informationen zur Bedeutung der Trainingseinheit sowie spezielle organisatorische Hinweise. Ein Balkendiagramm verdeutlicht die Gewichtung der einzelnen Leistungsfaktoren innerhalb der Trainingseinheit. Es ist als Schema zu verstehen, d. h., die angegebenen prozentualen Anteile werden sich, je nach Erfordernis, entsprechend verschieben. Die rechte Seite zeigt einen genauen Überblick über Trainingsinhalte und -dauer auf beiden Plätzen.
- Der angegebene Zeitpunkt ist als grobe Orientierungshilfe zu verstehen. Insbesondere die Themen 3-5 und 8-10 sind innerhalb der Sommer- bzw. Wintersaison wahlweise je nach Bedarf umzulagern (beispielsweise die Vorverlegung des Doppeltrainings zur Vorbereitung auf die Mannschaftswettkämpfe der Sommersaison).
- Alle Maßnahmen der Trainingsvorbereitung (z. B. Warmlaufen, Dehnen) sind ausgelagert und als eigenes Kapitel dem eigentlichen Trainingseinheiten vorangestellt. Sie werden nicht in die Trainingsdauer mit einberechnet, da sie von engagierten Spielern bereits vor Trainingsbeginn außerhalb des Platzes absolviert werden, damit keine wertvolle Trainingszeit mit Ball und Schläger verloren geht.

## 12.2 Trainingsvorbereitungen

Die Qualität der Trainingsvorbereitungen entscheidet vielfach über die Effizienz des Trainings. Zahlreiche Spieler erscheinen verspätet, abgehetzt und unzureichend ernährt beim Mannschaftstraining, sodass hierdurch das Aufwärmprogramm leidet und die Verletzungsgefahr steigt.

Der Trainer ist zur Erleichterung der persönlichen Trainingsorganisation aufgerufen, auf die Pünktlichkeit der Teilnehmer zu achten. Der im Folgenden dargestellte 30 min Countdown ist ein Idealbeispiel für engagierte Nachwuchsspieler oder Tennisprofis. Eine entsprechendes Programm bzw. eine zeitlich um die Hälfte abgespeckte Variante (z. B. 15 min) sollte zur regelmäßigen Gewohnheit aller Spieler werden und benötigt bei mündigen Athleten nach mehrmaliger Wiederholung nicht mehr die Anleitung durch den Trainer. Dies birgt den Vorteil, dass das Vorbereitungsprogramm bereits vor Beginn der eigentlichen Trainingszeit absolviert werden kann. Für Kadertennisspieler ist es eine Verpflichtung, die entsprechenden Übungen eigenständig vor dem eigentlichen Tennistraining zu absolvieren.

Im Profitennis hat sich hinsichtlich der Vorbereitungsprogramme in den vergangenen 5-10 Jahren eine revolutionäre Wandlung vollzogen. Während es noch in den 1990er-Jahren eher „uncool" war, sich außerhalb oder auf dem Tennisplatz zu bewegen (beliebte Ausnahme war das Fußballtennisspiel), herrscht inzwischen Einigkeit und feste Überzeugung bei Profis und Coaches, dass eine funktionelle Trainingsvorbereitung unerlässlich ist. Derzeit ist es eine Augenweide für jeden engagierten Tennisexperten, den Bereich um das Gym auf jeder Turnierstätte bzw. die Vorbereitungen auf den Trainingsplätzen zu beobachten. Stetig neue, interessante Übungen aus dem Bereich des funktionellen Trainings bereichern die Szene (s. Fotoserie mit Daniela Hantuchová anlässlich der Italian Open 2013).

Natürlich handelt es sich bei dem dargestellten Programm um die Idealform der Trainingsvorbereitung. Diese Zielvorstellung kann jedoch auf Grenzen der Durchführbarkeit und speziell in unteren Spielklassen auf Ablehnung stoßen. Hier ist ein Minimalprogramm (z. B. die ersten 3-5 min der Trainingszeit) dem völligen Verzicht auf eine Trainingsvorbereitung vorzuziehen. In dieser Kurzversion steht langsames Einlaufen und Lauf-ABC), gefolgt von kompakten, dynamischen Dehnprogrammen (Schwunggymnastik mit Schläger), im Vordergrund.

Im Idealfall bestehen die Trainingsvorbereitungen aus den folgenden Abschnitten:

***DER TRAININGS-COUNT-DOWN:***

*30´ VOR TRAININGSBEGINN*

Schaffung optimaler energetischer Voraussetzungen und einer Flüssigkeitsreserve durch Zufuhr von Energieriegel oder Banane in Verbindung mit Mineralwasser oder kohlenhydratreichem Elektrolytgetränk.

*25´ VOR TRAININGSBEGINN*

Langsames Einlaufen und Lauf-ABC zur dosierten Aktivierung von Herz-Kreislauf-System und Muskelstoffwechsel in Verbindung mit Durchblutungssteigerung, Erwärmung und Flexibilitätserhöhung der Arbeitsmuskulatur.

*20´ VOR TRAININGSBEGINN*

Movement Preparation im Sinne von dynamisch geführten Dehnübungen in balancierten, tennisspezifischen Positionen.

*12´ VOR TRAININGSBEGINN*

Bei speziellen individuellen Bedürfnissen passives Dehnen (dynamisch oder statisch) oder Gelenkmobilisation ggf. mithilfe des Physiotherapeuten oder Coachs (s. Mobilisationsübungen von Novak Djokovic).

*8´ VOR TRAININGSBEGINN*

Laufkoordinationsübungen zusammen mit submaximalen Kurzsprints und Sprungvarianten:

- Beispiele: Rückwärts-/Seitwärtslauf, Hopserlauf, Anfersen, Kniehebelauf, Seitwärtssprünge, Sidesteps, Antritte, Pendelläufe.

*4´ VOR TRAININGSBEGINN*

Thera-Band© Aktivierung der oberen Extremität:

- Beispiele: Innen-, Außenrotation, Trizepsstrecken vorwärts und rückwärts über Kopf, beidarmige Rotation auf VH- und RH-Seite.

*1´ VOR TRAININGSBEGINN*

Schwunggymnastik durch Simulation der Schlagbewegungen mit Schläger (ggf. Pre-Stroke) von Aufschlag und Grundlinienschlägen mit extrem weitem Bewegungsumfang.

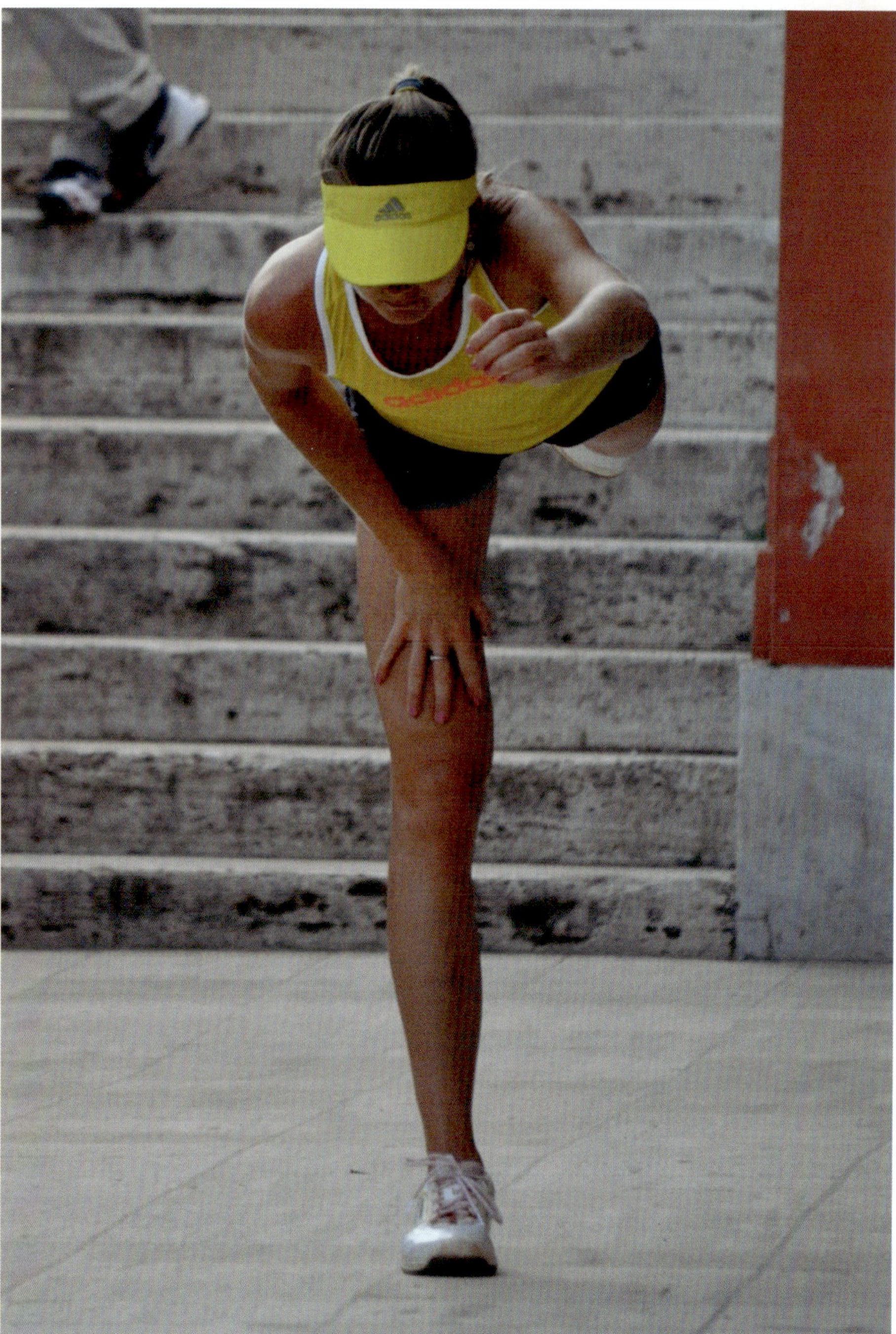

*Abb. 131: Daniela Hantuchová bei der Standwaage als ein Anteil ihrer regelmäßigen Movement Preparation (Rom, Italian Open 2013)*

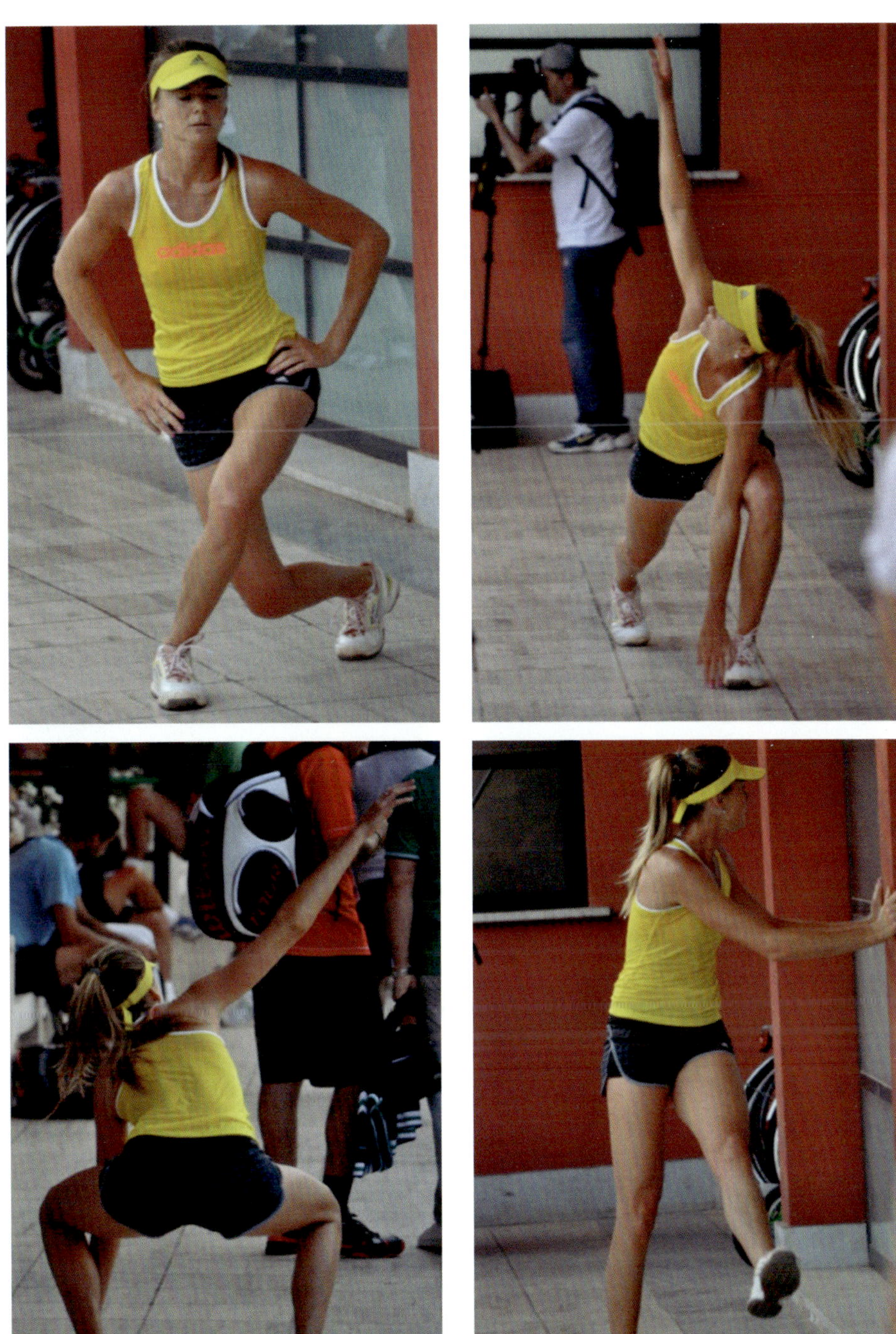

**Abb. 132:** *Daniela Hantuchová mit reaktiven Ausfallschritten in alle Richtungen (oben links), Ausfallschritten mit Oberkörperrotation (oben rechts), Kniebeuge mit Oberkörperstreckung (unten links) und Schwunggymnastik („Swinging Legs") der Beine (unten rechts)*

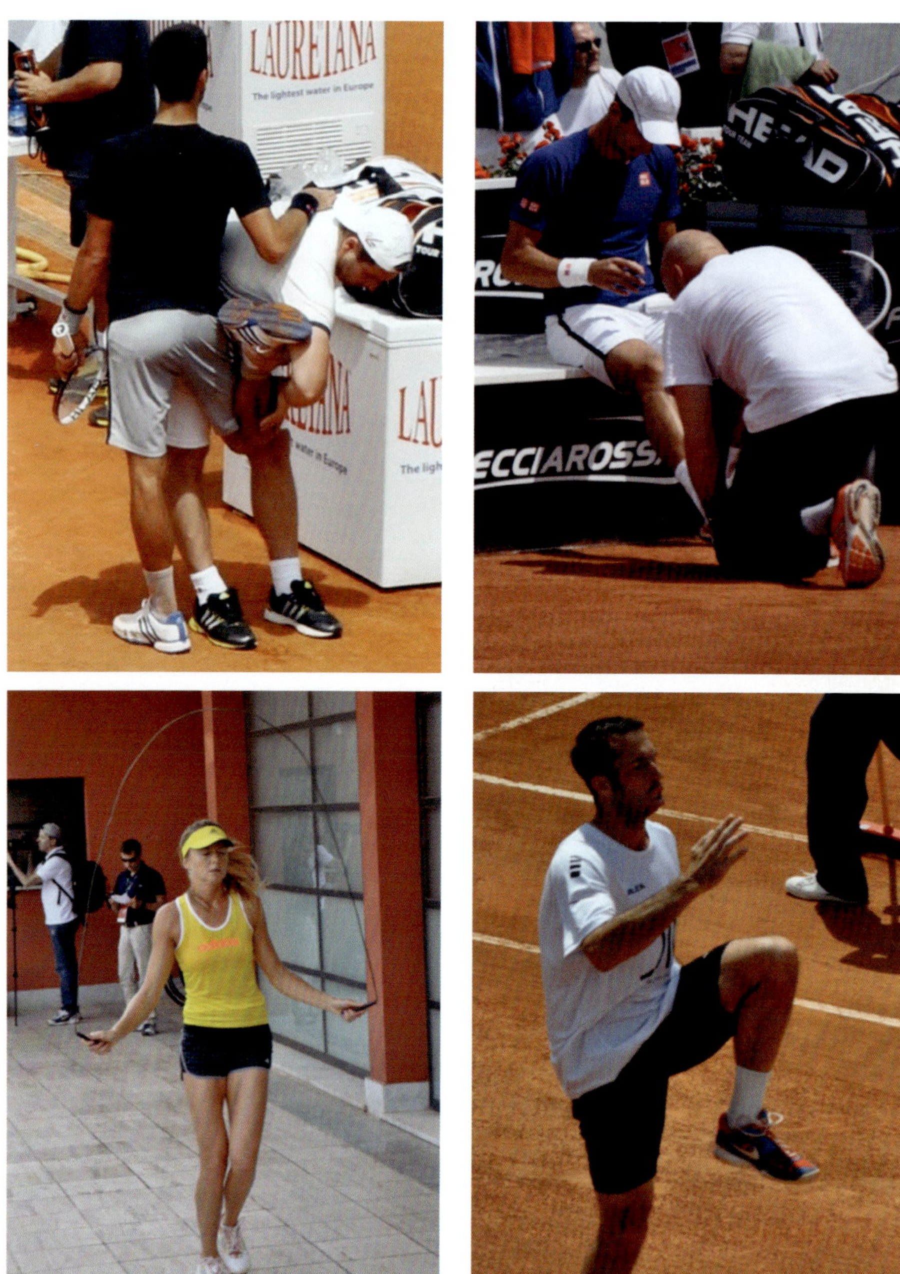


**Abb. 133:** *Passives, partnerunterstütztes Dehnen der Hüftbeuger (oben links) und Mobilisation der Sprunggelenke (oben rechts) bei Novak Djokovic sowie Seilsprungvariationen und Laufvariationen (hier Kniehebelauf) mit Daniela Hantuchová (unten links) und Radek Štepánek (unten rechts)*

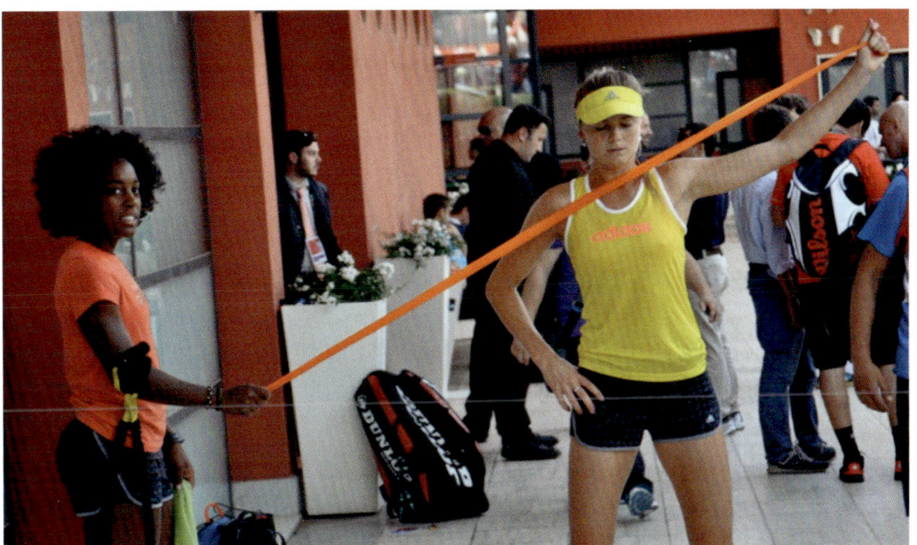


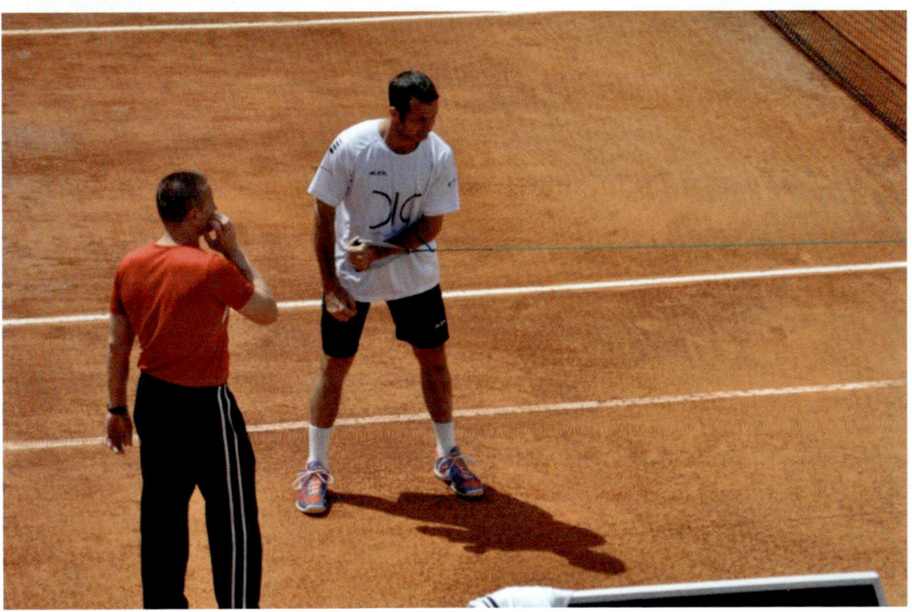

***Abb. 134:*** *Thera-Band®-Aktivierung der oberen Extremität bei Daniela Hantuchová (oben) und Radek Štepánek (unten)*

# 12.3 Ausgewählte Trainingseinheiten

*SANDPLATZSAISON*

## *1.* Umstellung auf Sandplätze

### Allgemeine Hinweise

Zu Beginn der Freiluftsaison steht in den ersten Trainingseinheiten speziell die Umstellung vom Hallentennis zum Sandplatztennis im Vordergrund. Hierbei spielt nicht nur die technisch-taktische Einstellung auf den langsamen Bodenbelag eine Rolle (z. B. Topspin, höhere Flugbahn, größerer Bewegungsumfang). Von besonderer Bedeutung ist auch die Anpassung an die veränderten äußeren Umstände, wie Witterungseinflüsse (Wind, Sonne, Regen) und

PLATZ 1

### Einschlagen/Rhythmus der Grundlinienschläge

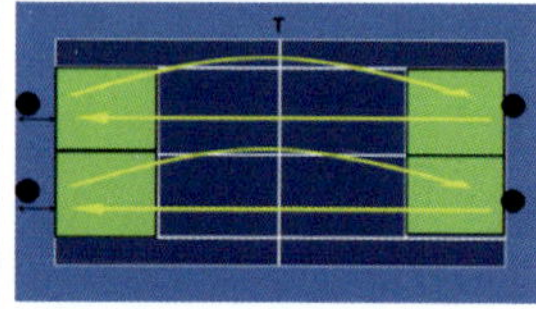

Ablauf: Grundlinienschläge paarweise, beginnend mit weit zurückgezogener Schlagposition (Treffpunkt im Fallen) und weiträumiger Schlagbewegung. Allmählicher Übergang zur grundliniennäheren Schlagposition.

***Bezug:*** *Nr. 5; S. 87; Kap. 2 „Technik"*

Dauer: 20/30 min (inkl. Aufgabe Platz 2).

### Volley/Stabilität

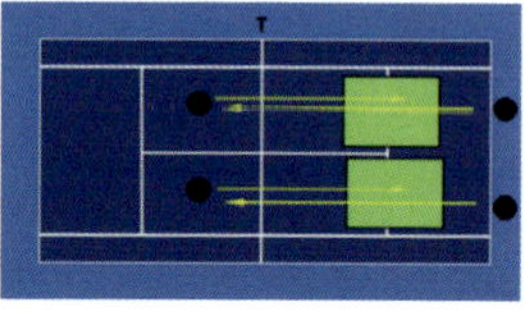

Ablauf: Paarweise werden nach weichem Zuspiel durch den Partner kontrollierte Volleys bzw. Smash in ein Zielfeld platziert (Variation: Volley-Position hinter T-Linie; tiefes Zuspiel; longline u. cross. In unregelmäßigem Wechsel: Lob und Smash).

***Bezug:*** *Nr. 6 S. 87; Kap. 2 „Technik"*

Dauer: 15/20 min (inkl. Aufgabe Platz 2).

### Grundlinie-Spezial

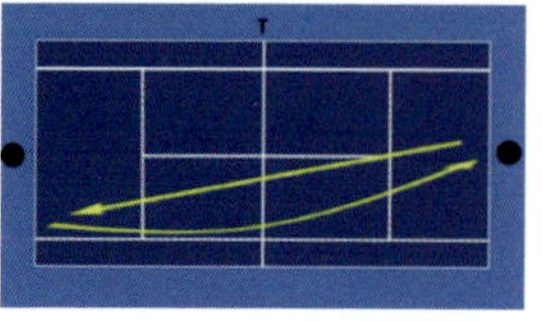

Ablauf: Tenniswettkampf ohne Aufschlag nach Tischtenniszählweise (jeweils zwei Spieler im Wechsel gegeneinander); im Aufschlagfeld sind keine Volleys erlaubt!

***Bezug:*** *Nr. 13 S. 143; Kap. 3 „Taktik"*

Dauer: 20/30 min (inkl. Aufgabe von Platz 2)

### Mondball

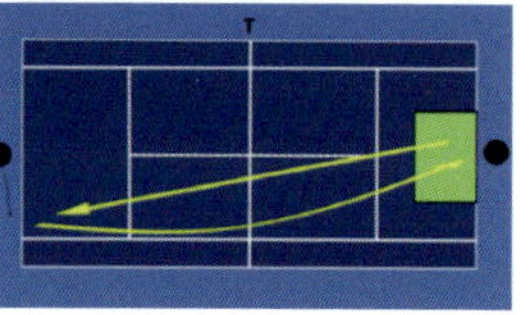

Ablauf: Zwei Spieler trainieren miteinander; ein Spieler spielt jeden Ball in eine Sicherheitszone, der andere setzt den Defensivspieler unter Druck; dieser befreit sich in Not durch Mondbälle.

***Bezug:*** *Nr. 17, S. 145; Kap. 3 „Taktik"*

Dauer: Bezug: Nr. 3, S. 86; Kap. 3 „Taktik"

räumliches Sehen. Gemeinsame Trainingslager bieten hierzu eine zusätzliche Motivierung. Schließlich gewinnt aufgrund der mehr auf Schlagsicherheit bedachten Taktik die Förderung der Ausdauerleistungsfähigkeit an Bedeutung.

**Zeitpunkt:** Erste Hälfte im April (bzw. bis zu Beginn der Wettkampfsaison).
**Zielgruppe:** Mannschaftsspieler bis einschließlich Oberliga.
**Organisation:** 120 min; 6-8 Spieler; zwei Tennisplätze (gegebenenfalls ein Platz mit vier Spielern); ein Trainer.
**Hilfsmittel:** 60 Bälle; vier Balleimer.

PLATZ 2

### Einschlagen/Rhythmus der Grundlinienschläge

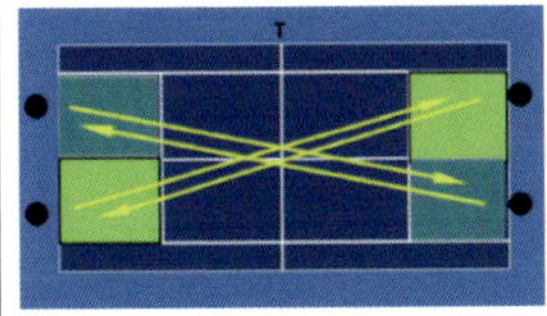

*Bezug: Nr. 17; S. 97; Kap. 2 „Technik"*

Ablauf: Jeweils zwei Spieler spielen cross in die hinteren Spielfeldviertel (VH vorrangig Topspin/ RH mit Variation von Topspin und Slice).

Dauer: 30 min (inkl. Aufgabe Platz 1).

### Aufschlag/Return

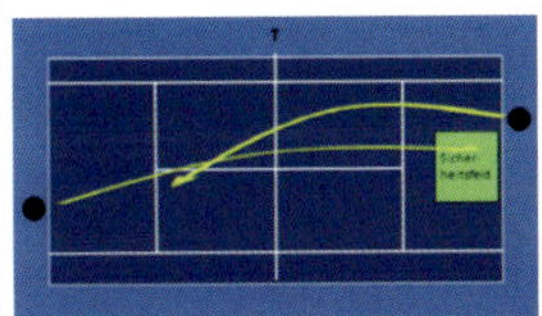

*Bezug: Nr. 3; S. 86; Kap. 2 „Technik"*

Ablauf: Auf Kickaufschläge des Partners übt der Return-Spieler Returns mit hoher Flugbahn in das Sicherheitsfeld (pro Paar drei Ballwechsel in Folge).

Dauer: 20 min (inkl. Aufgabe Platz 1).

### Scheibenwischer

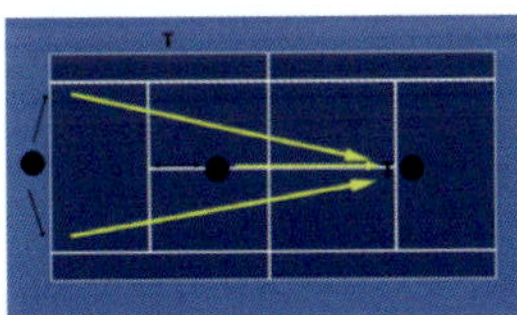

*Bezug: Nr. 21; S. 100; Kap. 2 „Technik"*

Ablauf: Trainer oder Spieler platziert den Ball abwechselnd nach außen und in die Mitte; ein Netzspieler bewegt sich vor/zurück; ein Grundlinienspieler läuft rechts/links.

Dauer: 30 min (inkl. Aufgabe Platz 1).

### Einzelpunkte

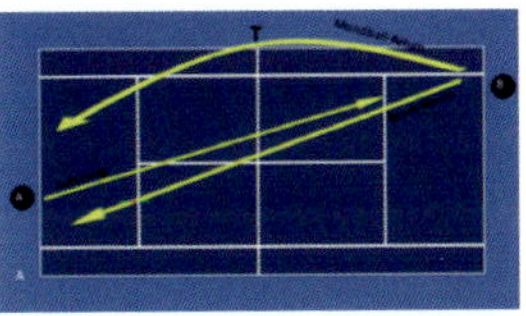

*Bezug: Nr. 1; S. 139; Kap. 3 „Taktik"*

Ablauf: Die Spieler schlagen zwei Punkte hintereinander gegen wechselnde Return-Spieler auf. Vorgabe: Jeder Spieler setzt seine individuelle optimale Wettkampftaktik ein.

Dauer: 25/35 min (inkl. Aufgabe Platz 1).

***AUSSCHLAGEN/RHYTHMUS***

Auf beiden Plätzen paarweise an der Grundlinie im mittleren Tempo Bälle schlagen (ca. 5 min).

## 2. Aufschlag/Return und erster Folgeschlag

### Allgemeine Hinweise

Unabhängig vom Bodenbelag ist im Wettkampftennis die Spieleröffnung „Aufschlag/Return" zweifelsfrei ein zentraler Spielzug mit hoher matchentscheidender Bedeutung (Allein mit Aufschlag und Return werden 20-30 % aller Ballwechsel im Match entschieden!). Betrachtet man zusätzlich den – von der Qualität von „Aufschlag/Return" abhängigen – jeweils ersten Folgeschlag von Aufschläger und Returnspieler, so resultieren daraus bereits über 50 % aller Punkte. „Aufschlag/Return und erster Folgeschlag" beeinflussen in besonderer Weise den Spielerfolg und müssen daher im Training gebührend berücksichtigt werden.

### Einschlagen/„Warm-up" für Aufschlag und Return

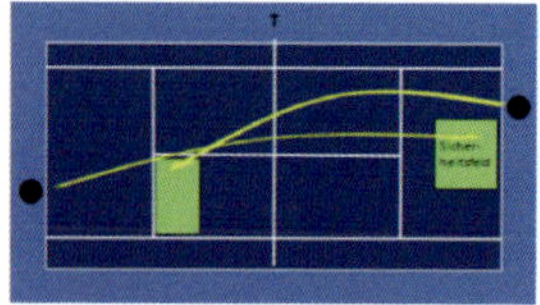

Ablauf: Aufschläge (in Einschlaggeschwindigkeit) werden vom Returnspieler, maximal 1-2 m hinter der Grundlinie stehend, in vorgegebene Zielfelder platziert (pro Paar vier „Aufschlag/Returns" in Folge).

***Bezug:** Nr. 3; S. 86; Kap. 2 „Technik"*

Dauer: 20 min (inkl. Aufgabe Platz 2).

### Kickservice/Return

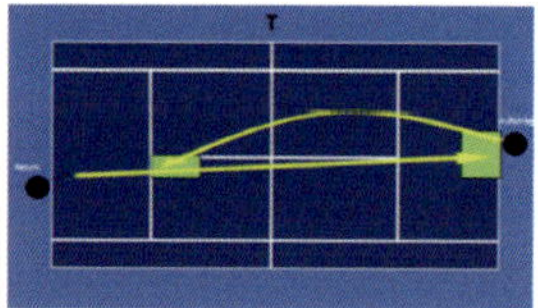

Ablauf: Drei Aufschläger, ein Returnspieler: Kickaufschläge, die für den Rückschläger mindestens über Schulterhöhe abspringen, werden vom Rückschläger im Steigen offensiv und flach retourniert.

***Bezug:** Nr. 3; S. 86; Kap. 2 „Technik"*

Dauer: 25 min (inkl. Aufgabe Platz 2).

### Erster Aufschlag-Return und erster Folgeschlag

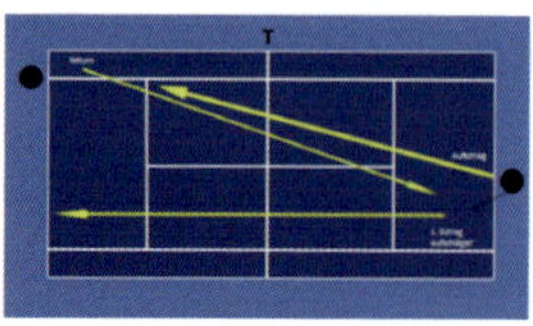

Ablauf: Erste Aufschläge mit maximaler Härte, Returns (ggf. Blockreturns auf Zielflächen) und erster Folgeschlag (situationsangepasst in das freie Feld oder gegen den Lauf, ggf. als Winner); vier Aufschläge – Returns und erster Schlag pro Spieler in Serie; Punkte (bzw. Treffer) zählen.

***Bezug:** Nr. 23; S. 102; Kap. 2 „Technik"*

Dauer: 25 min (inkl. Aufgabe Platz 2).

### Einzel

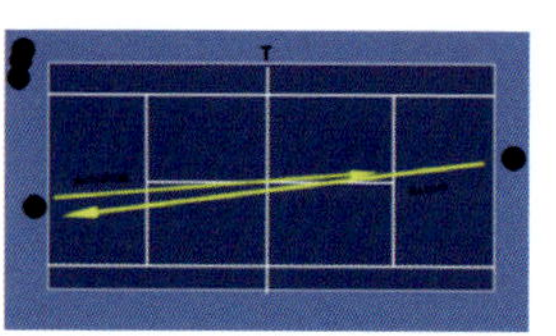

Ablauf: Drei Aufschläger spielen abwechselnd gegen einen Returnspieler Einzelpunkte aus. Gespielt wird bis 7. Welcher Returnspieler erzielt die meisten Punkte?

***Bezug:** Nr. 16; S. 142; Kap. 3 „Taktik"*

Dauer: 45 min (inkl. Aufgabe Platz 2).

PLATZ 1

In der vorliegenden Trainingseinheit steht zuerst die Verbesserung der technischen Ausführung von Aufschlag und Return im Vordergrund. Ein zweiter Schwerpunkt liegt in der Schulung der erweiterten Spieleröffnung mit unterschiedlichen taktischen Ausrichtungen von Aufschlag/Return und der ersten (und zweiten) Folgeschläge.

**Zeitpunkt:** Ganzjahresthema (ggf. mit Schwerpunkten in der Wintersaison).

**Zielgruppe:** Mannschaftsspieler bis einschließlich Oberliga.

**Organisation:** 120 Minuten; 6-8 Spieler; mit oder ohne Trainer; zwei Tennisplätze (gegebenenfalls ein Platz mit vier Spielern).

**Hilfsmittel:** 120 Bälle; vier Balleimer; Markierungsmaterial (z. B. flache Gummiplatten); Stangen zur Netzerhöhung.

PLATZ 2

### Einschlagen/Rhythmus der Grundlinienschläge

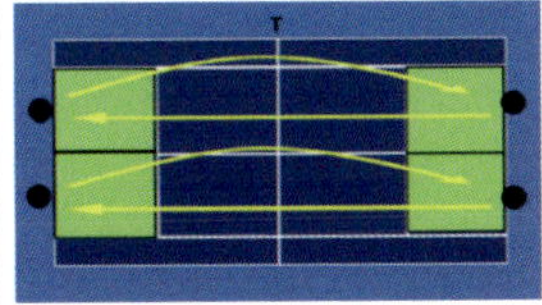

Ablauf: Grundlinienschläge paarweise, beginnen mit niedriger Schlaghärte, anschließend stufenförmig steigern (erster - dritter Gang).

***Bezug:** Nr. 17; S. 97; Kap. 2 „Technik"*

Dauer: 20 min (inkl. Aufgabe Platz 1).

### Serve-and-Volley und erster Folgeschlag des Returnspielers

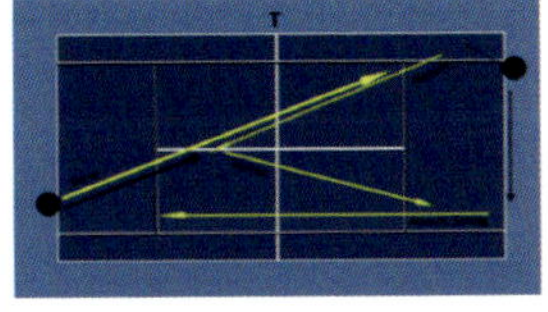

Ablauf: Zweite Aufschläge mit Drall zur RH und Netzangriff; Return flach durch die Mitte; Aufschläger spielt den Volley in den freien Raum; Returnspieler spielt den ersten Folgeschlag als Passierball aus dem Lauf.

***Bezug:** Nr. 33; S. 159; Kap. „Doppeltaktik"*

Dauer: 25 min (inkl. Aufgabe Platz 1).

### Return-Angriff und Volley

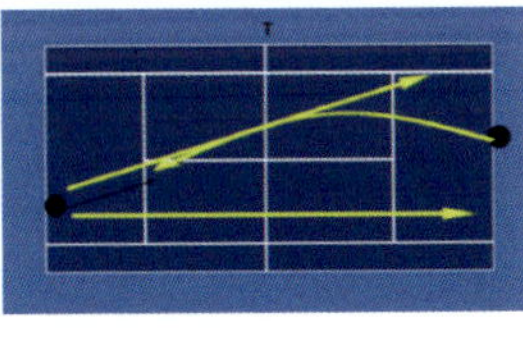

Ablauf: Zwei Returnspieler greifen mit langem Return und erstem Folgeschlag als Volley abwechselnd gegen zwei Aufschläger an. Vorgabe: Nur zweite Aufschläge sind erlaubt! Nach sieben Punkten Aufgabenwechsel.

***Bezug:** Nr. 15; S. 95; Kap. 2 „Technik"*

Dauer: 25 min (inkl. Aufgabe Platz 1).

### Doppel

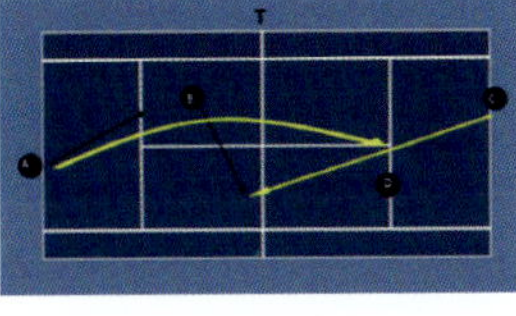

Ablauf: Doppel in der Standardformation:
Allgemeine Vorgaben: Zweiter Aufschlag zur RH
Returnangriff auf zweiten Aufschlag
Returnblock auf ersten Aufschlag
Spezielle Vorgaben: Rochade nach Absprache
Australisch mit Absprache

***Bezug:** Nr. 35; S. 160 Doppeltaktik*

Dauer: 45 min (inkl. Aufgabe Platz 1)

***AUSSCHLAGEN/RHYTHMUS***

Auf beiden Plätzen paarweise an der Grundlinie im mittleren Tempo Bälle schlagen (ca. 5 min).

## 3. Grundlinienschläge

### Allgemeine Hinweise

Vom Üben der Grundlinienschläge VH und RH geht ein besonderer Reiz aus; es steht während des gesamten Trainingsjahres quantitativ im Vordergrund. Speziell im Frühjahr (Übergang von der Hallensaison in die Sandplatzsaison) besitzt das Training der Grundlinienschläge eine besondere Attraktivität und Notwendigkeit. Neben einer Optimierung der Schlagtechnik (z. B. Rhythmus und Sicherheit) werden in der vorliegenden Trainingseinheit auch die taktischen, psychischen und konditionellen Leistungsfaktoren angesprochen.

PLATZ 1

### Einschlagen/Rhythmus der Grundlinienschläge Vor- und Rückhand

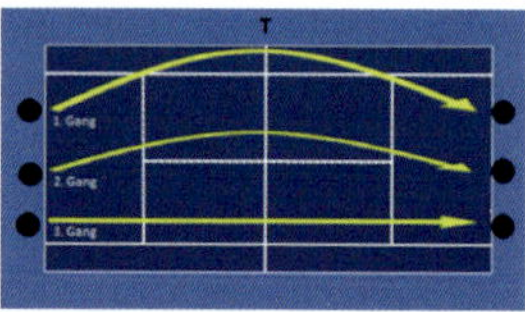

Ablauf: Grundlinienschläge paarweise, beginnend mit niedriger Schlaghärte, anschließend stufenförmig steigern (erster - dritter Gang).

***Bezug:** Nr. 17; S. 97; Kap. 2 „Technik"*

Dauer: 20/30 min (inkl. Aufgabe Platz 2).

### VH-Inside-out

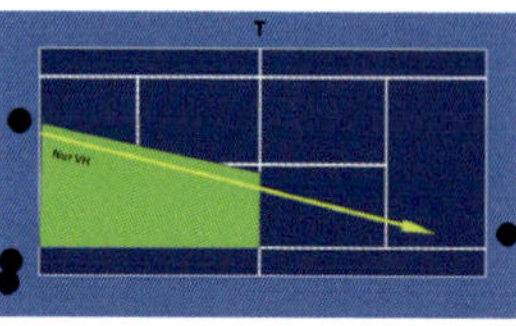

Ablauf: Drei Übende wechseln sich jede Minute ab. Sie müssen aus 3/4 ihres Spielfelds nur VH schlagen und platzieren diese hinter das Aufschlagfeld in die RH-Ecke des Zuspielers.

***Bezug:** Nr. 26; S. 103; Kap. 2 „Technik"*

Dauer: 20/30 min (inkl. Aufgabe Platz 2)

### Hosenträger

Ablauf: Auf jeder Spielfeldseite stehen zwei Spieler; eine „Seite" spielt nur longline, die andere nur cross; jeder Spieler schlägt drei oder vier Bälle hintereinander.

***Bezug:** Nr. 17; S. 97; Kap. 5 „Kondition"*

Dauer: 15/25 min (inkl. Aufgabe von Platz 2).

### König der Grundlinie

Ablauf: A spielt abwechselnd gegen B, C und D Grundlinienpunkte aus. Verliert A drei Punkte hintereinander, wechselt er ins Team zurück. Wer macht als Einzelspieler zuerst 11 Punkte und wird „Grundlinienkönig"?

***Bezug:** Nr. 24; S. 102; Kap. 2 „Technik"*

Dauer: 30 min (inkl. Aufgabe Platz 2).

**Zeitpunkt:** März/April bzw. Ganzjahresthema

**Zielgruppe:** Mannschaftsspieler bis einschließlich Oberliga.

**Organisation:** 120 min; 6-8 Spieler; mit oder ohne Trainer; zwei Tennisplätze (gegebenenfalls ein Platz mit vier Spielern).

**Hilfsmittel:** 60 Bälle; zwei Balleimer

PLATZ 2

### Einschlagen/Rhythmus cross und Inside-out

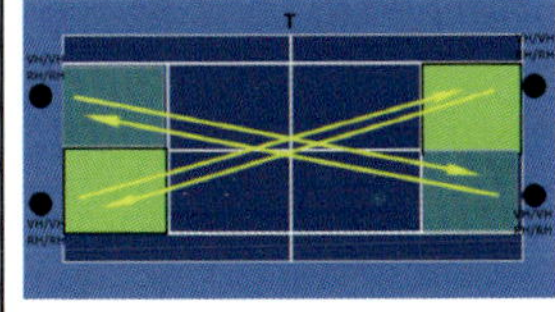

Ablauf: Jeweils zwei Spieler spielen cross in die hinteren Spielfeldviertel (VH/VH aus den VH-Ecken, VH/VH aus den RH-Ecken usw.).

*Bezug: Nr. 5; S. 87; Kap. 2 „Technik"*

Dauer: 20/30 min (inkl. Aufgabe Platz 2).

### VH-/RH-Power

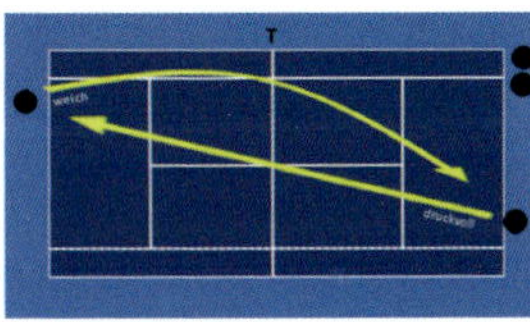

Ablauf: Ein Spieler verteidigt mit weichen, hohen Bällen aus einer Spielfeldecke; ein Spieler macht auf jeden Ball mit VH u. RH Druck (Aufgabenwechsel jede Minute).

*Bezug: Nr. 17 S. 97; Kap. 2 „Technik"*

Dauer: 25 min (inkl. Aufgabe Platz 1).

### Gummiwand

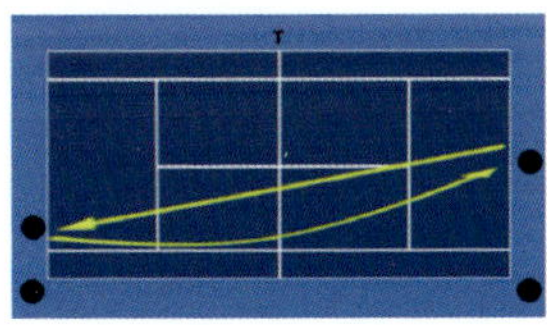

Ablauf: Bälle schlagen nach dem Motto: „So langsam und so lang wie möglich"; auf jeder Seite wechseln die Spieler nach je vier Schlägen.

*Bezug: Nr. 17; S. 97 Kap. 2 „Technik"*

Dauer: 25 min (inkl. Aufgabe Platz 1).

### Handicapmatch

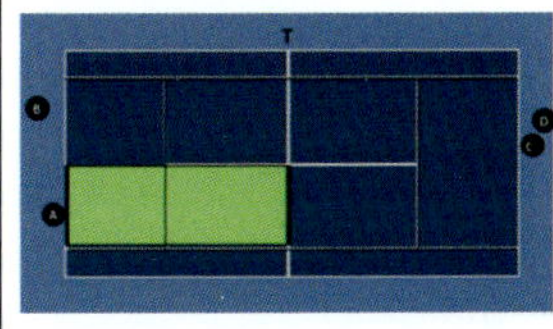

Ablauf: Grundlinienpunkte gegeneinander; A und B haben zunächst nur eine Platzhälfte zu verteidigen.

*Bezug: Nr. 27; S. 191 ; Kap. 4 „Psyche"*

Dauer: 30 min (inkl. Aufgabe Platz 1).

***AUSSCHLAGEN / RHYTHMUS***

Auf beiden Plätzen paarweise an der Grundlinie im mittleren Tempo Bälle schlagen (ca. 5 min).

## 4. Psychologisch orientiertes Techniktraining

### Allgemeine Hinweise

Gerade die Umstellungszeit im Frühjahr vom Hallentennis auf die Freiplätze stellt hohe Anforderungen an die psychischen Fähigkeiten. Hier sind insbesondere jene von Bedeutung, die maßgeblich die Technik beeinflussen: visuelle und kinästhetische Wahrnehmung, Antizipation, Konzentration, realistische Einschätzung und Selbstvertrauen. In der vorliegenden Trainingseinheit wird deshalb die Optimierung gerade dieser leistungsbestimmenden Faktoren zum Haupttrainingsgegenstand gewählt.

PLATZ 1

### Einschlagen/Rhythmus der Grundlinienschläge

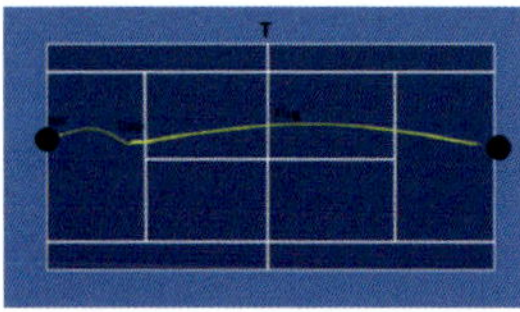

Ablauf: Die Spieler spielen von der Grundlinie und begleiten verbal oder mental den Ballflug („Flug"), den Aufsprung („Tip") und den Treffpunkt („Hit") mit Worten.

*Bezug: Nr. 20; S. 191; Kap. 4 „Psyche"*

Dauer: 20/30 min (inkl. Aufgabe Platz 2).

### Mit Zweien

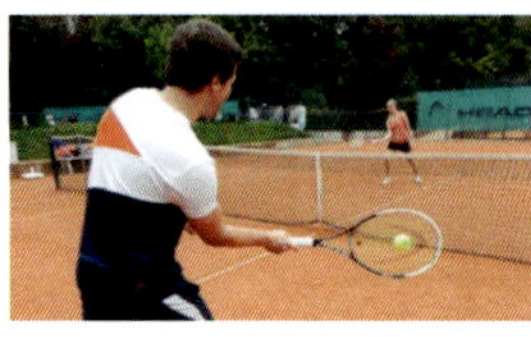

Ablauf: Die Spieler spielen von der Grundlinie mit zwei gleichen oder zwei unterschiedlichen Bällen gleichzeitig.

*Bezug: Nr 21; S. 191; Kap. 4 „Psyche"*

Dauer: 5 min (+ 20 min Aufgabe Platz 2).

### Blindtreff

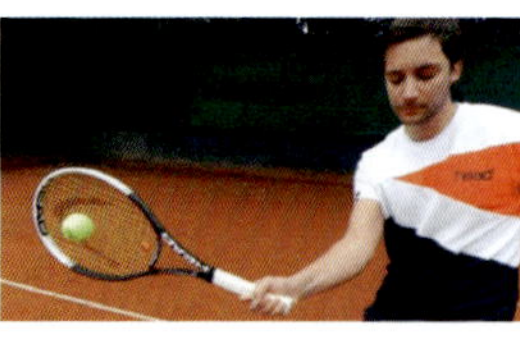

Ablauf: Die Spieler spielen von der Grundlinie, wobei ein Spieler den Ball zunächst genau fixiert und dann im Treffpunkt die Augen schließt.

*Bezug: Nr. 17; S 189; Kap. 4 „Psyche"*

Dauer: 10/20 min (inkl. Aufgabe von Platz 2)

### Handicap-Training

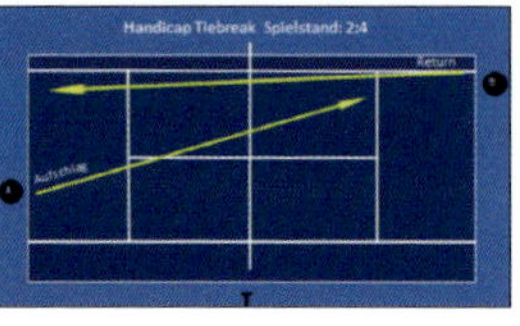


Ablauf: Zwei Spieler spielen gegeneinander Tiebreaks mit unterschiedlichen Spielstands-Vorgaben (z. B. 2:4 bzw. 4:2), z. B. „best of five" und ggf. unter individuell erschwerten Bedingungen

*Bezug: Nr. 27; S. 195 Kap. 4 „Psyche"*

Dauer: 40 min (inkl. Aufgabe Platz 2)

**Zeitpunkt:** Mitte April bis Mitte Mai; bei Bedarf und in Ausschnitten Ganzjahresthema.

**Zielgruppe:** Mannschaftsspieler bis einschließlich Oberliga.

**Organisation:** 120 min; 6-8 Spieler; zwei Tennisplätze (ggf. ein Platz mit vier Spielern); ein Trainer.

**Hilfsmittel:** 60 normale Bälle, 10 alte Bälle, 10 drucklose Bälle, vier Methodikbälle, vier mittelgroße Softbälle, vier neue Bälle, vier Eimer.

PLATZ 2

## Einschlagen/Rhythmus der Grundlinienschläge

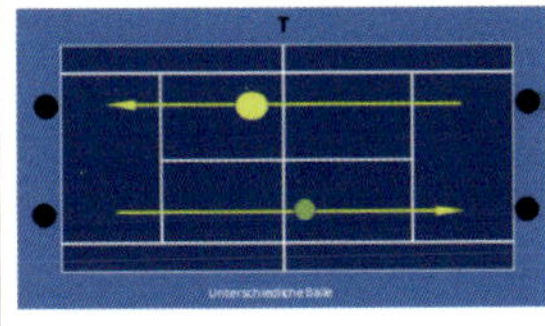

Ablauf: Die Spieler spielen von der Grundlinie „Gangschaltung": nacheinander mit unterschiedlichen Bällen (Softbällen, Methodikbällen, neuen Bällen) gleich hohe Ballgeschwindigkeiten halten.

*Bezug: Nr 17, S. 97, Kap. 2 „Technik"*

Dauer: 20/30 min (inkl. Aufgabe Platz 1).

## Geisteraufschlag

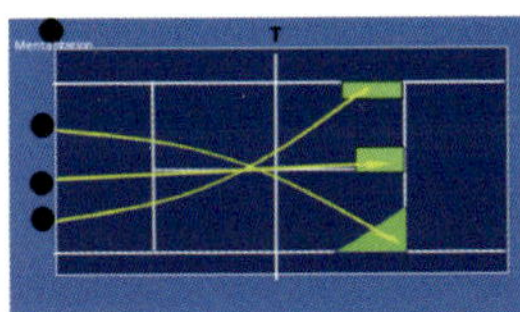

Ablauf: Drei Spieler absolvieren ein Aufschlagtraining unter bestimmter Schwerpunktsetzung (z. B. beschleunigte Schlagbewegung); ein Spieler trainiert für jeweils 2 min mental.

*Bezug: Nr. 23; S. 188; Kap. 4 „Psyche"*

Dauer: 20 min (+ 5 min Aufgabe Platz 1).

## Den Aufschlag lesen

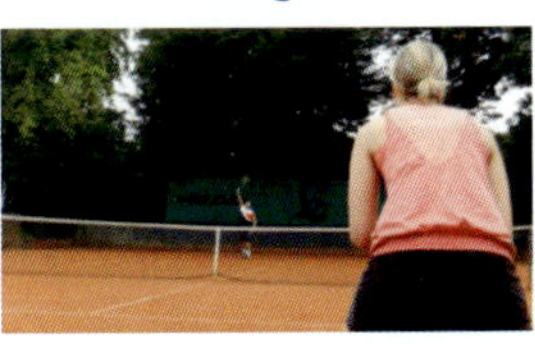

Ablauf: Ein Returnspieler versucht, gegen drei Aufschläger die Signale der Aufschlagbewegung zu erkennen, die Hinweise auf die Aufschlagrichtung geben.

*Bezug: Nr. 13; S. 187; Kap. 4 „Psyche"*

Dauer: 20 min (inkl. Aufgabe Platz 1)

## Willensstärke

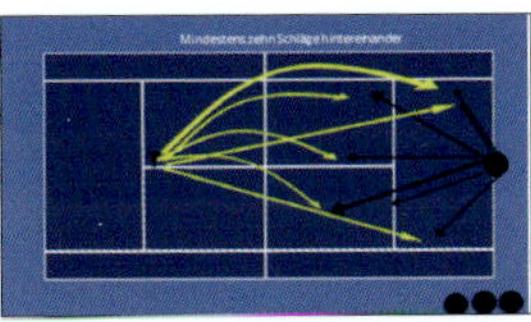

Ablauf: Der Trainer spielt von der T- oder Grundlinie zu (flach und Lob); der Trainierende muss 10-12 Bälle hintereinander erreichen und zurückspielen (2-3 Wiederholungen).

*Bezug: 31, S. 106, Kap. „Technik"*

Dauer: 40 min (inkl. Aufgabe Platz 1)

***AUSSCHLAGEN/RHYTHMUS***

Auf beiden Plätzen paarweise an der Grundlinie im mittleren Tempo Bälle schlagen (ca. 5 min).

## 5. Matchtraining: Einzel

### Allgemeine Hinweise

Der für Tennisspieler motivierendste Trainingsinhalt ist das Spielen um Punkte. Hierbei haben solche Spielformen einen besonders hohen Aufforderungscharakter, die den realen Match-Situationen am nächsten kommen. Die Monate Mai und Juni eignen sich dazu in besonderem Maße, da hier die Hauptwettkampfperiode des Mannschaftsspielers liegt und die Matchpraxis auch im Training das herausragende Trainingsziel sein sollte. Es bleibt daher die Aufgabe des Trainers, typische Match-Situationen herauszuschälen und in attraktive Spielformen zu

### Prellball

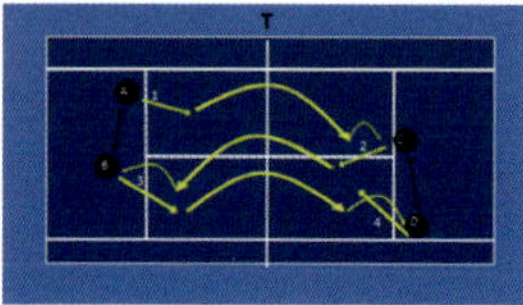

Ablauf: Vier Spieler spielen im T-Feld Prellball-Punkte gegeneinander aus. Hierbei muss der Ball stets zuerst auf der eigenen Seite den Boden geprellt werden und die Spieler müssen sich nach jedem Schlag abwechseln (Tischtennis-Doppel).

*Bezug: Kap. 12.4, S. 447*

Dauer: 10 min (inkl. Aufgabe Platz 1).

### Aufschlag-Return-Tiebreak

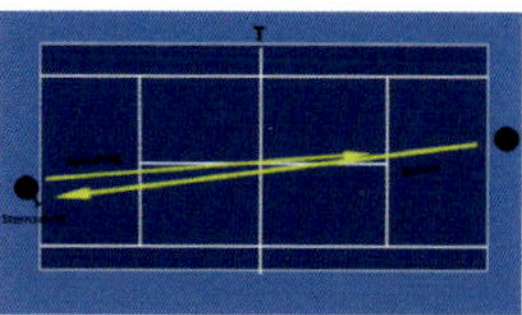

Ablauf: Nach dem Einschlagen von Aufschlag-Return (ca. 10x) wird um Punkte bis sieben gespielt: der Aufschläger erhält einen Punkt, wenn der Rückschläger es nicht schafft, den Return in die Reichweite des Aufschlägers (Sternschritt) bzw. auf die vorgegebene Zielfläche zurückzuspielen.

*Bezug Nr. 9; S. 141; Kap. „Taktik"*

Dauer: 25 min (inkl. Aufgabe Platz 2)

### Aufschlag/Return – erster Schlag

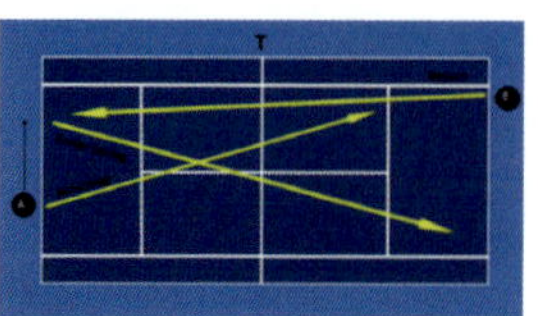

Ablauf: Spieler A schlägt zur VH-Seite von Spieler B auf. B returniert mit VH longline und A antwortet situativ mit RH lang-cross oder kurz-cross. Erster und zweiter Schlag müssen zum Punktgewinn führen, sonst geht der Punktgewinn an den Gegner. Es werden zehn Punkte ausgespielt, danach ist B Aufschläger.

*Bezug Nr. 10; S.141; Kap. „Taktik"*

Dauer: 20 min (inkl. Aufgabe Platz 2)

### Tiebreak-Turnier

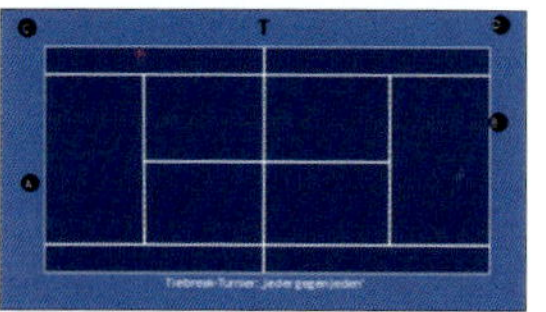

Ablauf: Jeder spielt gegen jeden einen Tiebreak (selbstständige, freie Taktikwahl); nach jedem gespielten Punkt wechselt die Paarung; der Gesamtsieger von vier Spielern wird ermittelt.

*Bezug: Nr. 28, S. 195, Kap. „Psyche"*

Dauer: 45 min (inkl. Aufgabe Platz 2).

PLATZ 1

kleiden. In der folgenden Trainingseinheit wird dabei vornehmlich die Einzeltaktik angesprochen. Wegen des komplexen Anforderungscharakters des Matchs stehen neben der Taktik stets auch die übrigen Leistungsfaktoren im Fokus.

**Zeitpunkt:** Mai/Juni bzw. Ganzjahresthema.

**Zielgruppe:** Mannschaftsspieler bis einschließlich Oberliga.

**Organisation:** 120 min; 6-8 Spieler; ein Trainer; zwei Tennisplätze (besser drei Plätze).

**Hilfsmittel:** 60 Bälle; zwei Balleimer.

PLATZ 2

### Einschlagen/Rhythmus der Grundlinienschläge

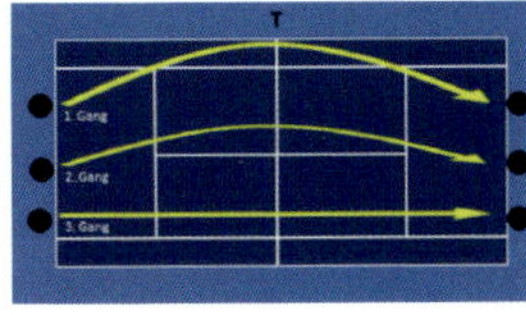


Ablauf: Grundlinienschläge paarweise beginnend mit niedriger Schlaghärte, anschließend stufenförmig steigern (erster - dritter Gang); Volley u. Smash (erster bis zweiter Gang).

*Bezug: Nr. 17; S. 97 Kap. 2 „Technik"* Dauer: 20 min (inkl. Aufgabe Platz 2).

### Returnmatch

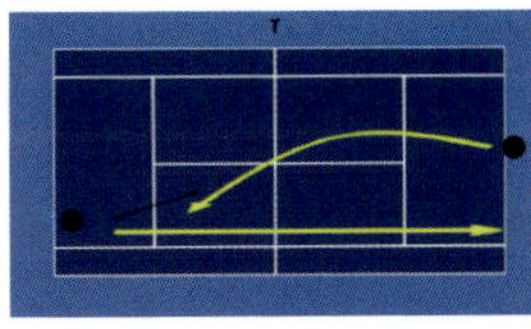


Ablauf: Im Spiel 1:1 werden 10 Punkte ausgespielt. Vorgabe: Der Aufschläger hat nur zweite Aufschläge; der Returnspieler ergreift die Initiative mit einem druckvollen Return oder mit einem Returnangriff (z. B. „Chip-and-Charge").

*Bezug: Nr. 15; S.95; Kap. 2 „Technik"* Dauer: 20 min (inkl. Aufgabe Platz 1).

### Kick-and-Volley

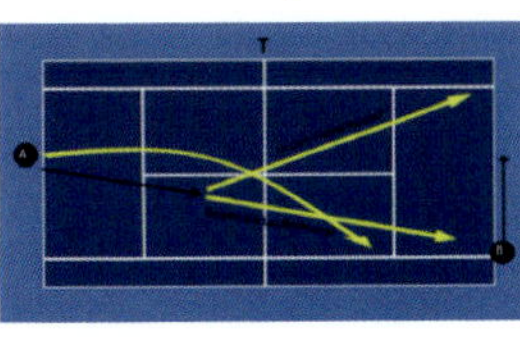


Ablauf: Tiebreaks jeder gegen jeden; die Aufschläger haben nur einen Aufschlag, spielen Kickaufschläge auf die RH des Returnspielers und greifen an.

*Bezug: Nr. 15; S. 142; Kap. 3 „Taktik"* Dauer: 20 min (inkl. Aufgabe Platz 1).

### Handicap-Tiebreak

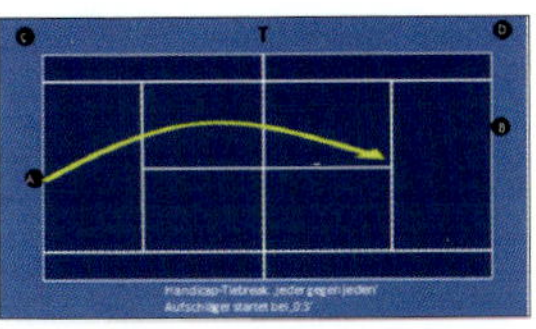


Ablauf: Jeder spielt gegen jeden einen Tiebreak ohne Taktikvorgaben; Handicap: Der Aufschläger beginnt den Tiebreak bei 0:3; jeweils nach zwei Spielen wird gewechselt; der Gesamtsieger von vier Spielern wird ermittelt.

*Bezug: Nr. 27; S. 191; Kap. „Psyche"* Dauer: 45 min (inkl. Aufgabe Platz 1).

***AUSSCHLAGEN/RHYTHMUS***

Auf beiden Plätzen paarweise an der Grundlinie im mittleren Tempo Bälle schlagen (ca. 5 min).

*WINTERSAISON*

## 6. Umstellung auf Hallentennis

### Allgemeine Hinweise

Die Mannschaftswettbewerbe während der Wintersaison (Hallenrunde) haben sich inzwischen auf fast allen Leistungsebenen etabliert. Die weitaus größte Anzahl findet in Tennishallen mit schnellem Bodenbelag (z. B. Teppich) statt. Alle gut organisierten Mannschaften bereiten sich auf diese Wettkämpfe durch ein gemeinsames Mannschaftstraining vor. Speziell am Anfang der Hallensaison sollten hierbei die technisch-taktischen Besonderheiten und die hallenspezifischen koordinativ-konditionellen Anforderungen berücksichtigt werden.

PLATZ 1

### Einschlagen/Rhythmus der Grundlinienschläge

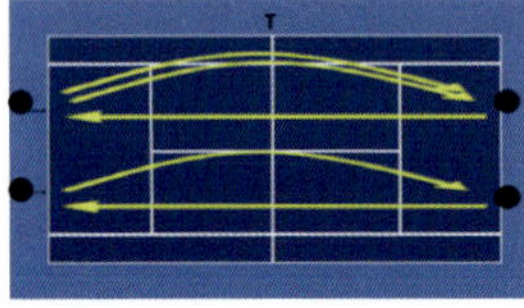

Ablauf: Während des Einschlagens stufenweise Annäherung bis unmittelbar an die Grundlinie mit Anpassung des Schlagrhythmus.

***Bezug: Nr. 17; S. 97; Kap. 2 „Technik"***

Dauer: 15 min (inkl. Aufgabe Platz 2).

### Laufschnelligkeit zur Seite

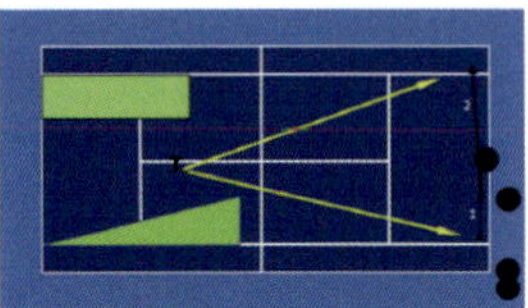

Ablauf: Nach Trainerzuspiel einen RH-(VH)Grundschlag und anschließend einen VH-(RH)Passierschlag aus vollem Lauf (ggf. auf Zielflächen).

***Bezug: Nr. 18; S. 97 Kap. 2 „Technik"***

Dauer: 30 min (inkl. Aufgabe Platz 2)

### Laufschnelligkeit nach vorn

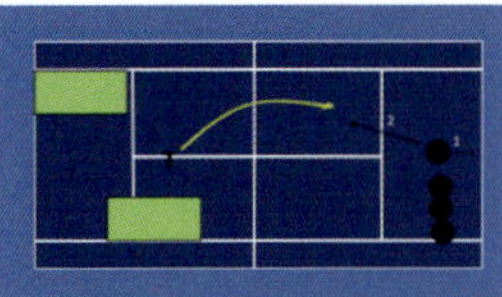

Ablauf: Aus dem Rückwärtslauf starten die Spieler nach kurzem Trainerzuspiel nacheinander zum Netz und versuchen, den Ball vor seinem Aufsprung aus der Luft zu erreichen (jeder ca. 10 Sprints, ggf. auf Zielflächen schlagen).

***Bezug:*** *Nr. 1; S. 236; Kap. 6 „Schnelligkeit"*

Dauer: 30 min (inkl. Aufgabe Platz 2)

### Spielform: Einzel

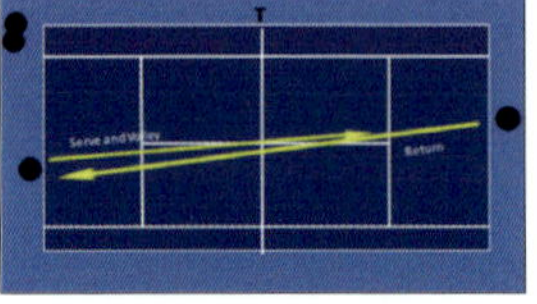

Ablauf: Drei Aufschläger spielen abwechselnd gegen einen Returnspieler bis sieben. Welcher Returnspieler erzielt die meisten Punkte? Vorgabe Serve-and-Volley beim ersten Aufschlag.

***Bezug: Nr. 23; S. 146; Kap. 3 „Taktik"***

Dauer: 40 min (inkl. Aufgabe Platz 2).

In der vorliegenden Trainingseinheit stehen demnach das offensivem Grundlinienspiel und Angriffsspiel und die Verbesserung von unterschiedlichen Schnelligkeitsarten im Vordergrund.

Zeitpunkt: Oktober bis Februar/März (bzw. während der gesamten Hallensaison).

Zielgruppe: Mannschaftsspieler bis einschließlich Oberliga.

Organisation: 120 Minuten; acht Spieler; mit oder ohneTrainer; zwei Tennisplätze.

Hilfsmittel: Mindestens 60 Bälle; zwei Balleimer; gegebenenfalls Markierungen.

PLATZ 2

### Einschlagen/Rhythmus für das Netzspiel

Ablauf: Volley aus unterschiedlicher, auch größerer Entfernung zum Netz sowie aus der Vorwärtsbewegung: z. B. zwei Volleys auf der T-Linie, zwei Schritte vor und zwei Volleys, nochmal 1-2 Schritte vor und ein abschließender Volley.

*Bezug Nr. 6; S. 87; Kap. 2 „Technik"*

Dauer: 15 min (inkl. Aufgabe Platz 1).

### Pressing

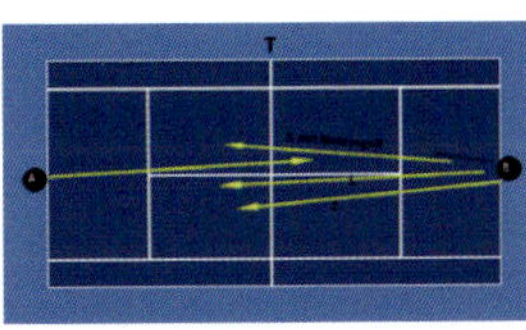

Ablauf: Zwei Spieler spielen nach Angabe von unten Grundlinienpunkte im Einzelfeld gegeneinander aus. Nach drei oder vier Schlägen muss ein Spieler angreifen.

*Bezug: Nr. 28; S. 149 Kap. 3 „Taktik"*

Dauer: 30 min (inkl. Aufgabe Platz 1).

### Doppeleinzel

Ablauf: Jeweils zwei Spieler spielen in den diagonalen Doppelhälften Punkte aus. Vorgabe: zweite Aufschläge (Kick), Serve-and-Volley.

*Bezug: Nr. 34; S. 159; Kap. „Doppel"*

Dauer: 30 min (inkl. Aufgabe Platz 1).

### Doppel

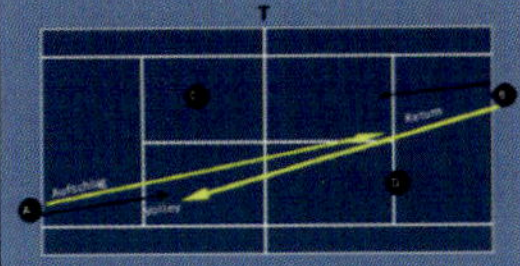

Ablauf: Doppel in der Standardformation. Vorgaben:

- Zweiter Aufschlag auf die RH
- Offensiver Return mit Netzangriff.

*Bezug: Nr. 35; S. 160; Kap. „Doppel"*

Dauer: 40 min (inkl. Aufgabe Platz 1).

***AUSSCHLAGEN/RHYTHMUS***

Auf beiden Plätzen paarweise an der Grundlinie im mittleren Tempo Bälle schlagen (ca. 5 min).

## 7. Aufschlag/Return und Netzspiel

### Allgemeine Hinweise

„Aufschlag/Return" als wichtigster Wettkampfspielzug hat gerade auf dem Hallenboden nochmals eine besondere Bedeutung. Darüber hinaus nimmt der Stellenwert des Netzspiels, insbesondere des Volleys, in der Hallensaison erheblich zu. Auch typische Grundlinienspieler müssen das Angriffsspiel aufgrund des schnelleren Bodenbelags zumindest teilweise in ihr Konzept aufnehmen. In erster Linie gilt es, „Aufschlag/Return" auf dem schnellen Hallen-

PLATZ 1

### Einschlagen: Aufschlag/Return/Volley

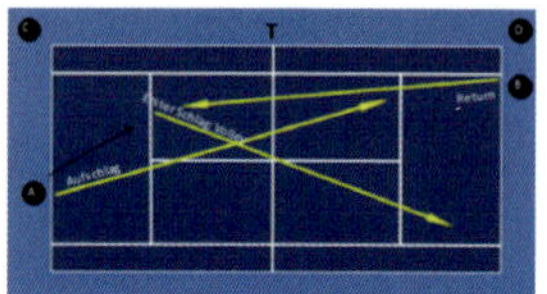

Ablauf: Spieler A schlägt zur VH-Seite von Spieler B auf. B retourniert mit VH longline und A antwortet mit RH-Volley lang cross oder kurz cross. Danach schlägt C von links auf die RH-Seite von D auf. D returniert mit RH longline und C antwortet mit VH-Volley lang cross oder kurz cross. Es werden 6-8 Spielzüge im Einschlagmodus ausgespielt, danach sind B und D Aufschläger.

*Bezug: Nr. 29; S. 157; Kap. 3 „Taktik"* Dauer: 20 min (inkl. Platz 2).

### Aufschlag/Returnvolley tief/hoch

Ablauf: A schlägt C auf den Körper auf, C retourniert in die Mitte auf die Füße von A. A spielt einen vorbereitenden tiefen Volley und anschließend einen abschließenden hohen Volley, longline oder cross (ggf. auf Zielflächen). Danach der gleiche Spielzug zwischen B und D von links nach rechts. Nach 4-6 Spielzügen Aufgabenwechsel.

*Bezug: Nr. 19; S. 99; Kap. 2 „Technik"* Dauer: 30 min (inkl. Aufgabe Platz 2).

### Chip-and-Charge

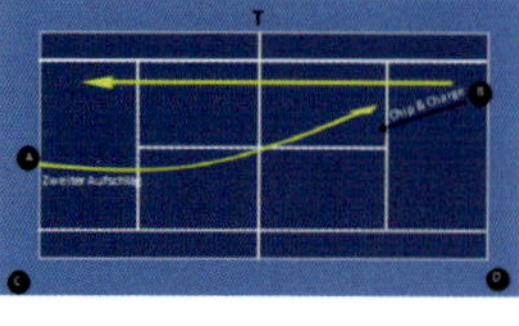

Ablauf: Den zweiten Aufschlag von A greift B mit einem Chip longline an. Der anschließende Volley von B ist freigegeben, der Punkt wird ausgespielt. Der gleiche Spielzug wird danach von C und D von links nach rechts gespielt. Nach jeweils vier Punkten wechselt entsprechend die Spielaufgabe.

*Bezug: Nr. 24; S.147; Kap. 3 „Taktik"* Dauer: 30 min (inkl. Aufgabe von Platz 2).

### Doppeleinzel

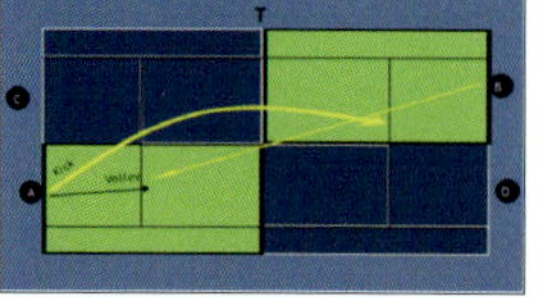

Ablauf: Zwei Spieler spielen nacheinander in den diagonalen Doppelhälften Punkte aus. Mögliche Vorgaben: Serve-and-Volley, Return vor die Füße, Kick-aufschläge, Chip-and-Charge.

*Bezug: Nr. 34; S. 159; Kap. „Doppel"* Dauer: 35 min (inkl. Aufgabe Platz 2)

boden zu trainieren. Verbunden mit den ersten bzw. zweiten Folgeschlägen, ist ein spezieller Trainingsschwerpunkt die Verbesserung des Netzspiels.

**Zeitpunkt:** Anfang Oktober bis Mitte November.

**Zielgruppe:** Mannschaftsspieler bis einschließlich Oberliga.

**Organisation:** 120 min; acht Spieler; zwei Tennisplätze (ggf. ein Platz mit vier Spielern); mit oder ohne Trainer.

**Hilfsmittel:** 60 Bälle; zwei Balleimer.

PLATZ 2

### Einschlagen/Rhythmus

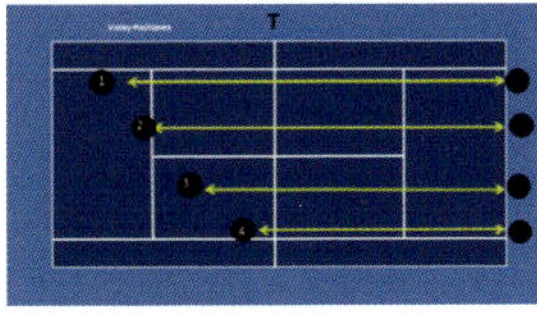

Ablauf: Die angegebenen vier Distanzen werden der Reihe nach jeweils für 1 min paarweise gespielt. Die Spieler wechseln paarweise von 1 nach 4, dann Aufgabenwechsel zwischen Zuspieler und Übenden.

*Bezug: Nr. 4; S. 86; Kap. „Technik"*

Dauer: 20 min (inkl. Aufgabe Platz 1).

### Volley-Bagger

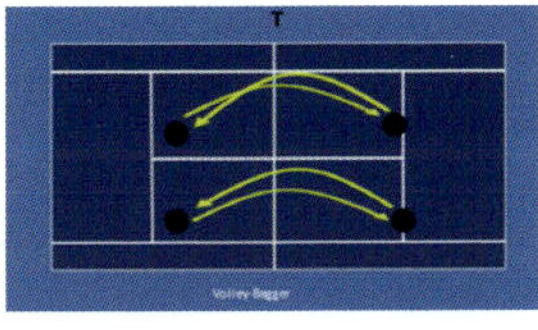

Ablauf: Zwei Spieler spielen gegeneinander in den Aufschlagfeldern. Vorgabe: Angabe von unten; Volleys müssen von unten nach oben gespielt werden. Schwerpunkt: Beinarbeit und gefühlvolle Volleys.

*Bezug: Nr. 32; S. 106; Kap. 2 „Technik"*

Dauer: 30 min (inkl. Platz 1).

### Netzspiel

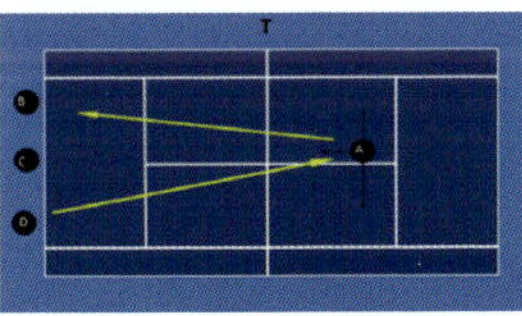

Ablauf: Ein Spieler am Netz gegen drei Spieler an der Grundlinie; Lobs sind verboten; nur die Aktionen des Netzspielers führen zu Punkten: direkte Volleypunkte (Einzelfeld) zählen +2; Volleyfehler -1; gespielt wird bis +4 oder -4. Wechsel im Uhrzeigersinn.

*Bezug: Nr. 26; S. 148 Kap. 3 „Taktik"*

Dauer: 30 min (inkl. Aufgabe Platz 1)

### Einzelpunkte

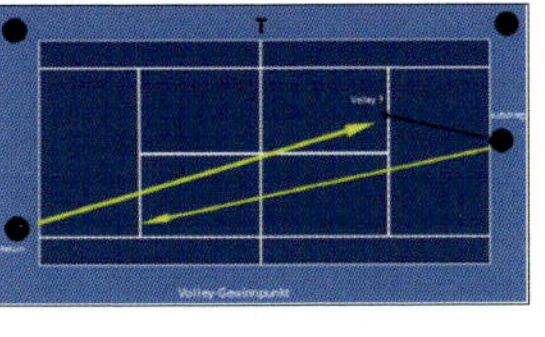

Ablauf: Zwei Spieler retournieren, zwei schlagen abwechselnd auf; mit Volley erzielte Punkte zählen doppelt.

*Bezug: Nr. 32 S. 158; Kap. 3 „Taktik"*

Dauer: 35 min (inkl. Aufgabe Platz 1).

***AUSSCHLAGEN/RHYTHMUS***

Auf beiden Plätzen paarweise an der Grundlinie im mittleren Tempo Bälle schlagen (ca. 5 min).

## 8. Schlaghärte und Reaktion

### Allgemeine Hinweise

Der schnelle Hallenboden und der flache Absprung des Balls führen zur bevorzugten Anwendung von schnellen Grundschlägen mit vergleichsweise wenig Drall. Folglich werden auch an das Wahrnehmungs- und Reaktionsvermögen besondere Ansprüche gestellt. Sowohl am Netz als auch an der Grundlinie sieht sich der Spieler häufig Notsituationen ausgesetzt, die er nur durch Reaktion, Antizipation sowie Lauf- und Schlagschnelligkeit meistern kann. Schlaghärte und Reaktionsvermögen werden im Idealfall in Kombination miteinander trainiert. Hierzu bietet sich der Verlauf der Hallensaison an. Der Monat Dezember ist hier nur exemplarisch vorgegeben.

### Einschlagen/Rhythmus für Grundlinienschläge

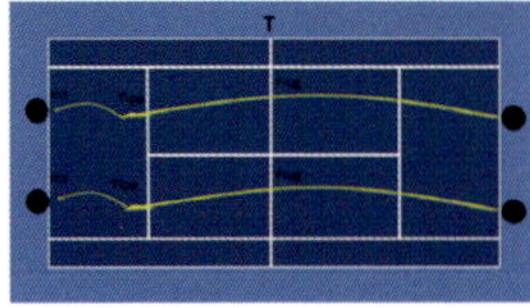


Ablauf: Die Spieler spielen von der Grundlinie und begleiten verbal oder mental den Ballflug („Flug"), den Aufsprung („Tipp") und den Treffpunkt („Hit") mit Worten.

*Bezug: Nr. 20; S. 187; Kap. 4 „Psyche"* Dauer: 10 min (vor Aufgabe Platz 2).

### Inside-out

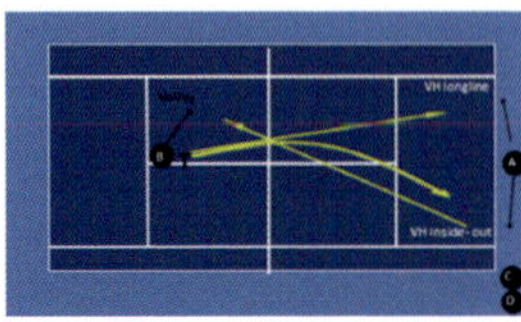


Ablauf: 8 x 3 VH-Schüsse hintereinander aus der RH-Ecke nach Start von der Spielfeldmitte mit Schlagrichtung gegencross (Inside-out); der Netzspieler volliert longline.

*Bezug: Nr. 26; S. 103; Kap. „Technik"* Dauer: 30 min (inkl. Aufgabe Platz 2).

### Elfmeter

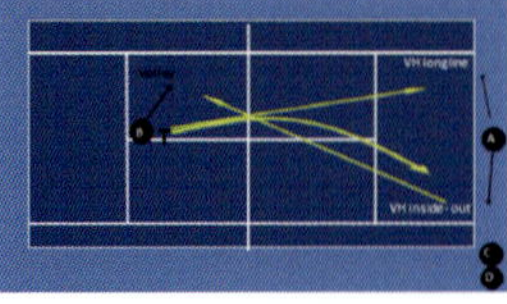


Ablauf: Der Trainer spielt den Ball als „Elfmeter" ins Mittelfeld an; die Spieler üben den Winnerschlag in eine der beiden Ecken; der Spieler A, B und C muss antizipieren und den Ball erlaufen.

*Bezug: Nr. 6; S. 238; Kap. „Schnelligkeit"* Dauer: 30 min (inkl. Aufgabe von Platz 2).

### Doppel-Tiebreak-Turnier

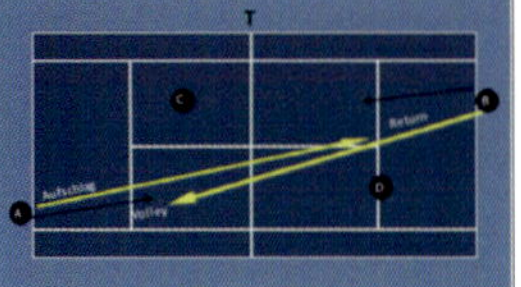


Ablauf: Die vier Standard-Doppelpaare spielen um den Turniersieg auf beiden Plätzen ein Round-Robin-Turnier („jeder gegen jeden"): jeweils einen Champions-Tiebreak (bis 10) gegeneinander.

*Bezug: Nr. 35; S. 160; Kap. 3 „Taktik"* Dauer: 35 min

PLATZ 1

**Zeitpunkt:** Dezember (bzw. Ganzjahresthema).

**Zielgruppe:** Mannschaftsspieler bis einschließlich Oberliga.

**Organisation:** 120 min; 6-8 Spieler; zwei Tennisplätze (gegebenenfalls ein Platz mit vier Spielern); ein Trainer.

**Hilfsmittel:** 60 Bälle; zwei Balleimer.

PLATZ 2

### Rhythmuswechsel

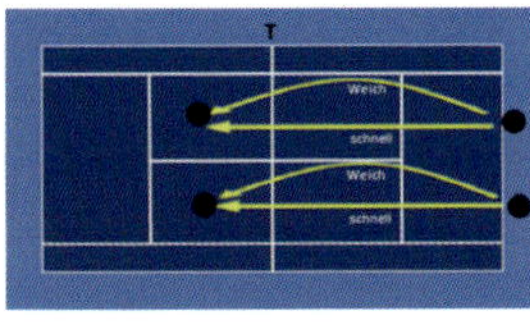


Ablauf: Jeweils ein Spieler am Netz spielt mit einem Spieler an der Grundlinie; der Grundlinienspieler spielt abwechselnd 10 Bälle weich und 10 Schläge so hart wie möglich auf den Netzspieler.

*Bezug: Nr. 6; S. 87; Kap. „Technik"*

Dauer: 10 min (nach Aufgabe Platz 1).

### Grundlinienprellball

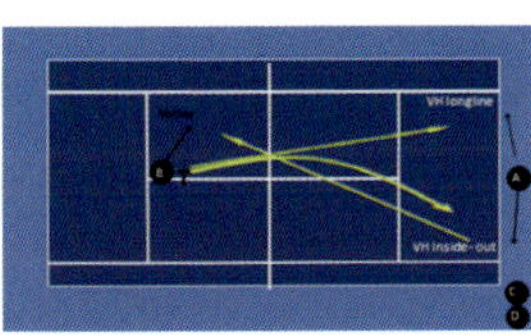


Ablauf: Vier Spieler (2:2, abwechselnd schlagend) spielen an der Grundlinie gegeneinander Prellball; der Ball muss immer zuerst in der eigenen Spielfeldhälfte geprellt werden (Schlagschnelligkeit).

*Bezug: Kap. 12.4, S. 432*

Dauer: 30 min (inkl. Aufgabe Platz 1).

### Maschinengewehr

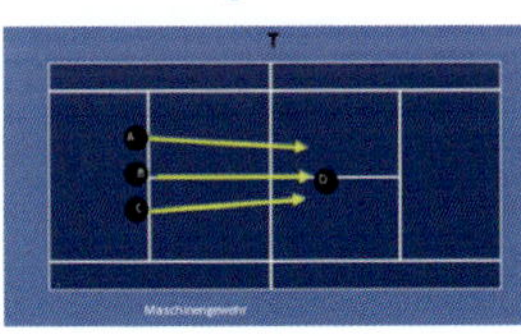


Ablauf: Drei Spieler auf der einen Seite spielen in schneller Folge Bälle auf den Netzspieler; dieser muss versuchen, jeden Ball zu vollieren.

*Bezug: Nr. 2; S. 236; Kap. „Schnelligkeit"*

Dauer: 30 min (inkl. Aufgabe Platz 1).

### Doppel-Tiebreak-Turnier

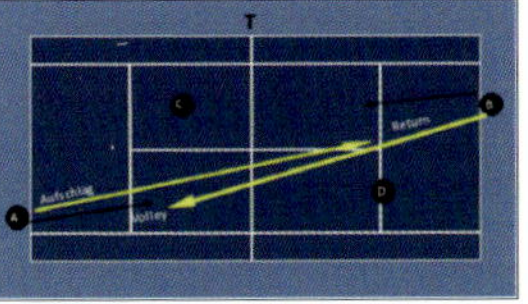


Ablauf: Die vier Standard-Doppelpaare spielen um den Turniersieg auf beiden Plätzen ein Round-Robin-Turnier: jeweils einen Champions-Tiebreak (bis 10) gegeneinander. Vorgaben: Aufschlagspieler sowie Returnspieler müssen zum Netz aufrücken.

*Bezug: Nr. 160; S. 162; Kap. 3 „Taktik"*

Dauer: 35 min

***AUSSCHLAGEN/RHYTHMUS***

Auf beiden Plätzen paarweise an der Grundlinie m mittleren Tempo Bälle schlagen (ca. 5 min).

## 9. Beinarbeit und Schnellkraftausdauer

### Allgemeine Hinweise

Im Hallentennis werden, speziell auf rutschfesten Belägen und bei lang andauernden Matches, hohe Ansprüche an die Schnellkraftausdauer der Beinmuskulatur gestellt. Nur bei entsprechendem Training ist der Spieler in der Lage, auch noch nach 2-3 Stunden explosiv zum Passierball zu starten bzw. schnelle Richtungswechsel am Netz zu meistern. Da die dargestellte Trainingseinheit teilweise mit leichten Übersäuerungen der Arbeitsmuskulatur einhergehen kann, ist stets auf eine aktive Gestaltung der Serienpausen zu achten.

PLATZ 1

### Einschlagen mit Musik

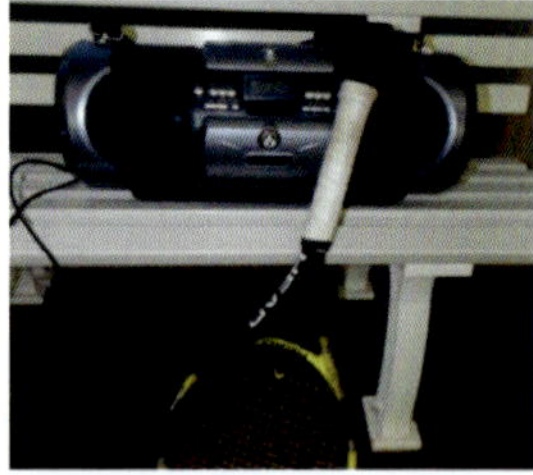

Ablauf: Jeweils zwei Spieler schlagen Grundlinienschläge mit Musikuntermalung. Über die Anpassung an die Musik steigern sich Motivation und Schlagrhythmus.

Empfehlenswert: Leistungsstarke Musikanlage oder drahtlose Kopfhörer.

Dauer: 15 min (vor Aufgabe Platz 2)

### Beinarbeit

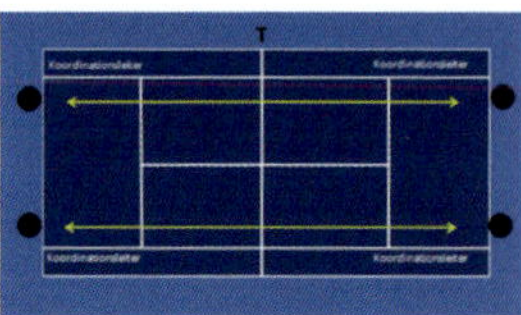

*Bezug: Nr. 9; S. 247; Kap. 5 „Schnelligkeit"*

Ablauf: Die Spieler absolvieren im Wechsel 1-3 Durchläufe an der Koordinationsleiter und spielen jeweils unmittelbar danach (90 s) sichere Ballwechsel von der Grundlinie.

Dauer: 25 min (inkl. Aufgabe Platz 2).

### Scheibenwischer

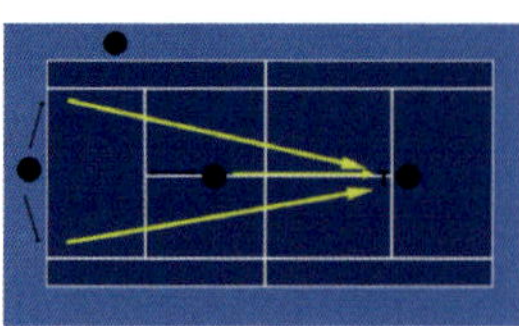

*Bezug: Nr. 18; S. 97; Kap. „Technik"*

Ablauf: Trainer (oder ein Spieler) platziert den Ball abwechselnd nach links außen, in die Mitte und nach rechts außen; ein Netzspieler bewegt sich zurück/vor; ein Grundlinienspieler läuft rechts/links.

Dauer: 30 min (inkl. Aufgabe Platz 1).

### Handicaptraining

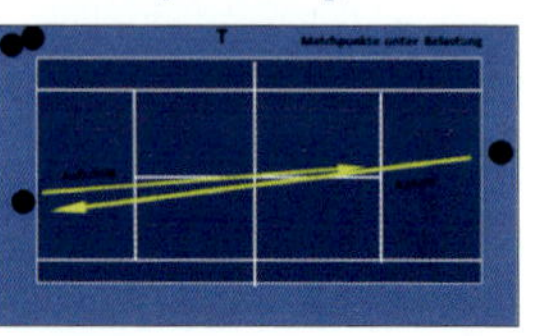

*Bezug: Nr. 27; S. 191; Kap. 4 „Psyche"*

Ablauf: Drei Spieler spielen gegen einen erschöpften, vom Nachbarplatz kommenden Spieler Punkte aus; das Spiel dauert so lange, bis der nächste Spieler eintrifft.

Dauer: 30 min (inkl. Aufgabe Platz 2)

Die gleichzeitige Schulung der psychischen Willensfähigkeiten macht die Trainingseinheit, je nach Motivationslage der Spieler, ganzjährig einsetzbar.

**Zeitpunkt:** Januar (bzw. Ganzjahresthema).

**Zielgruppe:** Mannschaftsspieler bis einschließlich Oberliga.

**Organisation:** 120 min; 6-8 Spieler; zwei Tennisplätze (gegebenenfalls ein Platz mit vier Spielern); ein Trainer.

**Hilfsmittel:** 120 Bälle, zwei Balleimer, vier Deuserbänder, Musikanlage, Musikkassette.

PLATZ 2

### Hosenträger

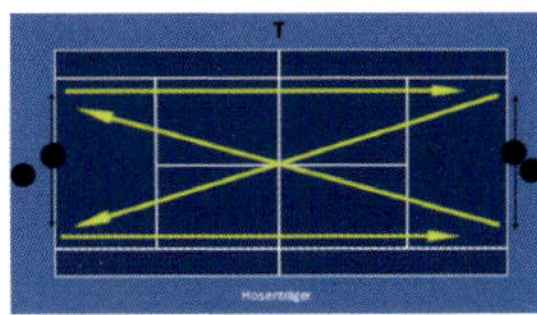

*Bezug: S. 288ff., Kap. 8 „Ausdauer"*

Ablauf: Der „Hosenträger" wird zu zweit oder viert gespielt (bei drei Spielern „Dreieckspiel"); eine Seite spielt nur longline, die Gegenseite cross; jeder Spieler schlägt zwei oder vier Bälle hintereinander.

Dauer: 15 min (nach Aufgabe Platz 1).

### Stopp-Dash

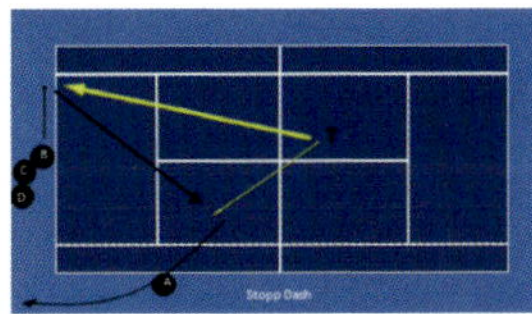

*Bezug: Kap. 6 „Schnelligkeit"*

Ablauf: Jeder Spieler erläuft zwei Bälle hintereinander; einen Schlag aus der VH-/RH-Ecke und einen Stopp zur Gegenseite; jeder Spieler absolviert 6-8 Wiederholungen, 60 s Pause.

Dauer: 25 min (inkl. Aufgabe Platz 1).

### Bücken-Strecken

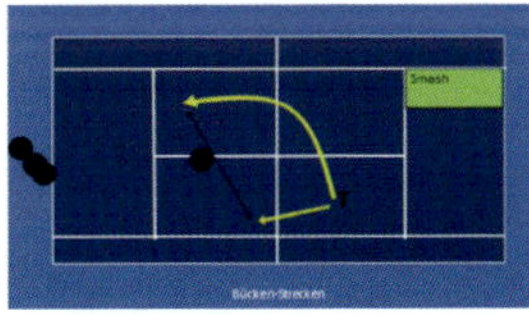

*Bezug: Nr. 20; S. 99; Kap. 2 „Technik"*

Ablauf: Der Trainer spielt jedem Übenden 6-8 Bälle hintereinander abwechselnd kurz flach zur VH, dann hoch über die RH zu; der Übende spielt abwechselnd einen tiefen VH-Volley longline und einen VH-Smash (oder RH-Smash) auf eine Zielfläche; 2-4 Durchgänge.

Dauer: 30 min (inkl. Aufgabe Platz 1).

### Willensstärke

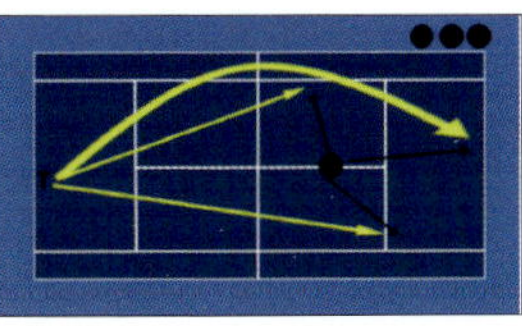

*Bezug: Nr. 31; S. 106; Kap. 2 „Technik"*

Ablauf: Der Trainer spielt von der Grundlinie zu (flach und Lob); der Trainierende muss 3 x 10 Bälle hintereinander erreichen und zurückspielen.

Dauer: 30 min (inkl. Aufgabe Platz 1)

***AUSSCHLAGEN/RHYTHMUS***

Auf beiden Plätzen paarweise an der Grundlin e im mittleren Tempo Bälle schlagen (ca. 5 min).

## *10.* Matchtraining: Doppel

### Allgemeine Hinweise

Das Doppel entscheidet im Mannschaftswettkampf häufig über Sieg und Niederlage. Als Vorbereitung hierzu und speziell bei auffälliger Doppelschwäche (z. B. bei Verlust aller drei Doppel) empfiehlt sich die Durchführung mehrerer, an den Bedürfnissen des Doppels orientierten Trainingseinheiten. Die angegebene Zeitspanne ist nur als beispielhaftes Angebot gedacht; die Durchführung als Ganzjahresthema ist für Mannschaftsspieler sehr zu empfehlen. Zur Vorbereitung auf Doppelturniere oder für Doppelspezialisten ist ein spezifische Doppeltraining absolut notwendig.

### Einschlagen/Rhythmus für Grundschläge in der Doppelhälfte

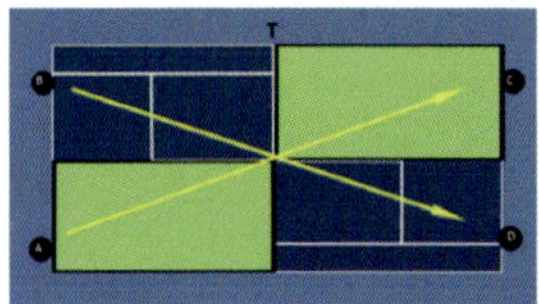

Ablauf: Grundlinienschläge (mit unterschiedlichen Geschwindigkeiten) paarweise, Schlagrichtung cross (Doppelhälfte); Schlagposition nah an der Grundlinie.

*Bezug: Nr. 5 S. 87; Kap. „Technik"*

Dauer: 20 min (inkl. Aufgabe Platz 2).

### Doppeleinzel: Kick-and-Volley

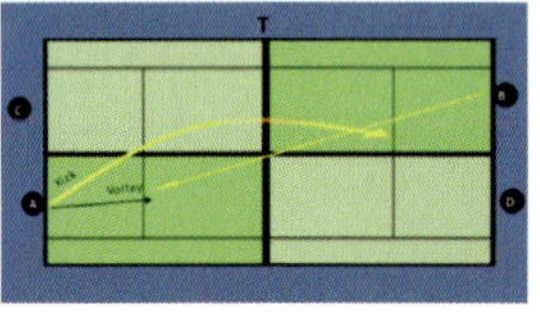

Ablauf: A und B sowie C und D spielen in den diagonalen Doppelhälften 10 Punkte aus (Paarwechsel nach jedem Punkt): in dergleichen Diagonale jeweils fünf Punkte als Aufschläger und fünf als Rückschläger. Anschließend werden die Seiten gewechselt.

*Bezug: Nr. 35 S. 167; Kap. „Doppel"*

Dauer: 30 min (inkl. Aufgabe von Platz 2).

### Wildern gegeneinander

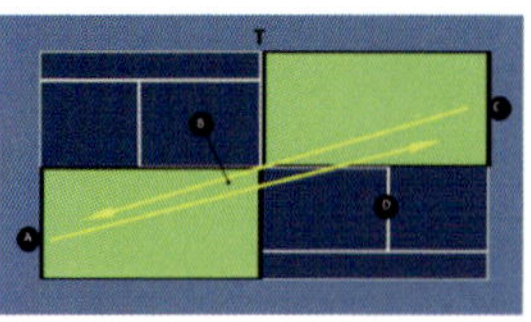

Ablauf: A und C spielen von der Grundlinie in der diagonalen Doppelhälfte gegeneinander. Nach dem zweiten Schlag von C kann B – nach eigenem Ermessen – die Ballflugbahn kreuzen und der Punkt wird zwischen den Doppelpaaren frei ausgespielt. Nach fünf Punkten wechselt das „Wilderer-Recht" zum Gegner D. Nach 10 Punkten werden die Spielaufgaben getauscht.

*Bezug: Nr. 40; S. 163; Kap. „Doppel"*

Dauer: 25 min (inkl. Aufgabe Platz 2).

### Doppel-Turnier

Ablauf: Die vier Standard-Doppelpaare spielen auf zwei Plätzen ein Round-Robin-Turnier (jeweils vier Aufschlagspiele, bei 2:2 ein Tiebreak bis fünf) den Turniersieger aus.

Mögliche Vorgaben: Absprache vor und nach jedem Punkt, Rochade Aufschlag-Partner/Returnpartner oder Australisch

*Bezug: Nr. 35, 36 & 37; S. 160/161, Kap. „Doppel"*

Dauer: 40 min.

PLATZ 1

**Zeitpunkt:** Wettkampfphase Wintersaison bzw. Ganzjahresthema.

**Zielgruppe:** Mannschaftsspieler bis einschließlich Oberliga.

**Organisation:** 120 min; acht Spieler; zwei Tennisplätze; ein Trainer.

**Hilfsmittel:** 60 Bälle; drei Balleimer; vier Markierungsringe oder -hütchen.

PLATZ 2

## Einschlagen/Rhythmus für das Netzspiel

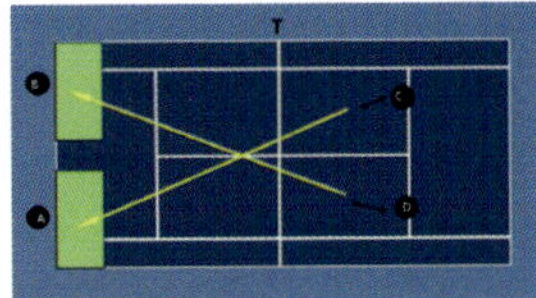

*Bezug: Nr. 6 & 8, S. 87/88; Kap. „Technik"*

Ablauf: Nach weichem/hartem Zuspiel von A und B üben C und D Crossvolleys auf Ziele sowie Schmetterbälle jeweils aus verschiedenen Entfernungen vom Netz.

Dauer: 20 min (inkl. Aufgabe Platz 1).

## Return-Angriff

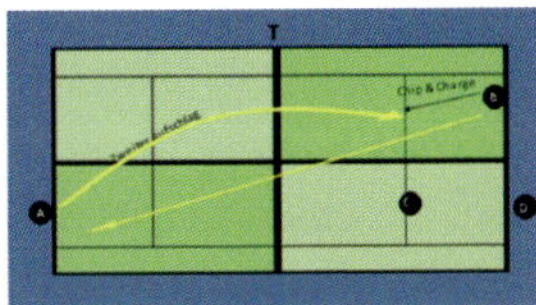

*Bezug: Nr. 33; S. 159; Kap. 3.4 „Doppel"*

Ablauf: Drei Returnspieler gegen einen Aufschläger (nur zweite Aufschläge); Returnspieler greift cross an, rückt zu seinem Partner auf und spielt gegen den defensiven Aufschläger (halbes Doppelfeld). Returnspieler wird dann zum Returnpartner.

Dauer: 25 min (inkl. Aufgabe Platz 1)

## Offensive gegen Defensive

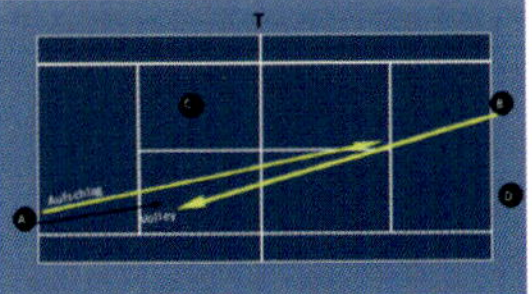

*Bezug: Nr. 43; S. 164; Kap. „Doppel"*

Ablauf: A und C, das aufschlagende Paar (Offensive) muss ans Netz, das retournierende Paar B und D verteidigt an der Grundlinie (Defensive). Es werden 10 Punkte ausgespielt, danach Aufgabenwechsel.

Dauer: 30 min (inkl. Aufgabe Platz 1).

## Doppel-Turnier

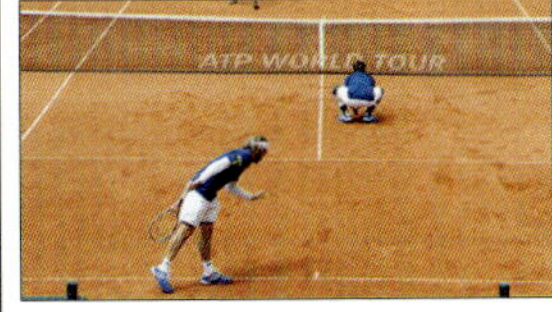

Ablauf: Die vier Standard-Doppelpaare spielen auf zwei Plätzen jeweils 20 min lang ein Halbfinale und ein Finale (bzw. Spiel um Platz drei) aus.

Mögliche Vorgaben:

- Absprache vor und nach jedem Punkt
- Rochade Aufschlagpaar/Returnpaar
- Australisch

***AUSSCHLAGEN/RHYTHMUS***

Auf beiden Plätzen paarweise an der Grundlinie im mittleren Tempo Bälle schlagen (ca. 5 min).

## 12.4 Trainingsbegleitende Spiele

Im praktischen Trainingsbetrieb des engagierten Tennisspielers können drei erstrebenswerte Übungsziele herausgestellt werden:

*1.* Verbesserung der Spielleistung,
*2.* Steigerung der Fitness,
*3.* Erleben von Spaß und Freude.

Leider kommt das dritte Ziel häufig viel zu kurz, sodass bei zahlreichen Leistungsspielern mit hohem Trainingspensum eine Trainingsmüdigkeit und ein Verlust der Spielfreude droht. Leistungseinbußen sind daher unvermeidlich. Innerhalb einer Trainingsperiode ist ferner nicht zu übersehen, dass sehr viele Trainingseinheiten ohne unmittelbar spürbaren Leistungszuwachs ablaufen. Dadurch können Spaß und Freude am Tennisspielen nachlassen und letztendlich wird die Motivation zum Training abgeschwächt.

Eine wichtige Aufgabe des Tennistrainers besteht daher, neben der systematischen Planung und Durchführung aller unmittelbar der Leistungssteigerung dienenden Maßnahmen, auch im Erhalt von Spielfreude und damit der Trainingsmotivation. Hierzu kann eine Vielzahl an Spielvariationen (größtenteils im Kleinfeld) eingesetzt werden.

Im Leistungsbereich finden Spiele wie Tennis-Volleyball oder Prellball bei Jung und Alt großen Anklang und werden mit Vorliebe zu Trainingsbeginn durchgeführt. Im Tennisbreitensport eignen sich dagegen eher Kleinfeldspiele mit Softbällen (Schaumstoff oder Easy Play) oder Netzrollerspiele, da diese, speziell bei unzureichender schlagtechnischer Ausbildung, ein teilweise höheres Spielerlebnis vermitteln, als das Wettspiel nach den offiziellen Spielregeln.

Nicht nur im Kinder- und Jugendtraining bleiben dem Trainer schließlich alle Möglichkeiten der Kreativität für eine möglichst abwechslungsreiche Trainingsgestaltung.

**Beispiel: Kleinfeldtennis**

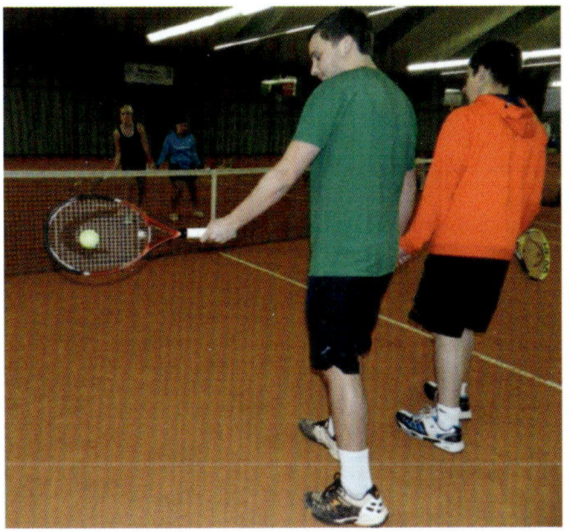

Eine Vielzahl an Spielformen können im Kleinfeld durchgeführt werden:

- 2:2 „Hand in Hand"
- 1:1 im gesamten Kleinfeld
- **Tischtennisdoppel I:** 2:2, abwechselnd schlagend.
- **Tischtennisdoppel II:** 2:2, abwechselnd schlagend, jedoch mit nur einem Schläger.
- 2:2 (die Schlagreihenfolge wird durch Zuruf des Spielernamens untereinander bestimmt)
- **Rundlauf:** Nach jedem Schlag Wechsel der Spielfeldseite im (RH) oder gegen den Uhrzeigersinn (VH).
- **Treibball:** 1:1 im halben Großfeld. Beide beginnen auf der T-Linie, wer zuerst hinter die Grundlinie zurückgedrängt wird, hat verloren.

Je nach „Lust und Laune" bzw. Leistungsniveau können Methodik- oder Softbälle verwendet werden. Als Softbälle empfehlen wir solche mit größerem Durchmesser (z. B. 15 cm), da diese windunabhängig einsetzbar sind und aufgrund ihres Gewichts eine entsprechende Schlagtechnik ermöglichen.

**Beispiel: Prellball**

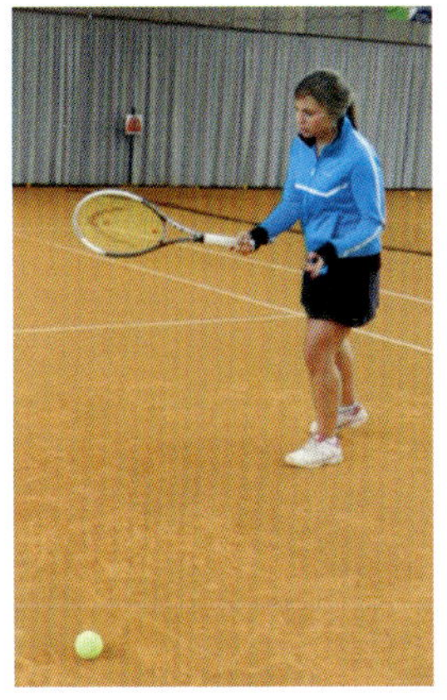

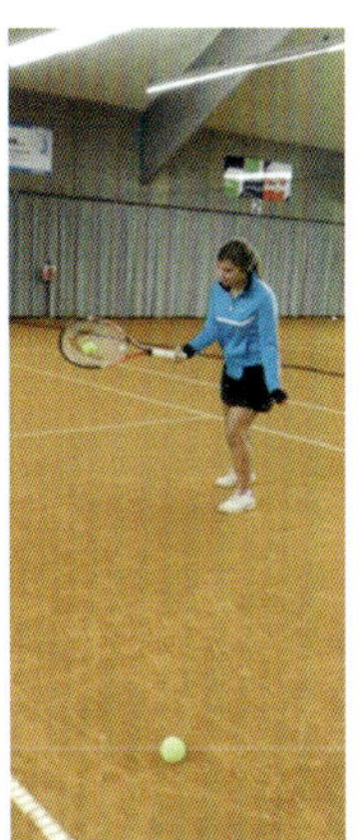

Prellball wird gewöhnlich von zwei Spielern gegeneinander in beiden Aufschlagfeldern gespielt. Die Angabe und auch alle weiteren Schläge müssen zuerst auf der Spielfeldseite des schlagenden Spielers auf den Boden geprellt werden, bevor der Ball regelgerecht im gegenüberliegenden Kleinfeld auftippt. Bei Leistungsspielern garantiert das Prellballspiel einen hohen Spielspaß und eignet sich ferner in hervorragender Weise zur Optimierung der Körperspannung beim Schlagen, zur Verbesserung der Beinarbeit sowie der Erhöhung der Ausdauerleistung; außerdem werden verschiedene taktische und psychische Qualitäten geschult. Die Ballwechseldauer beträgt nicht selten mehr als 1 min, sodass von den Spielern höchste Konzentration und Willensstärke verlangt wird. Variationen können sein „Bälle grundsätzlich aus der Luft prellen" oder „mit zwei Bällen gleichzeitig spielen."

**Prellball: 1:1 (z. B. erste drei Schläge)**

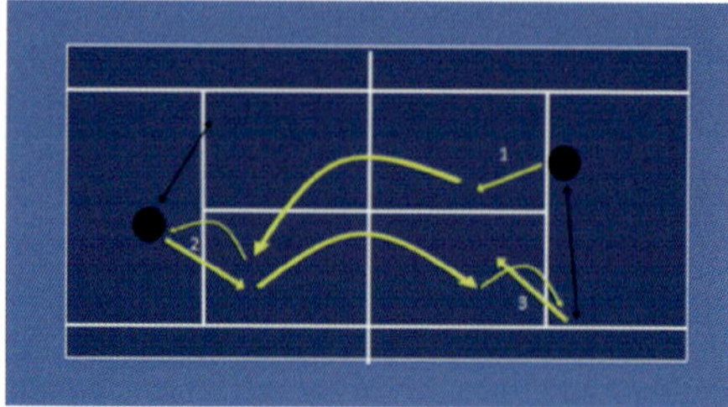

Zusätzlich können im Prellball durch unterschiedliche Variationen weitere tennisspezifische Schwerpunkte trainiert werden

- Taktik/Teamtaktik: Durchführung 1:2, 3:3 oder 2:2:
  a) abwechselnd schlagen
  b) nur mit einem Schläger pro Paar/Team.
- Schlagkraft: Durchführung im ganzen Einzelfeld.

**Beispiel: Netzroller**

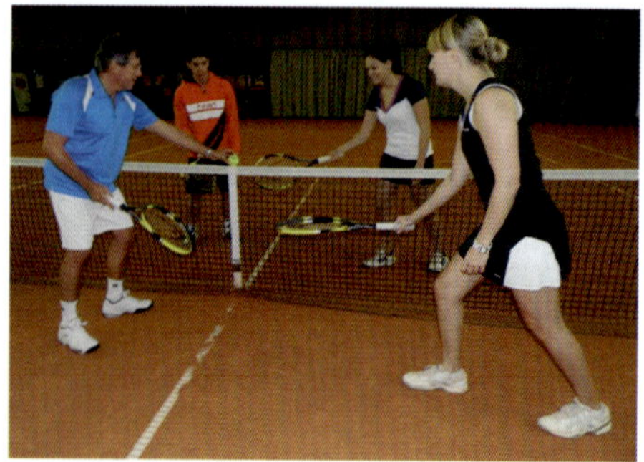

### Ablauf:

Das Spiel wird dadurch eröffnet, dass der Tennisball von der Netzkante (Netzmitte) ins gegnerische Feld fallen gelassen wird. Anschließend werden Punkte ausgespielt nach vorher bestimmten Vorgaben: z. B.: Netzrollereinzel im Kleinfeld bis sieben, es darf kein Volley gespielt werden. Ballgefühl, Beinarbeit, Orientierungs- und Gleichgewichtsfähigkeit werden speziell trainiert.

Das Netzrollerdoppel ist besonders bei den fortgeschrittenen Anfängern eine willkommene Form, grundlegende Doppeltaktiken zu erlernen und zu erleben. Insbesondere Raumaufteilung, miteinander den Platz abdecken und allgemeines Teamwork während und nach den Ballwechseln stehen im Vordergrund. Zu einem solchen doppelspezifischen Spielerlebnis kommt es gerade beim Netzrollerdoppel recht häufig im Gegensatz zum normalen Doppel, vor allem, wenn die Technikqualität von Aufschlag und Return noch mangelhaft ist.

**Beispiel: Mexiko**

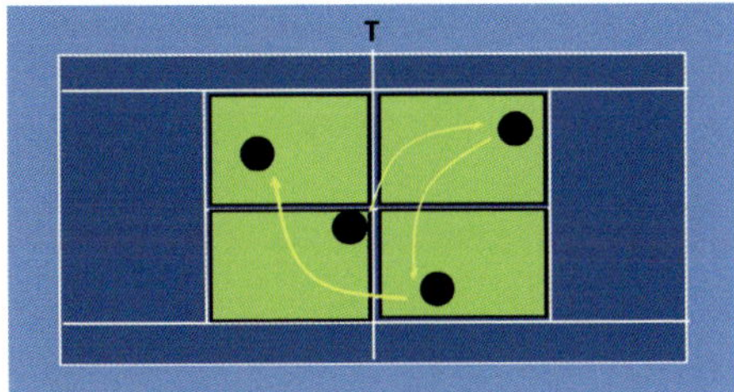


## Ablauf:

In den vier Aufschlagfeldern verteidigen vier Spieler jeweils ihr Aufschlagfeld, wobei jeder gegen jeden spielt, d. h. der Ball kann quer zum Nachbarn oder gerade gegenüber oder diagonal gegenüber gespielt werden. Regeln: Bei der Spieleröffnung stehen alle Spieler an der Netzmitte; über einen Netzroller wird der Ball ins Spiel gebracht; die Bälle müssen und dürfen nur 1 x springen und müssen von unten nach oben geschlagen werden; wer zuerst drei Punkte verloren hat, muss eine Aufgabe der drei Mitspieler erfüllen: z. B. 10 Liegestütze oder 2 x um den Platz spurten etc. Die Spielidee umfasst Trainingsschwerpunkte wie Aufmerksamkeit, „Dreifach-Blick"/peripheres Sehen, Taktik/Kreativität, Antizipation und Schläger-Ball-Gefühl.

## Variationen:

- Es darf auch Volley gespielt werden.
- Es darf nur Vorhand oder es darf nur Rückhand geschlagen werden.

## Methodischer Tipp:

Damit sich Kreativität und Spielintelligenz entwickeln können, soll das Spiel nur wenig angeleitet werden.

**Beispiel: Fußballtennis**

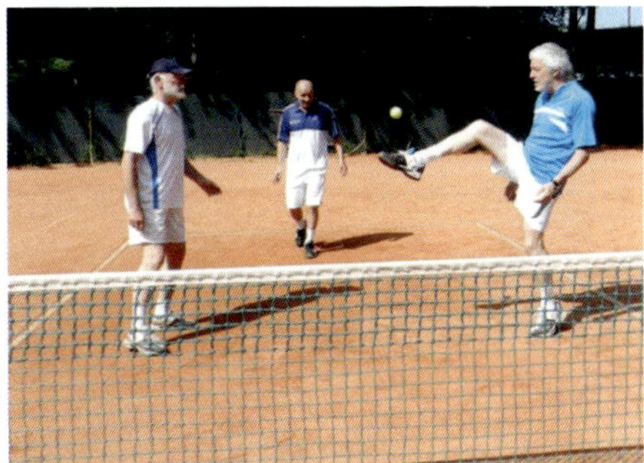

## Ablauf:

Das Spielfeld wird markiert durch die beiden gegenüberliegenden Aufschlagfelder eines Tennisplatzes. Bei der Spielform 3:3 darf der Ball insgesamt 3 x Bodenkontakt haben und muss danach mit dem Fuß (Knie oder Kopf) ins gegnerische Feld zurückgespielt werden. Ziel ist es, den Ball so über das Netz zu spielen, dass der Gegner den Ball nicht regelgerecht zurückspielen kann. Ein Punkt wird erzielt, wenn der Ball öfter als erlaubt auf den Boden auftippt, ein Spieler mehr als einen Ballkontakt hat oder wenn der Ball ins Netz oder ins Aus gespielt wird. Die Angabe wird hinter der Aufschlaglinie und im Wechsel ausgeführt. Jeweils nach zwei Punkten wechselt das Angaberecht zum Gegner. Die Spielidee zielt darauf ab, Koordination, Ballgefühl sowie Spielintelligenz zu schulen.

## Variationen:

- Einsatz von unterschiedlichen Bällen, wie z. B. Softball, Gymnastik- oder Fußball.
- Festlegung der Anzahl erlaubten Zuspiele z. B. zwei, wobei jeder Mitspieler 1 x am Ball sein muss.
- Festlegung der Anzahl der Bodenkontakte z. B. der Ball darf nur 1 x oder bis zu 3 x auftippen.

### Handballtennis

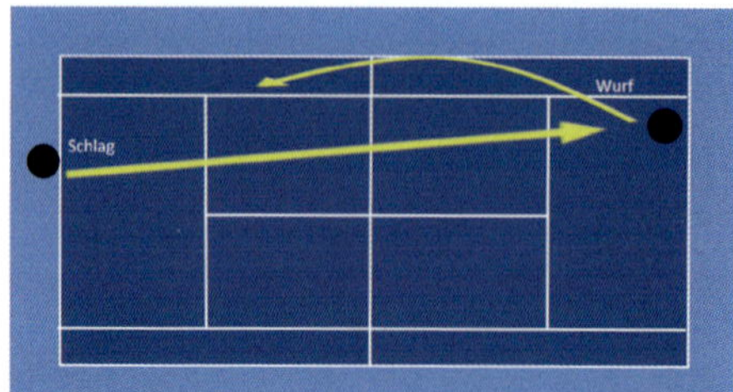


**Ablauf:**

Zwei Spieler, einer mit Schläger, einer ohne Schläger (Handballspieler) spielen im halben Doppelfeld gegeneinander; der Tennisspieler spielt den Ball von unten an, der Handballspieler muss den Ball nach einmaligem Auftippen fangen und von der Position aus, wo er den Ball gefangen hat, zurückwerfen. Nach 11 Punkten wird die Spielaufgabe gewechselt.

Die Spielidee besteht darin, die Wurfkraft und die Wurftechnik zu verbessern sowie Lösungsstrategien zu erproben, Kreativität und Basistaktiken zu entwickeln.

**Variationen:**

- Das Spiel wird im Einzelfeld durchgeführt.
- Es wird nach Tennisregeln ein Satz gespielt, nach jedem Spiel wird die Aufgabe gewechselt (Tennisspieler – Handballspieler).

### Volleyballtennis

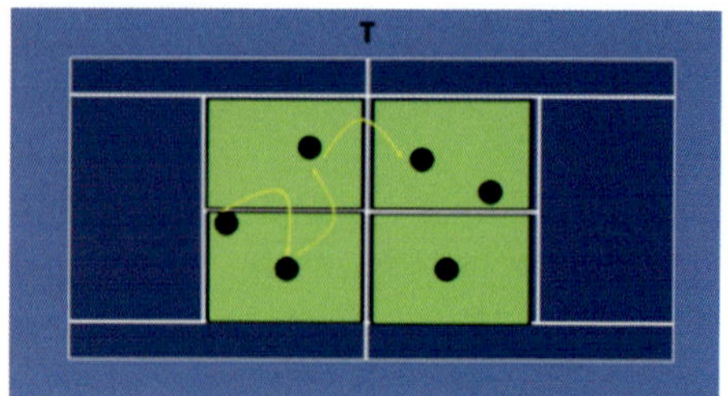


**Ablauf:**

Als Einzel wird in den beiden gegenüberliegenden Aufschlagfeldern, als Mannschaftspiel (Zweier- oder Dreierteams) in allen vier Aufschlagfeldern gespielt; die Angabe erfolgt hinter der Aufschlaglinie von unten und cross; der Ball muss 1 x zum Partner gespielt werden (in der Dreiermannschaft muss jeder Partner einmal den Ball spielen; der Ball darf nicht (oder 1 x pro Ballwechsel) springen; es darf nur von unten nach oben über das Netz gespielt werden; Zählweise bis 10.

Die Spielidee umfasst die Schulung von Teamgeist, Teamtaktik, Koordination sowie Schläger-Ball-Gefühl; nicht selten entstehen im Spielablauf kreative Lösungen wie Volleys hinter dem Rücken, aus der Drehung mit Richtungstäuschung oder mit extremem Rückwärts- oder Seitwärtsdrall.

**Variationen:**

- Der Ball darf 2 x im eigenen Feld springen.

**Methodischer Tipp:**

Eine Spielvereinfachung geschieht durch den Einsatz

- eines Softballs oder Methodikballs;
- durch einen Kontrollschlag, bevor der Ball zum Partner weitergespielt wird.

### Beispiel: Tennis mit Musik

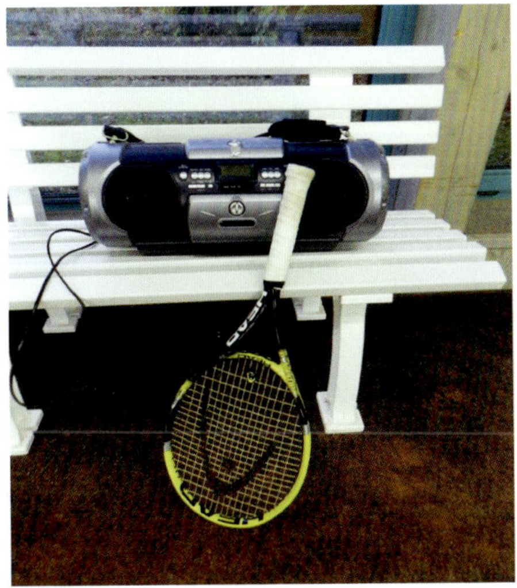

„Mental Match Play" ist ein Programm der European Tennis Academy (***www.tennis-academy.com***), das sich durch eine besonders dafür komponierte Musik auszeichnet. Diese Musik unterstützt die Spieler in unterschiedlichen Trainingssituationen (vom Einschlagen bis zum „Cool-down") in einer speziellen Weise, sodass gleichermaßen für Anfänger, Fortgeschrittene oder Wettkampfspieler ein erkennbarer Lerneffekt ermöglicht wird.

Zur reinen Stimulierung kann der Spieler zwar selbst eine bevorzugte Musik auswählen und auf entsprechendem Tonträger zum Training mitbringen. Zur gezielten Steuerung der Konzentration, des Energieeinsatzes und des Wechsels zwischen Spannung und Entspannung empfiehlt es sich, das Programm und die Musik von „Mental Match Play" zu verwenden (***www.brandnertal.at***).

### „Cardiotennis"

„Cardio Tennis" ist ein spaßbereitendes Trainingsprogramm mit Musik, das Elemente aus Fitness- und Tennistraining miteinander verbindet. Durch die individuell dosierbare Belastungssteuerung ist Cardio Tennis für Einsteiger und Tennisspieler der verschiedensten Spielklassen geeignet. Spieler unterschiedlicher Spielstärken und Altersklassen können sogar gemeinsam trainieren. Eine typische Trainingseinheit dauert ca. 40-60 min und dabei werden auf einem Tennisplatz von 6-8 Spielern gemeinsam folgende Trainingsphasen durchlaufen: Warm-Up (5-10 min, allgemeine und tennisspezifische Aufwärmung), Cardio-Workout (30-45 min, verschiedene Schlagkombinationen, kombiniert mit Ausdauer-, Kräftigungs- und Koordinationsübungen) und Cool-down (ca. 5 min, Abwärmen). Nähere Informationen sind über den Deutschen Tennis Bund erhältlich (***www.dtb-cardiotennis.de***).

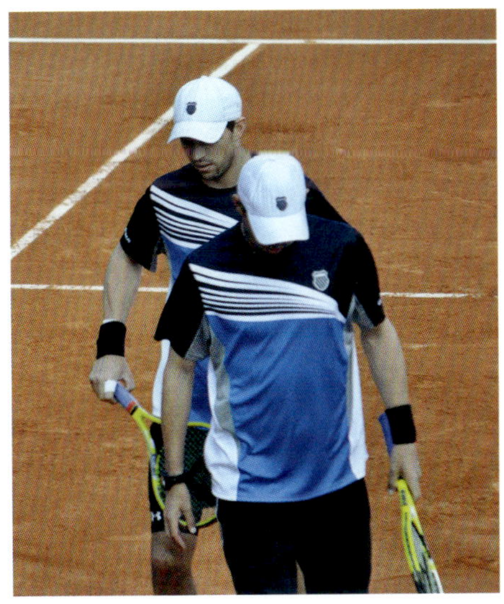

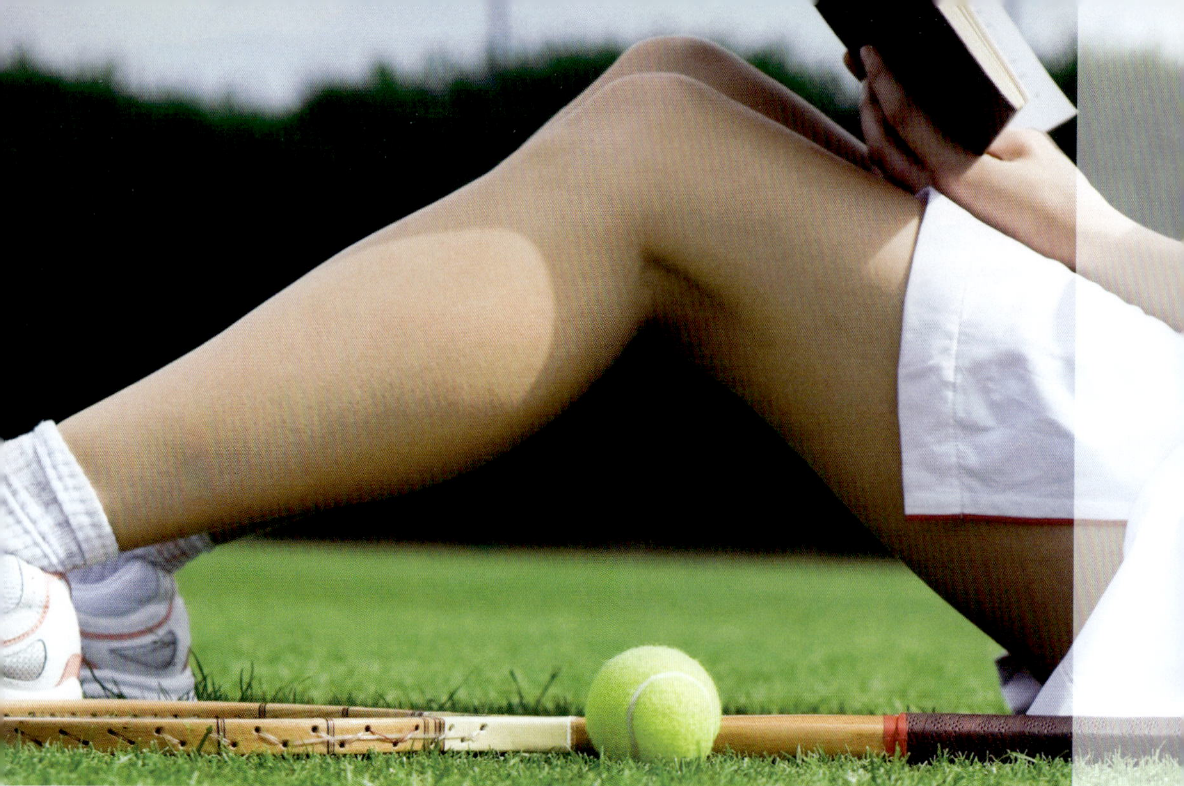

# Literaturverzeichnis

## 1 Leistungsstruktur, Leistungssteuerung und Leistungsentwicklung


Bette, K. H., Schimank, U., Wahlig, D. & Weber, U. (2002). *Biographische Dynamiken im Leistungssport*. Köln: Sport & Buch Strauß.

Bös, K., Wohlmann, R. & Schulz, T. (2004). *Konditionstest – Tennis (KTT) für jugendliche Tennisspieler von 11-17 Jahren*. Karlsruhe: Deutscher Tennis Bund, Selbstverlag.

Brown, E. & O'Donoghue, P.G. (2008). Gender and surface effect on elite tennis strategy. *ITF Coach Sport Sci Rev, 15*, 9-11.

Collinson, L. & Hughes, M. (2003). Surface effect on the strategy of elite female tennis players. *J Sports Sci, 21*, 266-267.

Conzelmann, A., Blank, M. & Künstle, C. (2004). Karriereverläufe im Spitzentennis (Teil 1/2). *TennisSport, (2)*, 8-11 und (3), 7-10.

Delorme, N. & Raspaud, M. (2009). The relative age effect in young French basketball players: A study on the whole population. *Scand J Med Sci Sports, 19*, 235-242.

Deutsch, E., Deutsch, S. L. & Douglas, P. S. (1998). Exercise training for competitive tennis. *Clin Sports Med*, 2, 417-427.

Fernández, J., Mendez-Villanueva, A. & Pluim, B. M. (2006). Intensity of tennis match play. *Br J Sports Med*, 40, 387-391.

Fernández-Fernández, J., Kinner, V. J. & Ferrauti, A. (2010). The physiological demands of hitting and running in tennis on different surfaces. *J Strength and Cond Res, 24*, 3255-3264.

Fernández-Fernández, J., Méndez-Villanueva, A., Fernández-Garcia, B. & Terrados, N. (2007). Match activity and physiological responses during a junior female singles tennis tournament. *Br J Sports Med, 41*, 711-716.

Fernández-Fernández, J., Sanz-Rivas, D. & Mendez-Villanueva, A. (2009). A review of the activity profile and physiological demands of tennis. *Strength Cond J, 31*, 15-26.

Fernández-Fernández, J., Sanz-Rivas, D., Sanchez-Muñoz, C., Tiemessen, I., Pluim, B. M. & Méndez-Villanueva, A. (2008). A comparison of the activity profile and physiological demands between advanced and recreational veteran tennis players. *J Strength and Cond Res., 23*, 604-610.

Fernández-Fernández, J., Zimek, R., Wiewelhove, T. & Ferrauti, A. (2011). High-intensity interval training versus repeated-sprint training in tennis. *J Strength and Cond Res, 26*, 53-62.

Ferrauti, A. (1992). *Tennis-Doppel und Spielerbeobachtung* (Sportwissenschaft und Sportpraxis, Bd. 86). Ahrensburg bei Hamburg: Czwalina.

Ferrauti, A. (1999). *Der Energiestoffwechsel im Tennis*. St. Augustin: Academia.

Ferrauti, A., Bergeron, M. F., Pluim, B. M. & Weber, K. (2001a). Physiological responses in tennis and running with similar oxygen uptake. *Eur J Appl Physiol, 85*, 27-33.

Ferrauti, A., Fust, C., Leyk, D. & Weber, K. (1999). Optimierung des Gruppentrainings im Leistungstennis – metabolische und koordinative Aspekte. In N. Hölting & J. Mester (Hrsg.), *Belastung und Regeneration im Tennis. Beiträge zur Theorie und Praxis des Tennisunterrichts und Trainings* (Bd. 22, S. 53-66). Köln: Sport & Buch Strauß.

Ferrauti, A., Kinner, V. J. & Fernández-Fernández, J. (2011). The Hit & Turn Tennis Test: an acoustically controlled endurance test for tennis players. *J Sport Sci, 29*, 485-494.

Ferrauti, A., Neumann, G., Weber, K. & Keul, J. (2001b). Urine catecholamine concentrations and psychophysical stress in elite tennis under practice and tournament conditions. *J Sports Med Phys Fitness, 41*, 269-274.

Ferrauti, A., Pluim, B.M. & Weber, K. (2001c). Effect of recovery duration on running speed and stroke quality during intermittent training drills in elite tennis players. *J Sports Sci, 19*, 235-242.

Ferrauti, A., Predel, G., Weber, K. & Rost, R. (1997). Beanspruchungsprofil von Golf und Tennis aus gesundheitssportlicher Sicht. *Deutsche Zeitschrift für Sportmedizin, 48*, 263-269.

Ferrauti, A., Sippel, A. & Stadtmann, T. (2010). Erfolgsbiographien deutscher Nachwuchstennisspieler – eine Verlaufsanalyse zur Entwicklung der Ranglistenposition im Altersgang. *Leistungssport, 40* (1), 58-62.

Ferrauti, A. & Weber, K. (2009). *Ausdauer – Diagnostik und Training. Der offizielle Tennis-Lehrplan des DTB e. V., Kapitel Trainingswissenschaft.* Multimediale PC CD-ROM. Köln/Hamburg: DTB, DSHS.

Ferrauti, A., Weber, K. & Wright, P. R. (2003). Endurance: Basic, semi-specific and specific. In: M. Reid, A Quinn, & M Crespo (Eds.) *Strength and conditioning for tennis*, (p. 93-111). London: ITF.

Girard, O., Lattier, G., Micallef, J. P. & Millet, G. P. (2006). Changes in exercise characteristics, maximal voluntary contraction and explosive strength during prolonged tennis playing. *Br J Sports Med, 40*, 521-526.

Hirtz, P. (1985). *Koordinative Fähigkeiten im Schulsport.* Berlin: Volk und Wissen.

Hohmann, A. & Brack (1983). Theoretische Aspekte der Leistungsdiagnostik im Sportspiel. *Leistungssport, 13* (2), 5-10.

Hohmann, A., Lames, M. & Letzelter M. (2002). *Einführung in die Trainingswissenschaft.* Wiesbaden: Limpert (UTB).

International Tennis Federation (2002). *Official Rules of Tennis* (p. 10-11). Chicago, IL: Triumph Books.

Kovacs, M. (2004). Comparision of work/rest intervals in men's professional tennis. *Med Sci Tennis, 9* (3), 10-11.

Kovacs, M. S. (2007). Tennis physiology: Training the competitive athlete. *Sports Med, 37*, 189-198.

Lidor, R., Cote, J., Arnon, M., Zeev, A. & Cohen-Maoz, S. (2010). Relative age and birthdate effects in divison 1 players – do they exist in small a country? *Talent Development & Excellence, 2* (2), 181-192.

Morante, S. & Brotherhood, J. (2006). Match characteristics of professional singles tennis. *Med Sci Tennis, 10* (3), 12-13.

Murias, J. M., Lanatta, D., Arcuri, C. R. & Laiño, F. A. (2007). Metabolic and functional responses playing tennis on different surfaces. *J Strength and Cond Res., 21*, 112-117.

Neumaier, A. (1999). *Koordinatives Anforderungsprofil und Koordinationstraining. Grundlagen, Analyse, Methodik.* Köln: Sport & Buch Strauss.

O'Donoghue, P. & Ingram, B. (2001). A notational analysis of elite tennis strategy. *J Sports Sci, 19*, 107-115.

Parsons, L. S. & Jones, M.T . (1998). Development of speed, agility and quickness for tennis athletes. *Strength Cond J, 20*, 14-19.

Reid, M., Duffield, R., Dawson, B., Baker, J. & Crespo, M. (2008). Quantification of the physiological and performance characteristics of on-court tennis drills. *Br J Sports Med, 42*, 146-151.

Reid, M., Quinn, A. & Crespo, M. (2003). *Strength and conditioning for tennis.* London: ITF.

Schöllhorn, W., (2005). Differenzielles Lehren und Lernen von Bewegung. In.: U. Göhner, F. Schiebl (Hrsg.): *Zur Vernetzung von Forschung und Lehre in Biomechanik, Sportmotorik und Trainingswissenschaft*, (S. 125-135). Hamburg: Czwalina.

Stockhausen, W., Weber, K., Born, P., Hinz, H., Krahl, H., Michaelis, U., Pfannkoch, P., Zofka, Z. & Keul, K. (1997). Leistungsdiagnostik im Tennis. Ein Konzept zur Vereinheitlichung der Leistungsdiagnostik für Nachwuchsspieler/-innen im Deutschen Tennis Bund. Leistungssport, 27 (5), 34-36.

Strüder, H. K., Fröhlich, A., Ferrauti, A., Weber, K. & Rost, R. (1995). Verhalten des Blutdruckes im Tenniswettkampf bei Älteren. In N. Hölting, K. Weber & H. Funhoff (Hrsg.), *Tennis im höheren Lebensalter aus interdisziplinärer Sicht* (5. Symposium des sportwissenschaftlichen Beirates des DTB 1994 in Frankfurt/Main, Beiträge zur Theorie und Praxis des Tennisunterrichts und Trainings, Bd. 18, S. 147-157). Ahrensburg: Czwalina.

Ulbricht, A., Wiewelhove, T., Pfannkoch, P., Gewehr, J., Fernàndez-Fernàndez, J., Hanakam, F., Knoop, M., Walter, C. & Ferrauti, A. (2011). Der DTB-Konditionstest. TennisSport, 22 (3), 14-20.

Weber, K., Beier, T., Marx, A., Pley, C., Röbbel, S. J. & Wolff, L. (2010). Veränderungen in der Weltspitze erfordern Umdenken im Training. *TennisSport, 21* (5), 4-11.

Weber, K., Exler, T., Marx, A., Pley, C., Röbbel, S. & Schäffkes, C. (2010). Schnellere Aufschläge, kürzere Ballwechsel und höherer Zeitdruck für Grundschläge in der Tennis-Weltspitze – Darstellung am Beispiel der Herren. *Leistungssport, 40* (5), 36-42.

Weber, K., Pieper, S. & Exler, T. (2007). Charakteristik und Stellenwert der Laufschnelligkeit bei den Australian Open 2006 für Training und Verletzungsprävention. In: S. Schröder & M. Holzweg (Hrsg.), *Die Vielfalt der Sportwissenschaft* (S.237-244). Schorndorf: Hofmann.

Wind, A. E., Takken, T., Helders, P. J. & Engelbert, R. H. (2010). Is grip strength a predictor for total muscle strength in healthy children, adolescents, and young adults? *Eur J Pediatr., 169*, 281-287.

# 2 Techniktraining

Beckmann, H. & Schöllhorn, W.I. (2006). *Differenzielles Lernen im Kugelstoßen.* Leistungssport, 36, 44-50.

Born, H. P. & Bornemann, R. (2007). *Technik & Taktik: Return. Der offizielle Tennis-Lehrplan des DTB.* Deutscher Tennis Bund (Hrsg.). (Multimediale PC CD-ROM). Köln: Sport-EL.

Born, H. P. & Bornemann, R. (2010). *Technik & Taktik: Aufschlag. Der offizielle Tennis-Lehrplan des DTB.* Deutscher Tennis Bund (Hrsg.). (Multimediale PC CD-ROM). Köln: Sport-EL.

Deutscher Tennis Bund (Hrsg.). (1995). *Tennis Lehrplan Bd.1 – Technik und Taktik.* München: BLV.

Deutscher Tennis Bund (Hrsg.). (2007). *Der offizielle Tennis-Lehrplan des DTB. Technik & Taktik: Return.* (Multimediale PC CD-ROM). Köln: Sport-EL.

Deutscher Tennis Bund (Hrsg.). (2010). *Der offizielle Tennis-Lehrplan des DTB. Technik & Taktik: Aufschlag.* (CD-ROM). Köln: Sport-EL.

Ferrauti, A., Maier, P. & Weber, K. (1996). *Tennistraining mit System.* Niedernhausen: Falken.

Haken, H. (1964). Theory of coherence of laser light. Physical Review Letters, 13 (11), 329.

Heinzel, A., Koch, P. & Strakerjahn, U. (1997). *Koordinationstraining im Tennis.* Sindelfingen: Sportverlag.

Hohmann, A., Lames, M. & Letzelter, M. (2010). *Einführung in die Trainingswissenschaft.* Wiebelsheim: Limpert.

Humpert, V. (2004). Vergleichende Analyse von Techniktrainingsansätzen zum Tennisaufschlag (Unveröffentliche Staatsexamensarbeit). Münster: Westfälische Wilhelms-Universität, Institut für Sportwissenschaft.

Humpert, V. & Schöllhorn, W. I. (2006). Vergleich von Techniktrainingsansätzen zum Tennisaufschlag. In A. Ferrauti & H. Remmert (Hrsg.), *Trainingswissenschaft im Freizeitsport* (S.121-124). Hamburg: Czwalina.

Killing, W. (2009). Kritik der „Praxis" an der Sportwissenschaft. Leichtathletiktraining, o.J. (1), 12-15.

Künzell, S. & Hossner, E.-J. (2012). Differenzielles Lehren und Lernen: eine Kritik. *Sportwissenschaft 42* (2), 83-95.

Kugler, P., Kelso, J. & Turvey, M. (1982). On control and coordination of naturally developing systems. The development of movement control and coordination. New York: Wiley, S. 5-78.

Maier, P. (1987). *Leistungsfähigkeit und Leistungsstabilität im Tennis. Eine testdiagnostische Studie.* Ahrensburg: Czwalina.

Martin, D. (1977). *Grundlagen der Trainingslehre.* Teil I: Die inhaltliche Struktur des Trainingsprozesses. Schorndorf: Hoffmann.

Meinel, K. & Schnabel, G. (1987 & 1998). *Bewegungslehre-Sportmotorik.* Berlin: Sportverlag (8. Aufl. & 9. Aufl.).

Schmidt, R. A. (1975). A schema theory of discrete motor skill learning. Psychological Review, 82, 229-261.

Schöllhorn, W. I. (2003). Differenzielles Lehren und Lernen im Tennis. In: A. Woll (Hrsg.), *Miteinander lernen, forschen, spielen. Zukunftsperspektiven für Tennis* (S. 28-40). Hamburg: Czwalina.

Schöllhorn, W. I. (1999). Individualität – ein vernachlässigter Parameter?. *Leistungssport* (Wort kursiv schreiben), 29 (2), 5-12.

Schöllhorn, W.I., Beckmann, H., Jansen, D. & Michelbrink, M. (2009). Differenzielles Lehren und Lernen im Sport. Ein alternativer Ansatz für einen effektiven Schulsportunterricht. *Sportunterricht*, 58 (2), 36-40.

Schöllhorn, W.I., Eekhoff, A. & Hegen, P. (2015). Systemdynamik und differenzielles Lernen. *Sportwissenschaft*, DOI 10.1007/s12662-015-0366-z.

Schöllhorn, W. I., Humpert, V., Oelenberg, M., Michelbrink, M. & Beckmann, H. (2008). Differenzielles und Mentales Training im Tennis. *Leistungssport, 38*, (6), 10-14.

Schöllhorn, W.I., Paschke, M. (2007). Differenzielles Training. Volleyballmagazin, 12, 28-36.

Schöllhorn, W.I., Sechelmann, M., Trockel, M. & Westers, R. (2004) Nie das Richtige trainieren, um richtig zu spielen. Leistungssport, 34 (5), 13-17.

Schönborn, R. (2010). *Optimales Tennistraining*. Balingen: Spitta.

Steeb, C. U. & Hornig, M. (2007). *Look and Learn-Tennis Basics.* (DVD). Herdecke: Agentur Teigelkämper.

Trockel, M. & Schöllhorn, W. I. (2003). Differenzielles Torschusstraining im Fußball. In J. Krug & T. Müller (Hrsg.), Messplätze, Messplatztraining, Motorisches Lernen (S. 102-107). Sankt Augustin, Academia.

Weber, K. & Born, P. (2012). Die besondere Bedeutung der erweiterten Spieleroffnung im Leistungstennis. Begrundung, Leitlinien und Umsetzung in die Trainingspraxis. *Leistungssport*, 42(6), 26-32.

Weineck, J. (2002). *Sportanatomie.* Balingen: Spitta.

# 3 Taktiktraining

Bornemann, R., Weber, K. & Zein, B. (Red.). (1990). *Taktik und Taktiktraining im Tennis.* Ahrensburg: Czwalina.

Deniau, G. (1977). *Tennistaktik.* München: Nymphenburger Verlag.

Deutscher Tennis Bund (Hrsg.) (1995). *Tennis-Lehrplan. Bd. 1 Technik & Taktik.* München, Wien, Zürich: BLV.

Ferrauti, A. (1992). *Tennis-Doppel und Spielerbeobachtung.* Ahrensburg: Czwalina.

Ferrauti, A., Maier, P. & Weber, K. (1996). *Tennistraining mit System.* Niedernhausen: Falken.

Ferrauti, A., Maier, P. & Weber, K. (2002). *Tennistraining.* Aachen: Meyer & Meyer.

Hahn, A. (2012). Systematische Spielerbeobachtung im Herren-Doppel der internationalen Klasse auf Sand. Masterarbeit, Ruhr-Universität Bochum.

Hess, H. (1985). *Der Taktische Ball. Tennistaktik – Strategie des erfolgreichen Spiels.* Bad Homburg: Limpert Verlag.

Littleford, J. & Magrath, A. (2011). *Tennis – Perfekte Technik und kluge Taktik.* München: Copress Sport.

Maier, P. (2012). Tennis. In: S., König, D., Memmert & K., Moosmann (Hrsg.). *Das große Limpert-Buch der Sportspiele* (S. 366-388). Wiebelsheim: Limpert.

Memmert, D. (2004). *Kognitionen im Sportspiel.* Köln: Sport und Buch Strauß.

Roth, K. & Raab, M. (1998). *Intentionale und inzidentelle Regelbildungsprozesse im Sportspiel.* Köln: Bisp.

Roth, K., Kröger, C. & Memmert, D. (2002). *Ballschule Rückschlagspiele.* Schorndorf: Hofmann.

Schönborn, R. (2012). *Strategie und Taktik im Tennis.* Gelnhausen: Wagner.

Weber, K. & Born, P. (2012). Die besondere Bedeutung der erweiterten Spieleröffnung im Leistungstennis. Begründung, Leitlinien und Umsetzung in die Trainingspraxis. *Leistungssport, 42*(6), 26-32.

## 4 Psychologisch orientiertes Training

Crespo, M., Reid, M. & Quinn, A. (2006). *ITF tennis psychology*. London: International Tennis Federation.

Eberspächer, H. (2007). *Mentales Training*. München: Copress.

Frankenberg von, A. (2010). *Flow-Erleben im Tennis.* Dissertation: Deutsche Sporthochschule Köln.

Gabler, H. & Maier, P. (1998). Das Training der mentalen Fähigkeiten im Tennis. Sindelfingen: Schmidt & Dreisilker.

Gallwey, W. T. (1974). *The inner game of tennis*. New York: Random House.

Gallwey, W. T. (2008). *The Inner Game of Tennis: Die Kunst der entspannten Konzentration.* Königswinter: New School.

Jekauc, D. (2012). Konzentration – mit geistiger Kraft zum Erfolg. *Tennissport, 23* (5), 4-11.

Knisel, E. (2003). *Kritische Spielsituationen im Tennis und deren Bewältigung.* Schorndorf: Hofmann.

Lammers, D. (2012). *Parameterisierungseffekte durch observatives Training bei Zehn bis Fünfzehnjährigen.* Deutsche Sporthochschule Köln: Staatsexamensarbeit.

Loehr, J. E. (1991). *Tennis im Kopf. Der mentale Weg zum Erfolg.* München: blv.

Loehr, J. E. (2010). *Die neue mentale Stärke: Sportliche Bestleistung durch mentale, emotionale und physische Konditionierung*. München: blv.

Mackenzie, M. (1993). *Tennis – das Psychospiel. Der Schlüssel zur Topleistung.* Reinbek: Rowohlt.

Mayer, J. & Hermann, H. D. (2011). *Mentales Training*. Heidelberg: Springer.

Nittinger, N. (2009). Psychologisch orientiertes Tennistraining. Stuttgart: Neuer Sportverlag.

Schweer, M. (2008). *Mentale Fitness im Tennis.* Frankfurt: Peter Lang.

Wüstholz, D. (2011). *Stronger in Tennis – dein Ratgeber* (mit DVD). Stuttgart: sportwerk80.

# 5 Krafttraining


Aoi, W., Naito, Y., Takanami, Y., Kawai, Y., Sakuma, K., Ichikawa, H., Yoshida, N. & Yoshikawa, T. (2004). Oxidative stress and delayed-onset muscle damage after exercise. *Free Radic Biol Med, 37*, 480-487.

Ascensao, A., Rebelo, A., Oliveira, E., Marques, F., Pereira, L. & Magalhaes, J. (2008). Biochemical impact of a soccer match-analysis of oxidative stress and muscle damage markers throughout recovery. *Clin Biochem, 41*, 841-851.

Augustsson, J., Esko, A., Thomeé, R. & Svantesson, U. (1998). Weight training of the thigh muscles using closed vs. open kinetic chain exercises: A comparison of performance enhancement. *J Orthop Sports Phys Ther, 27*, 3-8.

Baker, D. (2003). The acute effect of alternating heavy and light resistance upon power output during upper body complex power training. *J Strength and Cond Res, 17*, 493-497.

Baker, D. & Newton, R.U. (2005). Acute effect on power output of alternating an agonist and antagonist muscle exercise during complex training. *J Strength and Cond Res, 19*, 202-205.

Bastiaens, K., Müller, M., Braun, D., Nafziger, D. & Ferrauti, A. (2006). Short and long term effects of a throwing intervention during complex service training in elite children`s tennis. In M. Raab, A. Arnold, K. Gärtner, J. Köppen, C. Lempertz, N. Tielemann & H. Zastrow (Eds). *Zukunft der Sportspiele: fördern, fordern, forschen* (S. 115-118). Flensburg: University Press.

Behm, D. G., Faigenbaum, A. D., Falk, B. & Klentrou, P. (2008). Canadian Society for Exercise Physiology position paper: Resistance training in children and adolescents. *Appl Physiol Nutr Metab, 33*, 547-561.

Behringer, M., vom Heede, A. & Mester, J. (2010). *Krafttraining im Nachwuchsleistungssport unter besonderer Berücksichtigung von Diagnostik, Trainierbarkeit und Trainingsmethodik.* (Wissenschaftliche Expertise des BISp, Band II). Köln: Sportverlag Strauß.

Bird, S. P., Tarpenning, K. M. & Marino, F. E. (2005). Designing resistance training programmes to enhance muscular fitness. *Sports Med, 35*, 841-851.

Blackburn, J. R. & Morrissey, M. C. (1998). The relationship between open and closed kinetic chain strength of the lower limb and jumping performance. *J Orthop Sports Phys Ther, 27*, 430-435.

Blimkie, C. (1992). Resistance training during pre- and early puberty: Efficacy, trainability, mechanisms and persistence. *Can J Sports Sci, 17*, 264-279.

Blimkie, C. J. & Sale, D. G. (1998). Strength development and trainability during childhood. In E. van Praagh (Ed.). *Pediatric anaerobic performance*. Champaign: Human Kinetics.

Brzycki, M. (1993). Strength testing: Predicting a one-rep max from reps-to-fatigue. *JOPERD, 64*, 88-90.

Carrasco, L., Sanudo, B., de Hoyo, M., Pradas, F. & Da Silva, M. E. (2011). Effectiveness of low-frequency vibration recovery method on blood lactate removal, muscle contractile properties and on time to exhaustion during cycling at $VO_2$max power output. *Eur J Appl Physiol, 111*, 2271-2279.

Chelly, M. S., Hermassi, S. & Shephard, R. J. (2010). Relationships between power and strength of the upper and lower limb muscles and throwing velocity in male handball players. *J Strength and Cond Res, 24*, 1480-1487.

De Ste Croix, M. B. A. (2007). Muscle strength. In N. Armstrong (Ed.), *Paediatric exercise physiology*. Churchill, Livingstone, Philadelphia: Elsevier.

Ebben, W. P. (2002). Complex training: A brief review. *J Sports Sci Med, 1*, 42-46.

Edge, J., Mündel, T., Weir, K. & Cochrane, D. J. (2009). The effects of acute whole body vibration as a recovery modality following high-intensity interval training in well-trained, middle-aged runners. *Eur J Appl Physiol, 105*, 421-428.

Faigenbaum, A. D., Kraemer, W. J., Blimkie, C. J. R., Jeffreys, I., Michelli, L. J., Nitka, M. & Rowland, T. W. (2009). Youth resistance training: Updated position statement paper from the National Strength and Conditioning Association. *J Strength and Cond Res,* 23, 60-79.

Faigenbaum, A. D., Milliken, L. A., Loud, R. L., Burak, B. T., Doherty, C. L. & Westcott, W. L. (2002). Comparison of 1 and 2 days per week of strength training in children. *Res Quart Exerc Sport, 73*, 416-424.

Faigenbaum, A. D., Milliken, L. A., Moulton, L. & Westcott, W. L. (2005). Early muscular fitness adaptations in children in response to two different resistance training regimens. *Ped Exerc Sci, 17*, 237-248.

Fernández-Fernández, J., Ellenbecker, T., Sanz-Rivas, D., Ulbricht, A. & Ferrauti, A. (2013). Effects of a 6-week junior tennis conditioning program on service velocity. *J Sports Sci Med, 12*, 232-239.

Ferrauti, A. & Bastiaens, K. (2007). Short-term effects of light and heavy load interventions on service velocity and precision in elite young tennis players. *Br J Sports Med, 41*, 750-753.

Gießing, J. (2005). The concept of the hypothetical maximum (h1-RM) as a safe alternative to maximum single repetitions. In: J. Gießing, M. Fröhlich & P. Preuss (Eds.), *Current results of strength training research* (p. 24-34). Göttingen: Cuvillier.

Gießing, J. (2006). *HIT Hochintensitätstraining. Das optimierte System für rapiden Muskelaufbau*. Hilden: novagenics.

Güllich, A. & Schmidtbleicher, D (1996). MVC-induced short-term potentiation of explosive force. *New Stud Athletics, 11*, 67-81.

Gustedt, C. (2013). Core-Training: Zum Einfluss von Rumpfkraft und -stabilität auf die sportliche Leistungsfähigkeit. *Leistungssport, 43* (2), 11-15.

Hermassi, S., Chelly, M. S., Fathloun, M. & Shephard, R. J. (2010). The effect of heavy- vs. moderate-load training on the development of strength, power, and throwing ball velocity in male handball players. *J Strength and Cond Res, 24*, 2408-2418.

Hermassi, S., Chelly, M. S., Tabka, Z. & Shephard, R. J. (2011). Effects of 8-week in-season upper and lower limb training on the peak power, throwing velocity, and sprint performance of elite male handball players. *J Strength and Cond Res, 25*, 2424-2433.

Klocke, Ch. & Ulbricht, A. (2013). *Funktionelles Krafttraining für Tennisspieler unterschiedlicher Altersklassen*. Deutscher Tennis Bund, Eigenverlag.

Kraemer, W. J. & Fleck, S. J. (2005). *Strength training for young athletes*. Champaign: Human Kinetics.

Luo, J., McNamarra, B. & Moran, K. (2005). The use of vibration training to enhance muscle strength and power. *Sports Med, 35*, 23-41.

Mayhew, J. L., Kerksick, C. D., Lentz, D., Ware, J. S. & Mayhew, D. L. (2004). Using repetitions to fatigue to predict one-repetition maximum bench press in male high school athletes. *Ped Exerc Sci, 16*, 265-276.

Peake, J., Nosaka, K. & Suzuki, K. (2005). Charakterization of inflammatory responses to eccentric exercise in humans. *Exerc Immunol Rev, 11*, 64-85.

Petersen, C. & Nittinger, N. (2006). *Fit top play-tennis, high performance training tips*. Racquet Tech Publishing, Vista, CA, USA.

Pikosky, M., Faigenbaum, A., Westcott, W. & Rodriguez, N. (2002). Effects of resistance training on protein utilization in healthy children. *Med Sci Sports Exerc, 34*, 820-827.

Prokopy, M. P., Ingersoll, C. D., Nordenschild, E., Katch, F. I., Gaesser, G. A. & Weltman, A. (2008). Closed-kinetic chain upper-body training improves throwing performance of NCAA Division I softball players. *J Strength and Cond Res, 22*, 1790-1798.

Proske, U. & Morgan, D. L. (2001). Muscle damage from eccentric exercise: Mechanism, mechanical signs, adaptation and clinical applications. *J Physiol, 537.2*, 333-345.

Raeder, C. (2013). *Effects of six weeks of medicine ball training on throwing velocity, precision and isokinetic strength of shoulder rotators in female handball players.* Masterarbeit, Ruhr-Universität Bochum.

Remmert, H., Brcko, K. & Hennig, M. (2007). Auswirkungen unterschiedlicher Anspannungszeiten im Einsatztraining auf die Entwicklung der Maximalkraftfähigkeit. *Leistungssport, 37* (5), 15-19.

Remmert, H., Schischek, A., Zamhöfer, T. & Ferrauti, A. (2005). Zum Einfluss der Regenerationsdauer auf die Kraft- und Muskelmassenzunahme im Rahmen eines Einsatz-Hochintensitätstrainings (High Intensity Training). *Leistungssport, 35* (2), 15-19.

Robbins, D. W. (2005). Postactivation potentiation and its practical applicability: A brief review. *J Strength and Cond Res, 19*, 453-458.

Roetert, E. P. & Kovacs, M. S. (2011). *Tennis anatomy. Your illustrated guide for tennis strength, speed, power, and agility.* Champaign: Human Kinetics.

Ross, M. D., Denegar, C. R. & Winzenried, J. A. (2001). Implementation of open and closed kinetic chain quadriceps strengthening exercises after anterior cruciate ligament reconstruction. *J Strength and Cond Res, 15*, 466-473.

Rowland, T. W. (2005). *Children's exercise physiology.* Champaign: Human Kinetics.

Sale, D. G. (2002). Postactivation potentiation: Role in human performance. *Exerc Sport Sci Rev, 30*, 138-143.

Snijders, C. J., Vleeming, A. & Stoeckart, R. (1993). Transfer of lumbosacral load to iliac bones and legs. 1: Biomechanics of self-bracing of the sacroiliac joints and its significance for treatment and exercise. *Clinical Biomechanics, 8*, 285.

Spiering, B. A., Kraemer, W. J., Anderson, J. M., Armstrong, L. E., Nindl, B. C., Volek, J. S. & Maresh, C. M. (2008). Resistance exercise biology. Manipulation of resistance exercise programme variables determines the responses of cellular and molecular signalling pathways. *Sports Med, 3*, 527-540.

Steinhöfer, D. (2008). *Athletiktraining im Sportspiel. Theorie und Praxis zu Kondition, Koordination und Trainingssteuerung.* Münster: Philippka Sportverlag.

Surakka, J., Alanen, E., Aunola, S., Karppi, S. L. & Pekkarinen, H. (2006). Effects of external light loading in powertype strength training on muscle power of the lower extremities in middle-aged subjects. *Int J Sports Med, 27*, 448-455.

Tidow, G. (1994). Lösungsansätze zur Optimierung des Schnellkrafttrainings auf der Basis muskelbioptischer Befunde. In R. Brack, A. Hohmann & H. Wieland (Hrsg.), *Trainingssteuerung. Konzeptionelle und trainingsmethodische Aspekte* (S. 219-225). (2., Symposium der

DVS-Sektion Trainingswissenschaft in Stuttgart 1993, Sportwissenschaft und Praxis, Bd. 6) Stuttgart: Naglschmid.

Tillin, N. A. & Bishop, D. (2009). Factors modulating post-activation potentiation and its effect on performance of subsequent explosive activities. *Sports Med, 39*, 147-166.

Treiber, F. A., Lott, J., Duncan, J., Slavens, G. & Davis, H. (1998). Effects of theraband and lightweight dumbbell training on shoulder rotation torque and service performance in college tennis players. *Am J Sports Med, 26*, 510-515.

Vleeming, A., Pool-Goudzwaard, A.L., Stoeckart, R., Wingerden, J. P. & Van Snijders, C. J. (1995). The posterior layer of the thoracolumbar fascia: its function in load transfer from spine to legs. *Spine 20*, 753-758.

Williams, M. (2001). Human development and aging. In J. Roitman et al. (Eds.), *Guidelines for exercise testing and prescription*. Philadelphia: Lippincott Williams & Williams.

Young, W. B., Jenner, A. & Griffiths, K. (1998). Acute enhancement of power performance from heavy load squats. *J Strength and Cond Res, 12*, 82-84.

# 6 Schnelligkeitstraining

Baker, D. (2003). The acute effect of alternating heavy and light resistance upon power output during upper body complex power training. *J Strength and Cond Res, 17*, 493-497.

Bastiaens, K., Müller, M. & Braun, D. et al. (2006). Short and long-term effects of a throwing intervention during complex service training in elite childrens tennis. In: M. Raab, A. Arnold, K. Gärtner, J. Köppen, C. Lempertz, N. Tielemann & H. Zastrow (Eds.), *Zukunft der Sportspiele: fördern, fordern, forschen* (S. 115-118). Flensburg: University Press.

Bauersfeld, M. & Voß, G. (1992). *Neue Wege im Schnelligkeitstraining*. Münster: Philippka.

Ebben, W. P. (2002). Complex training: A brief review. *J Sports Sci Med, 1*, 42-46.

Ferrauti, A. & Bastiaens, K. (2007). Short-term effects of light and heavy load interventions on service velocity and precision in elite young tennis players. *Br J Sports Med, 41*, 750-753.

Ferrauti, A., Fernández-Fernández, J., Klapsing, G. M., Ulbricht, A. & Rosenkranz, D. (2013). Diagnostic of footwork characteristics and running speed demands in tennis on different ground surfaces. *Sportorthopädie Sportraumatologie, 29*, 172-179.

Ferrauti, A., Maier, P. & Weber, K. (2006). *Tennistraining*. Aachen: Meyer & Meyer.

Grosser, M. (1991). *Schnelligkeitstraining*. München: BLV.

Jendrusch, G. (2000). Der richtige Durchblick. *TennisSport, 11* (3), 22-24.

Kleinöder, H. & Mester, J. (1996). Zur Bedeutung des Handgelenkeinsatzes. *TennisSport, 7* (5), 8-11.

Kleinöder, H., Neumaier, A. & Mester, J. (1994). Antizipation und Reaktion bei Handlungen im Sportspiel unter Zeitdruck. *In Bewegungsregulation und motorisches Lernen*, hg. von J. Nitsch & R. Sailer (S. 171-178). St. Augustin, Richarz.

Robbins, D. W. (2005). Postactivation potentiation and its practical applicability: A brief review. *J Strength and Cond Res 19*, 453-458.

Roetert, E. P. & Kovacs, M. S. (2011). *Tennis anatomy. Your illustrated guide for tennis strength, speed, power, and agility*. Champaign: Human Kinetics.

Treiber, F. A., Lott, J., Duncan, J., Slavens, G. & Davis, H. (1998). Effects of theraband and lightweight dumbbell training on shoulder rotation torque and service performance in college tennis players. *Am J Sports Med, 26*, 510-515.

Triolet, C., Benguigui, N., Le Runigo, C. & Williams, A. M. (2013). Quantifying the nature of anticipation in professional tennis. *J Sports Sci, 31*, 820-830.

Weber, K., Exler, T., Marx, A., Pley, C., Röbbel, S. & Schäffkes, C. (2010). Schnellere Aufschläge, kürzere Ballwechsel und höherer Zeitdruck für Grundschläge in der Tennis-Weltspitze – Darstellung am Beispiel der Herren. *Leistungssport, 40* (5), 36-42.

Weber, K., Pieper, S. & Exler, Th. (2007). Characteristics and significance of running speed at the Australian Open 2006 for training and injury prevention. *Med Sci Tennis, 12* (1), 14-17.

## 7 Beweglichkeitstraining

Cook, G., Burton, L., Kiesel, K., Rose, G. & Bryant M. F. (2010). *Functional movement systems. Screening – assessment – corrective strategies*. Aptos: On Target Publications.

Hennig, E. & Podzielny, S. (1994). Die Auswirkungen von Dehn- und Aufwärmübungen auf die Vertikalsprungleistung. *Deutsche Zeitschrift für Sportmedizin, 45*, 253-260.

Janda, V. (1976). *Muskelfunktionsdiagnostik*. Dresden: Steinkopf.

Kiesel, K., Plisky, P. J. & Voight, M. L. (2007). Can serious injury in professional football be predicted by a preseason funktional movement screen? *North Am J Sports Phys Ther, 2*, 147-158.

Klee, A. (2003). *Methoden und Wirkung des Dehnungstrainings: die Ruhespannungs-Dehnungskurve – ihre Erhebung beim M. rectus femoris und ihre Veränderung im Rahmen kurzfristiger Treatments*. Schorndorf: Hofmann.

Klocke, Ch. & Ulbricht, A. (2013). *Funktionelles Krafttraining für Tennisspieler unterschiedlicher Altersklassen.* Deutscher Tennis Bund, Eigenverlag.

Roetert, E. P. & Kovacs, M. S. (2011). *Tennis anatomy. Your illustrated guide for tennis strength, speed, power, and agility.* Champaign: Human Kinetics.

Wiemann, K. (1996). Die ischiokruralen Muskeln von Leistungsturnern. In J. Krug (Hrsg.), *Schwerpunktthema Nachwuchstraining* (S. 167-172). Beiträge des 3. Symposiums der Sektion Trainingswissenschaft der Deutschen Vereinigung für Sportwissenschaft vom 4. bis 6. 10. 1995 in Dortmund. Erlensee: SFT-Verlag.

Wiemann, K. (2000). Effekte des Dehnens und die Behandlung muskulärer Dysbalancen. In M. Sievers (Hrsg.), *Muskelkrafttraining. Bd. 1* (S. 85-119). Kiel.

Wiemann, K. & Klee, A. (2000). Die Bedeutung von Dehnen und Stretching in der Aufwärmphase vor Höchstleistungen. *Leistungssport, 30* (4), 5-9.

# 8 Ausdauertraining

Armstrong, N. & Welsman, J. R. (2007). Aerobic Fitness: What are we measuring? In G. R. Tomkinson & T. S. Olds (Eds.), *Pediatric fitness, secular trends and geographic variability* (S. 5-25). Karger: Basel.

Bailey, R.C., Olson, J., Pepper, S.L., Porszasz, J., Barstow, T. J. & Cooper, D. M. (1995). The level and tempo of children's physical activities: An observational study. *Med Sci Sports Exerc, 27*, 1033-1041.

Bangsbo, J., Iaia, F. M. & Krustrup, P. (2008). The Yo-Yo intermittent recovery test: a useful tool for evaluation of physical performance in intermittent sports. *Sports Med, 38*, 37-51.

Baquet G., Berthoin, S., Dupont, G., Blondel, N., Fabre, C. & van Praagh, E. (2002). Effects of high intensity intermittent training on peak $VO_2$ in prepubertal children. *Int J Sports Med, 23*, 439-444.

Becker, D. M. & Vaccaro, P. (1983). Anaerobic threshold alterations caused by endurance training in young children. *J Sports Med, 23*, 445-449.

Beneke, R., Leithäuser, M. & Hütler, M. (2002). Leistungsfähigkeit und Trainierbarkeit im Kindes- und Jugendalter. In H. Hebestreit, R. Ferrari, J. Meyer-Holz, W. Lawrenz & B. K. Jüngst (Hrsg.), *Kinder- und Jugendsportmedizin* (S. 15-21). Stuttgart: Thieme.

Borg, G. (1998). *Borg's perceived exertion and pain scales.* Human Kinetics: Champaign.

Buchheit, M. (2008). The 30-15 intermittent fitness test: Accuracy for individualizing interval training of young intermittent sport players. *J Strength and Cond Res, 22*, 365-374.

Burgomaster, K. A., Howarth, K. R., Phillips, S. M., Rakobowchuk, M., Macdonald, M. J., McGee, S. L. & Gibala, M. J. (2008). Similar metabolic adaptations during exercise after low volume sprint interval and traditional endurance training in humans. *J Physiol, 586*, 151-160.

De Marées, H, (2002). *Sportphysiologie.* Köln: Sport & Buch Strauss.

Ferrauti, A. Bergermann, M. & Fernández-Fernández, J. (2009). Effects of a concurrent strength and endurance training on running performance and running economy in recreational marathon runners. *J Strength and Cond Res, 24*, 2770-2778.

Ferrauti, A., Bergeron, M. F., Pluim, B. M. & Weber, K. (2001a). Physiological responses in tennis and running with similar oxygen uptake. *Eur J Appl Physiol, 85*, 27-33.

Ferrauti, A., Kinner, V. J. & Fernández-Fernández, J. (2011). The Hit & Turn Tennis Test: An acoustically controlled endurance test for tennis players. *J Sport Sci, 29*, 485-494.

Ferrauti, A. & Weber, K. (2009). *Ausdauer – Diagnostik und Training. Der offizielle Tennis-Lehrplan des DTB e. V., Kapitel Trainingswissenschaft.* Multimediale PC CD-ROM. Köln/Hamburg: DTB, DSHS.

Gerisch, G. & Weber K. (1992). Diagnostik der Ausdauer und Schnelligkeit im Leistungsfußball (1. Teil). *Fußballtraining, 9*, 32-38.

Gibala, M. J. & McGee, S. L. (2008). Metabolic adaptions to short-term high intensity interval training: A little pain for a lot of gain? *Exerc Sport Sci Rev, 36*, 58-63.

Girard, O., Lattier, G., Micallef, J. P., & Millet, G. P. (2006). Changes in exercise characteristics, maximal voluntary contraction and explosive strength during prolonged tennis playing. *Br J Sports Med, 40*, 521-526.

Hanakam, F. (2011). *Trainingssteuerung des Freizeitläufers unter besonderer Berücksichtigung der Herzfrequenz.* Dissertation zur Erlangung des Grades eines Doktors der Sportwissenschaft (Dr. Sportwiss.), Ruhr-Universität Bochum.

Heck, H., Mader, A., Liesen, H. & Hollmann, W. (1982). Vorschlag zur Standardisierung leistungsdiagnostischer Untersuchungen auf dem Laufband. *Deutsche Zeitschrift für Sportmedizin, 33*, 304-307.

Hottenrott, K. (2000). *Ausdauertraining: intelligent – effektiv – erfolgreich.* Lühneburg: Wehdemeier & Pusch.

Hebestreit, H., Mimura, K. & Bar-Or, O. (1993). Recovery of muscle power after high-intensity short-term exercise: Comparing boys and men. *J Appl Physiol, 74*, 2875-2880.

Hennig, E. M., Staats, A. & Rosenbaum, D. (1994). Plantar pressure distribution patterns of young school children in comparison to adults. *Foot & Ankle, 15*, 35-40.

Hollmann, W. (1983). Trainingsmethoden zur Steigerung der kardiopulmonalen Leistungsfähigkeit bei gesunden Nichtsportlern. *Therapiewoche, 33*, 523-525.

Hollmann, W. & Hettinger, T. (2000). *Sportmedizin. Grundlagen für Arbeit, Training und Präventivmedizin*. Stuttgart: Schattauer.

Hollmann, W. & Strüder, H. (2009). *Sportmedizin* (5. Auflage). Stuttgart: Schattauer.

Hunt, T. K., Aslam, R. S., Beckert, S., Wagner, S., Ghani, Q. P., Hussain, M. Z., Roy, S. & Sen C. K. (2007). Aerobically derived lactate stimulates revascularization and tissue repair via redox mechanisms. *Antioxid Redox Signal, 9*, 1115-1124.

Iaia, F. M., Rampinini, E. & Bangsbo, J. (2009). High-intensity training in football. *Int J Sports Physiol Perform, 4*, 291-306.

Kappenstein, J., Ferrauti, A., Runkel, B., Fernández-Fernández, J., Müller, K. & Zange, J. (2013). Changes in phosphocreatine concentration of skeletal muscle during high-intensity intermittent exercise in children and adults. *Eur J Appl Physiol, 113*, 2769-2779.

Karvonen, M., Kentala, K. & Mustala O. (1957). The effects of training heart rate: A longitudinal study. *Annales Medicinae Experimentalis et Biologiae Fenniae, 35*, 307-315.

Léger, L. A., Mercier, D., Gadoury, C. & Lambert, J. (1988). The multistage 20 metre shuttle run test for aerobic fitness. J Sport Sci, 6, 93-101.

Mader, A., Liesen, H., Heck, H., Philippi, H., Rost, R., Schürch, P. & Hollmann, W. (1976). Zur Beurteilung der sportartspezifischen Ausdauerleistungsfähigkeit im Labor. *Sportarzt und Sportmedizin, 27*, 80-88 u. 109-112.

McManus, A. M., Cheng, C. H., Leung, M. P., Yung, T. C. & Macfarlane, D. J. (2005). Improving aerobic power in primary school boys: A comparison of continuous and interval training. *Int J Sports Med, 26*, 781-786.

McMillan, K., Helgerud, J., Macdonald, R. & Hoff, J. (2005). Physiological adaptations to soccer specific endurance training in professional youth soccer players. *Br J Sports Med, 39*, 273-277.

Mohr, M., Krustrup, P., Nielsen, J. J., Nybo, L., Rasmussen, M. K., Juel, C. & Bangsbo, J. (2007). Effect of two different intense training regimens on skeletal muscle ion transport proteins and fatigue development. *Am J Physiol Regul Integr Comp Physiol, 292*, R1594-1602.

Müller, J., Engel, F. & Ferrauti, A. (2009a). Laktatelimination und Säure-Basen-Status nach intensiver Intervallbelastung bei Kindern und Erwachsenen in Abhängigkeit von der Erholungsgestaltung. *Deutsche Zeitschrift für Sportmedizin, 60*, 187.

Müller, J., Engel, F. & Ferrauti, A. (2009b). Children tolerate intensive exercise better than adults. In S. Loland, K. Bø, K. Fasting, J. Hallèn, Y. Ommundsen, G. Roberts & E. Tsolakidis (Eds.), *Book of Abstracts of the 14th Annual Congress of the European College of Sports Science* (p. 223), Oslo/Norway, June 24-27.

Paton, C. D. & Hopkins, W. G. (2004). Effects of high-intensity training on performance and physiology of endurance athletes. *Sport Sci, 8*, 25-40.

Prior, B. M., Yang, H. T. & Terjung, R. L. (2004). What makes vessels grow with exercise training? *J Appl Physiol, 97*, 1119-1128.

Rakobowchuk, M., Tanguay, S., Burgomaster, K. A., Howarth, K. R., Gibala, M. J. & MacDonald, M. J. (2008). Sprint interval and traditional endurance training induce similar improvements in peripheral arterial stiffness and flow-mediated dilation in healthy humans. *Am J Physiol Regul Integr Comp Physiol, 295*, R236-242.

Rotstein, A., Dotan, R., Bar-Or, O. & Tenembaum, G. (1986). Effects of training on anaerobic threshold, maximal aerobic power and anaerobic performance of preadolescent boys. *Int J Sports Med, 7*, 281-286.

Rowland, T. W. (1985). Aerobic response to endurance training in prepubescent children: A critical analysis. *Med Sci Sports Exerc, 17*, 493-497.

Savage, M. P., Petratis, M. & Thomson, W. H. (1986). Exercise training effects on serum lipids of prepubertal boys and adult men. *Med Sci Sports Exerc, 18*, 197-204.

Smith, G. & Israel, S. (1983). Herzschlagfrequenz beim gesundheitsstabilisierenden Ausdauertraining: 170 -½ Lebensalter (Jahre) ± 10 min -1. *Med Sport, 23*, 158-160.

Steffny, H. & Pramann, K. (2001). *Perfektes Lauftraining*. München: Südwest.

Stockhausen, W., Weber, K., Born, P., Hinz, H., Krahl, H., Michaelis, U., Pfannkoch, P., Zofka, Z. & Keul, K. (1997). Leistungsdiagnostik im Tennis. Ein Konzept zur Vereinheitlichung der Leistungsdiagnostik für Nachwuchsspieler/-innen im Deutschen Tennis Bund. *Leistungssport, 27* (5), 34-36.

Ulbricht, A., Wiewelhove, T., Fernández-Fernández, J., Born, P. & Ferrauti, A. (2012). High-Intensity Ausdauertraining. *Tennissport, 23* (2), 18-25.

Van Praagh, E. (2007). Anaerobic Fitness Tests: What are we measuring? In: G. R. Tomkinson & T. S. Olds (Eds.), *Pediatric fitness, secular trends and geographic variability (p. 26-45)*. Basel: Karger.

Wahl, P., Hägele, M., Zinner, C., Bloch, W. & Mester, J. (2010). High Intensity Training (HIT) für die Verbesserung der Ausdauerleistungsfähigkeit im Leistungssport. *Schweizer Zeitschrift für Sportmedizin und Sporttraumatologie, 58*, 125-133.

Weber, K. & Hollmann, W. (1984). Neue Methoden zu Diagnostik und Trainingssteuerung der tennisspezifischen Ausdauerleistungsfähigkeit. In H. Gabler & B. Zein (Red.), Talentsuche und Talentförderung im Tennis (S. 186-209). Ahrensburg: Czwalina.

Welsman, J. R., Armstrong, N. & Withers, S. (1997). Responses of young girls to two modes of aerobic training. *Brit J Sports Med, 31*, 139-142.

# 9 Gesundheit & Fitness

Blair, S. N., Kohl, H. W., Gordon, N. F. & Paffenbarger, R. S. (1992). How much physical activity is good for health? *Ann Rev Publ health, 13*, 99-126.

Blair, S. N., Kohl, H. W., Paffenbarger, R. S., Clark, D. G., Cooper, K. H. & Gibbons, L. W. (1989). Physical fitness and all-cause mortality: A prospective study of healthy men and women. *JAMA, 262*: 2395-2401.

Corrado, D., Basso, C., Pavel, A., Michieli, P., Schiavon, M. & Thiene, G. (2006). Trends in sudden cardiovascular death in young competitive athletes after implementation of a preparticipation screening program. *JAMA, 296*, 1593-1601. MEDLINE.

Crews, D., Thomas, G., Shireffs, J. H. & Helfrich, H. M. (1984). A physiological profile of ladies professional golf association tour players. *Physician Sportsmed, 12*, 69-74.

Dangel, G., Ferrauti, A. & Weber, K. (1998). Funktionelles Kräftigen und Dehnen für Tennisspieler – mit praktischen Übungsprogrammen für daheim und unterwegs. Sindelfingen: Sportverlag.

Dangel, G., Reichardt, H. (1986). Funktionelle Gymnastik zur Verbesserung der tennisspezifischen Beweglichkeit und Kraft. In: H. Gabler & B. Zein (Hg.) *Konditionstraining im Tennis* (S. 72-88). Ahrensburg: Czwalina.

Deutscher Olympischer SportBund (2010). *Sportmedizinisches Untersuchungs- und Betreuungssystem im deutschen Leistungssport.* www.dosb.de/DOSB/Leistungssport/Sportmedizin. Zugriff am 15.3. 2013.

Eifler, S. (1994). *Die Lendenwirbelsäule im Tennis. – Ein Beitrag zur Prävention von Rückenbeschwerden.* Diplomarbeit, Deutsche Sporthochschule Köln.

Ferrauti, A. (1999). *Der Energiestoffwechsel im Tennis.* St. Augustin: Academia.

Ferrauti, A. & Weber, K. (1996). Reaktionen und Adaptationen von Fettstoffwechsel und Lipoproteinprofil im Freizeit-Tennis. *Deutsche Zeitschrift für Sportmedizin, 47*, 43-53.

Ferrauti, A., Predel, G., Weber, K. & Rost, R. (1997). Beanspruchungsprofil von Golf und Tennis aus gesundheitssportlicher Sicht. *Deutsche Zeitschrift für Sportmedizin, 48*, 263-269.

Löllgen, H. (2012). Vorsorgeuntersuchung im Sport. *Deutsche Zeitschrift für Sportmedizin, 63*, [5].

Löllgen, H., Leyk, D. & Hansel, J. (2010). Sportärztliche Vorsorgeuntersuchung im Breiten- und Freizeitsport: Internistisch-kardiologische Aspekte. *Deutsches Ärzteblatt, 107*, 742-748.

Murase, Y.,Kamei, S. & Hoshikawa, T. (1989). Heart rate and metabolic responses to participation in golf. *J Sports Med Phys Fitness, 29*, 269-272.

Paffenbarger, R. S., Wing, A. L. & Hyde, R. T. (1978). Physical activity as an index of heart attack risk in college alumni. *Am J Epidemiol, 108*, 161-175.

Paffenbarger, R. S. & Olsen, E. (1996). *LifeFit: An effective program for optimal health and a longer life*. Champaign, IL: Human Kinetics.

Parzeller, M. & Raschka, C. (1995). Death in sports: Comparison between tennis, table-tennis, badminton, and squash. In H. Krahl, H. G. Pieper, W. B. Kibler & P. Renström (Eds). *Tennis: Sports medicine and science* (p. 246-251). Düsseldorf: Rau.

Parzeller, M. & Raschka, C. (2003). Auswertung von 2.969 Todesfällen im Vereinssport anhand einer 20-jährigen Erhebung. *Deutsche Zeitschrift für Sportmedizin, 54* (S. 7-8), S. 88 (Poster 144).

Parzeller, M., Schmidt, P. & Raschka, C. (2009). Todesfälle im Sport. In M. Engelhardt (Hrsg.), *Sportverletzungen: Diagnose, Management und Begleitmaßnahmen* (S. 727-738). München: Elsevier.

Schmidt-Wiethoff, R. & Dargel, J. (2009). Tennis. In M. Engelhardt (Hrsg.), *Sportverletzungen: Diagnose, Management und Begleitmaßnahmen* (S. 575-581). München: Elsevier.

Sommer, H. M. (2004). Manuelle und klinische Diagnostik. In W. Banzer, K. Pfeifer & L. Vogt (Hrsg.), *Funktionsdiagnostik des Bewegungssystems in der Sportmedizin* (S. 1-26). Berlin/Heidelberg/New York: Springer.

Stockhausen, W. (2013). *Sportmedizinische Untersuchung und Leistungsdiagnostik im Deutschen Tennis Bund*. DTB internes Arbeitspapier.

Strüder, H.K., Fröhlich, A., Ferrauti, A., Weber, K. & Rost, R. (1995). Verhalten des Blutdrucks im Tenniswettkampf bei Älteren. In N. Hölting, K. Weber & H. Funhoff (Hrsg.), *Tennis im höheren Lebensalter aus interdisziplinärer Sicht* (S. 147-157). Hamburg: Czwalina.

Thomas, M. & Busse, M. (2001). Verletzungen und Fehlbelastungen beim Tennis. *Klinische Sportmedizin*, 2, 73 78.

Therminarias, A., Dansou, P., Chirpaz-Oddou, M. F., Gharib, C. & Quirion, A. (1991). Hormonal and metabolic changes during a strenuous tennis match. *Int J Sports Med, 12*, 10-16.

Weber, K. (1982). *Tennis-Fitness*. München: BLV.

Weber, K. (1987). *Der Tennissport aus internistisch-sportmedizinischer Sicht*. St. Augustin: Academia.

Weber, K. & Keul, J. (1994). Ozonbelastung und Tennissport. *TennisSport, 5* (2), 4-6.

Weber, K., Fahl, E. & Hoor, W. (1982). Primäre Sportschäden im Tennis unter besonderer Berücksichtigung des Tennisellbogens. In W. Decker & M. Lämmer (Hg.), *Kölner Beiträge zur Sportwissenschaft* 10/11 (S. 329-339). St. Augustin: Richarz.

Weber, K., Ferrauti, A., & Strüder, H. K. (1995). Hämodynamische und metabolische Beanspruchung bei Seniorentennisspielern(-innen): Nutzen oder Risiko? *Deutsche Zeitschrift für Sportmedizin, 46*, 521-529.

Weber, K., Blepp, G., Schallinatus, C., Pieper, S. & Rücker, V. (2008). Cardio Tennis – Neue Herausforderungen und Verpflichtungen für Tennistrainer und -verein. *TennisSport, 19* (6), 4-13.

# 10 Essen und Trinken im Training und im Wettkampf

Bar-Or, O. (1986). The exercising child in heat and cold stress. In V. C. Kelley (Ed.), *Practice of Pediatrics* (Chapter 10). Philadelphia: Lippincott.

Bar-Or, O. (1995). Wie reagieren Kinder auf Hitze und was sollen sie trinken? *Deutsche Zeitschrift für Sportmedizin, 46*, 317-318.

Berardi, J., Noreen, E. & Lemon, P. (2008). Recovery from a cycling time trial is enhanced with carbohydrate-protein supplementation vs. isoenergetic carbohydrate supplementation. *J Int Soc Sports Nutr*, 5 (24).

Berg, A., Stensitzky-Thielemanns, A., Schaffner, D., König, D. (2012). Sporternährung für "everyone": Brauchen wir spezielle Empfehlungen für Breitensportler? *Zeitschrift für Komplementärmedizin*, 4 (3), 43-49.

Bergström, J., Hermansen, L., Hultman, E. & Saltin, B. (1967). Diet, muscle glycogen and physical performance. *Acta Physiol Scand, 2*, 140-150.

Betts, J. A., Stevenson, E., Williams, C., Sheppard, C., Grey, E. & Griffin, J. (2005). Recovery of endurance running capacity: effect of carbohydrate-protein mixtures, 15, 590-609.

Brouns (1993). *Die Ernährungsbedürfnisse von Sportlern*. Berlin: Heidelberg.

Costill, D. L. (1988). Nutrition and Dietetics. In A. Dirix, H. G. Knuttgen & K. Tittel (Eds.), *The Olympic book of sports medicine* (p. 603-634). Oxford: Blackwell Scientific Publications.

Drummond M. J., Dreyer H. C., Fry C. S., Glynn E. L. & Rasmussen B. B. (2009). Nutritional and contractile regulation of human skeletal muscle protein synthesis and mTORC1 signaling. *J. Appl. Physiol., 106*, 1374-1384.

Faude, O. & Meyer, T. (2012). *Regeneration im Leistungssport. Leistungssport, 42* (3), 5-11.

Faude, O., Fuhrmann, M., Hermann, M., Kindermann, W. & Urhausen, A. (2005). Ernährungsanalysen und Vitaminstatus bei deutschen Spitzenathleten. *Leistungssport, 35* (4), 4-9.

Fink, W. D., Costill, D. L. & van Handel, P. J. (1975). Leg muscle metabolism during exercise in the heat and cold. *Eur J Appl Physiol, 34*, 183-190.

Geyer, H., Parr, M. K., Marek, U., Reinhart, U., Schrader, Y. & Schänzer, W. (2004). Analysis of non-hormonal nutritional supplements for anabolic-androgenic steroids – results of an international study. *Int J Sports Med, 25*, 124-129.

Gollnick, P.-D., Piehl, K. & Saltin, B. (1974). Selective glycogen depletion pattern in human muscle fibres after exercise of varying intensity and at varying pedalling rates. *J Physiol, 241*, 45-57.

Gollnick, P. D. (1988). Energy metabolism and prolonged exercise. In: D. R. Lamb & R. Murray (Ed.), Perspectives in exercise science and sports medicine volume I: Prolonged exercise (p. 1-42). Indianapolis: Benchmark Press.

Greer, B. K., Woodard, J. L., White, J. P., Arguello, E. M. & Haymes E. M. (2007). Branched-chain amino acid supplementation and indicators of muscle damage after endurance exercise. *Int J Nutr Exerc Metab, 17*, 595-607.

Gröber, U. (2012). Mikronährstoffe im Sport. *Zeitschrift für Komplementärmedizin, 4* (3), 37-42.

Grosshauser, M. (2010). *Ernährung im Triathlon. Besser essen und trinken für optimale Leistungen im Ausdauersport.* Hamburg: Spomedis.

Hermansen, L., Hultman, E. & Saltin, B. (1967). Muscle glycogen during prolonged severe exercise. *Acta Physiol Scand, 2* (71), 129-139.

Ivy, J. L. (2004). Regulation of muscle glycogen repletion, muscle protein synthesis and repair following exercise. *J Sports Sci Med, 3* (3), 131-138.

Jentjens, R. & Jeukendrup, A. (2005). High rates of exogenous carbohydrate oxidation from a mixture of glucose and fructose ingested during prolonged cycling exercise. *Br J Nutr, 93*, 485-492.

Jentjens, R., Wagenmakers, A. J. & Jeukendrup, A. (2002). Heat stress increases muscle glycogen use but reduces the oxidation of ingested carbohydrates during exercise. *J Appl Physiol, 92*, 1562-1572.

Jeukendrup, A. (2008). Carbohydrate feeding during exercise. *Europ J Sports Sci, 8*, 77-86.

Jeukendrup, A., Brouns, F., Wagenmakers, A. J. M. & Saris, W. H. M. (1997). Carbohydrate-electrolyte feedings improve 1 h time trial cycling performance. *Int J Sports Med, 18* (2), 125-129.

Kawahata, A. (1960). Sex differences in sweating. In H. Yoshimura, K. Ogata & S. Itch (Eds.), *Essential problems in climatic physiology* (p. 169-184). Kyoto, Japan: Nankodo.

Kerksick, C., Harvey, H., Stout, J., Campbell, B., Wilborn, C., Kreider, R., Kalman, D., Ziegenfuss, T., Lopez, H., Landis, J., Ivy, J. L. & Antonio, J. (2008). International society of sports nutrition position stand: Nutrient timing. *J Int Soc Sports Nutr, 5* (17), Elektronische Resource.

MacLean, D. A., Graham, T. E. & Saltin, B. (1994). Branched-chain amino acids augment ammonia metabolism while attenuating protein breakdown during exercise. *Am J Physiol., 267* (6 Pt 1), E1010-22.

Maresh, C. M., Herrera-Soto, J. A., Armstrong, L. E., Casa, D. J., Kavouras, S. A., Hacker, F. T., Elitott, T. A., Stoppani, J., Scheet, T. P. (2001). Perceptual responses in the heat after brief intravenous versus oral rehydration. *Med Sci Sports Exerc, 33*, 1039-1045.

Matsumoto, K., Koba, T., Hamada, K., Sakurai, M., Higuchi, T. & Miyata, H. (2009). Branched-chain amino acid supplementation attenuates muscle soreness, muscle damage and inflammation during an intensive training program. *J Sports Med Phys Fitness, 49*, 424-431.

Maughan, R. & Noakes, T. (1991). Fluid replacement and exercise stress. *Sports medicine, 12*, 16-31.

Poortmans, J. R. (1973). Influence of physical activities upon electrolyte distribution. *Medicina dello Sport, 26*, 152-159.

Pottier, A., Bouckaert, J., Gilis, W., Roels, T. & Derave, W. (2008). Mouth rinse but not ingestion of a carbohydrate solution improves 1h cycle time trial performance. *Scand J Med Sci Sports, 20*, 105-111.

Riebe, D., Maresh, C. M., Armstrong, L. E., Kenefick, R. W., Castellani, J. W., Echegaray, M. E. et al., (1997). Effects of oral and intravenous rehydration on ratings of perceived exertion and thirst. *Med Sci Sports Exerc, 29*, 117-124.

Rollo, I., Williams, C. & Nevill, M. (2011). Influence of ingesting versus mouth rinsing a carbohydrate solution during a 1h run. *Med Sci Sports Exerc, 43*, 468-475.

Rolands, D. S. & Wadsworth, D. P. (2011). Effect of high-protein feeding on performance and nitrogen balance in female cyclists. *Med Sci Sports Exerc, 43*, 44-53.

Schek, A. (2011a). *Ernährungslehre kompakt.* 4. Auflage, Umschau Zeitschriftenverlag, Sulzbach im Taunus.

Schek, A. (2011b). Buchbesprechung: Wienecke, E. Leistungsexplosion im Sport – Ein Anti-Doping-Konzept. Aachen 2011. *Leistungssport, 41* (4), 19-21.

Shi, X., Summers, R. W., Schedl, H. P., Flanagan, S. W., Chang, R. & Gisolfi, C. V. (1995). Effects of carbohydrate type and concentration and solution osmolality on water absorption. *Med Sci Sports Exerc, 27*, 1607-1615.

Torres-Luque, G., Cabello-Manrique, D., Hernández-García, R. & Garatachea, N. (2011). An analysis of competition in young tennis players. *Europ J Sport Sci, 11*, 39-43.

Weber, K., Eisenlauer, G., Hollmann, W. & Knöppler, G. J. (1983). Das Verhalten verschiedener Elektrolyte im Serum von Tennisspielern unter Wettkampfbedingungen. In H. Heck, W. Hollmann, H. Liesen & R. Rost (Hrsg.), *Sport, Leistung und Gesundheit* (S. 463-467). Köln: Deutscher Ärzte-Verlag.

Weber, K., Beier, T., Marx, A., Pery, C., Röbbel, S. J. & Wolff, L. (2010). Veränderungen in der Weltspitze erfordern Umdenken im Training. *Tennissport, 21* (5), 4–11.

Wienecke, E. (2011). *Leistungsexplosion im Sport – Ein Anti-Doping-Konzept.* Meyer & Meyer, Aachen.

Wienecke, E. (2012). Mikronährstoffe – überbewertet oder unterschätzt? *TennisSport*, (5), 12-19.

Williams, M. H. (1997). *Ernährung, Fitness und Sport.* Berlin/Wiesbaden: Ullstein Mosby.

Wilmore, J. H., Costill, D. L. & Kenney, W. L. (2008). *Physiology of sport and exercise* (4th Edition). Champaign, IL: Human Kinetics.

Wolfe, R. R. (2006). Skeletal muscle protein metabolism and resistance exercise. *Am Soc Nutrition, 136* (2), 525S-528S.

# 11 Regeneration

Atkinson, G., Drust, B., Reilly, T. & Waterhouse, J. (2003). The relevance of melatonin to sports medicine and science. *Sports Med, 33*, 809-831.

Burke, D. G., MacNeil, S. A., Holt, L. E., MacKinnon, N. C. & Rasmussen, R. L. (2000). The effect of hot or cold water immersion on isometric strength training. *J Strength and Cond Res, 14*, 21-25.

Carrasco, L., Sanudo, B., de Hoyo, M., Pradas, F. & Da Silva, M. E. (2011). Effectiveness of low-frequency vibration recovery method on blood lactate removal, muscle contractile properties and on time to exhaustion during cycling at $VO_2max$ power output. *Eur J Appl Physiol, 111*, 2271-2279.

Davies, V., Thompson, K. G. & Cooper, S. M. (2009). The effects of compression garments on recovery. *J Strength and Cond Res, 23*, 1786-1794.

Davis, H., Botterill, C. & MacNeill, K. (2002). Mood and self-regulation changes in underrecovery: An intervention model. In: M. Kellmann (Ed.), *Enhancing recovery: Preventing underperformance in athletes* (S. 161-179). Champaign: Human Kinetics.

De Nardi, M., La Torre, A., Barassi, A., Ricci, C. & Banfi, G. (2011). Effects of cold-water immersion and contrast-water therapy after training in young soccer players. *J Sports Med Phys Fitness, 51*, 609-615.

Gunning, L. (2001). Enhancing recovery: impact of sleep on performance. *Sports Coach, 23*, 23-25.

Impellizzeri, F. M. & Maffiuletti, N. A. (2007). Convergent evidence for construct validity of a 7-point likert scale of lower limb muscle soreness. *Clin J Sport Med, 17*, 494-496.

Kenttä, G. & Hassmén, P. (1998). Overtraining and recovery – a conceptual model. *Sports Med, 26*, 1-16.

Kreider, R. B., Wilborn, C. D., Taylor, L., Campbell, B., Almada, A. L., Collins, R., Cooke, M., Earnest, C. P., Greenwood, M., Kalman, D. S., Kerksick, C. M., Kleiner, S. M., Leutholtz, B., Lopez, H., Lowery, L. M., Mendel, R., Smith, A., Spano, M., Wildman, R., Willoughby, D. S., Ziegenfuss, T. N. & Antonio, J. (2010). ISSN exercise & sport nutrition review: research & recommendations. *J Int Soc Sports Nutr, 7*, 7.

Leeder, J., Gissane, C., van Someren, K., Gregson, W. & Howatson, G. (2011). Cold water immersion and recovery from strenuous exercise: a meta-analysis. *Br J Sports Med, 46*, 233-240.

Monedero, J. & Donne, B. (2000). Effect of recovery interventions on lactate removal and subsequent performance. *Int J Sports Med, 21*, 593-597.

Niess, A. M., Striegel, H., Hipp, A., Hansel, J. & Simon, P. (2008). Antioxidant supplementation in sports – sense or non-sense? *Deutsche Zeitschrift für Sportmedizin, 59*, 55-61.

Scoon, G. S., Hopkins, W. G., Mayhew, S. & Cotter, J. D. (2007). Effect of post-exercise sauna bathing on the endurance performance of competitive male runners. *J Sci Med Sport, 10*, 259-262.

Shrier, I. (2004). Does stretching improve performance? A systematic and critical review of the literature. *Clin J Sport Med, 14*, 267-273.

Takahashi, M., Fukuda, H. & Arito, H. (1998). Brief naps during post-lunch rest: Effects on alertness, performance, and autonomic balance. Eur J Appl Physiol Occup Physiol, 78, 93-98.

Urhausen, A., Gabriel, H. H. & Kindermann, W. (1998). Impaired pituitary hormonal response to exhaustive exercise in overtrained endurance athletes. *Med Sci Sports Exerc, 30*, 407-414.

Wahl, P., Zinner, C., Achtzehn, S., Bloch, W. & Mester, J. (2010). Effect of high- and low-intensity exercise and meta-bolic acidosis on levels of GH, IGF-I, IGFBP-3 and cortisol. *Growth Horm IGF Res, 20*, 380-385.

Weerapong, P., Hume, P. A. & Kolt, G.S. (2005). The mechanisms of massage and effects on performance, muscle recovery and injury prevention. *Sports Med, 35*, 235-256.

Wilcock, I. M., Cronin, J. B. & Hing, W. A. (2006). Physiological response to water immersion: A method for sport recovery? *Sports Med, 36*, 747-765.

Yamane, M., Teruya, H., Nakano, M., Ogai, R., Ohnishi, N. & Kosaka, M. (2006). Post-exercise leg and forearm flexor muscle cooling in humans attenuates endurance and resistance training effects on muscle performance and on circulatory adaptation. *Eur J Appl Physiol, 96*, 572-580.

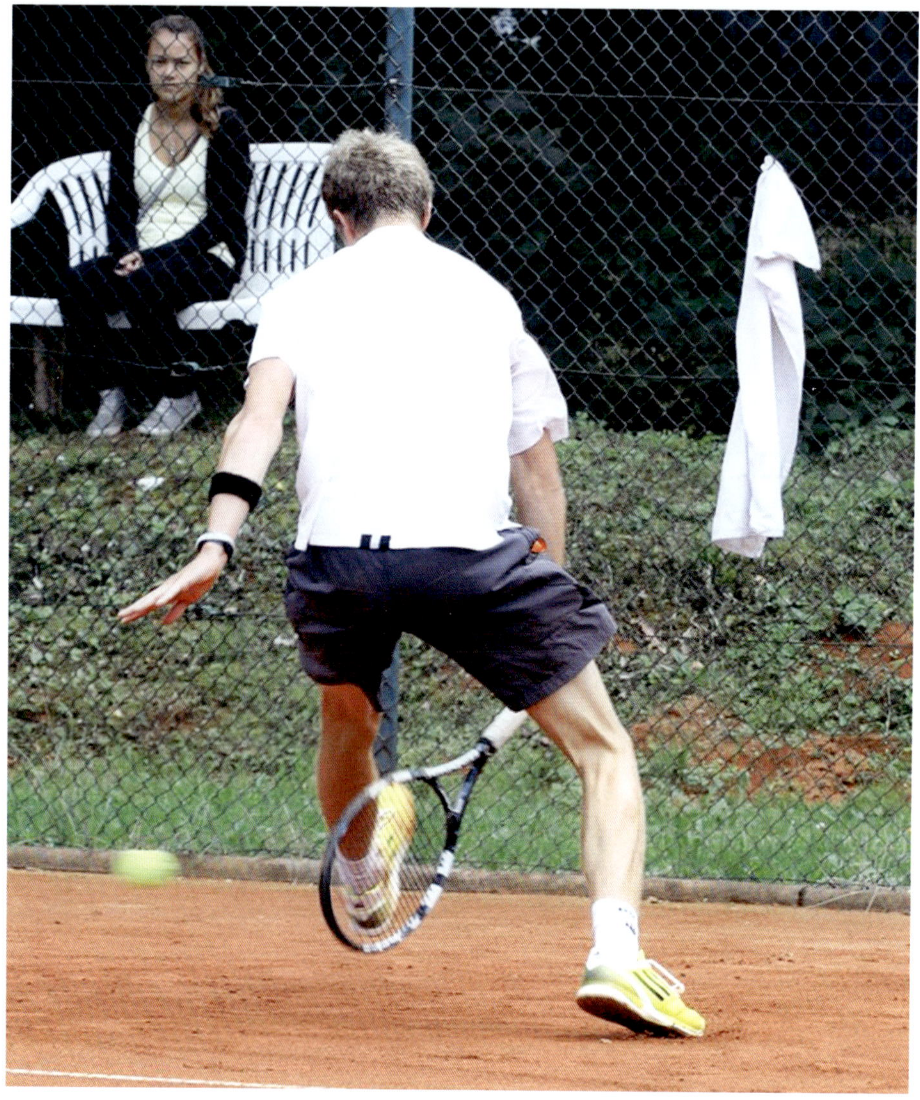

*Das Buch endet, der Platz endet ... Das Spiel geht immer weiter ... Lars Lotter-Becker beim REWE-Cup 2013 in voller Aktion*

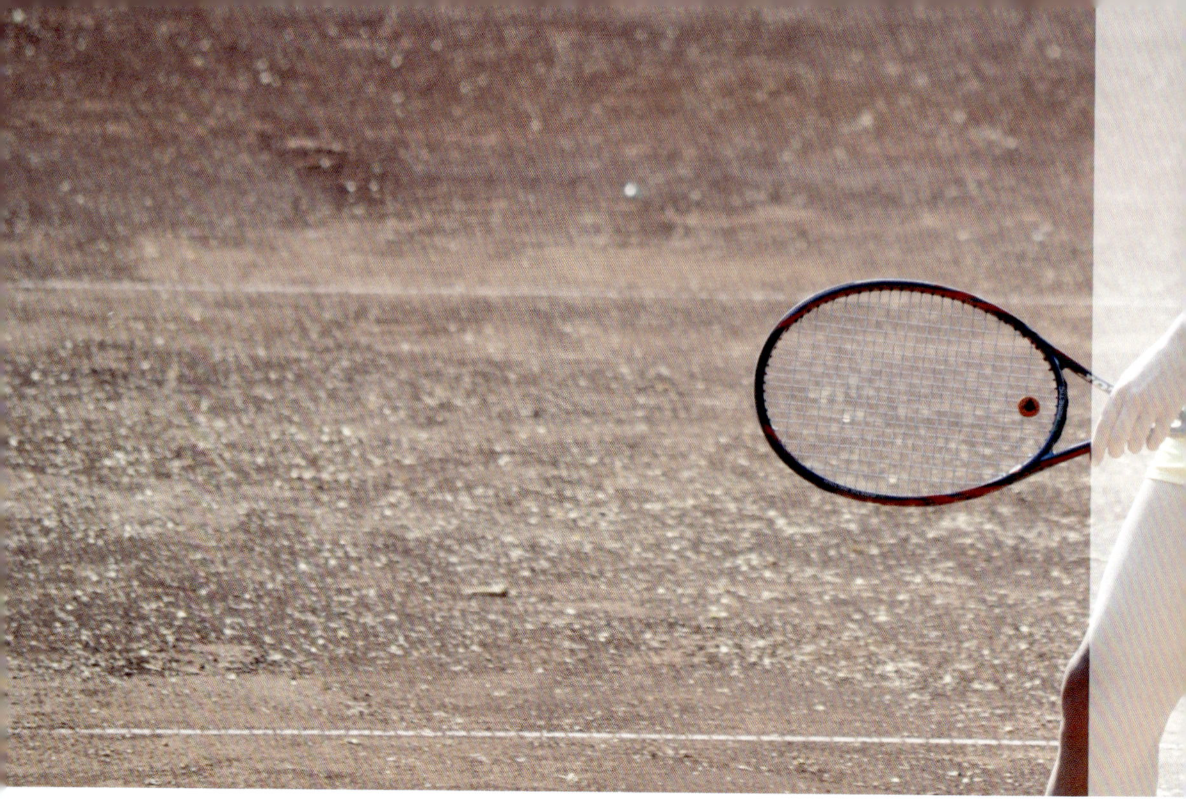

# Sachregister

# T

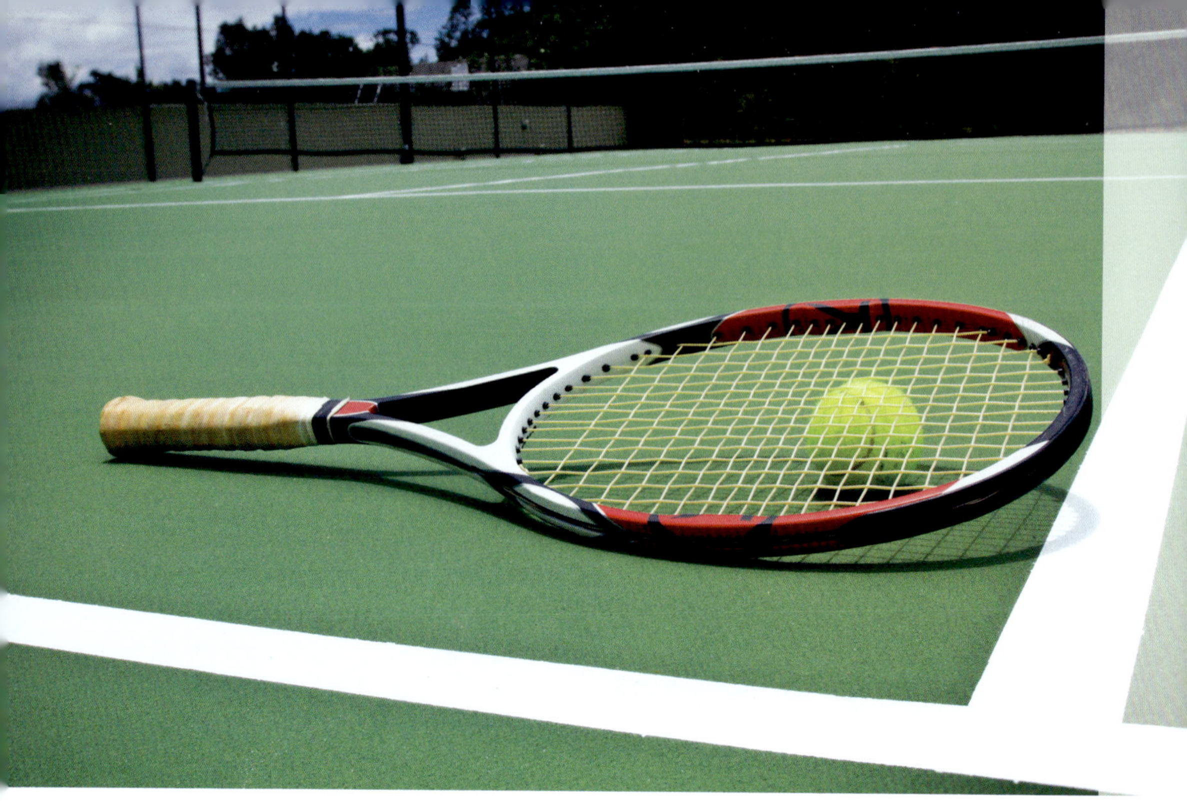

# Bildnachweis

### KAPITEL 1

Prof. Dr. Daniel Hahn: S. 46

Alexander Ferrauti: alle übrigen Fotos

### KAPITEL 2

©HEAD/Paul Zimmer: S. 70, 77, 79, 81, 91,93, 96, 98, 107, 115

Peter Maier: S. 94, 104, 105, 112

Alexander Ferrauti: S. 72

### KAPITEL 3

©HEAD/Paul Zimmer: S. 116, 117, 137, 138, 149,

©Dunlop Sport GmbH: S. 142

©Klaus Molt: S. 150, 155 (Abb.60), 156 (oben), 160, 161, 165

Alexander Ferrauti: S. 155 (Abb. 58, 59), 156, 162164

### KAPITEL 4

©HEAD/Paul Zimmer: S. 166, 171-173, 177 (Abb. 65,66), 178, 182, 193

Peter Maier: S. 174, 177, 179-181, 183-192

Alexander Ferrauti: S.168, 193

### *KAPITEL 5*

©Dunlop Sport GmbH: S. 194

Alexander Ferrauti: S. 196, 201-209, 218

©Alexander Ulbricht und Kristoph Klocke: S. 213, 215-217

©Nina Nittinger: S. 219

### *KAPITEL 6*

©HEAD/Paul Zimmer: S. 230, 255

©Dunlop Sport GmbH: S. 228,

Alexander Ferrauti: S. 236-238, 246, 249, 250, 258-260, 265

### *KAPITEL 7*

©Dunlop Sport GmbH: S. 194

Alexander Ferrauti: S. 266, 276-278, 280-281

©Alexander Ulbricht und Kristoph Klocke: S. 275

### *KAPITEL 8*

Alexander Ferrauti: S. 282, 284, 292

### *KAPITEL 9*

Alexander Ferrauti: S. 316, 318 , 327, 364

©Dr. Eva Bottler-Neufert: S. 361

©Dr. Jörg Jakobs: S. 339, 340

### *KAPITEL 10*

©Head/Paul Zimmer: S. 366, 368, 384

Alexander Ferrauti: S. 391

### *KAPITEL 11*

Alexander Ferrauti: S. 392, 394, 396

©Rauno Álvaro de Paula Simola: S. 399

### *KAPITEL 12*

Alexander Ferrauti: S. 401, 402, 408-411, 438

©Klaus Molt: S. 431

Peter Maier: S. 403, 418-419, 428, 430, 433-435, 437

### *ANDERE BILDNACHWEISE:*

©Thinkstock/bananastock: S. 438

©Thinkstock/istock: S. 472

©REWE-Cup 2013: S. 463

Alexander Ferrauti: S. 464, 474

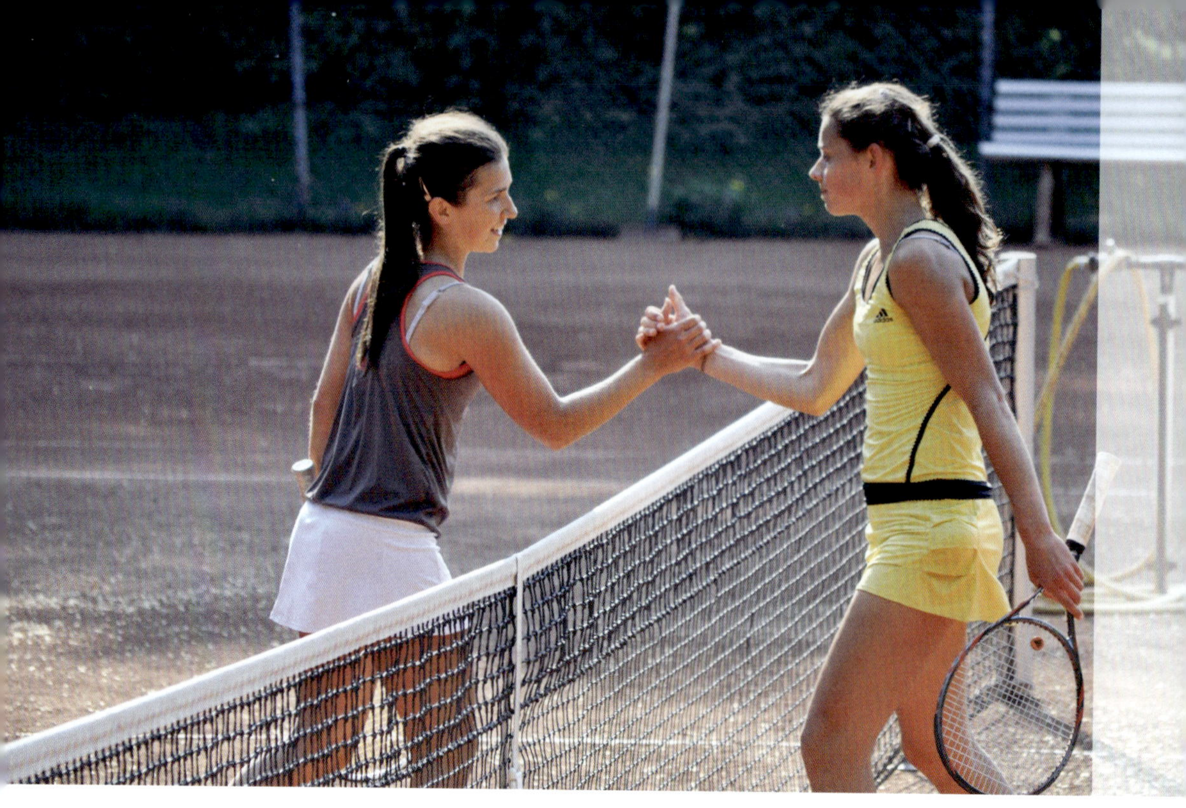

# Besonderer Dank

Wir danken unseren Mitarbeitern, Experten, Freunden und Familienangehörigen für unzählige wertvolle inhaltliche Hilfestellungen sowie den zahlreichen Turniertennisspielern und Trainern für die Bereitschaft, sich für Fotoaufnahmen bei der Darstellung von Übungs- und Trainingsformen zur Verfügung zu stellen. Wir danken Franziska Vollmann für die redaktionelle Überarbeitung des Manuskriptes.

Im Besonderen danken wir Dr. Jaime Fernández-Fernández, Dr. Florian Hanakam, Jennifer Kappenstein, Christian Raeder, Alexander Ulbricht und Thimo Wiewelhove (Diplom-Sportwissenschaftler und Wissenschaftliche Mitarbeiter des Lehrstuhls für Trainingswissenschaft der Ruhr-Universität Bochum) sowie Christof Klocke (Athletiktrainer im DOSB und im Bundesstützpunkt Hannover) für die inhaltlichen Hilfestellungen im Zusammenhang mit dem DTB-Konditionstest (Kap. 1) und den Themen "Krafttraining", "Schnelligkeitstraining", Beweglichkeitstraining" und "Ausdauertraining" sowie für die Bereitstellung von Fotomaterial.

Den international renommierten Experten Nina Nittinger und Carl Petersen danken wir für die inhaltlichen Ergänzungen und das Fotomaterial zum Kapitel "Krafttraining" und David Rosenkranz (Diplom-Sportwissenschaftler und Mitarbeiter der Firma Sports Analytics) für die Bearbeitung des Teilkapitels zur systematischen Spielanalyse. Das Kapitel "Regeneration" entstand mit Unterstützung des Bundesinstituts für Sportwissenschaft (BISp) und unter Mitarbeit der Projektpartner Prof. Dr. med. Tim Meyer (Universität Saarbrücken), Prof. Dr. Michael Kellmann (Ruhr-Universität Bochum) und Prof. Mark Pfeifer (Universität Mainz).

Die Darstellungen von Trainingsformen auf dem Tennisplatz erfolgten im Tennis und Hockey Club Brühl. Hierbei unterstütze und beriet uns unter anderem Nies Lampe (Dipl. Sportwiss., A-Trainer DTB, Leiter der ALL In Tennis Academy) zusammen mit zahlreichen Spielerinnen und Spielern seiner Akademie. Fotoaufnahmen zur Darstellung von Varianten des Krafttrainings erfolgten in der Academia Sanchez-Casal (Barcelona), im Trainingszentrum des Brühler Turnvereins (BTV) und im MoveLab der Fakultät für Sportwissenschaft an der Ruhr-Universität Bochum.

Wir danken der Dunlop Sport GmbH, der Firma Head und den Herren Klaus Molt, Alexander Ulbricht und Kristoph Klocke sowie Frau Nina Nittinger für die Bereitstellung von Fotos. Fast alle übrigen Fotos wurden von den Autoren des Buches erstellt. Unser besonderer Dank gilt den dargestellten Spielerinnen und Spielern. Die Autorenrechte der verwendeten Fotos sind dem Bildnachweis zu entnehmen.

*MITWIRKENDE:*

**Lektorat:** Dr. Irmgard Jaeger

**Layout:** Andrea Brücher

**Coverdesign:** Cornelia Knorr

**Satz & Umschlaggestaltung:** Andreas Reuel

**Spielerinnen, Spieler und Trainer:**

Nicolas Almagro, Daniel Altmeier, Alexander Beyer, Bob Bryan, Mike Bryan, Malin Cubukcu, Novak Djokovic, Julia Ebenhoch, Clinton Emmanuel, Ruben Esser, Fabian Fallert, Roger Federer, Dr. Jaime Fernández Fernández, Fabio Ferrauti, Luisa Ferrauti, Silke Ferrauti, Alexandra Franke, Valentin Günther, Tommy Haas, Daniela Hantuchova, Manfred Hanusek, Jennifer Kappenstein, Daniil Klimov, Fabio Klocke, Viktor Kostin, Moritz Kümmeler, Nies Lampe, Sonja Larsen, Lars Lotter-Becker, Felix Maier, Gerlind Maier, Karlheinz Maier, Laura Maier, Lisa Maier, Moritz Maier, Daniel Masur, Rudolf Molleker, Andy Murray, Niklas Müller, Nina Nittinger, Alexander Panskus, Jan-Niklas Papenburg, Andrea Petkovic, Peter Pfannkoch, Christian Raeder, Werner Richter, Marc Ripper, Michael Russell, Nina Sackczewski, Tim Sandkaulen, Maria Sharapova, Radek Stepanek, Alexander Ulbricht, Fernando Verdasco, Andreas von Tempelhoff, Marcel Weber, Nicola Weber, Marc-Philipp Westphal, Thimo Wiewelhove, Marcel Winkelmann, Caroline Wozniacki, Alexander Zwerev

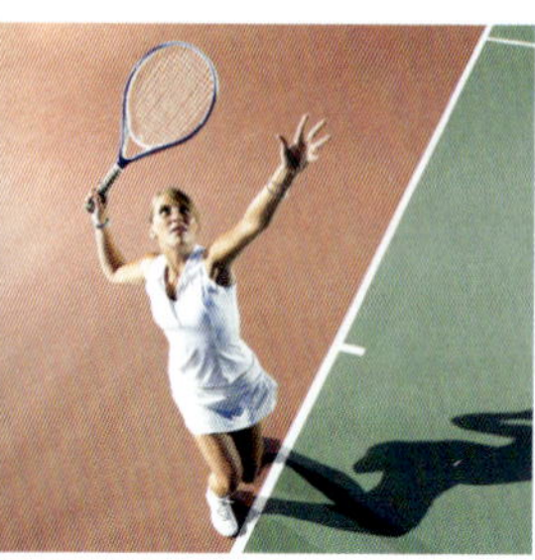

# WEITERE TENNISTITEL AUS UNSEREM PROGRAMM

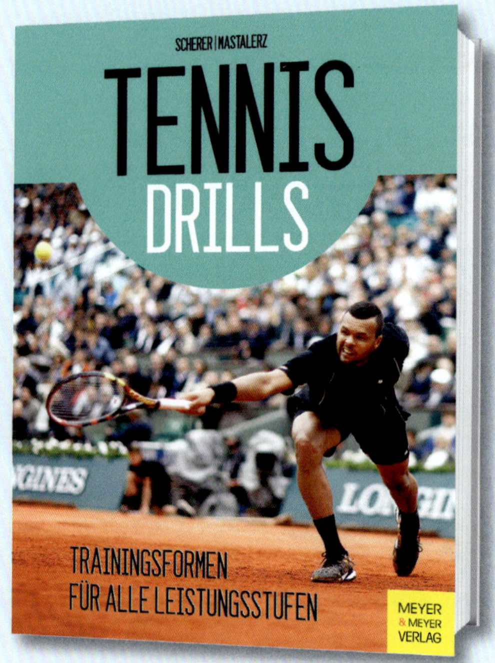


Christian Scherer & Sebastian Mastalerz
TENNISDRILLS
TRAININGSFORMEN FÜR ALLE LEISTUNGSSTUFEN

ISBN 978-3-89899-923-6

€ [D] 22,95/€ [A] 23,60

# TENNIS: MENTALTRAINING

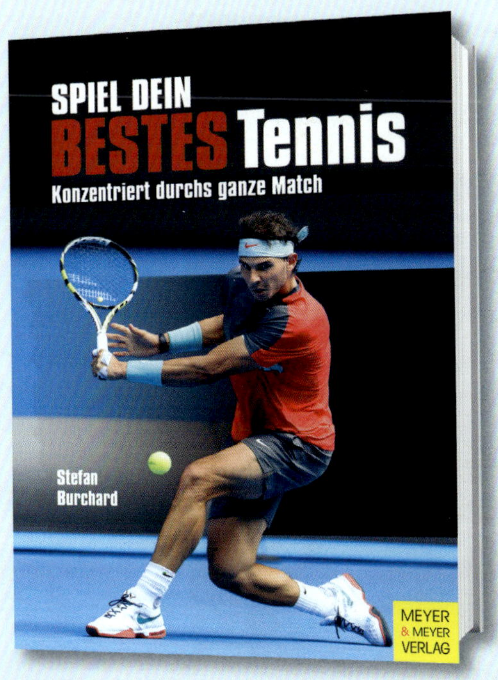


Stefan Burchard
SPIEL DEIN BESTES TENNIS
KONZENTRIERT DURCHS GANZE MATCH

ISBN 978-3-89899-847-5

€ [D] 19,95/€ [A] 20,60